지리는 운명이다

GEOGRAPHY IS DESTINY
Copyright © 2022 by Ian Morris
All rights reserved

Korean translation copyright © 2025 by Geulhangari Publishers
Korean translation rights arranged with Sandra Dijkstra Literary Agency through EYA Co., Ltd.

이 책의 한국어판 저작권은 EYA Co., Ltd.를 통해 Sandra Dijkstra Literary Agency와 독점 계약한 (주)글항아리에 있습니다. 저작권법에 의하여 한국 내에서 보호를 받는 저작물이므로 무단전재 및 복제를 금합니다.

지리는 운명이다
GEOGRAPHY IS DESTINY

이언 모리스 IAN MORRIS 지음 | 임정관 옮김

영국과 세계, 그 1만 년의 역사
Britain and the World: A 10,000-Year History

글항아리

일러두기
- 각주는 '지은이'라고 표기한 것 외에 전부 옮긴이 주다.
- 원서에서 이탤릭체로 강조한 부분은 고딕체로 표시했다.

차례

머리말   7

1부 헤리퍼드 지도, 기원전 6000~서기 1497년

1장	대처의 법칙, 기원전 6000~기원전 4000년	39
2장	유럽의 가난한 사촌, 기원전 4000~기원전 55년	95
3장	제국, 기원전 55~서기 410년	157
4장	원조 유럽연합, 410~973년	231
5장	왕국들의 통일, 973~1497년	287

2부 매킨더 지도, 1497~1945년

6장	잉글렉시트, 1497~1713년	355
7장	전환, 1713~1815년	429
8장	넓게 더 넓게, 1815~1865년	493
9장	신세계의 전진, 1865~1945년	561

3부 부의 지도, 1945~2103년

10장	교차점, 1945~1991년	611
11장	평정심을 유지하고 정진하라, 1992~2103년	675
12장	돌아갈 수 없는 고향, 2017년	727

감사의 말	739
주	741
더 읽을거리	776
도판 목록	813
찾아보기	819

머리말

영국 해협에 낀 안개

어렸을 때 할아버지가 지겹도록 반복했던 농담이 있다. "내가 네 나이였을 땐, 일기예보에서 이렇게 말하곤 했단다. '영국 해협에 낀 안개로 대륙이 고립되었습니다(도판 0.1).'" 할아버지의 다른 농담들처럼 속뜻을 알기 어려웠다. 할아버지는 영국이 엉망이 되고 있다는 얘기를 하고 싶었던 걸까? 아니면 반대로 영국인 특유의 자부심을 풍자한 걸까? 둘 다일까, 둘 다 아닐까? 할아버지는 그 의미를 말해주신 적이 없다. 그런데 40여 년이 지난 요즘, 알쏭달쏭했던 농담이 날카롭게 다가온다. 2016년 6월 23일, 영국의 유럽연합 탈퇴가 투표로 결정되었다. 탈퇴가 결정된 그 주가 마무리되기 전에 보수당의 캐머런 총리는 사임 의사를 밝혔고(유럽 문제로 연이어 퇴진한 네 명의 보수당 총리 중 세 번째였다), 노동당 의원들은 자기 당 대표에 대한 불신임을 결의했다. 그리고 전 세계적으로 2조 달러가 흔적도 없이 사라져버렸다. 이제 할아버지의 농담은 더 이상 재미있는 이야기가 아니다.

국민투표 다음 날 아침, 브렉시트Brexit에 관한 책을 쓰기로 결심했다. 나는 수백 명의 작가가 이미 같은 결심을 했거나 곧 하리라 짐작했고, 실제로 브렉시트를 다룬 책들이 몇 주 만에 나왔다. 그럼에도 이 책을 쓸 가치가 있다고 생각한 이유는 다른 책들과는 조금 차별된 이야기를 하게 되리란 느낌이 들었기 때문이다. 대부분의 브렉시트 관련 책은 데이비드 캐머런이 2013년 국민투표를 지지한다고 발표한 이후부터 2020년 영국이 실제로 유럽연합에서 탈퇴한 시점까지의 7년에만 초점을 맞추고 있다. 다른 책 몇몇은 영국이 유럽경제공동체에 가입한 1973년으로 거슬러 올라가고, 또 다른 책들은 유럽연방을 만들기 위한 실천적 계획이 최초로 구상된 1940년대 후반으로 거슬러 올라간다. 극소수의 책이 16세기 종교개혁이나 스페인 무적함대로 이야기를 시작했다. 그러나 나는 이러한 이야기의 시작 중 어느 것도 충분하지 않다고 생각한다. 빙하기 이후 바다가 영국 제도를 유럽 대륙에서 완전히 분리하기 시작한 이후부터 1만 년의 역사를 통으로 바라볼 때에만, 영국 역사를 이끌어왔고 앞으로도 이끌 더 큰 패턴을 볼 수 있기 때문이다.

나는 외교 정책에 필요한 조언을 내놓거나 스톤헨지에 새겨진 '영국다움'에 대한 영원한 진리를 찾고자 하는 것이 아니다. 고고학자들이라면 이런 어리석은 이야기를 하는 사람들을 비웃을 것이다. 하지만 영국이 유럽 및 더 넓은 세계와 맺어온 관계를 이끈 힘이 무엇인지 분명하게 알기 위해서는 수천 년의 시간을 살펴보아야 한다. 우리가 마주한 사실들을 이러한 시간 틀에 넣어서 보아야 비로소 왜 브렉시트가 어떤 이들에게는 강력하게 설득력이 있었고, 다른 이들에게는 끔찍해 보였는지, 그리고 그다음은 어디로 향할지 알 수 있다.

도판 0.1 레그 필립스(1906~1980). 그는 철강 노동자이자 만담가였으며 간간이 지리학자로도 활동했다. 1930년대에 찍은 사진.

장기적 관점에서 과거를 바라보는 것은 새로운 아이디어가 아니다. 1944년에 아마추어 역사학자였던 윈스턴 처칠은 "더 오래 되돌아볼수록, 더 멀리 내다볼 수 있다"고 조언한 바 있다.[1] 전업 역사학자들이 그의 조언에 주목한 것은 수십 년이 지난 뒤였다. 2000년대 초반에 이르러서야 역사학자들은 오늘날 '거대사big history'(또는 심층사deep history)라고 불리는 것에 진정으로 관심을 갖게 됐으며, 수천 년에 걸쳐 지구 전체에 영향을 미친 흐름들을 연구하기 시작했다. 내 책을 포함해 거대사를 다루는 대부분의 책은 특정 시공간의 세부 사항에서 한발 물러나 전 지구적 규모의 이야기를 한다. 그러나 이 책에서는 망원경을 반대로 돌려 전 지구에서 지역으로 초점을 좁혀가려 한다. 결국 역사란 실제 사람들에 의해 만들어지는 것이며, 만약 거대사가 실제 삶을 이해하는 데 도움이 되지 않는다면, 그것은 결국 굵은 선을 긋는 붓놀림이 그 선을 이루는 점들만 못한 셈이다. 그리하여 이 책에서는 거대사의 방법을 활용해 브렉시트 이후의 영국을 빙하기 이후 수천 년 동안 영국과 유럽 및 세계가 맺어온 관계의 맥락 속에 위치시키고자 한다.

처칠의 발언 이후 한 세기 가까이 지난 지금까지도, 매우 긴 역사적 시각에서 사건을 바라보는 방법은 인기가 그다지 많지 않다. 예를 들어, 존경받는 역사가인 데이비드 에저턴은 뛰어난 저서 『영국의 흥망성쇠 *The Rise and Fall of the British nation*』에서 "브렉시트는 최근 일어난 현상이며, 그 원인은 바로 지금 여기에 있다"면서, "심층사와는 아무 관련이 없다"라고 말한 바 있다.[2] 그는 이러한 입장을 논쟁에 부치지 않았지만, 나는 논쟁이 필요했다고 생각한다. 책을 통해서 나는 브렉시트가 사실 심층사와 깊이 연결되어 있으며, 오직 긴 시간과 큰 규모의 관점에서만 이해할 수 있다는 사실을 보여주고자 한다. 나아가 거대사만이 다가올 미래에 브렉시트가 어떤 의미를 지닐지 알려줄 수 있을 것이다.

가장 언급되지 않은 것

브렉시트 국민투표 후 두 달하고 하루 뒤, 반유럽 성향이 짙은 영국독립당UKIP 대표 나이절 패라지가 미국 미시시피주 잭슨시에 갑자기 모습을 드러냈다. 공화당 대선 후보인 도널드 트럼프를 지지하기 위해서였다. 영국의 친유럽 성향 일간지 『가디언』이 '미국 시민들을 대상으로 긴급 설문 조사를 한 결과, 10명 중 8명이 패러지나 브렉시트에 대해 들어본 적이 없는' 것으로 나타났는데,[3] 패러지는 이에 굴하지 않고 트럼프가 자신을 초대한 이유를 설명했다. 패러지와 영국독립당이 수백만의 평범한 사람들을 고무시켜 브렉시트에 투표하기만 하면, 나라와 국경에 대한 통제권을 되찾을 수 있고, 자부심과 자존감을 회복할 수 있다고 믿게끔 만든 것처럼, 트럼프 역시 미국에서 같은 일을 하고 있다고 여기기 때문이라는 것이었다.[4]

패러지는 국민투표 운동 기간 내내 일관성을 유지했다. 그가 말하는 브렉시트는 사실 다섯 가지에 관한 것이었는데, 첫째는 정체성(즉, 영국인 스스로 자신들을 누구라고 생각하는지), 둘째는 이동성(누가 영국 제도 안팎과 주변을 자유롭게 이동할 수 있는지), 셋째는 번영(영국 제도의 주민들이 얼마나 부유하며, 그들의 부가 어떻게 배분되는지), 넷째는 안보(그들이 위협으로부터 얼마나 안전한지), 마지막으로 주권(누가 규칙을 만드는지)이었다. 이 중에서도 패러지는 "이민이야말로 절대적으로 중요한 문제"라고 주장했다. 다른 것, 심지어 돈마저 중요성에 있어 그 근처에도 가지 못했다. 그는 "대규모 이민을 통해서 우리의 GDP가 상승하고 있는 것은 맞으나, 공유해야 할 문제는 과연 누가 그 혜택을 보고 있는가다. 바로 대기업들이 값싼 노동력으로 이익을 얻고 있다. [그리고] 삶에는 돈보다 더 중요한 것들이 있다"라고 설명했다.[5]

청중은 패러지의 이야기를 좋아했다. 미시시피주 플로렌스시 인근에서 온 한 간호사는 『가디언』 기자에게 "국경은 통제해야 한다"고 강조했다. 이어서 "사람들은 5만 명의 이민자 중 테러리스트는 한 명 정도에 불과하다고 이야기하지만, 만약 제가 5만 개의 M&M 초콜릿을 주면서 이 중 하나가 청산가리라고 하면, 한 움큼 집어 먹으시겠어요?"라고 질문했다.6 비록 자유주의 성향의 케이토 연구소의 계산에 따르면 이민자가 테러리스트로 판명될 가능성은 사실상 2900만 분의 1이라고는 하지만, 이는 생각해볼 만한 질문이다. 다른 사람들보다 패라지가 더 잘 파악하고 있었던 것은, 바로 논쟁에 있어서 가치가 사실보다 중요하다는 점이다. 진짜 다뤄야 하는 질문은 '영국인이 누구인가'가 아닌 누가 '영국인이어야 하는가'였다. 이는 누가 영국을 드나들었고, 누가 부유해졌거나 가난해졌고, 누가 영국에 위협을 가했고, 누가 영국인들에게 명령하느냐가 아니라, 바로 누가 이 모든 것을 주관해야 하는가에 대한 질문이었다.

많은 사람은 패라지가 틀렸다고 생각했다. 비즈니스 웹사이트 포브스닷컴은 패라지가 제시한 다섯 가지가 아닌 세 가지 쟁점만이 있다고 보았다. 『포천』은 중요한 쟁점이 다섯 가지라는 점에는 동의했지만, 다른 다섯 가지를 꼽았다. BBC는 여덟 가지의 이슈를, 『인디펜던트』와 『더선』은 각각 열 가지를 들었으며, 공격적인 반유럽 성향지인 『데일리 메일』은 무려 스무 가지 이슈를 내놓았다. 이에 질세라 친유럽 성향의 소설가 필립 풀먼은 국민투표 후 『가디언』과의 인터뷰에서 "이 재앙에는 1000가지 원인이 있다"고 주장했다. 출구 조사는 이마저 과소평가된 것임을 보여준다. 어떤 사람들은 유럽연합 탈퇴에 투표한 이유가 당연히 브렉시트가 부결되리라 생각했기 때문이라고 답했다. 자신이 왜 그런 선택을 했는지 모르겠다는 사람도 많다. 논리적으로 설명할 수 없지만 패라지의 당원 7퍼센트는 오히려 유럽연합 탈퇴에 반대했다.7 정치학자 해럴드 D. 클라크, 매슈 굿원, 폴 화이틀리는

12년에 걸친 여론 조사를 통계적으로 분석한 저서 『브렉시트: 왜 영국인들이 유럽연합을 떠나는 데 찬성했는가*Brexit: Why Britain Voted to Leave the European Union*』에서 다음과 같은 결론을 내렸다. "브렉시트가 아슬아슬하게 통과된 것은 여러 계산과 감정, 근거가 복잡하게 교차하고 있는 혼돈의 상태를 반영한 결과다."[8] 그들은 분명히 옳았지만, 패라지 역시 옳았다. 그가 제시한 다섯 요소는 사람들이 당면한 문제들을 충분히 포착했고, 그 덕분에 그는 승리할 수 있었다.

사실 패라지는 자신이 생각했던 것보다 더 옳았던 것 같다. 거대사는 정체성, 이동성, 번영, 안보, 주권이 2016년만의 최고 관심사가 아니었음을 보여주고 있기 때문이다. 이 다섯 가지는 언제나 사람들이 걱정하던 주제였다. 영국에 대한 가장 오래된 기록 중 하나에서 로마의 작가 타키투스는 지역 주민들이 이미 2000년 전에 이런 문제들을 놓고 논쟁하고 있었음을 보여준다. 타키투스에 따르면, 로마가 브리타니아*Britannia**를 제국으로 편입시켰을 때 일부 영국 사람들은 난폭한 정복자들이 가져온 정교하고 화려한 것들을 반겼지만, 다른 사람들은 대륙에서 온 모든 것이 본질적으로 타락했다고 보았다. 로마는 온갖 매력과 소프트파워를 발휘했고, 결국 전자의 견해가 후자를 압도하도록 만들었다. 그 결과 "영국인들은 라틴어를 혐오하는 대신, 라틴어를 능숙하게 구사하기를 열망하게 되었고, 로마 민족 의상이 인기를 얻었으며, 토가*toga***가 어디서든 보였다"고 타키투스는 말했다.[9] 그러나 타키투스는—『데일리 메일』에 빙의한 듯한 어조로—비록 "영국인들이 아

---

*   영국 제도의 그레이트브리튼섬에서 고대 로마가 지배했던 지역.
** 고대 로마의 남성이 시민의 자격으로 입었던 낙낙한 긴 겉옷.

무 의심을 하지 않고 이 새로운 것들을 문명"이라고 부르지만, 현명한 사람들은 "사실 노예화되었다고 생각한다"라고 덧붙였다.

어떤 면에서 그때 이후로 변한 것은 많지 않다. 21세기와 마찬가지로 1세기에도, 더 넓은 세상을 받아들인 영국인들은 자신들의 관점이 넓어지고 계몽되었다고 생각하는 반면, 반대편 사람들의 관점은 좁고 무지하다고 생각하는 경향이 있었다. 한편, 지구적 관점보다 지역적 관점을 선호했던 사람들은 자신이야말로 폭넓은 민주적 사고를 한다고 생각했고, 반대편은 편협하고 엘리트주의적이라고 여겼다. 2016년, 패라지는 세계주의자 엘리트들이 자신과 트럼프의 지지자들을 '멍청하고 구식이며, 뒤처진 인종차별주의자들'로 여긴다고 주장했다.[10] 고대 이래로, 유럽연합의 존재를 반겨왔던 사람들은 곡괭이를 든 농부들에 의해 구렁으로 끌려갈까 두려워한 반면, 유럽연합을 거부해온 사람들은 뭐든지 다 아는 체하는 소수의 패거리가 자신들에게 이래라저래라 지시하는 것에 분개해왔다. 마이클 고브 전 교육부 장관이 국민투표를 3주 앞두고 텔레비전 인터뷰에서 기자에게 "이 나라 사람들은 전문가들에게 진저리가 났다"라고 말하자[11] 유럽연합 지지자들은 비웃었지만, 고브는 수천 년 전부터 내려온 대본을 그대로 되풀이했을 뿐이다.

하지만 그 밖의 다른 면들에서는 모든 것이 변했다. 오늘날의 영국인들은 정체성, 이동성, 번영, 안보, 주권에 대해 빅토리아 여왕 시대나 롤리 앤드 드레이크Raleigh and Drake 시대, 율리우스 카이사르의 시대는 고사하고, 처칠이 살았던 시대와도 매우 다르게 생각한다. 그 이유는 무엇일까? 내 생각에는 거대사의 관점에서 무엇인가가—무언가 더 심층적인 것이— 위의 다섯 가지 힘에 대한 사람들의 사고

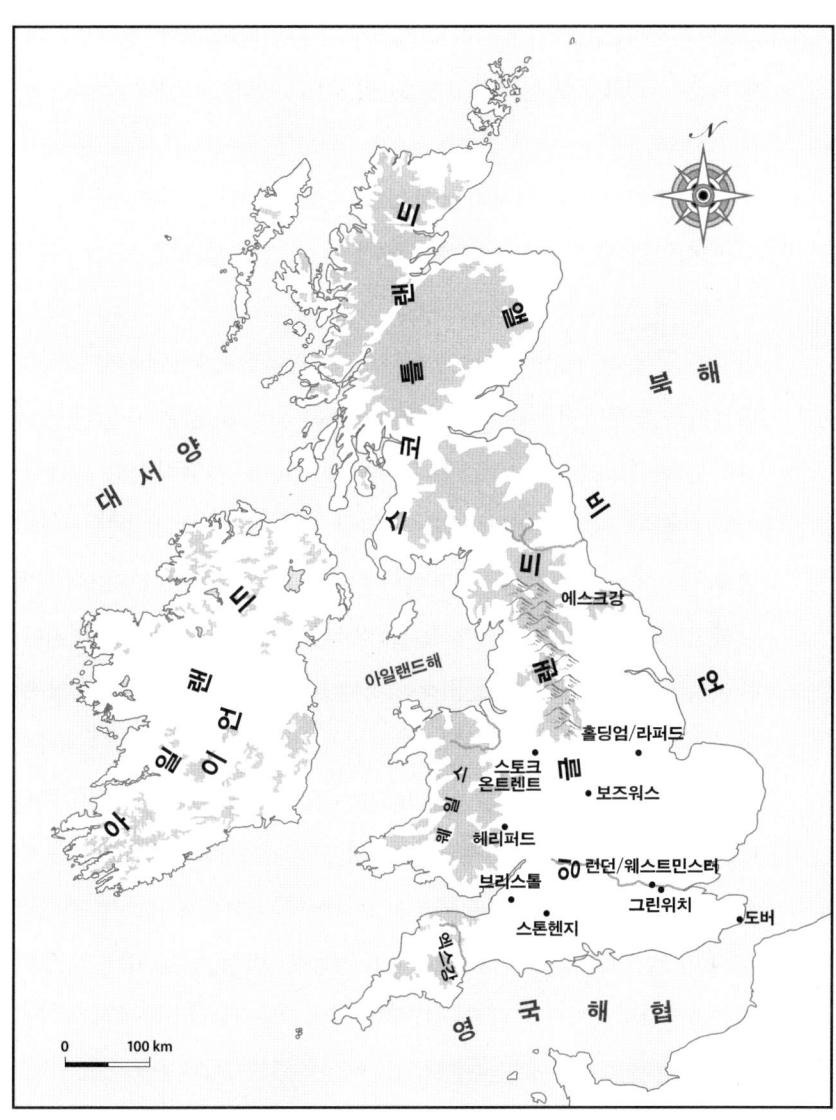

도판 0.2 장면 설정: 머리말에 언급된 지역들.

방식을 궁극적으로 결정하고 있는 것 같다. 그리고 그 무엇인가는 바로 지리다.

이미 많은 사람이 지리의 중요성을 어느 정도 알고 있다. 2010년 당시 총리였던 데이비드 캐머런은 어린 시절 가장 좋아했던 책이 뭐냐는 질문에, 답으로 1905년 헨리에타 마셜이 섬이라는 지리적 특징이 어떻게 영국의 (아니면 그녀가 일반적으로 표현했듯이, 잉글랜드의) 특성을 만들었는지 설명한 『우리 섬 이야기*Our Island Story*』를 꼽은 바 있다.[12] 역사학자 로버트 툼스는 "지리는 역사에 우선하며, 섬의 역사는 대륙 평원의 역사와 같을 수 없다"라는 자명한 진리로 흥미로운 책 『주권의 섬*This Sovereign Isle*』을 펴냈다.[13] 그러나 지리에는 캐머런, 마셜, 툼스가 생각한 것 이상으로 많은 것이 있다. 영국의 해안, 강, 산은 스톤헨지(도판 0.2)가 만들어졌을 때의 물리적 형태 그대로 수천 년 동안 거의 변하지 않았지만, 그 지리가 의미하는 것은 엄청나게 바뀌었다. 장기적 관점에서 볼 때, 지리의 의미는 두 가지 요소에 지속적으로 의존해왔다. 바로 이동 및 통신 분야의 '기술'과 그 기술을 효과적으로 활용할 수 있게 만드는 '조직'이다. 기술과 조직이 지속적으로 변하면서 지리의 의미 역시 변하고, 따라서 정체성, 이동성, 번영, 안보, 주권의 의미도 변한다. 브렉시트는 단지 고대부터 이어져온 영국의 지리적 의미에 대한 논쟁의 최신판에 불과했다.

패라지(그리고 로마 시대 이후 거의 모든 정치인)가 정체성, 이동성, 번영, 안보, 주권을 강조한 것도 이 다섯 가지는 우리가 지리의 영향을 직접 경험하는 주요 방식들이기 때문이다. 그래서 우리는 대부분의 시간에 이 문제들을 걱정하고, 정치인들은 대부분의 시간에 이것에 대해 이야기한다. 하지만 이런 힘들이 왜 우리에게 영향을 미치는지, 앞으로 우리를 어떤 미래로 안내할지 알고 싶다면, 우리는 더 깊이 파고들어야 한다.

고대 그리스 역사가 투키디데스는 거의 2500년 전에 이미 이것을 알고 있었다. 그가 살던 시대에 벌어진 가장 끔찍한 사건은 바로 기원전 431년에 발발한 아테네와 스파르타 간의 야만적인 전쟁이었다. 그는 아테네인과 스파르타인 사이에 일어난 일을 분석해, "아테네의 성장이 스파르타인들에게 일으킨 두려움이 진정한 전쟁의 원인이었지만, 정작 그것은 거의 언급되지 않았다"고 주장했다.[14] 자신이 사는 시기에 일어난 사건들을 거의 1000년 전에 발생한 트로이 전쟁에서부터 이어지는 관점에서 보았을 때에야 비로소 그는 진정한 전쟁의 원인을 알아낼 수 있었다. 그렇기에 2016년에 왜 영국인들이 유럽연합을 떠나기로 투표했는지 그리고 그 결정이 21세기에 무엇을 의미할지 정말로 알고 싶다면, 우리는 가장 언급되지 않은 것을 직시해야 한다.

세 개의 지도

지리 이야기가 대부분 그렇듯 내 이야기도 지도를 통해 가장 잘 전달될 수 있다. 특히 세 개의 지도가 핵심 역할을 할 텐데, 각각은 지난 8000년 동안 영국이 유럽 및 더 넓은 세계와 관계 맺은 세 가지 광범위한 시기를 하나씩 대표한다.

첫 번째 시기는, 8000년 중 7500년을 채우는, 세 지도 중 단연코 가장 길었던 시기다. 도판 0.3의 지도는 약 7세기 전에 홀딩엄과 라퍼드의 리처드라는 사람이 그린 것인데, 이 시기를 훌륭하게 요약해준다. 이 지도는 지름이 1.5미터가 넘을 정도로 크고, 현재 헤리퍼드 대성당

도판 0.3 1300년 초, 홀딩엄과 라퍼드의 리처드가 그린 헤리퍼드 지도. 중세의 관례에 따라, 동쪽 (예수가 다시 오는 방향)이 맨 위에 있고, 가운데에 있는 원은 예루살렘을 나타낸다. 영국 제도는 왼쪽 하단에 비집고 들어가 있는 덩어리다. 리처드의 지도는 기원전 6000년경 영국이 대륙에서 분리되고 1497년 존 캐벗이 뉴펀들랜드로 여행하고 오기까지 7500년 동안 영국이 세계에서 자리잡고 있던 위상을 잘 보여준다.

의 회랑에 걸려 있다. 리처드가 살던 당시의 시대적·장소적 관습을 따른 특이한 점이 많이 보인다. 가령 동쪽이 맨 위에 위치해 있는데, 동쪽은 예수가 돌아올 것으로 사람들이 예상하던 방향이었기 때문이다. 그리고 예루살렘이 지도 가운데에 자리잡고 있는데, 예루살렘이 기독교 세계의 중심이었기 때문이다. 지도 위 많은 디테일은 리처드 시대를 포함해 과거 7500년 동안의 어느 시기라도 그 의미가 통용될 수 있도록 만들어졌을 것이다.

중요한 것은, 리처드의 세계가 굉장히 작다는 점이다. 균형을 이루려면 예루살렘이 중심에 놓인 원형 지도에 아프리카와 아시아도 포함되어야 한다. 그러나 상단의 오른쪽으로 갈수록 세부 묘사는 사라지고 상상의 요소들이 나타난다. 신화 속 괴물들이 하나둘 늘어나 지도의 빈 공간을 채운다. 이전 시기 사람들 모두 그랬듯 리처드에게도 영국의 무대는 유럽, 그중에서도 서유럽이었는데, 이 무대는 지도의 왼쪽 아래 사분면에 한정되어 있었다.

리처드는 영국이 유럽과 밀접하게 연관되어 있다고 보았다. 그는 라인강이나 센강보다는 넓지 않고, 나일강보다는 좁지 않게 영국 해협과 북해를 그렸다. 그에게 영국 해협은 위험한 곳이었다. 1120년에 영국의 왕위 계승자를 태운 배가 해협에서 침몰하면서 유럽 정치권이 크게 뒤집혔다(선원들이 거나하게 취해서였던 게 분명하지만 말이다). 물론 리처드는 한 사람이 바다에 빠져 죽을 때 수백 명은 아무 일 없이 무사히 건널 수 있다는 사실도 알고 있었다. 해협과 북해는 장벽이 아닌 고속도로였다. 영국이 섬나라라는 것보다 바다 건너 유럽과 가깝다는 사실이 그에게는 우선시되었다.

무엇보다 가장 인상적인 것은, 리처드가 영국을 유럽 무대의 배우로 보았지만, 영국을 앞이나 중앙이 아닌 주변에 배치했다는 점이다. 이탈리아, 이집트, 이라크, 인도 등 지중해와 중동의 더 크고 풍요로운 땅들이 이목을 받게끔 말이다. 이후에 논의하겠지만, 이러한 배치는 수천 년 동안 그들이 있었던 위치를 보여준다. 좋은 것이든 나쁜 것이든, 인류의 출현부터 농업, 금속공학, 문자, 정부, 제국, 기독교에 이르기까지 모든 위대한 변혁은 헤리퍼드 지도 내 영국의 반대편 먼 곳으로부터 시작되었다. 이러한 변혁들은 각각 그것들이 시작된 지역과 다른 지역 사이에 그리고 사람들 사이에 불균형을 만들어냈고, 불균형은 여러 지역을 지나면서 사라지고 균형화되었다.

이 과정이 어떻게 작동했는가는 고고학자와 역사학자들이 오랫동안 씨름해온 질문 중 하나였다. '불균형'이나 '균형화'와 같이 무미건조한 단어들은 수많은 죄악을 덮어준다. '불균형'은 실제로 부, 지식, 자원부터 인구, 효율성, 폭력에 이르기까지 모든 면에서 발생하는 사회들 사이의 불평등이었다. '균형화'는 때로 창의성과 인간 정신의 승리를 포함했고, 때로는 공포와 살육을 동반했다. 이어지는 장들에서 여러 종류의 불균형과 균형화 과정을 보게 되겠지만, 한 가지 핵심적인 사실은 분명하다. 처음 7500년 동안의 영국은 지도의 반대편에서 발명된 상품, 제도, 사상, 가치들이 다른 곳에 먼저 도착한 다음 전달되는 '종착지'였다.

'종착지'는 정확한 표현이다. 왜냐면 영국이 곧 지도의 끝이었기 때문이다. 리처드에게 대서양은 세계의 가장자리였다. 사실 당대의 많은 유럽인은 그렇지 않다는 것을 알고 있었다. 리처드 시대보다 앞선 3세기 동안의 지구온난화로 바이킹들은 북대서양을 통해 노르웨이에서 뉴펀들랜드까지 항해할 수 있었다. 그러나 리처드는 그 시대 대부분의 교육받은 사람과 마찬가지로 이 사실을 별로 신경 쓰지 않았다. 지리에 대한 그의 생각은 대부분 그리스와 로마의 작가들로부터 나왔는데, 그들은 배가 유럽의 해안에서 벗어나 안 보이기 시작하면, 세상의 가장자리에서 밑으로 떨어졌다고 생각했다. 시인 핀다로스는 기원전 470년대에 그리스인들에게 "카디스Cádiz를 지나 어둠 속으로 가면 안 된다!"고 경고했다.[15] "누구도 가지 않는 경계를 넘는 것은 지혜로운 사람이거나 어리석은 사람 둘 중 하나"였고, 이를 무시한 소수의 두려움 없는 이들은 대체로 실망해서 집으로 돌아오거나, 아예 돌아오지 못했다.[16] 로마의 지리학자 스트라본은 5세기 후에 "바다가 계속되는 한 궁핍과 외로움도 지속될 것"이라는 결론을 내렸다.[17]

헤리퍼드 지도는 핀다로스와 스트라본이 봐도 완벽히 이해할 수 있는 지도였다. 지도가 그려지기 전 7000여 년 동안 살았던 대부분의 사람도 마찬가지였다. 리처드가 지도를 그린 지 거의 2세기가 지난 1485년에 또 다른 리처드, 리처드 3세가 보즈워스 필드에서 살해되었을 때도, 이 지도는 여전히 의미가 있었다. 그러나 그다음 세기가 지나고 셰익스피어가 희곡 『리처드 3세』를 썼을 때, 헤리퍼드 지도는 낡아 보이기 시작했다. 그 음유시인은 희곡 『뜻대로 하세요』에서 "모든 세상이 무대다"라며 영국인들에게 장담했고,[18] 그는 옳았다. 새로운 연극의 막이 오르며 영국은 사실상 지구 가장자리에서 중앙으로 이동했다. 1902년 지리학자이자 탐험가인 해퍼드 매킨더가 내가 지금 말하고 있는 것들이 요약된 두 번째 지도를 그렸을 때(도판 0.4), 영국의 무대는 지구 대부분으로 확장되었고, 영국은 스스로를 주인공으로 올렸다.

홀딩엄과 라퍼드의 리처드 시대 이래로 두 가지 일이 일어났다. 첫

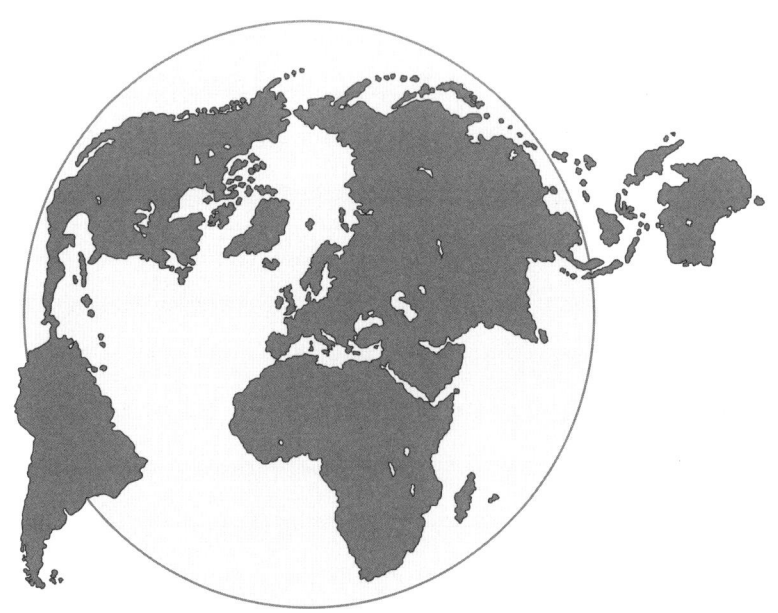

도판 0.4 매킨더 지도. 1500년에서 1700년 사이에 영국은 예루살렘을 대신해 세계의 중심지가 되었고, 해양을 고속도로로 바꿨으며, 영국 해협을 폐쇄했다. 그러나 1902년, 해퍼드 매킨더가 이 지도로 새로운 세계질서를 묘사했을 때, 그 질서는 이미 사라지고 있었다.

번째로 일어난 일은, 리처드 3세의 상처가 아직 아물기도 전, 유럽인들이 비교적 안정적으로 바다로 나갔다가 돌아올 수 있는 배를 만들기 시작한 것이다. 대서양은 그 어느 때와 같이 넓었지만, 이제 장벽이 아니라 세계로 향하는 고속도로로 변해가고 있었다.

포르투갈, 이탈리아, 스페인 선원들이 가장 먼저 헤리퍼드 지도의 경계를 허물었다(아메리카 대륙에 가장 먼저 발을 디딘 사람으로 알려진 '영국인' 존 캐벗은 사실 브리스톨에 정착했던 주안 카보토라는 이름의 베네치아 모험가였다). 포르투갈, 이탈리아, 스페인이 (또는 심지어 프랑스나 네덜란드가) 아닌 영국이 매킨더 지도의 중심에 있는 까닭은, 바로 영국이 새로운 해양 기술과 새로운 형태의 조직을 결합하는 데 탁월했기 때문이다. 고대의 섬들Isles이 새로운 섬들Islands이 된 이후로,* 프랑스 쪽 해협에 도달할 수 있는 사람들은 누구라도 그 해협을 건너 영국에도 올 수 있었기 때문에 항상 대륙 접근성이 섬나라의 고립성보다 우선적으로 고려되었다. 그런데 영국 정부가 해협을 봉쇄할 수 있는 강력한 함대를 구축하는 법을 알게 되면서, 헤리퍼드 지도는 매킨더 지도로 바뀌었다. 해협은 여전히 아주 좁았지만, 적들이 그 해협을 넘을 수 없도록 영국 해군이 잘 막을 수만 있다면 대륙 접근성보다 섬나라의 고립성을 살릴 수 있었다. 스페인의 펠리페 2세, 프랑스의 루이 14세와 나폴레옹, 독일의 히틀러 등은 만약 영국이 바다를 지배한다면, 도버 항구와 칼레 항구 사이의 34킬로미터가 100만 킬로미터가 될 수도 있다는 점을 깨달았다.

셰익스피어가 1590년대에 영국을 다음과 같이 묘사한 것은 우연이 아니다.

거대한 장벽이 되기도 하고,

성을 둘러싼 연못이 되기도 하는

은빛 바다에 자리잡은 보석.

덜 행복한 나라들의 질투에 맞선,

이 축복받은 땅, 이 대지, 이 왕국, 바로 영국.[19]

---

*　'Isles'는 섬을 뜻하는 고어, 'Islands'는 섬을 뜻하는 근현대어로, 여기서는 시대의 변화를 의미한다.

시인 초서와 맬러리는 이렇게 말한 적이 없다. 왜냐하면 그들이 살았던 1390년대나 1490년대에는 이런 식의 표현이 말이 안 되는 것이었기 때문이다. 셰익스피어가 살던 시대에 영국은 해협을 해자垓字 같은 방어선으로 변모시켰고, 다음 세기에 이르러서는 역사상 가장 대담하며 전략적으로 중심에 있는 국가로 발돋움했다. 영국인들은 유럽 무대의 단역에서 대서양 무대의 주연이 되었다. 목조 전함의 비호 아래서, 그들은 영국 제도 전역을 런던의 통치를 받는 하나의 국가로 통합하는 동시에 대륙을 넘나드는 제국을 건설했다.

수천 년 동안 모든 종류의 불균형은 중동과 지중해에서 출발해 영국에 닿기까지 약해지고 균형화되었지만, 이제는 영국에서 사람, 물건, 사상들이 출발해 내리막길을 굴러 내려가듯 퍼져나갔다. 영국인들은 북아메리카와 호주 그리고 (아주 완전히는 아니지만) 뉴질랜드의 원주민들을 몰아내거나 학살했다. 나아가 카이로부터 케이프 그리고 아덴부터 싱가포르에 이르는 지역을 통치했다. 심지어 헤리퍼드 지도의 중심이었던 예루살렘조차 30년 동안 영국 관료의 지배를 받았다.

이는 역사적으로 매우 놀라운 성취 중 하나다. 그러나 그 성취가 매우 짧은 기간만 지속되었다는 점 역시 반드시 짚고 넘어가야 한다. 영국은 마치 거인처럼 세계를 주름잡았지만, 이는 오직 8000년의 역사에서 고작 3퍼센트에 불과한 시기의 일이었다. 나머지 95퍼센트 이상의 역사 동안 영국은 유럽의 가난한 사촌에 지나지 않았다. 나의 할아버지는 1906년에 태어났는데, 매킨더가 자신의 지도를 만든 지 고작 4년이 지난 뒤였다. 그러나 할아버지가 돌아가신 1980년 무렵 매킨더의 지도는 리처드의 지도처럼 구식이 되어 있었다.

헤리퍼드 지도를 무대로 영국이 써내린 드라마의 1막은 1500년에서 1700년 사이에 2막으로 넘어갔다. 전 해양을 건너다니는 배들이 세계 곳곳을 새로운 무대로 끌고 들어왔고, 이 새로운 무대는 영국이 지배하게 되었다. 할아버지의 일생 동안, 매킨더의 지도를 무대로 펼쳐진 2막 역시 비슷한 이유에서 3막으로 넘어갔다. 전신선과 석유엔진, 화물선과 제트기, 인공위성과 인터넷 같은 신기술들은 16세기의 갤리언Galleon*이 그랬던 것보다 공간을 더 압축시켰다. 17세기와 18세기에 그랬듯, 사람들은 지리의 의미가 달라진 데 발맞춰 유럽연합은 물론 유엔, 세계무역기구 같은 새로운 기구들을 만들어 변화가 가져다주는 이점을 누렸다. 지난 100년 동안, 이전엔 볼 수 없었던 새로운 기술과 제도들이 지구 곳곳을 한데 묶으면서 세계를 수많은 배우로 붐비는 거대한 무대로 만들었기 때문에, 영국은 세상의 관심에서 밀려났다.

몇몇 이론가는 이 새롭고 네트워크화된 세계가 더는 처음 1, 2막의 시기처럼 중심과 주변부로 구성되어 있지 않다고 말하고 싶어하지만, 내가 제시하는 지도 중 세 번째(도판 0.5)는 다른 것을 이야기한다. 이 지도는 (다소 혼란스러울 수 있지만) 영리한 방식으로 제작되었다. 각 국가가 차지하는 물리적인 면적보다는 세계에서 부를 얼마나 창출하고 있는지**에 비례해 공간이 할당되어 있다. 이 '부의 지도Money Map'는 전 세계에 이제는 북미, 서유럽, 동아시아라는 세 개의 중심이 있다는 것을 보여준다. 영국은 2막에서처럼 언덕 위의 왕이 아니라, 현대 부의 3대 산 끝자락에 간신히 걸쳐 있는 처지다. 이 새로운 무대에서는 워싱턴DC, 브뤼셀, 베이징에 있는 배우들이 가장 중요한 역할을 맡고

---

*   15~17세기에 사용되던 대형 범선.
**   이는 유엔이 2018년 국가 간의 생활력 차이를 보완하는 구매력 평가율로 계산한 것이다.―지은이

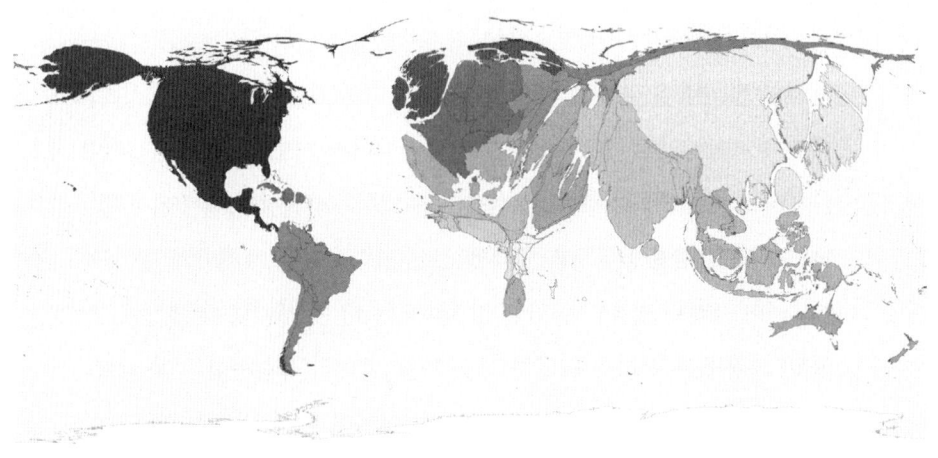

도판 0.5 부의 지도. 북미, 서유럽, 동아시아에 있는 세 개의 부의 산이 모든 것을 지배하고 있다. 실제와는 다르게 그려져 혼란스러울 수 있는 이 지도는 각 지역에 2018년 창출한 부의 양과 비례하는 영역을 할당했다. 영국은 여전히 새로운 무대에서 목소리를 내는 역할을 하고 있지만, 더 이상 '스타'는 아니다.

있다. 영국 해협과 바다는 여전히 같은 곳에 있지만, 더 이상 방어력이 큰 해자의 역할을 다하지 못하고 있다. 해협과 바다는 정밀 유도 미사일과 실시간 정보의 흐름에 따라 그 중요성이 작아졌다.

1900년경 유럽과 미국의 부가 산더미처럼 쌓이며 매킨더 지도의 형태를 흩트러놓았다면, 2000년 이후 중국이라는 산의 봉기는 지도의 경계를 완전히 무너뜨렸다. 2012년 리콴유 싱가포르 총리는 "중국의 발전은 세계 질서를 바꿔놓을 만큼 거대해서, 세계는 새로운 균형을 찾아야 한다"고 말한 바 있다. 그는 이어 "(중국이라는) 플레이어는 단지 또 다른 큰 플레이어가 아니다. 이는 세계 역사상 가장 큰 플레이어다"라고 말했다.[20]

지리가 지니는 새로운 의미는 정체성, 이동성, 번영, 안보, 주권에 대한 기존의 사고방식을 완전히 뒤집었다. 그 변화들은 영국뿐만 아니라 서방 세계 전체를 뒤흔들고 있다. 지난 250년 동안은 북대서양 주변의 국가들이 세계의 무게중심이었다. 서양에 사는 모든 사람의 삶이 평안하지는 않았지만(제철공이었던 나의 할아버지는 이를 잘 알고 계셨다), 백인 중산층 남성들의 삶은 다른 사람들보다는 수월했다. 그러나 지난 30년 동안 상황은 눈에 띄게 변하기 시작했다. 여전히 서양에서의 삶이 다른 지역보다 더 나은 편이지만, 예전만큼은 아니다. 지금으로부터 50년 후에는 더 낫지 않을 수도 있다. 서방의 우세는 더 이상 저절로 주어지지 않는다. 세계는 더 경쟁적으로 변하고 있고 오래된 방식에 의존할 수 없게 되었다. 그러니 서양인들이 불안해하는 것은 당연하다.

매킨더 지도의 막이 내리고 있던 1930년대에 이미 영국의 위대한 소설가 조지 오웰은 제국의 종결로 "영국이 춥고 하찮은 작은 섬나라로 전락해, 열심히 일해도 청어와 감자만 먹고 살게" 되는 것은 아닌지 걱정했다.[21] 그러나 그런 일은 일어나지 않았다. (어떻게 계산하는가에 따라 다르겠지만) 영국은 여전히 세계에서 여섯 또는 아홉 번째로 큰 경제 대국이고, 아마도 (미국, 중국, 러시아, 일본에 이어) 다섯 번째로 강한 함대를 자랑하며, 아홉 개의 핵보유국 중 하나다. 게다가 세계에서 두 번째로 많은 노벨상을 받은 나라이기도 하다. 그리고 2018년에는 소프트 파워 30 지수에서 '매력과 설득을 통한 목표 달성 능력'으로 세계 1위를 차지했다(이후 영국은 끝없는 브렉시트 논쟁으로 덜 매력적인 국가가 되어 2019년에는 프랑스에 1위를 빼앗겼다).[22] 영국은 여전히 주요한 배우로 남아 있지만, 더 이상 중앙에 서 있지는 못하다. 영국 해군은 본국의 해안선과 무역을 예전과 같이 방어할 수 없다. 제국은 사라졌고, 아일랜드 대부분의 지역은 영국에서 분리되었다. 2014년 스코틀랜드에서는 50만 명이 영국에서 독립하는 안에 찬성표를 던졌다.

오웰 이후 한 세대가 지나, 미국 국무장관 딘 애치슨이 "영국은 제국의 지위를 잃은 후 아직도 제 역할을 찾지 못하고 있다"고 말했을 때[23] 사람들은 분노했다. 애치슨 이후 두 세대가 지났지만, 영국은 여전히 역할을 찾지 못하고 있다. 영국은 미국의 산그늘 밑에서 보호받고 있어야만 하는가? 아니면 브뤼셀 아래의 비탈길 어딘가에서 더 나은 역할을 찾을 수 있을까? 베이징 산 쪽으로 올라가야 하나? 혹은 세 개의 산 사이에서 독자적인 경로를 개척할 수 있을까? 아니면 다시 영어권인 옛 연방과 협력하여 네 번째 언덕을 쌓아올릴 수 있을까? 이것들도 아니라면, 이 역할들 중 몇 가지를 동시에 맡거나 아예 새로운 역할을 스스로 써내려가는 게 나을까?

2016년 영국인들은 논쟁적 질문에 직면했지만, 그해 여름 투표지 위에 있던 질문, 즉 '영국은 유럽연합의 회원국으로 남아야 하는가, 아니면 유럽연합을 떠나야 하는가?'[24]는 잘못된 질문이었다. 거대사의 관점에서 볼 때, 브렉시트 논쟁은 단순히 중요한 변화를 보지 못하도록 정신을 흩뜨리는 일이었을 뿐이다. 21세기 논쟁은 브뤼셀이 아닌 베이징을 중심으로 전개될 것이다. 진짜 질문은 영국이 동쪽으로 기울고 있는 세계 무대 어디에 자리잡는 것이 최선인가를 물었어야 했다(이 문제에 있어서 서양의 나머지 지역들 또한 마찬가지다).

네 번째 지도

이 질문에 대답하기 매우 어렵게 만드는 이유 중 하나는 '영국Britain'이라는 것 자체가 논쟁적이라는 것이다. 유럽 서북부 해안에는 약

6390개의 섬이 있으며, 그중 약 150개에 현재 사람들이 살고 있다. 지리는 그들의 운명을 통합시키는 한편 그들을 갈라놓기도 한다. 나는 이와 관련해 앞서 소개했던 세 지도와 더불어 앞으로의 논의에서 동일한 중요성을 갖게 될 네 번째 지도(도판 0.6)를 소개하고자 한다.

어떤 섬도 서로 완전히 똑같을 수 없지만, 특히 두 개의 분리선이 영국의 지리적 구분에 중요한 역할을 해왔다. 가장 명확한 분리선은 두 개의 가장 큰 섬인 아일랜드와 그레이트브리튼Great Britain(잉글랜드, 스코틀랜드, 웨일스가 위치함) 사이에 있다. 빙하기 이후 해수면이 상승하면서 기원전 9000년경 아일랜드와 스코틀랜드 사이에 물이 유입되었지만, 아일랜드가 된 땅은 그 이전부터 수백만 년 동안 그레이트브리튼과 지질학적으로 구별된 곳이었다. 아일랜드는 분지로 이루어져 있어, 북쪽에는 오래된 사암과 화강암 고지대가 있고, 남쪽 중심에는 모래와 점토, 습지, 호수로 이루어진 저지대가 있다.

두 번째 분리선은 대략적으로 데번의 엑스강 하구에서 요크셔의 에스크강 하구까지 그레이트브리튼을 관통한다. 그것은 (영국 기준으로는) 날씨가 따뜻하고 건조하며 토지는 부드럽고 오래되지 않아 비옥한 동남쪽 저지대와 날씨가 춥고 습하며 점판암과 진흙 퇴적암이 있는 서북쪽의 고원지대를 나눈다. 잰 스트러더의 수필집 『미니버 부인Mrs Miniver』 중 한 편(지금까지 쓰인 글 중 가장 잉글랜드적이고 동남쪽 지역에 사는 중상류층을 가장 잘 반영한다고 확신한다)에는 이 경계에 대한 멋진 묘사가 있다. 그녀는 가족을 데리고 1930년대에 엑스-에스크강의 분리선을 넘어 북쪽으로 차를 몰았다.

마침내 평야를 벗어나 완전히 다른 나라로 올라갔다. 작고 가파른 들판, 거친 돌담, 울부짖는 양, 날카롭게 우는 물떼새, 무성한 단풍나무의 보호를 받는 외딴 농장들이 있는 나라였다. (…) 초원 사이로 대지의 뼈대가 바위와 암반의 모습으로 솟아오르기 시작했다. 더 높이 올라가자 들판조차 사라지고 오직 벌거벗은 황야만이 펼쳐져 있었다.[25]

아주 정확한 묘사였다.

지리는 불공평하다. 다른 조건들이 같다고 볼 때, 토양이 척박한 영국 서북부와 토양이 무겁고 축축한 아일랜드는 토양이 비옥한 영국 동남부보다 인구가 적었고 더 가난했다. 그리고 영국 동남부 지역에 사는 사람들은 서유럽의 훨씬 더 좋은 토양에서 사는 사람들보다 숫자가 적었고 가난했다.

1932년 초 영국에서 고고학이 막 발전하던 시기에, 선구자였던 시릴 폭스는 이것이 무엇을 의미하는지를 알고 있었다. 그는 "이것은 영국의 선사시대와 역사시대를 관통하는 비극이다. 비극을 설명하는 열쇠는 거주하기 가장 좋고, 정복하기 가장 쉬운 지역이 해안과 인접해 있어 침략자들이 나타날 가능성이 가장 컸다는 것이다"라고 설명했다. 그 결과 폭스는 "영국의 동남부 저지대에서는 대륙에서 기원한 새로운 문화가 초기 원주민 문화를 덮어버리는 경향이 있었던 반면, 서북부 고지대에서는 대륙에서 온 새로운 문화가 이전부터 있었던 오래된 문화에 흡수되는 경향이 있었다"라고 결론지었다.[26] 결국 지리가 정체성, 이동성, 번영, 안보와 주권을 결정짓는 요인이었다고 할 수 있다. 잉글랜드의 역사는 대부분 대륙에서 온 것들을 다루었지만, 서북쪽인 웨일스와 스코틀랜드, 아일랜드의 역사는 잉글랜드에서 오는 것을 다루었다.

나는 동남부와 서북부를 나누는 경계선 바로 위인 잉글랜드의 중

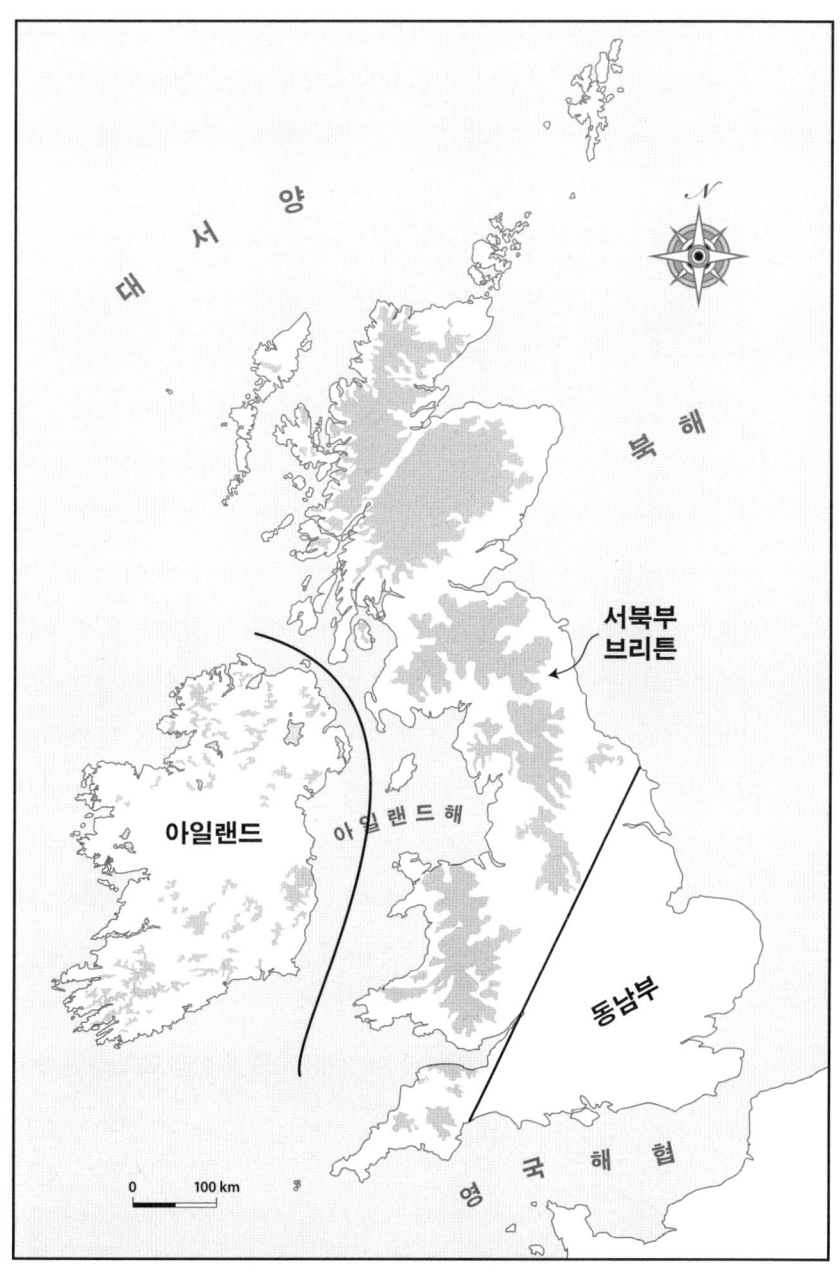

도판 0.6 오래된 암석들을 중심으로 지리적으로 세 개의 지역으로 분리된 영국 제도. 동남부의 비옥한 저지대, 서북부의 메마른 고지대와 아일랜드 분지. 회색 지역은 해발 200미터 이상을 의미한다.

부 도시 스토크온트렌트에서 자랐다. 지리학자들이 잉글랜드 미들랜드 갭이라고 부르는 이곳은 웨일스의 캄브리아산맥과 잉글랜드 북부의 페나인산맥 사이의 50킬로미터 너비의 계곡에 자리한 어중간한 지역이다. 확실히 동남부도 아니지만, 그렇다고 북부나 서부도 아닌 곳이다. 2016년의 국민투표에서 스토크온트렌트 주민 중 무려 69퍼센트가 브렉시트에 찬성표를 던졌다. 기자들은 스토크를 '브렉시트 수도'라고 부르기 시작했다.[27] 2017년에 내가 10대 때 살았던 스토크 센트럴의 의석이 공석이 되었을 때, 영국독립당은 나이절 패러지에 이어 당 대표로 막 취임한 폴 누탈이 직접 선거에 나설 정도로 당선 가능성을 높게 봤다. 그는 졌으나(1950년 이래 모든 선거에서 노동당이 의석을 차지했으며, 2019년이 되어서야 보수당이 선거에서 이길 수 있었다) 전체 투표수의 4분의 1을 차지했다.

나는 1978년 스토크온트렌트를 떠나 현재 인생의 절반 이상을 해외에서, 주로 시카고와 캘리포니아에서 보내고 있다. 이것이 세계에서 영국의 위상에 대한 나의 시각을 넓혔는지 아니면 절망적으로 무관심하게 만들었는지는 독자들이 판단하겠지만, 나는 2016년 국민투표를 앞두고 웨스트민스터의 기념물, 극장, 식당들 사이에 자리한 런던정경대학LSE의 객원 교수로서 많은 시간을 보내기도 했다.* 이곳은 세계에서 가장 국제적인 지역 중 하나이며(학생들은 나에게 LSE가 영어 배우

---

* 나는 다시 한번 매니 로먼, 아르네 베스타, 나를 초대해준 믹 콕스, 에밀리아 나이트, 바스티안 바우먼, 크리스토퍼 코커, 그리고 나의 런던 방문을 매우 흥미롭고 즐겁게 해준 런던정경대학 외교 정책 싱크탱크LSE IDEAS의 모든 사람에게 감사의 말을 전한다. 그리고 내 세미나에 참석한 사람들, 특히 재러드 매키니와 제프 켐플러에게 그들의 통찰력과 호의에 대해 감사를 표하고 싶다. —지은이

기Learning to Speak English의 줄임말이라고 농담하곤 했다), 스토크온트렌트보다 샌프란시스코와 정체성, 이동성, 번영, 안보, 주권에 대한 생각이 더 가까운 것 같다. 2016년에 내 고향이 보여줬던 투표와 정확히 반대로, 69퍼센트의 웨스트민스터 시민들은 유럽연합에 남기를 원했다.

도판 0.6에 나타난 지역들의 정치적 분쟁으로 '영국'이라는 이름 하나로 전체를 묶는 데 주저하게 된다. 1916년과 1923년 사이에, 적어도 5000명의 사람이 아일랜드가 영국이냐 아니냐에 대한 견해차로 발생한 유혈 사태로 인해 사망했고, 내 생애 동안에도 아일랜드의 동북부 역시 같은 것을 놓고 다투다, 심지어 9월 11일 미국에서 발생한 테러보다 더 많은 3500명의 사람이 죽었다. 몇 세기 전에는 스코틀랜드와 웨일스를 둘러싼 비슷한 논쟁으로 더 많은 사람이 죽었다.

놀랄 것도 없이, 수많은 사람이 'B로 시작하는 단어'*로 한데 묶이는 것을 꺼린다. 2006년에 저널리스트 에디 홀트는 심지어 농담을 섞어 이렇게 제안하기도 했다. "논쟁에 있는 섬들이 아일랜드해로 알려진 수역 주변에 떼 지어 모여 있으니, 아일랜드 제도라 부르는 게 상식적이지 않을까요? 그 누가 이 명칭에 불편해하겠어요?"[28] 더블린과 런던의 공무원들은 공동의 문서를 작성할 때 논쟁을 피하기 위해 그저 '이 섬들these islands'이라고만 표현한다.[29] 역사학자 노먼 데이비스는 이 지역에 대한 1000쪽 분량의 훌륭한 논문을 집필하며 제목으로 '영국과 아일랜드 제도' '유럽의 앞바다 섬들' '앵글로-켈트의 군도' 같은 표현을 검토하다가, 결국 학술적으로 중립적인 의미의 '이 섬들'을 택했다.[30]

---

* 여기서 B로 시작하는 단어는 영국British을 의미한다.

나는 이 책에서 종종 데이비스의 용어를 빌려 사용하고 있으며 또한 '영국Britain'과 '영국 제도British Isles'를 전체 군도의 약칭으로 사용한다. 이렇게 하는 데에는 두 가지 이유가 있는데, 첫째로는 그 이름들이 너무 익숙해서 억지로 쓰지 않는 것이 오히려 현학적으로 느껴지기 때문이다. 현존하는 가장 오래된 논의로 거슬러 올라가보면, 이 이름들은 기원전 330년경 그리스 철학자 아리스토텔레스(혹은 그의 제자 중 한 명)가 "가장 큰 두 섬인 앨비언Albion(그레이트브리튼의 고대 이름)과 이언Ierne(아일랜드의 고대 이름)을 영국 제도라고 부른다"고 한 바 있다.31 그가 사용한 그리스어인 브레타니카이Brettanikai는 아마도 '색칠된 사람들' 또는 '문신한 사람들'을 의미하는 켈트어인 프레타니Pretani에서 유래했을 것이다. 율리우스 카이사르가 기원전 55년 영국에 왔을 때, 로마인들은 염색한 영국인들을 보고 지금의 잉글랜드와 웨일스에 건설한 자신들의 통치 지역을 '브리타니아'라고 부르기로 했다. 서기 100년 이후에는 피부 페인팅, 400년 이후에는 문신에 대해 언급한 기록이 더 이상 나타나지 않지만, '브리타니아'라는 이름은 굳어졌다.

두 번째가 더 중요한 이유인데, 섬들이 각종 지리적 요인으로 인해 나뉘었음에도 지리의 통합적인 힘이 궁극적으로 더 크게 작동하기 때문이다. 이 섬들을 '영국'이라고 부른다고 이 섬들에 사는 사람들이 지금까지도 피부를 파란색으로 칠해야 한다고 생각하지는 않듯이, 이 섬들 6390개 모두가 런던으로부터 통치를 받아야 한다고 말하는 것이 아니다. 공유되는 칭호인 '영국British'은 지리적 이유로 사람들에게 강요된 근본적인 사실을 의미하는 것이다. 바로 섬들의 사람들은 꽤나 다투지만, 어쨌건 모두 함께 있다는 사실이다.

로드 맵

투키디데스 시대 이후 역사학자들이 해왔던 것처럼, 나도 하나의 사건이 어떻게 다른 사건으로 이어졌는지를 보여주면서 이야기를 풀어가려 한다. 나는 해수면 상승으로 영국 제도가 대륙으로부터 분리된 기원전 6000년까지 거슬러 올라갈 것이다. 이 책의 처음 절반은(제1부 '헤리퍼드 지도') 캐벗이 헤리퍼드 지도가 결코 지구 전체 무대를 담고 있지 않다는 사실을 알려준 서기 1497년까지 우리를 안내한다. 요지는, 영국의 역사가 언제나 대륙의 맨 가장자리에 있는 군도라는 지리적 사실에 의해 움직여왔다는 것이다.

제2부 '매킨더 지도'에서는 영국의 무대가 대서양과 인도양으로 확장되면서, 영국의 역할이 어떻게 혁명적으로 바뀌었는지를 본다. 이 부분은 거의 책의 3분의 1을 차지하는데, 기간은 겨우 40분의 1에 불과한 1497년부터 1945년까지의 이야기다. 이 기간은 많은 측면에서 영국 역사에 있어 가장 특별했지만, 이것이 이 시기의 비중이 커진 유일한 이유는 아니다. 2016년에 브렉시트 지지자들은 매킨더 지도가 어쨌든 세계의 자연스러운 상태이며, 영국이 대륙과 얽히고설킨 관계를 끊을 때 되돌아가야 할 기본값이라고 종종 말하곤 했다. 하지만 이런 생각은 잘못된 것이다. 매킨더 지도가 성립되려면 지리의 매우 특수한 의미들이 존재해야 하기 때문이다. 1945년이 되었을 때 그러한 의미들은 영원히 사라져버렸다.

제3부 '부의 지도'는 단지 1세기 반의 시기를 다루고 있다. 그마저 11장은 많은 부분을 아직 일어나지도 않은 일에 할애하고 있다. 나는 2016년의 국민투표를 두고 여기서 다시 논쟁할 생각은 없다. 대신 세계에서 영국의 위치를 만들어온 1만 년이라는 긴 시간의 논리가 영국

이 앞으로 어디로 가야 할지에 대해 무엇을 말해주고 있는지를 물을 것이다. 왜냐하면 과거가 미래에 대한 아주 완벽한 안내자는 아니더라도, 우리가 가진 유일한 것이기 때문이다.

1부
헤리퍼드 지도,
기원전 6000~서기 1497년

1장
대처의 법칙

기원전 6000~기원전 4000년

캐치-22*

마거릿 대처 총리는 1975년 영국인들에게 "우리는 떼어놓을 수 없는 유럽의 일부다"라고 말했다. "풋**도, 벤***도, 브렉시트를 이끄는 지도자들 그 누구도 우리를 '유럽 밖으로' 데리고 나갈 수 없다. 왜냐하면 유럽은 지금 우리가 있는 곳이고, 항상 있었던 곳이기 때문이다."[1]

대처가 나중에 유럽 통합의 최대의 적이라는 명성을 얻은 것을 생각하면 의아하게 들릴 말이다. 일부 역사학자는 그녀가 진심으로 그렇게 생각했는지 궁금해한다. 어쨌든 이때 그녀는 막 보수당 당수가 된 참이었고, 보수당은 얼마 전 영국의 유럽경제공동체 가입이라는 큰 성공을 거둔 상황이었다. 당시 노동당 정부가 이러한 보수당의 성과를 국민투표에 부치고 있었기 때문에, 당의 명예를 지키기 위해서 당연히

---

* 미국 작가 조지프 헬러의 소설로, 진퇴양난 또는 딜레마를 뜻한다.
** 전 영국 노동당 당수였던 마이클 풋.
*** 전 노동당 의원 토니 벤.

그녀는 유럽 통합을 옹호했어야만 했다. 그러나 대처가 내심 어떤 의구심을 품고 있었든 간에(10장에서 다시 언급할 것이다), [1975년] 첫 브렉시트 국민투표 전날 그녀가 국가에 던졌던 다음의 조언은, 다른 이들의 조언과 마찬가지로 영국의 지리적 위치에서 비롯되는 근본적인 사실이 무엇인지 드러냈다. "영국은 유럽의 불가분한 일부분이기에 그 안에서 빠져나올 수 없고, 유럽이 바로 영국이 있는 곳이자 항상 있어왔던 곳이다." 그녀의 주장이 너무나 설득력 있어서, 나는 그것을 대처의 법칙Thatcher's Law이라고 부르려 한다.

모든 과학 법칙이 그렇듯 대처의 법칙에도 예외가 있다. 유럽 자체가 항상 존재했던 것은 아니라서, 영국이 유럽 안에 '항상 있었다'라고 말할 수는 없다. 지구는 46억 년 동안 존재해왔지만, 현재 유럽이라고 부르는 지역은 대륙판의 이동으로 겨우 2억 년쯤 전에 만들어졌다. 다만 영국은 2억 년 중 99퍼센트 동안 문자 그대로 유럽의 일부였다. 왜냐하면 영국은 섬이 아니었고, 러시아에서 현재의 골웨이*의 서쪽으로 150킬로미터 떨어진 대서양까지 뻗어 있는 거대한 평원의 끝이었기 때문이다. 더 나은 이름이 있으면 좋겠지만, 나는 이 대륙에서 확장된 고대 지역을 '원시 영국Proto-Britain'이라고 부를 것이다.

지난 250만 년의 대부분을 차지하는 여러 빙하기 동안, 빙하가 바다로부터 너무 많은 물을 빨아들여서, 현재 북해와 동대서양으로 알려진 지역은 대부분 육지였다. 가장 추운 시기였던 2만 년 전, 기온은 오늘날보다 평균 6도 정도 더 낮았다. 두께가 3킬로미터에 달하는 빙하가 북반구 대부분을 뒤덮어 1억2000만 톤의 물을 가두었고, 해수면은

---

* 아일랜드 공화국 서부.

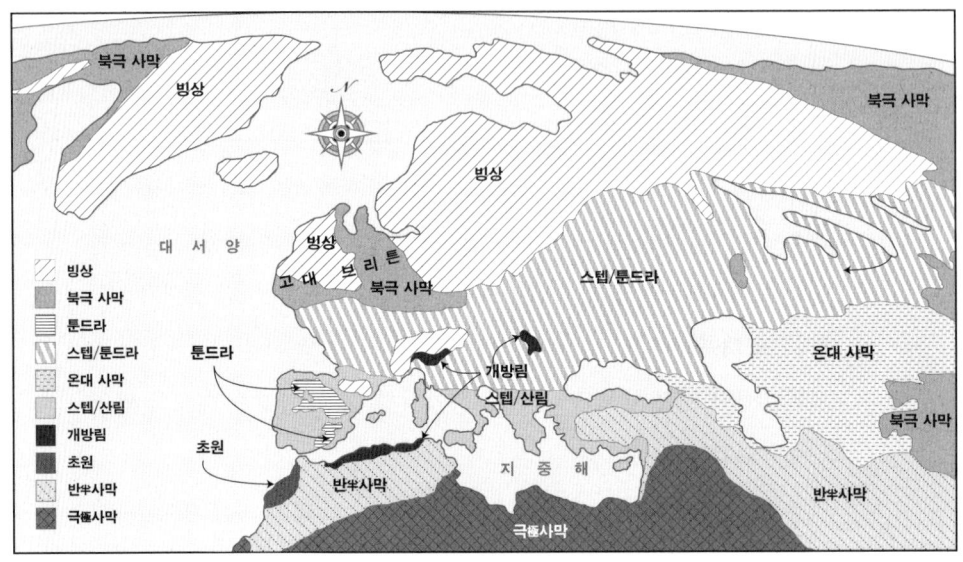

도판 1.1 유럽의 팽창: 약 2만 년 전, 마지막 빙하기 중 가장 추웠던 시기의 해안선과 빙하.

100미터 낮아졌다.

 마지막 빙하기 중 가장 추운 시기에 미래의 스코틀랜드, 아일랜드, 웨일스, 잉글랜드 북부를 뒤덮은 빙하에는 어떤 생명체도 살 수 없었다. 빙하의 남쪽 가장자리 너머로 150킬로미터 이상 뻗어 있던 툰드라 지대라고 해서 더 살 만한 것도 아니었다. 어떤 시기에는 얼음이 습기를 너무 많이 가둬서 지금보다 겨우 5분의 1의 비가 내렸고 공기 중에 먼지가 10배에서 20배나 더 많았다. 추위보다 더 큰 문제는 건조함이었다. 건조한 원시 영국에서 자랄 수 있는 식물은 거의 없었고, 그래서 식물을 먹고사는 동물이 주변에 드물었으며, 사람들은 먹을거리를 아무것도 구할 수 없었다.

 최초로 인간과 가까운 유인원(인류학자들은 '인간'을 어떻게 규정할지에 대해 끝없이 논쟁한다)은 약 250만 년 전 동아프리카의 사바나에서 진화했는데, 바로 이것이 근본적인 지정학적 불균형을 만들어냈다. 우리가 이 책에서 반복해서 보게 될, 한 지역에서 발생한 불균형이 여러 지역을 거치며 균등해지는 패턴은 인류만큼이나 오래되었다. 이 불균형은 원시 인류가 이전에 인류가 존재하지 않았던 아프리카 지역으로 이주하며 균등해지는 데만 수십만 년이 걸렸다. 한편, 우리가 계속해서 보게 될 또 다른 패턴은 먼저 있었던 불균형이 해소되는 과정에서 새로운 불균형이 빠르게 만들어지는 것이다. 이는 새로운 유형의 인류가 최초의 고향인 동아프리카로 돌아가거나 아시아와 유럽으로 퍼진 인류 종들 사이의 이종 교배를 통해 진화하고 있었기 때문이다. 150만 년 전, 복잡한 의사소통이 가능한 인간이—비록 그들의 의사소통이 지금과 같은 대화는 아닐지라도—인도네시아, 중국, 발칸 지역까지 부채꼴로 퍼져나갔다. 좀더 따뜻하고 덜 건조한 간빙기 동안에만 원시 인류는 유럽을 가로질러 더 멀리 갈 수 있었고, 거의 100만 년 전쯤에 그들은 원시 영국을 최초로 거닐었다.

그 증거는 노퍽주의 해피스버그Happisburgh(영국에서는 '헤이즈버러 Hazebruh'로 발음됨)에 있는 강 하구 갯벌에서 발견된 발자국들이다(도판 1.2). 표류하던 모래에 파묻힌 후 진흙이 굳어져 보존된 이 발자국들은 폭풍우가 발자국들을 덮고 있는 물질을 쓸어버린 2013년에 모습을 드러냈다. 2주 동안 폭풍우는 발자국들도 쓸어냈지만, 고고학자들이 달려들어 모든 세부 사항을 기록하기에는 충분했다. 당연히 그들이 영국 월간 고고학 잡지 『커런트 아키올로지Current Archaeology』의 '올해의 구조 발굴상'을 수상했다.

발자국이 찍힌 정확한 날짜를 알아내는 방법은 없지만, 그 옛날 발들이 빠진 진흙의 연대를 추정하는 기술이 두 가지 있다. 첫 번째 기술

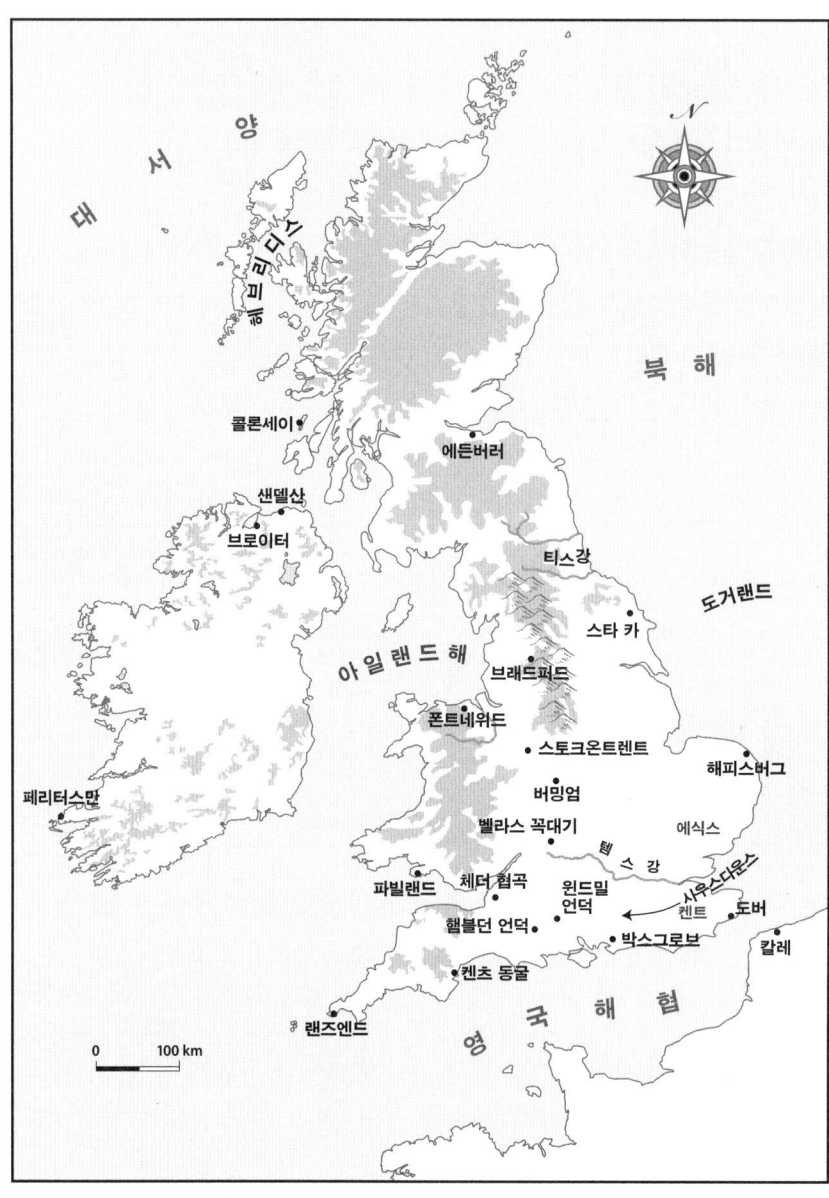

도판 1.2 영국 무대, 기원전 100만~기원전 4000년(현재의 해안선을 기준으로 지도에 표시).

은 진흙 속 자성이 있는 입자들로 대략적인 시대를 추정하는 방법이다. 이것이 가능한 이유는 지구의 자극磁極이 약 45만 년마다 역방향으로 바뀌기 때문이다. 해피스버그에 진흙이 깔렸을 당시 나침판의 바늘은 현재 남극이라고 부르는 곳을 가리키고 있었는데, 이는 해당 진흙이 100만 년 가까이 되었다는 것을 보여준다. 그리고 퇴적물 속의 화석들(특히 들쥐의 이빨)을 분석하는 두 번째 기술을 활용해 시대를 더 좁혀볼 수 있는데, 이 기술로 추정한 연대는 85만 년에서 95만 년 전이었다.

고고학자들은 어린아이가 포함된 다섯 명의 소규모 집단이 일용할 양식으로 조개류와 해조류를 채집하다가 이 고대의 물가에 흔적을 남겼으리라 추측한다. 아쉽게도 원시 인류의 뼈가 아무것도 남아 있지 않기 때문에, 그들이 어떤 종의 원시인이었는지는 알지 못한다. 사실 가장 최초로 발견된 원시 영국인의 화석도 해피스버그 발자국으로 추정한 연대보다 훨씬 후대의 것으로 밝혀졌다. 이 화석은 서식스주 박스그로브의 고대 강둑 근처 두 곳에서 발견된 정강이뼈와 두 개의 치아인데, 키가 큰 근육질의 40대로 추정되는 하이델베르크인Heidelberg Man(19세기까지 거슬러 올라가는 특정 전통에 따라, 고고학자들은 최초 발견 장소에 'man'을 붙여서 만든 이름으로 원시 인류를 구분한다)의 것이었다.* 묘하게 우리와 비슷하지만 다른 하이델베르크인들은 약 60만 년 전에 아마 아프리카에서 진화한 것으로 보이며, 네안데르탈인과 현생 인류의 조상이다.

---

* 성별이 드러나는 언어 대신 라틴어를 선호하는 사람들은 이 박스그로브에서 발견된 사람을 호모 헤이델베르겐시스Homo heidelbergensis라고 부른다.─지은이

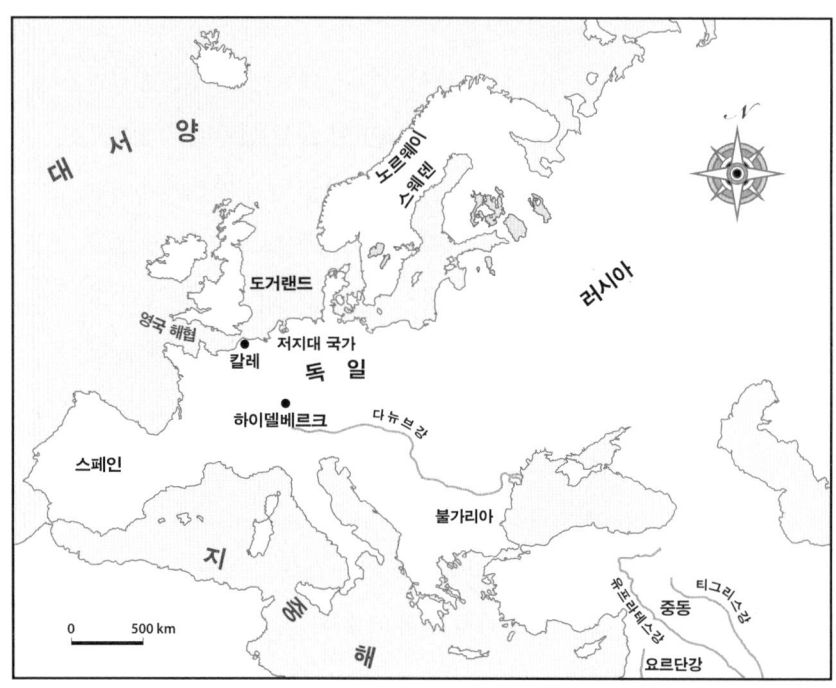

도판 1.3 유럽 무대, 기원전 100만~기원전 4000년(현재의 해안선을 기준으로 지도에 표시).

하이델베르크인을 발굴한 고고학자들은 또 다른 오래된 전통을 따라 그를 직접 땅에서 파낸 발굴자의 이름을 따서 그에게 로저라는 이름을 붙였다. 이 선사시대의 로저는 빙하기에서 잠깐 온화해지는 간빙기의 한 시기에 살았는데, 이때 원시 영국은 현재의 영국보다 훨씬 더 따뜻했고, 코뿔소와 코끼리들이 그 남부를 활보했다. 단순한 기후 패턴이 원시 영국의 지리적 의미를 형성했다. 로저의 시기같이 빙하기 중 따뜻하고 습한 간빙기 동안에는 아프리카나 유럽에서 진화한 새로운 원시 인종이 만든 불균형의 균형화가 그들이 대서양을 따라 세계의 가장자리에 도달할 때까지 지속되었다. 그러나 춥고 건조했던 시기에는 마이클 풋과 토니 벤도 할 수 없었던 것을 지리가 해냈다. 얼음과 먼지로 인해 원시 영국과 알프스 및 피레네산맥 북쪽 대부분의 지역은 사람이 살 수 없는 황무지가 되었고, 사실상 그 지역은 유럽에서 떨어져나간 셈이었다.

여기에 복잡한 문제가 있다. 온난화로 원시 영국이 유럽의 일부가 되었지만, 온난화가 너무 심해지면 너무 미미할 때처럼 영국이 다시 유럽에서 떨어질 수 있다는 것이다. 45만 년 전쯤, 지금의 북해에서 녹고 있던 빙하가 붕괴하며 빙하 속에 갇혀 있던 거대한 호수의 극도로 차가운 물을 방출시켰다. 틈 사이로 수개월 동안 계속해서 100만 톤 이상의 물이 매초 쏟아져 나왔고, 지금의 영국 해협 바닥에 계곡과 독특한 물방울 모양의 언덕들을 새겼다. 쓰나미가 지금의 도버와 칼레를 잇던 높은 석회질의 산맥 사이를 강타했고, 우리가 현재 영국 해협이라고 부르는 곳을 오목하게 조각하면서 원시 영국 땅을 원시의 영국 제도로 만들었다.

이처럼 극적인 방식으로 섬나라적 특성이 영국의 역사에 들어오게 되었고, 기후의 캐치-22를 만들었다. 섬들이 살기에 충분히 따뜻했을 때, 영국 해협은 바닷물로 가득 찼을 것이고, 로저와 같은 인종은 당시 기술로 34킬로미터에 달하는 넓은 바다를 건널 수는 없었을 것이다. 유럽의 추위로 인해 해수면이 낮아져 해협이 육지 다리로 변해버렸을 때는 누구도 다리를 건너가 원시 영국에서 살기는 어려웠다. 너무 추웠기 때문이다. 기후는 대처의 법칙을 수정했다. 섬들은 골디락스 이야기 속 아기곰이 먹는 귀리죽처럼 너무 뜨겁지도 차갑지도 않은 딱 알맞은 조건일 때만 유럽의 일부가 될 수 있었다. 해협의 빙하와 바닷물은 모두 영국을 떼어놓는 요소였다.

우리가 아는 한, 40만 년 전에서 22만5000년 전 사이의 긴 기간에는 골디락스의 시기는 없었다. 영국은 아주 새로운 불균형이 출현하기 전까지 원시 인류가 살지 않았다. 이 불균형은 약 30만 년 전 아프리카 중심부나 유럽 국경 어딘가에서 일어난 네안데르탈인의 진화라고 할 수 있다. 하이델베르크인보다 훨씬 더 척박한 환경에 강하고 똑똑했던 그들은 추위를 더 잘 견딜 수 있었다. 그들의 치아 열여덟 개는 그들이 약 22만5000년 전에 저 머나먼 서북쪽으로 웨일스의 폰트네위드까지 이주했다는 사실을 보여준다. 이후 한 세기가 250번 지나는 동안, 그들은 원시 영국의 툰드라를 사냥터로 만들었다(그들의 뼈에 나타난 화학적 성질은 그들이 붉은 고기를 엄청나게 많이 섭취했다는 사실을 보여준다). 그들은 약 16만 년 전쯤(날짜는 여전히 불분명하다) 첫 번째 홍수보다 더 큰 대홍수로 영국 해협이 훨씬 더 깊게 파였던 시기에 사라졌다. 대륙으로부터의 유입이 단절되었고, 영국의 네안데르탈인은 멸종되었다. 그리고 약 6만 년 전 기온이 다시 골디락스 지점에 이를 때까지, 영국에서 인류의 흔적은 발견되지 않았다. 파도가 물러나 육지 다리가 드러날 정도로 적당히 추우면서, 네안데르탈인이 더비셔만큼 먼 서북쪽으로 이주해올 만큼 따뜻한 날씨가 될 때까지 말이다. 그 너머로는 그들조차 갈 수 없었다.

브렉시트와 브렌트리 Bre-Entries

네안데르탈인에게 대처의 법칙은 터무니없이 들렸을 것이다. 영국이 유럽의 불가분한 일부라니, 그것은 사실이 아니었기 때문이다. 오히려 영국은 유럽의 안팎을 오갔고, 너무 따뜻하거나 너무 추울 때면,

유럽 안보다는 밖에 머무는 시간이 더 길었다. 결국 이러한 패턴을 깬 것은, 기술과 조직에서 혁신을 가능케 하고 그로 인해 지리의 의미를 관리하는 지적 능력을 갖춘 현대 인류로의 진화였다.

대략 30만 년 전 처음으로 네안데르탈인이 나타났을 무렵, 현 인류의 조상인 호모 사피엔스(현명한 사람) 역시 아프리카에서 진화하고 있었다. 최초의 호모 사피엔스가 정말로 네안데르탈인보다 더 현명했는지는 불분명하지만, 10만 년 전 그들의 후손들은 확실히 현명했고, 과거 어느 때보다 그들이 만든 지리적 불균형을 빠른 속도로 해소해나갔다. 아프리카를 떠나 동쪽으로 향했던 호모 사피엔스는 6만 년 전 호주에 도착했고, 반대로 방향을 틀었던 호모 사피엔스는 약 4만 3000년 전에 육지 다리를 건너 원시 영국으로 들어갔다(토키 지역의 켄츠 동굴에서 발견된 영국에서 가장 오래된 호모 사피엔스 유적인 세 개의 이빨과 턱뼈 조각의 연대에 대해서는 약간의 논쟁이 있다).

영국에 도착한 그 '새로운 정착민'들은 정확히 우리처럼 보고, 걷고, 말했다. 1823년 남웨일스의 파빌랜드에서 그들의 해골 중 하나를 최초로 발굴한 윌리엄 버클런드 옥스퍼드대학 지질학과 교수는 이와 같은 능력을 가진 해골이 그렇게 오래되었으리라고는 도저히 믿을 수 없었다. 버클런드는 양심적인 과학자였고, 해골 옆에서 매머드의 뼈가 발견됐다는 사실은 그것들이 정말로 오래되었음을 보여주는 단서였다. 그러나 동시에 독실한 기독교인이었던 버클런드는 인간이 멸종된 동물과 함께 살았을 가능성을 배제한 성경의 가르침을 믿었다. 매머드 잔해는 노아의 홍수 이전에 존재했던 것이며 인간의 잔해는 그 이후의 것이라고 확신하면서, 그는 무덤을 파는 일꾼들이 홍수 이전의 잔해를 제자리에서 옮겨버리면서 사람과 후피 동물*이 동시대에 있었다는 착각을 불러일으켰다고 추론했다. 과거 로마 군대가 파빌랜드 근처에 진지를 쳤기 때문에, 버클런드는 다른 사람들과 마찬가지로 그 해골이 로마 시대의 것이라고 추론했다. 더 나아가 붉은 황토와 상아 액세서리로 치장한 것을 보고 그 해골이 여성이라고 추정했다. 이 추론의 마지막 단계에서 그는 이 '파빌랜드의 붉은 여인Red Lady of Paviland'(그가 붙여준 이름이다)이 화장을 하고 있었고, 군부대 근처에서 살고 있었기 때문에, 아마도 매춘부였을 것이라고 결론지었다.

그러나 추리가 이렇게 처음부터 끝까지 틀리기도 어려울 것이다. 물리학자들이 탄소의 서로 다른 동위원소를 대조해 5만 년 미만 유기 물질의 정확한 연대를 측정할 수 있는 방사성탄소 연대측정법을 통해 알게 된 것은, 서기 초기 몇 세기에 소위 가장 오래된 직업인 매춘부였다는 추론과는 거리가 멀었고, 그 붉은 여인은 사실 기원전 3만 1000년 전쯤 살았던 수렵채집인이었다는 사실이었다. 그리고 그 해골을 더 정확히 이해하게 된 덕분에, 우리는 그 '여인'이 남성이었다는 사실도 확인할 수 있었다.

파빌랜드의 붉은 신사가 그의 창조주를 만나러 세상을 떴을 무렵, 영국의 네안데르탈인은 이미 그들의 창조주를 만나러 간 지 오래였다. 일부 고고학자는 이주자인 호모 사피엔스가 네안데르탈인들을 사냥해 멸종시켰거나, 식량 쟁탈전에서 이겼다고 생각한다. 또 다른 일부는 기후변화나 질병이 그들을 사라지게 했다고 본다. 어느 쪽이든, 현생 인류는 빙하가 원시 영국을 유럽 바깥으로 다시 내보내기 전까지 영국을 독차지했다. 기원전 2만 년경, 기온은 기록상 가장 낮은

---

* 코끼리처럼 가죽이 두꺼운 동물. 여기서는 매머드를 가리킨다.

수준에 도달했다. 빙하는 영국과 아일랜드의 남해안을 제외하고 지구를 전부 덮어버렸고, 남은 곳마저 너무 춥고 건조해서 살 수 없었다. 호모 사피엔스는 원시 영국뿐 아니라 알프스 이북의 거의 모든 지역을 버리고 떠났다.

기원전 1만5000년 이후, 날씨가 다시 따뜻해졌을 때 인류는 예상대로 원시 영국으로 다시 이주해왔다. 고대 DNA를 추출하고 분석하는 최신 기술은 최초의 정착민들이 대서양 연안의 스페인에서부터 북쪽으로 퍼져 기원전 1만1000년에 이르면 에든버러까지 진격했다는 사실을 보여주고 있다. 하지만 그로부터 2세기 후, 매서운 추위가 다시 한번 모든 사람을 원시 영국으로부터 몰아냈다. 1200년이 흘러서야 이주민들이 돌아올 정도로 충분하게 따뜻해졌다. 가장 먼저 식물이 자라기 시작했는데, 자작나무, 버드나무, 사시나무들이 서북쪽으로 퍼져 빙하기 툰드라에서도 살아남았던 풀과 관목들에 합류했다. 기원전 8000년경에는 개암나무가, 기원전 7000년에는 참나무, 느릅나무, 오리나무 숲이 원시 영국, 특히 동남부 지역의 대부분을 뒤덮었다. 사슴, 고라니, 야생마, 야생 돼지가 이 숲에 서식하기 시작했고, 이들과 함께 포식자인 불곰, 늑대, 살쾡이 그리고 우리가 숲을 지배했다.

나는 일부러 '우리'라고 말하고 있다. 빙하가 후퇴하면서 발칸 지역, 이탈리아, 스페인에서부터 이동해온 이 새로운 정착민들이 최초의 영국인들이다. 이들의 DNA는 여전히 오늘날 영국인의 몸에서 발견된다. 1996년 유전학자 브라이언 사이크스가 1903년에 체더 협곡의 동굴에서 발굴된 1만 년 전 선사시대의 영국인인 체더인Cheddar man의 치아 하나에서 오래된 DNA 표본을 추출한 이후로 우리는 이러한 사실

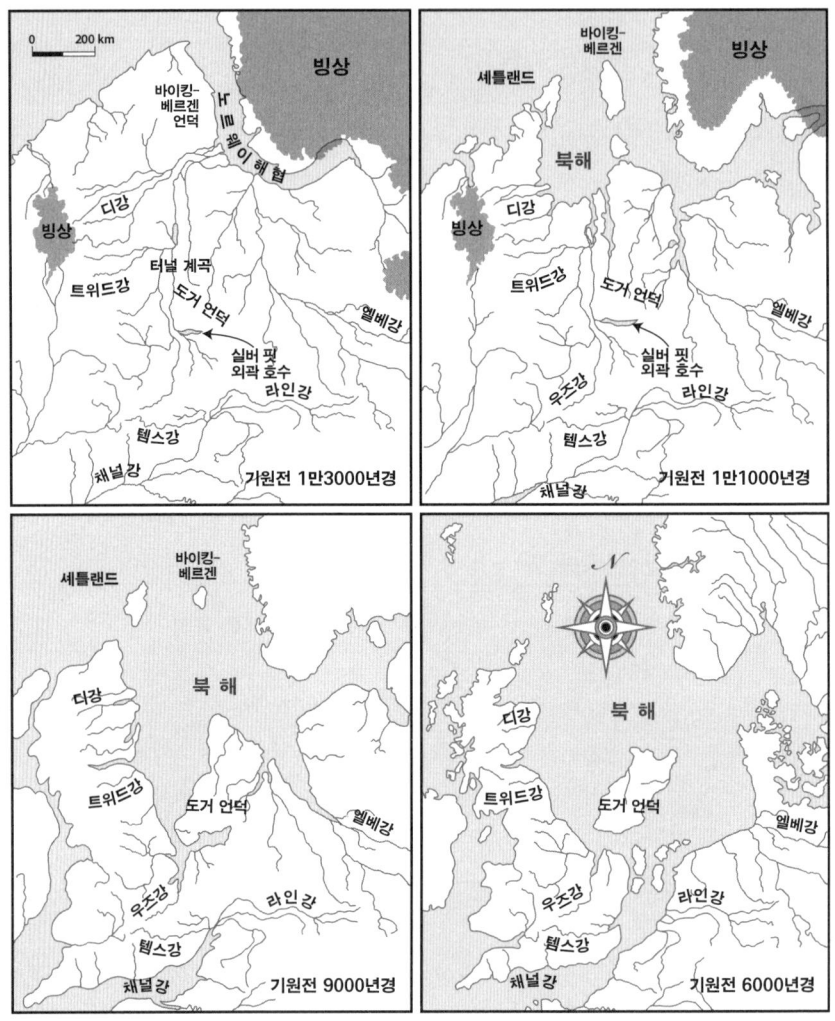

도판 1.4 낙원의 회복과 상실: 빙하 판이 후퇴하며 비옥한 영토가 새로 드러났지만, 해수면이 상승하면서 많은 부분이 물에 잠겼다.

을 알고 있다. 사이크스는 지역 학교 선생님인 에이드리언 타깃의 협조로 발굴 현장 주변에 사는 사람들의 DNA 샘플을 얻을 수 있었고, 선사시대 이후로 유전자 풀이 얼마나 변화했는지 측정할 수 있었다. 기쁘게도 타깃은 체더인의 후손인 게 확실한 사람을 발견할 수 있었는데, 바로 체더 협곡에서 1킬로미터도 떨어지지 않은 곳에 살고 있던 타깃 본인이었다.

2019년에 이르러, 유전학자들은 이 가장 오래된 영국인인 체더인이 '파란색 또는 녹색 눈동자, 짙은 갈색(아마도 검은색)의 머리카락, 짙은 갈색에서 검은색에 가까운 피부'를 가졌다는 것을 알아낼 수 있었다.[2] 현대 영국인의 옅은 피부 색소와 태양 민감성은 지난 3000~4000년 사이에 유전자 풀을 통해서 퍼져나간 것으로 보인다. 타깃은 이에 개의치 않고, 최근 복원된 조상을 보며 "나는 가족적인 유사성을 확실히 알 수 있다"라고 말한다.[3]

체더인의 조상이 원시 영국으로 이주했을 때, 북쪽과 서쪽 끝은 살기에 충분히 따뜻했고 육로로 유럽의 나머지 지역과 연결되어 있었다. 그러나 이 상황은 오직 몇 세기 동안만 지속됐다. 기원전 9000년 무렵, 빙하기가 끝나고 불어난 바다들은 원시 아일랜드와 원시 스코틀랜드 사이의 해협으로 범람했고, 현재 북해라고 부르는 곳에서의 파도는 지질학자들이 도거랜드라 부르는 10만 제곱킬로미터의 평원을 잠식해 들어오고 있었다. 기원전 6000년, 영국 해협의 물로 잉글랜드와 프랑스 사이의 계곡이 물에 잠겼다(도판 1.4). 이전 같았으면 이것이 원시 영국을 다시 유럽으로부터 떼어놓았겠지만, 현대 인류는 이제 그 도전에 맞섰다. 네안데르탈인을 호모 사피엔스가 대체하면서 전 세계에서 새로운 변화가 일어난 것이다.

1장 대처의 법칙

42만5000년 전과 16만 년 전에 일어났던 것처럼 경외심을 불러일으킬 정도의 맹렬한 쓰나미가 몰아쳤다. 그러나 영국과 대륙 사이의 육지 다리를 쓸어버린 주된 힘은 한 번에 몇 밀리미터씩, 아주 천천히 상승하는 해수면이었다. 아주 서서히 마른 땅은 진흙으로, 숲은 늪으로, 늪은 강으로, 강은 마침내 좁은 바다로 변했다. 몇 세대에 걸쳐 영국이 유럽 대륙에 붙어 있는지 그렇지 않은지조차 애매한 상태가 이어졌으나, 원시 영국인들이 섬나라의 고립성에 적응할 시간을 충분히 가질 수 있었다. 그들은 이후의 영국과 아일랜드의 역사를 규정짓게 될 도구를 활용해 유럽으로부터의 분리에 저항했는데, 그 도구는 바로 배였다.

고고학자들은 최초의 배에 대해 거의 알지 못한다. 왜냐하면 선체가 발견될 수 있는 유일한 조건은 (a) 산소가 닿지 않는 곳에 버려지고, (b) 수천 년 동안 방해를 받지 않고 그대로 놓여 있어야 하며, (c) 이 젖은 나뭇조각의 특별함을 알고 있는 누군가에 의해 재발견되는 것이기 때문이다. 모든 조건이 충족될 확률을 고려하면 우리가 얻을 수 있는 정보는 단편적일 수밖에 없다. 그럼에도 세계에서 가장 오래되었다고 알려진 배 두 척이 바로 이 시기, 이 일대에서 나왔다. 둘 다 약 3미터의 소나무를 쪼개 속을 파낸 형태로, 하나는 네덜란드의 강둑에서, 다른 하나는 프랑스 북부의 비슷한 환경에서 발견되었다. 두 배 모두 기원전 7000년경에 건조되었다. 그러나 가장 무모한 항해사만이 노를 저어 해협을 건널 위험을 무릅썼을 것이다. 기원전 4000년 이전까지 넓은 바다를 항해하기에 충분히 견고한 통나무배의 존재는 확인되지 않았다. 일부 식물학자는 아마도 오직 그때쯤이 되어서야 날씨가 따뜻해져, 바다를 항해하는 카누를 만드는 데 필요한 큰 나무들이 충분했을 것으로 보고 있다.

다행스럽게도, 해협을 건넌 배들에 대한 증거가 없다고 해서 사람들이 해협을 건넌 사실이 없다는 의미로 이해할 필요는 없다. 왜냐하면 우리는 이미 기원전 4000년 전에도 사람들이 서북쪽 바다를 항해했다는 사실을 알고 있기 때문이다. 예를 들어, 기원전 9800년 전 이후부터 노르웨이의 해안가를 따라 정착해온 방식은 사람들이 바다로 이동했다고 보지 않고서는 설명이 되지 않는다. 또한 브르타뉴*와 스웨덴의 일부 지역에서 발견된 거대한 대구나 해덕haddock** 뼈의 존재 역시, 어부들이 해안가에서 멀리 떨어진 바다에서 조업을 했어야 설명할 수 있다. 유럽 너머에서는 사람들이 기원전 1만 년경 서남아시아에서 키프로스로 건너갔고, 지구 반대편에서는 그보다 4만 년 더 전에 사람들이 태평양 섬들에 도착했다. 설령 당시의 배가 아직 발견되지 않았더라도, 원시 영국인들이 그 좁은 바다들을 건너고 있었음은 분명하다.

항해자들은 아마 현대의 폴리네시아 카누처럼 가로목으로 통나무배의 균형을 잡았을 것이다. 이는 일부 덴마크식 선체의 측면에 일렬로 나 있는 구멍들을 설명해준다. 하지만 십중팔구 기원전 6000년 무렵의 항해자들은 오늘날 아일랜드해에서 여전히 볼 수 있는 커러츠currach***와 같은 가죽 배를 타고 영국 해협을 건넜을 것이다. 이러한 어설픈 배들이 우리가 발견할 수 있을 정도로 오래 남아 있을 가능성은 없지만, 기원전 3세기에 그리스 역사가 티마이오스에 의해 영국인

---

* 프랑스 서북부의 반도.
** 대구보다 작은 생선.
*** 웨일스와 아일랜드에서 이용한 동그랗고 작은 배.

도판 1.5 파도의 지배자들: 가죽 배 또는 커러츠의 황금 모형. 기원전 1세기경 데리주의 브로이터에 묻혔다. 이처럼 부서지기 쉬운 형태의 배가 고고학자들이 발견할 수 있을 정도로 남아 있다면 기적일 것이다. 아마 기원전 6000년 전에는 영국 해역에서 흔히 볼 수 있었을 것이지만 말이다.

들이 가죽 배를 타고 6일에 걸쳐 바다를 건넜다는 기록이 남아 있다. 그 배의 모습은 아마 도판 1.5에 보이는, 기원전 1세기에 아일랜드에 묻힌 화려한 황금 모형과 비슷했을 것이다. 그때까지 항해자들은 아마 수천 년 동안 그러한 배들을 타고 영국 주변 바다들을 건너왔을 것이다.

기원전 6000년 무렵이 되면, 영국 해협의 물길만으로는 더 이상 이 섬들을 대륙에서 떼어놓기에 충분하지 않았다. 배들이 좁은 바다를 장벽이 아닌 고속도로로 바꿔놓았기 때문이다. 비록 영국은 여전히 세계의 가장자리에 있었지만, 그렇다고 유럽에서 완전히 분리될 수는 없었다. 이후 7500년 동안 이 섬사람들의 역사는 대륙에서 밀려오는 온갖 것들과 더불어 살아가는 법을 배워가는 이야기이자, 불균형들이 또 한 차례 대서양* 쪽으로 흘러가며 균형을 찾아가는 과정이 될 것이었다.

자유의 땅

빙하기 직후 영국은 동시대 대륙 사회들과 공통점이 많았으나, 이후 영국 역사와는 공통점을 거의 찾기 어렵다. 이는 주로 기술과 조직 때문이었다. 고고학은 기술에 대해 많은 것을 말해준다(조직에 대해서는 훨씬 적게 알려주지만). 발굴된 유물들을 보면 당시 세계에는 금속이 없었다. 우리가 발굴한 모든 것—도구, 무기, 장식품—은 돌, 뼈, 조개껍데기, 나무로 만들어졌다. 그 물건들은 놀랍게도 실제 쓰임새가 뛰어났다(고고학자 프랜시스 프라이어는 『기원전 영국Britain BC』에서 박스그로브 지역 근처에서 한 푸줏간 주인이 선사시대의 부싯돌 날로 고깃덩어리를 기분 좋게 썰어내는 이야기를 흥미롭게 들려준다). 하지만 한계도 분명했다. 이는 뿔로 만든 곡괭이와 소의 어깨뼈로 만든 삽으로 땅을 파보기만 해도 알 수 있다. 어마어마하게 발굴된 동물 뼈와 탄화된 씨앗들을 볼 때, 이 시기는 농경사회가 아니었다. 기원전 4000년경 전에 영국에서 살던 사람은 모두 야생동물을 사냥하거나 물고기를 잡거나 야생 식물을 채집해서 먹고살았다.

기술에서 조직으로 시선을 옮겨 고고학적 발견들을 유추를 통해 해석해보자. 좋은 소식은 19세기에서 20세기의 식민지 관리와 학자들

---

* 아메리카 대륙.

이 여전히 석기시대의 기술을 사용하는 수많은 수렵채집인을 발견했다는 사실이며, 나쁜 소식은 그럼에도 현대 수렵인과 그들의 선사시대 조상 사이에는 엄청난 차이가 있다는 것이다. 가장 뚜렷한 차이는, 선사시대 수렵인들은 가장 비옥한 지역에서 수렵(과 채집)을 하고 살았으나, 현대 수렵인들은 아주 오래전부터 아무도 원하지 않는 숲, 사막, 정글로 내몰렸다는 사실이다. 또한 현대 수렵채집 사회 중에 산업화의 영향을 피해갈 만큼 외진 곳에 있는 사회는 없다. 1986년 탄자니아에서 머물던 시절 가장 오래 기억에 남아 있는 장면 중 하나는, 내 앞에 서 있던 한 어린 마사이 사냥꾼이다. 그는 한쪽 어깨에 창을, 다른 쪽 어깨에 사냥감을 걸친 채로, 콜라 한 병을 마시면서 힘든 사냥의 하루가 끝나고 그를 집으로 데려다줄 버스를 기다리고 있었다. 체더인에게 그러한 선택지는 없었다.

현대의 유추가 선사시대를 얼마나 잘 반영하는지는 논쟁이 있을 수 있으나, 몇몇 추정은 아마 확실할 것이다. 하나는 석기시대 기술이 수렵채집 사회들을 분화하고, 유동적이며, 평등하게 만든다는 추정이다. 이는 근래의 수렵채집 사회들도 마찬가지다. 인구가 매우 적고 서로 멀리 떨어져 있었기 때문에 분화되고, 이동성이 높았기 때문에 유동적이었으며, 부와 권력의 격차가 거의 없었기 때문에 평등했다.

거친 환경에서 단순 기술을 사용하는 현대 수렵채집 사회에서는 1제곱킬로미터당 평균 한 명 이상이 있는 일이 거의 없으며, 수렵인이나 채집인 한 명이 생활하기 위해 보통 10제곱킬로미터의 숲이나 관목이 필요하다. 기원전 6000년 무렵의 영국은 더 비옥했고, 따라서 분명히 더 많은 식물과 동물이 서식해서 밀집된 인구를 먹여 살릴 수 있었을 것이다. 그렇다면 얼마나 밀집되어 있었을까? 합의된 계산 방법이 없기 때문에 고고학자들은 추정하기를 머뭇거린다. 그러나 배리 컨리프는 "기원전 4500년경 인구가 수십만 명에 이르렀을 수도 있다"고 말한다.[4] 로마 시대의 인구 규모에서 거꾸로 추론해보면, 이 수치는 다소 과한 듯하다. 하지만 31만3000제곱킬로미터의 섬에 10만 명만 살았다고 해도, 3제곱킬로미터당 거의 한 명이 있었던 셈이다. 오늘날 우리는 같은 면적에 675명의 사람을 밀어넣고 있지만, 현대 수렵채집인의 기준으로 본다면 당시의 인구는 미친 듯이 붐비는 수준이었을 것이다.

현대의 수렵채집인들은 일반적으로 열두 명 남짓한 작은 무리를 이루어 살았고, 이주하는 동물과 산란하는 물고기, 익어가는 식물을 따라 수십 킬로미터의 지역을 계속해서 돌아다녔다. 그들은 1년에 5000킬로미터를 걸었는데(21세기 영국인들은 평균 300킬로미터를 걷는다), 본거지에서 한 번에 50킬로미터 이상 떨어지는 일은 드물었다. 발굴된 야영지의 크기와 소비된 음식의 종류로 미루어 볼 때, 대부분의 선사시대 수렵채집인은 이동성이 매우 뛰어났다. 만약 이 추정이 맞는다면, 그들의 낮은 밀도와 높은 이동성이 조직 방식에 직접적인 영향을 미쳤을 것이다.

그들의 정체성은 아마 현대의 수렵채집인들과 마찬가지로 복잡했을 것이다. 현대의 작은 무리는 일반적으로 그들만의 특별함에 강한 의식을 가지고 있고, 그들의 존재를 독특하게 만드는 복잡한 이야기들로 이를 뒷받침한다. 물론 생물학은 그들이 더 큰 네트워크에 속하기를 요구한다. 왜냐하면 잠재적 짝이 50명 미만인 유전자 풀에서 번식이 이루어질 경우, 그 유전적 결과는 재앙적이기 때문이다. 더 큰 집단들과 정보나 물품들을 교환하는 일 또한 생사가 걸린 문제가 될 수 있다. 현대와 마찬가지로 고대에도, 현명한 수렵인은 소수의 가까운 혈족들과 가장 강하게 정체성을 공유하면서도, 수천 제곱킬로미터에 흩어져 있는 먼 친척 및 친구들과의 관계를 유지하거나 새로 만들어갔을 것이다.

선사시대 영국에서 나온 몇몇 고고학적 발견은 그러한 연관성을 암시한다. 이암mudstone, 혈석bloodstone, 역청암pictchstone(아름다운 이름들이다)으로 만들어진 도구들이 이들 광물의 원천지인 헤브리디언 지역으로부터 수십 킬로미터 떨어진 곳에서 출토되었는데, 아마 그것들이 부러지거나 닳을 때까지 손에서 손으로 축제의 선물로 전해졌을 것이다. 데번셔의 점판암으로 만들어진 물건들은 300킬로미터 떨어진 에식스에서 발견되었는데, 영국식 돌화살촉 및 뼈 작살의 몇몇 양식과 가장 유사한 것들이 독일에서 발견된다. 많은 해안 공동체가 해협이 형성된 후에도 대륙과의 교류를 유지했는데, 가장 주목할 만한 것은 파빌랜드의 붉은 신사와 함께 발굴된 세 개의 상아 장식이 러시아에서 발견된 것과 놀랄 만하게 흡사하다는 점이다.

이 모든 것이 의미하는 바는, 인정하건대, 각자 생각하기 나름이다. 오늘날 세계에서 소비되는 대부분의 브래지어가 광둥에서 만들어진다고 해서 세계 각지의 여성이 중국인이라고 느끼는 것은 아닌 것처럼 말이다(이 문제는 11장에서 다시 다룰 것이다). 하지만 요크셔에 있는 스타 카라는 유적지에서는 멀리 떨어진 곳의 사람들이 모여 특정 정체성을 공유하고 표현하는 축제가 열렸던 것처럼 보인다. 이곳은 축구장 두세 개 크기에 걸쳐 넓게 펼쳐져 있어 다른 원시 영국인의 야영지보다 80배나 더 컸으며, 기원전 8770년에서 기원전 8460년 사이에 사람들이 계속해서 방문했던 곳이다. 이곳에 모이는 집단들은 수백 명이 넘었을 것이다. 기원전 8500년경에는 그곳에서 사람들이 3미터의 원뿔형 천막 티피(영국에서 알려진 건물 중 가장 오래된 것)와 **30미터** 길이의 나무 연단을 만들고, 연단 위에서 장신구, 무기, 사슴 사체 전부를 호수에 던졌다. 어떤 기이한 의식을 치렀는지는 모르겠지만, 몇몇 의식 집행자는 붉은 사슴의 두개골을 조잡하게 조각한 슬래셔 영화* 느낌의 가면을 썼고 옷을 차려입었다(도판 1.6).

 수렵생활에는 긍정적인 면이 많았다. 인간의 뼈와 음식 찌꺼기에 대한 연구는 빙하기 이후의 영국인들이 일반적으로 몸에 좋고 맛있는 음식을 다양하게 즐겼다는 것을 보여준다. 20세기의 수렵채집인들은 척박한 환경에서 살았음에도 매주 10시간 이상 사냥하거나 채집할 필요가 거의 없었다. 선사시대 영국에서는 채집이 더 쉬웠을 것이다. 마지막으로, 과거 수렵채집인들도 현대 수렵채집인들처럼 아마 부를 매우 균등하게 나누었을 것이다. 현대 수렵인들은 이동 중에 생존에 필요한 야생 동식물에 대한 소유권을 주장하기 어렵고, 물질적 재화를 축적한다 하더라도 무리가 이동할 때마다 끌고 다니는 것은 힘들다. 이 때문에 고고학자들은 초기 영국이나 아일랜드 시기의 부유한 무덤을 발견하지 못했다(사실 무덤 자체도 거의 발견하지 못했다). 호화스러운 주택은 말할 것도 없다. 영국의 초창기 집들은 스타 카의 티피와 같이 의외로 꽤 컸다. 어떤 오두막들은 폭이 6미터에 달했는데, 30센티미터 두께의 나무줄기로 골조가 짜이고, 아마 잔디나 짚으로 덮여 있었을 것이다. 각각의 지역에는 이러한 위그웜**이 하나씩만 있었는데, 이는

---

 * 정체 모를 인물이 많은 살인을 저지르는 끔찍한 내용의 영화를 뜻한다.
** 티피와 비슷한 원형 천막.

도판 1.6 선사시대의 핼러윈? 요크셔 스타 카 지역에서 발견된 기원전 8600년경에 사용되었던 붉은 사슴 두개골로 조각한 가면.

석기시대의 부자 단 한 명이 아닌 무리 전체의 보금자리로 사용되었음을 시사한다. 기원전 7000년 이후에야 북아일랜드의 샌델산에서 하나의 거주 지역에서 여러 오두막을 발견할 수 있는데, 오두막의 크기는 모두 비슷했다.

하지만 부정적인 면들도 있었다. 처칠은 "자본주의의 본질적인 악덕은 축복의 불평등한 분배고, 사회주의의 본질적 미덕은 고통의 평등한 분배다"라고 말한 바 있다.[5] 선사시대의 수렵인들—마르크스와 엥겔스가 원시 공산주의의 본보기로 보았던 이들—은 함께 나눌 고통이 많았다.[6] 아무리 그들의 식사가 맛있었다 하더라도, 치아 법랑질에 남은 흔적은 계절적 식량 부족으로 인한 영양실조가 흔했음을 보여준다. 그들은 또한 극도로 가난했다. 그들의 야영지에는 도구를 만들면서 생긴 수천 개의 돌 조각이 흩어져 있었지만, 그 외에 생활용품이라고는 바구니와 깔개, 옷으로 입던 동물 가죽 한두 장뿐이었다(영국에서는 기원전 2500년 이전까지 직조 기술이 없었고, 기원전 1500년까지 천이 희귀했다).

나는 의도적으로 '극도로 가난하다'라는 표현을 사용하고 있다. 세계은행은 극심한 빈곤을 일상의 평범한 빈곤과 구별하여 하루 미화 1.90달러 미만의 소득으로 정의한다. 1990년대 이후 세계 경제의 가장 큰 승리는 대부분 아시아인이었던 10억 명 이상의 사람을 극도의 빈곤에서 구해낸 것이며, 가장 큰 비극은 현존하는 모든 수렵채집인을 포함해 또 다른 10억 명을 그 비참한 상황에 방치한 것이다. 선사시대의 생활 수준을 달러 소득으로 환산하는 것은 좋게 말하면 복잡하고, 나쁘게 말하면 다소 터무니없는 일이다. 왜냐하면 너무 많은 것(버스나 코카콜라 등)이 서로 완전히 달라서 비교할 수 없기 때문이다. 그러나 고고학자들이 발굴한 것들로 추정해봐도, 선사시대의 수렵채집인들은 현대의 수렵채집인들보다 훨씬 더 빈곤했다. 경제학자 앵거스 매디슨은 현대 이전의 수렵채집인들의 수입을 하루 평균 약 1.10달러로 추정했는데, 이는 아마 크게 틀리지 않을 것이다.

수렵채집인에게 주권은 그들의 번영과 마찬가지로 반은 긍정적이고, 반은 부정적이었던 것으로 보인다. 20세기의 인류학자들은 수렵인들 사이에서 지배자나 피지배자를 본 적이 없었다. 잘 알려진 이야기로, 1970년대 보츠와나에서 한 수렵인이 추장에 관해 끊임없이 질문하는 한 학자에게 짜증을 내며 결국 이렇게 말한 바 있다. "물론 우리에게도 우두머리가 있소! 사실, 우리 모두가 우두머리요. (…) 각자 자신을 다스리는 우두머리인 것이지요!"[7] 빙하기 이후의 영국인들은 20세기 칼라하리 사막의 수렵인들보다 더 큰 집단을 이뤄 살았던 것으로 보이기 때문에, 더욱 강력한 우두머리가 있었을지도 모른다. 그러나 권력과 불평등의 상징이라고 합리적으로 추정할 수 있는 유물이 거의 발견되지 않는다는 점을 볼 때, 우두머리가 현대 수렵채집 집단에서 보이는 기본적인 규칙들을 바꿀 정도로 강력하지는 않았던 것으로 보인다. 보통 말을 잘하는 사람이 그렇지 못한 사람보다, 나이 든 사람이 젊은 사람보다, 남성이 여성보다 바라는 것을 더 얻지만, 진정한 지배자는 없다. 모두에게 영향을 미치는 결정은 더는 아무도 논쟁할 힘이 없을 때까지 계속되는 토론을 거쳐 내려지는 경향이 있다. 어떠한 무리도 다른 무리를 지배하지는 않는다. 개인의 주권이 최우선이다.

현대 수렵채집인들의 주권에 대한 느긋한 태도의 한 가지 단점은 모든 종류의 제도가 약하다는 점인데, 특히 분쟁 해결을 위한 제도들이 그렇다. 법원과 경찰이 없는 상황에서 현대 수렵사회가 얼마나 폭력적인지는 인류학자들 사이에서도 논쟁적이지만, 점점 더 늘어나는 연구는 20세기에 수렵채집인 10명 중 1명이 피비린내 나는 죽음을 맞이했다고 주장한다. 이와 대조적으로, 21세기 민족국가에서는 세계의 모든 살인, 전쟁 그리고 그와 관련된 참사를 모두 합쳐도 140명 중 1명만이 폭력으로 사망한다. 노르딕 누아르 장르의 살인 미스터리가 풍기는 인상과 달리, 세계에서 가장 안전한 지역인 스칸디나비아에서는 10만 명 중 1명이 폭력으로 죽는다.

현대의 통계로 과거를 돌이켜볼 수 있는지에 대해서도 논쟁이 분분하지만, 하나의 사례로서 체더인의 이야기로 돌아가보려 한다. 그는 기원전 8300년경 왼쪽 머리에 두 번의 강한 타격을 받고 생을 마감했는데, 이는 오른손잡이인 공격자가 돌도끼로 내리친 것으로 보인다. 더 충격적인 것은 발굴자들이 그의 시신 아래 흙층을 파헤쳤을 때 발견한 인간의 뼈들이었다. 돌로 일부러 박살낸 긴 뼈들, 비틀어 열어젖힌 갈비뼈, 돌날로 혀를 자르려 한 흔적이 남은 턱뼈, 땅에 엎드린 채로 참수된 듯 잘린 목뼈. 적어도 다섯 개의 두개골(그중 하나는 세 살배기 아기의 것으로 추정된다)이 두피를 벗긴 후 물컵으로 쓰였다.

체더인의 정체성, 이동성, 번영, 안보와 주권은 대륙에 살던 동시대인들과 거의 다른 점이 없었다. 그러나 멀리 떨어진 중동에서는 이러한 삶의 방식을 모두 파괴할 변화가 시작되고 있었다. 기원전 6000년 영국 해협이 형성되었을 무렵, 새로운 삶의 방식이 그리스에서 다뉴브 계곡에 이르는 모든 곳까지 도착해 있었고, 이로부터 2000년 후 그 혁명은 영국의 해안에 도달했다. 그리고 이 모든 변화를 이끈 것은 가장 위험한 힘, 바로 외국 음식이었다.

다운 온 더 팜 Down on the Farm*

내가 자란 스토크온트렌트에는 외국 음식이 그리 많지 않았다. 브래드퍼드나 버밍엄 같은 국제적인 도시에서는 이미 흔했던 인도 요리조차 이곳에서는 드물었다. 그래서 1970년대 초반의 어느 날 어머니가 가족 저녁 식사로 커리를 만들었을 때, 그게 대담한 시도라는 걸 본인도 잘 알고 있었다. 어머니의 커리에는 (커리 가루는 말할 것도 없고) 커민이나 고수 같은 이국적인 향신료가 전혀 들어 있지 않았지만, 그럼에도 할아버지는 못마땅한 얼굴로 쌀알을 하나하나 씹으며 삼켜도 될지 확인하는 것 같았다. 온 가족이 피타 빵**에 눈살을 찌푸렸고, 나는 1980년 지중해에 직접 가기 전까지는 수블라키***나 후무스****를 한 번도 맛보지 못했다.

그래도 어쨌든 스토크에 사는 사람들은 분명 선택지가 있기는 했다. 영국 음식 대신 인도, 중동 음식을 먹어볼 기회 말이다. 선사시대의 수렵채집인들은 그렇지 못했고, 지역에서 구할 수 있는 것이라면 무엇이든 먹었다. 그래서 중동인들이 야생 양, 염소, 가젤을 사냥하고 야생밀과 보리에서 씨앗을 채집하는 동안, 영국인들은 야생 고라니, 사슴, 말(매머드는 2000년 전에 이미 멸종했다)을 쫓아다니고, 물밤, 도토리, 헤이즐넛(스코틀랜드의 콜론세이섬에서 발굴된 하나의 저장 구덩이에서만 10만 개의 헤이즐넛 껍질이 나왔다), 야생 사과와 배를 채집했다.

---

* 농장의 일들을 보여주는 영국 TV 시리즈의 제목.
** 이스트로 밀가루를 발효시켜 만든 원형의 넓적한 빵으로, 그리스·이스라엘·레바논·시리아·요르단 지역에 흔한 빵.
*** 고기와 채소를 꼬치에 끼워 숯불이나 그릴에 구워 먹는 그리스의 꼬치 요리.
**** 병아리콩을 으깨어 만든 음식으로, 레반트 지역과 이집트의 대중 음식.

마지막 빙하기가 끝나자마자, 이러한 차이점들이 세상을 바꾸기 시작했다. 대변동은 중동에서 시작되었다. 그곳에서 자라는 식물과 동물들은 특별했는데, 그중에서도 특히 요르단강, 유프라테스강과 티그리스강의 상류를 연결하는 초승달 모양의 지역에서 번성했던 야생 밀과 보리가 특별했다. 이 밀과 보리들은 한해살이 풀로, 한 계절에 싹을 틔우고 씨앗을 맺은 뒤 죽었다. 식물이 익으면 잎대(식물의 본대에 개별 씨앗을 붙이고 있는 작은 줄기들)가 약해져 씨앗들이 하나씩 땅으로 떨어졌다. 땅에서 씨앗들을 보호하던 겉껍질은 부스러지고 싹이 텄다. 거의 항상 일어났던 일이지만 적어도 몇몇 개체(100만~200만 개체 중 하나 정도)는 유전자에 잎대와 겉껍질을 강화시키는 돌연변이를 갖고 있었다. 이 돌연변이 씨앗들은 무르익어도 땅에 떨어져 부서지지 않고 식물에 그대로 붙어 있었다.

인간이 나타나기 전까지, 이것은 아무런 의미도 없었다. 돌연변이 씨앗은 번식하지 못한 채 죽고, 무작위적인 유전자의 변이로 이듬해에도 비슷한 수의 돌연변이가 생겼을 것이다. 만약 우리 선조들이 소처럼 야생 밀과 보리를 줄기에서부터 뜯어 먹고 살기만 했다면, 상황은 달라지지 않았을 것이다. 왜냐하면 돌연변이 씨앗 역시 일반적인 씨앗과 함께 소화되어 어떠한 결과도 남기지 않았을 것이기 때문이다. 그러나 모든 것은 미상의 한 여성(현대 수렵사회에서는 대부분의 여성이 식물 채집을 하는데 아마 선사시대에도 마찬가지였을 것이다)이 야생 곡물이 어떤 곳에서는 다른 곳보다 더 잘 자란다는 것을 깨닫고, 그 장소에 의도적으로 돌연변이 씨앗을 심는 순간 변하기 시작했다.

돌연변이 식물들은 처음에는 그녀의 밭에 조금 더 많이 남아 있었을 것이다. 보통의 씨앗들은 수확하기 전 이미 땅에 떨어졌을 것이고 돌연변이 씨앗만이 마지막까지 줄기에 붙어서 그녀가 오기를 기다리고 있었기 때문이다. 씨앗을 반복해서 심을 때마다 돌연변이의 비율이 약간씩 증가하기 시작했다. 그 과정은 매우 느려 씨앗을 채취한 이들은 인식하기 어려웠을 것이다. 하지만 100만~200만 개의 정상 개체 중 하나가 돌연변이였던 것과 달리, 2000년이 흐른 뒤에는 오직 돌연변이 밀이나 보리만을 수확할 수 있었다. 식물학자들은 이 과정을 길들이기라고 부르는데, 이는 새로운 종을 만들기 위해 인간이 다른 종의 재생산 과정에 지속해서 개입함으로써 유전자 변형을 일으키는 것을 의미한다.

길든 씨앗들은 구별이 가능하며, 마지막 빙하기가 끝난 직후인 기원전 9500년경부터 요르단강, 티그리스강과 유프라테스강 근처의 고고학적 유적지들에서 나타나기 시작했다. 1000년이 지난 후에도 그것들은 여전히 꽤 희귀한 편이었지만, 발굴을 통해 기원전 8000년경 요르단강과 유프라테스강 상류의 밀과 보리의 절반 정도가 단단한 잎대와 껍질을 가지고 있었다는 것을 알 수 있다. 기원전 7500년 무렵에는 사실상 모든 식물이 그러했다. 여성들이 식물을 길들이는 동안, 남성들은 (아마도) 동물에게 같은 일을 하고 있었다. 양, 염소, 소의 게놈은 밀, 보리와 같은 방식으로 선택적 압력에 반응하며, 동물들은 사냥꾼들이 자신들의 먹잇감을 관리할수록 야생동물에서 가축동물로 변화했고, 수렵인들 스스로는 사냥꾼에서 양치기로 변했다. 이 과정 또한 수천 년이 걸렸지만, 기원전 7000년경 양치기들은 양을 더 크고 순하게 만들기 위해 번식 조절에 관심을 쏟았다.

기원전 4000년 무렵 동물과 식물 길들이기 행위는 소가 끄는 쟁기의 형태로 결합되었다. 이는 손으로 쥐는 괭이를 대체했고 사람들은 이전보다 훨씬 더 넓은 땅을 경작할 수 있게 되었다. 농부들이 관리하는 길들인 밀과 보리의 밭은 같은 면적의 야생 식물들에서 나오는 칼로리보다 수십, 수백 배 더 많은 칼로리를 생산했다. 사람들은 더 많은 칼로리로 더 많은 자식을 꾸준히 낳았다. 농업이 발명되기 전 세계의 인구는 약 1만 년마다 두 배가 되었지만, 이후로는 2000년마다 두 배가 되었다. 중동에서 기원전 9600년에는 제곱킬로미터당 한두 명의 수렵인이 있었으나, 기원전 3500년에는 네다섯 명의 농부가 있었으며, 어떤 지역에는 20~30명의 농부가 있었다.

고고학자들은 흔히 이 오랜 과정을 '농업 혁명'이라고 부르는데, 왜냐하면 그것이 거의 모든 것을 뒤바꿔놓았기 때문이다. 이는 무엇보다 이동성에 즉각적인 영향을 미쳤다. 여러 야영지와 수렵채집 지역으로 이루어진 수렵채집인의 넓은 세계가 농부의 고정된 집과 들판이라는 좁은 공간으로 축소되었다(양치기들의 세계는 그 사이 어딘가에 있었다). 여성들은 이러한 변화를 남성들보다 더 많이 체감했다. 여성 수렵채집인들은 보통 매년 수천 킬로미터를 걸었지만, 어린 자녀를 여럿 데리고는 그런 생활을 이어가기가 거의 불가능했다. 따라서 여성들은 일반적으로 가임기 동안 네 명의 아이만을 낳았고, 그중 평균 두 명만이 성인이 되어 자기 아이를 낳았다. 이와 대조적으로, 농부의 아내들은 예닐곱 명의 아기를 낳았고, 그중 세 명가량이 성인이 될 때까지 살 수 있었다.

출산이 가능한 나이가 된 소녀가 그 이후 고작 20년 정도 더 살 수 있었다는 점을 고려할 때, 이러한 출생률은 대부분의 여성이 성인기를 전부 임신하거나 어린아이들을 돌보면서 보냈다는 것을 의미했다. 역사학자와 인류학자들이 세계 각지의 농경사회 사이의 큰 차이점들을 기록해왔지만, 대부분의 사회는 노동과 이동성에서 유사한 성별 역할을 발전시켰다. 일반적으로 말하면, 남성 농부들은 고정된 밭을 갈기 위해 고정된 집에서 출퇴근한 반면, 그들의 아내와 딸들은 개울이나 마을의 우물 밖으로는 나가지 않고 대부분의 시간을 집에서 보내며 농작물을 음식으로 만드는 데 필요한 타작, 체질, 갈기, 굽기와 더불어 집을 유지하는 데 필요한 끝없는 정리와 청소를 도맡았다. 가정의 고된 노동이 여성의 삶을 차지했고, 남성과 여성의 정체성은 점점 더 분리되었을 뿐 아니라 불평등해졌다. 말 그대로 생계 수단을 차지하고 있던 남성들이 거의 모든 것을 관리하고 결정했다. 이런 결정 과정이 너무나 당연하게 여겨졌기에, 우리는 이와 다른 형태의 쟁기 농업 사회는 없다고 생각하게 되었다. 가부장제의 탄생이었다.

불평등이 삶 전반에 스며들었다. 야생 골짜기를 비옥한 밭으로 바꾸기 위해 나무를 베고, 잡초를 뽑고, 쟁기질하고, 거름을 주고, 우물을 파는 데는 수천 시간의 노동이 필요했다. 농부들은 노동의 결실을 자신이 계속 가질 수 있다는 확신이 없다면 섣불리 시도하기 힘들었을 것이다. 그래서 재산권은 무엇보다 중요했다. 수렵채집인들은 사냥이나 채집에서의 성공을 다음 세대에게 물려줄 수 있는 형태로 전환하기 어려웠지만, 농부는 소유권이 한번 확립되면, 오히려 재산을 물려주지 않기가 더 어려웠다. 넓고 잘 관리된 땅을 물려주는 부모가 있는 소년은 아무것도 물려받지 못한 소년보다 훨씬 더 앞서게 되고, 이 축복받은 아들이 똑같이 행운을 물려받은 딸을 찾아 결혼하면, 그들의 자손은 훨씬 더 앞서서 삶을 시작하게 되는 것이다.

경제학자들은 종종 지니계수라고 불리는 척도로 불평등을 측정하곤 하는데, 0(한 사회의 모든 사람이 정확히 같은 양을 소유한다는 의미)에서 1(한 사람이 모든 것을 소유하고 나머지는 아무것도 소유하지 못한다는 의미)까지 점수를 매긴다. 평균적으로, 수렵채집 사회는 그들이 소유한 아주 적은 양의 재산 분배로 약 0.25점을 받는 반면, 문자 기록을 남긴 정교한 농경사회는 평균 약 0.85점을 받는다. 이는 가장 가난한 사람이 굶어 죽지 않을 최소한의 가능성을 간신히 확보할 정도로 불평등이 극심할 때 나올 수 있는 수치다(참고로 2019년 영국의 지니계수는 0.75점이었다).

고고학자들이 발굴한 궁궐과 왕릉은 부유한 사람들이 확실히 더 부유해졌다는 것을 보여준다. 그러나 가난한 사람들이 더 가난해졌는지는 '더 가난해졌다'의 의미를 어떻게 정의하는가에 따라 다르다. 한 가지 중요한 측면에서 보면, 이에 대한 대답은 '더 가난해졌다'일 수밖에 없다. 농업을 하면서 수렵채집을 할 때보다 더 많은 식량이 생산됐지만, 동시에 인구가 대폭 증가했다. 공급된 식량이 굶주린 배들을 다 채우지 못하는 일이 잦았다. 그 결과 수렵채집 사회에서 농경사회로 넘어가며 대부분의 사람은 식생활, 건강, 기대 수명이 악화되었다. 곡물 위주의 식사로 농민들에게 충치가 생겼고, 가축들과 가까이 붙어 사는 생활은 결핵, 독감, 이질, 천연두를 퍼뜨렸다. 그리고 밭과 농가에서의 끝없는 반복 노동은 관절염을 유발했다.

그러나 다른 측면에서 농업은 가난한 사람들을 부유하게 만들었다. 더 많은 인력과 더 정교한 분업으로 농부들은 수렵채집인들보다 더 좋은 물건들을 더 많이 생산해냈다. 중동 수렵채집인들의 야영지를 발굴해보면 일반적으로 허술한 피난처의 흔적, 부서진 돌과 뼈들의 파편이 나오지만, 농부들의 마을은 돌로 된 토대와 기와지붕, 도배된 벽과 포장된 바닥을 갖춘 벽돌집이 나온다. 집 안에는 각종 도구와 장신구

(처음에는 돌과 뼈로 만들어졌으나 기원전 3000년 이후에는 금속으로도 만들어졌다). 옷감을 짜는 데 필요한 용품들과 대체 무엇에 썼을까 궁금할 정도로 많은 토기가 있다. 내가 시칠리아에서 지휘한 고고학 발굴에서는 깨진 토기 조각이 100만 개 넘게 출토되기도 했다. 앞서 언급한 경제학자 앵거스 매디슨은 현대 이전 수렵채집인들의 생활 수준이 하루에 약 1.10달러의 소득에 해당됐을 거라고 추정했고, 농부들의 생활 수준은 일반적으로 1.50~2.20달러에 가깝다고 계산했는데, 이는 고고학적 증거와 일치하는 수치라고 생각한다. 세계은행의 기준을 다시 빌리자면, 고대 농부들은 가난했지만 극도로 가난하지는 않았다.

덜 평등한 정체성과 번영은 덜 평등한 형태의 주권과 함께 나타났다. 땅을 넓게 늘리고 거대한 집을 지어도 직접 밭을 갈거나 청소해야 한다면 큰 이익이 될 수 없었기 때문에, 부유층은 자기 가족이 제공할 수 있거나 하려는 것보다 더 많은 노동력을 동원할 필요가 있었다. 그러나 농업 경제에서 허드렛일은 생산성을 충분히 내지 못했던 터라, 고용주는 제정신인 사람이 그들을 위해 일하도록 유인할 만한 임금을 줄 수 없었다. 기록에 남아 있는 거의 모든 농경사회에서, 권력자들은 같은 해결책에 도달했다. 즉, 노동 비용을 낮추기 위해 폭력을 사용하는 것이다. 먹이고, 입히고, 재우는 것에 더해 그들을 복종하게 하는 비용이 그들을 자유로운 시장에서 고용하는 비용보다 더 적게 드는 한, 채무 속박, 농노제, 노예 제도는 미래 고용주들에게 효율적인 도구가 되었다. 강자들은 약자들에게 거절할 수 없는 제안을 했다. 나를 위해 일해라. 상황이 아무리 비참하더라도, 맞거나 살해당하는 것보다는 나을 테니.

권력자들이 이토록 노골적으로 말하는 일은 드물었는데, 그렇게 말하지 않아도 될 만한 충분한 이유가 있었다. 가난한 사람들에게 시키는 대로 하는 것이 그들에게 이롭다고 설득할 수만 있다면, 노동력의 값은 훨씬 더 떨어지기 때문이었다. 예외 없이, 중동의 군주들은 이러한 발상을 활용했는데, 평범한 인간들에 비해 자신들이 신과의 공통점이 더 많다고 주장하는 식이었다. 기원전 3100년쯤 이집트에서 작성된 세계에서 가장 오래된 정치 문서에는 심지어 파라오 나르메르가 호루스의 살아 있는 화신이자 일종의 신이라고 적혀 있다. 오늘날 우리는 신으로 자처하는 지도자는 제정신이 아니라고 의심하지만, 5000년 전만 해도 궁전에서 사는 파라오와 오두막에서 사는 농민 사이의 격차는 그러한 주장을 충분히 그럴듯하게 만들었다. 게다가 본인이 단지 신성한 주인을 대신해서 평범한 양 떼를 돌보는 목자일 뿐이라고 주장하는 왕의 정당성을 믿고 싶어하지 않을 사람이 누가 있겠는가?

최초의 농부들이 등장하고 나르메르까지 이르는 데 6500년이 걸렸지만, 원시 영국의 상황은 이와 매우 달랐다. 빙하기가 끝난 후 5000년이 넘도록 모든 섬의 주민들은 수렵채집인으로 남아 있었으며, 여러 야영지를 오가며 누구에게도 복종하지 않았다. 이는 그들이 중동인들보다 더 게을렀거나 더 민주적이었기 때문이 아니라, 자연이 그들에게 안겨준 유전적 환경 때문이었다. 단순하게 말하면 그들이 주식으로 삼았던 동식물들은 중동의 동식물들보다 길들이기에 적합하지 않았다. 세계 여러 지역에는 사육하거나 재배할 수 있는 자원들이 있었다(동아시아는 쌀과 돼지, 사하라 이남은 수수, 아메리카 대륙은 옥수수, 감자, 라마). 비록 중동만큼 자원이 밀집되어 있지는 않았지만, 이러한 지역들의 수렵채집인들은 모두 결국에는 농부가 되었다. 그러나 영국인들은 아무리 오랜 세월 도토리를 주워 모으더라도, 길들이는 작업을 통해 생산량 높은 참나무를 만들어내지는 못했을 것이다. 참나무의 DNA는 중동의 식물들과 같은 방식으로 작동하지 않기 때문이다. 엘크나 사슴을 가축화하는 시도 역시 행운이 필요했다. 헤이즐넛과 사과, 배는 길들긴 했지만, 이에 필요한 유전자 변형이 너무 복잡해서 로마 시대에 이르러서야 비로소 가능했다. 영국인들의 주요 식량 자원 중에서 비교적 일찍 가축화된 것은 오직 말뿐이었는데(기원전 4000년쯤), 이 또한 말의 진화가 이루어졌던 카자흐스탄의 초원 지대에서만 가능했다.

이처럼 적절히 사용할 수 있는 자원이 너무 부족했기 때문에, 영국의 수렵인과 채집인들은 아마 절대 그들 스스로 농업을 발전시킬 수 없었을 것이다. 모든 조건이 변하지 않고 같다면, 그들은 아마 지금까지도 템스강과 티스강 기슭에서 야생 밤을 구워 먹고 엘크를 사냥하고 있었을지 모른다. 그러나 대처의 법칙은 모든 조건이 그대로 있지 않는다는 것을 의미했다.

외벽

150년 전 고고학 초창기에는 이 분야의 거의 모든 사람이 학교에서 고전을 읽었다. 헤로도토스, 카이사르 등 고전 작가들은 그리스·로마인뿐만 아니라 켈트족, 게르만족, 훈족, 이후 앵글로-색슨족과 바이킹족에 이르기까지, 대규모 이동이 역사의 흐름을 바꾸었다고 기록했다. 그러니 학생들이 고고학자로 성장해 직접 과거를 발굴하게 되었을 때, 유적마다 이주민들의 흔적을 찾아내려는 경향이 있었던 것은 그리 놀라운 일이 아니었다. 1920년대와 1930년대에 이르러서는, 농업이 (기념 건축, 금속 세공, 문자 등 많은 발상과 마찬가지로) 중동에서 시작되어 이후 중유럽, 한참 후에 영국에 도달했다는 증거가 충분히 축적되어 있었다. 거의 모든 고고학자가 이주민들이 이러한 혁신들을 동남쪽에서 서북쪽으로 옮겨왔다는 데 동의하고 있었다.

그러나 학자들은 논쟁을 업으로 삼는 이들이기에, 1960년대에 이르러 일부 고고학자가 그 이야기가 정말 그렇게 확실한지 의문을 제기하기 시작했다. 농업, 기념 건축, 금속 세공, 문자가 신세계에서 독립적으로 발명되었으니, 구세계에서도 여러 차례 독립적으로 발명되지 않았을까? 인류학자들은 사람들이 직접 이동하지 않고도 무역과 모방을 통해서 관습이 전파될 수 있다는 것을 보여주었다. 그리고 방사성 탄소 연대측정법(1949년에야 발명된 새로운 과학 기술)은 스톤헨지가 널리 가정되던 바와 같이 그리스에서 온 이주민 건축가들에 의해 지어졌다고 보기엔 너무 오래되었다는 것을 밝혀냈다. 대담한 정신의 소유자들은 질문했다. 스톤헨지마저 현지에서 만들어졌다면, 이주가 모든 것을 설명한다는 통념 자체가 잘못된 것은 아닐까? 카이사르나 19세기 유럽 제국의 지배자 같은 사람들에게는 자기들이 항상 권좌에 있었다고 상상하는 것이 편리했겠지만, 현재와 같은 탈식민 시대에는 다른 설명들이 더 이치에 맞는 것으로 보였다.

따라서 현대 고고학에서 가장 치열한 (때로는 가장 고약한) 논쟁 중 하나가 시작되었다. 이 논쟁은 앞으로 몇 장에 걸쳐 여러 번 다시 등장할 것이므로, 처음 말하는 지금 여기서 자세히 설명해두고자 한다. 내가 학부생이었던 1970년대 후반으로 돌아가보면, 당시 고고학계에서 훌륭하고 대단한 학자들은 일반적으로 비非이주론non-migrationist theory을 일시적으로 유행하는 헛소리라고 비웃었다. 그러나 1990년대에는 이 분야의 거의 모든 사람이 조용히 입장을 바꿨다. 한 평자는 다소 유감스러워하며 "일부 고고학자의 마음속에는 인구 이동을 전제하는 과거의 모든 모델이 곧 단순한 접근법이라는 기본 등식이 자리잡았다"라고 언급했다.[8]

지금도 그런 등식을 믿는 학자들에게, 한 지역에서 나타난 '불균형들'이 지도를 가로지르며 '균등해지는' 나의 이야기는 특히 더 단순한 접근법으로 보일 것임에 틀림없다. 그런데 사실은 새로운 과학적 방법들이 이런 단순한 사고방식을 다시 유행하게 만든다. 고대의 뼈에서 DNA를 추출하는 기술의 진보는 이주를 다시 의제로 올리는 데 가장 큰 역할을 했다. 물론 데이터를 어떻게 해석할지는 여전히 논쟁거리다. 유전학자들이 1990년대에 도달한 결론 중 일부는 2010년대에 결정적으로 틀렸음이 입증되었고, 2020년대 현재에 통용되는 많은 이론도 의심의 여지 없이 20년 뒤에는 똑같이 어리석어 보일 것이다. 그러나 다른 새로운 방법들 역시 높은 이동성을 가리키고 있다. 예를 들어 안정적 동위원소 분석이라고 불리는 방법은 많은 사람이 특정 종류의 지질학적 특성을 가진 지역에서 자랐으나 다른 지질학적 특성을 가진 지역에서 죽고 묻혔다는 사실을 보여준다. 우리의 신체는 우리가 먹는 식물과 동물로부터 뼈와 치아를 만드는데, 그 식물과 동물은 그들이 마시는 물을 통해 탄소, 산소, 질소, 스트론튬 등의 원소를 흡수한다. 그리고 각 원소의 동위원소 형태는 그 물이 흐르며 용해한 암석의 종류에 따라 달라진다. 따라서 (일반적으로 12세까지 형성되어 법랑질로 봉인되는) 성인의 치아 속 동위원소가 (우리의 생애 내내 바뀌는) 뼛속 동위원소와 다르다면, 그는 자란 곳과 다른 곳에서 죽었음을 의미한다. 이러한 방법과 다른 새로운 방법들을 종합해보면, 고고학자들(나 자신도 죄인 중 한 명이다)이 과거에 이동성을 너무 성급히 지워버렸던 것 같다. 더 정확히 말하면, '이동성'을 너무 좁게 정의함으로써 대규모 장거리 이주의 가능성을 일축했던 것이다.

왜 그들이(우리가) 그렇게 했는지는 흥미로운 문제다. 과학만이 학자들이 과거를 보는 유일한 렌즈는 아니다. 고고학자들이 1960년대에 이주에 대한 논의를 멈춘 시점이 인종 이야기가 상류사회에서 금기가 되었을 때이며, 2010년대에 이주에 대한 논의를 다시 시작했던 시점이 민족주의자들이 인종을 정치적 의제로 다시 끌어올린 때인 것은 우연이 아니다. 이 패턴에는 정치적 올바름이 일부 작용했음이 틀림없다. 그러나 그것만이 전부는 아니다. 1960년대부터 이주론 비판자들이 지지를 얻었던 이유는 과거의 이주론들이 인종주의의 경계선에 위치할 뿐만 아니라 고고학자들이 발굴한 유물과 유전자, 정체성의 관계를 조악하고, 경솔하며, 순진하게 바라보고 있다고 양심적인 학자들을 설득했기 때문이다. 유사하게 이주론 옹호자들이 2010년대에 다시 지지를 얻었던 것도, 그들이 최신 기술들—그리고 균형 잡힌 상식—이 과거 사람들이 실제로 대규모로 장거리에 걸쳐 이동했다는 사실을 보여준다고 똑같이 양심적인 신세대 학자들을 확신시켰기 때문이다. 하지만 오래된 이론들이 이주가 아무것도 설명하지 못한다는 것을 의미하지 않듯, 새로운 기술들은 이주가 모든 것을 설명한다는 것을 의미하지 않는다. 그것들은 단지 우리가 각각의 경우에 따라 판단해야 한다는 것을 의미한다.

유럽 전역으로 농업이 확산된 경우에는, 이제 이주론이 압도적으로 타당해 보인다. 곧 유전학으로 눈을 돌리겠지만, 근본적으로 이것은 수학의 문제다. 한 계곡이 농경지가 되면, 사냥과 채집에 사용될 때보다 10배에서 100배까지 더 많은 사람을 먹여 살릴 수 있다. 그래서 중동 사람들이 농부가 될수록, 그들의 인구는 증가했다. 그리고 그들은 자신들이 태어난 계곡을 가득 채우자, 새로운 계곡들을 찾아 멀리 나섰다. 이렇게 시작해 그들은 계속해서 전진해나갔다. 가난한 자, 절박한 자, 대담한 자들이 쟁기질할 새로운 목초지를 찾아 길을 떠났고, 길들인 씨앗들을 지니고 가축들을 몰며 이동했다.

2010년대 중동 난민들처럼, 수천 년 전에 고난을 피해 도망치거나 기회를 찾아 떠났던 사람들은 두 가지 주요 경로를 이용했다. 하나는 지중해를 가로지르는 해로였고, 다른 하나는 발칸 지역을 통과하는 육로였다(도판 1.7). 그리고 역시 현대의 난민들처럼, 그들이 어느 경로를 택하든, 보통 새로운 목초지에는 이미 사람들이 살고 있었다. 하지만 그 지점에서 선사시대 이주자와 현대 이민자들의 경험은 갈라졌다. 2010년대에는 유럽 거주민들이 중동에서 도착한 사람들보다 훨씬 더 많고 훨씬 더 조직적이었지만, 고대에는 그 반대였다. 유럽의 토착 수렵채집인들은 점점 더 어려운 선택의 기로로 내몰렸다.

지역 토착민들에게 주어진 한 가지 선택지는 새로 온 사람들을 그냥 무시하는 것이었다. 이는 때때로 효과가 있는 듯했는데, 종종 발생하는 일이지만 특히 수렵채집인과 농부들이 다른 종류의 영토를 선호했을 때 그랬다. 수렵채집은 일반적으로 숲과 습지에서 가장 잘되었고, 농업은 초기 농부들의 원시적인 괭이와 쟁기로도 갈 수 있을 만큼 흙이 부드럽고 배수가 좋은 경사지에서 잘되었다. 뼈의 화학 성분을 분석한 한 연구는 수렵채집인과 농부들이 2000년 동안 독일의 일부 지역에서 함께 살았으며, 수렵채집인들은 야생 동물과 물고기를 사냥했고 농부들은 가축화를 통해 얻은 단백질을 섭취했다고 말한다. 그러나 오랜 시간이 지나 현대에 여러 대륙에서 사냥꾼과 목동들이 경험했듯이 유럽의 농부들이 해안에 도착했을 때, 공존은 항상 쉬운 것만이 아니었다. 코만치족Comanche*은 1830년대 텍사스 주민에게 이렇게 말했다. "백인이 와서 나무들을 베고, 집을 짓고 울타리를 친다. 버팔로가 겁을 먹고 떠나 다시는 돌아오지 않는다. 인디언들은 굶어 죽든지, 아니면 사냥감을 쫓다가 다른 부족들의 사냥터에 무단 침입해서 전쟁을 치른다."9 최악인 점은, 이민자들이 계속 왔다는 것이었다. 비록 그들이 처음에는 그들에게 차선의 땅이자 지역의 토착 수렵채집인들에게 모든 것을 의미했던 땅을 피했다 하더라도, 결국에는 어쨌든 그 땅까지 침범했다.

그래서 일부 수렵채집인은 다른 길을 택했다. 뒤에 숲이 더 있는 한, 그들은 그냥 달아날 수 있었다. 그러나 이 역시 일시적인 해결책에 불과했다. 머지않아 땅을 탐내는 농부들의 자손들이 꾸준히 인구를 늘려 수렵인들을 따라잡을 터였다. 그들은 흙을 파헤치고, 숲을 태우고, 사냥감을 겁주면서 수렵인과 채집인들을 그들 자신은 원치 않는 보잘것없는 땅에 몰아넣고 더 이상 갈 곳이 없게 만들었다.

만약 도피가 매력적인 선택지가 아니었다면, 수렵채집인들은 대신 싸움을 택했을지 모른다. 충분히 많은 농장을 습격하고, 농작물을 태우고, 소들을 죽인다면 침입자들이 포기하고 돌아갈 수도 있다는 희망을 품고서 말이다. 하지만 그들이 이와 같은 선택을 한 것 같지는 않다. 고고학자들은 초기 농경 시대에서 폭력의 증거를 거의 발견하지 못했다. 일반적으로는 농경이 시작된 후 몇 세기가 지나서야 불타거나

---

* 북미 원주민 부족.

요새화된 농촌 마을의 흔적을 흔하게 볼 수 있었다. 일부 유적에는 절단된 남성, 여성, 아이들의 시신이 아무렇게나 버려진 구덩이가 있다. 심지어 고문과 식인 풍습의 흔적도 있다. 시기를 고려해보면, 이는 수렵채집인의 농부 습격이 아닌, 농부와 농부 사이의 전쟁을 보여주는 흔적일 것이다. 아마도 수렵채집인의 수가 너무 적어 그들의 습격이 효과를 발휘하기는 어려웠을 것이다.

결국 수렵채집인들이 새로운 이민자들과 공존할 수도, 도망칠 수도, 싸울 수도 없었다면, 남은 길은 하나였다. 떠돌이 생활을 포기하고 정착하여 땅을 갈며 이주민들의 삶의 방식을 받아들이는 것이었다. 이 과정은 아마 여러 세대에 걸쳐 이루어졌을 것이다. 나무 열매를 줍는 생활에서 곧바로 밭을 가는 쟁기질로의 극적인 도약이 아니라, 미끄러운 경사면 위에 있는 것처럼 점차 새로운 생활 방식으로 나아갔다. 새로운 이들이 계속해서 오고, 자원에 대한 압박이 증가함에 따라, 수렵을 하던 가족들은 야생의 식물들 사이를 다니던 시간을 조금 줄이고, 특정 구역을 경작하고 돌보는 데 좀더 시간을 쓰기로 했을 것이다. 20세기의 아프리카, 아마존강 유역, 뉴기니의 인류학자들은 석기시대의 기술을 사용하는 농부들이 여전히 상당한 이동성이 있다는 것을 발견했다. 그 농부들은 보통 개간을 위해 숲을 태우고, 토양의 비옥한 정도가 감소할 때까지 작업한 다음, 다른 곳으로 이동해 새로운 개간을 위해 숲을 태웠다. 아마도 선사시대에 유럽에 살던 사람들도 비슷하게 행동했을 것이다. 인구 압력이 높아졌을 때만 그들은 밭을 가꾸고, 괭이와 쟁기질을 하고, 거름을 주었다. 그 무렵에 그들은 중동의 유전자를 가진 어떤 이주민들 못지않게 농사를 짓는 집단을 이루었다.

아마 이 기본적인 패턴에서 상상할 수 있는 모든 변형을 어디에선

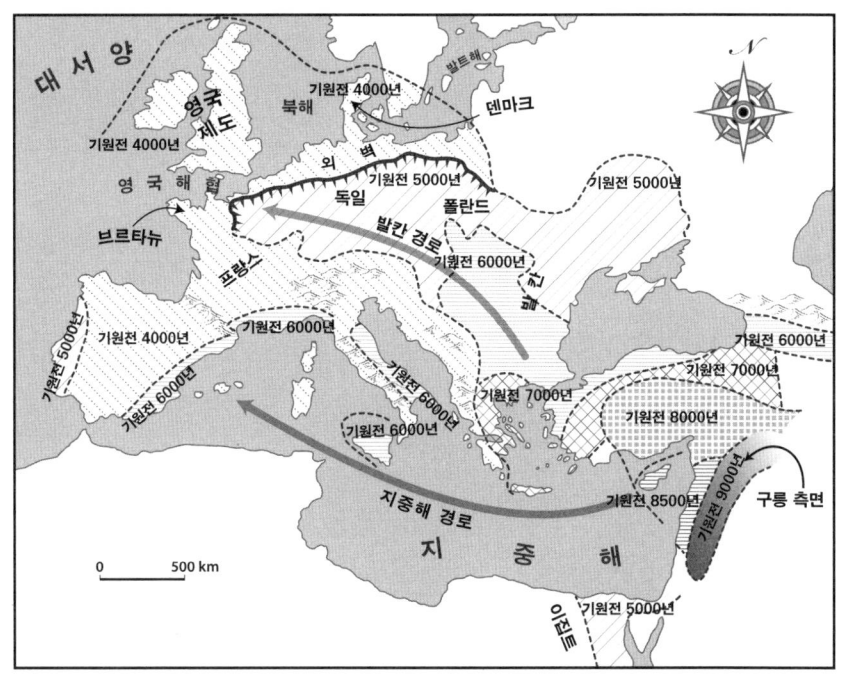

도판 1.7 전진: 중동에서부터 영국 제도로 이어지는 농업의 북서쪽 확산 경로, 기원전 9500~기원전 3500년.

가 누군가는 시도했을 것이다. 그리고 수렵채집에서 농경으로 이동하는 모습은 도판 1.7에서 보이는 것보다 훨씬 더 복잡하고 혼란스러웠을 것이다. 수렵채집인들의 야영지였던 아일랜드 해안인 페리터스만이 이를 잘 보여준다. 기원전 4350년경 누군가가 소뼈 몇 개를 그곳에 버렸는데, 반경 600킬로미터 이내에는 다른 가축화된 소의 흔적이 없었다. 이 뼈들은 아마 훈제되거나 소금에 절인 소고기 형태로 바다를 건너온 것이었고, 어떤 용감한 여행자가 기념품으로 챙겨왔을 것이다. 하지만 이 고기는 마치 내 어머니의 커리가 할아버지에게 그러했듯, 지역민들에게는 별다른 인기를 끌지 못했다. 가축을 수입하거나 현지

1장 대처의 법칙　　　　　　　　　　　　　　　　　　　　81

의 야생 소를 가축화할 정도로 유전적으로 변형된 외국 음식에 열광한 사람은 없었다. 수렵채집인들은 그들의 방식대로 계속 살았고, 농업은 여전히 가보지 않은 길이었다.

작은 지역들은 저마다의 이야기가 있었을 테지만, 모두 같은 방식으로 끝났다. 저항은 헛된 것이었다. 결국 인구의 힘이 모든 것을 결정했기 때문이다. 현대 유럽인의 DNA 중 체더인과 같은 수렵채집인의 DNA는 20퍼센트(어쩌면 10퍼센트)에도 미치지 못할 것이다. 나머지는 모두 나중에 정착한 이주민들의 DNA다. 스페인 내전 당시 W. H. 오든은 "역사는 패자에게 안타깝다고 말할 수 있지만 도움을 주거나 평계가 되어주지는 못한다"라고 적었다.[10] 안타깝게도, 유럽의 수렵인과 채집인들은 균등화 과정에서 희생양이 되었다.

그러나 인구 규모가 농업을 저항할 수 없는 힘으로 만들었다면, 가끔은 반대로 수렵채집을 움직이지 않는 장벽으로 만들었다. 왜냐하면 기원전 5200년경 프랑스에서 폴란드에 이르는 모든 곳에서 농업의 진전이 멈춰 섰기 때문이다(위의 도판 1.7). 1년에 평균 1킬로미터 이상의 속도로 1000년 동안 확장되던 농업 전선은 영국 해협과 북해 그리고 발트해에서 불과 80킬로미터 떨어진 곳에서 멈추었다. 그곳에서 농업은 거의 천 년 동안 머물러 있었다.

영국 역사에서 되풀이될 중요한 패턴 중 최초로 알려진 사례가 있는데, 바로 외곽 방어선이다. 어떠한 종류든 방어선은 원치 않는 균등화의 행진이 영국을 마주 보고 있는 대륙의 해안에 도달하는 것을 저지함으로써 영국을 보호할 수 있었다. 이러한 장벽에 대해 처음 언급한 사람은 엘리자베스 1세 여왕에게 가장 큰 영향을 끼쳤던 조언자 윌리엄 세실로 보인다. 그는 1567년 여왕에게 저지대 국가들과 독일로 구성된 동맹국들이 '바로 영국의 외벽'이라고 조언했었다.[11] 엘리자베스는 그 동맹국들로 구성된 외벽을 지키는 것이 스페인의 무력으로부터 북해 연안을 지키고, 궁극적으로 영국을 지키는 것이라고 보았고, 네덜란드 반군을 돕기 위해 자금을 간신히 모아 영국 군대를 보냈다. 같은 전략적 원칙이 1949년에도 여전히 유효했다. 당시 훗날 영국 총리가 될 해럴드 맥밀런은 유럽 평의회에서 "영국의 국경은 해협에 있지 않다. 심지어 라인강에도 있지 않다. 최소한 엘베강에 있다"라고 말했다.[12] 그러나 세실도 맥밀런도 그러한 외벽이 이미 7000년 동안 영국을 침략에서 지키는 방어벽이었다는 사실을 알지는 못했다.

물론 기원전 5200년의 외벽은 1567년이나 1949년의 외벽과는 매우 달랐다. 석기시대에는 동맹을 조직할 여왕도 총리도 없었다. 선사시대의 외벽은 과학자들이 자기 조직화 체계self-organising system라고 부르는 것이었다. 누구도 의도적으로 만들지 않았지만, 어쨌든 혼돈 속에서 질서가 발생하는 체계 말이다. 수십억 세포가 몸을 이루고, 수천 마리 개미가 군집을 이루는 것도 자기 조직화 체계의 전형적인 예시다. 마찬가지로, 기원전 5200년쯤 비록 아무도 지시하지는 않았지만, 수백 개의 작은 수렵채집 무리의 연합이 하나의 강력한 수렵채집 조직체를 형성해 집단적으로 농업의 균등화를 저지시킨 것도 이 체계의 예시다.

고고학자들은 선사시대의 이집트, 타이, 한국, 일본에서 비슷한 사례들을 확인했다. 이들 지역의 공통점은 특정한 지정학적 조건이다. 각각의 사례에서, 농업은 수렵채집인들의 풍요의 뿔cornucopia*이라고

---

* 고대 그리스에서 풍요를 상징하는 장식물로, 뿔 안에 손을 넣어 필요한 음식과 재물을 원하는 만큼 무한정 꺼낼 수 있는 보물이다.

할 수 있는 습지(보통 해안가와 때로는 강기슭)에 다다르면 진전을 멈췄다. 그 습지들은 특히 조개류와 같은 야생의 식량 자원들로 넘쳐났다. 이러한 지역의 수렵채집인의 야영지 유적에는 보통 산더미처럼 쌓인 수십억 개의 쇠고둥, 굴, 새조개, 가리비의 껍데기들의 흔적으로 남아 있는데, 고고학자들이 전 세계에서 발견한 가장 크고, 부유하고, 풍요로운 유적 중 하나다.

이처럼 특별히 조건이 좋은 환경들에서는 많은 수렵인이 자립적인 생활을 유지할 수 있었기 때문에 농부들이 보통 누렸던 수적인 우위는 감소하거나 심지어 역전되었다. 고고학자들은 브르타뉴와 덴마크의 일부 수렵채집인의 야영지에서 흔히 정치 권력의 상징으로 해석되는 광택 나는 돌 장신구와 무기가 포함된 무덤들을 발견하기도 했다. 이렇게 집단적으로 정착한, 풍요로운 수렵인들은 진정한 우두머리를 내세워 정치적 조직 면에서도 농부들이 누렸던 이점을 약화시켜갔을 것이다. 아무도 의도하지는 않았지만, 기원전 5200년경에 수렵채집 생활의 외벽은 효과적으로 대처의 법칙을 보류시켰다. 뒤에서 안전하게, 섬에 있던 수렵채집인들은 30여 세대에 걸쳐 유목생활을 계속했다.

기원전 4200년쯤, 외벽이 왜 붕괴됐는지는 확실하지 않다. 어떤 고고학자들은 외벽이 농부들이 가하는 압박의 무게를 견딜 수 없을 정도가 되었다고 생각하고, 다른 고고학자들은 수렵인들의 입장에서 얻을 수 있는 보상이 바뀌어 농사가 더 매력적인 선택이 되었다고 생각한다. 정답이 무엇이든 간에, 그 결과는 영국에게 재앙적이었다. 1940년, 독일군 전차가 북해 연안 저지대에서 영국의 외벽을 돌파했을 때, 처칠은 국민에게 "우리는 프랑스에서 싸울 것이고, 바다와 대양에서 싸울 것이다. (…) 우리는 들판과 거리에서 싸울 것이며, 언덕에서 싸울 것이다. 우리는 결코 항복하지 않을 것이다"라고 약속했다.[13] 그러나 기원전 4200년에는 이러한 선택지가 없었다. 일단 외벽이 무너지자 경기는 끝났다. 수렵채집인 중에 처칠이 있었다 한들 전진하는 농민들에 맞서 영국인들을 조직하여 해협 건널목을 방어하지 못했을 것이다. 비록 그렇게 하려 했다 해도, 동물 가죽으로 만든 작은 배들로는 물리적으로 침입자들을 순찰하거나 그들의 항해를 막을 수 없었다. 외벽이 넘어가면서 그 뒤의 모든 경작 가능한 땅도 함께 넘어갔고, 결국 대서양 연안까지 내주고 말았다.

쟁기에 정복된 땅

2016년 국민투표를 한 달 앞두고, 『파이낸셜 타임스』의 기자 로버트 슈림슬리는 브렉시트 논쟁의 양측에서 퍼붓고 있는 종말론적 언사들을 풍자해보기로 했다. 그는 데이비드 캐머런이 "브렉시트에 찬성 투표를 한다면 '목요일까지 우리가 제3차 세계대전에 돌입하는 것을 볼 수 있을 것이다'"라고 경고하는 연설로 다음 주가 시작될 것으로 상상했다. 만약 이걸로도 사람들을 겁주는 데 실패하면, 캐머런이 "영국은 제3차 세계대전이 끝나자마자, 제4차 세계대전으로 들어갈 수도 있다"고 덧붙일 것이라 했다. 슈림슬리는 보리스 존슨이 윌트셔의 큰 동굴 앞에서 "모든 이민자가 영국인들의 집을 빼앗아서 영국인들은 윌트셔의 큰 동굴로 쫓겨날 것이며, 가장 좋은 동굴마저 영국인이 아닌 불가리아인 가족들이 차지할 것이다"라고 말할 것으로 보았다.[14] 이에 뒤질세라, 나이절 패라지가 같은 동굴 밖에서 포즈를 취하며 "이

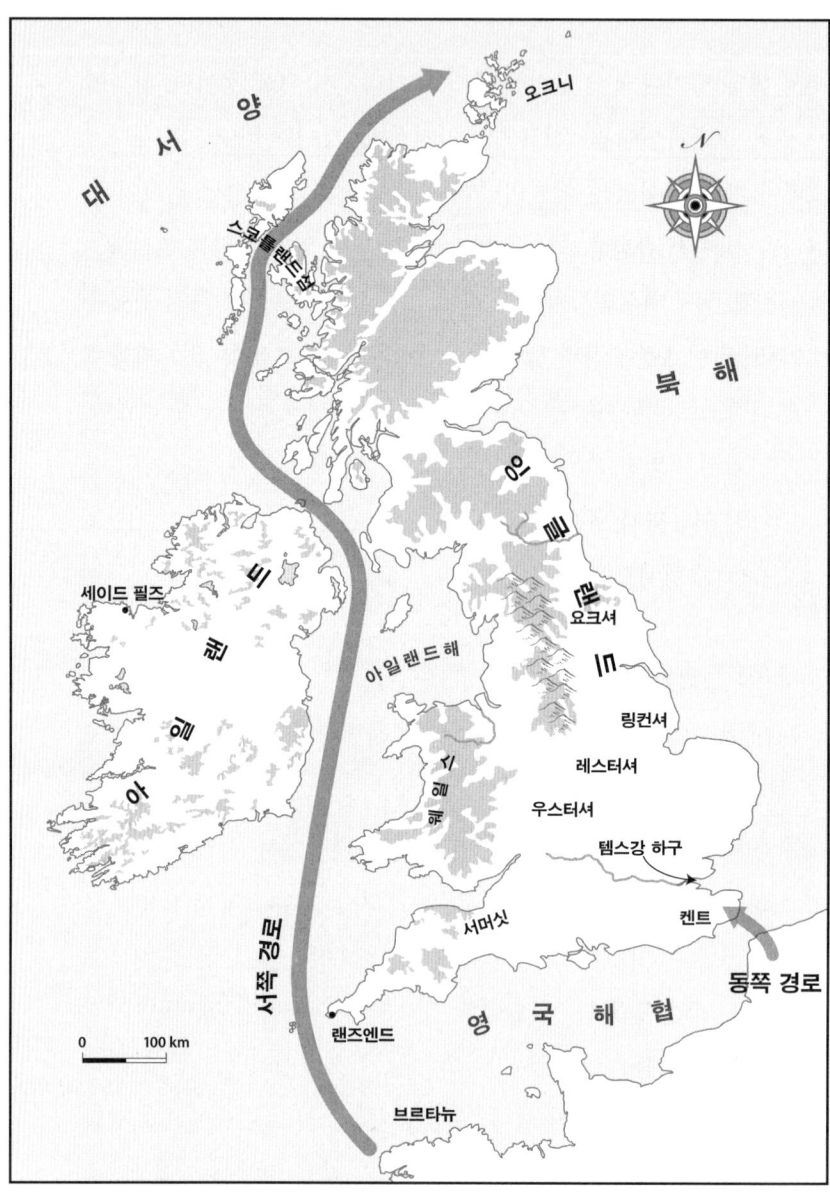

도판 1.8 대서양의 모험가들Argonauts*: 농업, 밭쥐, 땃쥐를 브리튼 제도로 데려온 이주민들의 추정 경로, 기원전 4200~기원전 3500년경.

동굴은 튀르키예 국민 전체가 살게 될 것이기 때문에 불가리아인들에게도 제공되지 않을 것이다"라고 말할 거라고 상상했다.

우스운 상상이었다. 하지만 기원전 4200년 이후 대처의 법칙이 다시 작동하면서 슈림슬리의 시나리오는 거의 그대로 이루어졌다. 수천 년 전 중동을 떠나 유럽으로 이주했던 조상들을 둔 이주민들은 2세기의 세월 동안 모든 동굴뿐만 아니라(사람들은 더는 동굴에서 살지 않았다) 섬 대부분의 자투리땅까지 점령했다. DNA 연구에 따르면 이 새로운 이주민들은 기원전 4200년 이후 수 세기에 걸쳐 기존 주민 유전자 풀의 약 4분의 3을 대체했고, 나머지 4분의 1의 유랑생활을 치명적으로 훼손했다. 수렵채집인들에게는 최후의 전쟁Armageddon이었다.

기원전 4100년경 대륙에서 가장 대담했던 농부들은 소, 양, 돼지 그리고 밀과 보리 씨앗으로 가득 찬 자루들을 가죽 배에 싣고 해협을 건너 템스강 어귀로 노를 저어 갔다. 그곳에서 그들은 번영하여 대가족을 이루고 내륙으로 이주했다. 더 많은 이주민이 켄트로 왔고, 훨씬 더 용감한 사람들은 브르타뉴에서 출발해 200킬로미터의 공해를 건너고 랜즈엔드를 지나서 아일랜드해로 진입했다(도판 1.8). 그런데 이동한 동물은 사람과 가축만이 아니었다. 기원전 3800년경부터 오크니 밭쥐로 알려진 작은 털북숭이 설치류의 뼈들이 스코틀랜드섬의 유적에 나타난다. 이 밭쥐들은 대륙에는 가까운 유전적 혈육이 있지만 영국에는 없으며, 이는 그들이 남부 지방(궁극적으로는 스페인)에서 건너오는 배를 타고 오크니산맥에 도달했다는 것을 의미한다. 피레네산맥에서 진

---

* 그리스 신화에서 아르고호 선원들은 황금의 양털을 찾으러 원정을 떠났는데, 이로부터 유래되어 아르고호 선원들을 모험가로 표현하기도 한다.

화했지만 아일랜드에서만 발견되는 피그미 땃쥐의 일종인 다른 설치류도, 바로 이 시기에 비슷한 방식으로 아일랜드에 건너온 것으로 보인다.

일단 농부들은 바다를 건너 이 섬들에 도착한 후엔 토착 수렵채집인들보다 훨씬 덜 이동하는 경향이 있었다. 물론 언제나 그렇듯 농부들 사이에서도 큰 차이가 있었다. 글로스터셔의 해즐턴 노스에서 발견된 뼈에 대한 동위원소 분석은, 그곳의 초기 농부들은 정기적으로 단거리를 이동했지만, 이후 농부들은 한곳에 뿌리내리고 살았다는 것을 보여주고 있다. 확실한 증거는 잡초에서 나왔다. 우리는 잡초에 관해 잘 알고 있는데, 그 이유는 석기시대 농부의 아내가 화덕을 청소할 때마다 불에 탄 빵 조각을 쓰레기 구덩이에 버렸고 빵 조각 안에 씨앗들이 고고학자들이 발굴하기 좋게 깔끔하게 보존되어 있었기 때문이다. 빵 조각에 남아 있던 씨앗들을 보면, 우리는 초기 농부들이 수확할 때 밀과 보리뿐만 아니라 오랫동안 계속 경작된 밭에서만 잘 자라는 잡초인 갈퀴덩굴, 창질경이, 야생 귀리 또한 집으로 가져왔다는 것을 알 수 있다. 이는 농부들이 한곳에 몇 년 이상 머물렀음을 의미한다.

특히 아일랜드와 스코틀랜드의 일부 정착민은 튼튼한 목조-초가 농가들을 짓기도 했는데, 이는 그들이 그곳을 금방 떠날 계획이 없었음을 암시한다. 이 농가들은 보통 직사각형에 가까운 형태였고, 여러 개의 방으로 나뉘어 있었으며, 2010년대 영국의 집과 거의 같은 크기였다(약 100제곱미터). 수렵인들의 오두막집들과 비교하면 매우 호화로운 주거 공간이었고, 그 안에서 발견된 물건들은 농부들이 그들이 대체한 수렵인들보다 훨씬 더 번영했음을 확인시켜준다. 집들은 요리, 음용, 저장을 위한 도기와 다양한 집기로 가득 차 있었다. 기원전

4200년 이전 영국 제도에는 도기가 없었지만, 기원전 3800년에는 거의 모든 곳에 도기가 있었다.

　이 농부들은 분명히 매우 가난했지만, 그들이 쫓아낸 수렵채집인들처럼 극도로 가난하지는 않았다. 이주민들은 단순히 돌을 쪼개 모양을 내는 것을 넘어 돌도끼 다듬는 기술을 유럽 대륙으로부터 수입해, 농지 개간에 필요한 나무를 베는 데 더 효과적인 도구를 만들어냈다. 뛰어난 석재를 찾기 위해 그들은 유럽의 채굴 방식을 적용해 사우스다운스의 석회암층 안으로 15미터의 갱도를 파고 내려가 부싯돌이 가장 풍부한 광맥에 도달하기도 했다. 이는 뼈, 돌, 나무 도구들로만 무장했던 채굴자들에게는 결코 작은 성취가 아니었다.

　농장을 짓고 부싯돌을 캐는 일은 수렵채집인들이 시도했던 그 어떤 일보다 더 복잡했지만, 이는 빙산의 일각에 불과했다. 영국의 수렵채집인들은 좀처럼 경관에 뚜렷한 흔적을 남기지 못했지만(그러나 2장에서는 한 가지 특별한 예외를 살펴볼 예정이다), 기원전 4000년 이후 농부들은 눈길을 끄는 거대한 기념물들로 땅 위를 바꿔나가기 시작했다. 이것들은 크게 두 종류로 나뉘는데 산 사람을 위한 것(부장품이 없음)과 죽은 사람을 위한 것(부장품이 있음)이다. 그러나 두 종류 모두 때로는 수 킬로미터나 되는 도랑을 파거나 거대한 흙더미를 쌓는 종류의 작업을 수반했다. 고고학자들은 산 사람들을 위한 기념물 안에서는 거의 아무것도 발견하지 못했고, 대개 이것들은 방어에 적합한 위치에 지어지지도 않았다. 따라서 더 나은 가설이 없는 지금으로서는 그것들이 단순히 모임을 위한 장소였다고 추측한다. 하지만 왜 사람들이 그곳에 모였는지, 그리고 왜 그렇게 긴 도랑들을 파야 했는지는 여전히 수수께끼로 남아 있다.

죽은 사람을 위한 기념물은 더 많은 단서를 제공하고 있다. 수렵채집인들에게 죽은 친족들은 그리 신경 쓸 바가 아니었고 그들의 시신을 무심하게 처리했기 때문에 고고학자들은 그 흔적을 거의 찾지 못했다. 그러나 기원전 4000년 이후, 영국의 농부들은 대륙의 양식을 본떠 10개가 넘는 다양한 형태의 무덤들을 고안해냈다. 어떤 무덤은 커다란 돌판으로, 또 어떤 무덤은 흙더미로 만들어졌다. 고고학자들이 '긴 고분'이라고 부르는 종류는 길이가 100미터쯤 되기도 했다. 지금도 1000여 개의 긴 고분이 남아 있는데, 원래는 더 많았을 것이다. 중간 규모의 긴 고분을 만드는 데 약 7000시간이 걸렸고(열 명의 성인이 온종일 매달리면 몇 달 안에 하나를 만들 수 있었을 것이다), 큰 것들은 두 배의 시간이 필요했다. 경이로울 정도로 엄청난 에너지의 분출이었다.

영국의 농민들이 (그리고 대륙에 있는 그들의 조상들이) 왜 이런 무덤을 만드는 것이 좋겠다고 생각했는지 궁금하지 않을 수 없다. 그 이유에 대해 19세기에 유행한 추론이 있는데, 그 기념물들이 주권과 정체성에 대한 수렵인들의 이론, 즉 '모든 사람이 우두머리'라는 발상에 도전했을 가능성이 있다는 것이다. 글로스터셔의 벨라스 꼭대기에 있는 고분(도판 1.9)처럼 원래의 찬란한 모습으로 복원된 긴 고분들을 방문하면, 탁한 회색 하늘 아래에서 감독관이 채찍을 휘두르고 노예들이 진흙을 퍼 나르며 강력한 왕의 영예를 기리는 무덤을 쌓아올리는 장면이 쉽게 떠오른다. 그러나 오늘날 이러한 추론을 따르는 사람은 거의 없다. 어떤 고분에서도 조금이라도 왕실의 부장품으로 보이는 것이 발견된 적이 없기 때문이다.

대부분의 고고학자는 죽은 사람들을 위한 기념물들이 실제로는 농업에 필연적으로 따라오는 불평등을 찬양하기보다 완화시켰다고 생

도판 1.9 집단의 의지: 글로스터셔의 벨라스 꼭대기에 있는 긴 고분.

각한다. 봉분 아래 시신들은 살점이 썩을 때까지 묻혀 있다가 파헤쳐지고, 분해되고, 의도적으로 다른 시신들과 섞이기도 하는 복잡한 과정을 거쳤다. 때때로 새로운 세대의 죽은 자들을 위한 공간을 마련하기 위해 시신들을 다시 파헤치고 다른 곳에 있는 마지막 안식처로 옮겼다. 이보다 더 공동체적인 방식이 있을까 싶을 정도다. 아마도 하나의 가능한 해석은, 봉분 쌓기와 뼈 섞기와 도랑 파기가 모두 불평등 상승으로 인한 공동체 내부 혹은 공동체 간의 긴장을 완화하기 위한 메커니즘이었다는 것이다. 기념물들은 수렵채집인들이 돌아다녔던 넓은 지역들이 아니라 사람들이 경작했던 특정한 장소에 건설자와 사용자들을 연결시켜, 새로운 정체성과 주권을 만드는 데 도움을 주었을 것이다. 공동묘지들은 심지어 그들의 조상들이 힘들게 야생에서 개간한 땅에 대한 특정 집단의 소유권을 알리는 역할을 했을 수도 있다.

만약 그랬다면 이 메커니즘은 부분적으로만 성공했다고 할 수 있다. 폭력적인 분쟁들이 종종 발생했기 때문이다. 우리가 살고 있는 시대에는 5000명 중 약 1명의 영국인이 끔찍하게 사망하지만(이 장 앞부분에서 내가 언급했던 140명 중 1명이라는 세계적 수치보다는 낫지만, 10만 명 중 1명이라는 스칸디나비아인의 수치보다는 상당히 높다) 영국과 아일랜드의 초기 농부들 무덤에서 발견된 두개골은 50개 중 1개꼴로 수천 년 전 죽은 체더인과 마찬가지로 왼쪽 측면에 움푹 팬 골절이 있다. 돌 화살촉은 약 100개의 뼈 사이에서 발견되었으며, 그중 일부는 척추와 갈비뼈에 박혀 있었다. 때때로 우리는 대규모 전투의 흔적을 발견하기도 한다. 도싯의 햄블던 언덕 유적은 보존 상태가 썩 좋지 않지만 비교적 잘 발굴된 예로, 2세기 동안 세 차례의 공격을 받았는데, 각각의 공격은 불에 탄 건물들과 수백 개의 화살촉으로 구분할 수 있다(영국에서 발견된 가장 오래된 활은 기원전 4000년경으로 거슬러 올라가며, 아쟁쿠르 전투에서 헨리 5세의 궁수들이 사용했던 것과 같은 주목나무로 만들어졌다). 마지막 공격은 기원전 3400년경에 발생해, 햄블던 언덕을 완전히 파괴했다. 한 남성은 아기를 가슴에 멘 채 활에 맞았고, 불타는 성벽이 그 위에 무너지면서 매장되었다.

대륙에서처럼 폭력의 증거 대부분은 농부들이 도착한 뒤 한참이 지나 나타난다. 그러나 이 과정에서 수렵채집인의 DNA가 거의 살아남지 못한 점을 감안할 때, 인구 대체의 과정이 평화로웠다고 상상하기는 어렵다. 앞에서 언급했듯이, 대륙의 수렵채집인과 농부들은 때때로 수천 년 동안 함께 살았다. 하지만 영국에서 알려진 유일한 공존 사례는 헤브리디스 제도의 오론세이섬에서 새로운 생체 분자 기술로 밝혀졌는데, 단지 몇 세기 동안만 지속되었을 뿐이다. 안타깝게도 영국의 토착 수렵채집인들에게 기원전 4200년 이후 외벽의 붕괴는 이동성의 폭주, 안보의 붕괴, 주권의 상실, 고대 정체성의 종말을 의미했던 것으로 보인다.

영국 총리 스탠리 볼드윈은 그의 시대의 외벽이 무너지기 불과 14년 전인, 1926년에 펴낸 『영국에 관하여 On England』에서 "영국에서 변치 않는 풍경 중 하나"는 "언덕 너머로 쟁기질하는 사람들로, 영국이 육지였을 때부터 영국이었던 풍경"이라고 했지만[15] 그는 틀렸다. 경작하는 사람들은 영국 역사의 중간 지점에서야 나타났고, 변치 않는 존재이기는커녕 그들의 도착은 영국에서 있었던 가장 큰 혼란 중 하나였다. 영국에서 변치 않는 것은 농업이 아니라 지리가 가지고 있는 가혹한 이치였다.

2장
유럽의 가난한 사촌
기원전 4000~기원전 55년

기원전 4000년 무렵, 1497년까지 영국의 역사를 지배할 패턴이 이미 자리잡고 있었다. 헤리퍼드 지도의 가장자리에 닻을 내린 이 섬들은 유럽의 가난한 사촌 같은 존재였다. 그곳은 동쪽과 남쪽 멀리서 생겨난 새로운 삶의 방식이 균등화되며 유럽 대륙 전체를 가로지른 후 마지막으로 도달하는 장소였다. 대처의 법칙에 따라 모든 혁신이 결국 도착하긴 했지만, 영국은 일반적으로 중동과 지중해의 유행 선도자들보다 수 세기, 심지어 수천 년 더 뒤처졌다.

혁신이 퍼지는 속도는 다양했다. 기원전 3500년경에는 사람, 상품, 제도, 사상들이 대륙에서 섬들로 흘러오는 흐름이 느려졌고, 이후 4세기 동안 느리게 유지되었다. 그러나 기원전 3000년 이후에는 영국의 북부와 서부 사람들이 그들이 유럽 대륙에서 물려받은 유산들을 대륙 본토의 것 못지않게 발전시키기도 했다. 기원전 2000년 이전에 또 다른 정체기가 있었던 것으로 추정되며, 여러 고고학자는 기원전 300년까지 긴 시간 동안은 아니었지만 여러 차례의 공백기가 추가로 있었음을 밝혀냈다.

사건마다 고유한 원인과 결과가 있었지만, 모든 것은 불균형들을 균등화하는 거대한 과정의 일부—아마 불가피한 일부—였다. 인구, 경제, 정치, 문화 무엇이든, 새로운 것이 대서양까지 퍼지면, 영국과 유럽의 차이는 덜 뚜렷해졌고 동남부에서 서북부로의 이동 속도는 느려졌다. 다음의 큰 혁신이 섬들에 접근하면 속도는 다시 빨라졌다.

농업이 도래한 후 4000년이 지나면서, 영국이 유럽과 유럽 밖 넓은 세계와 맺는 관계에서 두 번째 특징이 나타났다. 농업은 수천 킬로미터 떨어진 중동에서 발명되었지만, 기원전 4200년 이후에 농업을 실제로 영국의 해안가로 가져온 이들은 오늘날 우리가 저지대 국가들이라 부르는 프랑스 북부와 스페인 북부 등 영국과 가까운 곳에서 온 사람들이었다. 그러나 기원전 1세기 무렵에는 상인과 군대들이 이탈리아에서부터 오고 있었고, 그 후 또 다른 세기가 지나자 대륙의 지배자들도 도착했다. 무대는 확장되고 있었다.

NG10 대왕

농부들이 섬의 경작 가능한 모든 구석구석을 채우는 데는 4세기밖에 걸리지 않았다. 그들은 일 년에 평균 1킬로미터 이상의 속도로 쟁기질을 하고 식물을 심으며 앞으로 나아갔다. 그 앞에서 사냥과 채집의 세계는 자취를 감췄다. 이 거침없는 진군은 마침내 기원전 3700년경 멈추었는데, 바로 지구의 가장자리에 도달했기 때문이다.

농업 이민은 새로운 정체성을 창조했다. 고고학적 증거에 따르면, 처음에는 널리 공유된 섬 문화가 있었다. 농부들은 이동할 때마다 그들의 조상들이 대륙에서 물려받은 것과 비슷한 양식의 석조물 제작법, 항아리 제작법, 장례문화와 함께 움직였다. 그들은 일반적으로 유럽의 고향과 장거리 교류도 유지했다. 그 결과, 고고학자들은 와이트섬*에서부터 스코틀랜드에 이르는 기원전 3800년 이전의 모든 유적에서 대체로 유사한 종류의 도끼와 화살촉, 그릇과 무덤들을 발견했다. 고고학자들은 때때로 심지어 알프스산맥에서 채석하고 1500킬로미터 이상을 건너온, 비취옥으로 만든 아름답고 윤이 나는 도끼들을 발견하기도 했다.

이 개방적이고 포용적인 세계는 단 몇 세대 동안만 지속되었다. 농업이 대서양에 도달하자, 통일성은 깨졌다. 작은 지역마다 정체성이 형성되었고, 각각 그들 자신의 방식대로 일을 처리하면서 이웃들과도 차별화되기 시작했다. 영국 해협을 가로지르는 교류도 둔화되었다. 우리가 영국에서 마지막으로 발견한 비취옥 도끼는 서머싯의 늪지대를 가로지르는 (나이테로 추정해보면 기원전 3807년이나 3806년생인) 나무 숲길에 정성스럽게 묻혀 있었다(도판 2.1). 우리가 아는 한, 영국의 농부들은 자신들이 이민자였다는 것을 잊어버렸다(이는 영국의 정체성에서 반복되는 주제다). 기원전 3500년경에는 확장 시기에 지어진 기념물들을 찾는 이조차 거의 없었다. 어떤 지역에서는 조상들의 뼈가 묻혀 있는 공동묘지의 입구를 봉인하기도 했다. 아마도 일부 고고학자가 의심하듯이 의도적으로 과거와 단절하려는 시도였을 수 있다.

더 근본적인 변화가 새로운 정체성을 부추겼을지도 모른다. 기원전

---

* 영국 브리튼섬의 남쪽, 영국 해협에 있는 섬.

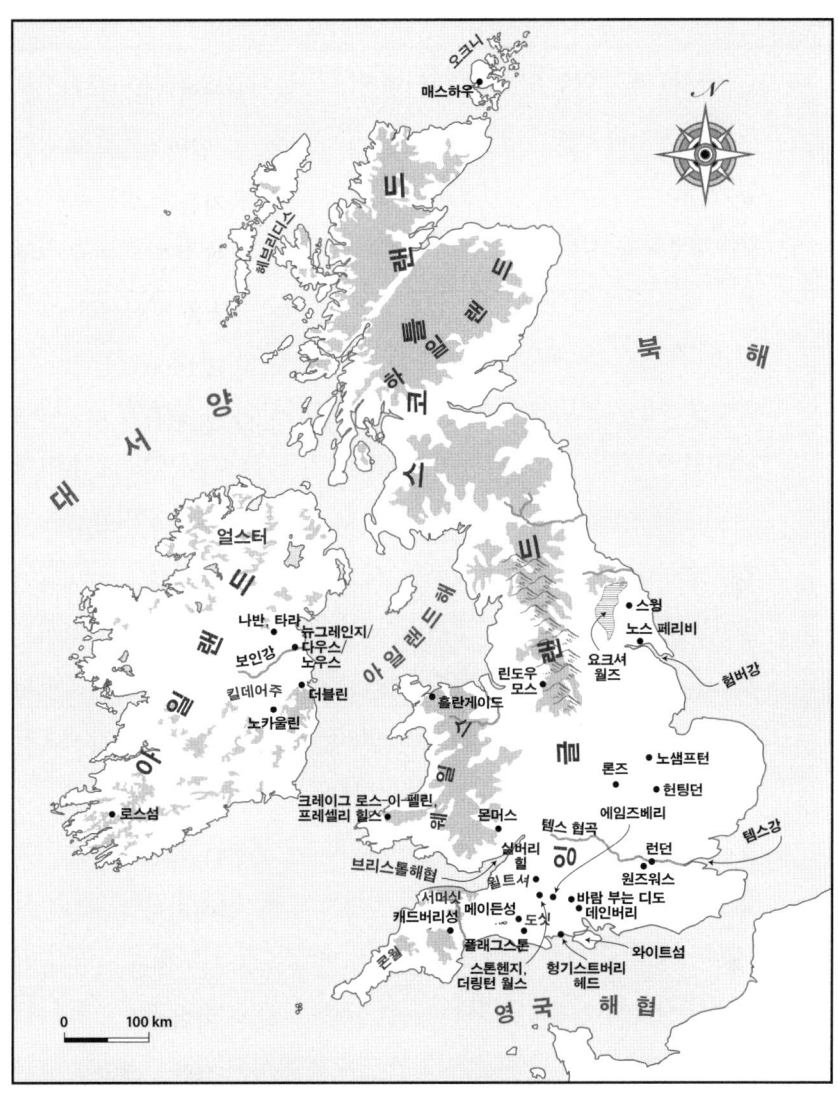

도판 2.1 영국 무대, 기원전 4000~기원전 55년.

2장 유럽의 가난한 사촌

4100년에서 기원전 3500년 사이에 이주민들이 밀려들어 미개간지를 경작하고 가족을 부양하면서 영국의 인구는 급증했다. 정확한 수치는 알 수 없지만, 인구는 기원전 3500년까지 세 배가 되면서 30만 명(어림잡아 평방킬로미터당 1명)을 넘어섰을 것이다. 이들이 바로 거대한 기념물을 세운 무리였다. 그러나 다음 500년 동안 섬의 인구는 절반 가까이 감소한 것으로 보인다.

전문가들은 도대체 어떤 일이 일어났는지에 대해 논쟁한다. 기원전 3700년 이래로 기온이 낮아지고 습해졌기 때문에, 아마도 농업의 생산성이 떨어졌을 것이다. 혹은 환경보호론자가 없는 시대에 살았던 최초의 농부들이기에 과도하게 땅을 개간했을 것이다. 하지만 원인이 무엇이든, 몇 가지 결과는 분명하다. 우선, 농부들은 수확량이 많았지만 기르기 까다로웠던 밀 대신 수확량은 적지만 내한성이 있는 보리로 경작물을 바꿨다. 그리고 기원전 3200년쯤엔 심지어 보리 재배조차 그만두었다. 곡식을 경작하는 대신, 사람들은 야생 식물들을 채집하는 쪽으로 되돌아갔다. 잡초 씨앗들과 (고대 호수 바닥의 중심부를 뚫어 복원한) 꽃가루의 흔적은 그들이 밭을 버리면서 숲이 다시 자라났음을 보여준다. 대대로 거주할 수 있도록 지어진 견고한 집들이 고고학적 기록에서 사라지는 과정이었다.

그러나 영국인들은 다시 평등한 수렵채집 사회로 돌아가지는 않았다. 오히려 우두머리가 존재했다는 최초의 명백한 증거는 바로 이 시기에 나타난다. '모든 사람이 우두머리'인 옛 집단 무덤들이 한두 명만을 위한 소규모 무덤들로 대체되었다. 어떤 무덤들은 정교한 부장품들이 함께 묻혀 있었다. 이 부장품들 중 일부는 정치적 권력의 상징으로 보이는데, 오늘날 영국 왕실의 대관식에서 사용되는 다양한 원석이 박힌 직장職杖, mace*도 포함되어 있다.

만약 이 무덤들에 묻힌 사람들을 새로운 권력을 휘두른 족장으로 보는 고고학자들의 말이 맞았다면, 그들의 권위는 역시 새로운 자원인 가축에 대한 관리에서 비롯되었을 것이다. 발굴된 뼈들은 영국인들이 목축으로 눈을 돌려, 숲이 우거진 계곡에서 다른 계곡으로 가축화된 소 떼를 몰고 갔음을 보여준다. 현대의 목축사회에서 운이 좋거나 숙련된 목동들은 가축 떼가 불어나면 빠르게 부자가 될 수 있으며, 추종자들에게 소고기, 버터, 우유를 대접함으로써 명예(아마 석조 직장과 함께 매장될 가치가 있다고 인정받는 것)를 얻는다. 반대로 운이 나쁘거나 나쁜 선택을 한다면 빠르게 가난해질 수도 있다.

이 시기는 스탠리 볼드윈이 말한 변치 않는 영국과는 거리가 멀었다. 역설적이게도, 이 섬들 중에서 볼드윈의 생각과 가장 맞아떨어진 곳은 스코틀랜드 몇 개의 섬과 아일랜드 일부분이었으며, 그곳에서 인구는 계속 증가했고, 곡물은 여전히 자라났고, 견고한 집들이 지어지고 있었다. 이 시기는 영국 역사상 드물게 동남부 지역이 서북부에 대해 지녔던 지리적 이점들이 무력화되고 실제로 역전되었던 시기 중 하나였다. 만약 기원전 3400년에서 3000년 사이에 부와 권력, 세련미를 보고 싶었다면, 오크니로 가야 했다. 아니면 더 좋게는, 현재 더블린에서 북쪽으로 한 시간 거리에 있는 보인강의 5킬로미터 구간으로 가야 했다.

아마 이에 대한 원인은 대륙과의 교류에 있을 것이다. 기원전 3800년 이후 영국 해협을 오가는 이동은 줄었지만, 서쪽 물길을 따라 포르투

---

* 공직자가 권위의 상징으로 들고 다니는 장식용 지팡이다.

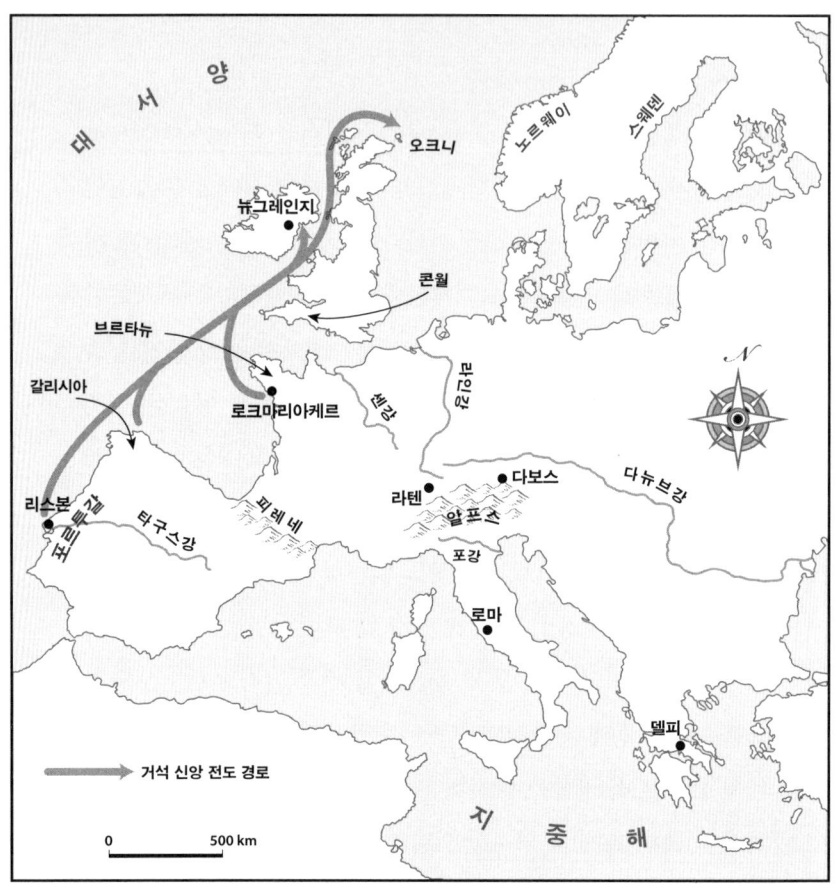

도판 2.2 거석의 전도사들? 타구스–오크니 축, 기원전 3000년경.

갈, 갈리시아, 브르타뉴와 이 섬들의 산악 지역(도판 2.2)을 연결하는 이동은 오히려 활발해지고 있었다. 대륙의 대서양 연안에서는 놀라운 일들이 벌어지고 있었다. 오늘날 리스본이 자리하는 타구스강 하구 근처에는 이미 기원전 4500년경에 사람들이 100명 이상 규모의 정착 마을을 이루고 있었다. 그 마을들은 3미터 두께의 벽에 탑까지 세운 석조 요새를 지을 만큼 충분히 잘 조직되어 있었고, 우두머리들은 북아프리카의 상아를 포함한 호화로운 부장품들과 함께 거대한 석조 무덤에 묻혔다.

더 북쪽에 위치한 브르타뉴에서는 더 기이한 일들이 일어나기 시작했다. (이 장 뒷부분에서 살펴보겠지만 엄청난 전략적 중요성을 지닌 장소인) 키브롱만 근처의 후미에 위치한 그림 같은 로크마리아케르에서 한 농민이 그의 동료들을 설득하여 높이 20미터, 무게 350톤에 달하는 돌을 채석하고 초기 농부들답게 그 위에 거대한 쟁기 그림을 새겼다.* 그러고 나서 그들은 석비를 5킬로미터 끌고 가서 공동묘지 밖에 세웠다. 끄는 작업만 해도 최소한 2000명의 일꾼이 필요했을 것이며, 전체 작업은 1장에서 영국 농부들에게서 보았던 집단주의적 열정의 극단적인 예로 보인다. 그러나 불과 한두 세대 만에, 곳곳에 세워졌던 거대한 석비들은 땅 위로 드러눕고 말았다. 사람들은 석비를 쓰러뜨리거나 부수고 그 파편들을 재활용하여 한두 사람만을 위한, 아름다운 부장품과 정교한 기념물로 채운 무덤을 만들기로 결정했다. 이 결정을 우리는 어떻게 받아들여야 할까?

---

* 초기 농업 공동체들의 가부장적 성격을 고려할 때, 그녀의 동료들이었을 것 같지는 않다. ―지은이

이후 수천 년 동안, 거대한 석판들로 만들어진 무덤들(고고학자들은 이를 메갈리스megaliths라고 불렀는데, 그리스어로 메가스megas와 리토스lithos를 합친 말로, '큰 돌'이라는 뜻이다)은 서유럽의 해안가를 따라 퍼져나갔다. 1950년대에 몇몇 학자는 '거석의 전도사들megalithic missonaries'이 유럽의 해안선을 따라 항해하며 내세來世에 대한 새로운 개념을 사람들에게 전파했다고 주장했다. 이 이론에 따르면, 이 선지자들은 정체성과 주권에 대한 오래된 평등주의적 사고를 대신하여 (아마도 그들 자신을 포함한) 소수의 엘리트가 초자연적인 것에 접근할 특권을 지니고 있고, 다른 모든 사람이 엘리트들을 위해 거석 기념물을 짓고 순종한다면 신들의 선의를 보장받을 수 있을 거라고 가르쳤다.[1]

장거리 이동을 이야기하는 많은 이론과 마찬가지로 이 이론은 1970년대에 인기를 잃었지만, 새로운 방사성탄소 연대측정법은 브르타뉴 사람들이 최초로 거석 무덤들을 지었고, 그 관습이 바다를 통해 퍼져나갔다는 것을 증명했다. 한편, 새로운 유전적 증거들은 거석문화가 섬에 도착했을 때, 새로운 유형의 지배 가문들과 연결되었음을 보여준다. 특히 아일랜드의 보인 계곡에 있는 일부 무덤의 규모는 오래전부터 이러한 관련성을 뒷받침해왔다. 기원전 3000년 직전에, 다우스, 노우스, 뉴그레인지 등지에서 거대한 크기의 무덤 3기가 세워졌다. 각 무덤의 최초 모습은 가로 100미터, 높이 20미터의 둔덕을 자랑했다. 뉴그레인지의 고분만 해도 20만 톤의 바위가 들어 있었고, 거석들로 장식되어 있었으며, 햇빛을 받으면 수 킬로미터 떨어진 곳에서도 볼 수 있을 만큼 반짝이는 하얀 석영 조각으로 둘러싸여 있었다.

이 작업이 한 세대에 걸쳐 행해졌다고 해도, 동원되어야 했던 노동력의 규모는 위계적인 형태의 주권과 정체성이 자리잡고 있었다는 것을 시사한다. 그리고 이러한 인상은 거대한 고분들 아래 놓인 것들로 인해 더욱 강화된다. 뉴그레인지에서는 15미터 길이의 석조 통로가 8미터 높이의 아치형 천장이 있는 십자 모양의 방으로 이어진다. 한쪽에 있는 더 작은 방에서, 고고학자들은 두 개의 성인 두개골과 최소 세 명 이상의 사람이 화장된 뼈들, 수십 마리의 사슴과 고라니의 신체 부위들을 발견했다. 노우스도 이에 못지않게 인상적이었다. 노우스에는 두 개의 통로와 방이 있었다. 그중 하나(뉴그레인지와 같이 십자 모양)에는 커다란 무늬 새김 돌그릇을 중심으로 여러 구의 화장된 유해와 부싯돌로 만든 정교한 지팡이 머리를 포함한 화려한 봉헌물이 놓여 있었다(다우스는 심하게 훼손되어 두 개의 석실이 있었다는 것 외에는 알 수 없다).

뉴그레인지와 노우스, 다우스에 묻힌 자들이 그토록 중요한—분명히 타구스와 브르타뉴의 위대한 인물들만큼 중요한, 그리고 이 섬들의 역사상 그 누구보다 더 중요한— 이유가 무엇이었든 간에, 단지 무덤의 크기를 키우는 것만으로는 충분하지 않았던 듯하다. 이 무덤을 만든 사람들은 훨씬 더 나아가 그 위대한 인물들의 신체를 우주 자체의 핵심 원리와 융합시키려고 노력했다. 뉴그레인지의 무덤은 정확하게 12월 21일—연중 가장 짧은 날—전후 일주일 동안 떠오르는 해의 첫 햇살이 고분 입구 위의 틈을 통과해 긴 석조 통로를 따라 들어가 중앙 방의 뒷벽에 새겨진 세 개의 나선형 문양을 마법처럼 17분 동안 비추도록 정렬되어 있었다(도판 2.3). 노우스에서는 매년 낮과 밤의 길이가 정확히 같은 이틀 중 하나인 3월 21일에 지는 해가 무덤의 통로를 지나 묘실 중 하나를 비췄고, 또 이틀 중 다른 날인 9월 21일에는 다른 묘실을 똑같이 밝혀주었다. 다우스는, 다시 말하지만, 보존 상태가 워낙 좋지 않아 내부 정렬을 확실히 알 수 없지만, 뉴그레인지와 노우스의 배열은 결코 우연이라 보기 어렵다. 이 무덤들은 천체가 집중되는 성소였으며, 태양이 일 년 중 가장 의미 있는 순간에 그곳에 내려와 필멸의 한계를 넘어선 남녀의 마지막 안식처들을 어루만졌다.

사실, 새로운 DNA 연구는 뉴그레인지에 묻힌 남자 중 적어도 한 명—다소 건조하게 'NG10'으로 불리는 인물—은 우리와 정말로 달랐음을 보여준다. 과학자들은 그의 게놈 서열을 분석한 결과, '각 염색체의 큰 부분을 차지하는 동형 접합성의 다중 장기 실행'이 있음을 발견했다.[2] 이를 쉽게 말하면, NG10의 부모들이 서로 1촌이라는 의미로, 즉 남매 관계 혹은 더 섬뜩하게는 부녀 또는 모자 관계였다는 것을 뜻한다. 생물학적 이유로, 거의 모든 사회는 근친상간을 금기시한다. 단, 한 가족이 다른 모든 가족보다 훨씬 뛰어나서 (사실상 신과 같이) 오직 그 가족의 구성원만이 가치 있는 짝을 제공할 수 있다고 여겨지는 경우는 예외다. 고대 이집트인, 잉카인, 하와이인들은 그들의 통치자들을 그렇게 생각했다. 선사시대의 아일랜드인들도 분명 그랬던 것이다.

슬프게도, 사람들이 5000년 전 보인 계곡에 무덤들을 만들었을 때 무슨 생각을 했는지 우리는 결코 알 수 없을 것이다. 사실 고고학에서 가장 피해야 할 것 중 하나는, 우리가 발굴한 사람들의 삶을 지나치게 우리 삶과 동일시하는 것이다. 비록 우리 모두가 그렇게 하지만 말이다. 몇 년 전 시칠리아에서 종교 유적지를 발굴했을 때의 일이다. 나는 뙤약볕에 너무 오래 서 있다보면, 고대의 숭배자들이 거대한 붉은 사슴을 제단에서 도륙하고, 머리에 사슴뿔을 인 채로 포도주 잔을 땅바닥에 내려치며 춤을 추는 모습이 눈앞에 어른거리는 듯했다. 때때로 그들이 꿈에 나오기도 했다. 비슷한 기운에 이끌려, 나는 새벽의 햇빛

도판 2.3 17분간의 마법: 뉴그레인지의 묘실, 기원전 3000년경. 동지에 떠오르는 태양이 NG10의 마지막 안식처를 밝힌다.

에 뉴그레인지의 세 개의 나선 문양이 황금빛으로 물드는 그 순간이 신성한 기적과 신비라고 생각하지 않을 수 없었다. 그러한 순간들에, 평범한 인간들은 신들이 그들 사이로 다시 내려왔다는 확신에 전율하지 않았을까? 제사장들은 평민들이 들어서는 안 될 성스러운 말을 길고 낮게 속삭이지 않았을까? 축복이 넘쳐흘러 세상이 다시금 새롭게 태어나지 않았을까?

글쎄, 아마 그럴지도 모른다. 적어도 고고학적 사실들은 이곳들이 꿈과 환영이 깨어 있는 세계와 어우러지도록 고안된 마법 같은 장소였다고 외치고 있다. 세 무덤 모두 미로, 지그재그, 나선형의 현기증 나는 조각들로 장식되어 있었고, 1960년대의 사이키델릭 아트처럼 현란한 색깔들로 칠해져 있었다. 몇몇 심리학자는 이 디자인들을 '깜빡이는 빛, 환각성 버섯, 편두통 증후군'에 의해 눈과 뇌에서 생성된 이미지들에 비유했다(한 학자는 아주 진지하게 이처럼 말했다).[3]

이것은 분명 의도된 것이었다. 고고학자들은 여러 유적지에서 양귀비 씨앗을 발견했다(내가 시칠리아에서 발굴한 유적에서도 발견되었다). 그리고 현대 복음주의 기독교인들을 연구하는 심리학자들은 하느님의 목소리를 듣고자 열심히 노력하고 같은 신앙을 가진 공동체에 깊이 몰입하는 사람들이 저 너머의 진정한 메시지라고 여기는 경험에 극도로 민감하도록 자신을 훈련할 수 있음을 관찰해왔다. 아마도 마약, 극적인 동지나 춘분·추분 의식들 그리고 다른 세상에서 온 것 같은 예술의 조합이 기원전 3000년 전의 주술사들로 하여금 그들의 의식을 변화시켜 다른 세계의 목소리를 들을 뿐만 아니라, 이 경험으로 공동체를 동원해 저 너머 세계로 가는 입구로 이렇게 웅장한 기념물들을 짓게 한 것일지도 모른다.

심지어 뉴그레인지가 완성되기도 전에, 이와 비슷한 생각들은 서쪽 해역으로 퍼져 이 섬들의 북쪽 끝에 도달했다. 오크니의 스테네스호 연안에는 열두 개의 크고 작은 봉분과 기념물들이 빼곡하게 들어섰고, 이 봉분들도 나름의 천문학적인 연관성이 있었던 것으로 보인다. 가장 웅장한 매스하우의 봉분은 뉴그레인지와 견줄 만했는데, 중앙에는 똑같이 거대한 방이 숨어 있었고, 너무 정교하게 만들어져서 일부 석판 사이로는 종이 한 장도 간신히 밀어넣을 수 있을 정도였다.

포르투갈의 햇볕이 내리쬐는 언덕에서 흐릿한 여름 해가 거의 지지 않는 브리튼 제도의 북쪽 해안까지, 기원전 3200년경 이후로 비범한 정신적 일체감이 만연했던 것으로 보인다. 뉴그레인지의 고분과 그 사이키델릭한 조각들은 정확히 브르타뉴에서 발견된 것과 비슷하며, 노우스의 부싯돌로 만든 지팡이 머리는 타구스 강둑에서 나온 것들과 가장 유사했다. 그 외에도 유사점이 너무 많아서 나열하기도 어렵다. 대서양의 해안선 2000킬로미터를 따라 흩어져 살던 이 남녀들은 분명 서로를 알았을 것이고, 아직 직접적인 DNA 증거는 없지만 아마 근친교배도 했을 것이다. 고고학자 배리 컨리프가 "정교한 우주와 널리 퍼진 상징들의 집합에 대한 공유된 믿음 체계", 심지어 독특한 "대서양적 사고방식"이 있었다고 주장하는 데에도 충분한 이유가 있다.[4]

로크마리아케르나 매스하우에서 NG10을 놀라게 할 만한 것은 거의 없었을 것이다. 그러나 그 또는 그의 짝들이 불과 몇 킬로미터만이라도 내륙으로 들어오면, 완전히 이질적인 세계에 들어선 듯한 경험을 했을 것이다. 오늘날 우리 중 많은 이가 평범한 일반 대중과 국제화되고 (은유적으로) 근친상간적인 엘리트 간의 커져가는 격차를 걱정한다.

2장 유럽의 가난한 사촌

이 엘리트들은 런던, 뉴욕, 싱가포르의 고급 호텔과 미슐랭 선정 레스토랑들을 경쾌하게 돌아다니고, 그림책처럼 완벽한 다보스의 알프스 리조트에서 자신들만을 위한 비공개 향연에 모인다. 5000년 전 대서양의 변두리에서도 비슷한 일이 일어나고 있었던 것 같다. 보인의 강둑과 스테네스의 연안을 따라 매장된 위대한 남녀들은 그들의 뒷마당에서 일하는, 거석문화 전도사들의 세계주의적 사고방식이 확연히 결여된 목동들보다 타구스 강변에 있던 사람들과 더 공통점이 많았다. 우리 시대에만 다보스맨*이 있는 건 아닌 모양이다.

예루살렘

나도 한 번 다보스에 초대받은 적이 있다. 그것은 꿈같은 일이었다. 초청장은 개인 경호원과 헬리콥터를 동반할 것인지 묻고 있었다. 그런 질문은 내 생애 처음이었다. 세계적인 엘리트의 일원이 되었다는 자부심으로 우쭐했던 것도 잠시, 그 환상은 곧 깨져버렸다. 도착하자마자 다보스맨에도 여러 유형이 있음을 알게 된 것이다. 모든 참석자가 성대한 만찬과 파티에 초대되었지만, 일부는 더 성대한 만찬과 파티들에, 일반인은 접근조차 할 수 없는 줄이 쳐진 피아노 바에 초대되었다. 심지어 이름표도 등급이 나뉘어 있었는데, 상위 사람들의 이름표에는 반짝반짝 빛나는 구체가 올려져 있었다(구체를 질투한 우리 같은 사람들은 이를 '디스코 볼'이라고 불렀다).

---

* 해마다 스위스에서 열리는 다보스 포럼에 참가해 개별 국가보다 세계 경제의 통합과 번영을 중시하는 글로벌 엘리트들.

이 경험은 시대를 초월하는 몇 가지 진리를 일깨워주었다. 즉, 상류층에 끼기 위한 경쟁은 상류층 사이의 경쟁에 비하면 아무것도 아니며, 그 경쟁에서 이기는 방법은 다른 유명인과 비슷해지되 눈에 띄게 구별되는 것이라는 사실이다. 만약 기원전 3000년경 대서양의 엘리트들이 오늘날의 다보스 엘리트들과 같다면, 내가 생각하기에 이것이 바로 그들이 가장 원했던 일일 것이다. 오크니의 매스하우처럼 또 다른 뉴그레인지를 건설하는 것만으로는 충분하지 않았다. 똑같이 웅장하지만, 특색 있는 무언가가 필요했다. 그래서 기원전 3000년경, 영국 본토의 서쪽 가장자리를 따라 자리잡고 있던 엘리트들은 아무도 가져본 적 없는 일종의 기념물을 생각해냈다. 바로 헨지henge였다. 헨지는 석기시대의 디스코 볼이었다.

헨지는 맨 처음 웨일스와 윌트셔에서 공동묘지 주변에 원형 도랑을 파던 오래된 전통에서 서서히 발전했다. 헨지는 가장 유명한 예인 스톤헨지에서 이름을 따왔는데, 스톤헨지라는 명칭은 '걸어놓은 돌'을 뜻하는 앵글로색슨어에서 왔다. 그러나 전문가들이 기념비를 헨지라고 부를 때 그들은 돌에 대해서 말하는 것이 전혀 아니다. 그들에게 '헨지'는 원형 도랑을 갖춘 모든 기념물을 의미한다.

좋은 디스코 볼처럼, 헨지들은 참신함과 잘 확립된 엘리트 전통들을 결합했는데, 가장 주목할 만한 것은 별자리와 장례 기능의 결합이었다. 1720년대 초까지 방문객들은 6월 21일에 스톤헨지의 중심에 서면 해가 정확히 헨지의 정문을 통해 뜨는 것을 볼 수 있었다. 스톤헨지의 150~200기의 묘(정확한 숫자에 대해서는 논쟁이 있다)는 그곳을 기원전 3000년대 영국 묘지 중 알려진 가장 큰 공동묘지로 만들기도 했다. 죽은 사람들은 대부분 성인이었는데, 모두 화장되었으며, 유해는 자루

도판 2.4 오, 독실한 자들이여 모두 오라: 눈 덮인 스톤헨지로 몰려드는 신도들, 기원전 2950년경. 화가 피터 던의 상상화. 56개의 블루스톤이 도랑과 제방의 바로 안쪽에 서 있다. 중앙에 수직으로 세워둔 목재들은 고고학적으로 존재가 입증되었지만 그 용도는 알려져 있지 않다.

에 담겨 고리처럼 빙 둘러 서 있는 돌 56개의 안팎에 매장되었다(도판 2.4, 현재 스톤헨지의 대부분을 차지하고 있는 거대한 사르센* 돌들은 기원전 2500년경 이후에 추가된 것이다). 무덤들 안에 부장품은 거의 없지만, 소수의 발견품에는 아름다운 광택이 나는 석기 지팡이 머리와 무언가를 태우기 위한 작은 점토 받침대가 있다. 그것은 향을 내기 위한 용도였을까? 마약을 하기 위한 것이었을까?

헨지들이 중요한 이유는 영국 제도의 북부와 서부 지역에서 시작된

---

* 잉글랜드 중남부에 산재하는 사암.

혁신이 동남부로 퍼져나가며 기존의 일반적인 패턴을 거꾸로 뒤집은 지역적 불균형의 첫 번째 명백한 사례이기 때문이다. 실로 스톤헨지는 말 그대로 서부에서 이식된 것이었다. 모든 면에서 스톤헨지는 특이한 헨지이고, 약간 더 오래된 두 개의 헨지만이 스톤헨지와 매우 비슷하다. 첫 번째 헨지는 스톤헨지에서 걸어서 하루이틀 걸리는 거리에 있는데, 우연하게도 토머스 하디가 1880~1890년대에 '웨식스Wessex' 소설 몇 편을 집필했던 집인 맥스 게이트 바로 아래에 있다. (오늘날 플래그스톤Flagstones들로 알려진) 이 유적은 이로부터 한 세기가 지난 후에야 발굴되었지만, 하디의 정원사가 매장된 헨지에서 사르센 돌 하나를 발견한 적이 있었다. 그때 하디는 심지어 그들이 파낸 선사시대의 매장물을 급하게 묘사하기 위해 정기 연재를 중단하기도 했다. 그의 이웃 역시 영국에서 유일하게 스톤헨지에서 발견된 것과 같은, 향이나 마약을 태우는 데 쓰인 향로를 발견하기도 했다.

만약 플래그스톤이 유일하게 스톤헨지와 비슷한 유적이었다면, 우리는 아마도 그 세부 양식들이 단지 도싯의 지역적 특성이라고 추측했을 것이다. 그러나 두 번째 스톤헨지형 유적은 275킬로미터 떨어져 있는 북웨일스의 란디가이에 있으며, 이는 웨일스와의 관련성을 보여주는 여러 정황 중 하나일 뿐이다. 지질학자들은 스톤헨지의 56개 직립석이 원래 웨일스에서 채석된 블루스톤이라는 것을 1920년대부터 알고 있었다. 2011년 이후의 연구는 블루스톤의 출처가 정확히 프레셀리 힐스*에 있는 크레이그 로스-이-펠린** 주변이라는 것을 찾아냈

---

* 웨일스 서부의 산맥.
** 블루스톤 채석장.

다. 한동안 고고학자들은 빙하기에 빙하가 인간의 개입 없이 블루스톤들을 윌트셔까지 밀어냈을 것으로 추측했지만, 이제는 블루스톤의 지질학적 특성으로 보아 사람들이 의도적으로 200톤의 바위를 스톤헨지로 옮겼다는 것이 확실해졌다. 그때의 건축가들은 정말 간절하게 이 특별한 돌들을 원했던 것이다. 웨일스와의 연결성은 거기서 끝나지 않는다. 안정 동위원소 연구에 따르면 스톤헨지에 묻힌 사람 중 네 명은 실제로 웨일스에서 온 이주민이었다.

2003년부터 스톤헨지 주변을 발굴해온 고고학자 마이크 파커 피어슨은 이 모든 세부 사항을 하나로 묶는 이론을 만들었다. 그는 스톤헨지가 '동쪽으로 이주해 솔즈베리 평원에 정착한 공동체들에 의해' 지어졌으며,[5] 그곳에서 그들이 '아마도 [웨일스] 출신의 지배 엘리트 가문을' 형성했을 것으로 추정했다.[6] 그는 크레이그 로스-이-펠린에서 블루스톤을 채석했다는 주요 증거가 실제로 스톤헨지보다 2세기 앞선다는 점에 주목하며 1920년대의 한 이론을 되살렸다. 즉, 이 돌들은 원래 웨일스의 기념물에 세워져 있었는데, 이주민들이 이를 해체해 윌트셔로 끌고 가서 스톤헨지에 다시 설치했다는 것이다. 그는 심지어 돌이 세워져 있던 원래 위치가 완마운Waun Mawn이었음을 알아냈다. 그는 "그러한 행위가 두 개의 신성한 중심지를 하나로 합치거나, 정치적으로 분리된 두 지역을 통합하거나, 한 지역에서 다른 지역으로 이동한 이주민들의 기원적 정체성을 정당화하는 역할을 했을 수 있다"고 말한다.[7]

이러한 이야기는 바위 몇 개에 너무 많은 의미를 부여하는 것처럼 들릴 수도 있지만, 실제로 신성한 돌을 다른 용도에 맞게 바꾸는 것은 꽤 흔한 일이었다. 2009년 파커 피어슨 팀은 스톤헨지에서 불과 몇 킬로미터 떨어진 곳에서 해체된 블루스톤 헨지(감탄할 만큼 간결하게도, 그들은 이 블루스톤 헨지를 '블루스톤헨지'라고 명명했다)의 흔적들을 발견했다. 블루스톤이 스톤헨지의 유일한 고대 유물은 아니었다. 남쪽 입구 양옆에는 건축자들이 소 두개골 더미를 쌓아올렸는데, 이는 그들이 기원전 2950년 이 장소에 도착했을 때 이미 200년이나 된 것이었다. 목동들은 그들의 소에 대해 강한 애착을 갖는 경향이 있었으며, 이 두개골은 성스러운 가보, 이를테면 이주민들의 할아버지의 할아버지의 할아버지의 할아버지의 할아버지 시절에 웨일스에서 열렸던 전설적인 축제의 유물이었을 수도 있다.

    수천 년 동안 사람, 물건, 사상은 동남부에서 서북부로 옮겨왔다. 그러나 만약 파커 피어슨이 옳다면(나는 그가 옳다고 생각한다), 영국 제도에서 가장 위엄 있는 중심지들이 아일랜드해와 오크니 섬들 주변에 무리 지어 생기고 1세기가 지나 강력한 웨일스 일족이 이러한 흐름을 뒤집은 것이다. 그들이 왜 하필 월트셔로 이주했는지는 아무도 정확히 알 수 없지만, 한 가지 분명해 보이는 설명이 있다. 즉, 스톤헨지는 아일랜드해와 영국 해협을 잇는 가장 가까운 직선 육로 위에 자리잡고 있으며, 두 지역의 교역망 사이에서 상품을 거래하기에 안성맞춤인 장소였으리라는 것이다. 하지만 이 설명이 맞더라도, 두 번째 질문이 따라온다. 만약 그들이 부를 좇아 월트셔로 이주했다면, 왜 굳이 스톤헨지를 건설하는 어려움을 감수했을까? 그리고 왜 그보다 훨씬 큰 기념물들까지 건설했을까? 2020년, 지구물리학 탐사자들은 스톤헨지 바로 옆에서 두 번째 거대한 기념물을 발견했다고 발표했다. 스톤헨지와 동시대에 만들어진 그 기념물은 수십 개의 커다란 구덩이로 구성되어 있으며, 거의 지름 2킬로미터에 달하는 원을 이루고 있었다. 그 원은 선사시대 유럽에서 알려진 가장 큰 토목공사의 결과물이었으며, 그 중심에는 유럽 대륙에서 가장 큰 정착지로 꼽히는 더링턴 월스Durrington Walls가 있었다. 이곳에는 한때 최고 4000명(아마 스톤헨지 건설 인부들일 수도 있다)이 살았고, 그들이 떠난 후 폐허 위로 스톤헨지보다 네 배 더 큰 헨지가 지어졌다. 뉴그레인지는 천체가 모이는 곳이었지만, 스톤헨지는 이를 훨씬 넘어섰다.

스톤헨지가 왜 그곳에 있는지 질문한 최초의 인물로 기록된 사람은 헌팅던 출신의 헨리라는 영국 성직자였다. 그는 『영국의 역사History of the English』(1129)에서 "어떤 메커니즘으로 그렇게 거대한 돌덩이들을 들어올렸는지, 어떤 목적으로 만들어졌는지 아무도 알아내지 못했다"라고 고백했다.[8] 그러나 그로부터 불과 7년 후 몬머스 출신의 웨일스 학자 제프리는 자신이 답을 알고 있다고 확신했다. 그는 『영국 왕들의 역사 History of the Kings of Britain』에서 돌들이 원래 아프리카에 있었지만, 선사시대의 거인들이 '거인의 고리Giants' Ring'를 만들기 위해 그 돌들을 아일랜드의 (아마도 현재 킬데어주에 있는) 킬라라우스산으로 옮겼다고 주장했다. 그 돌들은 그곳에 머물러 있다가, 5세기에 이르러 영국 왕 암브로시우스가 그의 사악한 라이벌 헹기스트(이 인물들은 4장에서 다시 만날 것이다)에 의해 죽은 영웅들의 무덤을 표시하는 기념비를 세우기로 결심하면서 다시 이동하게 된다. 암브로시우스의 조언자들은 그에게 웨일스에서 은둔하던 마법사 멀린을 불러오기를 권했고, 멀린은 곧장 마법으로 거인의 고리를 아일랜드에서 월트셔로 옮겨왔다.[9]

외부 증거들을 통해 제프리의 이야기를 확인해보면 그가 크게 틀렸다는 사실을 알게 된다. 스톤헨지의 연대를 3500년이나 잘못 추정한 것만 봐도 그의 이야기는 좀처럼 신뢰하기 어렵다. 하지만 그는—

우리 시대에 드루이드* 복장을 입고 스톤헨지에서 캠핑하며 발굴 계획에 반대해 고고학자들을 짜증나게 하기를 즐기는 사람들처럼 — 중요한 진실 하나를 간과했다. 스톤헨지는 브리스톨 해협과 영국 해협을 연결하는 육로 위에서 시장을 열기 편리한 장소 그 이상이었다. 무엇보다 그곳은 매우 신성한 장소였다.

  2008년 마이크 파커 피어슨과 함께 작업한 지질학자들은 이 장소가 그렇게 특별했던 이유를 발견했다. 스톤헨지는 지질학자들이 주빙하 지형이라고 부르는 십자 모양으로 된 백악질의 토양 위에 있는데, 이 지형은 기본적으로 물이 바위의 갈라진 틈으로 스며들었다가 얼어서 더 갈라지고, 녹고, 다시 얼기를 반복하는 과정을 거쳐 형성된다. 대부분의 주빙하 지형은 작지만, 스톤헨지 입구 바로 바깥에는 폭 0.5미터, 길이 150미터에 달하는 정말로 거대한 균열들이 있다. 그리고 그것들은 단순히 크기만 한 게 아니다. 만약 동지에 지는 해를 보기 위해 헨지의 중심에 선다면, 그 홈들은 곧바로 우리 시선을 해가 수평선 아래로 사라지는 지점으로 이끌 것이다. (다시금 너무 많은 해석을 덧붙이는 것이지만) 의심할 여지 없이 신들이 이 지점을 골라낸 것처럼 보인다. 태양이 사라지고 일 년 중 가장 긴 밤이 시작되는 중요한 순간을 인간들이 놓치지 않도록 토양 자체에 표지판을 새긴 것이다.

  자연은 이곳이 로마인들이 '액시스 문디axis mundi', 즉 자연과 초자연이 손을 잡는 '세계의 중심축'이라고 부를 만한 곳임을 보여주고 있다. 이곳은 일종의 영국의 예루살렘으로, 신이 이 땅에서 선택한 장소였다. 1300년경, 홀딩엄과 라퍼드 출신의 리처드는 영국을 헤리퍼드 지

---

*   고대 켈트족의 종교인 드루이드교의 사제 계급.

도의 가장자리에 몰아넣고 예루살렘을 가운데에 놓았지만, 스톤헨지의 건설자들은 더 대담했다. 그들은 자신들의 마법의 돌 원형과 조상들의 몸을 우주의 중심에 놓았다.

아마도 스톤헨지가 지어지기 훨씬 전의 어느 시점에, 사람들은 뿔로 만든 곡괭이를 들고 주빙하 지형의 구조를 따라 도랑들을 파서 그것들이 훨씬 더 잘 보이게 만들었을 것이다. 그런데 그게 전부가 아니었다. 불과 몇 미터 떨어진 곳에서, 스톤헨지 방문객 주차장을 어디까지 넓혀야 할지 조사하던 지역 자원봉사자들이 훨씬 더 놀라운 것을 발견했다. 바로 영국에서 발견된 가장 오래된 기념물 중 하나—1장에서 언급했듯 농사가 시작되기 전에 세워진 거의 유일한 기념물—였다. 블루스톤들이 도착하기 5000년 전인 기원전 8000년경, 수렵채집인들은 여기에 소나무 토템 기둥으로 보이는 것들을 줄지어 세웠는데, 각각 거의 1미터 두께에 10미터 정도의 높이를 가진 것이었다. 우리가 아는 한, 수렵채집인들은 빙하가 후퇴한 이후로 줄곧 이 장소의 신성함을 감지해왔다.

기원전 2950년경 웨일스의 이주민들이 도착했을 때, 하늘과 땅이 만나는 이 신성한 성지는 이미 고대의 고분, 울타리와 다른 기념물들로 꽉 차 있었고, 이러한 것들은 의심의 여지 없이 이곳의 위상을 더 높였다. 1950년대에 위대한 고고학자 고든 차일드는, 하지 무렵 이곳에서 열린 축제들이 수천 명의 목축민을 끌어모았을 것으로 생각했다. 그는 이 축제들이 마치 고대 그리스의 올림픽 휴전*처럼, 일종의 신성

---

* 개최 도시 국가가 공격을 받지 않고 선수와 관중이 안전하게 여행하고 각자의 국가로 평화롭게 돌아갈 수 있도록 올림픽 기간에 발효되었다.

한 평화를 불러왔을 거라고 믿었다. 아마도 소를 기르는 족장들은 원형의 돌기둥 안에서 논의하며 어느 정도의 정치적 통합을 만들어냈을 것이다. 관련해 일부 전문가는 홈 무늬 토기Grooved Ware라고 알려진, 특정 형태의 도기가 광범위하게 분포한 것이 영국 남부의 많은 지역에서 공유되었던 정체성을 나타내는 것은 아닌지 의문을 던지고 있다.

새로운 영국이 기틀을 잡아가고 있었다. 기원전 4200년에서 3700년 사이에 대륙의 농부들은 오래된 수렵채집의 세계를 휩쓸어버렸지만, 기원전 3500년 이후 그들 자신의 사회 질서 또한 붕괴되었다. 그로부터 5세기 후, 유럽의 사상들은 서쪽 바다 너머 오크니까지 퍼졌다가 웨일스 이주민들에 의해 동남쪽으로 전파되어 스톤헨지에 뿌리를 내리면서 영국 제도를 다시 뒤흔들었다. 영국은 역사상 처음으로 정확하게 말하자면 더 이상 유럽의 가난한 사촌이 아니었다. 기원전 2500년경 스톤헨지의 거대한 사르센 돌들이 지금의 장소로 옮겨졌을 때—바로 이집트의 건축가들이 기자에서 그들의 대피라미드를 만들고 있던 바로 그때—그 원형 구조물은 지중해 지역을 제외하면 세계에서 가장 장관인 종교적 풍경의 일부였다. 지구의 가장자리에서, 영국인들은 그들만의 독특한 유럽 석기시대를 창조했다.

하지만 우리는 어느 정도 전체적인 시각을 유지해야 한다. 스톤헨지도 위대했지만, 대피라미드가 더 위대했다. 대피라미드는 스톤헨지보다 2000배 이상 많은 돌을 사용했으며, 1883년까지 세계에서 가장 높은 건축물이었다(지금도 여전히 가장 무거운 건축물로 남아 있다). 오래된 불균형들은 세계의 가장자리에 도달해 대부분 균등해졌지만, 완전히 새로운 불균형이 이미 오래전부터 중심지였던 중동에서 다시 생겨나 북쪽과 서쪽으로 퍼져나가기 시작했다.

살인자들

이 불균형은 기술에서 시작되었다. 중동의 금속이 풍부한 지역 사람들은 기원전 7000년 훨씬 이전부터 반짝이는 구리 조약돌을 만지작거렸고, 기원전 5500년쯤 이란과 발칸 지역에서 광석이 매장된 산지의 기술자들은 조약돌을 섭씨 1083도로 가열하면 그 안의 금속이 녹는다는 것을 발견했다. 거기서부터 녹은 금속을 주형에 부어 반짝이는 보석과 날카로운(그러나 다소 물러서 쉽게 구부러지거나 무뎌지는) 도구와 무기들을 만드는 데까지는 얼마 걸리지 않았다.

1960년대 전후로, 고고학자들이 이주가 정말로 선사시대에 중요한 역할을 했는지 묻기 시작했을 즈음, 그들은 기술에 대해서도 비슷한 질문을 제기했다. 몇몇은 현대의 기술에 대한 집착 때문에 고대에서 기술이 갖는 중요성을 과장할 수 있다고 우려했다. 그래서 그들은 아마도 쓸 만한 오래된 돌도끼는 첨단 기술로 만든 구리도끼만큼 훌륭했을 것이며, 금속의 진정한 매력은 상상되는 효율성이 아니라 그것의 참신함과 광택에 있었을 것이라고 생각했다. 그러나 반세기가 지난 지금, 이러한 추측들이 실제로 보여주는 것은 대부분의 고고학자가 무언가를 베는 일에 대해 아는 것이 거의 없다는 점이다. '채널 4' 텔레비전 프로그램 「타임 팀Time Team」에서 필 하딩이 구리도끼로 나무를 베어 그 이론을 실험했을 때, 그는 돌도끼보다 구리도끼가 더 쉽고 더 빠르다는 것을 단 몇 초 만에 알게 되었다. 구리도끼는 더 가벼워서 사용하기도 쉬웠다. 그리고 나무꾼들이 두툼한 돌도끼를 사용하면 나무 기둥의 넓은 부위를 찍어 베어내야 했던 반면, 얇은 구리도끼는 단지 좁은 부분만 찍어도 잘리기 때문에 빨랐다. 구리로 된 장비를 사용했던 벌목꾼들은 몇 분마다 작업을 멈추고 무뎌진 구리도끼의 날을 돌망치

(옛 기술은 쉽게 사라지지 않는다)로 두드려야 했지만, 그 정도 수고쯤은 충분히 감수할 만했다.

구리의 장점 덕분에 곧 산업이 생겨났다. 발칸 지역이 초기에 주도권을 잡았다. 기원전 4800년에서 기원전 4300년 사이에 현재 불가리아의 아이 부나르에 있는 한 광산 단지에서 500톤 이상의 잘 손질된 금속들이 생산되었다. 이 금속들로 수백만 개의 도끼와 단검이 만들어졌다. 기원전 3300년경에 구리는 알프스까지 퍼져 있었다(1991년 얼어붙은 시신으로 산길에서 발견된, 유명한 '아이스 맨Ice Man'은 구리도끼를 지니고 있었다). 이로부터 500년 뒤 구리는 포르투갈 리스본 주변 지역으로까지 뻗어나갔다.

마이크 파커 피어슨은 스톤헨지와 더링턴 석회암 벽에 새겨진 수상적은 V자 모양의 홈을 보고, 기원전 2470년경 구리도끼가 이미 영국에까지 퍼져 있었던 것은 아닌지 궁금해했는데, 실제 금속 물체와 광산의 흔적이 기원전 2400년경에 나타난다. 영국 북부와 서부의 오래되고 단단한 암석들은 광물로 가득 차 있었다. 사람들이 그곳 언덕에 (금은 말할 것도 없고) 구리가 있다는 것을 깨닫자마자, 그들은 그것을 파내기 위해 서부 전역으로 흩어졌다. 케리주의 러프 호수에 있는 로스섬에서 그들은 풍부한 광석을 마주했다. 15미터 지하로 굴을 파서 상당한 광석을 추출했는데, 그 후 5세기 동안 영국 서부의 모든 구리도끼 5개 중 4개, 아일랜드의 구리도끼 20개 중 19개는 로스섬의 구리로 주조되었다(이 섬의 광석은 비소가 풍부해서 연구실에서 쉽게 식별할 수 있다).

배리 컨리프는 "최초로 구리를 사용한 이들이 이주민이었다는 것은 반박하기 어렵다"고 말한다.[10] 왜냐하면 정교한 로스섬 광산들은 이전의 흔적 없이 갑자기 나타나며, 브르타뉴에 있는 광산들과 비슷하기 때문이다(최초의 광부들이 사용했던 도기들 역시 브르타뉴의 것들과 비슷했다). 1920년대까지 고고학자들은 계속해서 이 섬들이 기원전 2400년쯤 대륙의 '비커족Beaker'에게 점령당했다고 주장해왔다. 비커족은 그들의 무덤에서 발견된 독특한 종류의 항아리를 따서 붙인 이름이다. 이들의 이론에 따르면 신식 구리 무기로 무장한 침략자들이 자신들이 어떤 보물을 가졌는지도 모르던 구식 돌 무기로 무장한 영국인들로부터 이 금속들을 빼앗은 것이다.

이 이론을 믿기 위해서는 논리적 비약이 필요했다. 왜냐하면 항아리는 사람이 아니기에 유럽 대륙 도기 양식이 이 섬들에서 발견된 이유는 이주 말고도 무궁무진하기 때문이었다. 1970년대까지 실제로 많은 고고학자는 좁은 바다를 건넌 것이 파도와 같이 밀려든 이주민들이 아닌 어떠한 사상이나 생활 방식이며, 인간의 이동은 엘리트 토착민들을 위해 광산을 경영하도록 고용된 소수의 전문가로 제한되었을 것으로 생각했다. 아마 영국 섬에서 성과를 독식한 지배층들—스톤헨지에서 의식을 주관하던 유형의 사람들—은 훨씬 더 계급적인 대륙 사회의 엘리트들의 생활 방식을 좋아했고, 그들을 모방하기 시작했을 것이다.

그 새로운 이론은 당시까지 발견된 사실들과 잘 맞아떨어졌지만, 2015년 이후로는 사실들 자체가 변했다. 첫째로 고대 DNA의 한 연구는 (아마 오늘날의 인도유럽어의 초기 언어 형태를 구사했던) 중앙아시아인들이 유럽을 가로질러 서쪽으로 대규모 이주했음을 밝혀냈다. 2016년에 나온 또 다른 DNA 연구는 로스섬에서 채굴이 시작되었을 즈음에 대륙인의 아일랜드로의 대규모 이주를 확인했다. 그리고 2018년에 발표된 논문에 따르면, 진짜 충격적인 내용은 구리를 갖고 왔던 이주민들이 기원전 2400년쯤 잉글랜드로 들어왔을 뿐 아니라, 그들의 후손들이 놀랍게도 그 지역 대표 유전자 집단의 90퍼센트를 대체했다는 사실이다.

이것은 대규모 이주가 실제로 일어났음을 증명하는 것처럼 보인다. 이제 문제는 어떻게 그러한 인구 대체가 일어났는가다. 한 가지 가능성은 이주민 수는 상대적으로 적었지만 현지인들보다 출생률이 높았고 20~30세대가 지나면서 극단적인 결과가 나타났다는 것이다. 다른 고고학자들은 이주민이 빠르게 증가해서가 아니라, 원주민들 자체가 몰락했기 때문이라고 생각하기도 한다. 흑사병을 일으킨 박테리아인 페스트균 *Yersinia pestis*은 중앙아시아의 설치류들 사이에서 풍토병으로 퍼져 있었고, 2015년의 DNA 연구에 활용된 해골 중 7퍼센트는 아마 페스트균으로 죽었던 자의 것으로 보인다(5장에서 만나게 될 상황에 비하면 약과지만 말이다). 전쟁도 잊어서는 안 된다. 1898년에 시인이자 정치가였던 힐레어 벨록은 "무슨 일이 일어나건, 우리는 맥심 포를 갖고 있고, 상대는 갖고 있지 않기" 때문에 대영제국은 항상 승리한다고 (실없이) 농담하곤 했다.[11] 이 농담을 빌려 말하면, 기원전 2400년에 이주민들은 금속 도끼와 단검을 갖고 있었지만, 원주민들은 아마 갖고 있지 않았을 것이다. 기원전 2400년 이후 이 무기들이 인기 있는 무덤 부장품이 되었다는 사실은 그것들과 묻히는 사람들이 자신을 살인자로 봐주길 원했음을 나타낸다.

기원전 2330년쯤 것으로 확인되는, 영국에서 비커족이 가장 많이 묻힌 매장지는 스톤헨지에서 도보로 약 한 시간 거리에 있다. 그 매장지에는 금으로 된 머리 장식 두 개, 멧돼지 엄니로 만든 장식품, 이름의 유래가 된 비커 항아리 다섯 개와 함께 스페인 양식의 구리 칼 세 개와 부싯돌 화살촉, 궁수들이 활시위로부터 자신을 보호하기 위해 사용했던 손목 보호대, 구리와 금을 망치질할 때 사용했던 받침돌이 있다. 궁수 에임즈버리로 알려진 그 무덤의 주인은 마흔 살 정도 된 이주민이었는데, 그에게서 추출한 동위원소에 따르면, 그는 라인강 또는 알프스 주변에서 자랐던 것으로 추정된다. 그의 무덤 옆에 있는 두 번째 무덤도 마찬가지로 흥미롭다. 그 무덤에는 스무 살 정도 된 남성의 시신이 묻혀 있었는데, 궁수 에임즈버리와 비슷한 금 장신구를 착용하고 있었으며 발에 특이한 유전적 기형도 공유하고 있었다. 아마도 두 남성은 부자지간이었을 것이다. 다만 청년의 스트론튬 동위원소는 그에게 아버지와 한 가지 큰 차이가 있었다는 것을 보여주는데, 그가 윌트셔 지역의 청년이었다는 점이다.

한 가지 분명한 해석은 궁수 에임즈버리가 기원전 2400년 이후 도착하기 시작한 대륙의 이주민 중 하나였다는 것이다. 금속 세공의 장인들은 부자가 되기 위해 아마도 리더로서 전사 무리를 끌고 이주해 와서 정착하고 지배층이 되었을 것이다(『데일리 메일』은 궁수 에임즈버리를 '스톤헨지의 왕'이라고 부르기도 했다).[12] 이상하게도 부유한 비커족의 무덤들은 영국 서부와 아일랜드의 실제 광산 지역들에서 거의 발견되지 않는데, 이에 대해 일부 고고학자는 로스섬에 있는 것과 같은 광산들의 소유자들이 남부의 비옥한 땅에 살다가 묻히기를 선호했다고 추측했다. 내 아버지가 열네 번째 생일 직전인 1943년에 북부 스태퍼드셔의 탄광에서 일하기 시작했을 때, 그 탄광의 주인도 동남부에 살며 거의 모습을 드러내지 않았다. 어떤 것들은 절대 변하지 않는 모양이다.

그 시대의 가장 웅장한 무덤이 스톤헨지에 그렇게 가까이 있었다는 것(또는 2021년에 헨지에서 겨우 1킬로미터 떨어진 무덤에서 또 다른 의례용 돌 지팡이의 머리로 보이는 것이 발견된 것)은 우연이 아닐 수도 있다. 스톤헨지는 영국에서 가장 중요한 종교적 중심지로 남아 있었으며, 심지어 이주민들이 스톤헨지를 건설한 조상들을 가진 웨일스의 후손들을 대체하기도 했다. 그러나 그 유적지의 역할은 변화하고 있었다. 그 변화는 아마 이주민들이 도착하기도 전부터 시작되었을 것이다. 스톤헨지를 이용하던 사람들은 기원전 2400년 이후로 그들의 시체를 블루스톤 사이에 묻는 것을 중단하고, 대신 기념물 주변의 도랑에 묻기 시작했다. 파커 피어슨은 블루스톤들이 세워지고 500년이 지난 후, 더는 아무도 스톤헨지를 건설한 사람들이나 비석들에 강한 개인적인 연결감을 느끼지 않았던 것은 아닌지 질문을 던졌다. 그는 스톤헨지에 묻힌 사람들이 조상이라는 막연한 집단으로 합쳐지면서 일상세계와 단절된 것으로 추측했다. 헨지 안의 마지막 무덤은 기원전 2250년경의 것으로, 이는 궁수 에임즈버리가 도착하고 3세대가 지나서였다. 이를 두고 파커 피어슨은 오랜 시절은 다 지났다는 의례적인 선언으로 보인다고 했다. 그 무덤의 주인은 궁수 에임즈버리처럼 ─그러나 스톤헨지 안에 묻힌 여느 시체들과는 달리─ 화장되지 않은 채로 묻힌 젊은 남자였다. 그는 종종 궁수 스톤헨지라고 불리는데, 손목 보호대를 착용하고 있었으며 여러 방향에서 쏜 최소 세 발의 화살을 맞았다. 그는 스톤헨지에 죽은 자를 묻는 시대가 마무리됐음을 의례적으로 선언하는 의식에서 제물로 바쳐진 희생양이었을까?(아니면 단순히 어떤 결투나 사냥 사고로 죽었던 걸까?)

이주민들이 자신들을 원주민들의 과거와 단절된 존재로 봤는지, 아니면 원주민들의 후계자처럼 느꼈는지는 불분명하다. 사람들은 여전히 스톤헨지를 방문했지만, 한편으로 기원전 2250년경에는 스톤헨지와 매우 다른, 심지어 더 큰 기념물들을 만들기도 했다. 그중 하나인 실버리 힐은 놀랍게도 25만 톤의 인공 산이었다. 한 발굴자는 이를 쌓는 데만 500명의 인부가 동원되어 15년이 걸렸을 것으로 추정했다. 안타깝게도, 침식과 1776년의 부주의한 발굴로 인해 언덕의 꼭대기에서 어떤 일이 벌어졌는지 보여주는 흔적이 대부분 파괴되어서 실버리 힐이 당시 사람들에게 어떤 의미였는지 밝히기 더 어려워졌다. 아마 실버리 힐의 스톤헨지와의 차이점들은 새로운 정체성이 나타나고 있다는 점을 보여주었을 것이다. 한편, 스톤헨지에서 불과 25킬로미터 떨어져 월트셔의 고대 기념물들에 둘러싸인 실버리 힐의 위치는 이주민들이 과거와의 연관성을 추구했다는 점을 보여주는 것일 수 있다. 아니면 우리는 이 두 가지 해석을 종합해 실버리 힐을 새로운 통치자들이 옛 신과 조상들을 장악했다는 선언으로 볼 수도 있을 것이다.

확신할 수는 없지만, 기원전 2400년 이후 쇄도했던 이주민들이 기원전 2000년경까지 조금씩 감소했다고 말할 만한 근거들이 쌓이고 있다. 균등화 과정은 다시 한번 새로운 형태의 정체성, 번영, 주권을 낳았다(불평등은 말할 것도 없다). 빈부 격차는 확대되고 있었다. 특히 점점 더 거대한 무덤들에 소수의 사람만 묻히고 있던 영국의 남부와 동부에서는 더더욱 그랬다. 선택된 소수의 사람 중에서도, 훨씬 더 적은 사람들—청동기 시대 영국의 1퍼센트—이 궁수 에임즈버리가 꿈도 꾸지 못했을 부를 과시하며 창조주를 만나러 저세상으로 떠났다. 가장 부유한 무덤들은 여전히 월트셔에 밀집됐지만, 남부와 동부의 다른 지역들에서도 부호들이 등장하고 있었다. 노샘프턴셔주의 라운즈에 있는 한 고분에는, 40톤의 고기를 공급할 수 있는 소의 두개골이 185개 쌓여 있었다―이는 텍사스 스테이크 수천 개를 만들기에 충분한 양이다. 이것들이 단 하나의 화려한 장례식에서 식사로 나온 것인지, 위대한 조상을 기리는 일련의 연례 만찬에서 나온 것인지는 알 수 없지만, 어느 쪽이든 과시적인 소비 행태였다.

목축은 여전히 번성했지만, 이 엘리트들의 사치스러움은 점점 새로운 것, 혹은 어떻게 보면 매우 오래된 것에 의존하게 되었다. 바로 농사다. 1000년 동안 일부 영국인만이 경작을 유지해오다가, 기원전 2400년쯤 밀과 보리 경작은 완전히 돌아왔고 점점 더 중요해졌다. 기원전 1500년에 영국은 마침내 볼드윈이 말한 전원의 나라가 되었다. 호수 바닥의 꽃가루는 나무들이 뒤로 물러났다는 것을 보여주는데, 아마도 농부들이 구리도끼로 숲과 전쟁을 벌였기 때문일 것이다. 농부들은 도랑과 돌담으로 경작지를 구획했는데, 그중 일부는 4000년이 지난 지금도 남아 있다(흔히 가장 중요한 유적은 멋진 이름들을 가진 장소에서 나온다. 누가 '바람 부는 디도Windy Dido'라고 불리는 곳을 파보지 않을 수 있었겠는가).

농업은 지구온난화 덕을 봤다. 기원전 1500년경에 기온은 오늘날과 같이 높았을 것이며, 이는 더 긴 경작 기간과 더 높은 수확량으로 이어졌다. 더 많은 식량은 더 많은 출산을 의미했고, 가장 중요한 것은, 더 많은 수가 성인이 될 때까지 생존한다는 것을 의미했다. 이는 아마도 기원전 2000년에 영국 제도의 인구가 50만 명을 넘어섰고, 1000년 후에는 두 배로 불어났음을 시사한다. 그렇다고 늘어난 입들이 모든 것을 집어삼키지는 않았다. 그만큼 번영도 뒤따랐다. 집터는 더 튼튼

도판 2.5 출항: '페리비 보트 1'을 예술가가 재현한 작품. 이 보트는 기원전 1800년에 제작되어 1937년 험버 강둑에서 발견되었다. 길이는 12미터로, 노와 돛을 동력으로 사용한 것으로 보인다. 10~20센티미터 두께의 떡갈나무 판자로 만들어졌으며, 주목나무 줄기로 묶고 틈은 이끼로 메웠다.

해지고, 집 안에는 더 많은 도기와 금속 도구가, 집 밖에는 곡식을 저장할 구덩이와 곳간이 등장했다.

기원전 2000년에 이르러 이주는 줄어들었지만, 해협을 가로지르는 상업 활동은 그렇지 않았다. 기원전 4000년 이후로 통나무배는 훨씬 더 커졌고(의심스럽게 들리겠지만, 몇몇 덴마크의 사례에서는 난로까지 설치되어 있었다), 기원전 2000년에는 어떤 상황에서도 사용할 수 있는 상당히 우수한 선박들이 만들어졌다. 전문가들은 이 선박들을 '붙여 만든 널빤지 배sewn-plank boat'라고 부른다. 그것들은 일반적으로 길이가

10~15미터였고 노를 저어 움직였다. 비록 험버강의 페리비에서 발견된 선체(도판 2.5)에는 돛이 있었을 수도 있지만 말이다. 이 배들은 떡갈나무를 매끄럽게 깎아 널빤지를 만들고(금속 도구들이 등장하기 전까지는 엄청난 시간이 걸리는 작업이었다), 이를 꼰 주목나무 줄기로 묶은 다음, 이끼나 동물성 지방, 밀랍으로 빈틈을 메워 제작되었다.

붙여 만든 널빤지 배들은 통나무배나 가죽배보다 더 많은 화물을 더 멀리 운반할 수 있었으며, 침몰할 위험도 적었다. 기원전 2000년 이후 수 세기 동안 많은 사람과 물건이 해협을 오가면서 해협 양쪽에서 발견되는 유물들이 이전보다 더 비슷해졌다. 특히 화려한 구리와 금 장신구가 유사했다. 고고학자 티머시 다빌은 이 시기를 해협을 가로지르는 '원조 화려bling 사회'라고 부르기까지 했다.[13]

이 화려한 옷과 장신구를 착용한 사람들은 수 세기에 걸쳐 농민들을 지배하면서 진정한 귀족으로 변모했다. 지배자들은 거대한 목조 원형 주택을 짓고 해자와 울타리로 둘러쌌다. 요크셔의 트윙Thwing(또 다른 멋진 이름)에 있는 한 집은 스톤헨지의 원만큼 큰 도랑으로 둘러싸여 있었다. 그러나 가장 위대한 지배자들은 농지가 가장 비옥하고 대륙과의 무역로가 가장 짧은 동남부로 점점 모여들었다. 위대하고 느린 혁명이 완성되었다. 기원전 3500년 이전에는 인구와 번영이 동남부에 집중되어 있었지만, 기원전 3000년경에는 섬사람 대부분이 곡물 재배에서 목축으로 옮겨가면서 중심축은 서북쪽 아일랜드와 오크니로 이동했다. 기원전 2900년에 중심축은(아마도 웨일스 이주민들에 의해) 다시 남쪽의 윌트셔로 내려왔고, 기원전 1500년경에는 대륙에서 건너온 이민자들이 이 중심을 그들이 주로 머물렀던 템스 계곡 일대로 끌어당겼으며, 이는 지금까지도 이어지고 있다.

유럽과의 근접성 덕분에 이 동남부의 지배자들은 대륙에서 전해진 다른 혁신의 혜택도 가장 먼저 누렸다. 기원전 2200년 이래로 영국의 대장장이들은 유럽인들에게서 구리에 주석을 섞어 훨씬 더 단단한 금속인 청동을 만드는 법을 배웠으며, 기원전 1600년경 중부 유럽의 금속 세공인들은 충격에도 휘지 않는 긴 칼날을 만들 만큼 단단한 청동을 주조하는 법을 고안했다. 이 새로운 무기들과 그에 따른 전술들은 빠르게 퍼져나가 인류의 전투 방식을 바꾸었다. 화살촉과 구리 단검이 사라지고, 찌르기용 대형 청동 창과 베기용 청동 검, 이 둘을 막는 방패, 그리고 전투의 소란 속에서도 군대를 집결시킬 수 있는 커다란 전쟁 뿔피리가 등장했다. 더는 척후병들이 먼 거리에 있는 적들에게 화살을 퍼붓거나 매복하다 뛰어나와 치명적인 작은 단도로 치사하게 공격하지 않았다. 이제 전장은 얼굴을 맞대고 육중한 타격을 주고받는 피비린내 나는 곳이 되었다. 유럽 전역에서 발견되는 칼에 베인 두개골과 창에 산산이 부서진 골반뼈가 전투에 나타난 새로운 잔혹성을 증명한다. 이러한 양상은 영국에서도 기원전 1300년 이후에 나타나기 시작했다.

지배자들은 무기 외에도 맥주나 벌꿀 술을 담아 나르는 큰 양동이, 고기를 삶는 가마솥과 걸쇠와 같은 새로운 종류의 청동기를 모았다. 나 역시 많은 고고학자처럼 이 무기들과 연회를 위한 그릇을 보면 바로 이로부터 2000년 뒤 고대 영국 서사시 『베오울프』의 자신감 넘치고 폭력적인 영웅들—예를 들어 '수많은 부족을 휩쓸고 연회 자리를 파괴하며 적들을 공포로 몰아넣은' 실드 셰핑—을 떠올린다.[14] 또는 중세의 『롤랑의 노래』에서 관자놀이의 혈관이 터질 때까지 전투용 경적 올리판트를 불다 전사하는 영웅을 떠올리기도 한다. 아마도 이 연상은 틀리지 않을 것이다. 부엌 도구와 무기들은 비슷한 전사 집단이 목조 전당에서 술에 취해 포효하고, 약탈품과 고기, 노예 소녀들을 나누며, 전우의 죽음을 애도하는 모습을 생생히 들려주는 듯했다.

이 전사들이 자신들을 이전 시대의 궁수들과는 다르다고 생각했다는 또 다른 증거는 이들의 무기가 발견되는 장소다. 무기들은 개별 무덤에 매장되지 않았고 무더기로 강(특히 템스강), 늪지대, 습지에 던져졌다. 이러한 행위 역시 대륙에서 왔는데, 분명히 신에 대한 새로운 사상들과 함께 도착했던 것으로 보인다. 바위와 금속에 새겨진 문양들은 사람들이 뉴그레인지 시대에 그랬던 것처럼 여전히 태양을 믿음의 중심에 두었음을 시사한다. 하지만 이 문양들로 미루어 볼 때, 태양은 새로운 존재가 되었다. 태양은 더 이상 신격화된 죽은 이들이나 하지·동지·춘분·추분에 천문학적으로 정렬되는 기념물들과 연결된 신이 아니었다. 밤마다 지하세계의 물길을 항해하고 다음 날 다시 하늘로 떠오르기 위해 선물을 요구하는 신이었다.

깊은 바다에 버려진 청동의 막대한 양―아마도 영국 제도에 사는 남녀노소 모두가 무장하고 치장하기에 충분한 양―을 본 일부 고고학자는 다른 동기가 있었던 것은 아닌지 궁금해했다. 일부 공물은 어떤 신이라도 기뻐할 만한 걸작이었지만, 많은 공물이 저급품이거나 부서진 것들, 심지어는 고철과 광석의 찌꺼기 덩어리에 불과했다. 이 고고학자들은 어쩌면 우리가 캐나다 태평양 연안의 원주민 사회와의 유사점을 떠올려봐야 한다고 제안한다. 유럽인들은 이 사회를 19세기에 발견했는데, 이곳의 추장들은 잔치를 열어 식량과 값비싼 모포, 조각품들을 마구 파괴했고, 심지어 자신의 집을 불태우기까지 했다. 이러한 광기는 오타와에서 파견 온 행정관들을 경악하게 했지만, 실제로는 매우 합리적인 행위였다. 추장들은 권력을 상당 부분 귀한 물품의 공급을 통제함으로써 얻었기 때문에, 이 물품들이 희귀할수록 그것을 소유한 사람들의 권력은 더 커졌다. 1970년대 이후로 일부 영국 고고학자는 청동 또한 그 재료인 구리와 주석의 무역을 통제하던 지배자들에게 비슷한 방식으로 권력을 부여했을 거라고 주장해왔다. 그들은 수백 톤의 청동을 내다 버림으로써 일석이조의 효과를 얻었다. 신에게 잘 보이는 동시에, 추종자들에게 더 많은 구리와 주석을 얻기 위해서는 여전히 그들이 필요하다는 사실을 각인시킨 것이다.

선사시대 고고학이 늘 그렇듯, 이러한 추측이 과연 맞을지는 알 수 없다. 다만 대륙의 유럽인들이 더 나은 청동 무기와 새로운 전투 방식을 발명함으로써 발생한 불균형이 점차 균등해졌다는 거대한 패턴만큼은 확실해 보인다. 섬에서의 번영과 권력은 남부와 동부 지역에 집중되었고, 구리와 주석은 계속해서 서쪽에서 채굴되었다―그리고 그 배경에서, 늘 그랬듯이, 중동에서 만들어진 또 다른 불균형이 이미 섬을 향해 서북부로 밀려오고 있었다.

동트는 켈트족의 시대

"차라리 더 일찍 죽었거나 더 늦게 태어났더라면 좋았을 것을", 기원전 700년경 그리스 시인 헤시오도스는 탄식했다. "지금은 철의 시대다. 인간은 낮에는 노동과 슬픔으로, 밤에는 죽음으로 편할 날이 없다. 신들이 인간에게 무거운 짐을 지운다."[15]

당시 브리튼과 아일랜드의 수장들은 그의 말에 깊이 공감했을 것이다. 철은 헤시오도스가 노래를 부르던 바로 그 무렵 영국에 도착했다.

이 역시 지중해 동부에서 건너온 또 하나의 선물이었다. 이집트의 대장장이들은 기원전 4000년부터 철을 제련해왔지만, 철은 너무 투박하고 쉽게 부서졌기 때문에 좀처럼 쓰이지 않았다. 기원전 1327년 파라오 투탕카멘과 함께 묻힌 19점의 철제 유물은 거의 틀림없이 신기하다는 이유로 선택되었을 뿐이고, 실용적인 면에서 철은 여전히 청동에 한참 못 미쳤다.

철의 운명을 바꾼 것은 기원전 1200년경 이집트를 제외한 중동의 거의 모든 궁전이 불타 파괴된 사건이었다. 왜 이런 일이 벌어졌는지는 고대사의 큰 미스터리 중 하나인데, 이어진 혼란 속에서 지중해 동부의 대도시들에 구리와 특히 주석을 운반하던 장거리 무역은 완전히 끊겨버렸다. 청동이 부족해지자 키프로스의 금속 장인들은 철을 가열하고 물에 담가 식히고 두들기면 탄소가 스며들어서 거의—완전히는 아니지만—청동만큼 좋은 금속을 만들 수 있다는 사실을 발견했다. 철광석은 중동의 거의 모든 곳에서 구할 수 있지만 구리와 주석은 그렇지 않았기 때문에 '거의 청동만큼 좋은' 정도면 충분히 만족스러운 수준이었다. 키프로스, 그리스, 이스라엘에서는 무기와 도구 제작에 청동 대신 주로 철이 쓰이기 시작했고, 기원전 1050년에 이르면 철은 고고학자들이 일컫는 '작업용 금속'이 되었다. 이 신기술은 기원전 900년경 이탈리아에 도달했고, 기원전 700년 직전에 독일과 프랑스에, 그리고 한 세기 후 대서양 연안에 도착했다. 이후 확산 속도는 다소 느려졌는데, 아마 콘월Cornish 광산에서 여전히 구리와 주석이 생산되고 있었기 때문일 것이다. 하지만 기원전 300년 무렵에는 철이 결국 섬 전체를 휩쓸게 된다.

고고학자들이 처음으로 이 패턴을 밝혀낸 것은 약 100년 전이다.

당시 학자들은 철의 확산이 이주로 인한 결과라고 거의 확신했다. 대개 그리스와 라틴 문학에 정통했기에, 그 이주민들이 누구였는지도 잘 알고 있다고 믿었다. 바로 켈트족이었다. 그리스 역사가 헤로도토스에 따르면, 켈투이Keltoi라고 불리는 사람들이 기원전 5세기에 다뉴브강 상류 지역에 살았으며, 기원전 1세기에는 율리우스 카이사르가 프랑스 중부에 '그들의 언어로는 켈트족, 우리 언어(라틴어)로는 갈리아족Gauls이라 불리는 사람들'이 살고 있다고 말했다.[16] 1582년 스코틀랜드 학자 에드워드 뷰캐넌은 스코틀랜드, 아일랜드, 웨일스, 콘월, 브르타뉴에서 사용되는 방언들이 매우 유사하다는 점에 주목해, 모두 카이사르가 언급한 갈리아/켈트어에서 갈라져 나왔을 거라고 주장했다. 그리고 1700년 직후 두 명의 학자, 브르타뉴의 수도사 폴-이브 페즈론과 웨일스의 대학자 에드워드 루이드는 대륙 이주민들이 이 켈트어를 영국으로 가져왔다는 주장을 각각 펼쳤다.

그런 다음 고고학자들은 기원전 600년경 발명된 정교하고 유려한 예술 양식(도판 2.6)을 근거로 이주설에 설득력을 더했다. 이 양식은 정교한 유물들이 발견된 스위스의 호숫가 유적의 이름을 따서 라텐La Tène 문화라고 불린다. 라텐은 헤로도토스가 켈트족의 거주지로 언급한 다뉴브강 상류에서 불과 150킬로미터 떨어진 곳에 있으며, 이후 3세기에 걸쳐 라텐 예술 양식—철은 물론이고—은 서쪽으로 퍼져 이 섬들에까지 이르렀다. 따라서 철제 무기로 무장한 켈트족이 기원전 600년에서 300년 사이에 스위스에서 영국으로 이주했고, 그 과정에서 그들의 언어와 곡선적인 예술 양식을 전파했음이 확실하다는 것이었다.

농업과 구리의 확산을 둘러싼 논쟁과 마찬가지로, 켈트족 이주론도 20세기 후반에 다양한 분야의 학자들에게 반박당했다. 현대 영국에서

도판 2.6 취향이 세련된 정복자들: 청동 방패의 돌출 장식. 기원전 200년경에 제작되어 원즈워스의 템스강에서 1949년경 발견되었다. 날개를 펼치고 꼬리를 늘어뜨린 새 두 마리가 매우 추상적으로 묘사되어 있다. 수백 시간에 걸친 섬세한 망치질 끝에, 전사는 걸작이라 불릴 만한 방패를 팔에 차고 전투에 나갈 수 있었다.

켈트족 정체성이 중요한 의미를 갖게 되면서(이는 7~11장에서 다시 다룰 것이다) 논쟁은 더 격렬해졌다. 그러나 이번에는 DNA 분석이 이주론자들을 구해주지 못했다. 2015년의 대규모 연구에서 켈트족 정체성을 뒷받침할 유전적 근거를 거의 발견하지 못했기 때문이다. 켈트어와의 유사성은 충분히 실재했지만, 이를 기원전 600년 이후의 이주로만 설명할 수 있는 것은 아니다. 사실, 켈트어의 근원이 되는 언어가 기원전 1000년 이전부터 스페인에서 오크니까지 이르는 대서양 연안에서 널리 사용되고 있었으며, 아마도 기원전 3000년경 뉴그레인지를 낳은 활발한 해상 교류 과정에서 진화하기 시작했을 가능성이 있다는 근거들이 있다. 사실 켈트족이 다뉴브강 상류에서 왔다는 헤로도토스의 주장 역시 이러한 관점과 부합할 수도 있다. 왜냐하면 그는 다뉴브강의 발원지를 알프스가 아닌 피레네산맥이라고 생각했기 때문이다(19세기에는 대체로 간과된 세부 사항이다).

이제는 철과 라텐 예술이 영국 섬들로 전해진 데에는 이주보다 무역과 모방이 더 큰 역할을 했으며, 켈트족의 언어들은 대부분 현지에서 자생적으로 발전했음이 분명해 보인다. 그러나 철이 동남부에서 서북부로 확산되면서 일어난 대혼란은 여전히 피할 수 없었다. "저렴한 철은 농업과 산업, 전쟁도 민주화했다"라고 고고학자 고든 차일드는 1942년에 결론지었다.[17] 그가 의미했던 것은 이러하다. 구리와 주석을 나르기 위해 동물과 창고에 모든 자산을 투자한 상인들, 그리고 말할 것도 없이 이러한 유통망을 장악함으로써 지위를 유지해온 지배자들이, 사람들이 현지에서 쉽게 구할 수 있는 철광석으로 눈을 돌리자 파멸에 직면했다는 것이다. 새로운 세력이 기존 엘리트들을 무너뜨렸고, 기원전 500년 이후 섬 곳곳에서 안보가 붕괴했다. 농장에서 식량 저장

고에 이르기까지 모든 것을 요새화하기 위해 엄청난 노력이 들어갔다. 현재까지 약 3000개의 언덕 요새가 대부분 방어에 유리한 지형에서 확인되었으며, 실제로는 더 많은 요새가 존재했을 것이다. 일부는 이중 또는 삼중 도랑과 성벽으로 둘러싸여 있었고, 탑과 정교한 출입문과 뿔 모양의 방어 구조물을 갖추고 있어 공격자가 (왼팔의 방패로 가릴 수 없는) 오른쪽 몸을 돌과 화살에 노출할 수밖에 없도록 유도했다.

이처럼 방어에 상당한 비용이 투입되었음에도 불구하고, 많은 언덕 요새가 함락되었다. 가장 공들여 발굴된 사례인 햄프셔의 데인버리는 기원전 500년 직전에 전소했다. 곧 더 큰 방어시설을 갖추고 재건되었지만, 기원전 1세기에 다시 불에 탔다. 마지막 공격이 있기 전, 요새의 목재 문 바로 안쪽에 투석기로 쉽게 나를 수 있도록 돌을 쌓아두고 있었다. 함락 후에 100여 구의 시체가 현장 주변의 구덩이에 버려졌는데, 대부분이 철검에 베이거나 찔린 상처가 있었고, 일부는 토막 난 상태였다.

폭력은 분명히 사람들의 마음을 크게 사로잡고 있었다. 무기와 갑옷을 같이 매장하는 관습이 그동안 드물었다가 몇 세기 만에 다시 유행하기 시작했는데, 마치 애도자들이 다시금 무장을 남성다움이라는 군사적 이상으로 여겼던 것 같았다. 무기를 물속에 던지는 관습은 이제 인기가 떨어졌고, 훨씬 더 섬뜩한 형태의 숭배가 번성했다. 그중 으뜸은 의례적 살인으로, 늪지에 시신들을 버리면서 극에 달했다. 늪지의 산성 이탄$^{acidic\ peat}$*은 시체를 섬뜩할 정도로 잘 보존했다. 어떤 아일랜드인의 머리카락에는 젤이 남아 있었고, 다른 시체는 피부 상태가

---

* 이끼 등의 식물이 습한 땅에 퇴적돼 분해된 석탄의 일종.

너무 좋아서 지문까지 채취할 수 있을 정도였다.

현재까지 알려진 늪지대의 시체는 수백 구에 이른다. 일부는 석기시대로 거슬러 올라가지만, 대부분 기원전 750년경 북유럽 전역에서 급증한 의례적 폭력의 산물이다. 그 폭력은 끔찍했다. 폭력의 희생자들—남성, 여성, 그리고 소수의 아이들까지—은 구타당하고, 칼에 찔리고, 숨 막히고, 목 매달리고, 목 졸리고, 참수당하고, 두 동강 났다. 목이 베이고, 젖꼭지가 잘리고, 등이 부러졌다. 이 시기 폭력의 핵심은 과도한 살해overkill였다. 늪지대에서 발견된 가장 유명한 인간(도판 2.7)은 기원전 1세기의 피트 마시라고 알려진 시체인데(발견자의 이름을 따른 게 아니라 피트 마시(이탄 습지)에서 발견되어 그렇게 불린다. 고고학 유머는 늘 이렇게 단순하다), 그는 세 가지 방식(곤봉으로 맞기, 목 졸리기, 목 베이기)으로 살해되었다. 기원전 250년경 더블린 근처의 늪지에 묻힌 올드 크로건 맨The Old Croghan Man은 더했다. 세 가지 방식(찌르기, 목 베기, 두 동강 내기)으로 죽기 전에 고문까지 당했다.

이것은 마치 슬래셔 영화의 한 장면 같다. 대영박물관에 전시된 피트 마시의 납작하고 가죽 같은 시신 앞에 서서 누가 그랬을까 의문을 품지 않을 사람은 없을 것이다. 서기 100년경 로마 작가 타키투스가 독일에서는 "겁쟁이, 도망자 그리고 자신의 몸을 더럽히는 자들을 버드나무 울타리로 눌러 늪 속에 처박는다"라고 했는데,[18] 이 말과 관련 있을 수도 있다. 또한 병리학자들이 피트 마시 위에서 (대장균 DNA와 함께) 겨우살이 꽃가루를 발견한 사실도 마찬가지다. 영국과 갈리아 지역에서 가장 중요한 사제 계층이었던 드루이드들은 겨우살이를 신성한 식물로 여겼으며, 끔찍한 의식을 하기로 유명했다(타키투스는 그들이 "제단을 포로의 피로 흠뻑 적시고, 인간의 내장을 매개로 신들에게 조언을

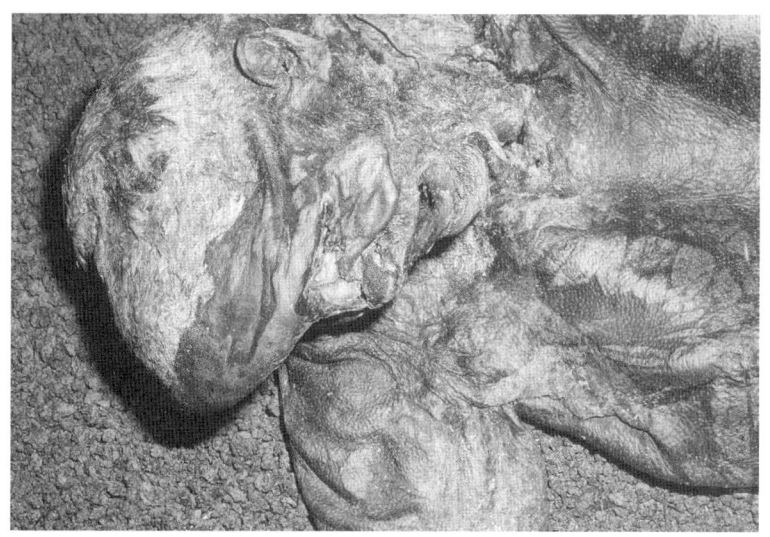

도판 2.7 진흙 속에 묻힌 살인: 피트 마시는 1986년 체셔 지역 린도 모스의 이탄 습지에서 발견됐다. 서기 1세기에 희생 제물로 바쳐진 뒤, 산성 늪지에 완벽하게 보존되어 있었다.

구한다"고 전한다).[19]

그러나 영국인들은 드루이드들의 도움 없이도 충분히 잔인했다. 로마 작가들에 따르면, 영국의 지배자들은 언덕 요새의 문을 창에 꽂은 해골로 장식하고, 천장에 머리를 매달고, 심지어 때때로 인육을 즐겼다. 이러한 공포의 연출은 지배자들이 경쟁자를 억누르고 권력을 강화하는 하나의 방식이었을지도 모른다. 그리고 그것은 메이든성과 데인버리 같은 큰 요새들이 기원전 400년까지 더 커지고 주변의 작은 요새들은 사라진 이유를 설명해줄 수 있다. 일부 고고학자는 위대한 지배자들이 각자 10~20제곱킬로미터의 통합된 영토를 형성했으며, 각 영토는 하나의 요새에 지배받았다고 생각한다. 동남부에서 나타나는 더 독특한 도기 양식들 역시 정치적 정체성이 통합되고 있었음을 반영하는 것일 수도 있다.

안보, 번영 그리고 어쩌면 주권이라는 세 가지 큰 패턴이 형성되었다. 템스강에서 험버강에 이르기까지 잉글랜드 동부의 사람 대부분은 수십 채의 집으로 이루어진, 방어시설이 없는 마을에 살았는데, 이 중 많은 집은 이전보다 훌륭했고 가구도 더 잘 갖춰져 있었다. 더 나아가 서부 지역, 콘월에서 헤브리디스까지 이르는 지역에서는 사람들은 더 가난하지만 견고하게 방어된 언덕 요새와 농장 지대에 의지해 살았다. 그러나 아일랜드 해협 건너편에서는 무슨 일이 벌어지고 있었는지 알기 어렵다. 이후 왕실의 중심지가 된 타라Tara, 나반Navan, 노카울린Knockaulin은 모두 기원전 300년경에 이미 점령되어 있었는데, 이는 주권이 집중되고 있었음을 의미할 수도 있다. 그러나 그 밖의 유적지는 거의 발견되지 않았기 때문에, 아일랜드는 점점 더 가난해지고, 인구가 줄고, 불안정해지며 고립되어갔을지도 모른다.

영국의 지배자들을 바라는 대로 하도록 내버려두었다면, 그들은 소수의 지배자만 남을 때까지 전쟁하고, 수천 제곱킬로미터에 걸쳐 그들의 주권을 확장하고, 반대하는 사람을 모두 죽임으로써 안보를 공고히 했을 것이다. 7~8세기 뒤에는 켈트어를 사용하는 왕들이 서머싯의 사우스 캐드버리 같은 거대한 언덕 요새에서 넓은 영토를 다스렸을지도 모른다. 사실 이는 실제로 일어난 일이기도 한데, 지배자들이 바라는 대로 할 수 있었기 때문은 아니었다. 대신, 지중해 세계와 멀리 떨어진 영국 섬들 사이에 있던 또 다른 불균형이 유럽을 가로지르며 균등화되고 있었기 때문이다.

균등해진 인류의 얼굴

지금까지 우리는 농업, 구리 및 철 같은 기술 기반의 불균형에 주목해왔지만, 기원전 1세기 후반에 서유럽 전역에서 균등화된 불균형―정부―은 조직화에 관한 것이었다. 세계 최초의 진정한 왕(세금을 걷고, 법을 제정하고, 백성을 학살하거나 동시에 보호할 수 있을 정도로 막강한 힘을 휘두를 수 있는 통치자)들은 기원전 3500년 이후 중동에서 권력을 장악해나갔다. 정부는 거의 모든 것을 바꿔놓았다. 그 변화가 좋았든 나빴든, 정부가 역사학자들에게 준 가장 큰 선물은 기록에 대한 그들의 집착이었다. 메소포타미아와 이집트 정부는 세금과 지출을 기록하는 기호 체계를 발전시켰고, 기원전 3000년에 이러한 체계는 왕들이 정복을 기념하고, 상인들이 장부를 관리하고, 천문학자들이 별의 움직임을 추적하고, 시인들이 아름다운 말을 남기는 데 사용할 수 있을 만큼 정교해졌다. 글은 과거에 담긴 인류의 얼굴을 보여주었다.

정부가 있는 사회는 보통 정부가 없는 사회보다 더 강력했지만 덜 평등했다. 이웃 집단이 왕국으로 전환되면, 족장들은 대개 빠르게 이 왕국들에 정복당하거나, 살아남기 위해 유사한 형태의 정부를 세워야 했다. 어느 쪽이든 장기적인 결과는 동일했다. 강한 자가 약한 자를 정복했든, 약한 자가 침략에 맞서기 위해 더 강해졌든, 정부는 점차 확산되었다. 오늘날 지구상의 모든 땅덩어리는 정부의 관할 아래에 있다.

하지만 이 모든 변화가 단번에 이루어진 것은 아니었다. 메소포타미아와 이집트에서 등장한 국가 체제가 서쪽으로 크레타, 동쪽으로 중앙아시아의 오아시스까지 확장되기까지는 1500년이 걸렸다(도판 2.8). 그리스 본토에까지 정부가 자리잡는 데에도 추가로 3~4세기가 걸렸다. 기원전 1400년에도 시칠리아와 스페인 남부의 족장들은 진

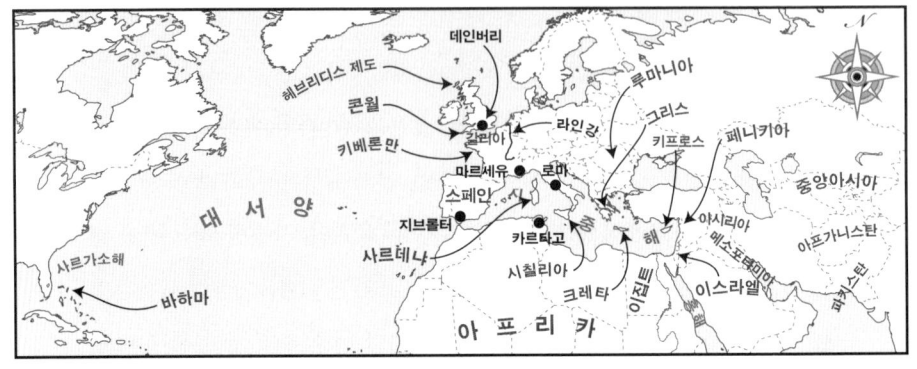

도판 2.8 무역과 국가: 왕, 상인, 탐험가들이 서유럽을 지중해 질서 속으로 끌어들이다, 기원전 3500~기원전 200년.

정한 의미의 왕이라고 보기는 어려웠다. 이 확산은 연속적이지 않았고 때로는 되레 후퇴하기도 했는데, 그중 가장 극심한 퇴보는 기원전 1200년경 지중해 동부의 궁전들이 화염에 휩싸였을 때였다. 궁전을 짓고 기록을 남길 수 있는 제대로 된 정부들은 이집트를 제외한 거의 모든 지역에서 소멸하거나 쇠퇴했고, 기원전 950년 이후에야 되살아났다. 이 무렵 지금의 이라크 북부에 기반을 둔 새로운 아시리아 제국이 중동의 대부분을 집어삼켰다.

아시리아 같은 제국들은 전례 없는 규모의 자원—식량, 금속, 목재, 인력—이 필요했다. 그 때문에 무역이 군대보다 앞서 국경을 넘었다. 상인들은 국경 너머로 퍼져나가 제국의 탐욕스러운 시장으로 물자를 끌어들이며 자신의 부 또한 늘렸다. 페니키아(오늘날 레바논 연안)의 선원들은 이미 기원전 900년 이전부터 지중해 서부에서 무역을 하고 있었지만, 아시리아가 조공을 요구하자 무역 규모를 크게 확대했다. 중개상으로서 이득을 본 그들은 시칠리아, 사르데냐, 스페인 남부, 그리고 가장 유명하게는 북아프리카의 카르타고 등에 영구적인 식민지를 세우고 정부를 지중해 전역에 전파했다. 그들의 뒤를 바짝 따라온 것은 그리스인들이었다. 이들은 페니키아의 노력을 등에 업고, 가능한 곳마다 무역망에 뛰어들었다. 그리고 이 둘에 대한 반응으로, 지역 주민들은 왕을 세우고 자신들의 도시를 건설했다.

점점 더 자유롭게 이동할 수 있었던 탐험가, 무역업자, 약탈자들이 앞으로 나아갔다. 기원전 600년경 이집트의 한 파라오는 아프리카를 한 바퀴 돌아볼 수 있는지 시험해보기 위해 페니키아인들의 항해에 자금을 지원했다. 그들은 홍해에서 출발해 해안을 우측에 두고 쭉 따라 항해했고, 2년 뒤 지브롤터*를 거쳐 돌아왔다. 한 세기 후에는 반대 방향으로 히밀코라는 선장이 대서양을 탐험하기 위해 카르타고에서 출발했다. 그에 대해 우리가 아는 거라곤 9세기나 지난 후에 아비에누스라는 로마 관리가 쓴 '해변'이라는 제목의 몹시 형편없는 시에 있는 내용이 전부다. 지금은 이유가 불분명하지만, 아비에누스는 지중해와 대서양 연안에 대한 옛 선원들의 항해서를 시로 변환하는 일을 자임했다. 결과는 엄숙한 것에서 우스꽝스러운 것까지 다양했지만, 아비에누스는 학식 있는 사람이었고 '카르타고인의 비밀 연대기에 오래전에 출판된 것들'이라고 불리는 자료들을 참고했다.[20] 그중에는 히밀코의 4개월간의 대서양 모험에 대한 기록도 포함되어 있었다.

히밀코는 분명 서쪽으로 넓은 사르가소해까지 도달했으며, 바하마까지 불과 수백 킬로미터를 남기고 멈췄다. 여기서 그는 "배를 밀어주는 바람은 없고, 게으른 바다의 느린 물살은 멈춰 있다. (…) 해초들은 물 위에 떠다니며, 종종 덤불처럼 뱃머리를 붙잡는다"고 말했다.[21] 그

---

*   스페인 남단의 항구 도시, 영국 영토.

러나 배가 무풍지대에 갇혔다 하더라도, 사르가소 바다로 갔다가 돌아오는 데만 4개월이 걸리지는 않았을 것이다. 이 점은 낭만적인 성향의 역사가들에게 히밀코가 어디로 갔는지 자유롭게 추측할 여지를 남긴다. 그가 실제로 어디까지 갔는지는 알 수 없다. 하지만 희망적인 생각에 사로잡힌 일부 작가는 그가 주석을 찾으러 콘월로 갔다고 추측하기도 한다. 슬픈 사실은, 영국에 페니키아인들이 있었다는 고고학적 증거가 단 하나도 없으며, 아무리 아비에누스의 비틀린 라틴어를 억지로 해석하려 해도 시 「해변」에서 히밀코가 영국에 도달했다는 해석을 끌어내는 것은 불가능하다는 점이다.

기원전 6세기에서 기원전 5세기 사이에 여섯 개의 그리스 항아리가 영국에 도착했는데, 이 사실은 그리스인들이 그것들을 직접 가져왔다는 뜻일 수도 있고 아닐 수도 있다. 1세기 로마의 지리학자 폴리니우스에 따르면, "주석은 미다크리토스에 의해 주석 섬에서 [이탈리아로] 처음 수입"되었는데,[22] 이 역시 그리스인이 영국과 교역했다는 의미일 수도 있고 아닐 수도 있다. 설령 그렇다 해도, 우리는 미다크리토스에 대해 아무것도 모른다. 우리가 조금이라도 실체를 알 수 있는 최초의 지중해 출신 영국 방문자는 그리스 식민지 마르세유에서 온 피테아스였다.

기원전 320년대에 영국에 도착한 피테아스는 "걸어서 갈 수 있는 영국 전역을 횡단했다"고 썼다.[23] 그는 분명 흥미로운 인물이었을 테지만, 슬프게도 그의 여행기를 담은 책 『바다에 관하여 On the Ocean』는 오래전에 유실되었다(사실 그 책을 읽은 마지막 작가로 알려진 사람은 폴리니우스다). 더 슬픈 것은, 고대 작가들이 그의 책을 대부분 조롱하기 위해서 언급한다는 점이다. 분명히 1920년대에 마르코 폴로가 캐세이에서 돌아왔을 때 그의 이야기를 베네치아인들이 믿기 어려워했던 것만큼이나 그리스인들도 피테아스의 이야기를 터무니없다고 여긴 듯하다. 마르코의 『동방견문록』은 그가 감옥에 갇혀 있는 동안 감방 동료에게 이야기를 구술한 덕분에 기록으로 남을 수 있었다. 피테아스는 적어도 그런 굴욕은 면했기를 바랄 뿐이다.

지금까지 전해지는 『바다에 관하여』의 세부적인 이야기들은 그다지 유익하지 않다. 피테아스는 영국이 춥고, 태양이 많이 비치지 않으며(특히 북쪽에서), 북쪽의 여름밤은 매우 짧다고 말했다. 또한 그는 영국 사회는 단순하지만 인구가 많고 왕과 귀족들이 통치한다고 했다. 그는 데인버리 언덕 요새가 함락되던 시기에 섬에 있었지만 영국이 평화로운 편이라고 생각했다(아마도 고향인 그리스에 비해 상대적으로 평화롭다는 뜻이지, 별다른 의미는 없었을 것이다). 그는 영국인들이 목조 주택에 살면서 맥주와 벌꿀 술을 마신다고 기록했다. 또한 그는 원형의 신전을 보았는데, 현지인들이 여름이면 태양신 아폴로가 그곳에 머문다고 얘기했다고 했다. 흥분한 고고학자들은 때로 이 신전이 스톤헨지였다고 주장하지만, 피테아스의 나머지 말들로 볼 때 그것은 훨씬 더 북쪽(아마도 헤브리디스 제도)에 있는 헨지였을 가능성이 높다.

피테아스가 떠난 뒤 다시 어둠이 찾아온다. 기원전 320년대, 피테아스가 영국에 머물던 바로 그 시기에 알렉산더 대왕이 페르시아 제국을 무너뜨린 후 지금의 아프가니스탄과 파키스탄까지 휩쓸 정도로 지중해 정부가 세력을 확장하고 있었지만, 그들은 서유럽에는 전혀 관심이 없었다. 지중해의 어떤 통치자도 유럽 내륙으로 세력을 확장할 수 없었고 그럴 생각도 없었다.

기원전 200년 이후 로마 군대가 스페인 내륙으로 진격해오고 이탈리아 상인들이 갈리아를 개척하면서 상황이 바뀌기 시작했다. 로마 군대에는 저항하고, 이탈리아 상인들로부터는 이익을 얻고자 했던 노력은 서유럽 내륙인들이 수천 명 규모의 도시로 모여들어 자신들의 통치자에게 복종하기 시작한 이유를 부분적으로 설명해준다. 어떤 이들은 자신들의 언어를 기록하기 위해 그리스 문자를 개조했고, 그리스 디자인을 바탕으로 금화를 직접 주조하기도 했다. 이 지역에서 다년간 머문 그리스 탐험가 포시도니우스는 처음 갈리아에 왔을 때, 현지 족장들이 현관문을 적들의 머리로 장식하고 5갤런짜리 로마 와인 한 병과 교환하는 대가로 동료 부족민을 노예 상인에게 기꺼이 넘기는 모습을 보고 충격받았다. 그러나 그리스의 지리학자 스트라본에 따르면 포시도니우스는 곧 머리를 매달아두는 관습에 익숙해졌을 뿐만 아니라 심지어 기원전 150년경 아르베르니 부족을 진정한 왕국으로 만든 루에르니오스 같은 족장들을 존경하기까지 했다(도판 2.9). 포시도니우스는 루에르니오스가 "라인강에서 대서양까지" 통치했는데, 이는 부분적으로 성대한 연회로 초대해 최고의 이탈리아 와인을 대접하며 동맹국을 모았기 때문이라고 말했다.[24]

이 시기부터 그리스와 로마 작가들은 지중해뿐만 아니라 유럽의 관점에서도 때때로 균등화를 볼 수 있을 만큼 충분히 상세한 기록을 남기기 시작한다. 루에르니오스의 야망은 아르베르니족을 오늘날 국제관계학자들이 말하는 '안보 딜레마'에 빠뜨렸다. 그는 로마가 갈리아에서 세력을 키우는 것을 두려워했기 때문에 왕국을 세웠으나, 로마 또한 루에르니오스의 왕국이 자국의 이익을 해칠 만큼 강해질까 두려워 갈리아 내 존재감을 더욱 키웠다. 그리고 루에르니오스와 로마 양쪽을 두려워한 다른 갈리아인들도 스스로 조직하기 시작했다. 이러한

도판 2.9 포시도니우스와 카이사르의 기록에 따른 갈리아 부족 분포. 빗금으로 표시된 지역은 기원전 58년 로마의 지배하에 있던 영토다.

의심의 악순환에 휘말린 기원전 125년 마르세유의 그리스인들은 점점 더 극심해지는 인근 부족들의 습격에서 보호해달라고 로마에 요청했다. 마르세유를 동맹국으로 간주한 로마의 지도자들은 이에 동의했고, 약탈자들을 물리친 후 모두를 안전하게 지키기 위해 요새를 건설하기로 결정했다. 그러나 이 결정은 아르베르니 가문을 자극했고, 루에르니오스의 아들 비투이토스는 로마를 저지하기 위한 연합체를 결성했다. 이에 불안해진 로마는 기원전 121년 코끼리까지 동원해 군대를 보내 비투이토스를 죽였다. 그렇게 로마는 루에르니오스의 왕국과 마르세유, 알프스와 피레네산맥 사이의 모든 땅을 합병했다. 오늘날 이 지역은 프로방스Provence라 불리는데 이는 '속주province, 屬州'를 뜻하는 라틴어 프로빈키아provincia에서 온 이름이다.

많은 갈리아 족장에게 로마에 합병되는 것은 매력적이지 않았다. 이후 두 세대에 걸쳐 점점 더 많은 족장이 로마의 합병에 맞서 왕이 되었다. 그러나 왕이 되려는 사람들은 공동의 적에 맞서 동료 부족민들의 지지를 얻기 위해 막대한 뇌물을 써야 했던 터라 종종 로마의 고리대금업자들에게 큰 빚을 지게 되었다. 기원전 73년 법률가 키케로는 "갈리아에서는 로마인의 회계 장부에 기록되지 않고서는 동전 한 닢도 거래되지 않는다"고 말했다.[25]

갈리아 족장들이 지중해 제국주의로부터 영국을 보호할 외벽을 쌓는 대신 로마에 저항하기 위해 앞다퉈 왕으로 변모하면서 정부와 대자본의 촉수는 영국 동남부로 더 빠르게 뻗어나갔다. 갈리아의 금화는 기원전 150년 이전에 템스강 유역에 모습을 드러냈다. 야망 가득한 영국 족장들은 기원전 125년 무렵부터 자체적인 금화를 주조했다. 곧이어 기원전 100년 직후에는 도싯 지역, 헨지스트버리 헤드에 있는 새로운 항구 배후지에서도 동전이 등장했고, 이 고급 항구를 거쳐 유입된 이탈리아 와인들은 영국 동남부 상류층의 연회에서 윤활유 역할을 하고 있었다.

영국 유적에서는 동전이나 와인 항아리가 갈리아 유적에서만큼 자주 발견되지는 않지만, 동남부의 일부 부유한 사람들은 대륙의 세련된 동료들이 누리던 라이프스타일에 푹 빠졌던 것으로 보인다. 늘 그렇듯이 외국 음식이 그 길을 이끌었다(수입된 지중해산 무화과 한 송이가 말라붙은 흔적이 헨지스트버리 헤드에서 발견되기도 했다). 동남부의 엘리트들은 또한 화려한 유럽식 패션에도 매료되었던 듯하다. 기원전 100년 이전부터 그들의 무덤에 복잡하게 세공된 대륙식 브로치들이 나타나기 시작했는데, 이는 아마도 갈리아 귀족들이 선호하던 고급 예복이 함께 들어왔음을 의미할 것이다(당시 여성들에게 세련된 패션은 소매가 길고 엉덩이 위까지 내려오는 상의였던 반면 남성의 패션은 단서가 불분명하다). 부유한 동남부 사람들은 로마와 갈리아의 미용 기준을 따르며, 얼굴을 면도하는 청동 면도기, 잔털을 뽑는 족집게, 귀지를 파내는 작은 청동 숟가락, 화장품을 가는 작은 절구와 공이 등을 사들이기 시작했다. 상류층 사람들은 몸가짐을 단정히 갖춰나간 것이다.

그러나 이러한 외관의 변화 뒤에서, 대륙의 조직 양식 또한 영국에 침투하고 있었다. 기원전 58년에 쓴 것으로 추정되는 율리우스 카이사르의 글에 따르면 "살아 있는 사람들의 기억 속에서" 수에시오네스족의 왕이자 "갈리아에서 가장 강력한 사람"인 디비키아쿠스가 "영국의 넓은 지역까지 지배했다".[26] 디비키아쿠스가 영국 지배를 정복, 왕실 간 결혼, 아니면 호화로운 선물로 끌어들인 가신을 기반으로 이루었는지 카이사르는 말하지 않는다. 그러나 카이사르는 디비키아쿠스가 다년간 브리튼섬 남부를 습격한 후, 벨개Belgae(현재의 벨기에 또는 그 근처에 있는 부족들의 총칭)라고 부르는 또 다른 갈리아인 무리도 영국 땅을 빼앗기 시작했다고 매우 분명하게 밝힌다. 그가 말하길 그들은 "습격하러 왔다가 씨를 뿌리게 되었다".[27] 기원전 50년대 무렵에는 영국 동남부 수장들—그들이 벨기에 이민자이든 원주민이든 간에—이 갈리아식 모델을 거의 완벽하게 모방한 나머지 그들 역시 그럴듯한 왕이 되어가고 있었다.

카이사르가 온다

왕이라는 제도는 갈리아인들이 스스로 창조한 것이지, 로마를 모방한 것은 아니었다. 잘 알려져 있듯 로마에는 왕이 없었다. 대신 로마는 정부를 원로원에 맡겼는데, 원로원은 약 600명의 초부유층 엘리트 남성들로 구성되어 있었고, 그들이 번갈아가며 고위직에 선출되었다. 그러나 원로원 정치는 말 그대로 생사가 걸린 문제였고, 결국 영국에도 정부가 생긴 것은 내부의 치열한 역학관계 때문이었다.

이 이야기의 주인공은 율리우스 카이사르다. 지뢰밭 같은 로마 정치판에서 카이사르는 협박, 매력, 뇌물을 동원해 헤쳐나갔고 기원전 59년에는 마침내 권력의 최전선에 올라섰다. 하지만 그 대가로 그는 정치 자금을 대기 위해 막대한 대출을 받아야 했다. 빚에 허덕이고 채권자들이 그를 조여오자, 카이사르는 몇몇 권력자와 비밀리에 협정을 맺고 발칸 반도에서 군대를 지휘할 수 있는 권한을 얻었다. 그의 계획은 지금의 루마니아에 있는 한 왕국과 전쟁을 벌여 추락한 명성뿐만 아니라 군대의 충성심을 얻고, 전리품으로 재정난을 해결하는 것이었다. 그러나 로마 원로원이 그에게 발칸 반도에 이어 남부 갈리아에 있는 속주의 지휘권까지 더해줬을 때, 카이사르는 새로운 가능성을 보았다.

당시 갈리아의 여러 부족은 지난 10년 동안 두 개의 큰 동맹으로 뭉친 상태였다. 하나는 60년 전 비투이토스 시대부터 로마와 싸워온 아르베르니족이 이끌었고, 다른 하나는 아이두이라 불리는 부족이 이끌었다. 아르베르니의 수장들이 단호히 반로마적인 태도를 유지했기 때문에 대부분의 아이두이족은 로마 쪽으로 기울어져 있었으며 제국의 우호를 지렛대 삼아 갈리아 이웃들을 지배하기를 희망했다. 그러나 기원전 60년 직후 아이두이족에게 큰 위기가 닥쳤다. 아이두이족과 로마 사이에서 압박을 받던 아르베르니 족장들이 외부에서 동맹을 찾았던 것이다. 그들은 1만5000명의 게르만 용병을 고용하여 아이두이의 영토에 대한 침공을 단행했다. 하지만 이 게르만인들은 침공한 이후 갈리아의 풍요로움을 목격하고는 집에 돌아가기를 거부했다. 기원전 58년 무렵이 되자, 그들은 아이두이족뿐만 아니라 아르베르니족의 것 또한 모두 빼앗을 기세였다.

나약함의 냄새를 맡은 다른 게르만인들도 가세했다. 제네바 주변에 살던 헬베티 부족은 독일과 로마 사이에 끼어 빈번한 침략을 받았다. 부족의 지도자 중 한 명인 오르게토릭스는 부족원들에게 더 살기 좋은 터전을 찾아 아이두이족의 영토를 지나 이주하자고 설득했다. 이에 놀란 아이두이족 지도자 드루이드 디비키아쿠스(앞서 언급한 디비키아쿠스와는 다른 인물)는 로마에 도움을 요청했다. 그러나 카이사르는 뒤에서 훨씬 더 교활한 음모가 꾸며지고 있다는 것을 알게 되었다. 디비키아쿠스도 모르는 사이에 그의 친동생인 둠노릭스가 오르게토릭스와 함께 아이두이족과 헬베티족 모두를 혼란에 빠뜨려 쿠데타를 일으키고 왕위에 오른 다음 갈리아 전체를 나누어 가지려 했던 것이다.

내가 밀실 정치를 이렇게 자세히 설명하는 이유는 (그리고 사실 이보다 훨씬 더 많은 일이 벌어지고 있었겠지만) '균등화'가 현장에서 실제로 무엇을 의미했는지 알 수 있기 때문이다. 둠노릭스와 오르게토릭스는 로마에 저항하기 위해 더 크고 강한 아르베르니족과 아이두이족 국가를 건설함으로써 위대한 인물이 되고자 했고, 디비키아쿠스 또한 로마와 협력하여 더 크고 강한 아이두이족 국가를 건설함으로써, 카이사르는 갈리아를 더 크고 강한 로마제국에 흡수시킴으로써 가장 위대한 인물이 되고자 했다. 어떤 시나리오가 승리하느냐는 이 네 사람에게 있어 매우 중요한 문제였지만, 최종 결과의 측면에서는 그다지 중요하지 않았다. 누가 승자가 되었든 간에 더 크고 더 강한 국가들이 지중해에서 서북쪽으로 계속 퍼져나가며 영국 건너편 해안까지 왕과 동전, 도시를 몰고 올 것이기 때문이다.

기원전 58년 헬베티족의 이주에 직면한 상황에서 로마의 지방 총독이라면 대부분 카이사르와 같은 결정을 내렸을 것이다. 가만히 있으면 헬베티족이 로마의 동맹인 디비키아쿠스를 해치거나 심지어 로마 속주를 침략할 위험이 있었고, 이는 지방 총독에게 불명예와 죽음을 의미했다. 반대로 헬베티족을 물리치면 험난한 로마 정치의 정점에 오르는 데 필요한 영광과 전리품을 얻을 수 있었다. 따라서 쉬운 선택이었다. 그러나 카이사르가 특별했던 이유는 그가 일을 추진하는 속도였다(카이사르는 항상 셀레리타스celeritas, 즉 '속도'가 그의 좌우명이라고 말하곤 했다). 그는 헬베티족만 박살낸 것이 아니라, 다음 두 번의 여름 동안 갈리아 내 반로마 동맹을 모조리 쓸어버렸다. "이 모든 업적 덕분에," 그는 자랑하듯 말했다. "15일간의 감사절이 선포되었다. 이러한 영광은 과거 누구에게도 내려진 적 없었다."[28]

만약 카이사르가 기원전 59년에 갈리아의 지휘권을 부여받지 못했거나, 원로원의 '친구들'이 그를 배신했거나 그가 초기 두세 번의 주요 전투에서 패배했다면, 갈리아 전역으로의 정부의 확장은 더 느려졌을 것이다. 그리고 만약 카이사르가 크게 패배해 갈리아의 어느 숲속에 쓰러져 뼈를 묻는 지경에 이르렀다면, 로마는 갈리아 정복을 아예 포기했을지도 모른다. 실제로 로마제국은 서기 9년 게르만족의 매복 공격으로 군대가 궤멸한 후* 게르만 정복을 포기했다. 그러나 (로마의 관점에서) 이 최악의 사태조차 정부의 확산을 막지는 못했다. 로마 역사학자 카시우스 디오에 따르면 게르만에서의 참사 이후에도 다뉴브강 너머의 사람들은 어쨌든 그들만의 정부를 구성했다. 그는 "야만인들이 로마 세계에 적응했다"고 회고했다. "그들은 시장을 만들었고, (…) 그들이 로마의 감독 아래 로마의 관습을 점진적으로 배우는 한, 삶을 바꾸는 것이 어렵지 않았으며 자기도 모르는 사이에 달라졌다."[29]

결국 영국 해협에 정부 체제를 전파한 사람이 누구든—카이사르든, 후대의 로마 장군이든, 위대한 갈리아 왕이든— 기원전 56년의 카이사르와 똑같은 문제에 직면했을 것이다. 즉 해협이 장벽이 아니라 고속도로라는 문제다. 이 기본적인 문제는 기원전 4200년에 외벽이 무너지면서 농민들이 해협을 건너 쏟아져 들어왔을 때부터 변하지 않았다. 아무도 바다를 통제할 수 없었기 때문에 한쪽 해안에 접근할 수 있는 사람은 누구나 반대쪽 해안으로 건너갈 수 있었다.

기원전 1세기에는 기원전 42세기보다 문제가 더 심각했다. 그사이 배를 만드는 기술이 크게 발전했기 때문이다. 카이사르는 갈리아 선박들이 "파고와 날씨에 맞게 설계되었고 거친 충돌이나 험한 파도에도 견딜 수 있도록 전부 참나무로 건조되었다. 갑판을 떠받치는 가로목은 30센티미터 두께의 들보로 만들어졌으며, 사람 엄지손가락만 한 굵기의 쇠못으로 고정되어 있었다"라고 말했다.[30] 그러한 배들은 해협을

---

* 서기 9년 게르마니아의 토이토부르크 숲에서 율리우스-클라우디우스 왕조 로마제국과 게르만족 연합군 사이에 벌어진 전투. 이 전투에 투입된 로마군 3개 군단 및 그 보조군이 모두 전멸하는 대참패를 당했으며, 이후 로마제국은 게르마니아로 진출하려던 계획을 포기했다.

쉽게 건널 수 있어서 갈리아인들은 전투에서 패할 때마다 브리튼 남부의 친족들에게 항해해 넘어가서 브리튼 전사들을 갈리아로 데려와 싸움을 계속할 수 있었다. 갈리아에 들어선 어떤 정부에게든 해협은 넓게 뚫려 있는 측면이었다. 이곳을 폐쇄할 수 있는 유일한 방법은 양쪽 해안을 모두 장악하여 갈리아 쪽에 자체적으로 외벽을 세우고 적의 출항을 애초에 봉쇄하는 것이었다. 그래서 그것이 카이사르의 계획이 되었다.

기원전 56년, 카이사르의 첫 행보는 브르타뉴 남부 해안에 사는 베네티족을 공격하는 것이었다. 베네티족은 갈리아에서 가장 강력한 함대를 보유하고 있었기 때문에, 잠재적 적인 그들과 해협을 공유하는 것은 큰 위협이 되었다. 카이사르는 군대를 보내 그들을 굴복시키려 했다. 하지만 그의 군대가 요새화된 마을 하나를 포위할 때마다, 베네티족은 배에 올라타 인근 마을로 후퇴하며 저항했다. 늘 실용주의자였던 카이사르는 이에 대응해 자신의 군대에 특화된 함대를 구축했다. 그러나 곧 지중해에서 영향력을 발휘했던 갤리선과 같은 종류는 대서양의 범선 앞에서는 무용지물이라는 사실을 깨달았다. 카이사르는 "우리 배는 (매우 튼튼하게 만들어진) 적의 배를 들이받아도 박살 낼 수 없었고, 배의 높이가 낮아 무기를 제대로 겨누는 것도 불가능했다"라고 한탄했다. "같은 이유로 갈고리를 걸어 배 위로 올라타는 것도 어려웠다."[31]

하지만 영국 해협으로 가는 서쪽 길목의 관문이자 웅장한 브르타뉴 항구가 있는 키베론만에서 카이사르는 베네티족을 포위했다. 카이사르의 선원들은 베네티족의 배에 빠르게 적응하기 시작했다. 급히 배 한쪽 끝에 갈고리를 단 긴 장대를 설치한 후, 노를 저어 적선에 바짝

다가갔다. 적선의 돛대를 고정하던 밧줄에 갈고리를 건 다음, 노를 힘껏 저어 물러나며 돛을 끌어내렸다. 이 작전은 통했다. 적의 전함들이 순식간에 꼼짝 못하게 되자, 로마 갤리선 여러 척이 각각 에워싸고 높은 갑판에 갈고리를 던졌다. 마침내 하나가 걸리면, 병사들은 배의 갑판에 우르르 올라탔다. 그래도 이 중요한 순간에 바람이 멎지만 않았다면, 대부분의 베네티족은 여전히 탈출할 수 있었을 것이다. 카이사르는 말했다. "해 질 무렵, 베네티족 가운데 육지에 오른 사람은 거의 없었다."[32] 카이사르는 위험을 감수하지 않았다. 베네티족 장로들을 전원 처형하고 거의 모든 사람을 노예로 팔았다.

이제 갈리아 해안의 절대적인 지배자가 된 카이사르는 눈을 바다 건너편으로 돌렸다. 로마의 침입 가능성에 두려움을 느낀 영국의 작은 왕들은 세력을 키우기 위해 분주히 움직였다. 앞서 갈리아에서 그랬듯, 여기서도 친로마 진영과 반로마 진영 사이에 내전이 벌어졌다. 동남부 지역에서 가장 강력한 부족의 반로마 지배자 카시벨라우누스가 이웃 부족을 물리치고 그들의 왕*을 살해했다. 죽은 왕의 아들 만두브라키우스는 해협을 건너 도망쳐 카이사르에게 왕위를 되찾게 해달라고 간청했다. 카이사르가 어떻게 거절할 수 있었겠는가? 그는 곧바로 로마 원로원에 있는 정적들에게 사람을 보내 설명했다. 이 요청에 응하는 것은 명예롭고 영광스러운 일이며, 거부하는 것은 비겁하고 위험한 일이라고. 다시 한번 쉬운 선택이었다(신랄한 카이사르 비평가였던 키케로는 카이사르가 영국에서 얻을 전리품을 다소 과장되게 생각하고 있었다고 덧붙였다).

---

* 트리노반테스라는 작은 부족국의 왕 이마누에테우스.

2장 유럽의 가난한 사촌

기원전 55년 늦여름, 카이사르는 갈리아 동맹 중 한 사람을 해협 너머로 보내 "가능한 한 모든 공동체에 접근하여 로마에 충성을 맹세하도록 설득"하라고 했다. 그가 보낸 메시지는 "카이사르가 곧 온다"였다.[33]

3장
제국

기원전 55~서기 410년

스내푸

카이사르는 왔고, 보았고, 이겼다. 적어도 그는 그렇게 했다고 말했다. 실제로는 시작부터 잘못될 수 있는 모든 일이 잘못되었다. 카이사르의 문제는 훗날 위대한 군사 사상가 카를 폰 클라우제비츠가 '마찰friction'이라 부른 것이었다. 클라우제비츠는 "전쟁에서 모든 것은 아주 단순하다. 그러나 가장 단순한 것조차 매우 어렵다"라고 말했다.[1] 오늘날 군인들은 좀더 직설적인 표현을 쓴다. '스내푸snafu', 평상시 모든 게 엉망이라는 뜻이다situation normal, all fucked up.

기원전 55년의 원정은 처음부터 끝까지 스내푸였다. 카이사르가 영국인들을 회유하기 위해 미리 보낸 사절 콤미우스는 해안에 발 디디자마자 쇠사슬에 묶였다. 카이사르 군대는 말을 기병 수송선에 태우다가 지체되어 조류를 놓쳤고, 브리튼섬이 시야에 들어올 즈음에는 바람이 방향을 틀어 배가 해협 곳곳으로 흩어졌다. 설상가상으로 카이사르의 배들이 너무 커서 해안에 가까이 접근할 수 없었기에, 불쌍한 보

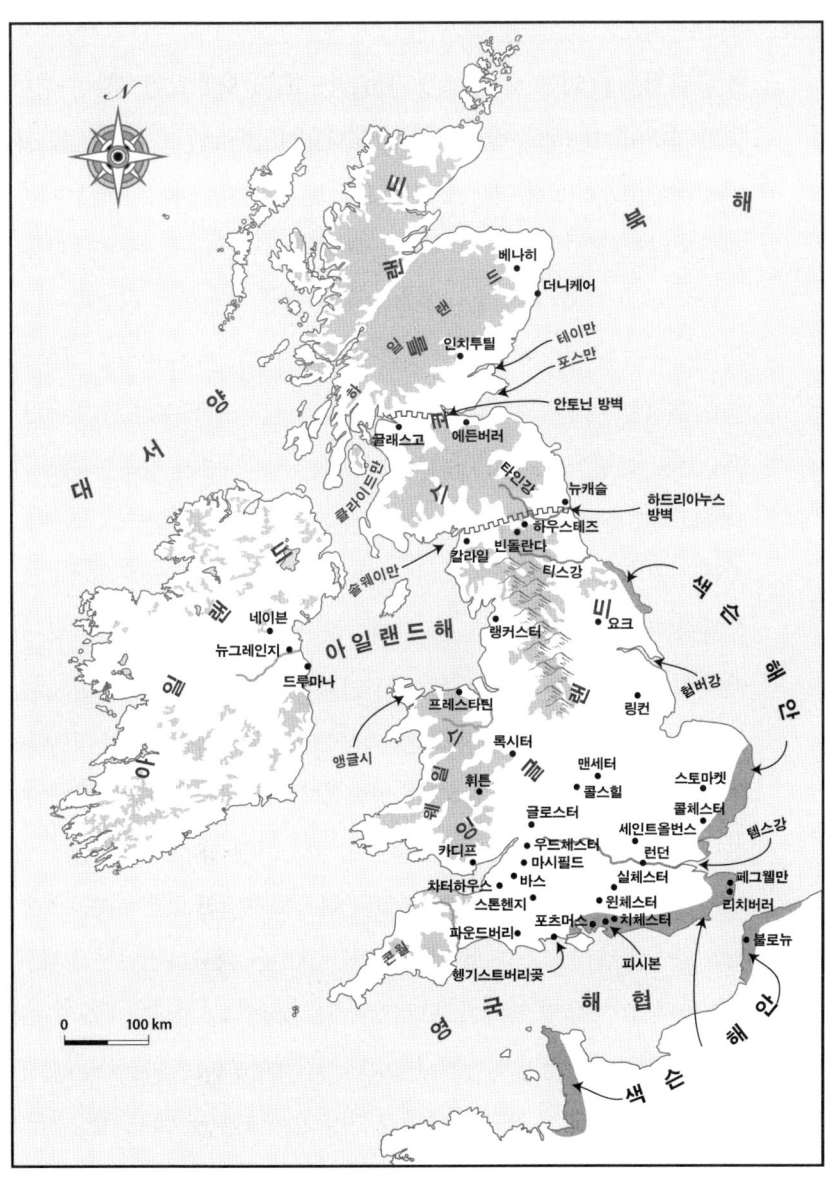

도판 3.1 영국 무대, 기원전 55~서기 410년.

3장 제국

병들은 갑옷을 입은 채 목까지 차오르는 파도 속으로 뛰어들어 해변까지 기듯이 나아갈 수밖에 없었다. 그 해변은 켄트의 페그웰만쯤으로 추정된다(도판 3.1). 카이사르조차 "이번 전투는 지금까지의 행운이 따라주지 않았다"고 인정해야 했다.[2]

막상 해안에 도착하자, 산전수전을 다 겪은 로마의 노련한 군인들은 전투에서 싱겁게 이겼다. 하지만 기병대가 없으니 도망치는 영국인들을 추격할 수 없었고 살아남은 영국인들은 다시 싸우러 왔다. 설상가상으로, 해협의 조류를 이해하지 못했던 카이사르가 강력한 폭풍이 지나다니는 길목에 배들을 정박시킨 바람에 배들이 박살났다. 몇 번의 소규모 전투를 벌인 후 그는 영국인들과 협상을 하고, 급하게 수리한 선체에 부하들을 밀어넣은 채, 날씨가 허락하는 대로 영국을 떠날 수밖에 없었다.

이듬해인 기원전 54년 여름, 카이사르는 다시 돌아왔다. 지난번보다 세 배나 많은 병력(기병 포함), 맞춤형 상륙정, 그리고 군사 작전과 병행할 외교 공세를 갖추고서였다. 처음에는 브리튼 동남부 부족들이 지난 장 말미에 등장한 반로마 진영의 왕으로 떠오르던 카시벨라우누스를 중심으로 집결했다. 하지만 정면 대결이든 게릴라전이든 요새에 틀어박혀 있든 어떤 방법으로도 카이사르를 영국 밖으로 내몰 수 없다는 것이 분명해지자 이 연합은 곧 해체되었다. 수만 명의 사망자, 부상자, 노예를 내고도 아무런 성과가 없자 카시벨라우누스는 협상을 요청했다. 카이사르는 또 한 번의 승리를 선언한 뒤 배를 타고 철수했다.

이번 원정은 카이사르 입장에서 만족할 만한 최고의 성공은 아니었다. 만약 갈리아에서 대규모 봉기가 없었더라면 그는 아마 기원전 53년에 다시 브리튼으로 돌아왔을 것이다. 그럼에도 불구하고 그의 성과는 이미 충분했다. 카이사르의 원정은 로마에서 엄청난 인기를 끌었고, 로마 원로원은 20일 동안 감사절을 선포했다. 갈리아 정복 감사절 때보다 더 길었다. 그 이유는 후대의 로마 작가가 설명했듯 "이전에는 알지 못했던 것이 눈앞에 드러났고, 들어보지 못했던 것에 접근할 수 있게 되었기" 때문이다.[3] 카이사르는 영국을 들어서 로마가 지배하던 더 큰 무대 위로 올려놓았다.

카이사르는 또한 브리튼 일부를 갈리아의 외벽으로 만들었다. 이 지역은 역사학자들이 보통 동부 왕국Eastern Kingdom(도판 3.2)이라 부르는 연맹 지역으로, 카이사르는 이 지역을 카시벨라우누스에게서 도망쳐 영국 침공의 정당성을 제공했던 바로 그 만두브라키우스에게 맡겼다. 이 종속된 왕들—로마에서는 '우호적인 왕friendly kings'이라 불렀다—은 바로 제국이 가장 선호하는 통제 방식의 산물이었고, 만두브라키우스에게 이 일을 맡긴 것은 아마 처음부터 카이사르의 계획이었을 것이다. 카이사르는 영국의 남쪽 해안 전체를 정복하고 군대를 주둔시킬 수 있었지만, 이는 막대한 비용이 드는 일이었다. 하지만 만두브라키우스를 이용하면 그럴 필요가 없었다. 만두브라키우스는 왕의 칭호와 약간의 호화로운 선물 그리고 로마의 지원이라는 막연한 약속을 받는 대가로, 이웃 족장들을 협박해 갈리아 반군들에게 피난처를 제공하지 못하게 만들었다. 이렇게 카이사르는 넓게 뚫려 있는 해협을 봉쇄하여 저렴한 비용으로 로마의 전략적 목표를 달성할 수 있었다.

만두브라키우스 또한 카이사르와의 협정에서 이익을 얻었지만, 그에 따르는 대가도 있었다. 첫째 문제는 종속된 왕들이 정의상으론 로마 사람이라는 점이었다. 지역의 토착민 경쟁자들은 사악한 대륙의 방식들에 맞서는 전통의 수호자로 자처하며 만두브라키우스에 반대

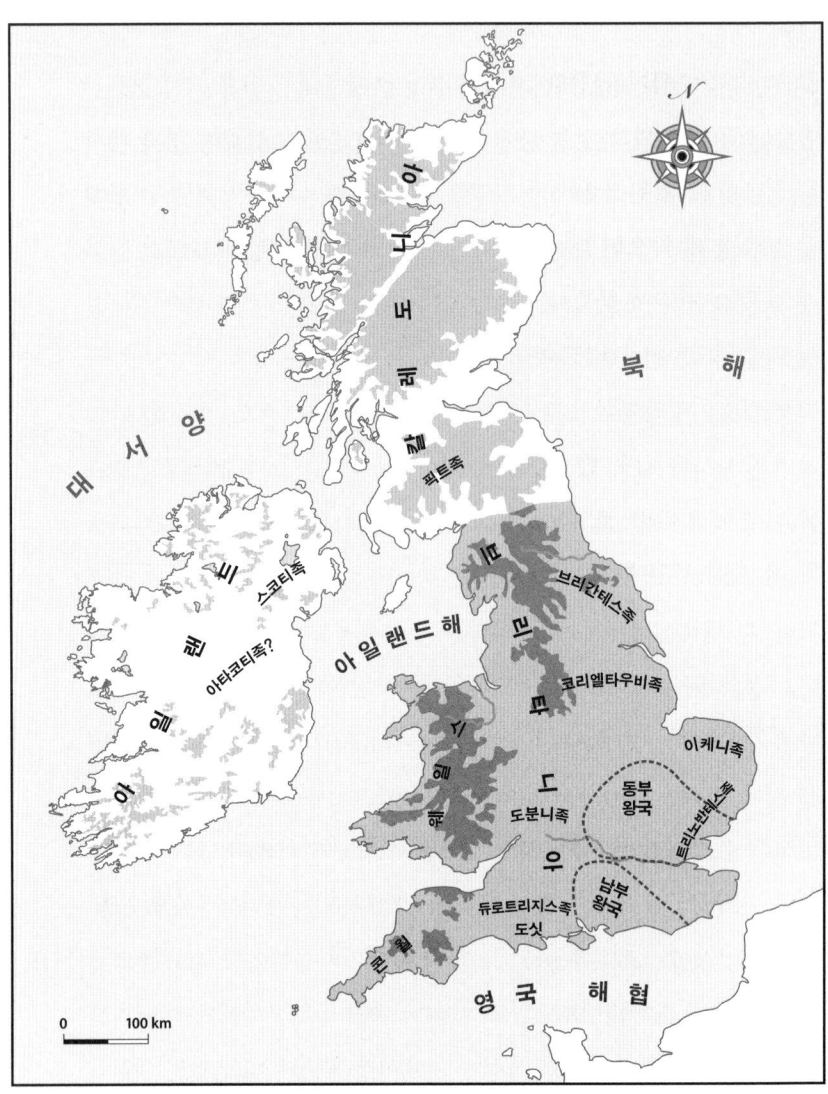

도판 3.2 영국 무대 위의 사람과 지역들, 기원전 55~서기 410년.

하는 세력을 쉽게 규합할 수 있었다. 따라서 동부 왕국의 통치자들은 그들의 왕위와 목숨을 구하기 위해 유럽을 수용하고 로마에 의존해야만 했다. 기원전 20년대에 이르면 왕들은 로마 양식을 본뜬 동전을 주조했고, 죽으면 대륙에서 온 수입품들과 함께 콜체스터와 세인트 올번스 지역에 묻혔다. 한 무덤에서는 만두브라키우스의 후손인 타시오바누스(기원전 25~10년경 통치)의 화장된 유해가 발견되었는데, 이곳에는 이탈리아산 말장구, 커다란 와인 항아리 18개, 황제의 은장, 로마식 쇠사슬 갑옷 한 벌, 그리고 왕좌였을 것으로 보이는 조각들이 함께 묻혀 있었다. 또 다른 무덤에는 수입된 외과 수술 도구가 있었고, 또 다른 무덤에는 막 놀이를 시작하려는 듯 세팅된 로마식 보드게임이 있었다.

로마열풍Romanomania은 오직 소수의 국제적인 영국인에게 해당됐지만, 그들의 값비싼 수입품에 대한 수요는 갈리아 상인들을 지난 50년간 애용해오던 항구인 도싯의 헨지스트버리 헤드에서 템스강 하구로 끌어들이기에 충분했다. 이 새로운 지배 계급은 영국에서 최초로 실질적인 정부를 형성해 영국 동남부와 유럽 대륙 간 조직의 불균형을 완화하는 동시에, 영국 동남부와 서북부 지역 간의 불균형을 증가시켰다. 서기 20~30년대에 이르러서는 동부 왕국이 조직이 덜 중앙집권적인 인근 부족들의 영토를 빼앗고 있었던 것으로 보인다. 이 부족(도분니족, 듀로트리지스족, 코리엘타우비족, 이케니족)의 족장들은 75년 전 갈리아에서 아르베르니족, 아이두이족, 헬베티족이 했던 방식과 똑같이 대응했다. 만두브라키우스에 대항하거나 그와 경쟁하여 로마의 호의를 얻기 위해 왕국을 서둘러 세웠다.

종속된 왕들의 두 번째 문제는 그들이 전적으로 후원자 로마의 뜻에 달려 있었다는 점이다. 종속관계는 기본적으로 끝없는 협상의 과정이었다. '우호적인' 왕은 로마가 더 말 잘 듣는 인물로 자신을 교체하거나 자신의 왕국을 합병하도록 자극하지 않으면서 최대한 많은 것을 얻으려 했다. 한편, 로마는 이 '우방국들'을 최대한 강하게 압박하면서도 반란을 일으키고 싶게 하거나 너무 약해져서 반로마 세력들이 우호적인 왕을 죽이고 권력을 차지하지 않도록 주의했다.

몇몇 종속된 왕은 이 아슬아슬한 줄타기를 매우 잘해냈다. 가장 뛰어난 사람은 예수가 태어났을 당시 유다의 왕이었던 헤롯이었으며, 콤미우스 역시 기원전 55년 카이사르의 사절로서 출발이 좋지 않았지만 거의 헤롯만큼 노련했다.* 갈리아의 종속된 왕으로서 콤미우스는 카이사르를 매우 기쁘게 해주었기에, 그 위대한 카이사르는 그의 영토를 넓혀주고 세금도 면제해주었다. 콤미우스는 기원전 53년에 갈리아인들이 반란을 일으켰을 때에도 여전히 친구인 카이사르 편에 섰다. 그러나 카이사르가 패할 것처럼 보이자, 콤미우스는 자신을 토착민주의자로 재정의하고 봉기에 가담하여 지도자 중 한 명이 되었다. 그리고 카이사르가 결국 형세를 역전시켜 반란을 진압하는 상황에 이르자 다른 지도자들은 카이사르의 자비를 구했으나, 콤미우스는 더 현명했거나 더 절박했던 모양이다. 그는 홀로 3년간 더 싸움을 계속해 성가신 존재(그는 극적이었던 기마전에서 한 로마 사령관을 거의 죽일 뻔했다)가 되었고, 결국 카이사르의 부관 마르쿠스 안토니우스가 그에게 특별한 제안

---

* 성경은 헤롯이 예수 탄생 후 최소 2년은 더 살았다고 하지만, 다른 고대 사료들에 따르면 헤롯이 기원전 4년에 사망한 것이 확실해 보인다. 이로 인해 많은 역사학자는 고대 학자들의 계산이 잘못되었으며 예수는 실제로 기원전 7년경에 태어났다고 결론짓는다. —지은이

을 했다. '보내진 곳에서 살고, 명령받은 대로'만 하면 새로운 '남부 왕국'을 통치하게 해주겠다는 것이었다(다른 로마인과는 절대 만나지 않는 조건 포함).4 그는 다시 한번 모범적인 우호적 왕으로서 자신을 재창조했고, 치체스터 근처에 있는 그의 왕국 수도에서 지긋한 나이까지 살았으며, 자신의 이름을 새긴 동전도 발행하고, 로마 식기로 식사를 했다.

브리튼 동남부에서 왕이 되려는 자라면 기본적으로 로마를 무시할 수 없었지만, 세세한 일들의 결정은 브리튼과 로마 각지의 개개인에게 달려 있었다. 속국들은 주기적으로 반란을 일으켰고, 로마에 우호적인 왕이 되려던 자 가운데 최소 두 명이 고향에서 도망쳐 카이사르의 조카 아우구스투스에게 보호를 요청했다. 아우구스투스는 카이사르가 기원전 44년에 암살되고 이어진 처참한 내전에서 승리한 후 로마의 첫 번째 전제 군주로 등극한 인물이다. '영국 주민들이 그의 말을 들으려 하지 않는다'5라는 사실에 몹시 화가 난 아우구스투스는 기원전 34년과 기원전 27~26년에 영국에 대한 새로운 군사 개입을 고려했다.

아우구스투스의 이러한 생각은 흐지부지되었다. 영국 왕국들을 합병하는 데 쓰는 것보다 돈이 더 필요한 곳들이 있었기 때문이다. 하지만 서기 37년 이후 칼리굴라(칼리굴라Caligula는 '작은 군화'라는 뜻으로 그가 소년 시절 군복에 조그만 군화를 신은 모습에서 나온 말이다)라는 별명으로 알려진 새로운 통치자는 다르게 생각했다. 칼리굴라는 신으로 분장하기, 자신의 말을 정부의 고위직으로 임명하기, 세속적인 로마 엘리트들도 놀랄 성적 기행 하기 등 기괴한 취미를 즐겼다. 여동생과 동침하는 것쯤은 별일이 아니었다.* 당연히 자신에 대한 비판이 커지자, 칼리굴라는 무력을 사용해 평판을 회복하려 했다. 이 문제 많은 젊은 군주는 손쉬운 표적을 찾아 나섰다. 때마침 38년경 브리튼 동부 왕국의 통치자였던 쿠노벨린과 그의 아들 아드미니우스의 사이가 틀어졌고, 아드미니우스는 (짐작하건대) 칼리굴라에게 도움을 요청했다. 이어 쿠노벨린이 사망하면서 동부 왕국은 아드미니우스와 다투던 형제들의 손에 넘어갔고, 칼리굴라는 정의 실현이라는 명분 아래 아드미니우스를 위해 개입한다는 편리한 결정을 내렸다.

그러나 그 개입은 이상하기 짝이 없었다. 칼리굴라에 관해 유일하게 남아 있는 기록이 그를 가장 혐오했던 부유하고 교육받은 귀족들이 쓴 것이라 얼마나 믿을 수 있을지는 모르겠지만, 기록에 따르면 칼리굴라는 40년 봄에 침공 부대를 소집한 후, 사전 설명 없이 작전을 취소했고 대신 병사들에게 바다에 맞선 상상 속 승리의 전리품으로 조개를 모으라고 명령했다.

이 모든 일에 대해 아드미니우스가 어떻게 생각했을지는 짐작만 할 수 있지만, 결과적으로 별로 중요하지 않았다. 칼리굴라는 몇 달 만에 그의 호위병에 의해 살해당했다(좀더 일찍 죽을 수도 있었을 것이다). 그의 후임자인 클라우디우스는 다른 종류의 괴짜, 즉 학자였다. 칼리굴라보다는 제정신이기는 했지만 그 역시 군사적 영광을 필요로 했다. 이 시점에 동부 왕국의 아드미니우스의 형제들은 어리석게도 이웃한

---

* 칼리굴라는 1979년에 그의 이름을 따서 만든 특별한 영화 「칼리굴라」로 오늘날 사람들에게 기억되고 있다는 사실이 아마도 억울하지 않을 것이다. 그 영화는 성인 잡지인 『펜트하우스』가 제작한 유일한 장편 영화라는 기이한 이력을 지녔다. 고어 비달의 각본과 존 길가드, 헬렌 미렌, 피터 오툴, 그리고 (칼리굴라를 연기한) 맬컴 맥다월을 포함한 대단한 출연진을 자랑할 뿐 아니라, 영화 제작진이 배우들과 감독이 제작을 마친 필름 뒤에 '펜트하우스 펫걸'들의 실제 성행위 장면을 추가했다. 그렇다고 해도 칼리굴라는 시시한 내용이라고 생각했을 것 같다.—지은이

친로마 성향의 남부 왕국을 침공했고, 남부를 오랜 기간 지배했던 종속된 왕이 로마로 도망쳤을 때, 클라우디우스 역시 정의가 행동을 요구한다는 식의 결론이 편리하다는 것을 알았다. 43년 4월, 그는 불로뉴에 4만 명의 병력을 집결시켰고, 막판에 군대의 승선이 중단되는 사소한 문제가 있었지만, 침공은 시작되었다.

심벌린의 코

적어도 단기적으로는 클라우디우스가 카이사르보다 훨씬 더 성공적으로 로마의 노출된 국경을 안정화했다. 그의 주력 부대는 켄트의 리치버러 근처에 어떠한 저지도 받지 않고 상륙했다. 동부 왕국의 전사들이 두 차례 강 건널목에서 길을 막아섰지만(한 번은 템스강에서, 다른 한 번은 정체불명의 곳에서), 두 번 다 특수 훈련을 받은 로마의 게르만 부대가 갑옷을 입은 채 수영해 강을 건너자 도망쳤다. 셰익스피어의 희곡 『심벌린』(쿠노벨린의 17세기 철자)에 따르면, 동부 왕국은 로마에 당당히 맞섰다. 쿠노벨린 왕의 의붓아들은 "영국은 독립된 세계다. 우리는 우리 코를 달고 다니는 대가로 아무것도 지불하지 않을 것이다"라고 말했다.[6]

하지만 쿠노벨린의 친족 중 일부는 자신들의 코를 두고 협상할 준비가 완벽히 되어 있었다. 클라우디우스는 영국이 주권과 정체성의 일부를 포기하고 대륙으로부터의 이민을 더 많이 받아들인다면, 영국의 번영과 안보를 보장해주겠다고 제안했다. 그의 군대만으로 충분한 압박이 되지 않을 때를 대비해서, 클라우디우스는 템스강에서 승리했다는 소식이 전해지자마자 직접 해협을 가로질러 브리튼으로 넘어갔다.

비평가들은 클라우디우스가(그리고 그가 콜체스터에서의 개선 행진을 위해 데려간 코끼리들이) 브리튼에 머문 시간이 고작 16일이라는 사실을 매우 의심스러워하지만, 그 시간만으로도 충분했다. 최소 열한 지역의 왕들이 항복했다. 클라우디우스는 동부 왕국을 합병하면서 쿠노벨린의 가족들은 내쳤지만, 다른 이들은 복귀시키고 보상까지 해주었다. 남부 왕국에 새로 임명된 왕은 피시본에 최상의 대륙풍 모자이크와 대리석 조각상으로 가득한 화려한 별장을 지어 로마에 대한 열정을 보여주었다. 다른 이들은 마을을 아름답게 꾸미도록 막대한 현금을 받았고, 10년이 채 되기도 전에 세인트 올번스, 콜체스터, 바스에서는 언뜻 로마의 것으로 보이는 석조 신전과 목욕탕이 자랑거리가 되었다.

클라우디우스가 브리튼 지역 일부를 병합하며 카이사르를 능가하려 했을 때, 정확히 무엇을 의도했는지는 뚜렷하지 않다. 콜체스터 점령은 그에게 영광을 안겨주었지만, 일부 역사학자는 단지 그의 의도가 동남부 저지대에 종속된 왕들로 완충지대를 만들고, 산이 많은 북부와 서부는 내버려두는 것이었다고 생각한다. 만약 그렇다면, 이는 현실적으로 성공할 수 없었다. 한 세기 전에 영국 해협에 도착한 카이사르와 마찬가지로, 클라우디우스 역시 승리가 더 많은 전쟁으로 이어진다는 사실을 깨달았다. 침략 4년 만에 그의 병사들은 웨일스의 산악 지대에서 골치 아픈 전투에 휘말렸다. 역사학자 타키투스는 "전투에 전투가 이어졌다"라며 이렇게 한탄했다. "대부분은 숲과 늪에서 벌어진 게릴라전이었다. 어떤 전투는 우연한 조우로 비롯됐지만, 다른 전투는 증오나 약탈 목적으로 계산된 결과였다. 지휘관의 명령에 따라 전투가 일어났지만, 때로는 지휘관이 모르는 사이에 일어나기도 했다."[7]

일부 학자들은 클라우디우스가 처음부터 동남부에서 서북부로 넘어가려고 했으며, 이는 서북부에 있는 광물 자원의 존재를 알고 있었기 때문이라고 추측한다. 로마인들은 역시나 지체 없이 그 자원들을 차지했다. 빠르게는 49년부터 멘디프 언덕의 차터하우스에서 납을 캐고 있었고, 20년 안에 광부들은 웨일스 북쪽 해안의 작은 해변 마을 프레스타틴까지 이르렀다. 이곳은 내가 1960년대에 여동생과 조부모님과 캠핑카를 타고 휴가를 보내던 곳이다. '제20군단'이라고 새겨진 기와와 납괴는 로마군이 처음에 프레스타틴에서 광산, 여러 관련 작업장, 그리고 작은 목욕탕을 운영했다는 사실을 보여준다. 다음 반세기 동안 웨일스 대부분의 광산 마을에도 진출했던 것으로 보인다.

다른 학자들은 클라우디우스가 이러한 움직임을 보인 이유를 탐욕이 아닌 끊임없이 존재하는 안보 딜레마로 인해 목표가 변화한 것으로 본다. 43년에 브리튼 동남부의 모든 왕이 항복한 것은 아니었고, 쿠노벨린의 아들 카라타쿠스는 웨일스로 도망쳐 그곳을 로마의 동맹국들을 공격하는 기지로 삼았다. 몇 년에 걸쳐 카라타쿠스를 쫓아 산을 넘고 골짜기를 건넌 로마군은 마침내 그의 추종자들을 학살하고 그의 아내와 딸을 포로로 잡았다. 그러나 카라타쿠스는 계속 싸웠다. 이번에는 잉글랜드 북부에 있는 브리간테스족에게 도망친 그는 그들을 선동하여 로마군에게 대항하려 했지만, 브리간테스의 여왕 카르티만두아가 그를 잡아 로마 총독에게 넘겨버렸다. 하지만 카라타쿠스는 끝내 항복하지 않았다. 이에 감명을 받은 클라우디우스는 그와 가족들을 사면해줬다. 반면, 카르티만두아 여왕은 더 힘든 시기를 보냈다. 남편이 그녀의 친로마 정책을 거부하자, 그녀는 그와 이혼하고 그의 방패병과 재혼했다. 브리간테스는 친카르티만두아-로마파와 반카르티만두아-

로마파로 갈라졌고, 이는 전쟁으로 이어졌다. 이제 로마군은 웨일스뿐만 아니라 잉글랜드 북부에서도 전투에 휘말렸다.

43년 클라우디우스가 의도했던 것이 무엇이었든, 분명히 이와 같은 수렁은 아니었을 것이다. 11년 후 그가 사망했을 때, 후계자 네로는 영국에서 완전히 철수하는 것을 진지하게 고려했다. 여기서 미래는 여러 갈래로 펼쳐질 수도 있었다. 만약에 네오가 카이사르처럼 몇 개의 종속 왕국들만 남기고 군대를 철수했다면, 브리튼 동남부의 유럽으로의 통합은 급격히 느려졌을 것이다. 물론 완전히 멈췄을 리는 없다. 나는 지난 장 말미에서 만약 카이사르가 기원전 50년대에 영국 해협을 넘어가지 않았다 하더라도, 브리튼 동남부는 결과적으로 국경 건너에 있는 독일의 일부 지역처럼 되었을 것이라고 추측했다. 로마가 서기 50년대에 철수했어도, 비슷한 일이 벌어졌을 거라고 생각한다. 어쨌든 아우구스투스, 칼리굴라 그리고 클라우디우스가 영국의 종속된 왕들을 지배하면서 마주쳤던 어려움들은 점점 더 악화되고 있었다. 그리고 실제로 네로가 철수했다면, 훗날 또 다른 황제가 다시 영국 침공을 할 수밖에 없는 시나리오로 흘러갔을 것이다.

네로의 전기 작가 수에토니우스에 의하면 네로는 결국 선대의 진로를 그대로 유지했다. 그 이유는 철수가 '양아버지 클라우디우스가 얻은 영광에 먹칠하는 일'이기 때문이었다.[8] 이는 자신의 정통성을 걱정하는 새로운 통치자에게 결코 작은 문제가 아니었다. 네로는 북쪽과 서쪽으로 조금만 더 밀고 나가면 안정된 국경을 구축할 수 있다고 확신하며 더욱 밀어붙였다. 그는 호전적인 인물을 총독에 앉혀 적들을 초토화하고 저항 세력이 결집하는 중심인 드루이드교의 사제들을 뿌리 뽑으려 했다(고고학자 프랜시스 프라이어는 그들을 '철기 시대의 이슬람

율법학자'라고 부른다).⁹ 앵글시의 섬에 있는 드루이드교의 성소聖所는 (어릴 적 즐겨 찾던 또 다른 휴가지다) 로마의 진격을 피해 도망치는 모든 사람의 피난처가 되고 있었던 터라, 완강한 방어에도 불구하고 로마는 이곳을 반드시 함락시켜야 했다. 타키투스는 "적들은 단단히 무장하고 해안가에 빽빽이 늘어서 있었다. 그중에는 퓨리Furies*처럼 헝클어진 머리카락에 검은 옷을 입고 횃불을 흔들고 있는 여자들도 있었다. 그 옆에는 드루이드 사제들이 손을 하늘로 들어 올리며 끔찍한 저주를 외치고 있었다"라고 기록했다.¹⁰ 이 같은 광경에 베테랑 로마군들도 움찔했지만, 이윽고 평저선에서 해안으로 뛰어내려 신성한 숲으로 돌격했다.

로마는 늘 하던 대로 채찍과 당근 전략으로 영국의 정체성을 약화시켜 안보 문제를 값싸게 해결하려 했다. 로마의 통치자들은 한편으로 토착 저항 세력들의 신임을 실추시키면서, 다른 한편으로는 지역의 중요 인사들에게 이탈리아와 이집트 등 먼 곳에서 온 로마인들과 어깨를 나란히 하며 넓고 세련된 세계에 합류할 기회를 제공했다. 타키투스는 상황이 어떻게 돌아가는지 정확히 이해하는 완전한 내부자였음에도 불구하고(그의 장인인 아그리콜라가 6년 동안 브리튼을 통치했다) 마음 깊은 곳에서는 상반되는 감정을 느꼈다. 이 책의 서문에서 몇 마디 인용했던 그의 유명한 평론 구절에서 타키투스는 로마를 다음과 같이 묘사한다.

---

* 그리스 로마 신화에 나오는 세 자매의 복수의 여신으로 머리카락은 뱀이고 등에는 날개가 달렸다.

(로마는) 신전, 광장, 멋진 주택들을 짓는 데 사적인 격려와 공식적인 도움을 주었다. [그리고] 토착 지배자들의 아들들에게 교양 과목을 교육했다. (…) 그 결과 영국인들은 라틴어를 혐오하는 대신 유창하게 구사할 수 있기를 열망하게 되었다. 같은 방식으로, 로마 민족의 전통 의상이 인기를 끌었으며 토가는 어디에서나 보였다. 이어서 사람들은 점차 상점, 목욕탕, 그리고 호화로운 연회 같은 타락적 유혹들에 빠져들었다. 의심 없는 영국인들은 이 새로운 것들을 '문명'이라고 부르지만, 사실 그것들은 노예화를 보여주는 특징일 뿐이었다.[11]

정복은 고대판 세계화를 가져왔다. 혜택을 받은 소수는 외국의 화폐와 사치품들을 사용하며 지역에 대한 애착이 옅어졌다. 하지만 지금처럼 세계화의 바람은 따뜻하기도 하고 차갑기도 했다. 영국 통치자들의 새로운 저택들, 뜨거운 목욕탕, 고급 요리들에 자금을 댄 금융가와 관료들은 당연히 그들 자신의 이익이 최우선이었다. 50년대 후반 이탈리아에서 금융 위기가 터지고 연쇄 파산이 일어났을 때, 그들은 대출금을 회수하기 시작했다. 그중에는 출세를 꿈꾸는 통치자들에게 빌려준 엄청난 양의 자금도 포함되어 있었다. 네로의 조언자이자 훌륭한 도덕적 교양을 갖췄기로 유명했던 철학자 세네카도 영국의 통치자들에게 1000만 데나리*의 즉각 상환을 요구했는데, 이는 적어도 영국의 모든 사람을 두세 달 동안 먹여 살릴 수 있는 액수였다. 설상가상으로 네로의 영국 재정 담당관은 로마의 황제들이 그동안 영국의 통치자들에게 주었던 선물들이 사실 모두 대출이었으며 이제 상환해야 할 시

---

* 고대 로마의 화폐 단위.

점이 되었다고 발표했다.

로마에 베팅했던 영국인들은 갑작스럽게 몰락했다. 토가를 입고 라틴어로 열변을 토할 수 있었던 최고위층들조차 파멸을 피할 수 없었다. 특히 이케니 부족은 이 사실을 뼈저리게 깨달았다. 부족의 왕 프라수타구스는 로마의 좋은 친구였고, 심지어 자신의 딸들과 함께 네로를 공동 상속자로 지정하기까지 했다. 그러나 프라수타구스가 60년에 죽자, 로마인들은 이런 세세한 사정을 무시하고 상속이 명확하지 않은 모든 것을 (그리고 확실한 것은 더 많이) 빼앗아갔다. 그들은 프라수타구스의 미망인인 부디카의 옷을 벗겨 모욕하고 채찍질했으며, 딸들을 강간했다. 부족의 귀족들을 그들의 땅에서 쫓아냈다.*

부디카와 그녀의 가족, 그리고 이케니 귀족들이 로마인들을 산 채로 씹어먹을 만큼 분노한 것은 당연한 일이었지만, 수만 명의 가난한 이케니인과 이웃 부족 트리노반테스인들도 마찬가지였던 것 같다. 타키투스에 따르면 '그들은 할 수만 있다면 로마인의 목을 베거나 매달고, 불태우거나 십자가에 못 박고 싶어했다'.[12] 당시 로마군은 400킬로미터나 떨어진 앵글시에서 사람들을 죽이기 바빴기에 반란군들의 콜체스터 습격을 막을 수는 없었다. 콜체스터는 한때 쿠노벨린의 동부 왕국의 수도였지만, 당시엔 로마 퇴역 군인들의 은퇴 마을로 재탄생해 있었다. 수입 도자기, 와인, 외국 식품으로 가득한 작고 깨끗한 가게들과 곧게 뻗은 거리는 원주민 마을들 사이에서 몹시 눈에 띄었고, 30미

---

* 내가 학교를 다닐 때만 해도 일반적으로 사용했던 보아디케아Boadicea라는 철자는 사실 타키투스의 원고에서 부디카Boudica—빅토리아와 다소 비슷한 의미의 켈트족 이름—를 잘못 읽은 것일 뿐이다. 어떤 고대 작가도 그녀를 보아디케아라고 부르지 않았다.—지은이

터가 넘는 길이에 석판과 대리석으로 마감한, 신격화된 황제 클라우디우스의 거대한 석조 신전은 아예 다른 세계에서 온 듯했다. 반란군은 이 모든 것을 불태웠다.

콜체스터 대로를 휩쓴 불길은 유리마저 녹일 만큼 격렬했다(오늘날 콜체스터 시내 중심가도 이 옛날 대로를 따라 나 있으며, 몇몇 상점은 로마 성벽 위에 다시 지어진 것이다). 고고학자들은 잿더미 속에서 불타 죽은 로마인들의 뼈를 발견했다. 살아남은 로마인들은 신전으로 도망갔지만, 이틀 후 반란군이 신전을 습격하자 모두 죽음을 면할 수 없었다. 근처에서 발견된 거대한 청동 머리는 한때 황제 동상의 일부분이었지만 잘린 다음 강에 던져졌다(고대 신들을 기리기 위해서였을까?).

비록 고고학이 가정假定의 학문이기는 하나, 콜체스터에서 발굴된 두껍고 검게 탄 지층은 반란군의 분노를 의심의 여지 없이 보여준다. 그들은 로마 권력의 원천뿐 아니라 상징에까지 분노를 터뜨리며, 이민자들의 무덤을 파헤치고 뼈를 흩뜨려놓았다. 마치 자신의 코를 달고 다니는 데 대가를 치르지 않겠다고 광고하듯이, 반란군들은 퇴역 군인 묘지에서 외국인처럼 보이는 묘비 조각상(도판 3.3)들에서 코를 잘라냈다. 그런 뒤 로마의 새로운 수도 런던을 향해 진군했고 그곳 역시 불태웠다.

이제 반란군은 더 어려운 질문에 직면했다. 바로 '다음엔 무엇을 해야 하는가?'였다. 그들이 활보하는 무대는 이제 이탈리아까지 확장되어 있었다. 반란군들은 나라를 되찾기는 했지만, 제국에서 어떻게 벗어날 것인가에 대한 전략이 없었다. 심지어 앵글시에서 급하게 돌아오던 로마 주력군과 어떻게 싸울 것인가에 대한 계획조차 없었다. 만약 부디카가 기적적으로 그 군대를 물리친다면, 아마도 로마제국군은

도판 3.3 더 이상 코가 없는 묘비 조각상: 로마 제20군단의 이탈리아인 백인대장(하위 장교) 마르쿠스 파보니우스 파킬리스의 묘비로, 40년대에 콜체스터에 세워졌고 60년대에 훼손되었다.

50년 전에 게르마니아에서 그랬던 것처럼 영국에서 철수할지도 모를 일이었다. 하지만 아마도 로마는 또 다른 군대를 보낼 것이었다. 저항이 헛된 것임을 반란군에게 보여주려 한 로마의 결심을 의심하는 사람이 있다면, 이스라엘의 메마른 유대 사막에 있는 마사다 요새에 가봐야만 한다. 이 요새에는 부디카의 반란이 일어나고 10년 후에 로마 군대가 유대인들의 반란을 마지막까지 지지하던 얼마 남지 않은 사람들마저 진압하기 위해 125미터 높이의 흙 경사로를 쌓고 공성탑을 끌어올린 흔적이 있다.

결국 부디카의 반란은 기적이 아니라 학살로 끝났다. 타키투스에 따르면, 로마군이 미들랜즈 어딘가(아마도 워릭셔 북부의 멘세터 근처)에서 그녀를 따라잡았고, 이 전투에서 로마군은 단 400명을 잃었으며,

영국인은 8만 명이 죽었다고 한다(부디카는 독을 먹고 자결했다). 실제로 영국인 사상자가 이보다는 적었을 가능성이 크지만, 이후 로마군은 네로조차 충격을 받을 만큼 너무나 무자비한 학살을 벌였다. 솟구치는 광기를 잠재울 목적으로 네로는 영국을 통치하던 원로원을 해임했지만, 속주로서 영국의 고통은 이제 막 시작되었을 뿐이다. 반란군들은 로마군의 곡물 보급을 노획할 작정으로 밭을 일굴 겨를도 없이 반란을 일으켰다. 결국 칼에 맞아 죽은 영국인보다 훨씬 더 많은 영국인이 굶어 죽었다.

한편 부디카의 반란으로 로마인들은 세계 가장자리인 이곳에서 도대체 무엇을 하고 있는 건지 다시금 묻게 되었다. 고대 작가들은 이 반란에서 7만 명의 로마 병사와 민간인이 사망했다고 기록하고 이를 '참사'라고 부른다.[13] 하지만 어디에도 네로가 영국에서의 철수를 고려했다는 것을 암시하는 흔적은 없다. 오히려 뒤이은 총독들은 10년에 걸쳐 다시 신뢰를 쌓는 데 힘썼다. 70년대 중반이 되자 현지의 유지들이 다시 열정적으로 로마에 동화되기 시작했다. 한번 마음이 돌아오자, 콜체스터와 세인트 올번스는 모든 면에서 유럽 대륙에 있는 로마 도시들과 다름없는 모습을 갖추기 시작했다. 재건된 콜체스터에서는 극장뿐 아니라 「벤허」 스타일의 전차 경주장(영국에서 아직까지 유일하게 발견된 전차 경주장)이 세워지고 이는 곧 자랑거리가 되었다. 그제야 제국은 60년에 앵글시를 공격한 이후로 보류되었던 질문으로 돌아갈 수 있었다. 갈리아 지역을 보호하기 위한 외벽을 마련하려면 브리튼을 어디까지 장악해야 하는가? 해협 건너 유럽 대륙으로 철수하면 아무것도 해결되지 않았고 단순히 브리튼 내 동남부와 서북부의 지리적 경계를 따라 선을 긋는 전략은 이미 실패했다. 로마는 이 선을 넘어 자신의 힘을 뻗쳐야 했다. 그러나 문제는 얼마나 멀리까지 뻗쳐야 하는가였다.

77년에 총독으로 임명된 타키투스의 장인 아그리콜라는 이 해답을 찾는 임무를 맡았다. 로마가 현재 웨일스와 북부 잉글랜드라고 부르는 지역까지 관리하지 않는 한, 영국은 불안정할 것이라는 데 모두가 견해를 같이했다. 아그리콜라의 전임자들은 이미 브리간테스족 내전을 끝내고 웨일스를 황폐화했다. 아그리콜라는 드루이드의 부흥을 막기 위해 앵글시로 돌아갔고, 79년에는 적어도 티스강까지 북진했다. 80년에 그는 현재의 에든버러와 글래스고를 관통하는 클라이드와 포스만 사이에 국경선을 설정할 것을 제안했고(도판 3.4), 81년에는 오직 1만 명의 병력만으로 아일랜드를 점령하고 통치를 유지할 수 있다고 황제에게 보고했다.

1996년 아일랜드 더블린 근처 드루마나에서 한 아마추어 고고학자가 로마 유물 더미를 발견한 이후로, 아그리콜라가 실제로 아일랜드해를 가로질러 군대를 보냈을 것이라는 추측이 제기되어왔다. 타키투스는 이를 언급하지 않았지만 만약 사실이라면 그 군대는 정찰대 정도였을 것이다. 왜냐하면 82년에 아그리콜라는 아일랜드 대신 스코틀랜드에 대규모 침공을 시작했기 때문이다. 그의 군대는 북쪽으로 거의 애버딘까지 올라가며 요새들을 지었다. 인치투틸에서 가장 큰 요새는 면적이 22만 제곱미터에 달했다. 이는 실버리 힐이 세워진 지 2500년 만에 섬에서 가장 큰 규모의 건설 사업이었고, 1600만 공수工數, man hour, 15만 톤의 돌, 2만 톤의 목재, 4500톤의 점토 기와, 12톤의 철못이 사용됐다. (요새가 버려졌을 때, 철못 100만 개 이상이 한 구덩이에 묻혔는데, 이는 아마도 현지인들이 수거해가지 못하게 하기 위한 조치로 추정된다.)

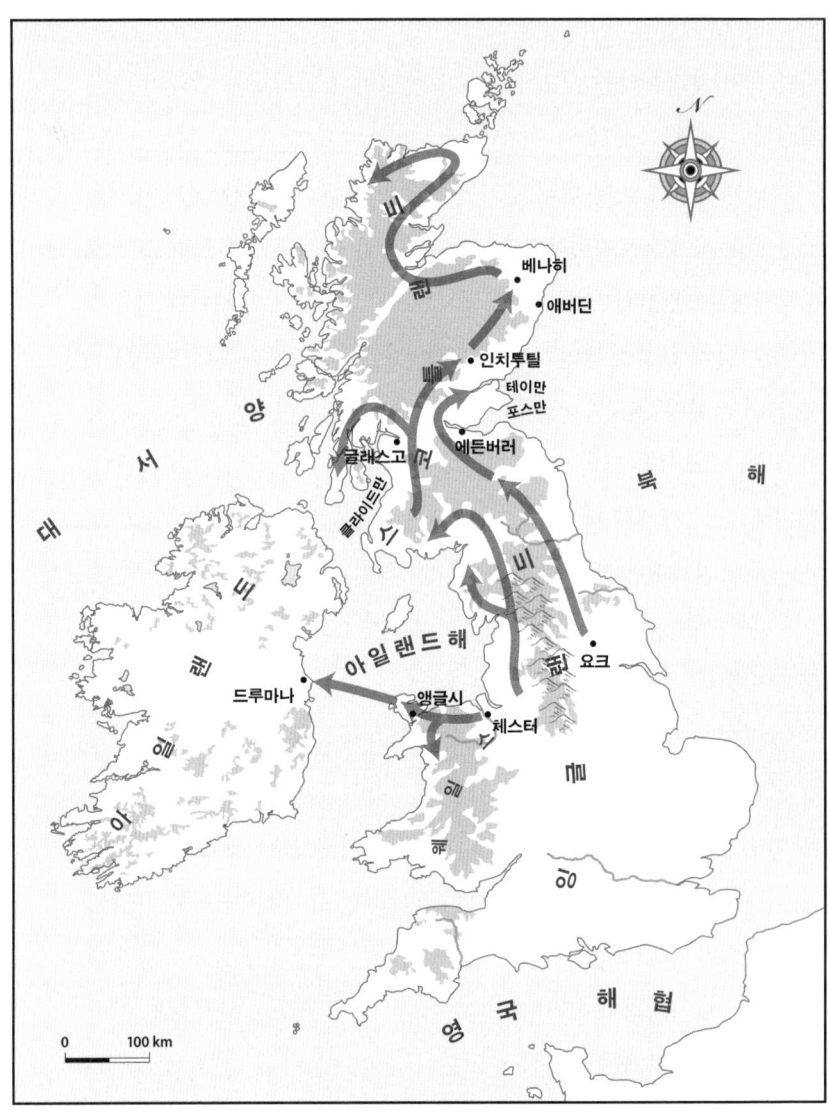

도판 3.4 외벽을 찾아서: 아그리콜라의 군사 원정, 77~83년.

83년 아그리콜라는 애버딘셔 베나치 근처에서 브리튼 북부 부족들과 전투를 벌였다. 그들을 몰살한 후, 아그리콜라는 마침내 어디서 멈출 것인가라는 질문에 대해 답을 얻었다. 바로 바다였다. 그는 모든 지역을 정복해야만 로마가 안전한 국경을 얻을 수 있다고 도미티아누스 황제에게 보고했다.

한 사람의 결정을 영국 역사에 큰 변화를 가져올 수 있었던 순간으로 보는 것은 유혹적인 일이다. 만약 도미티아누스가 아그리콜라의 조언을 따랐다면, 그의 장군들은 잉글랜드와 웨일스에서 그랬던 것과 같이 스코틀랜드와 아일랜드에 도시와 동전, 항구와 도로, 주택과 노예제를 전파했을 것이다. 물론 로마가 할 수 있었던 어떤 것도 서북부를 동남부만큼 평탄하고 따뜻하게 만들 수는 없었겠지만, 이 지역들 사이의 경계선이 의미하는 중요성은 크게 줄어들었을 것이다. 적어도 몇 세기 동안, 영국의 섬들은 상당히 다른 미래를 맞았을지도 모른다.

그러나 도미티아누스는 아그리콜라의 조언을 받아들이지 않았다. 타키투스에 따르면, 그 이유는 황제가 아그리콜라의 성공을 시기했고 그의 영광을 축소하고자 했기 때문이다. 아마 사실이었을 것이다. 도미티아누스는 성격이 고약하고 자신이 발명한 고문 기술에 대해 자랑하기로 악명이 높았다. 하지만 시기심만이 이유의 전부는 아니었다. 제국의 큰 그림을 보는 것이 황제의 일이었고, 80년대 초부터 그 그림은 뚜렷하게 어두워지고 있었다. 도미티아누스는 83년 아그리콜라의 승리 이전부터 라인강 방어를 위해 병력을 영국에서 재배치하기 시작했고, 2년 후 영국에서 최정예 부대를 철수시켜 무너져가는 다뉴브 국경의 틈을 메우는 데 투입했다. 중앙의 정치인들이 볼 때, 라인-다뉴브 선은 칼레도니아*보다 훨씬 더 중요했고, 전자를 지킬 수 있는 유일한 방법이 후자를 포기하는 것이라면, 그렇게 할 수밖에 없었다. 만약 도미티아누스가 이러한 전략적 논리에 따르지 않고 대륙의 붕괴를 대가로 칼레도니아를 차지했다면, 그를 계승한 사람이 누구였든 간에 (96년에 도미티아누스는 암살당했고, 이는 훨씬 더 빨리 일어날 수 있는 일이었다) 반드시 그 판단을 바로잡았을 것이다. 즉, 잉글랜드와 스코틀랜드의 경계선으로 점점 정착화되어가던 솔웨이강과 타인강을 따라 위치한 요새들로 군대를 후퇴시켰을 것이다.

마찬가지로 하드리아누스 황제가 122년부터 이후 15년 동안 거친 날씨에도 아랑곳하지 않고 1만 병사의 노동력을 투입해 요새들을 서로 이어 하나의 성벽으로 개조하는 결정을 하지 않았다 해도, 다른 후임 황제가 그 결정을 내렸을 것이다. 140년대에 영광을 좇던 또 다른 황제는 북부로 진격해 아그리콜라가 한때 제안했던 클라이드-포스 선을 국경으로 삼았다. 208년에는 또 한 차례 대규모 군대가 더 북쪽으로 진군했다. 그러나 이 시도 중 어느 것도 오래가지 못했다. 도미티아누스와 하드리아누스가 이 문제를 올바르게 판단한 것은 분명하다. 로마의 북쪽 외벽을 세우기에 균형적인 장소는 칼라일과 뉴캐슬을 동서로 잇는 선이었다. 장기적으로, 그곳에 국경을 두는 것만큼 효과적인 대안은 없었다. 스코틀랜드와 아일랜드는 로마제국에 통합하기엔 너무 험하고, 너무 멀고, 돈이 너무 많이 들었다. 결국 그곳 사람들은 그들 자신의 코를 지킬 수 있었지만, 잉글랜드와 웨일스는 새로운 속주로 로마의 땅이 되었다. 로마 황제만큼 대단한 인물도 지리라는 거

---

* 영국 북부.

대한 비인격적인 힘을 거스를 수는 없었다.

군사-도시 복합체

영국인들이 로마로부터 얻은 것은 번영과 안보였다. 그 대가로 로마가 취한 것은 이동성과 주권에 대한 지배력이었다. 이는 의도했든 그렇지 않든 정체성을 변화시켰다.

가장 큰 변화는 훗날의 잉글랜드와 웨일스가 단일한 지배 계급 아래로 통합된 것이었다. 지배 계급의 구성원들—총독, 제국 대리인, 군단장 및 기타 관료들—은 예외 없이 대륙의 초부유층 엘리트 출신 이민자들(초기에는 압도적으로 이탈리아인이, 이후에는 갈리아인과 스페인인이 많았다)이었다. 원로원에 속해 있는 600여 명의 의원이—제국 인구의 0.001퍼센트에 불과했지만— 최고의 직위를 독점했다. 그 아래는 수천 명의 '기사knights'(말을 소유할 수 있을 만큼 부유했기 때문에 그렇게 불렸지만, 실제로 1세기에는 억만장자에 가까운 사람들이었다)가 채웠다. 어떤 영국인도 원로원의 의원이 될 수 없었고, 우리가 아는 한 기사가 된 사람도 단 두 명뿐이었다. 식민지 통치체제는 중대한 사안들을 대부분 영국에서 결정했지만 가장 중요한 결정들은 모두 이탈리아에 넘겼다.

영국의 예속 관계를 책임졌던 군대 또한 초기에 전원 이민자로 이루어져 있었는데, 주로 게르만인이었으며, 장교 계급에는 이탈리아인이 더 많았다. 60년대부터는 영국인도 모집하긴 했지만, 통상적인 관행에 따라 그들은 해외(주로 유럽 대륙의 라인강과 다뉴브강)로 파견되어 복무했다. 그러나 군대는 영국에서 퇴역한 군인들의 아들들을 선호했기에, 시간이 흐르면서 콜체스터, 글로스터, 링컨의 퇴역 군인 마을에서 태어난 남자들로 부대의 구성원이 채워졌다. 비록 고향에서 복무한 영국인의 이름이 새겨진 묘비는 두 개밖에 확인되지 않지만, 200년경에는 군대가 대부분 토착민 출신으로 채워졌을 거라 추정된다. 그러나 뼈의 화학적 분석은 글로스터와 요크의 대규모 군사 요새에서 발견된 1세기 무덤에 있는 시신이 대부분 외국 출신임을 확인시켜주었다.

골격의 동위원소 분석 또한 당시 런던에 이민자들이 더 많았음을 보여준다. 이민자들 중에는 대륙의 유럽인뿐만 아니라 아프리카인, 아시아인도 있었다. 실제로 비문에 이름을 남긴 상인 가운데 영국인으로 보이는 사람은 20명에 불과하며, 대부분은 갈리아인이거나 게르만인이었다. 그뿐만 아니라 물건을 만드는 장인들(적어도 글을 읽고 쓸 줄 아는 사람들)도 대부분 이민자였으며 특히 1세기에는 더욱 그랬다.

새로운 종속 국가에서 최고위직에 오른 교양 있는 사람들은 자신들이 팍스 로마나Pax Romana, 즉 '로마의 평화'를 실현함으로써 특권을 누릴 자격이 있다고 배웠다. 하지만 통찰력 있는 로마인들은 이 평화가 결코 쉽게 얻어진 게 아니라는 사실을 잘 알고 있었다. 제국으로의 통합은 폭력적이었고, 부디카의 반란과 비슷한—많은 속주에서 로마의 정복 이후 한 세대 정도 지나서 경험한— 반란들에 대한 진압은 여전히 더욱더 폭력적일 수 있었다. 그러나 그 후에는 이론에 따르면 문명, 안전한 국경, 법과 질서가 정착되어 가장 사납게 날뛰는 원주민조차 평화롭고 풍요로워질 것이었다.

물론 이론과 실제가 항상 일치하는 것은 아니었다. 로마의 역사가들은 아그리콜라의 원정 이후 150년 동안 브리튼에서 여덟 번의 전쟁이 있었다고 기록했다. 이 가운데 적어도 세 번의 전쟁은(아무리 많아 봤자 다섯 번) 방벽의 북쪽에서 치러졌지만, 나머지는 점령지 내에서 발생했다. 작가들이 이러한 분쟁을 가볍게 언급하는 태도를 고려할 때, 기록되지 않은 전쟁도 있었다고 가정할 수밖에 없다. 2세기에는 최소 30개 마을이 군대의 보호에 의존하지 않고 자체적으로 방어용 구조물을 건설했다고 전해진다.

사실 때때로 군대는 해결책이 아니라 문제였다. 하드리아누스 방벽* 근처 빈돌란다Vindolanda에서 발견된 수백 통의 편지 중 한 통은 백인대장에게 구타당한 후에 억울함을 호소했던 한 상인의 것이다. 이 편지는 화장실에서 소변에 젖은 채 산소 없는 진흙 속에 버려져 보존될 수 있었다. 그는 이렇게 적었다. "프로쿨루스 대장이 병환으로 불만을 접수할 수 없는 상황이라, 헌병들과 부대에 있는 다른 백인대장들에게 호소했지만, 아무런 결과도 얻지 못했습니다. 그러므로 자비로우신 각하"—아마 총독이었던 것 같다—"께 간청드립니다. 저는 외국에서 온 무고한 자로서, 제 명성은 조사해보시면 아실 것입니다. 부디 제가 무슨 죄를 지은 것처럼 매를 맞고 피투성이가 된 채로 방치되지 않도록 살펴주십시오."14

이 편지를 어떻게 받아들여야 할까? 긍정적으로 보면, 이 편지는 민간인들이 군대에 보상을 요구할 방법이 있었다는 것을 보여준다. 부정적으로 보면, 이렇게 라틴어로 글을 쓸 수 있었다면 분명히 고위직의 친구들이 있었을 텐데도(그의 명성과 외국 출신이라는 언급이 그의 배경을 암시한다), 그런 사람의 불만조차 묵살되었다는 것을 보여준다. 빈돌란

---

* 하드리아누스가 2세기에 구축한 잉글랜드 북방 경계의 방벽.

다에서 발견된 또 다른 편지는 가장 낮은 계층의 영국인들을 무시하듯 '브리툰쿨리Brittunculi', 즉 '작은 브리튼인들'로 부르고 있는데,[15] 그런 '브리툰쿨리'에게 군대의 점령은 어떻게 다가왔을까? 우리는 그저 짐작만 할 수 있을 뿐이다.

로마에의 종속은 분명히 대가를 치러야 했다. 학살 유적, 불탄 마을, 늪지에 묻힌 시체, 섬뜩한 해골 숭배, 심지어 무기와 함께 매장되는 관습은 서기 100년쯤 브리타니아에서 사라진 반면 제국 경계 너머에서는 계속되었다. 실제 수치로 확인할 수는 없지만, 2세기 영국인들은 그 이전 어느 때보다 더 안전했을 것이다. 그리고 로마인들은 그들이 더 부유해졌다고 주장했다. 70년대에 지리학자 플리니우스는 "로마제국의 위엄 덕분에 (…) 생활 수준이 크게 향상되었다는 것을 모르는 사람이 있겠습니까? 이 모든 것이 무역과 평화의 축복을 함께 누린 덕분이라는 것을 그 누가 모르겠습니까?"라고 확신에 차서 물었다.[16]

비록 플리니우스가 브리튼을 방문한 적은 없지만, 아마 그가 염두에 두고 말한 곳은 바로 브리튼 같은 종류의 지역이었을 것이다. 총독들이 세금으로 그 유명한 로마 도로뿐만 아니라 다리와 항구까지 건설하면서 기반 시설이 풍요롭게 갖춰졌다. 총독들은 시장을 관리하기 위해 인허가서를 발행하고, 무역 관행을 규제하고, 도량형을 표준화했다. 동전은 43년 이전까지는 동남부에서도 드물었고, 다른 지역에서는 거의 보이지 않았지만 한 세기가 지나자 웨일스와 북부의 농가에서 나타나기 시작했다.

심지어 하늘도 로만 브리튼을 도왔다. 1990년대 이후 기후변화 연구에 풍부한 자금이 투입되면서 빙하 코어, 나무의 나이테, 늪과 호수의 꽃가루, 그리고 식물, 동물, 곤충의 유해 등 풍부한 자료가 축적되었다. 전반적으로, 이 자료들은 유럽이 기원전 200년경부터 따뜻해지고 있었음을 보여준다. 오늘날 지구온난화는 커다란 위협이지만, 몇 안 되는 긍정적인 면 중 하나는 지구온난화로 러시아와 캐나다의 넓은 지역이 농지로 바뀌리라는 점이다. 마찬가지로 2000년 전 로마 온난기Roman Warm Period(기후학자들이 부르는 명칭)에도 북유럽에서 농업 생산량이 높아질 가능성이 열렸다. 당시 북유럽 농민들에게 가장 큰 문제가 짧은 재배 기간이었기 때문이다.

하지만 기후변화의 역사와 관련된 최근 연구가 주는 교훈 중 하나는 날씨가 사람들이 어떤 일을 하도록 직접 강제하는 경우는 드물다는 것이다. 날씨는 다만 골대를 옮겨 규칙을 바꿀 뿐이고, 사람들은 바뀐 규칙에 따라 각자 반응할 뿐이다. 때때로 예전에는 잘 통하던 것이 더는 통하지 않기도 하고, 또 어떤 때에는 무언가가 여전히 잘 통하긴 하지만 더 잘 통하는 다른 것이 등장한다. 어느 쪽이든, 아무 일도 일어나지 않은 것처럼 터벅터벅 가던 길만 걸어가는 사람들은 대가를 치른다. 로마 온난기 동안 성공의 비결은 땅에 노력을 쏟고, 자본을 투자하고, 혁신을 이루는 것에 있었다. 정확히 말하면, 이는 로마의 자본, 제도, 농업 지식과 경험이 유입되면서 자연스럽게 촉진된 일이었다. 이 모든 일이 있었음에도 로마의 정복 이후 영국에 번영이 일어나지 않았다면 그것이 더 놀라운 일이었을 것이다.

가장 단순하게 말하자면, 브리타니아의 인구가 1세기에서 4세기 사이에 대략 200만에서 400만으로 두 배가 되었다는 사실은 경제가 그만큼 성장했다는 것을 보여준다. 물론 이 성장이 단순히 사람이 더 많아졌다는 것인지 아니면 실제로 더 부유해졌다는 의미인지는 알 수 없다. 로만 브리튼처럼 소득에 대한 통계가 거의 없는 사회에서 경제학자들은 종종 사람들의 키가 얼마나 컸는지를 보곤 한다. 키는 유전적으로 결정되지만—작은 부모 밑에서는 작은 아이가 태어나기 마련이다— 클 수 있는 최대치까지 성장하는 것은 성장기 동안 얼마나 영양분을 잘 섭취했느냐에 달려 있다. 따라서 더 나은 지표가 없으면 키는 소득 수준을 대략 판단하는 대체 기준이 될 수 있다.

비교적 최근까지 우리가 가진 유일한 증거는 지리학자 스트라본의 기록이었다. 그는 로마의 노예시장에서 거래 중인 영국 노예들을 봤는데, 그들은 "다리가 활처럼 휘었는데도 그곳에서 가장 큰 사람보다 15센티미터나 더 컸다"라고 했다.[17] 하지만 현재의 고고학은 그가 본 표본이 일반화하기엔 부적절했음을 드러낸다(또는 그가 단순히 착각했을지도 모른다). 실제로 당시 영국인들은 이탈리아인보다는 컸지만 단지 몇 센티미터 더 컸을 뿐이고 다리가 눈에 띄게 휘어 있지도 않았다. 더 중요한 것은 그들의 키가 고대 내내 거의 변하지 않았다는 점이다. 남성의 평균 키는 168센티미터에서 171센티미터 사이를 왔다갔다했고, 여성은 그보다 약 5센티미터 작았다. 키가 변하지 않았다는 것은 별로 놀랄 일이 아닌데, 부유했던 나라에서조차 20세기 이전까지는 영양 상태 개선으로 키가 10센티미터씩 커진 일은 거의 없었다(그러나 5장에서 볼 수 있듯, 그런 일이 간혹 일어나긴 했다). 고대인 대부분은 키가 작고 마른 체형이었다. 그러나 다른 면에서 생활 수준은 분명히 나아졌다. 다만 보통 밀물이 어떤 배들을 다른 배들보다 더 높이 들어올리듯이 생활 수준 향상이 누구에게나 주어진 것은 아니었다. 자신이 누구인지, 그리고 언제 어디서 사는지가 모든 차이를 만들었다.

드와이트 아이젠하워 대통령은 1961년 고별 연설에서 미국인들에게 "의도했든 의도하지 않았든 군사-산업 복합체가 부당한 영향력을 행사하지 않도록 경계하라"라고 경고했다.[18] 로만 브리튼은 매우 다른 곳이었지만 이와 비슷한 체제를 갖추고 있었다. 바로 '군사-도시 복합체military-urban complex'였다. 영국 군대의 이례적 규모—제국 군대의 10퍼센트가 제국 인구의 4퍼센트를 지키고 있었다—로 인해 '군사-도시 복합체'는 아이젠하워가 우려했던 바로 그 영향력을 얻게 되었고, 이 영향력으로 경제의 요충지를 통제했다.

이 복합체의 중심에 있던 두 집단, 군인과 도시민은 서기 43년 이전에는 영국에 거의 존재하지 않았다. 로마가 영국을 지배하기 이전에는 전사들은 많았지만, 봉급을 받는 전업 군인이라는 의미에서 군인들은 없었다. 또한 수백 명의 주민이 거주하는 정착지는 많았지만, 수천 명이 모여 농촌과는 다른 활동을 하는 진정한 의미의 도시는 없었다. 로마의 정복 직후에도 군인과 도시민들은 드물었다. 만약 (역사학자들이 흔히 그러듯) 군인 범주에 군인의 가족들과 다른 부양가족들을 포함하고, 도시의 기준을 인구 1000명으로 낮게 설정한다 해도, 두 집단 모두 2세기에 10만 명에서 20만 명(브리타니아 전체 인구의 2.5~5퍼센트)을 넘지 않았고, 3세기에는 오히려 더 줄어들었다. 그러나 그들은 지속해서 변화를 만들어냈다.

어떤 면에서 이들은 분리된 집단이었다. 하드리아누스 방벽을 지키던 군인들은 불과 몇 킬로미터 떨어져 있던 마을의 주민들보다 시리아를 방어하던 전우들과 더 공통점이 많았다. 우선, 모든 군인은 라틴어로 말했고 상당수는 글도 쓸 줄 알았다(비록 때때로 너무 서투르게 써서 현대 학자들이 그들이 무엇을 말하려고 했는지 이해하기 위해 꽤 고군분투하지만 말이다). 당시 영국인 열 명 중 한 명이라도 간단한 문장을 읽을 수 있었다고 가정해도 놀라운데, 빈돌란다에 있던 군사 기지에서 나온 석판들에서는 수백 개의 서로 다른 글씨체가 확인되었다. 한 지휘관은 문학적 감수성을 담아 글을 즐겨 쓰던 우아한 문장가였고, 부사관들조차 시인처럼 문장을 지었다. 록시터에 있던 한 이탈리아인은 스스로 다음과 같은 비문을 썼다.

> 티투스 플라미니우스, 티투스의 아들, 파벤티아의 폴리아족 출신,
> 향년 마흔다섯, 22년간 복무한
> 제14군단 '제미나'의 병사이자 독수리 기수.
> 그의 몫을 다하고, 이제 여기에 누웠노라.
> 이 글을 읽는 그대, 이승에서 운이 좋았든 나빴든,
> 저승에 들어가면
> 신들이 포도주도 물도 허락하지 않을지니.
> 살아 있는 동안 명예롭게 살라.[19]

편지들의 내용을 보면, 군인들은 제국의 가장 외딴 변방으로 쫓겨난 것에 매우 불만이었던 것 같다. 그들은 날씨와 음식에 대해 끊임없이 불평하며 가족들에게 따뜻한 양말을 보내달라고 부탁하기도 한다. 칼라일 기지 사령관의 아내 클라우디아 세베라가 빈돌란다의 사령관의 아내 술피키아 레피디나를 생일 파티에 초대하는 유쾌한 편지도 있지만, 장교의 아내들은 대부분의 시간을 지루하고 외롭게 보냈다. 일부 군인들은 영국인 아내를 맞이하여 외로움을 달랬는데, 그중 레지나라는 여성의 이름은 시리아인 남편인 바라테스가 세운 우아한 묘비에 적혀 오늘날까지 전해지고 있다. 또한 군인들은 매춘부로 눈을 돌리기도 했다. 바라테스는 두 방법 모두 택했던 것 같은데, 그는 레지나

도판 3.5 현대식 편의 시설: 하드리아누스 방벽의 하우시스테즈 요새에 있는 수세식 변소. 화가 필립 코크 그림.

가 정식 아내가 되기 전까지 자신의 노예였다고 말한다. 반면 체스터의 가이우스 발레리우스 유스투스는 아내 코케이우스 이레네를 '가장 순결하고 순수한 여인'[20]으로 기리며 더욱 전형적인 애도 방식을 보여주었다.

로마 정부는 군인들을 만족시키기 위해, 그들에게 많은 보수를 지급했다. 1세기에 연평균 가구 소득이 200데나리였던 반면 로마 군단 소속 군인은 연간 300데나리를 벌었다. 군대는 군인들에게 오락시설을 제공했고(2018년 빈돌란다에서 가죽 권투 장갑 한 켤레가 발굴되었다), 부대 막사와 수비대 주둔 도시를 온갖 현대식 편의 시설로 가득 채웠다(도판 3.5). 나폴레옹이 지적하기 훨씬 전부터, 로마인들은 군인들이 잘 먹어야 전진할 수 있다는 것을 알고 있었고, 그들이 원하는 음식과 음료를 확실히 지급하기 위해 노력했다. 영국인들이 적은 양의 양고기를 섭취했던 반면, 발굴된 동물 뼈들을 볼 때 로마의 군인들은 엄청난 양의 돼지고기와 소고기를 먹었다. 만족을 모르는 군인들의 배를 채우기 위해 속주의 많은 산간 지역이 돼지 농장과 소 목장으로 변했을 것이다.

이와 함께 배급을 담당하는 부대의 규모도 커졌다. 이들은 일 년 내내 스페인 올리브유와 프랑스 와인 수백만 갤런을 하드리아누스 방벽과 웨일스로 운반했다. 오늘날에는 헬리콥터로 제로 콜라, 무알코올 맥주, 추수감사절 칠면조를 먼 사막의 전방 기지까지 배달하는 것이 더는 이상한 일이 아니지만, 고대에는 동등한 자원을 운반하는 데 물류 혁명과 막대한 정부 지출이 필요했다. 2세기쯤에는 연간 약 2500만 데나리가 들었으며, 총생산이 약 2억~2억 5000만 데나리였던 속주 경제에서 군사 부문은 매우 중요한 영역이 되었다.

군대의 주둔은 영국 경제를 자극하는 동시에 왜곡시켰으며, 정복의 혜택을 누린 두 번째 집단인 도시인들의 부상을 부채질했다. 군대는 자금을 조달하고, 수입품을 유통시키고, 전반적인 업무를 처리할 전문 인력―화이트토가 노동자―이 필요했다. 이 일은 읽고, 쓰고, 계산하는 능력을 요구했는데, 처음에는 이 기술을 가진 현지인이 드물었기에 더 많은 이주민이 와야 했다. 또한 로마 속주를 마을 규모로 운영하는 것은 어려웠기 때문에 도시가 필요했다.

몇몇 도시는 콜체스터나 세인트 올번스같이 로마인들이 오기 전 현지의 족장들이 통치했던 곳에 만들어졌지만 가장 큰 도시가 된 런던은 처음에 아무것도 없었던 곳이다. 40년대 이전까지만 해도 런던은 중요한 곳이 아니었다. 그러나 제국의 군대가 서쪽으로 진군하며 보급

도판 3.6 신흥 도시: 100년경 로마 다리를 건너는 마차와 런던 부두에서 짐을 내리는 상선들. 런던 박물관의 상상 복원 모형.

품을 템스강을 따라 운반하자, 거대한 곡물선이 정박할 수 있을 정도로 강이 깊으면서도 로마 시대의 기술로 다리를 놓을 수 있을 만큼 강폭이 좁은 유일한 지점인 런던이 갑자기 매우 중요해졌다. 나이테 연대 측정 결과, 런던의 러드게이트 언덕과 콘힐 사이 늪지의 물을 배수하려는 시도가 48년경에 이미 시작되었고, 아마 그때쯤 강가에 최초의 도로망과 작은 제방도 건설되었을 것이다.

런던은 무질서 속에서 빠르게 성장했다. 고고학자들은 부디카의 반란 이전에 지어진 170개 이상의 구조물을 발견했는데—반란은 최소 56곳의 발굴 현장에서 드러난 두껍고 불에 탄 지층으로 확인되었다—, 그중 어떤 구조물에서도 관료 집단이 남긴 흔적은 없었다. 타키투스가 말하길 이는 "거래자들과 그들의 상품들로 붐비는" 상향식 신홍 도시였기 때문이다.²¹ 포도, 아편의 원료가 되는 양귀비, 고수, 무화과 등 상인과 자본가들이 소비하던 대부분의 음식은 대륙에서 수입되었고, 그 음식을 담던 그릇들도 마찬가지였다. 곧 템스강 둑에는 부두와 창고들이 빼곡히 들어섰고(도판 3.6), 상업 공통어인 라틴어가 도시를 가득 채웠다.

런던은 애초부터 영국의 여느 지역과 달랐다. 돈, 권력, 외국인이 몰려드는 중심지였고, 현재 21세기의 런던 은행들은 콜체스터의 상점들처럼 로마 시대에 세워진 토대 위에 자리잡고 있다. 2016년 블룸버그 파이낸스 그룹의 새로운 유럽 본부 건설 부지를 점검하던 고고학자들은 현재 월브룩 지하 하천에 버려진 덕분에 부식되지 않고 보존된 목판을 400개 넘게 발견했다. 그중 몇몇에는 라틴어 흔적이 남아 있었는데, 사업가의 비서들이 밀랍판을 목판 위에 놓고 철필로 꾹 눌러쓴 바람에 철필 자국이 목판에까지 새겨져 있었던 것이다. 가장 오래된 목판은 아마도 40년대에 쓰인 것으로, 한 대금업자에게 하는 조언이 담겨 있다. "그들은 온 시장 바닥에 당신에게 돈을 빌렸다고 떠벌리고 있다. (…) 당신 스스로 위신을 지켜야 한다. (…) 그렇지 않으면 당신의 일에도 손해가 갈 것이다."²²

도시를 건설한다는 것은 수만 채의 집을 짓는 것을 의미했다. 수백만 톤의 돌이 채석되어 이곳저곳으로 운반되었다. 숲 전체가 베어져 목재로 가공되었고, 철은 채굴되어 못으로 주조되었으며, 찰흙은 파내어져 수십억 개의 벽돌과 기와로 구워졌다. 집에서 발굴된 모든 솥과 팬, 연장들은 물론이고, 지금은 대부분 남아 있지 않은 신발, 옷, 담요, 식탁, 의자까지 누군가는 만들어야만 했다. 이에 수반된 노동량은 믿기 어려울 정도다. 한 계산에 따르면, 실체스터에 성벽을 두르는 (특별히 크지도 않은) 단일 작업에도 2만 톤의 돌을 건설 현장으로 옮기기 위해 10만 번의 마차 운반이 필요했다. 로마인들은 사실상 스톤헨지 수천 개에 필적할 만큼의 건축물들을 지었던 셈이다.

동위원소 분석에 따르면 2세기에 글로스터, 윈체스터, 요크 인구의 4분의 1에서 3분의 1가량이(아마 런던에서는 그 이상이) 여전히 이민자였다. 한편 도시 주민의 3분의 2에서 4분의 3은 시골 출신의 원주민들(또는 그 자손들)이었다. 어떤 이들은 선택권 없이 노예로 끌려왔겠지만, 대부분은 자발적으로 이주를 결심했을 것이다. 어느 쪽이든, 200년경에는 적어도 영국인 20명 중 1명이 도시로 이주했다.

이러한 변화는 굉장히 충격적이었다. 로마의 침략 이전에 브리튼에는 수백 명 이상의 주민이 사는 공동체가 없었지만, 2세기에 이르러서는 수천 명 규모의 소도시가 수십 곳 생겼다. 링컨과 요크에는 1만 명 정도가, 런던에는 그 세 배에 달하는 인구가 거주했다. 100만 명이 사는 로마시에서 이 변방으로 좌천된 공무원들에게는 의심할 여지 없이 이런 도시들이 시시하게 보였겠지만, 영국 인구의 상당수에게 도시로 이주하는 것은 다른 행성을 방문하는 것과 같았다. 완전히 새로운 정체성, 도시인의 정체성이 형성되기 시작했다.

도시에서의 생활은 군대에서보다는 덜 세계적이었지만, 농촌보다는 훨씬 더 세계적이었다. 8000년 동안 영국인은 주로 벽이 둥근 집에서 살았으나, 로마인들은 모서리가 있는 집을 선호했는데, 이는 고고학자들이 '스트립 하우스strip house'라고 부르는 길고 좁은 형태의 주택이었다. 이 주택은 미국 소작농들의 '산탄총 판잣집shotgun shacks'*과 비

---

* 일반적으로 짧은 쪽 폭이 약 3.6미터를 넘지 않는 좁은 직사각형 주택.

슷해 보였다. (소문에 따르면, 앞문에서 산탄총을 쏘면 건물에 있는 모든 사람을 맞힐 수 있다고 해서 붙은 이름이라고 한다.)

음식도 달랐다. 부자들을 제외한 대부분의 사람은 주로 빵을 먹고 살았지만, 도시로 이주한 이들은 전통적인 사치품인 양고기, 버터, 맥주 대신 군용 보급품인 돼지고기와 오일, 와인과 같은 것들을 먹었다. 발굴된 음식 유물에 따르면, 도시의 주민들이 군인보다는 고기와 지중해 수입품을 덜 소비했으며, 이주한 도시가 작을수록 주민의 식단은 군인의 식단과 더 큰 차이가 났다. 그럼에도 불구하고 가장 가난한 도시 주민조차 이 외국 음식들이 어떤 맛인지 알고 있었다.

도시 사람들은 겉모습도 달랐다. 1세기 대부분의 농민은 부유층이 100년쯤 전에 대륙에서 받아들인 새로운 패션을 단순화한 옷차림을 하고 있었다. 2장에서도 언급했듯이, 여성 의복은 긴 소매가 달린 보디스 위에 튜닉을 걸치고 여러 개의 브로치로 고정하는 형식이었고, 남성 의복에 대해서는 알려진 바가 적지만, 이 역시 많은 브로치가 달려 있었던 것은 분명하다. 그러나 2세기에 이르러서는 도시 의상이 해협 건너편에서 들어온 또 다른 새로운 스타일로 변화하기 시작했다. 당시 남녀 모두 품이 넓은 '갈리아식 웃옷'을 입고 고대의 후드티처럼 보이는 망토를 걸쳤다. 발굴된 발뼈 주변에서 작은 쇠못이 자주 발견되는 것으로 보아, 이러한 복장에는 징을 박은 가죽 부츠를 신었던 것 같다. 여성용 갈리아식 웃옷은 남성용보다 길었고 여러 겹의 속치마와 함께 입었다. 남녀 모두 브로치는 하지 않았다. 다만 무덤에서 발견된 브로치들은 시골 사람들이 몇 세대가 더 지날 때까지 옛날 방식을 고수했음을 보여준다.

시골에서 막 올라온 사람들은 대개 더러운 손톱과 유행에 뒤떨어진 옷차림 때문에 조롱을 당했을 것이다. 하지만, 위안이 될 만한 것들도 있었다. 바로 대중목욕탕, 극장, 전차 경주와 검투사 쇼, 그리고 당연하게도 외국 음식이었다. 제국의 다른 지역들과 마찬가지로, 도시가 시골보다 임금이 높았다. 최근에 발표된 두 연구—하나는 뼈, 다른 하나는 치아를 분석했다—는 도시가 편의 시설들과 깨끗한 물을 확보할 수 있을 만큼 컸지만, 살인적인 미생물을 번식시키는 페트리 접시*가 될 만큼 크지는 않았기 때문에 몇몇 측면에서 농가에서보다 훨씬 더 건강하게 살 수 있는 곳이었다는 것을 보여준다. 그러나 도싯 지역만 조사한 세 번째 연구는 정반대의 결론을 내리고 있다.

200년 무렵 영국 인구의 약 10퍼센트가 군사-도시 복합체에 정착했고, 전반적으로 로마 정복 이전의 사람들보다 더 유럽적이고, 더 안전하고, 더 풍요로운 삶을 누렸다. 역사학자 리처드 살러는 1인당 소비가 약 25퍼센트 증가했을 거라고 추정한다. 1장에서 언급한 환산 방식의 한계를 감안하고 말하면, 하루 평균 1.5달러였던 생활 수준이 2달러에 가까운 수준으로 상승했다고 볼 수 있다. 사람들은 여전히 찢어지게 가난했지만, 최소한의 생계만 유지하던 이들에게 하루 40~50센트의 임금 인상은 세상이 바뀌는 엄청난 변화였을 것이다. 적어도 군사-도시 복합체에서는 로마가 번영의 약속을 이행했다.

90퍼센트 이상의 나머지 사람들

그러나 이 특별한 사회 바깥에 있던 90퍼센트 이상의 나머지 사람

---

* 세균 배양 등에 쓰이는 둥글넓적한 작은 접시.

들은 어땠을까? 로만 브리튼에서 시골 주민들은 오랜 세월 동안 조용한 다수를 이루었지만, 그들의 농장과 마을은 요새, 도시, 특히 저택 같은 더 화려한 유적과 비교하면 거의 연구되지 않았다. 저택―부자들의 시골 사유지―은 눈에 잘 띄는 유적이었고, 1950년대까지만 해도 알려진 로마 유적의 절반을 차지하고 있었다. 가장 웅장한 20~30채의 저택은 브리튼섬에서 18세기가 되어서야 다시 볼 수 있었던 규모였다. 코츠월드 구릉 지대의 우드체스터에 있던 한 궁궐 같은 저택에는 적어도 64칸의 방과 2~3개의 안뜰이 있었으며 전체 면적은 축구장 두 개에 맞먹는 규모였다. 중앙난방, 유리창, 화려하게 채색된 벽까지 갖추고 있었다. 장인들은 손과 무릎으로 기어가며 덜 마른 콘크리트 위에 300만 개의 작은 정육면체 돌조각들을 눌러 붙여 1000제곱미터에 달하는 모자이크 바닥을 만들어냈다.

그러나 1990년 이후, '개발 정책 지침 16Policy Planning Guidance 16'으로 알려진 규정에 따라 토지 개발업자들이 건축 공사에 앞서 고고학 연구에 자금을 지원하도록 의무화되면서 상황은 완전히 뒤바뀌었다. 고고학자들은 시골에서 수많은 소규모 유적지를 발견했고, 그 결과 2010년에는 저택이 전체 유적의 2퍼센트 미만을 차지하게 되었다. 현재 로마 시대 유적지는 10만 개 이상 알려져 있으며, 주로 가난한 시골의 유적지들이다. 이렇게 유적이 풍부해지면서 어느 한 곳만을 시골을 대표하는 장소로 보기는 어려워졌지만, 몇몇 유적 사례를 종합해 보면 평범한 시골 주민의 생활상을 어느 정도 이해할 수 있다.

웨일스에 있는 농가인 휘튼이 좋은 예다. 고고학자들은 흔히 발굴하는 유적지에 애정을 품기 마련이지만, 휘튼을 발굴한 학자들조차 그곳이 '누추하고 바람이 휘날리는 주거지'였다고 인정한다(비록 몇 쪽 뒤에서는, 그곳을 조금 더 긍정적으로 '작고 적당히 번영한' 곳이라고 그럴듯하게 포장했지만 말이다).23 휘튼은 30년경 우물 하나를 중심으로 원형 목조 주택 몇 채가 모인 정착지로 시작되었는데, 영국의 외지고 불안정한 지역에서 흔히 그러하듯 울타리와 깊은 도랑으로 둘러싸여 있었다. 60년대 이후 중앙 오두막은 두 배로 크게 재건되었지만(도판 3.7), 석조 구조물은 120년대가 되어서야 처음 등장했다.

그 후 변화는 급격하게 일어났다. 석조 양식의 농가가 새로 지어졌고, 이후 확장되었다. 채색된 석고벽, 점토와 사암 타일로 된 지붕, (비록 실제로 작동된 적은 없었던 듯하지만) 중앙난방용 하이포코스트 블록,* 심지어 몇 장의 유리창까지 갖추었다. 방어용 도랑에는 물이 채워졌고, 변화의 마지막 단계였던 300~340년경에는 본채가 초기 규모의 6배가 되었다. 만약 그림 3.8처럼 집이 2층 구조였다면, 그보다 더 컸을 수도 있다. 농민들이 쓰던 도기 중 아주 일부만이 브리타니아 밖에서 왔으며, 그들은 청동으로 된 와인 국자를 가지고 있었다(발굴자들은 그 국자가 "멋진 세련미를 보여준다"고 평가했다).24 1세기 지층에서는 동전이 2개만 나왔지만, 3세기 지층에서는 13개나 나온 것으로 보아, 이 시기 농장이 부분적으로나마 화폐경제에 속해 있었음을 알 수 있다. 또한 문자를 사용하는 사회였음을 알 수 있는데, 이 시기의 지층에서 발견된 200개 이상의 철과 청동 조각들에는 장식품이나 농기구, 철과 가죽을 가공하는 도구들뿐 아니라 밀랍 판에 글을 쓸 때 사용하는 철필 5개도 포함되어 있었다.

두 번째 유적지인 코츠월드 언덕의 마시필드를 발굴한 조사자 또한

---

* 뜨거운 공기로 바닥 아래를 데우는 고대 로마의 난방 시스템.

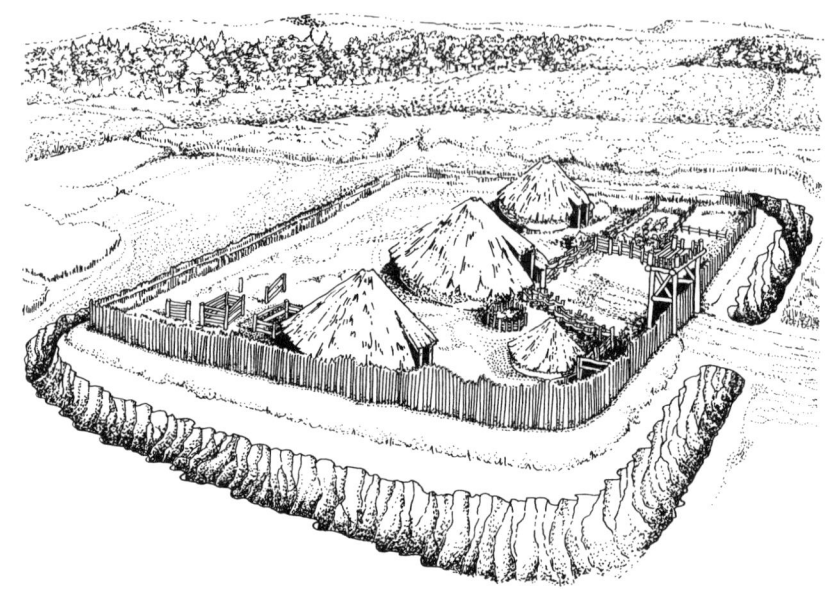

도판 3.7 '누추하고 바람이 휘날리는 곳': 웨일스 남부 휘튼의 농가, 60년대경. 하워드 메이슨의 복원도.

이곳을 '비교적 평범한 곳'이라고 평가했다.[25] 마시필드의 최초의 건물은 기원전 50년 직후에 지어진 원형 주택으로, 주거 기능뿐 아니라 종교적 기능도 같이 했던 것으로 보인다. 이 집은 서기 50년경에 채색된 석고벽들로 약간 더 크게 재건되었다. 이후 약 250년까지는 별다른 변화 없이 유지되다가 이때 원형 주택이 철거되고 그 자리에 세 배나 큰 직사각형의 다실 석조 건물이 건설되었다. 360년쯤 또 한 차례의 보수공사로 집의 크기가 또다시 세 배가 되었다. 휘튼처럼, 4세기의 마시필드에는 사암 타일이 일부 쓰였고(건물 전체를 돌로 덮었다면 그 무게만 무려 28톤에 달했을 것으로 추정된다) 아마 이층 건물들이 있었을 것이다. 역시 휘튼과 마찬가지로, 이곳에서 출토된 도기는 대부분 현

도판 3.8 '작고 적당히 번영한 곳': 휘튼, 4세기 초. 하워드 메이슨의 복원도.

지산이었고—불과 2.6퍼센트만이 수입산이다— 철제 첨필은 문자의 사용을, 동전(기원전 1세기와 서기 1세기의 지층에서 각각 한 개씩 발견되었지만, 3세기 지층에서는 30개 이상, 4세기 지층에서는 120개 이상이 발견되었다)은 화폐 시장으로의 참여 확대를 의미했다. 동물들의 뼈는 마시필드의 농장이 특히 양을 길러 양모를 생산하는 데 특화되어 있었음을 보여준다. 양의 주인들은 이를 통해 벌어들인 수입으로 브리스톨 해협에서 30킬로미터 떨어진 곳에서 실어온 굴을 사먹을 수 있었지만, 마시필드 발굴 보고서에 따르면 소비된 굴들은 4~5년이나 자란 것이었다. 발굴자는 "이 정도 자란 굴들은 좀 질기다"라고 덧붙이고 있다.[26]

마지막 예시는 브리타니아의 반대쪽 끝, 서펵의 스토마켓이다. 이곳에서는 주택 건설에 앞서 이루어진 발굴에서 기원전 1세기에 지어진 원형 목조 농가 두 채가 발견되었다. 이 농가들은 2세기경에 직사각형의 석조 건물로 대체되었으며(발굴자들은 '경제적 지위가 상당히 낮은 자의 건물'로 결론지었다).[27] 이 건물들은 4세기 초까지 유지됐다. 기존의 원형 주택들도 제법 컸지만, 다른 유적지에서와 마찬가지로, 석조 건물들이 훨씬 더 컸으며, 목욕탕이 하나도 아니고 두 개나 딸려 있었다. 이는 아마 거주민들에게 오늘날 캘리포니아 사람들이 따뜻한 욕조에서 느끼는 만큼의 즐거움을 주었을 것이다. 앞의 사례와 마찬가지로 바닥을 포장하고, 벽에 석고를 바르고, 지붕에 타일을 깔았지만, 수입품은 거의 없었다. 우리가 아는 한, 150년 이전에는 이 집에 외국산 물건이 들어온 흔적이 없지만, 3세기 후반에 깨진 항아리 조각에서 스페인산 올리브 오일을 사용했음을 알 수 있다. 마시필드와 마찬가지로 스토마켓에 살던 사람들은 마을까지 40킬로미터나 운반해온 굴을 즐겨 먹었다. 이 굴들은 어리고 부드러웠으며 크기가 다양했던 점으로 미루어 볼 때 양식이 아닌 자연산이었다. 발굴자들은 또한 버려진 굴 껍데기의 연대를 탄소로 측정할 수 있었다. 로마 정복 전에는 굴 껍데기가 단 두 개만 발견됐지만, 150년 이후 1세기 동안에 74개가, 그다음 100년 동안에는 무려 1037개가 발견되었다.

이 유적지들은 서로 다르지만, 분명히 공통된 흐름이 있었다. 로마 통치 초기 1세기 동안 농촌에는 변화가 거의 없었지만, 150년에서 250년 사이에 점차 번영의 조짐과 외부의 더 넓은 세계와 교류한 증거들이 나타나고, 350년쯤에는 이 흐름이 대폭 확대된다. 로마의 엘리트들은 이러한 변화를 인식했다. 그들은 여전히 원주민들을 브리타니 Britanni라고 불렀지만, 그 단어는 더 이상 문신한 야만인을 뜻하지 않았다. 브리타니는 이제 단순히 브리타니아에 사는 사람들을 가리키는 말이 되었고, 로마인들은 장벽 북쪽에 사는 원주민들(실제로 그들은 여전히 문신을 하고 있었다)을 깎아내리기 위해서 '문신한 사람들'이라는 의미의 새로운 단어인 픽티Picti를 만들어내야 했다.

픽트인과 아일랜드의 주민들(로마인들은 이들을 각각 스코티Scotti와 아타코티Attacotti라고 불렀다)은 로마 지배를 받던 브리튼 주민들이 누린 생활 수준의 향상을 전혀 경험하지 못했다.* 이는 기후변화처럼 국경과 상관없이 동일하게 작용했던 요인들보다, 로마의 체제가 경제 성장의 주요 동력이었음을 시사한다. 스코틀랜드의 단칸 구조 원형 주택과 아일랜드의 환형 요새들은 4세기에도 1세기보다 더 부유해지지 않았다. (로마산 물건들을 포함해) 수입품이 상당히 드물어서, 몇몇 역사학자는 로마의 진격이 브리튼 북부와 서부의 발전을 저해하고 무역로와 멀어지게 한 건 아닌지 의심할 정도였다. 북해를 향해 돌출된 암반 위에 자리한 누추한 마을 던니커Dunnicaer가 이를 보여주는 좋은 예다. 브리타니아 내 유적지에는 '사모스 도자기Samian Ware'로 불리는 고운 붉은 광택의 로마 도자기가 어디서나 있었지만, 던니커에서는 단 하나의 조각만이 출토되었고, 그것도 약 2세기 동안 여러 사람의 손을 거치며 심하게 마모된 상태였다. 아마 저 너머의 위대한 세계에서 온 부적으로 여겨졌을 것이다. 이와 함께 로마 유리 조각도 몇 점 나왔는데, 모두 사모스 도자기 조각처럼 오래되고 낡았다.

군사-도시 복합체가 무역을 런던 쪽으로 끌어들이면서, 선사시대

---

* 스코틀랜드인의 등장은 역사적으로 꽤 혼란스럽다. 스코틀랜드의 전통에 따르면 (오늘날 역사학자들은 이에 대해 회의적이지만), 그들은 원래 아일랜드의 부족 집단이었으며, 500년경에 지금의 스코틀랜드 서남부 지역으로 이주했다. 그곳에서 스코티들은 위대한 수장 페르구스 모르의 지도하에 달 리아타 왕국을 세웠고, 점차 세력을 키워 12세기경에는 결국 나라 전체가 스코틀랜드라는 이름으로 불렸다.—지은이

대부분 동안 활발히 이용되던 서부 해역은 이상하리만치 조용해졌다. 로마가 오기 전까지만 해도 아일랜드와 지중해의 교류는 매우 활발해서, 북아프리카 바버리원숭이의 두개골이 훗날 왕실 중심지가 된 나반에 위치한 제의용 건물에서 발견되기도 했다. 이 건물은 나이테 연대 추정 결과, 기원전 95년 또는 94년에 세워진 듯하다. 그러나 로마의 정복 이후 이런 이국적인 유물들은 사라졌다. 로마 시대의 유물들은 실제로 아일랜드의 어떤 지역에서보다 뉴그레인지에 있는 3000년 된 무덤에서 더 흔히 발견된다. 우연이든 아니든, 로마의 유물들은 오크니의 선사시대 기념물과 스톤헨지 주변에서도 출토된다. 어떤 이유인지는 모르겠지만 그 부근 일대에 사람들이 구덩이들을 팠고 심지어 누군가의 머리까지 남겨놓았다.

로마 지배하의 동남부 지역과 원주민이 주로 거주하는 북서부 지역 사이의 인구·정치·경제·문화·지식의 불균형은 세월이 흐르면서 점점 커져갔다. 마시필드, 스토마켓, 링컨, 런던 지역의 건물들을 한데 묶은 도판 3.9는 350년경 브리타니아 주택 시장에서 모든 계층의 사람들이 과거 어떤 시기보다 더 큰 집을 짓고 살았음을 보여준다. 기원전 4200년 이래로 영국 대부분 지역의 평균 주택 면적은 오늘날과 거의 동일한 100제곱미터 정도였지만, 로마 통치하의 브리타니아에서는 그 크기가 두 배 이상으로 증가해 현대 미국의 평균 주택 크기와 비슷한 수준에 이르렀다. 브리타니아의 경제는 50년에서 350년 사이에 150퍼센트 정도 성장했는데, 이는 국내 총생산액이 1990년 가치 기준으로 약 10억 달러에서 25억 달러로 증가한 것과 비슷하다. (참고로 2019년의 잉글랜드와 웨일스의 국내 총생산액은 2조8000억 달러다.)

90퍼센트 이상에 속한 사람들 가운데 많은 이, 어쩌면 대부분은 어

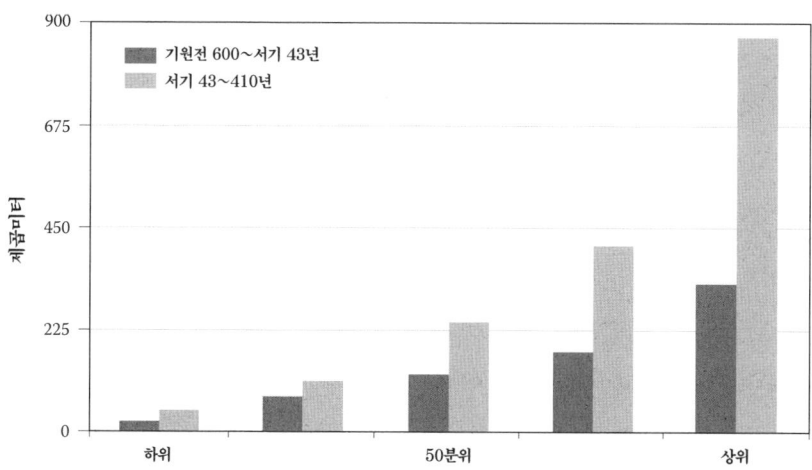

도판 3.9 로마 지배하의 영국인이 살았던 주택들: 브리타니아 주택 규모의 성장, 기원전 600~서기 410년.

느 정도의 소득 증가를 경험했다. 물론 로만 브리튼의 경제 성장률은 연 0.3퍼센트 정도로 오늘날 개발도상국들이 흔히 기록하는 연 7~10퍼센트에 비하면 미미한 수준이었다. 그러나 이 시기는 산업혁명 이전 역사상 가장 큰 호황기 중 하나로 평가된다. 종종 경제사학자들은 전체 경제의 10~15퍼센트만을 차지했던 군사-도시 복합체가 그렇게 큰 변화를 이끌 수 있었는지 의문을 제기한다. 아마 이 복합체는 단지 시동을 거는 장치에 불과했고, 브리타니아의 경제적 성과는 사실상 대처의 법칙이 작용한 결과였다는 것이다. 무엇보다 중요했던 것은 대륙에서 브리타니아로 유입된 것들이었다. 설령 그것이 재앙이라 할지라도 말이다.

창조적 파괴

첫 번째 재앙은 160년대부터 구대륙* 전역에 퍼진 일련의 전염병이었다. 이 질병들은 천연두와 관련이 있을 가능성이 크지만, 이를 입증할 고대의 DNA는 아직 발견되지 않았다. 마스크도 없는 시대에 오직 부유한 사람들만이 사회적 거리 두기를 실천할 수 있었고, 유럽과 아시아의 일부 지역에서는 인구의 약 4분의 1이 질병으로 목숨을 잃었다. 220년대에는 중국과 페르시아의 제국들이 무너졌고, 로마는 간신히 버텼으며, 사망자들이 남긴 빈자리는 게르만족 이민자들이 메웠다.

사람들은 제국이 생긴 이래로 줄곧 국경을 넘나들었다. 대부분은 부유한 제국에서 임시 일자리를 찾거나 북부 지역 상품을 가져와 팔아 이익을 보려는 젊은이들이었다. 대체로 이런 활동들은 모두에게 이득이 되는 일이었다. 하지만 기회만 생기면 로마 주민이든 이민자든 서슴지 않고 무력으로 서로를 약탈하기도 했다. 그 결과 국경 지대는 험한 곳이 되었고, 이러한 불안정성을 관리하는 것이 군대의 주요 임무 중 하나였다. 농민, 이주 노동자, 군인들은 전반적으로 그럭저럭 잘 지냈지만, 3세기처럼 군대가 통제력을 잃으면 상황은 급격히 무너질 수 있었다. 고용주들이 노예 상인으로 돌변해 일꾼을 노예로 팔거나, 생계 수단을 잃은 사람들은 도적이 되어 마을을 약탈할 수도 있었다. 상황이 악화되면 가족 전체는 물론 부족 전체가 아예 땅을 빼앗기 위해 이주할 수도 있었다.

160년대 이후에 이민자들이 제국을 전복하려 했을 가능성은 낮다.

---

* 콜럼버스의 신대륙 발견 이전에 알려져 있던 유럽, 아시아, 아프리카 대륙을 말한다.

그러나 황제가 권좌를 지키고 세금을 거두려면, 주기적으로 강력한 군대를 파견해 문제를 일으키는 자들을 몰아내거나 위협해서 순응하도록 만들 필요가 있었다. 그런데 이로 인해 완전히 새로운 문제가 발생했다. 즉, 이러한 임무를 해낼 수 있을 만큼 강력한 군대는 그 지휘관이 방향을 틀어 로마로 진격해 스스로 황제가 되기에도 충분히 강력하다는 문제였다. 실제로 로마의 많은 장군이 그렇게 했으며, 제국은 끊임없이 내전에 휘말렸다. 235년에서 284년까지의 49년 동안 로마에는 43명의 황제가 있었다. 한 명은 페스트로, 다른 한 명은 게르만족에게, 그리고 또 다른 한 명은 부활한 페르시안 제국에 목숨을 잃었다(페르시안 제국은 그를 몇 년 동안 감옥에 가두었다가 살가죽을 벗겨서 페르시아 수도의 성벽에 걸어놓았다). 나머지 40명은 모두 서로 경쟁하던 로마인들끼리 죽인 것이다.

제국의 가장자리에 있었던 덕에 영국은 최악의 폭력 상황을 피했지만, 260년 갈리아의 장군들이 로마 중앙 당국보다 자신들이 속주를 더 잘 방어할 수 있다며 반란을 일으켰을 때, 영국과 스페인의 군대가 그들에게 합류했다. 제국이 274년에 반란군을 진압하여 복귀하게 했지만, 영국 장군들은 276년에 다시 이탈했다. 이들의 결의는 6년 후에 지도자가 독살되면서 무너졌지만, 286년에 영국은 세 번째로 독립을 선언했고 10년 동안 버텼다. 영국은 260년에서 296년까지 36년 중 단 6년 동안만 제국 안에 있었다.

3세기의 반란은 부디카의 반란과 매우 달랐다. 모두 비영국계 장군들이 주도했고, 대륙의 통치 자체가 아니라 비효율적인 통치를 문제 삼았다. 영국인들은 로마의 황제들이 서북지역보다 라인강과 다뉴브강 국경에 더 신경을 쓰고 있는데 왜 그들에게 영국의 돈을 계속 보내야 하는지 물었다. 2016년 일부 언론은 286년의 사건이 브렉시트 지지자들의 주장과 유사하다는 것을 감지했는데, 사실 이 비교는 부적절하다. 유럽연합은 자발적인 참여국들의 연합이며, 회원국들은 결정만 내리면 탈퇴할 수 있다(비록 그로 인해 수년간 복잡한 법적 절차에 갇히더라도). 그러나 로마는 제국이었다. 구성원들이 탈퇴하려 하면 로마는 그들을 죽이고, 집을 불태우며, 가족을 십자가에 못 박거나 노예로 팔았다. 286년과 2016년을 가른 것은 폭력이었다.

이러한 이유로 286년에 현재의 벨기에 지역에서 브리타니아로 파견된 지휘관 카라우시우스가 권력을 장악했을 때 그는 정말로 반란을 일으킨 것은 아니라고 주장했다. 그는 납세자들의 돈을 현지에 보관하고 남겨 그들의 안보에 사용함으로써, 그의 '형제들'—그는 주제넘게 로마에 있던 황제들을 이렇게 불렀다—이 대륙을 관리하는 동안 서북부 지역을 방어하고 있을 뿐이라고 말했다. 하지만 아무도 그를 믿지 않았다. 그건 반란군이라면 으레 하는 말이었다.

카라우시우스를 언급한 고대 역사가는 많지 않지만, 이들이 말한 카라우시우스가 마주한 가장 큰 문제—사실 그가 애초에 영국에 파견된 이유—는 영국이 당시 바다로부터 오는 새로운 종류의 안보 위협에 직면하고 있었다는 것이었다. 제국은 2세기 동안 영국에 사실상 난공불락의 외벽을 제공했다. 지브롤터에서 라인강 어귀까지 이르는 대륙 해안을 모두 통제함으로써, 영국의 해안은 게르만 약탈자들의 사정권에서 벗어날 수 있었다. 게르만 약탈자들의 배는 북해를 횡단하기에는 성능이 부족했으며, 픽트인과 아일랜드 해적이 많이 있었지만 이들은 소규모 로마 함대로도 충분히 막을 수 있었다. 하지만 상황이 변하기 시작했다. 고고학적 발견에 따르면 오늘날 독일과 덴마크의 북

도판 3.10 북해의 해적들? 1863년 유틀란트에서 발견된 길이 20미터의 배 니담 2호. 목재의 나이테 분석 결과 310년대에 제작된 것이며, 현재는 독일 고토르프 성에 전시되어 있다. 이 배는 약 30명의 선원을 태웠으며, 널빤지를 겹쳐 이어 붙인 구조 덕분에 북해를 건너 영국의 동부 해안까지 항해할 수 있었을 것이다.

해 연안에 살던 사람들—비록 그들이 3세기에 스스로를 뭐라고 불렀는지는 모르지만, 훗날 앵글, 색슨, 주트라고 알려진 이들—이 더 나은 배를 만들고 있었다(도판 3.10). 이 견고한 새 배들은 북해의 남부 해역을 영국 해협만큼 편리한 항로로 만들었고, 영국의 동쪽 해안을 무역뿐만 아니라 약탈에도 노출시켰다. 영국의 이야기가 전개되는 무대는 넓어지고 있었고, 이후 몇 세기 동안 무대에 새로 등장한 배우들은 영국을 지중해 중심의 옛 질서에서 북해를 중심으로 한 새로운 질서로 이끌었다.

20세기 후반의 역사학자들은 종종 고대 저술가들이 증가한 이동성의 규모와 위협을 과장했다고 주장했지만, 당시의 로마 황제들은 분명히 이에 대응할 필요가 있다고 생각했다. 250년에 로마는 영국 해협 양쪽을 색슨 해안이라는 단일 지휘 구역으로 재편했다. 해안의 작은 요새들은 지속적인 포위 공격에도 견딜 수 있는 거대한 요새들로 대체되었고, 기습을 조기에 경고하는 감시탑들도 함께 세워졌다. 바다에서 적들을 물리치는 것은 불가능에 가까웠고 (더 현실적으로) 만약 게르만 약탈자들이 상륙한다면, 이 방위 거점들은 적어도 그들을 묶어 두고 시간을 벌어, 불로뉴에 주둔하는 통합 함대를 불러와 약탈자들을 후방에서 공격할 수 있도록 했을 것이다.

이것이 바로 286년에 카라우시우스가 지휘관으로 영국에 파견된 이유였다. 그는 임무를 훌륭히 수행했고 이에 황제는 점점 탐욕을 부려 해적선에서 거둔 약탈품 중 더 많은 몫을 요구했다. 카라우시우스가 이를 거부하자, 황제는 그를 처형하라는 명령을 내렸다. 이런 상황에서 그가 반란을 일으킨 것은 당연한 일이었다. 그러나 반란 후에도 카라우시우스는 자신의 직무를 계속 수행했고, 이제 로마에 보내지 않게 된 영국 납세자의 은화로 새로운 선박을 만들고 색슨 해안을 지키는 요새를 더욱 강화했다(도판 3.11). 의미심장하게도 그는 카디프와 랭커스터 사이의 해안가에도 성을 쌓았는데, 바로 아일랜드해의 픽트족과 스코틀랜드 해적들이 점점 더 대담해져 게르만 약탈자 못지않게 위협적 존재가 되었기 때문이다. 후대에 한 작가는 돛과 돛대, 선원과 장비까지 모두 녹색 위장을 한 40개의 노를 갖춘 순찰선들로 구성된 해안 경비대를 언급했는데, 이 역시 카라우시우스의 작품이었을 것이다.

3세기의 다른 반란들처럼 카라우시우스의 반란도 결국 실패로 끝났다. 그러나 로마가 296년에 브리타니아를 다시 장악했을 무렵에는, 과거의 방식은 더 이상 통하지 않는다는 사실이 분명해졌다. 당시 전략가들은 색슨 해안이나 하드리아누스 방벽이 외부 약탈자들의 침입을 확실하게 막아내지 못한다면, 유일한 대안은 심층 방어뿐이라고 판단했다. 전통적으로 국경을 따라 밀집 배치되던 군대는 물러나고 지역

도판 3.11 최악의 사태를 대비한 계획: 포트체스터에 있는 로마 요새의 거대한 성벽과 탑. 현재 우리가 볼 수 있는 건축물 대부분은 11세기에 지어졌지만, 290년경 로마인들이 놓은 기초 위에 지어진 것이다. D자형 탑들은 전형적인 후기 로마 양식을 보여준다.

에서 모집한 소규모 민병대들이 그 자리를 대신하게 되었다. 이 민병대의 임무는 전투에서 승리하는 것이 아니라 마치 과속방지턱처럼 침입자들을 저지하는 것이었다. 그사이에 불로뉴의 함대같이 후방에서 대기하던 이동 지상군(대부분 게르만계 기마병으로 구성된)이 출동하여 구원하러 오기 전까지 시간을 버는 것이었다.

이와 같은 변화가 브리타니아에 미친 영향은 막대했다. 주둔군이 절반으로 줄면서 그들에게 물자를 제공하며 부를 쌓아온 상인들에게 큰 어려움이 닥쳐왔다. 남은 군인들은 대부분 현지 출신이었는데, 예전의 이주민 군대만큼 대륙에서 온 와인이나 기름을 원하지 않았다. 무역업자와 금융업자들은 파산했고, 브리타니아 도시들의 존립 기반이 상당 부분 무너졌다. 일자리가 사라졌고 도시 사람들은 시골로 돌아갔다. 250년에서 300년 사이 런던 건물 중 3분의 2가 버려졌다.

요크와 링컨에서도 옛 도심은 빈민가로 전락했다. 목욕탕, 수로, 바실리카*, 극장 등 도시의 편의 시설들은 방치되거나 심지어 철거되기도 했다. 록시터 바실리카는 300년경 발생한 화재 이후 재건되지 않았고, 실체스터의 바실리카는 대장장이의 작업장으로 바뀌었다. 세인트 올번스 극장은 비슷한 시기에 재단장되었지만, 곧 쓰레기장으로 변했다. 200년경 브리타니아에는 주요 공중목욕탕이 15곳 있었으나, 300년까지 문을 연 곳은 9곳뿐이었고, 400년이 되어서는 모두 사라졌다.

결국 옛 군사-도시 복합체는 파괴됐다. 하지만 그 파괴는 창조적이었다. 이전에는 이주민 군인과 전문 인력들이 대륙에서 온 수입품을 구매하면서 급료의 상당 부분이 대륙으로 다시 돌아갔지만, 이제는 토착 군인과 선원들이 현지의 양고기, 버터, 맥주에 그들의 급료를 소비했다. 이로 인해 4세기는 1000명에서 2000명 규모의 작은 마을들의 황금기가 되었다. 제조업자들은 무너져가는 도시를 떠나 이런 마을들에 상점을 차렸고, 이제는 군대와 도시 시장뿐만 아니라 휘튼 같은 농장에도 물자를 공급했다. 농부들의 구매력은 크지 않았지만 그들의 수는 거의 400만 명에 달했으며, 360년경에는 브리타니아의 농업 생산이 크게 늘면서, 이 속주는 로마제국 곡물을 수입하기보다 더 많이 수출하는 지역이 되었다. 작은 마을의 장인과 상인들은 농민들에게 현지에서 만든 로마풍 항아리, 지붕 타일, 도구와 철필을 저렴한 가격에 팔

---

* 법원, 교회 등 공공의 목적으로 사용한 대규모 회당.

며 번창했다. 300년 이후 시골 인구의 90퍼센트 이상이 마침내 경제적 번영을 누리기 시작했다.

부자들, 더 정확히 말하면 신흥 부자들도 번영을 누렸다. 그들은 대다수가 내는 임대료와 세금을 활용할 새로운 방법을 찾아냈다. 일부는 버려진 도시 구역 전체를 사들여 유원지로 만들었다. 그들은 외부인 출입이 제한된 마을에 개인 목욕탕과 극장들을 짓고, 점점 더 호화로운 저택을 지음으로써 공공재를 사실상 사유화했다. 이는 의도적인 선택으로 보인다. 제조업이 떠나고 도시가 더 이상 부를 창출하지 않자 부자들은 공공 편의 시설에 돈을 쓸 필요성을 덜 느꼈다. 한편 일부 엘리트들은 공중 목욕탕과 회랑들을 오래된 생활 방식의 잔재로 여기기 시작했다. 이는 가톨릭이라는 새로운 거대한 혁신이 유럽 대륙을 동남부에서 서북부로 가로지르며 퍼져가고 있었기 때문이다.

물론 43년에 로마가 영국을 침공하기 전부터 중동 지역에는 이미 가톨릭교도들이 있었지만, 가톨릭의 복음은 천천히 퍼져나갔다. 영국의 가톨릭교도들에 대한 최초의 언급은 200년이 지난 뒤에야 등장하며, 영국 최초의 성인인 알반의 순교 역시 아마 305년 무렵이었을 것이다. 313년 가톨릭이 합법화된 이후 가톨릭교도들의 처지는 나아졌고, 바로 이듬해 영국은 세 명의 주교와 한 명의 사제를 갈리아의 공의회에 파견했다. 그렇지만 영국 가톨릭의 존재를 입증하는 명확한 고고학적 증거는 4세기 후반까지도 드물다. 영국은 380년에야 비로소 가톨릭 교리에 이의를 제기하는 자국 출신의 사상가를 배출했는데, 이는 가톨릭 세계에 본격 진입했다는 신호로 여겨졌다. 그러나 그 이단자조차 곧 이탈리아의 더 푸른 목초지를 찾아 떠나버렸다.

그러나 가톨릭의 가르침이 영국 해안에 도달하기 전부터 영국인들

도판 3.12 고전 양식에서 벗어난 신전: 버밍엄 근처 콜스힐에 위치한 2세기 신전 상상도. 고고학자 맬컴 쿠퍼의 복원안을 바탕으로 미셸 에인절이 그림.

이 대륙 종교에 보여온 주저함을 고려하면, 이러한 양상은 충분히 예상된 것이었다. 1979년 내가 처음으로 발굴한 '로마식' 신전은 이 양상을 보여주는 전형적 사례였다. 대학 시절 교과서로 로마 신전이 어떻게 생겼는지 익혔지만, 이 유적지—버밍엄 근처 콜스힐에 있던 유적지—는 완전히 달랐다(도판 3.12).* 고전적인 비율과 대리석 기둥은 어디에도 없었다. 사실 별다른 유물도 나오지 않았다. 로마답지 않은 네모난 사당의 토대를 이루던 돌들도 중세 시대에 재사용하느라 모두

---

* 이 기회를 주고 발굴 기술을 성심껏 가르쳐주신 버밍엄대학 고고학부와 발굴 책임자 마틴 카버 교수님께 다시 한번 감사의 말씀을 전한다.—지은이

파내어가버렸고, 한때 벽이 있었던 자리에는 '도둑 참호robber trenches'*만 덩그러니 남아 있었다. 발굴 과정에서 가장 재미있던 순간은 현장 감독의 개가 신성한 구역의 한가운데서 자기만의 발굴을 시작했을 때였다.

가톨릭은 영국까지 도달하는 데도 오랜 시간이 걸렸지만 인구의 90퍼센트 이상이 사는 시골 지역에는 특히 더디게 퍼져나갔다(초기 가톨릭교도들이 '이교도'를 뜻하는 단어 파가니pagani를 '농민'을 뜻하는 라틴어 파기pagi에서 유래해 부른 것에는 이유가 있었다). 도싯의 파운드버리에는 4세기 후반 무덤 1200개가 있는 거대한 묘지가 있고, 이는 가톨릭이 마침내 이곳까지 도착했음을 보여준다. 이 묘지에서도 발굴과 함께 늘 반복되던 우울한 사실들이 드러났다. 인구의 절반은 다섯 살이 되기 전에 죽었고, 나머지 대부분은 마흔 살을 넘기지 못했다. 남자들은 땅을 파고 쟁기를 끌며 뼈가 쑤시는 고통 속에 살았고, 여자들은 하녀무릎병이라 불리는 질병으로 반쯤 불구가 되었다. 파운드버리 사람은 대부분 키가 작고 마른 데다 몸속에는 기생충이 들끓었다. 그러나 이 병약한 집단이 중요한 이유는 그들 무덤의 단조로움 때문이다. 묘지의 일부 구역에서는 모든 시신이 머리를 동쪽으로 향하고, 매장품도 거의 없이, 등을 바닥에 대고 일렬로 누워 있었다. 이는 신실한 가톨릭교도들이 창조주를 만나러 가는 방식이었다. 파운드버리에 묻힌 모든 사람이 이 방식으로 묻힌 것은 아니지만—일부는 여전히 완고하게 비가톨릭교도로 남아 있었지만—, 유행의 중심에서 멀리 떨어진 이곳에서도

---

* 건축 재료들을 재사용하기 위해 빼가서 참호처럼 남겨진 빈 공간이나 그 흔적을 일컫는 말.

많은 유족이 로마나 카르타고의 세련된 도시인들과 같은 장례 문화를 따랐다. 어떤 사람들은 심지어 석고로 관을 채우는 엄격한 가톨릭식 장례 의식을 따르기도 했는데, 의도치 않게 시신이 너무 잘 보존되어 그들이 어떻게 머리를 손질했는지도 볼 수 있다. 남자들은 뒷머리를 길게 길러 앞쪽으로 빗어내렸고(한 나이 든 신사는 헤나로 염색하고 머리카락이 얼마 없는 부분을 감췄다). 여자들은 정교하게 돌돌 말은 머리나 땋은 머리, 꼰 머리를 했는데, 가장 화려했던 여성들은 분명히 하녀의 도움을 받았던 것 같다.

350년 무렵 90퍼센트 이상의 사람들도 마침내 유럽인의 정체성을 가지게 되었다. 역사학자 로빈 플레밍이 그녀의 훌륭한 저서인 『로마 이후 영국Britain after Rome』에서 언급했듯, 브리타니아는 "4세기에 유럽의 다른 어느 곳 못지않게 로마다웠다".²⁸

백부장*의 노래

그러던 브리타니아가 어느 순간 더 이상 로마가 아니게 되었다. 로만 브리튼은 조용히 사그라든 게 아니라 폭발하듯 순식간에 무너져 내렸다.** 약 360년에서 410년 사이 반세기 동안 도시들은 버려졌고, 산업은 붕괴했으며, 부는 증발했다. 이번에는 창조적 파괴라 할 만한 것이 아무것도 없었다. 브리타니아는 마침내 돌이킬 수 없이 로마제국의 바깥으로 추락했다.

---

* 100명으로 조직된 로마 부대의 수장.
** T. S. 엘리엇의 시 「텅 빈 사람들The hollow men」(1925)의 마지막 구절 "세상은 폭음이 아니라 흐느낌으로 끝난다"를 패러디한 표현이다.

350년대, 마시필드에 있던 작은 농장의 주인들이 여전히 농장을 세배로 확장하고 굴을 간식 삼아 먹고 있던 그 무렵, 브리튼의 철 생산량은 급격하게 감소하기 시작했다. 철은 [공기처럼] 없어봐야 그 가치를 실감하는 것이다. 언젠가 내가 발굴 작업을 위해 그리스에 있을 때, 발굴 시즌 첫날에 공구 창고 열쇠를 잃어버려 난처했던 경험이 있다. 철제 공구 없이 햇볕에 바짝 마른 흙을 고생스럽게 뒤엎으며 금속의 소중함을 절실히 느낄 수 있었다. 그리스에서의 문제는 다음 날 열쇠를 찾으면서 간단히 해결됐지만, 4세기 브리튼에서는 간단한 해결책이란 없었다. 철은 점점 더 희귀해졌고, 삶은 점점 더 고달파졌다. 플레밍에 따르면 "보잘것없는 쇠못조차 370년대에는 귀해졌고, 390년대에 이르러서는 부츠에 박을 징과 장례를 위한 관에 쓸 못조차 구할 수 없었다. 그 결과 브리튼 사람들은 진흙길에서 자꾸 미끄러졌고, 사랑했던 사람들을 차갑고 단단한 땅에 맨몸으로 묻을 수밖에 없었다".[29]

청동과 은으로 만든 동전 또한 350년 이후로 희귀해졌으며, 현재까지 발견된 그 시대 동전 중 가장 늦은 연대의 것은 402년에 제작된 것이다. 도기—당시에는 현재의 플라스틱처럼 흔했던—조차 가마들이 문을 닫으면서 속주의 많은 지역에서 자취를 감췄다. 이는 고고학자들에게 큰 골칫거리다. 왜냐하면 고고학자들은 고대 유적지의 연대를 측정할 때(그리고 그 유적이 어떤 유적인지 식별할 때도 종종) 도기 양식에 크게 의존하기 때문이다. 나의 첫 번째 발굴 현장을 생각할 때마다 떠오르는 기억은, 아마도 1974년경 스태퍼드의 레드 라이언이라는 한 술집 주차장에서 발굴 책임자들이 5세기 유적지로 추정되는 곳에서 실제로 그 연대에 속한다고 확실히 말할 수 있는 유물이 단 하나라도 나왔는지를 두고 논쟁을 하던 장면이다. 4세기 영국인들은 도기를 너무 많이 만들어서 5세기 영국인들이 땅을 팔 때마다 도기 조각들이 뒤섞여 올라왔고 5세기 영국인들은 도기를 거의 만들지 않아서, 유적지의 어떤 층이 400년 이전인지 이후인지 판단하기는 거의 불가능했다. 고고학자들에게는 단순히 골치 아픈 일이었지만, 당시 영국인들에게는 피할 수 없는 재앙이었을 것이다. 350년경 영국인들은 그 어느 때보다 번영을 누렸지만, 400년이 되자 그들의 자손들은 로마 시대 동안 이루어낸 모든 경제적 성취를 잃었다. 가장 기본적인 생필품조차 구할 수 없었다.

350년까지만 해도 장인들이 수백만 개의 항아리와 못을 만들어냈던 작은 마을들은 400년경에 유령 마을이 되었다. 주민들은 방어벽, 해자, 탑을 짓기 위해 모든 힘을 쏟아부었지만, 대장간과 가마는 조용해졌고, 배수로는 진흙으로 막혔으며, 집들은 무너져내렸다. 우리가 아는 한, 375년 이후에는 집을 새로 짓는 일이 드물었고, 그마저도 지을 때면 흔히 (콜스힐에 있는 신전과 같은) 오래된 건물들에서 돌과 목재를 기초석과 들보로 쓰기 위해 뜯어갔다.

도시들이 가장 큰 타격을 입은 것으로 보인다. 도시에서도 방어 시설이 번성했지만—방위 사업이 분명 그 시절 최고의 유망 산업이었다—대부분의 발굴물은 350년대에 교외 지역들이 이미 버려졌고 370년대에 도시 중심부들도 방치되었음을 보여준다. 다만 여기엔 약간의 논쟁이 있다. 5세기 문헌 자료는 거의 남아 있지 않고, 영국을 언급하는 문헌은 그보다 더 드물지만, 콘스탄티우스의 『세인트 제르마누스의 삶*Life of St Germanus*』은 429년에도 여전히 세인트 올번스가 도시로서 제 기능을 하고 있었다는 것을 보여준다. 도시 유적지 가운데 대규모 지역이 신중하게 발굴된 유일한 예인 록시터에서는 450년경에도 상당수의 건물이 건설되고 있었다. 하지만 이 건물들은 돌이 아닌 나무로 지어졌기 때문에, 기존 로마 시대의 건물들보다 더 발견하기 어렵다. 한 학파는 이런 이유로 우리가 350년 이후에 지어진 건물들을 찾지 못하고 있을 뿐이라고 주장한다.

그러나 또 다른 학파는 다르게 설명한다. 이 학자들은 전반적인 흐름을 벗어나는 몇몇 도시가 있었음을 인정하면서도(420년대에도 세인트 올번스는 여전히 수도관을 사용했고, 실체스터와 윈체스터에도 일부 사람이 꿋꿋이 버티고 있었다), 전반적으로는 쇠퇴하는 흐름이 명확히 보인다고 말한다. 발굴 현장마다 막혀버린 수도관, 한때는 깨끗했을 로마 거리를 잠식해버린 허름한 오두막들, 부자들이 저택을 버리고 걸어나가거나 뛰쳐나간 흔적들이 보인다. 마지막으로 남겨진 건물들의 폐허 바로 위에서는 종종 고고학자들이 '어둠의 표층'이라고 부르는 두꺼운 층을 발견한다. 이 모호한 이름은 우리가 이 층에 대해 막연하게 이해하고 있음을 반영하지만, 때때로 이 층에서 주로 황무지에서 자라는 식물의 꽃가루가 발견된다. 350년 이전까지 가장 웅장한 로마 도시 중 하나였던 요크는 습지로 변하면서, 습지에서 번성하는 작은 곤충인 거품벌레들과 긴 풀에서만 사는 딱정벌레들이 서식하기 시작했다.

도시는 한순간에 죽을 수 있다. 저널리스트 앨런 와이즈먼은 그의 멋진 책 『인간 없는 세상』에서 키프로스를 방문해, 1974년부터 그리스계와 튀르키예계 지역을 가른 비무장지대에 30년 동안 고립되어 있던 관광 도시 바로샤를 다음과 같이 묘사한다.

여닫이창들이 바람에 흔들리는 채로 열려 있고, 구멍투성이인 창틀에 유리

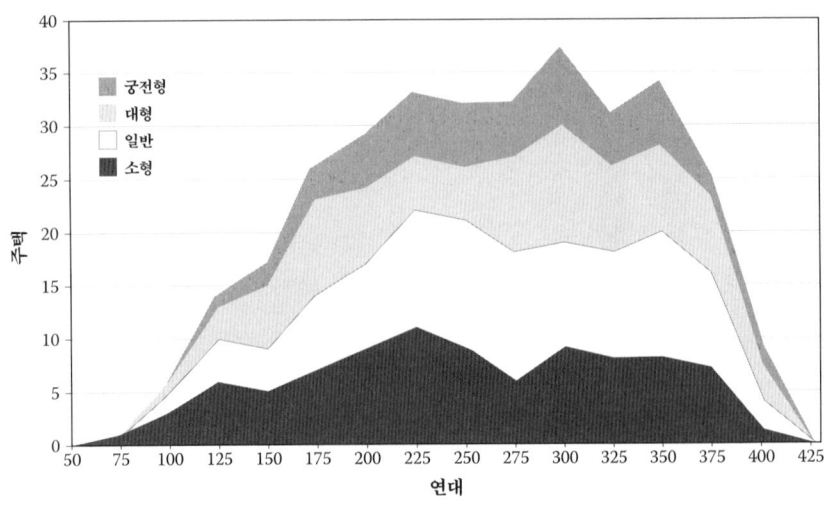

도판 3.13 시골 주택의 쇠퇴와 몰락, 375~425년.

는 사라지고 없었다. 떨어진 석회 외벽은 산산이 부서져 흩어져 있었다. 건물에서 벽 일부가 떨어져나가 텅 빈 방들을 드러냈고, 방의 가구들은 오래전에 어떤 식으로든 사라져버렸다. (…) 이 와중에도 자연은 복원 사업을 계속하고 있다. 야생 제라늄과 넝쿨 식물은 깨진 지붕 틈으로 솟아나 외벽을 따라 흘러내리고 있다. 히비스커스, 협죽도, 패션 라일락의 덤불과 불꽃나무와 멀구슬나무가 실내와 실외의 경계가 사라진 집 모서리에서 싹 트고 있다. 집들은 무성한 자홍색 부겐빌레아에 뒤덮여 사라진다. 도마뱀과 채찍뱀들은 야생 아스파라거스, 선인장 열매, 그리고 1.8미터 길이의 풀들 사이를 재빠르게 지나간다. (…) 밤이 되면 달빛 아래 목욕하는 사람 하나 없는 어두운 해변 위로 둥지를 트는 붉은바다거북과 푸른바다거북이 함께 기어다닌다.[30]

420년대에 런던과 링컨은 바로샤보다 더 칙칙한 진흙투성이의 도시로 보였을 것이다. 고고학자 사이먼 에스몬데 클리어리가 묘사한 것

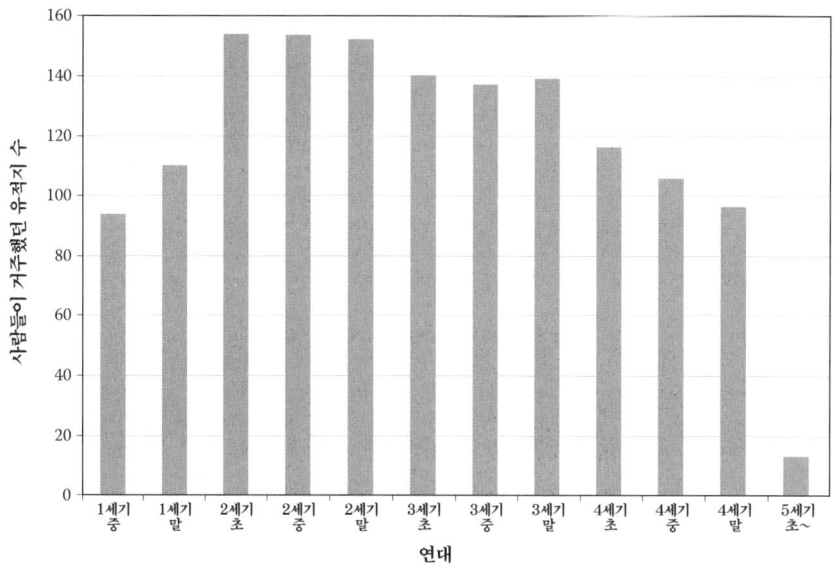

도판 3.14 어둠이 내리다: 잉글랜드와 웨일스의 시골 유적지 수 변화, 50~450년. 1969년에서 1996년 사이 대표적인 학술지 『브리타니아』에 보고된 바에 따름.

처럼, "잡초와 관목 아래로 점점 사라지는 무너진 건물들과 침묵에 잠긴 마을의 벽들로 둘러싸인 터"[31]에서 점점 더 비참해지는 무단 거주자들이 버티고 있었다. 오래된 최상류층의 호화 저택들도 형편은 마찬가지였다. 370년대 이후에는 새로운 저택이 지어지지 않았고, 기존 저택들은 무너져가고 있었다. 지붕이 새고 젖은 석고가 허물어지자, 주인들은 썩어가는 방에 벽을 쳐 막아버렸고, 저택의 측면 구역 전체는 방치된 채 엉망이 되어갔다. 400년 직후에 마지막까지 남아 있던 상류층 인사들조차 금방 쓰러질 것 같은 저택에서 야영하듯 지내기를 포기하고 떠났다(도판 3.13).

영국은 마치 고대판 폴 포트에 희생당한 것처럼 보인다. 캄보디아의 독재자 폴 포트는 도시가 자본주의의 온상이라고 믿고, 1976년에

3장 제국 219

군인들에게 모든 도시민을 시골로 몰아넣어 스스로 먹고살게 하도록 명령했다. 1979년까지 캄보디아에서는 부유층 전체와 빈곤층 4분의 1이 굶주림이나 질병으로 죽었다. 그러나 5세기 브리타니아는 분명히 이보다 더 심각했다. 부유층 전체는 물론 빈곤층 4분의 3 이상이 기록에서 사라진 것이다. 알려진 농장과 마을의 수―대부분의 영국인이 살았던 장소들―는 처음에는 도시와 저택보다는 더 천천히 줄어들었지만, 400년 이후에는 90퍼센트 이상이 거의 사라졌다(도판 3.14).

이에 대해서도 다시금 반론할 수 있다. 400년 이후 동전, 정교한 도자기, 석조 건물들이 사라져서 상대적으로 초기 로마 유적들이 쉽게 두드러질 수 있었기 때문에, 로마 이후의 브리타니아는 고고학자들에게 실제보다 더 폴 포트적인 모습으로 보일 수 있다. 부유층은 분명히 계속해서 존재했는데, 당시 부유층의 흔적을 발굴하는 데 어려움이 있지만 몇 안 되는 5, 6세기 문헌들이 계속해서 그들을 언급하기 때문이다. 그러나 360년 이후 여섯 세대 동안을 재앙적이지 않았다고 보려면 여전히 상당한 상상력이 요구된다. 1970년대 이후로 역사학자들은 가치 판단을 피하고자 '암흑 시대'라는 전통적 표현을 꺼리지만, 솔직히 고백하면 이 끔찍한 시대를 달리 뭐라 불러야 할지 모르겠다. 5세기는 브리타니아 사람들에게 가난과 폭력, 그리고 단축된 수명을 안겨주었다. 그것이 '암흑 시대'가 아니라면, 무엇일까.

그래서 무슨 일이 있었던 걸까? 최근까지만 해도 그 설명의 윤곽은 충분히 명확해 보였다. 브리타니아의 이야기는 서유럽 전역에서 일어난 일의 지역 버전일 뿐이라는 것이다. 3세기 이래로 제국 바깥의 인구는 제국 내부보다 더 빠르게 증가했고, 다뉴브강, 라인강, 타인강 너머의 사회들은 좀더 조직된 곳으로 발전했다. 이민은 인구 불균형을 완화했는데, 이는 끌어당기는 요인(북유럽의 짧은 재배 기간 때문에 남유럽이 더 매력적으로 보였다)과 밀어내는 요인(차가워진 기후가 유목민들을 중앙아시아의 스텝 지대에서 서쪽으로 몰아냈고, 그 결과 로마의 국경 근처에 있는 게르만족들을 더 서쪽으로 밀어냈다)이 맞물리며 촉진되었다. 로마는 이러한 대규모 이동을 관리하면서도 지휘관들의 반란을 억제할 만큼 적당한 규모의 군대를 조직한 경험이 없었기에 이에 대응하는 데 애를 먹었다. 378년 발칸 지역에 있던 수천 명의 고트족 이민자들이 로마 관리들에게 잔인하게 학대당한 끝에 로마의 야전군을 전멸시켰을 때, 그 재앙은 중앙 정부에까지 미쳤다. 410년 고트족은 로마를 약탈했다.

그 무렵 지역의 귀족들은 뒤늦게 오거나 아예 오지 않을 로마 구원군을 더는 기다리지 않고 스스로를 지키기 시작했다. 그들은 이민자나 도적들과 싸우거나 협상하고, 세금 수입을 로마에 보내지 않고 지역 내에 유지했다. 그 자리를 지키던 사람들은 보통 가톨릭 사제들이었고, 교회만이 여전히 작동하고 있던 유일한 대규모 조직이었기 때문에, 교회는 정부가 해야 할 역할을 대신할 수 있었다. 그럼에도 불구하고 교회가 모든 것을 구할 수는 없었다. 결국 굶주린 대중은 도시를 버렸고 장거리 무역이 중단되면서 경제는 붕괴되었다. 그 혼란 속에서 주권과 정체성 모두 변화를 맞이했다. 제국이 무의미해졌기 때문이다. 476년에 고트족 왕이 로마에서 황제를 폐위시키고, 굳이 후임 황제를 세우지도 않았을 때조차 거의 아무도 주목하지 않았다. 브리타니아는 더는 속할 제국이 없었기 때문에 제국을 떠났다.

수천 년 동안 사상과 제도가 동남쪽에서 서북쪽으로 굴러 들어오던 시대가 끝나고, 국가 실패라는 거대하고 느린 물결이 이제 반대 방향

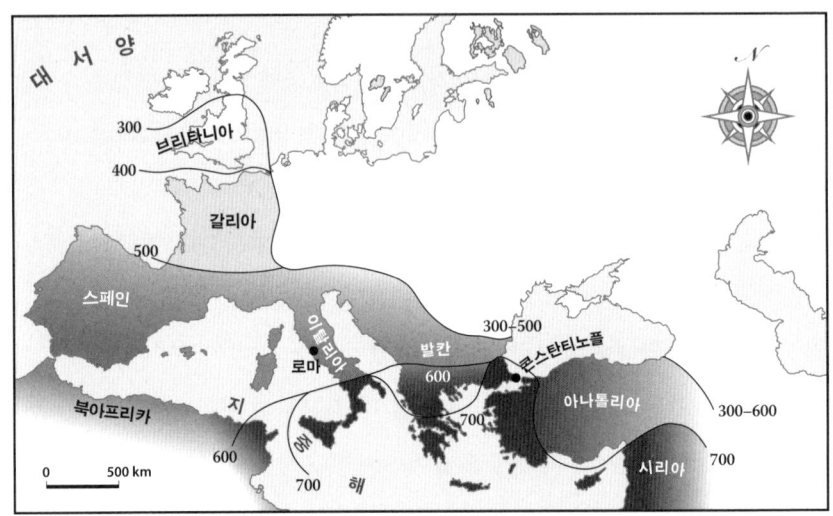

도판 3.15 국가 체제의 붕괴: 국가 실패의 물결을 보여주는 개요도(정밀하게 표시하기는 어렵다). 이는 유럽의 서북부에서 동남부로 퍼져나갔다. 300년경까지는 전통 문명이 영국 제도까지 확장되어 있었지만, 700년에는 중동 지역(주로 이슬람의 지배를 받던 지역)까지 후퇴했다.

으로 밀려가기 시작했다(도판 3.15). 브리타니아는 400년 이후 로마다움이 증발하면서, 가장 먼저 그 물결에 휩쓸려나간 속주였다. 갈리아가 500년에, 이탈리아와 북아프리카, 스페인이 600년에, 발칸 지역과 아나톨리아가 700년에, 그리고 시리아와 이집트가 수 세기 후에 그 뒤를 이었다. 1781년에 에드워드 기번은 이를 "전 세계 국가들이 영원히 기억할, 지금도 그 여파가 느껴지는 끔찍한 혁명"이라고 평가했다.[32]

기번의 평가는 1960~1970년대 고대 이주설에 대한 학자들의 반대에 부딪히기 전까지 거의 2세기 동안 지배적이었다. 아마 로마의 고고학자들은 약 300년 이후에 제국 내에서 나타나기 시작한 게르만 양식의 묘들이 게르만 이민자의 묘가 아닌 게르만 양식을 모방한 현지인들의 묘라고 주장했을 것이다. '게르만인'이 되는 것은 로마인이 되는 것과 마찬가지로 유전적으로 결정되는 것이 아니었다. 사람들이 적극적으로 만들어나간 것은 바로 정체성이었다. 이주설 수정주의자들은 로마 국경을 넘어 파도처럼 밀려 들어오는 게르만 이민자들에 대한 수십 건의 목격담이 남아 있다는 것을 인정하고 있는데, 이 기록들은 종종 오늘날 중앙아메리카의 이주민 행렬이나 폴란드 배관공*들에 대한 공포같이 과장된 것처럼 들린다. 로마 시대의 작가들도 똑같은 정치적 동기가 있었을 것이다.

시간이 지나 동위원소 분석법과 고대 DNA 분석법이 등장했다. 물론 여전히 유의할 점은 많다―방법들은 여전히 발전하고 있고, 자료는 불균일하며, 다양한 해석이 가능하다. 하지만 대부분의 연구 결과는 5세기와 6세기에 많은 사람이 제국과 제국 주변으로 이주했다는 것을 시사한다. 민족 전체가 통째로 이주했다는 오래된 주장은 확실히 지나치게 단순했으며, 제국의 어떤 속주도 똑같은 경험을 하지는 않았다. 하지만 로마의 목격자들이 이주를 오해하거나 왜곡하거나 과장했을 수는 있어도, 그들이 그것을 완전히 지어낸 것은 아니었다.

지도를 보면 알 수 있듯, 브리타니아가 가장 먼저 무너진 속주가 된 분명한 이유는 제국의 어느 지역보다 이동성 증가와 안보 약화에 지리적으로 더 노출되어 있었기 때문이다. 당시 브리타니아는 세 방면에서 잠재적으로 이동 가능한 이웃을 갖고 있었다―아일랜드의 스코트인과 아타코티인, 북쪽 방벽 너머의 픽트인, 독일 해안의 색슨족과 프랑크족 등이 있었다. 3세기에 미래의 약탈자들이 바다를 고속도로로 바꿀 수 있는 배를 만들기 시작하기 전까지 지리적 취약성은 관리될 수 있었다. 그 이후에도 지역 엘리트들이 로마의 중앙 당국과 협력하

---

* 동유럽 이주 노동자를 가리킴.

는 한 약탈자들에 대처할 수 있었다. 하지만 여기에 문제가 있었다. 로마는 협력하지 않았다.

세인트 제롬은 410년대에 "브리타니아는 찬탈자가 많은 속주"라며 한탄했다.[33] 306년에서 350년 사이에 기록상으로 브리타니아에서의 반란은 없으며, 이는 이 지역의 호황기와 정확히 들어맞는다. 하지만 그 후에는 내란이 일반적인 것이 되었다. 350년 갈리아의 반란군에게 로마의 황제 자리를 제안받은 브리타니아의 총독 마그넨티우스는 이탈리아로 진격해 황제를 죽였지만 결국 황제의 형제에게 죽임을 당했다. 마그넨티우스는 영국인이 아니었지만 지역 엘리트 중 일부의 지지를 받았기 때문에, 새로운 로마의 황제는 그들을 뿌리 뽑기 위해 관리 폴―동시대 역사학자 암미아누스 마르켈리누스가 말하길, "표정을 읽을 수 없고 어린아이 같은 얼굴인 데다가 극도로 경계심이 많은" 인물―을 브리타니아로 보냈다. 그러나 폴은 "황제의 지시 이상으로 많은 사람의 목숨과 재산을 급류처럼 휩쓸어버리고 파멸과 파괴를 퍼뜨렸다."[34] 브리타니아의 총독이 폴에게 숙청을 중단하지 않으면 자신이 사임하겠다고 경고하자 폴은 그에게 거짓 혐의를 뒤집어씌웠다. 겁에 질린 총독은 폴을 죽이려 했으나 실패하자 자결했다.

사태는 걷잡을 수 없이 돌아가고 있었다. 폴이 사람들을 로마로 끌고 가서 고문하고 처형하던 무렵 영국의 엘리트들은 혼란에 빠져 있었다. 그들은 반세기 동안 대륙에 지원 병력을 요청하지 않고 자체적으로 안보를 유지했지만, 360년에는 침입자에 맞서 싸우기 위해 4개 연대가 한겨울 폭풍을 뚫고 해협을 건너와야 했다. 영국은 질서를 회복했지만, 암미아누스에 따르면 4년이 채 지나기 전에 약탈이 다시 시작되었다.

로마인들이 보기에 제국의 큰 강점은 국경 습격이 기본적으로 [영토 점령이 아닌] 대규모 절도에 불과하다는 점이었다. 도둑들 사이에는 의리가 거의 없었기 때문에, 소규모 제국군이 각 약탈 무리와 따로따로 싸움으로써 훨씬 더 많은 적을 물리칠 수 있었다. 로마인들은 심지어 운과 기술만 있다면 기원전 3세기 중국의 전략가들(중국도 비슷한 문제를 겪고 있었다)이 '오랑캐로 오랑캐를 다스려라以夷制夷, 이이제이'라고 표현한 방법[35]을 활용할 수 있었다. 교묘한 말재주와 거액의 뇌물로 잠재적인 적들이 제국을 습격하는 대신 서로 싸우도록 만들었다. 그러나 360년대에 들어서면서 스코틀랜드인, 아타코티인, 픽트인, 색슨족 그리고 프랑크족이 중국의 전략가들이 즐겨 사용한 두 번째 전략인 '먼 자와 친구가 되고 가까운 자를 공격하라'[36]를 깨달으면서, 로마의 전략들은 무용지물이 되었다.

천 년 후 스코틀랜드인들은 이 전략에 따라 '올드 동맹Auld Alliance'을 구축하고, 프랑스에 있는 동맹을 이용해 잉글랜드를 두 방향에서 공격하여 무력화시켰다. 잉글랜드 또한 프랑스를 견제하기 위해 독일, 오스트리아, 이탈리아, 스페인과 동맹을 맺는 전략을 반복적으로 사용했다. 이 전략은 스코틀랜드인이나 잉글랜드인들이 알고 있는 것보다 더 오래전부터 사용된 것이었다. 암미아누스는 367년 색슨족, 픽트인, 스코틀랜드인들이 '야만인들의 공동 모의'를 결성해 브리타니아를 포위했다고 말한다. 세 방향에서 동시에 공격을 받은 브리타니아의 민병대들은 방어는커녕 도망치기 바빴다. 남쪽에서는 프랑크족과 색슨족이 색슨 해안 요새를 지휘하는 장군을 죽였고, "약탈하고 불태우며 모든 포로를 학살했다"고 암미아누스는 기록했다. 북쪽에서는 픽트인들이

하드리아누스 방벽의 군대를 포위하고 "자유롭게 활보하며 큰 피해를 입혔다".[37]

이에 로마의 장군 테오도시우스는 2000명의 병력을 이끌고 서둘러 해협을 건너 침입자들이 런던을 약탈하기 전에 그들을 따라잡았다. 그는 고전적인 반란 진압 방식에 따라 민병대와 정보기관을 재건하고 시골 지역에 퍼져 있던 무장 세력을 소탕했다. 암미아누스는 "테오도시우스의 인기는 매우 높아서 수많은 군중이 그를 해협까지 배웅했고, 황제 역시 크게 기뻐하며 그를 맞이하고 찬사를 아끼지 않았다"고 기록했다.[38]

역사학자들은 암미아누스가 글을 쓸 당시 테오도시우스의 아들(또 다른 테오도시우스)이 황제였기 때문에 그의 글이 과장되었을 것이라고 의심한다. 사실 암미아누스는 세부적인 사실들에 대해서 확실히 오락가락하는 모습을 보이기도 했다. 테오도시우스의 승리에 대한 묘사와는 달리 상황은 계속 악화되었다. 어느 누구도 성벽 밖에서 살고 싶어 하지 않았다. 도로는 망가졌으며, 도적들이 들끓었다. 주민들은 농장과 마을을 가능한 한 빨리 떠났고, 무역은 사라지고 있었다. 상황을 더 악화시킨 것은, 불안이 세금 납부에 필요한 번영을 잠식할수록 로마의 통치자들은 나날이 가치를 잃어가는 이 먼 속주의 안보를 지키기 위해 남은 돈과 인력마저 쓰려 하지 않았다는 점이었다. 로마가 브리타니아 방위에 쓰는 병력과 자금이 줄어들수록 이웃 민족들은 더 쉽게 브리타니아를 약탈했고, 브리타니아의 엘리트들은 자신들의 이익만을 챙기며, 점점 스스로를 로마인이라고 여기지 않게 되었다.

증거가 빈약하지만―제국 멸망기에 로마인들은 역사 기록을 많이 남기지 않았다―, 픽트인과 스코틀랜드인들이 382년에 영국을 침입했다는 사실은 어느 정도 확인된다. 이미 배치되어 있던 대륙의 예비군이 그들을 저지했지만, 그 이듬해에는 그러지 못했다. 예비군의 스페인 출신 사령관 마그누스 막시무스(라틴어로 '매우 위대한'이라는 뜻의 멋진 이름을 지녔다)가 황제―아마 그의 사촌이었을 것이다―에게 반기를 들며 부하를 이끌고 이탈리아로 진군했다. 그는 그곳에서 죽음을 맞이했으며, 그와 함께 갔던 병사들은 돌아오지 않았다.

5세기와 6세기의 작가 대부분은 마그누스의 모험주의가 "많은 영국 병사와 (…) 그들의 꽃다운 청춘을 앗아갔다"는 데 견해를 같이했다.[39] 만약 그들이 묘사한 상황―끊임없는 혼란 속에서 거의 무방비로 방치된 속주의 모습―이 진실에 가깝다면, 무너지는 경제 속에서 생존한 영국 엘리트 무리가 자신들에게 무관심한 제국에 인내심을 잃은 것은 당연하다. 402년 이후 발행된 주화가 완전히 사라진 것으로 보아, 로마는 영국에 남아 있던 소수의 병력에 대한 급여 지급을 중단한 것으로 보인다. 그리스 작가 조시무스는 영국인들이 "로마의 지배에서 벗어나 (…) 더 이상 로마법의 적용을 받지 않고 자율적으로 살았다"고 말한다.[40] 실제로 406년에 토착민 출신의 영국인이 몇 달 동안 군대를 지휘했으나 살해당했고, 그의 암살자는 마그누스의 전례를 따라 407년에 남은 병력을 이끌고 갈리아로 건너가 제국의 왕좌를 차지하려 했다. 하지만 이 부대들 역시 돌아오지 않았다.

내가 학교에 다닐 때 배운 이 사건들의 내용은 「로마 백부장의 노래 The Roman Centurion's Song」와 본질적으로 거의 차이가 없었다. 이 노래는 러디어드 키플링이 407년의 한 병사의 입을 통해 전달하는 영국에 대한 송가다.

총독님, 어젯밤 소식을 들었습니다—제 부대가 귀환 명령을 받았답니다.
배를 타고 포르투스 이티우스로 간 뒤, 육로로 로마까지 이동하라네요.
병사들을 배에 태우고. 무기를 배 밑창에 실었습니다.
이제 다른 이가 제 칼을 대신 가져갈 수는 없을까요? 부디 저더러 가지 말라고 명령해주십시오.

(…)

제 명성을 쌓은 곳, 제 사명을 다한 곳은 바로 이곳입니다.
이곳에 제 가장 사랑하는 이들, 아내와 아들이 묻혀 있습니다.

(…)

총독님, 눈물을 흘리며 당신께 갑니다—제 부대가 귀환 명령을 받았습니다!
이곳 영국에서 40년 동안 복무했습니다. 제가 로마에서 무엇을 하겠습니까?
여기에 제 심장, 영혼, 생각—제가 아는 유일한 삶이 있는데 말입니다.
이 모든 걸 두고 떠날 수는 없습니다. 부디, 저더러 가지 말라고 명령해주십시오!⁴¹

열두 살 아이들에게 이보다 더 제국의 종말을 생생하게 전달할 방법은 없겠지만, 사실 이 시는 407년의 현실과는 거의 무관하다. 키플링은 로마인, 브리튼인, 픽트인, 색슨족을 극명히 구분해 묘사했지만, 당시 그러한 구분은 더 이상 존재하지 않았다. 끊임없는 이동의 세기를 거치며 국경 지대에서는 새로운 정체성이 형성되었다. 키플링의 이탈리아인 백부장과는 달리, 부대를 이끌고 떠난 병사들은 현지 청년들이었고, 그중 많은 이가 아일랜드인, 픽트인 또는 게르만족 부모를 두었다. 이들 부모 세대 중 일부는 제국의 초청으로 영국에 이주해와서 토지를 받는 대가로 군대에서 복무했고, 다른 이들은 스스로 길을 개척해 자원 입대했다. 잉글랜드 남부에서 발견되는 많은 4세기 무덤은 독일이나 북해 저지대 국가들에서 볼 수 있는 무덤과 매우 흡사하다. 400년경 콘월, 웨일스, 스코틀랜드 서부에 정착한 사람들은 고고학자들이 오감 문자ogham*이라고 부르는 묘비석에 직선만을 사용한 독특한 문자로 옛 아일랜드인의 이름들을 새겨 죽은 자를 기렸다.

이 격동의 시기에 견고했던 모든 것은 공기 중으로 녹아 사라져버렸고, 408년에 색슨족은 로마 중앙군의 부재를 이용해 영국 남부와 동부 해안을 마음껏 약탈했다. 지역 엘리트들은 절망에 빠져 로마에 지원을 간청했지만, 갈리아와 스페인이 혼란에 빠지고 게르만 군벌들이 수도를 급습하는 상황에서 호노리우스 황제는 다른 데 신경 쓸 겨를이 없었다. 410년, 조시무스는 호노리우스가 "영국의 도시들에 안보를 스스로 지키라고 권고하는 편지들을 보냈다"라고 말한다.[42] 제국은 브리타니아가 그 가치보다 더 많은 문제를 일으킨다고 판단했다.

---

* 중세 초기에 원시 게일어 및 고대 게일어 표기에 사용된 음소문자.

4장
원조 유럽연합

410~973년

탈식민지 영국

1947년 자와할랄 네루는 대영제국으로부터 독립한 인도를 이끌면서 이렇게 선언했다. "오래전 우리는 운명과 약속을 맺었고, 이제 이 약속을 이행할 때가 왔다. 한밤중 전 세계가 잠들 때, 인도는 삶과 자유를 향해 깨어날 것이다. 역사에 좀처럼 찾아오지 않는 순간이 왔다. 낡은 것에서 벗어나 새로운 것으로 나아가는 순간 말이다."[1]

410년 영국인들이 로마제국을 떠날 때, 그들이 어떤 말을 했는지는 알 수 없지만, 분명히 이런 말은 아니었을 것이다. 영국이 정말로 제국을 떠났는지조차 확신할 수 없다. 언제나 로마는 영원했고Roma aeterna, 영국은 이전에도 몇 번의 이별을 시도했지만, 항상 로마로 돌아왔다. 하지만 이번에는 달랐다. 410년이 260년(또는 276년, 286년, 350년)과 달랐던 점은 로마 자체가 변했다는 것이다. 제국은 더 이상 영국에 대륙의 침략, 침입자들을 막을 수 있는 외벽을 제공하지 않았다. 로마 예비군은 더는 해협을 건너와 구해줄 수 없었다. 갈리아에는 더 이상 구원군으로 보낼 로마인이 남아 있지 않았기 때문이다. 그리고 곧 제국도 사라졌다.

인도와 파키스탄이 대영제국을 떠났을 때, 그들은 수개월의 폭력, 수년간의 이주, 그리고 수십 년의 고통스러운 방향 전환을 겪으며 탈식민지 시대에 진입했다. 브리타니아가 로마제국을 떠났을 때는 이와 같은 재난이 5세기 내내 이어졌다. 대처의 법칙은 여전히 유효했고, 로마 외벽이 사라지자 대륙과 가장 가까운 동남부는 게르만족의 강력한 기동력에 노출되었다. 안보와 번영은 무너졌고, 주권과 정체성은 전복되었다. 이와 대조적으로 북부와 서부의 상황은 410년 이후 많은 것이 개선되었다. 500년이 되자 영국의 동남부와 서북부 사이의 조직적, 지식적 불균형이 사라지면서 3500년 만에 처음으로 섬의 무게중심이 아일랜드 쪽으로 이동하게 되었다.

그러나 약해졌던 지리의 역할은 복원되었다. 5세기와 6세기에 동남부를 쇠약하게 만들었던 대륙과의 근접성은 7세기와 8세기에 다른 방식으로 작동해 동남부를 다시 들어올렸다. 9세기 이후 '잉글랜드'로 알려진 동남부는 내가 원조 유럽연합이라고 부르는 특별한 연합에 가입했다. 다시 한번 로마가 그 중심에 있었지만, 새로운 로마는 예전의 로마와 매우 달랐다. 새 로마가 제국을 통치하는 힘은 사회과학자들이 소프트 파워라고 부르는 것이었다. (물론 고대 로마도 확실히 많은 소프트 파워를 가지고 있었지만) 소프트 파워는 고대 로마가 가졌던 군대와 경제라는 탁월한 하드 파워와 달리 존경과 동경의 대상이 되어야만 가질 수 있는 것이었다. 원조 유럽연합은 현대의 유럽연합과 마찬가지로 처분권에 있어 최소한의 힘만 갖고 있었지만 도덕적 권위가 상당했다. 로마의 가톨릭 주교들을 섬기는 수도사와 선교사들은 사람들을 죽이고 사물을 파괴하면서 그들의 권위를 만들어가지 않았다. 대신 그들은 (로마가 정의한) 하나님의 뜻에 복종하는 것이 싸우는 것보다 더 낫다는 것을 모두가 동의할 때까지 대화하면서 마지막까지 합의를 끌어낼 수 있는 위원회를 만들었다. 위원회는 함께하기를 거부하는 비협조적인 사람들의 삶을 확실히 힘들게 만들 수 있었지만, 결코 군대를 소집하지는 않았다.

새로운 로마의 소프트 파워에 복종하는 것은 영국의 지위와 주권을 번영, 안보, 교양과 맞바꾸는 것을 의미했지만, 대부분의 영국인은 거의 1000년 동안 이 거래에 충분히 만족했다. 하지만 한계 또한 존재했다. 역사학자 니얼 퍼거슨은 "소프트 파워의 문제는 그것이 소프트하다는 것이다"라고 고민 끝에 말한 바 있다.[2] 원조 유럽연합은 지금과 마찬가지로 대화보다 싸움을 원하는 사람들에게는 달콤한 말이 항상 통하는 건 아니라는 것을 인정해야 했다. 이것은 두 가지 새로운 역학을 만들었다. 첫째로 가톨릭 로마 권위에 하드 파워적 도전을 취했던 맹렬한 스칸디나비아 이교도들은 때때로 영국 섬들의 무대를 지중해가 아닌 발트해 쪽으로 더 향하도록 끌어당겼다(도판 4.1). 그리고 두 번째로(첫 번째의 역동성에 대한 반응으로), 섬 주민들은 결국 이러한 도전을 물리칠 수 있는 충분한 돈과 군사력을 가진 토착 정부를 만들어야 했다.

7세기에서 10세기 사이 탈식민지 잔해 속에서 새로운 영국이 등장했다. 멀리 떨어진 로마 황제가 아닌 토착 왕들에 의해 통치되긴 했으나, 로마가 중심이 된 유럽연합에 속했다. 이 기간에 가톨릭 영국은 유럽의 가난한 사촌으로 남아 있었지만, 영국 안에서는 재통일된 잉글랜드가 6세기 동안 볼 수 없었던 수준의 인구, 번영, 안보를 향해 자신의

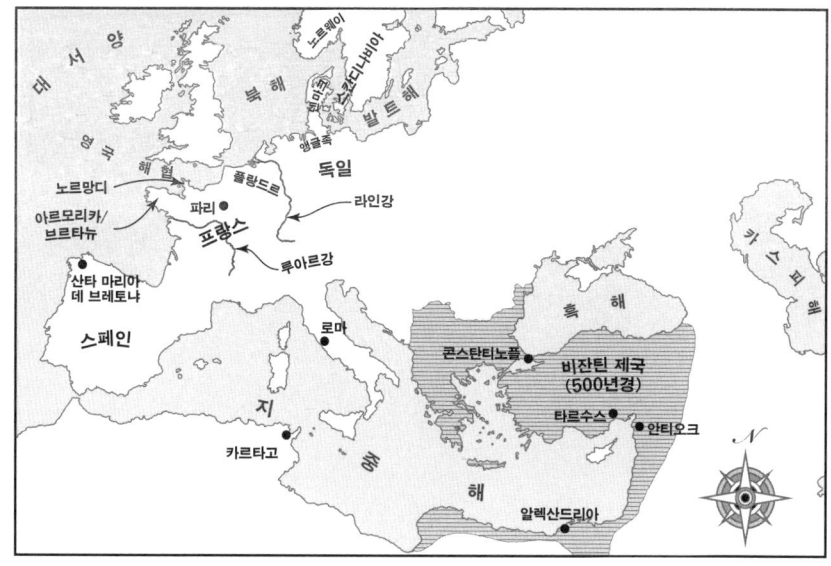

도판 4.1 유럽 무대, 410~973년.

길을 조금씩 나아갔고, 전보다 더 많은 켈트족의 땅을 자신의 영향력 아래로 끌어들였다. 섬 주민들은 유럽과 관계 맺는 새로운 방법을 발견했다.

과거와 미래의 왕들

잘 알려지지 않은 6세기의 성직자 길다스는 그의 단편 「영국의 폐허 위에서On the Ruin of Britain」의 서두에서 "안타깝다!"라며 불평한다. "내가 불평하는 이유는 모든 선한 것이 전반적으로 파괴되고 이 땅 전체에서 악한 것이 자라기 때문이다"라고 말했다.[3] 한편 "안타깝다!"는 현대 역사가들이 길다스의 이상한 작품에 대해 종종 말하는 것이기도

하다. 그의 작품은 로마가 영국을 버린 후 영국에 대해 남겨진 유일한 고대 기록이지만 이 작품은 어떻게 해석해야 할지 종잡을 수가 없다. 책의 5분의 4는 성경 주석인데, 길다스의 언급을 보면 그는 학자라기보다는 구약성서의 예언자처럼 보였으며, 영국인들을 배은망덕한 백성 때문에 화난 하나님에게 벌을 받는 죄 많은 이스라엘인이나 대륙에서 온 이교도 침략자들과 같이 취급했다.

길다스의 작품에 따르면 일련의 재난이 이어진 뒤, 446년쯤에 영국의 지도자들은 로마의 최고 사령관들에게 군대를 보내달라고 간청하는 편지를 보냈다고 한다. 그들은 편지에 "야만인들은 우리를 바다로 몰아넣고, 바다는 우리를 다시 야만인들에게 돌려보냅니다. 두 종류의 죽음만이 우리를 기다리고 있습니다. 우리는 학살당하거나 익사할 것입니다"라고 썼다. 불행히도 게르만족과의 전쟁이 서유럽 전역을 휩쓸고 훈족이 콘스탄티노플을 포위한 상황에서 영국의 안보는 후순위였고, 제국은 답장하지 않았다.

다음 해, 길다스에 따르면 "영국의 지도자, 자랑스러운 전제 군주 보르티게른"은 오직 한 가지 선택지만 남았다고 판단했다. 바로 적을 친구로 만들고 이 친구가 다른 적과 싸우게 하는 오래된 전략을 되살리는 것이었다. 보르티게른은 헹기스트와 호르사라는 앵글족 형제에게 거래를 제안했다. 그들은 (독일과 덴마크가 만나는 모퉁이 지역인) 앵글족의 땅에서 세 척의 배를 끌고 브리튼으로 막 도망온 참이었다. 보르티게른은 앵글족이 브리타니아의 나머지 지역을 외부 습격으로부터 보호해준다면, 템스강 하구에 있는 타넷섬(도판 4.2)을 새로운 거주지로 주겠다고 약속했다. 헹기스트와 호르사는 이에 동의했고, 곧 더 많은 앵글족이 이들에게 합류했다. 보르티게른이 통제할 수 없을 정도로 앵

도판 4.2 영국 무대, 410~973년.

4장 원조 유럽연합

글족이 많아졌지만 보르티게른은 이를 문제 삼지 않았다. 그는 헹기스트의 딸 앨리스와 사랑에 빠졌고, 딸을 건네준 보답으로 헹기스트에게 켄트 지역 전체(도판 4.3)를 제안했다.

헹기스트는 제안을 받아들였지만, 결국 보르티게른을 배신했고, 보르티게른은 웨일스의 요새로 도망쳐야 했다. 길다스와 후대의 작가들은 대학살, 기적, 마법이 뒤따랐다고 전한다. 이후 40년 동안 약탈자들은 마음껏 약탈했고 (앵글족의 이름을 따) 잉글랜드로 불리게 될 전역에 정착했다. 길다스는 학살당하거나 노예가 되지 않은 영국인들은 북부와 서부의 "산, 벼랑, 밀림, 바닷가의 바위로" 도망갔다고 한탄했다.

수년 동안 고고학자들은 대체로 길다스의 기록이 다소 난해하긴 해도, 전반적으로 물질적인 증거들과 상당히 잘 들어맞는다고 결론지었다. 5세기 잉글랜드의 주거지, 무덤, 의복 양식은 모두 뚜렷하게 게르만식이었고, 때로는 특정 지역이 연상될 만큼 명확했다(유틀란트 양식은 켄트에서, 북독일 양식은 동앵글리아에서 일반적이었다). 4세기에도 교회는 고고학적으로 확인하기 어려웠지만, 5세기에는 교회가 아예 사라졌고, 남성 무덤들에서는 비가톨릭적인 검과 창들이 흔하게 발견되었다. 1922년에 5세기 마을을 최초로 발굴한 고고학자는 이 마을이 길다스가 묘사한 야만적 침략자 이야기와 완벽하게 일치한다고 생각했다. 그는 "대부분의 사람은 더 나은 환경을 기대하지도 않고 어수선하게 버려진 부서진 뼈들, 음식들, 도자기 조각이 가득한 천장 낮은 오두막집에 만족했다"고 결론지었다.[4] 하지만 그로부터 100년이 지난 지금, 우리는 그 유적지―옥스퍼드셔의 서턴 코트니―가 결코 가난한 지역이 아니었다는 사실을 안다. 2009년 「타임 팀」의 고고학자들은 그 유적지에서 지금까지 알려진 것 가운데 가장 큰 색슨족 왕궁 하

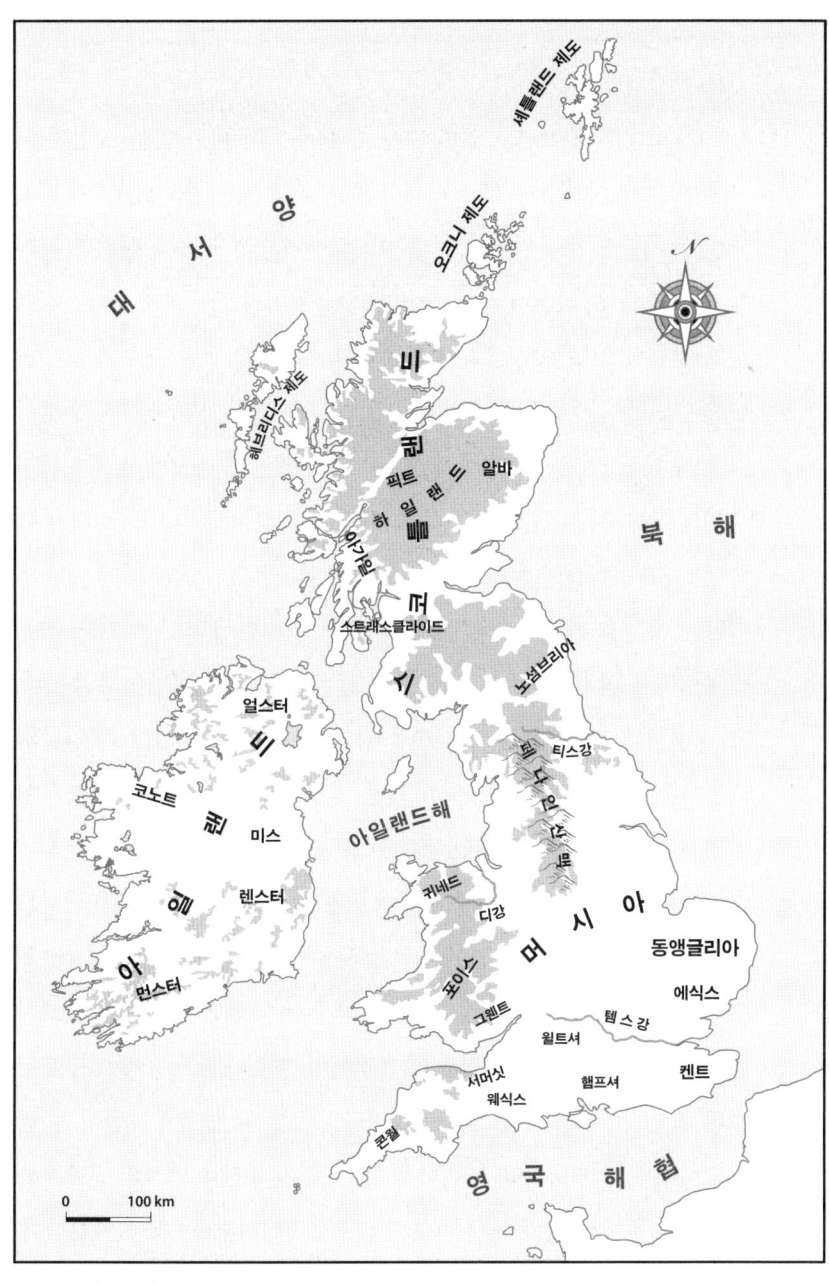

도판 4.3 영국 무대의 지역들, 410~973년.

4장 원조 유럽연합

나를 발견했다.

1970년대부터 이제는 익히 아는 이주 서사에 대한 의문이 수면 위로 떠오르기 시작했다. 고고학자들은 비조차 막을 수 없는 오두막집에 살던 사람들이 과연 길다스가 묘사하는 방식으로 잉글랜드를 정복할 수 있었을지 의심하기 시작했다. 수정주의자들은 아마 450년경에 실제로 일어난 일들은 고향에서 폭력으로부터 탈출한 소수의 남루한 대륙 난민들이 잉글랜드 동남부로 밀려와 새로운 삶을 개척하려 했던 것일 뿐이라고 주장한다. 영국인들은 그들 앞에서 공포에 떨기는커녕 오히려 이민자들이 만드는 오두막집을 보면서, 쇠못이나 돌 토대가 필요 없는 오두막집이 로마 멸망 이후 가난해진 그들에게 매우 실용적이라는 사실을 깨달았을 것이다. 자신을 영국인, 로마인, 어쩌면 가톨릭교도라고 생각했던 사람들의 자손들은 스스로 게르만인처럼 말하고, 옷을 입고, 장례를 치르고, 신을 섬기기 시작했다. 길다스는 잉글랜드의 신에 대한 배신을 이동성, 주권, 안보에 관한 이야기로 신화화했지만, 이것은 사실 정체성과 (부재한) 번영에 관한 이야기였다.

이 이론은 몇 가지 증거에 비추어보면 쉽게 이해할 수 있다. 퀸퍼드 농장과 베린스필드에 있는 두 개의 옥스퍼드셔 공동묘지는 서로 1킬로미터밖에 떨어져 있지 않다. 4세기에 사용되었던 퀸퍼드 공동묘지는 고전 로마 스타일의 가톨릭 매장지이며, 베린스필드 공동묘지는 완전히 대륙적이고 이교도적인 매장지였다. 그러나 인류학자들이 두 공동묘지에 묻힌 치아들을 분석했을 때, 그들은 유전적 변칙의 전체적인 묶음들이 두 장소 모두에서 비슷한 비율로 발생한다는 것을 발견했다. 이는 우연의 일치일 수 없으며, 2014년 동위원소 연구에서 베린스필드에 있던 사망자들은 토착민이었음이 확인되었다. 퀸퍼드 농장의 영국인들은 이동하지 않고, 이민자들의 방식을 배웠으며, 베린스필드의 앵글로-색슨이 된 아이들을 낳았다.

지난 몇 년간 유전학자들도 관심을 보여왔다. 그들의 연구 결과는 타협적이었는데, 당시 길다스의 시대적인 서사를 무시하지도 않았고, 그가 이야기하는 모든 것을 믿지도 않았다. 현대 영국인들의 몸속에 색슨족의 피가 얼마나 많이 흐르는지를 계산하려 했던 초기의 시도들은, 사람들이 지난 15세기 동안 북해를 가로지르며 끊임없이 오갔다는 사실(내 어머니의 조상은 1860년에서 1910년 사이 네덜란드와 영국 사이를 여러 번 오갔다)에 의해 실패했다. 그러나 2016년에 과학자들은 5세기와 6세기의 해골에서 직접 DNA를 추출하는 데 성공했다. 케임브리지 주변, 특히 정착이 활발했을 것으로 보이는 지역에서 앵글로-색슨 유전자는 지역 유전자 풀의 38퍼센트를 대체했는데, 이것은 기원전 2400년경에 있었던 90~95퍼센트 대체는 말할 것도 없고 기원전 4200년경의 75퍼센트 대체에 비해서도 덜 인상적이지만, 그 중요성의 무게에는 차이가 없다.

더 많은 DNA 연구가 필요하지만, 우리가 가진 자료로 미루어 볼 때 100만 명 정도의 영국인이 원래의 거주지에서 생활하면서 5세기와 6세기에 앵글로-색슨족으로 재탄생한 반면, 다른 50만 명 이상은 죽거나 쫓겨난 것으로 보인다. 길다스의 이야기가 지나치게 과장되긴 했어도, 현실은 충분히 극적이었다. 비참한 영국 난민 대열은 해체된 로마제국으로 더 깊이 들어가 서북 프랑스 반도 여러 곳에 정착했는데, 로마인들이 아르모리카Armorica라고 불렀던 이 반도는 코르누아유Cornouaille(콘월Cornwall), 돔노네Domnonée(둠노니아Dumnonia, 데번의 로마식 이름)와 하나의 주교구로 완성되어 브르타뉴로 이름이 바뀌었다. 다른 영국인들은 루아르 계곡에 왕국을 세웠고, 스페인 북부에는 산타 마리아 데 브레토냐 수도원을 세웠다. 그러나 대부분은 비와 진흙을 헤치고 북쪽으로는 페나인산맥을 향해, 서쪽으로는 콘월과 웨일스를 향해 터벅터벅 걸어갔다.

새로운 지역에 도착한 후, 난민들은 지역 주민들과 함께 오래된 로마 요새뿐 아니라 심지어 로마 이전의 언덕 요새를 수백 명의 사람을 위한 집으로 바꾸었다(서머싯의 캐드버리-컨그레스버리는 1000명 정도가 머무를 수 있는 규모였다). 한 비석은 남부 웨일스의 '그웬트 왕'을 기념했고,[5] 음유시인들은 화려한 갑옷을 입고 사냥을 나가거나 보석으로 장식된 옷을 입고 우아한 연회를 주재하던 영주들을 그리는 훌륭한 웨일스어 서사시를 썼다. 서사시의 영웅들은 나중에 캐드버리성이 된, 보통의 색슨족 집 크기보다 20배나 큰 언덕 위 요새의 목재 연회장에 모여 콘스탄티노플에서 어렵게 가져온 술잔에 콘스탄티노플 와인을 따라 마셨다. 그들은 마치 로마제국의 영광이 살아 있는 것처럼 저녁 식사 요리에 지중해 올리브 오일을 뿌렸다.

서쪽으로 이동한 영국인들은 그들의 로마 유산을 지키기 위해 노력했다. 키케로의 담백한 산문에 익숙했던 고전학자들은 종종 길다스의 화려한 산문에 피곤함을 느꼈지만, 길다스와 여러 성직자는 라틴 문학 양식을 익히기 위해 수년 동안 노력했던 것이 분명했다. 일부 영국인은 저녁 식탁을 장식하기 위해 고대의 꽃병과 유리그릇을 찾아 오래된 무덤을 파헤치며 로마인으로 남고자 했고, 또 다른 몇몇은 오래된 신분을 연상시키는 칭호와 이름을 사용했다. 한 남자는 자신의 묘비에서 예전에 영국인들이 자신을 로마 시민이라고 자랑했듯이 자신을 '귀네드Gwynedd 시민'이라고 주장했다.[6] 갤러웨이의 휘트혼에 묻힌 이의 이름은 라티누스였다. 실제로 450년에서 650년 사이에 콘월, 웨일스, 페나인산맥에서 라틴어로 새겨진 비석이 로마 통치 시대보다 더 많이 발견되었다.

고고학자들이 흔히 '아류 로마인'으로 부르는 이들은 자신들의 왕국을 지키기 위해 열심히 싸웠다. 8세기에 『영국인들의 교회사』를 쓴 존경받는 성직자 (길다스보다 더 뛰어난 학자인) 베다에 따르면, 게르만 침략자들은 490년대에 단일 군벌 하에 통합되었고, 560년대에는 두 번 더 통합되었다. 영국인들도 이와 같은 방식으로 대응했는데 처음에는 매우 전통적 로마 이름인 암브로시우스 아우렐리아누스(길다스는 그를 '마지막 로마인'이라고 불렀다)[7]라는 자신의 이름을 좋아했던 사람이 영국인들을 이끌었고, 다른 작가들에 따르면 그다음에는 불멸의 가톨릭 왕인 아서가 이끌었다.

아서는 수수께끼의 인물이다. 길다스와 베다는 그를 언급한 바가 없으며, 그의 첫 등장은 네니우스라고 알려진 웨일스 작가가 830년경에 쓴 매우 특이한 책인 『영국인들의 역사』에서다. 네니우스는 어떤 사전 언급이나 설명도 없이 "그리고 나서 (500년경) 영국의 모든 왕을 모아 통합된 군사력으로 색슨족과 싸운 것은 관대한 아서였다"고 말한다. 네니우스는 "아서가 바돈 언덕을 넘어 상대를 뚫고 들어가 싸운 가장 치열한 전투"를 묘사한다. 이 교전에서 "주님 외에는 아무도 아서를 도와주지 않았고, 그는 혼자 960명을 쓰러뜨렸다".[8] 「웨일스 연대기 Annals of Wale」라는 10세기 기록은 "바돈 전투에서 (…) 아서는 우리 주 예수 그리스도의 십자가를 사흘 밤낮 동안 어깨에 메고 다녔고 영국인들은 승리했다"라고 구체적인 내용을 더하고 있다.[9]

그런데 바돈 전투 이후 열한 번의 세대가 바뀌는 동안 어떤 작가도 아서를 언급하지 않은 것은 이상한 일이다. 그리고 더 이상한 점은 아서의 이야기가 오늘날 알려진 형태를 띠기 전까지 또 다른 열 번의 세대 교체가 일어나야 했다는 것이다. 몬머스의 제프리는 1130년대의 판타지 작가로, 우리는 이미 2장에서 그가 스톤헨지에 대해 쓴 내용을 살펴본 바 있는데, 그의 저술을 통해 멀린, 카멜롯, 랜슬롯과 기네비어의 불의의 사랑, 아서의 마법과 같은 아발론섬으로의 이동이 처음 언급되었다. 네니우스와 「웨일스 연대기」는 각각 아서에 대해 몇 줄만 할애했으나, 제프리는 아서가 유럽의 절반을 정복한 내용을 포함해 그의 업적으로만 ('펭귄' 번역본 기준) 54쪽을 채운다. 20년 후에 다른 시인은 원탁과 바위에 낀 검을 추가했고, 1180년대에 또 다른 시인은 성배를 위한 원정을 소개했다. 상실감과 임박한 죽음에 대한 시름이 담긴 아서왕 이야기의 집대성 판은 아서의 시기로부터 약 1000년이 지난 후인 1460년대가 되어서야 토머스 맬러리가 쓴 525쪽 분량의 『아서의 죽음Morte d'Arthur』으로 사람들에게 전달되었다.

역사학자들은 일반적으로 왕의 일생과 가장 가까운 시기에 쓰인 것일수록 왕에 관한 내용이 가장 많고, 시간이 지남에 따라 많은 정보가 잊히고 내용도 줄어든다는 것을 알고 있다. 이러한 일반적 패턴이 뒤바뀌면, 우리는 의심하는 경향이 있다. 몬머스의 제프리가 나중에 맬러리가 나열한 모든 내용을 포함하는, 지금은 찾을 수 없는 고대 문헌들을 발견했을 가능성이 정말로 있을 수도 있다. 길다스와 베다가 아서에 대해 많이 알고 있었지만 그에 대해 언급하지 않았을 수도 있고, 후대 작가들이 진실이 가진 본래의 요지를 더 정교한 이야기로 꾸몄을 수도 있다. 아니면, 네니우스 시대의 웨일스 귀족들이 자신들에게 필요한 영웅적이고 가톨릭적인 조상을 만들기 위해 허상으로 아서를 발명한 것일 수도 있다.

아서왕을 본 사람의 증언을 우연히라도 발견할 가능성이 전혀 없는 상황에서 어떤 종류의 증거가 이 논쟁을 해결할 수 있을지는 모르지만, 1998년 틴타겔(몬머스의 제프리에 따르면 아서가 태어난 곳)의 발굴에서 다소 주목할 만한 것이 나타났다. 그것은 6세기의 것으로 라틴어로 'patern-coli avi ficit artognou'라는 문구가 새겨진 작은 돌 조각이었다. 이것은 아마 '파테르[누스] 콜루스의 후손인 아르토그누가 이것을 만들었다'(또는 이것이 만들어지도록 했다)를 의미할 것이다.[10] '아르토그누Artognou'는 켈트어로 '곰'과 '아는 것'을 의미하는 단어로, '현명한 곰'으로 해석될 수 있으며 아르토리우스Artorius로 라틴어화된 후 아서Arthur로 영어화되었을 수 있다. 하지만 발굴자들은 이 조각이 아서왕으로 기억되는 사람이 틴타겔에서 현명한 곰이라는 이름의 지도자로서 그의 경력을 시작했음을 바로 증명하는 것은 아니라고 주장한다. 그럼에도 만약 현명한 곰이 정말로 아서였다면, 이것은 우리가 얻고 싶어했던 증거에 가깝다.

논쟁은 지속되겠지만, 여기서 가장 중요한 점은 아서의 존재 여부보다 아서가 무엇을 상징하게 되었는가이다. 다음 두 장에서 보게 되듯이, 웨일스, 스코틀랜드, 심지어 잉글랜드의 사상가들은 수 세기 동안 영웅 아서를 돌아보고, 그들이 주장하고 싶었던 정체성의 창시자로서 그를 이용하고, 정교화하고, 그에 대해 논쟁했다. 잉글랜드가 웨일스와 스코틀랜드를 영국으로 흡수한 후에야 그 투쟁은 정말로 수그러들었다. 아서는 아마 존재하지 않았던 가장 위대한 잉글랜드인이었을 것이다.

그러나 아서는 가장 위대한 아일랜드인은 아니었다. 바다를 넘어 아일랜드의 집단적 조상의 상징과 권한은 거의 알려지지 않은 5세기 인물, 패트릭의 어깨 위에 놓여 있었다. 그런데 패트릭은 분명히 실존한 인물이고 그가 작성한 두 건의 문건이 남아 있지만, 그것들로 알 수 있는 것은 거의 없다(역사학자 토머스 바틀릿은 패트릭이 "아일랜드에서 일반적인 '말하면서 아무 말도 하지 않는' 전통을 발명했다"라고 농담한다).[11] 그는 410년경 잉글랜드 북부에서 태어났으며, 그의 아버지는 칼라일 근처에 살았던 것으로 추정되는 로마제국의 대리 관리였다. 주님의 양떼를 진실한 가톨릭교도로 재탄생시키는 업무를 부여받은 패트릭은 16세의 나이에 아일랜드 노예상들에게 납치된 적이 있다. 6년 후에 그는 아일랜드를 탈출했지만, 유일신인 하나님의 뜻이 그에게 꿈을 통해 나타났다. 아일랜드 사람들이 '성스러운 소년이여, 우리에게 와서 다시 함께해주기를 간청합니다'라고 외치는 꿈이었다. 영감을 받은 패트릭은 전도를 위해 아일랜드로 돌아왔다.[12]

전문가들은 패트릭 이야기의 모든 세부 내용에 대해 논쟁을 하지만, 교회의 기록은 그가 432년 아일랜드에 도착한 후, 타라에서 이교도 왕과 왕의 드루이드들을 상대하고 특유의 아일랜드 교회를 세웠다고 말한다. 유럽 대륙에서는 도시에 기반을 둔 주교들이 권력을 가지고 있었지만, 아일랜드에는 도시가 없었다. 약 50만 명의 인구가 힘없는 족장들 아래 나뉘어 있었고 족장들은 단지 몇 개의 원형 요새를 통치하는 정도였다. 이들 중에 개종자의 열정으로 하나님의 말씀을 전파하기 위해 몸을 던진 소수의 자기 주도적인 수사들을 빼고는 지도자로서 자질을 가진 사람은 없었다.

6세기에 이교도적이고 문맹이 많았던 앵글로-색슨 잉글랜드를 대신해 아일랜드의 수도원들이 성서학의 중심지가 되었다. 베다는 "잉글랜드에는 귀족과 평민을 불문하고 나이 들어 종교에 대해 배우고자 아일랜드로 가는 사람이 많았다"라고 말한다.[13] 동시에 아일랜드 수도사들은 잉글랜드에 남아 있는 가톨릭교도와 이도교들을 계몽하기 위해 아일랜드해를 건너 순례 여행을 떠났다. 가장 유명한 선교사였던 콜롬바(아일랜드어로 Colum Cille)는 헤브리디스 제도의 아이오나에 수도원을 세웠고, 580년 픽트인 왕과 그의 우두머리 드루이드와 대결하며 위대한 패트릭을 능가하려 노력했다. 자료들의 침묵은 그의 시도가 잘되지 않았다는 것을 암시하지만, 불과 10년 후에 또 다른 수도사인 콜롬바누스가 프랑스와 이탈리아에 일련의 수도원들을 설립하면서 더 야심 찬 순례 여행을 시작했다.

로마 멸망 이후 영국 역사에서 5세기만큼 알기 어려운 시기도 없지만, 제국의 종말이 이 섬들의 지리적 의미를 변화시켰다는 것은 분명히 알 수 있다. 침략자들의 이동성은 높아졌고, 번영과 안보는 쇠퇴했으며, 기존 형태의 주권과 정체성은 붕괴되었다. 영국 동남부는 지중해의 무대로부터 끌려나와 새로운 이주자들의 고향인 북유럽에 연결되었고, 북쪽과 서쪽의 켈트족은 사라진 로마 세계와의 강한 유대감을 유지(또는 재창조)했다. 저널리스트 토머스 케이힐은 이 시기를 다룬 베스트셀러의 제목을 '어떻게 아일랜드가 문명을 구했는가How the Irish Saved Civilization'라고 다소 과장해서 지었지만, 일리는 있었다. "영국인과 아일랜드인들은 쇠퇴하는 제국의 가장 서쪽 끝에 놀라운 봉화를 올렸다. 로마의 후계자들은 폐허 속에서 버티며 아서가 돌아와 그들을 구원해주기를 기다렸다."

로마의 귀환

하지만 아서 대신 로마가 돌아왔다. 두 번째 도착은 첫 번째와 매우 달랐다. 이번에 로마의 전령들은 카이사르의 군단이 아니라 아우구스티누스라는 이름의 이탈리아 수도사와 그의 동료 40명뿐이었다. 베다의 유명하지만 좀 억지스러운 이야기에 따르면, 이 정복은 597년 로마의 노예시장을 거닐던 교황 그레고리 1세의 눈에 '잘생긴 하얀 얼굴과 사랑스러운 머리카락을 가진' 소년들이 띄면서 시작되었다. 그들이 이교도 앵글족이라는 것을 알게 된 그레고리는 "좋다, 이 앵글족Angles(라틴어로 Angli)은 천사들angeli의 얼굴을 갖고 있다. 이 천사들이 가지고 있는 하늘의 선물을 나눠야 한다"라고 말했다. 몇 번의 언어유희 후에 교황은 영국을 로마로 다시 끌어들이기로 결심했다고 베다는 말한다.[14]

교황은 강요가 아닌 설득으로 영국을 끌어들여야 했다. 로마 정부는 5세기에 서유럽의 많은 지역에서 무너졌고 6세기에 걸쳐 천천히 부활했다. 그사이에 주교들은 대부분의 것을 재조직할 수 있는 유일한 사람들이 되었고, 그들은 자신들의 명령을 집행할 수 있는 군대는 없었지만, 잠재적으로 훨씬 더 강력한 것을 갖고 있었다. 바로 사람들의 영혼을 영원히 구원하거나 저주하는 능력이었다. 가톨릭교도들에게 자신들만이 구원을 집행한다고 설득할 수 있었던 주교들은 정말로 강력한 권력을 지닌 사람들이었고, 500년경 지중해에 위치한 다섯 개 대도시—알렉산드리아, 안티오키아, 콘스탄티노폴리스, 예루살렘, 로마—의 주교들은 다른 주교들보다 앞서나갈 수 있었다. 이들은 아일랜드와 같은 지역의 수도사들처럼, 서로서로 질투하며 다른 누구보다 더 많은 영혼을 구원하려 했다.

7세기에 아랍 세력이 알렉산드리아, 안티오키아, 예루살렘을 정복하면서 이 도시들은 경쟁에서 제외됐고, 8세기에 로마와 콘스탄티노폴리스 사이의 대화는 점점 사라져갔다. 그때까지 로마만의 주교였던 교황은 서유럽 전체로 영향력을 넓혔다. 교황들은 하나님만이 누가 왕인지 결정할 수 있으며, 하나님의 선택은 하나님의 대리인인 자신들을 통해서만 발표될 수 있다고 주장했다. 로마는 사실상 앵글로-색슨 잉글랜드와 같은 지역의 권력자들이 당시 구축하려고 했던 주권 일부를 요구하고 있었다. 뿐만 아니라 주교들은 교회만이 그들의 영혼을 구할 수 있다고 설득하는 데 매우 능했고, 그 결과 일부 공동체 재산의 상당 부분이 신의 호의를 바란다는 명분으로 이탈리아 사제들의 손에 넘어갔다. 500년 이전 갈리아의 옛 로마 속주의 상당 부분을 지배했던 프랑크족 왕인 킬데리크는 "내 국고는 항상 비어 있다. 우리의 모든 재산은 이미 교회의 손에 넘어갔다. 주교들만이 권력을 손에 쥐고 있다. 아무도 나를 왕으로 존경하지 않는다. 모든 존경은 그들의 도시에 있는 주교들에게 넘어갔다"라며 불만을 토로했다.[15]

로마의 유럽연합 가입이 왕이 되려는 이들에게는 불합리한 거래로 들렸을지 모르지만, 사실 여전히 매력적인 것이었다. 21세기의 브뤼셀처럼, 6세기의 로마는 강력한 군사력과 경제력을 가지고 있지 않았지만, 로마의 가르침이 품고 있는 근본적인 선량함은 로마에 상당한 소프트 파워를 부여했다. 로마는 왕들에게 일부 주권을 포기하는 대가로 다른 종류의 주권을 보상받는 거래를 제안했다. 왜냐하면 로마의 허락으로 은혜를 받은 왕들만이 정통성을 가진 것으로 보일 수 있었기 때문이다. 하나뿐인 진정한 신의 승인을 받아들인 통치자들은 로마제국으로 거슬러 올라가는 신성한 전통의 존엄을 이용할 수 있었고, 그렇지 않은 통치자들은 차가운 어둠 속으로 던져졌다. 전쟁 군주들이 충돌하며 만들어내는 혼란에서 벗어나 진정한 왕으로 변신하기 위해 고군분투하고 있던 전사戰士 지도자들에게 이것은 매력적인 제안이었다. 킬데리크의 폭력적인 아들 클로비스처럼 힘으로 군림하는 통치자조차, 잘만 하면 개종으로 상당한 이익을 거둘 수 있다는 것을 알았다. 그는 로마에 복종했고 새로운 정통성을 이용하여 프랑스를 제국 이후에 서유럽에서 가장 위대한 왕국으로 만들었다. 프랑크와 잉글랜드 남부 사이의 불균형은 기원전 1세기에 발생했던 일들을 재현하면서, 클로비스의 후손들이 잉글랜드 남부에 대한 왕권을 주장할 때까지 빠르게 확대되었다. 한편 잉글랜드의 지도자들은 그들 스스로 왕이 되어 저항의 주도권을 잡겠다며 서로 다투었다.

가장 성공적이었던 전사는 켄트에서 경쟁자들을 위협하고, 당시 더 넓은 잉글랜드 지역에서 자신의 영향력을 확대하려 했던 애설버트였다. 580년대 초에 그는 프랑스 출신의 가톨릭교도 공주인 베르사와 결혼함으로써 자신의 특별함을 주장하는 신호를 내보였다. 베르사는 애설버트를 프랑크의 지배 가문과 이어주었을 뿐만 아니라 정통 유럽 주교를 켄트로 데려왔다. 주교는 이주한 프랑크 장인들의 도움을 받아, 애설버트의 수도였던 캔터베리 외곽에 있던 로마의 유적을 세인트 마틴 교회로 바꾸어놓았다. 이것은 아마 거의 2세기 만에 영국에서 새로 지어진 석조 건축물일 것이다.

선교사 아우구스티누스는 597년에 애설버트에게 곧장 달려갔다. 애설버트가 교황의 제안을 받아들이고, 프랑크 왕국의 왕들과 마찬가지로 정통성을 확보하자, 아우구스티누스는 에식스Essex(그 지역에 정착한 '동부 색슨족East Saxons'의 이름을 따서 명명됨)로 밀고 들어갔다. 그곳의 왕 역시 개종해, 폐허가 된 로마 런던의 한구석에 성 바울을 위한 목조 교회를 세웠다. 그러나 이후 아우구스티누스의 선교 속도는 점점 느려졌다. 대륙에서 멀리 떨어질수록 토착 왕들은 더 신중한 태도를 보였다. 603년 그가 웨일스에 도착했을 때, 그는 이미 가톨릭교도였던 영국인들에게 단호하게 거부당했다. 학식 있는 아일랜드 수도사들의 지원을 받은 웨일스인들은 신이 요구하는 바를 듣기 위해 이탈리아인들을 필요로 하지 않았다.

아우구스티누스는 왕들이 로마가 전달하는 메시지에서 마음에 드는 부분만 골라 선택하는 나쁜 습관이 있다는 것을 심지어 로마의 가톨릭 연합이 그들에게 안 맞는다면 떠나는 것에 두려워하지 않는다는 점을 알아챘다. 616년 켄트와 에식스의 왕들이 죽자, 그들의 아들들은 옛 신들에게 돌아갔고, 패닉에 빠진 아우구스티누스의 후계자는 꿈에서 성 베드로가 나타나 그에게 있던 두려움을 채찍질하기 전까지 잉글랜드 선교를 완전히 포기할 생각까지 했다. 베다에 따르면, 혼이 난 대주교는 "아침이 오자마자 [에식스의] 왕에게 가서 가운을 내려 꿈속 성 베드로의 매질로 인한 상처를 보여주었다. 왕은 놀라 (…) 모든 우상 숭배를 금지하고, 정부情婦를 포기하고, 가톨릭 신앙을 받아들여 세례를 받았다. 그 후 그는 교회의 말씀을 위해 최선을 다했다."[16]

앵글로-색슨 고고학에서 가장 유명한 유적인 서턴 후 배 무덤Sutton Hoo ship burial은 가톨릭 복음에 대한 다른 왕들의 동요를 잘 보여주고 있다. 1939년 이곳이 발굴될 무렵 산성 성질의 모래흙은 이미 오래전에 이곳에 묻힌 시신을 녹였으나, 발굴단은 나무로 만든 군함의 썩은 선체(도판 4.4)로 인해 검게 변한 모래와 철제 대못을 발견했고, 선체 위에 놓여 있던 화려하고 수수께끼 같은 부장품들도 찾아냈다. 하나에는 바울, 다른 하나에는 사울(성경이 바울에게 준 두 이름)이 적힌 세례용 은

도판 4.4 과거의 그림자: 1939년 서턴 후의 1번 언덕에서 발굴자들이 철제 대못과 얼룩진 모래를 드러내고 있다. 620년대의 2.74미터 길이의 배가 묻힌 산성 토양에서 살아남은 것은 그것뿐이었다. 이 배에는 동앵글리아의 왕인 래드윌드의 시신이 있었을 것으로 추정되며, 그는 신앙심 약한 가톨릭 신자였다.

제 순가락 한 쌍은 틀림없이 가톨릭 양식이지만, 다른 것들을 보면 확실히 그렇지는 않았다. 그 순가락들과 함께 발견된 거대한 투구, 쇠사슬 갑옷, 칼은 신을 경외하는 사람의 무덤에 있을 법한 것들이 아니었다. 유적 주위에 같이 묻힌 인간 제물들(1980년대에 더 신중한 발굴자들에 의해 발견됨)도 마찬가지였다.

수입된 동전들은 매장 시기가 620년대임을 확인해주고 있다. 대부분의 역사가는 이 모든 유물을 그 시기에 동앵글리아를 통치하고 예수에 관해 큰 갈등을 빚었던 래드윌드의 것으로 생각하고 있다. 베다는 래드윌드가 "켄트에서 가톨릭 신앙의 신비에 경도됐지만, 아내와 사악한 주변인들에 의해 유혹에 빠졌다"라고 말한다. 그 후로 "그는

예수와 그가 이전에 섬겼던 신 모두를 섬겼다".[17]

래드월드는 마음을 정하지 못했던 마지막 앵글로-색슨 왕들 중 하나였다. 통치자들이 예수를 찾을 때마다, 본보기를 따름으로써 발생하는 이익은 조금씩 늘어났다. 오직 가톨릭 왕들만이 다른 가톨릭 왕들의 딸들과 결혼할 수 있었고, 교회의 번창하는 부와 외교 네트워크를 이용할 수 있었다. 성인들(7세기에 저명했던 가톨릭교도들은 결국 성인이 되었다)은 왕들을 쓰러뜨릴 만큼 큰 영향력을 가지고 있었다. 역사학자 제임스 캠벨은 당시 가톨릭 성인들과 좋지 않은 관계는 "주술사의 저주를 받은 것과 동등"하다고 볼 수 있었다고 말한다.[18] 일부 왕은 예수에 대해 매우 열광적이어서 개종한 후 퇴위하고 수도사가 되었다. 비록 본인들의 경력에는 부정적이었지만 자손들을 번창하게 하는 선택이었다. 대부분의 왕은 650년에 개종했고, 이에 저항한 왕들은 모든 중요한 모임과 결혼에서 자신들이 배척되고 있음을 알게 되었다. 마지막 이교도였던 와이트섬의 왕은 686년에 개종했다.

그렇게 잉글랜드는 점차 원조 유럽연합에 물들어 갔고, 잉글랜드의 왕들은 어렵게 획득한 주권 일부를 더 크고 정교한 클럽의 회원권으로 교환했다. 사실 7세기의 잉글랜드 왕들은 교회가 필요했다. 독일과 덴마크의 인구 증가 속도가 느려지면서 이주가 둔화되었고, 지방의 수장들은 전쟁 인력을 확보할 수 없었다. 전쟁의 승리자들이 패배자들을 삼켰고 그렇게 확대된 왕국들은 교회만이 제공할 수 있는, 글을 잘 쓰고, 숫자 감각이 있는 행정가들을 필요로 하기 시작했다.

먼 북부와 서부에서는 같은 과정이 더 작은 규모로 이루어졌다. 아일랜드의 여러 소규모 부족의 지도자들은 자신들보다 큰 집단의 통치자들을 중심으로 뭉쳤는데, 후에 이들은 얼스터, 렌스터, 먼스터, 코나

흐트, 미스에 근거지를 둔 '다섯 집단fifths'으로 불렸다. 위 넬Uí Néill족은 타라 지역의 지배권을 이용하여 아일랜드 전역의 왕권을 주장하기도 했지만, 큰 성공은 거두지 못했다. 아일랜드에서는 전쟁, 소몰이, 그리고 메브 여왕, 쿠 훌린, 아홉 명의 볼모를 잡은 니얼 같은 영웅이 만들어내는 배신의 향연을 생생하게 노래하는 시적 전통이 자라났다. 슬프게도 이 이야기들은 아마 아서 서사시만큼이나 허구적일 것이다. 실제의 아일랜드 왕들은 아마Armagh 수도원에 있는 학자들과의 협력을 걱정하고, 심지어 소 도둑질을 막는 것보다 스스로 수도원장이 되는 것에 더 신경 쓰는 지루한 집단이었던 것으로 보인다.

웨일스와 북부의 통치자들도 아일랜드의 통치자들과 비슷한 걱정을 했던 것으로 보인다. 최근 애버딘셔의 라이니에서 발굴된 유물은, 픽트 족장들이 점점 더 정교한 요새를 짓고 그들의 무덤을 실물 크기의 조각상으로 장식하고 있었음을 보여주고 있다. 또한 문헌 자료에 따르면 단 한 명의 픽트인 왕을 갖는다는 발상이 600년쯤에 매력을 얻고 있었다. 같은 시기에 로마 이후 웨일스에 존재하던 작은 부족 왕조 약 일곱 개가 귀네드와 포이스로 합쳐졌다.

잉글랜드 왕국이 북부와 서부보다 더 빠르게 성장한 주요 이유 중 하나는 프랑크가 옛 대륙의 경사진 외벽을 재건하여 600년경에 영국해협의 프랑스 쪽을, 680년경에 라인강 하구를 장악했기 때문이다. 그 결과 약탈과 이주는 사실상 멈추었고, 프랑크인들은 남부 잉글랜드를 식민지화하거나 정복하기 위한 주도권을 가지기 위해 내부에서 자기들끼리 싸우느라 너무 바빴기 때문에, 앵글로-색슨 왕국들은 북부와 서부의 경쟁자들보다 훨씬 더 빠르게 성장할 수 있었다. 무역은 3세기 동안의 혼란 끝에 활기를 되찾았다. 무역의 부활은 다른 많은 것과 마찬가지로 프랑크에서 시작되었다. 프랑크에서는 작은 배들이 곡물, 와인, 냄비, 금속 세공품을 해안가와 강 상류를 따라 쉬지 않고 바쁘게 나르고 있었다. 야심 찬 (혹은 절박한) 선장들은 해협을 건너 행운을 시험해보기 시작했고, 햄윅(사우샘프턴)에서 입스위치에 이르는 해변에는 비공식 시장이 생겨났다. 750년경, 로마인들이 떠난 이후로는 보이지 않았던 런던의 지리적 이점들은 수천 명의 사람을 다시 돌아오게 만들었다. 그들은 런디니움Londinium의 폐허를 피해—아마 썩어가는 로마식 부두가 강 접근을 어렵게 했기 때문일 것이다—상류로 1마일 더 들어가 스트랜드 지역에 가게를 세웠는데, 당시에는 그 이름이 의미하는 대로 진흙투성이의 작은 해변에 불과했다. 코번트 가든의 광장에서 옥스퍼드 거리의 셀프리지스까지 뻗어 있는 오늘날의 웨스트 엔드의 대부분은 곧 목재 오두막(지금도 아직 돌로 지은 건물은 거의 없다)과 룬덴윅Lundenwic*의 야외 작업장으로 가득 찼다.

브리튼의 북부와 서부에는 동남부에 활기를 불어넣은 이 같은 도시들이 없었다. 가장 부유한 색슨 족장들은 브리튼에 이주한 이후로 사람들을 죽이고 약탈함으로써 통치 기반을 다졌다. 난폭한 전사들은 더 난폭한 전사들 밑으로 들어갔고, 이 더 난폭한 전사들이 왕이 되자, 그들은 부하 전사들을 영주로 삼고 그들에게 영지를 줌으로써 보상을 했다. 전투가 없을 때, 왕들과 그들의 부대는 자신들의 소유지 곳곳을 돌아다니며 현장에 있는 고기와 벌꿀 술을 다 해치우고 다음 장소로 이동했다. 이와 같은 방식은 충분히 잘 작동했지만, 규모를 키우기 어렵다는 단점이 있었다. 그러나 650년이 되자 시장이 새로운 선택지

---

* 런던의 무역 마을.

를 제시했다. 왕이나 영주는 그저 여기저기 나타나서 있는 모든 것을 먹는 대신에 농장에 대리인을 내세우고, 생산품 중 제일 크고 좋은 몫을 몰수한 다음, 그 몫을 노리치나 그와 같은 시장이 있는 도시로 가져가 더 내구성 있는 상품으로 바꿀 수 있었다. 대륙의 상인들은 자신들의 도시로 되돌아가 브리튼의 식품과 음료(그리고 노예)를 팔기를 원했고, 앵글로-색슨 엘리트들은 자신들을 가난한 동료들과 구별하기 위해 대륙의 장식품, 옷, 무기들을 원했다. 노예를 제외한 모든 사람이 이득을 보았다.

또한 왕들은 만약 시장에 무장한 사람들을 배치한다면, 그곳에서 거래하는 모든 사람을 '보호'할 수 있고 그들에게 이런 보장에 대한 대가도 청구할 수 있음을 깨달았다. 켄트 왕국의 왕들은 660년대에 룬덴윅에서 10퍼센트의 통행료를 부과했고, 700년에는 징수를 쉽게 하려고 또 다른 대륙의 아이디어인 동전을 사용했다. 입스위치와 다른 시장에서 발굴된 가장 오래된 동전은 수입품이지만, 왕들은 자신들의 돈을 주조하고 상인들에게 그것을 사용하도록 요구함으로써 자신들의 이익을 더 크게 만들 새로운 기회가 있음을 발견했다. 757년부터 796년까지 중부의 위대한 머시아 왕국을 통치한 오파는 약 1000만 개의 얇은 은화를 발행했고, 동앵글리아의 왕들은 심지어 로마의 전설적인 창시자인 로물루스와 레무스의 그림으로 자신들의 화폐를 장식하기도 했다.

이와 같은 상황은 읽고, 기록하고, 정리할 수 있는 사람들에 대한 수요를 확대시켰다. 왕들에게 다행스럽게도 교회는 이런 사람들을 제공하는 데 열심이었다. 사실 열심 이상이었는데, 왜냐하면 성직자들은 앵글로-색슨족들이 이탈리아와 아일랜드 둘 중 어디에 의지해야 하는지에 대한 켈트족 수도사들과의 논쟁에서 로마의 의도를 강력히 대변하려 했기 때문이다. 막대한 자원을 가진 로마가 대개 우위를 점했지만, 아일랜드인들도 훌륭히 싸웠다. 몇몇 앵글로-색슨 왕은 켈트족 땅에서 망명생활을 하던 중 그리스도를 발견하고 아일랜드의 방식을 잉글랜드로 가져왔고, 635년 아이오나에 있는 콜롬바누스의 켈트 수도원의 선교사들은 린디스판에 상당한 규모의 교회 시설을 설립하기 위해 잉글랜드의 동해안으로 급히 거처를 옮겼다. 5년 후에 그들은 하틀리풀에 또 다른 교회를 열었고, 그곳으로부터 선교사들은 영국 전역으로 뻗어나갔다.

수도사가 머리를 얼마나 깎아야 하는가와 같은 아일랜드와 이탈리아를 나누는 몇몇 차이점은 사소한 논쟁으로 보였지만, 다른 것들, 특히 부활절 날짜를 계산하는 방법에 대한 논쟁은 정말로 심각했다. 개인적으로는 매년 돌아오는 부활절을 거의 잊고 있다가 놀라면서 맞이하지만, 7세기 가톨릭교도들은 축제를 잘못된 시간에 축하하면 지구상 모든 사람의 영혼을 영원히 위험에 빠뜨린다고 알고 있었다. 이 문제는 664년 휘트비에서 열린 종교 회의에서 중대한 국면을 맞게 되고, 노섬브리아의 왕 오스위는 로마 편을 들었다. 이후 900년 동안 신이 이탈리아를 거쳐 잉글랜드에 왔다는 사실에 진지하게 의문을 품는 사람은 거의 없었다.

교황은 이러한 기회를 놓치지 않고 잉글랜드의 가톨릭을 바로잡기 위해 새로운 인물 시어도어를 캔터베리로 보냈다. 시어도어는 이상한 선택처럼 보였다. 68세였던 그는 7세기 기준으로 너무 나이가 많았고, (당시 아랍에서 온 무슬림 정복자들에게 침략당했던) 튀르키예의 타르수스에서 온 그리스 난민으로서 캔터베리와 같은 오지와는 전혀 어울리지 않아 보였다. 그러나 시어도어는 영감을 받은 사람이었다. 그는 끊임없이 돌아다니며 교회법을 가르치고, 평의회를 열고, 무엇보다 학교를 설립했다. 학교에서는 베다와 같은 문학계의 거물들을 배출했고, 왕의 직무실에서 일하는 성직자들을 학교의 졸업생으로 채울 수 있었다. 이들이 제작한 문서 중에서 머시아 왕국의 곡물 목록으로 보이는 것을 포함해 놀라울 만큼 자세하게 사유 재산을 기록한 문서들이 남아 전해지고 있다. 시어도어는 사실상 앵글로-색슨 왕들에게 공무원을 제공한 것인데, 지금도 그렇지만 그 후 관료들은 그들이 섬기기로 되어 있는 정치인들의 졸병이 되는 네, 장관님!의 경향을 갖게 되었다. 시어도어의 양피지를 옮기던 제자들은 캔터베리에 있는 로마인들의 허락 없이는 왕이 될 수 없다는 원칙을 확립하는 데 누구보다 많은 기여를 했다.

주권 일부를 행정 능력과 교환함으로써 앵글로-색슨 왕들은 그들의 전임자나 북부와 서부의 동시대 통치자들보다 훨씬 더 부유해졌다. 그들이 새로 얻은 부를 가지고 가장 먼저 한 일 중 하나는 더 훌륭한 전사들을 고용하는 것이었다. 몇몇 역사학자는 모두가 인정하는 고대 영국 문학의 걸작인 『베오울프』가 그들의 야만적 세계를 들여다볼 수 있는 창을 제공한다고 생각한다. 8세기에 영국에서 쓰인 것으로 추정되지만 6세기 스칸디나비아를 배경으로 하는 이 책은 가톨릭교도의 목소리로 이야기를 끌고 감에도, 이교도 영웅들을 결연하게 묘사하고 있다. 해석하기 쉽지는 않지만, 이 작품은 데인족*의 왕인 흐로스가르를 중심으로 전개된다. 사람들을 죽이고 난 후 자신의 추종자들과 헤

---

* 덴마크인의 선조.

오로트*의 훌륭한 목조 연회장에서 술을 즐기던 그의 만족스러운 삶은 그렌델이라는 괴물에 의해 파괴된다. 그의 부하 누구도 감히 그렌델을 상대하지 못했기 때문에, 흐로스가르는 엄청난 비용을 들여 스웨덴의 모험가 베오울프를 고용하고, 베오울프는 그렌델은 물론 그렌델보다 더 무서운 어미까지 확실히 죽인다. 전리품을 가득 얻은 베오울프는 고향으로 돌아가 자신의 백성을 통치하고, 결국에는 더 많은 보물을 얻기 위해 용과 싸우다가 죽음을 맞이한다.

지금까지 어떤 고고학자도 용의 은신처를 발견하지 못했지만, 7세기와 8세기 잉글랜드에서 베오울프 같은 검사 용병들의 고용은 충분히 가능한 일이었다. 용병의 도움으로 머시아와 노섬브리아에서 떠오르던 권력자들은 그들의 국경을 남동부 저지대와 북부 고지대 사이에 있던 고대 경계까지 밀어올렸다. 노섬브리아인들은 배까지 만들어 더 멀리 나아가 앵글시와 맨섬을 약탈했다. 그러나 이는 너무 멀리 간 것이었다. 684년 아일랜드 상륙은 끔찍하게 잘못되었고, 이듬해 픽트인의 매복과 공격으로 왕과 그의 군대 대부분은 죽임을 당한다. 노섬브리아인들은 이전의 로마인들처럼 북부와 서부를 정복하는 것은 너무 힘들다고 판단했다. 불균형은 지리적인 힘에 의해 웨일스, 스코틀랜드와 맞닿은 잉글랜드의 국경을 따라 대략 완화되었다.

로마 유럽연합의 원칙에 따른 주권 행사와 이에 대한 이해는 앵글로-색슨의 잉글랜드를 변화시켰다. 780년대에 머시아의 오파 왕은 교황의 특사를 받아들여 '사제와 백성 중 연장자들이 합법적인 왕을 선택한다'는 것을 수용했고, 그 대가로 그는 대륙의 기준에 부합하는 왕

---

* 흐로스가르의 궁.

국을 만드는 데 필요한 지지를 얻었다.[19] 영국인들은 스톤헨지 이후 처음으로 아마도 대륙에 있는 어떤 방벽보다 큰 '오파의 방벽Offa's Dyke'을 만들었다. 그것은 200킬로미터 길이에 8미터 높이의 흙둑과 2미터 깊이의 도랑을 가지고 있다. (내가 '아마도'라고 말하는 이유는 일부 고고학자가 방벽의 일부 또는 전부가 실제로는 5세기에 색슨족이 웨일스에 들어오는 것을 막기 위해서 지은 것이라고 생각하기 때문이다.) 공문서들에서 오파는 '잉글랜드의 왕'이라고 적혔고, 프랑크의 강력한 왕이었던 샤를마뉴는 자신의 딸을 오파와 결혼시키려 했다. 샤를마뉴는 이 시기에 그의 제국을 독일과 이탈리아 깊숙한 곳까지 확대했으며, 곧 로마 교황에 의해 황제로 즉위했다. 샤를마뉴는 오파에게 보내는 편지에서 '친애하는 형제'라고 썼다.[20]

앵글로-색슨족의 영국이 도래했다. 여전히 모든 것의 가장자리에 있었지만—그리고 여전히 고대 브리타니아보다 작고 가난했지만—머시아와 노섬브리아는 학식 있는 수도사들과 규모 있는 군대, 부유한 도시들이 있는, 유럽 왕국 공동체의 존경받는 일원이 되었다. 영국인들이 활동하는 무대는 다시 지중해까지 뻗어나갔고, 잉글랜드의 번영은 더 먼 지역의 무역업자들을 끌어들였다.

그리고 789년은 스칸디나비아에서 온 세 척의 배가 도싯의 포틀랜드 항구로 항해해왔던 해로, 이 배들은 연대기 작가가 부정확하게 표현하긴 했지만, '잉글랜드 땅에 도착한 덴마크인의 첫 배들'이었다(사실 그들은 노르웨이인이었다).[21] 배들이 해변에 도착하자, 지방의 행정관이 달려와 선원들을 도체스터에 있는 왕궁으로 초대했는데, 아마 왕이 그들의 화물에서 무엇을 가져갈지에 대해 흥정하기 위해서였을 것이다. 하지만 노르웨이인들은 지방 행정관을 죽였다.

약탈자들

위싱가스Wicingas*, 사람들은 그들을 '약탈자들'이라고 불렀다. 앵글로-색슨 학자 앨퀸은 "우리가 지금 이교도 인종에게 고통받는 것과 같은 공포는 이전의 영국에서 나타난 적이 없었고, 특히 바다에서 이런 침입이 일어날 수 있을 거라고 생각하지도 않았다"라고 한탄했다. 앨퀸은 생각지도 못했던 이유가 유럽의 프랑크족이 만든 경사진 외벽 덕분에 8세기 대부분의 영국인에게 해적 행위의 존재감이 주변 생활 소음 수준으로 가라앉았기 때문이라고 말했다.22 문제가 될 것으로 보이는 유일한 불균형은 영국을 유럽연합에 붙이려는 노력으로 지중해에서 올라오는 것이었다. 그러나 이제는 갑자기 노르웨이인들이 그 전략적 균형을 무너뜨렸다.

이는 도판 4.5에서 보는 것과 같이 아름다우면서 실용적으로도 물에 잘 뜨는 배들에 의해 가능했다. 이 배들로 스칸디나비아 사람들은 북해를 매우 쉽게 건너갈 수 있게 되었고, 다음 3세기 내에 중동과 캐나다 해안까지 도달할 수 있었다. 순풍을 안고 베르겐을 출발한 대형 보트는 이틀 후 셰틀랜드 제도에 정박할 수 있었으며, 헤브리디스 제도를 통해 북쪽에서 아일랜드해로 진입할 수 있었다(도판 4.6). 배는 무장한 사람들을 30~40명밖에 태울 수 없었지만, 그것은 일반적인 마을이 대적할 수 있는 정도를 넘는 수였다. 바이킹들은 거의 모든 해변에 상륙할 수 있었고, 첫 번째로 발견한 마을을 약탈하고, 반항하는 이들을 죽였다. 멀리 있는 왕이 도움을 주기 위해 도착할 때쯤이면 그들은 이미 떠난 상태였다. 프랑크족의 경사진 외벽은 측면에서 막혀

---

* 바이킹들의 고대어.

도판 4.5 언덕을 향해 달려라: 곡스타드Gokstad 배의 뱃머리. 890년경에 건조되었으며, 40명 정도의 스칸디나비아 테러리스트/상인들을 콘스탄티노플이나 캐나다까지 데려갈 수 있었다.

서 영국 제도의 모든 해안, 사실상 서북유럽의 모든 해안을 약탈에 노출시켰다.

그렇긴 하지만, 앨퀸의 상황 인식은 좀 과한 면이 있다. 8세기에 바이킹이 가지고 있던 배의 수는 매우 적었는데, 앨퀸은 소수의 극단적인 폭력 행위에 과민 반응을 했다. 이는 오늘날 우리가 매년 자동차보다 테러리스트에 의해 죽는 사람이 훨씬 더 적다는 것을 알면서도 그들을 경계하는 것과 같다. 그러나 830년대에 이르러 약탈의 규모는 점

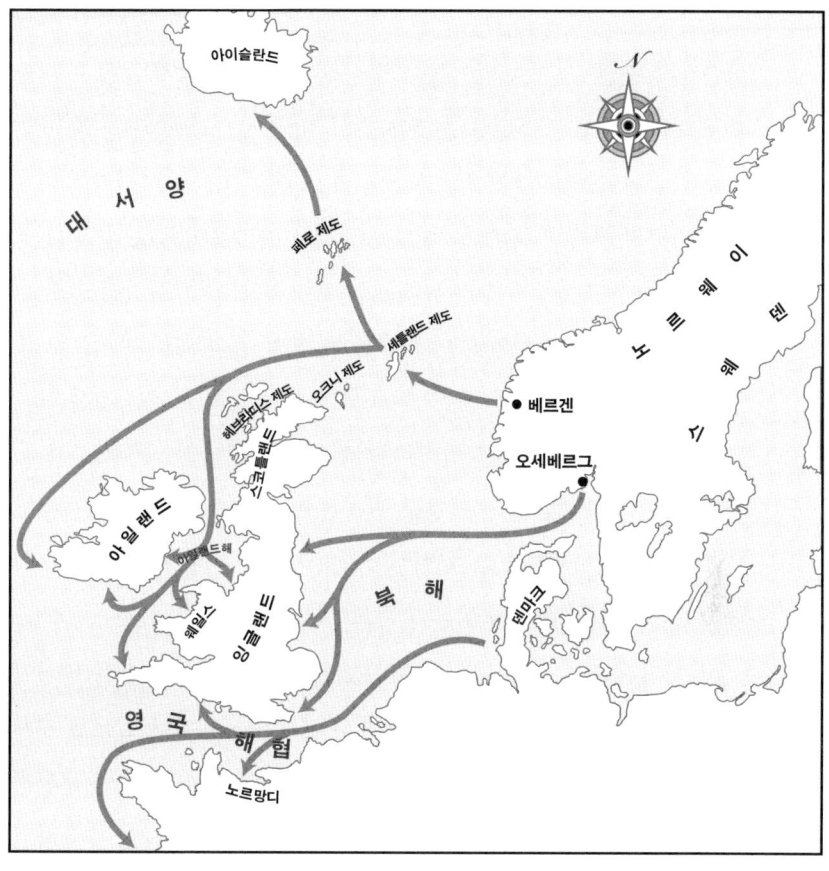

도판 4.6 측면이 포위되다: 9세기의 대형 보트들이 프랑크족의 경사진 외벽을 무의미하게 만들었다.

점 더 커졌다. 850년 이후 바이킹들은 수천 명의 병력을 보유한 군대를 운영했고, 그들 중 일부는 왕국을 무너뜨릴 수 있었다. 그 이후로 바이킹은 잔인함의 전형이 되었다. 우리는 여전히 북유럽어에서 유래한 '폭군berserk'이라는 단어를 사용하고, 제2차 세계대전에서 나치는 그들의 가장 악랄한 무장 친위대 사단 중 하나를 '바이킹Wiking'이라고 불렀다. 그럼에도 불구하고 20세기 후반에 바이킹에 대한 학문적 평가는 1~3장에서 여러 번 본 것과 같이 여러 수정을 겪는데, 학자들은 바이킹들이 앵글로-색슨 작가들이 주장하는 것처럼 많지도 않고 괴물 같지도 않았다고 주장했다. 논쟁은 특히 '피의 독수리Blood Eagle'라는 의식에 집중되었는데, 몇몇 자료에 의하면 이 의식에서 바이킹들이 희생자를 거꾸로 사슬에 묶고, 등에 있는 살점을 잘라 갈비뼈를 벌린 다음, 폐를 빼내어 그것을 독수리 날개처럼 보이게 어깨에 걸쳤다고 한다. 앵글로-색슨의 자료들에서는 적어도 두 명의 왕이 이런 방식으로 죽었다고 이야기하는데, 수정주의자들은 우리가 가지고 있는 것은 단지 그들의 주장뿐이라고 지적한다. 바이킹들은 아름다운 예술작품과 시를 창작했고, 광범위한 무역망을 관리했으며, 미국으로 항해했다. 그들의 경쟁자들이 바이킹을 대학살자라고 부르고 있는 상황에서, 우리는 무엇을 사실로 믿어야 하는가?

이는 적절한 질문이지만, 전체적으로는 바이킹의 폭력성을 믿어야 할 것이다. 고고학자들이 때때로 불에 탄 모든 수도원이나 토막 난 시체 더미가 바이킹들이 저지른 일이라고 너무 쉽게 가정한다는 수정주의자들의 비판은 옳다. 많은 바이킹 군 주둔지가 수십 명 이상을 수용하기에는 너무 작았다는 그들의 말도 맞다. 그럼에도 사료에서 바이킹들이 파괴했다고 하는 곳에서는 9세기에 약탈당한 흔적과 학살 구덩이가 정말 많이 발견된다. 그리고 일부 바이킹 주둔지는 거대했다. 872~873년의 겨울 동안 링컨셔의 토크시에 있던 주둔지는 5000명의 전사와 그 가족을 쉽게 수용할 수 있었다. DNA도 규모에 대한 증거들을 더한다. (스칸디나비아와 가까우며, 그들을 막아낼 강력한 왕이 없었던) 스코틀랜드의 섬들은 고대 노르드 사가Norse Saga*에서 두드러지게 출현한다. 셰

---

* 고대 노르웨이, 스칸디나비아 문학의 전설·영웅담.

틀랜드의 잘쇼프에서는 노르웨이 스타일의 긴 집들이 여러 방을 가진 픽트 전통의 집들을 대체했다.* DNA 연구에 따르면 셰틀랜드에서 발견되는 유전자의 23~28퍼센트가 스칸디나비아인의 것으로 나타났다.

9세기 바이킹들은 5세기에 앵글족, 색슨족, 주트족이 가졌던 것과 같은 종류의 이동성과 힘의 이점을 누렸고, 다시 한번 영국을 지중해/가톨릭 궤도에서 발트해/이교도 궤도로 끌어낼 동력이 되는 군사적 불균형을 만들었다. 793년 린디스판에서 시작된 바이킹의 수도원 공격은 앨퀸에게 유럽연합의 소프트 파워를 거부하고 그 성과를 무력화하는 의도된 전략처럼 보였다. 미국의 불량배인 '능글맞은 윌리' 서턴이 1960년대에 은행을 털었던 이유에 대해 "거기에 돈이 있었기 때문"이라고 답한 것처럼,²³ 바이킹들도 수도원에 대해 같은 생각을 했을 것이다.

교회와 서유럽의 왕들은 자신들 세계의 가장자리를 공격하며 빠르게 움직이는 강도 갱단에 효과적인 대응을 하지 못했다. 따라서 지방 영주와 수도원장과 같은 자리에 있는 사람들은 전통적인 방식대로 스스로 문제를 해결하기 위해 중앙에 내는 세금을 중단하고, 대신 그 돈을 사병들을 고용하는 데 사용했다. 기존 왕국들은 놀라울 정도로 빠르게 해체되었다. 885년, 카를 비만왕Charles the Fat이 파리를 포위하는 바이킹들을 막지 못했을 때, 강력한 프랑크 제국조차 사실상 무용지물이었다. 911년에 그의 친척인 샤를 단순왕Charles the Simple은 노르드의 걷는 족장 롤프Rolf the Walker(그는 너무 뚱뚱해 무언가를 탈 수 없는 것으로 알

---

* 이 장소의 이름은 누구나 알아챌 수 있는 만큼 완전히 스칸디나비아어이지만, 사실 그것은 낭만주의 소설가 월터 스콧 경에 의해 1814년에 명명되었다.―지은이

려졌다)를 매수하려면 후에 노르망디라고 불리게 될 비옥한 땅을 주는 것이 최선이라고 생각했다.

노르망디는 5장에서 주로 다룰 테지만, 여기서는 노르망디가 노르드의 지배로 넘어간 일이 불러온 두 가지 중요한 결과를 잠시 언급하고자 한다. 첫째로, 이 사건은 유럽 무대에서 주요 선수인 프랑크인들을 무너뜨림으로써 영국에 엄청난 충격을 주었다. 둘째로는 바이킹들이 궁극적으로 어떻게 길들 것인지 보여줬다. 가톨릭과 유럽의 합의를 무시하는 것이 약탈자들에게는 아주 그럴듯해 보이지만, 바이킹 족장들은 그들이 훔친 것을 즐기기 위해 정착하는 순간, 앵글로-색슨족이 7세기에 마주했던 같은 문제에 직면했다. 왕국을 운영하는 데에는 오직 교회만이 제공하는 지식을 갖춘 관리자들이 필요했고, 외교적 거래를 중개하는 가톨릭 왕실과의 결혼이 필요했으며, 존경받기 위해서는 가톨릭교회와 수도원을 지어야 했다. 사실 걷는 족장 롤프가 노르망디에 대한 그의 거래를 성사시킬 유일한 방법은 세례를 받는 것이었다(비록 그의 장례식에서의 인간 제물은 그가 새로운 신앙의 미묘한 점들을 때때로 받아들일 수 없었다는 것을 암시한다). 하드 파워와 소프트 파워 사이의 이 고전적인 충돌에서 바이킹들은 가톨릭교도들과 함께 기도하면 그들을 잡아먹는 것보다 더 좋은 배당금이 나온다는 것을 배웠다.

하지만 이 모든 것은 미래의 일이었다. 당장 브리튼의 왕들은 쉽게 패배하고 나가떨어진 카를 비만왕과 샤를 단순왕과는 달리 바이킹들과 맞서 싸웠다. 또한 서로 싸웠는데, 왜냐하면 스칸디나비아 사람들에게 맞선다는 것은 브리튼 내부의 더 큰 왕국들로 통합하는 것을 의미했기 때문이다. 839년 바이킹들이 스코틀랜드-픽트인 동맹을 무너뜨린 후, 스코틀랜드의 왕 케네스 맥알핀(게일어로는 키나드 막 아일핀

Cináed mac Ailpín)은 다른 스코틀랜드인, 픽트인, 브리튼인들을 공격해 이들이 스칸디나비아인들에 대항하는 연합전선에 합류하도록 했다. 그로 인해 통일된 알바 왕국은 하일랜드를 점령했고, 게일의 전설에 의하면 맥알핀은 스쿤 지역에 게일어와 '운명의 돌Stone of Destiny'을 근거로 하나의 공통된 정체성을 구축하기 위해 노력했다. 운명의 돌은 스코틀랜드 최초의 이민자들이 수 세기 전에 아일랜드에서 가져온 것이었다. 알바가 노르웨이인들을 오크니나 셰틀랜드에서 몰아낼 수는 없었지만, 바이킹들도 (876년에 또 한 번의 대승을 거두었음에도) 알바를 파괴할 수 없었다. 원주민과 노르드인들은 북쪽을 공유했다.

아일랜드는 다른 경로로 비슷한 상황에 도달했다. 수많은 소규모 부족 국가와 끊임없이 바뀌는 동맹관계로 인해 맥알핀 같은 인물이 등장하기도 어려웠지만, 침략자들이 지배하기는 더 어려웠다. 849년에 노르웨이인들을 더블린에서 몰아낸 말 세크날과 같은 카리스마 넘치는 왕이 작은 부족들을 설득할 수 있었을 때도, 아일랜드의 통일은 오래 지속되지 않았다. 그러나 바이킹들도 분열되었다. 851년 더블린을 재탈환한 것은 노르웨이인이 아닌 덴마크인들이었고, 두 민족은 그때부터 격렬하게 대립했다. 노르드인들이 웩스퍼드, 워터퍼드, 리머릭, 그리고 무엇보다 더블린을 요새화하는 것을 누구도 막을 수 없었지만, 그들은 그 지역 안에 큰 흔적을 남기지 못했다. 아일랜드보다 아이슬란드에서 약탈하는 것이 더 낫다는 결론을 내린 바이킹들은 880년대에 이 새로운 개척지로 향했다(미토콘드리아 DNA는 그들이 종종 아일랜드의 여자들을 아내로 데려갔다는 것을 보여준다).

웨일스의 운명은 아일랜드의 운명에 의해 크게 좌우되었다. 바이킹들이 더블린을 점령하자, 웨일스의 약탈되지 않았던 수도원들은 매혹적인 표적이 되었다. 맥알핀과 세크날의 역할을 한 로드리 대제는 위협에 맞서 웨일스의 많은 지역을 통합했지만, 877년 머시아인들이 그를 죽이면서 그의 왕국은 붕괴되었다(이 혼란스러운 세상에서 사람들은 동시에 여러 전쟁을 치르고 있었다). 스칸디나비아식 지명들과 발굴된 DNA는 많은 스칸디나비아인이 웨일스 서남부에 정착했음을 시사하지만, 바이킹들이 아일랜드에서 아이슬란드로 이동했을 때 이 새로운 정착민들도 대부분 웨일스를 떠나 아이슬란드로 향했다.

가장 성과가 좋았던 바이킹의 약탈은 잉글랜드에서 행해진 것이었고, 그로 인한 결과는 더 극적이었다. 앵글로-색슨 왕들은 대략 865년까지 자신들의 왕위를 유지했는데 그때 '위대한 주인'(우리의 자료들은 이렇게 부르고 있다)이 노섬브리아에 내려왔다. 요크는 866년에 함락되었고, 아일랜드해의 양쪽 해안을 지배하고 더블린에 자리잡은 새로운 바이킹 왕국에 합쳐졌다. 이후 5년 동안 바이킹들은 머시아에 꼭두각시 통치자를 세우고 노섬브리아인의 왕국과 동앵글리아인의 왕국들을 전복시켰다. 아마 그들의 군주들을 피투성이로 만들었을 것이다. 이것들은 놀랍게도 로마제국의 종말을 반복하는 것처럼 보였다. 무역은 씨가 말랐고, 도시들은 버려졌으며, 바이킹 지배 지역의 거의 모든 도서관이 불탔다. 런던은 871년 '위대한 주인'이 런던을 점령하기 훨씬 전부터 유령 도시가 되었다.

바이킹들은 마지막 남은 앵글로-색슨 왕국인 웨식스로 사납게 돌진한 후 런던으로 행했다. 바이킹 족장 구스룸은 웨식스의 군대를 다섯 번이나 격파하고 왕을 죽였다. 그리고 경험 없는 스물두 살짜리 왕의 동생 앨프리드를 위협해 철수하는 대가로 엄청난 보상을 챙겼다. 그러나 앨프리드는 평화를 얻지 못했다. 먼저 희생자를 약탈하고, 그

다음에는 더 많은 것을 요구하고, 마지막에 강탈할 것이 아무것도 없을 때는 땅 자체를 훔치는 것이 바이킹의 관행이었다.

앨프리드는 876년과 877년에 더 많은 보상을 지불했지만, 878년 1월에 구스룸은 최종 단계로 전환했다. 앨프리드의 부하들은 도망쳤고 왕 자신은 애설니의 늪으로 도망쳤는데, 그의 전기 작가 아세르 주교는 "채집이 그에게 남은 유일한 생존법이었다"라고 말한다.[24] 하지만 이것은 만들어진 전설 중 하나라고 할 수 있다. 앨프리드에 관한 가장 유명한 이야기인, 그가 한 여성 농부의 오두막에 숨어 지내는 동안 그녀가 그에게 봐달라고 부탁한 빵을 태웠다는 이야기도 그렇다. 많은 아서 이야기처럼, 이 이야기들도 그가 죽은 지 한참이 지나서야 언급되기 시작했고, 오늘날 우리가 알고 있는 내용에 도달하기 전까지 수 세기 동안의 이야기 속에서 자랐났다.

하지만 이것만이 앨프리드가 아서와 비슷해질 수 있는 유일한 방식이었다. 브리튼인들은 거의 4세기 동안 가톨릭 왕 아서가 마법의 섬인 아발론에서 돌아와 이교도 앵글로-색슨족을 몰아내기를 기다려왔지만, 결국 가톨릭 앵글로-색슨족 왕 앨프리드가 애설니의 늪지대에서 돌아와 이교도 노르드족을 몰아냈다. 앨프리드와 점점 규모가 커진 저항의 무리들은 구스룸의 은신처 주변에서 바이킹들을 몇 달 동안 공격한 후, 5월에 말을 타고 에그버트Egbert의 돌(알 수는 없지만 아마 스톤헨지 시대의 기념물일 것이다)로 이동했다. 아세르에 따르면 "거기에서 바이킹을 피해 해외로 떠나지 않았던 서머싯과 윌트셔 그리고 햄프셔의 모든 주민이 그와 합류했다. 주민들은 왕을 엄청난 고난 후에 삶을 되찾은 사람처럼 (놀랍지는 않지만) 맞이했으며, 엄청난 기쁨에 가득 차 있었다".[25] 그들의 사기는 하늘을 찌를 듯했으며, 앨프리드의 부하들

도판 4.7 시대가 영웅을 만든다: '앨프리드 보석'. 9세기 후반 금, 에나멜, 돌수정으로 장식된 보석으로, 애설니에서 불과 5킬로미터 떨어진 곳에서 발견되었다. '앨프리드가 만들게 했다'라고 새겨져 있다.

은 이틀 후 에딩턴에서 바이킹들을 따라잡고, 몇 시간 동안 창과 도끼로 그들을 죽여 전선을 무너뜨렸다. 구스룸은 앨프리드 군대에 포위된 채 2주간 버티다가, 가톨릭을 받아들이고 동앵글리아로 철수했다.

그러나 진정으로 앨프리드를 맥알핀과 세크날, 로드리보다 위대한 대왕으로 만든 것(도판 4.7)은 에딩턴에서의 승리가 아니었다. 그것은 에딩턴 이후에 한 일 때문이었다. 그는 북유럽 성공의 비결이 이동성이라는 것을 알게 되었다. 바이킹들은 자신들이 원하는 대로 오고 갈 수 있었기 때문에, 그들에 대한 한 번의 승리가 최종일 수 없었다. 그들은 패배하면 배를 타고 떠났다가, 약점의 징후가 보이면 되돌아왔다. 앨프리드는 바이킹이 가지고 있는 이동의 자유를 제한해야 했다. 그러나 그의 한정된 자원을 고려할 때, 작센 해안에 요새를 재건하고, 스칸디나비아를 정복하고, 현대적 의미로 바이킹 함대를 그들의 항구 안에 봉쇄해 바다에 못 나오게 통제하는 것은 현실적이지 않았다. 그는 근해와 대양, 심지어 해변에서도 바이킹들과 싸울 수 없었다. 그러나 들판과 언덕, 거리에서는 그들과 싸울 수 있었다. 방법은 시골 곳곳에 요새인 부르들을 빽빽이 세우는 것이었다. 이 부르burh(단어 '자치구 borough'의 어원)들은 단순한 피난처뿐만 아니라 적절한 마을로도 기능할 수 있었다. 그들의 견고한 성벽은 종종 로마의 방어 시설을 재사용했고, 하루 걸음 거리마다 세워져 있었다. 바이킹들의 이동은 저지당했고 포위되었으며, 만약 이들이 부르를 우회하더라도 부르는 이들을 공격하고 발을 묶는 기지 역할을 했다.

  부르들을 짓기 위해서는 앨프리드 스스로 훌륭한 전사일 뿐만 아니라 말재주도 있어야 했다. 그는 부르를 지을 물질적 여유가 없었고, 건설과 운영에 필요한 2만 7000명의 민병대(9세기 웨식스에서는 엄청난 숫자)도 가지고 있지 않았던 터라, 영주와 주교들에게 '공동 부담'의 고통이 바이킹 통치의 고통보다 덜하다는 것을 설득해야만 했다. 물론 모두가 동의한 것은 아니었다. 왜냐하면 바이킹들이 무섭긴 했어도 영주들에게 그들은 같이 사업하는 사람들이었기 때문이다. 링컨과 스탬퍼드와 같이 바이킹 통치에 있는 몇몇 도시는 확실히 호황을 누렸고, 낮은 세금을 매기는 바이킹 국가는 높은 세금을 내야 하는 앵글로-색슨 국가보다 부유한 사람이 살기에 더 만족스러운 곳이 될 수도 있었다.

  앨프리드의 천재성은 이동성, 번영, 안보, 주권의 문제가 궁극적으로 정체성 문제라는 것을 알아봤다는 데 있다. 그의 백성이 같이 뭉치

길 원해야 했다. 그리고 그는 이를 실현할 방법을 알아냈다. 바로 자신을 독특한 가톨릭 왕으로 쇄신하는 것이었다. 그는 "모든 것이 약탈당하고 불에 타기 전에는 하나님을 섬기는 사람이 많았다. 그러나 우리가 배움을 소중히 여기지 않고 다른 사람들에게 그것을 전하지 않았을 때, 우리에게 무슨 벌이 주어졌는가! 우리는 명목상으로만 가톨릭교도였고, 극소수만이 가톨릭교도로서의 덕목을 가지고 있었다"라고 썼다.[26]

앨프리드는 지적 혁명을 해나갔다. 그는 단지 수도사를 몇 명 더 교육하는 대신에, 웨식스의 모든 사람을 새로운 유형의 가톨릭교도로 만들고자 했다. 모든 사람은 직접 하나님의 말씀을 접할 수 있도록 글을 배워야 했고, 모든 주요 가톨릭 문헌은 그들을 위해 고대 영어로 번역되어야 했다. 그리고 앨프리드 자신이 그 노력을 앞장서 이끌어야 했다. 열정에 불타는 앨프리드는 바이킹 전쟁을 신성 전쟁으로 만들면서 유럽의 최고 학자(아세르 포함)들을 고용해 자신이 고전들을 읽고 이야기할 수 있도록 라틴어를 배우기 시작했다.

앨프리드는 그의 시대보다 수 세기 앞서 있었다. 어떤 통치자도 다음 1000년이 거의 지날 동안 대중 문맹 퇴치는 상상할 수 없는 것이었다. 비록 그는 실패했지만, 중요한 것은 백성이 그의 편에서 결집했다는 것이다. 『앵글로-색슨 연대기*Anglo-Saxon Chronicle*』는 앨프리드가 런던을 탈환한 886년에 "데인족에게 포로로 잡혀 있던 사람들을 제외한 모든 잉글랜드인이 그에게 복종했다"고 말한다.[27] (여인에게 부탁받았던) 빵을 태운 지 15년 후, 앨프리드는 웨식스를 구했을 뿐만 아니라, 잉글랜드를 변화시키기 시작했다. 이전에 자신을 켄트인, 머시아인, 노섬브리아인이라고 여겼던 사람들은 점점 더 자신들을 '잉글랜드 족속'의 잉글라롱드Englalonde 출신 '앤겔킨Angelcynn'이라고 불렀다. 최소한 공식적인 용도에 있어서는 웨식스 버전의 고대 영어가 이전 시기의 이런저런 방언들을 대체하기 시작했다.

890년대에 노르드인들이 앨프리드의 잉글랜드를 다시 쳐들어왔을 때, 그의 부르들은 효과적으로 작동했다. 그는 7세기 전에 로마가 색슨 해안의 요새를 침략자를 포위하고 섬멸할 지원군이 도착할 때까지 침략자의 속도를 늦추기 위해 사용했던 것과 같이 부르들을 사용했다. 늘 하던 대로, 앨프리드는 이 일에 자신을 쏟아부었고, 바이킹의 배보다 두 배 더 크고 더 많은 해상 군대를 수송할 수 있는 새로운 군함을 직접 설계했다. 896년에 얕은 해안 수역에서 벌어진 전투에서 한 척을 제외한 모든 바이킹 배를 포획했다는 기록이 남아 있다. 그 후 바이킹들은 돌아오지 않았다.

앨프리드가 죽은 899년에도 노르드인들은 여전히 잉글랜드 북부를 지배했지만, 그는 스코틀랜드, 아일랜드, 웨일스의 동시대 어떤 왕들보다 형세를 역전시키는 데 훨씬 더 큰 역할을 했다. 앨프리드는 요새와 배를 합치는 마법 같은 공식을 재발견했고, 그 비용을 지불하는 방법을 찾았으며, 무엇보다 신성한 영국다움을 공유하면서 작은 왕국들을 자신에게 묶어두었다. 남부 해안과 동부 해안이 점점 더 안전해지자, 그의 후계자들은 북쪽과 서쪽으로 방향을 바꾸어 육지를 가로지르며 부르들을 확장했고, 100척의 배를 건조하여 스코틀랜드의 북쪽 끝으로 보냈다. 927년 앨프리드의 손자 애설스탠이 요크를 탈환하여 아일랜드해를 바이킹의 호수로 만든 더블린 축을 무너뜨렸을 때, 웨식스는 단순히 잉글랜드에 합쳐지는 것이 아니라, 영국으로 합쳐지는 것이었다. 그리고 이는 모든 섬이 한 사람의 통치 아래에 있는 것을 약속하고 위협하는 것을 의미했다.

공포에 질린 더블린의 바이킹들, 알바의 스코틀랜드인들, 북부의 스트래스클라이드 왕국의 브리튼인들은 937년에 그들 사이의 갈등을 묻어두고 대동맹을 맺었지만, 애설스탠은 지금까지 장소가 파악되지 않은 브루난버의 대전투에서 이 동맹마저 격파했다. 한 연대기 작가는 "이 섬에서 그렇게 많은 사람이 죽어나간 적은 없었다"고 말했다. "지혜로 가득 찬 고대 서적이 전하는 바에 따르면, 동쪽에서 앵글족과 색슨족이 넓은 바다를 항해하고 상륙한 이후로는 그런 일이 없었는데, (…) 다섯 명의 젊은 왕이 칼에 맞아 죽은 채 전쟁터에 누워 있었다."[28] 애설스탠은 약간의 과장을 담아 '영국 전체의 왕이자 통치자'라고 동전에 새겼다.[29] 윈체스터에서 더블린과 스콘에 이르기까지 모든 소규모 군주들은 무릎을 꿇었다.

웅장한 해적왕으로 불린 바이킹의 마지막 왕 에이리크 블로되스가 954년에 살해되고, 대부분의 역사가는 '평화왕' 에드거(재위 959~975)의 통치를 앵글로-색슨족의 절정기로 보는데, 이 시기가 되어서 영국의 놀라운 변화를 볼 수 있다. 즉, 5세기의 브리타니아는 로마제국에서 가장 분열되고 가난한 지역이었는데, 10세기에는 티스강 남쪽 지역에서 동일한 화폐를 사용하고, 거의 같은 언어를 사용하며, 한 명의 왕에게 세금을 지불하면서, 통일된 법률을 준수하는 아마도 서유럽에서 가장 큰 통합된 정치 단위가 된 것이다. 에드거의 백성은 머시아, 켄트, 콘월을 잊지 않았지만, 이제는 잉글랜드 정체성으로 통합되었다.

현대 영국의 역사학자들은 흔히 1897년 빅토리아 여왕의 60주년 행렬을—누군가는 '뻔뻔하고, 으스대며, 오만하고, 독선적이다'라고 말했다.[30] ―제국주의 영국의 자만심을 보여주는 상징으로 취급하는데, 그들의 기준으로 볼 때에도 에드거가 973년에 개최한 축하 행사는 1897년의 행사와 비교도 되지 않을 터무니없는 것이었다. 그는 일찍이 즉위 초부터 어떤 왕보다 더 열성적으로 신의 은총으로 통치한다고 주장했고, 문서의 삽화에서 그는 점점 더 예수처럼 그려졌다. 연대기 작가들이 지적했듯, 에드거는 예수가 사역을 시작한 나이인 29세에 바스에서 열린 의식에서 다른 어중간한 방법들 대신 자신에게 명시적으로 하나님의 아들로 인식할 수 있는 왕관을 씌웠다. 이것은 성급한 일이었지만, 그는 이후 훨씬 더 큰 포교 활동들을 이어갔고 그 와중에 브리튼 섬 전역에 있는 작은 왕국의 왕들을 체스터로 불러들였다. 이들은 에드거의 '협력자'가 될 것을 맹세한 후, 여섯 명(또는―출처가 정확하지는 않지만―여덟 명)의 선택된 왕들은 각각 노를 저어서 에드거를 향해 디강을 건넜다. 그가 택한 바스와 체스터가 영국에서 가장 잘 보존된 로마 유적이었던 것은 우연이 아닐 것이다. 그는 폐허 한가운데서 명확한 메시지를 보냈다. 그가 브리타니아의 고대 가톨릭 신앙을 회복했고, 심지어 바다도 지배하고 있다는 것이다. 왕이 돌아온 것이다.

따라잡기

에드거의 왕국은 4세기 로마 시대의 브리타니아보다 약하고 가난하며 덜 세련되었지만, 어쨌거나 그 격차는 줄어들었다. 350년에 약 400만 명이었던 인구는 550년에 거의 100만 명으로 감소했다가 950년에는 다시 200만 명 정도로 회복되었다(그리고 계속 증가했다). 로마 시대에는 브리튼인 열 명 또는 스무 명 중 한 명이 1000명 넘는 규모의 마을에 살았는데, 6세기에는 그런 규모의 마을이 거의 사라졌다가, 다시 10세기에 그 비율이 5~10퍼센트까지 회복되었다. 마찬가지로 로마 시대에 약 3만 명의 주민이 살며 정점을 찍었던 런던은 아우구스티누스가 도착했던 597년에는 거의 텅 비었다가 에드거 시대에 다시 약 2만 명의 주민이 거주했다.

각 가구의 부의 증가 속도는 더 느렸다. 4세기에 평균 150~200제곱미터였던 주택 규모는 5세기에는 거의 30제곱미터로 줄었다가 다시 증가했다. 그러나 10세기에도 주택의 크기는 고작 50~60제곱미터에 불과했다. 4세기 많은 시골 집의 바닥은 포장되어 있었고 벽과 기와는 회반죽으로 칠해져 있었다. 그리고 거주자들은 엄청난 양의 도자기를 부수고 버렸다. 반면 5세기의 색슨족은 비참할 정도로 매우 가난해서 집이 있는지조차 알기 힘들었고, 10세기의 앵글로-색슨족은 이보다는 나았지만, 여전히 로마인보다 더 가난했다. 누구도 돌로 집을 짓지 않았다. 잉글랜드인들은 조잡한(그리고 고고학자들이 연도를 식별하기 어려운) 도자기와 동전, 철필을 사용했고, 이들이 식량을 찾아 더 넓은 공간에서 경제 활동을 했다는 증거들이 있다. 이러한 일반적인 상황에서 하나의 예외는 링컨셔의 플릭스버러 유적지에서 발굴된 유리로 된 창틀, 철제 도구 그리고 27개의 철필 등을 포함한 1만5000개의 가공품이다. 일부 고고학자가 플릭스버러의 예를 볼 때, 실제로 그들은 가난했던 것이 아니라 보존 상태가 좋지 않아서 다른 유적지들에서 발견되는 것이 적었던 것이라고 생각하지만, 대부분의 학자는 플릭스버러가 농민 마을은 절대 아닐 것이고, 사실 검증되지는 않았지만 수도원이나 왕실 유적지가 아니었을까 생각한다.

로마 시대에 있었던 호황과 같이, 앵글로-색슨족의 경제 호황 시기는 지구온난화 시기와 맞물린다. 일조량이 다시 많아지며 재배 기간이 길어졌고 수확량이 늘어났다. 이뿐 아니라 먼 북쪽 지역과 높은 언덕에서도 작물을 재배할 수 있게 되었다. 로마 온난기와 중세 온난기에 사람들은 자연이 하사하는 이점을 활용할 수 있는 방법을 알아냈다. 두 시기 모두 자본과 노동력을 땅에 쏟아부었다. 앵글로-색슨족은 로마인과 마찬가지로 숲을 개간하고, 잡초를 제거하고, 밭에 거름을 주고, 도로를 건설하고, 동물들을 샀으며, 그리고 새로운 기회들을 활용하기 위해 사회를 재조직했다.

실제로 춥고 습했던 북부와 서부는 따뜻해진 날씨의 혜택을 가장 많이 받을 수 있었던 지역이었고, 정말로 두 지역 모두에서 경제적 성장이 일어났다는 증거를 찾을 수 있다. 일례로, 콘월의 절벽 위 마을인 마우건 포스에서는 발굴자들이 이 지역이 외부의 더 큰 시장과 연결되어 있었다고 볼 수 있는 은화 1센트와 향토적이지 않은 세련된 항아리를 발견했으며, 픽트인의 스코틀랜드 깊은 동북쪽에 있는 포트마호맥의 수도원 작업장들에서는 금속, 유리, 나무, 가죽, 그리고 아마도 대량의 닥나무 종이를 만들고 있었다.

그래도 최고의 지역은 동남부였다. 어느 정도는 질 좋고 풍부한 토양, 높은 인구 밀도, 풍부한 자원 덕분이었고, 잉글랜드의 왕들이 바이킹의 침입을 성공적으로 차단한 것 또한 중요한 요인이었다. 위험은 투자의 적이다. 바이킹의 약탈을 예상하는 가정에서 이에 대비하는 가장 좋은 방법은 남은 곡식을 팔아 은과 금을 사서 필요할 때까지 정원에 묻어두는 것이었다. 이것이 사람들이 금속 탐지기로 350년에서 850년 사이의 어수선했던 500년 시기의 많은 동전을 찾을 수 있었던 이유이며(BBC의 대단한 코미디 시리즈인 「디텍토리스트Detectorists」의 주인공들도 색슨족의 금에 집착한다), 동시에 발굴자들이 농부들이 자신들의 잉여를 농업 개선에 투자한 흔적을 거의 발견하지 못하는 이유다. 그러나 통치자가 이동을 통제하고, 안보를 제공하며, 주권을 강화할 수 있을 때, 로마인들이 그랬고 이후 앵글로-색슨족이 당시 그랬던 것처럼, 장기적인 투자는 좋은 선택이다. 이것이 바로 870년대 이후 수천 명의 잉글랜드 농부들이 시작한 일이다.

옥스퍼드셔의 얀턴을 보면 어떤 일이 일어났는지 자세히 추적해볼 수 있다. 이곳에서 작업하는 환경 고고학자들은 소와 말의 배설물을 먹는 쇠똥구리가 9세기 후반에 얀턴 주변 들판에서 거의 사라지고, 초원에서 많이 보이는 종류의 벌레로 대체되었다는 사실을 발견했다. 별일이 아닌 것처럼 보일 수 있지만, 이것은 누군가 마을의 진흙투성이 목초지를 마른풀이 자라는 목초지로 바꾸기 위한 배수로를 파는 데 수천 시간 동안 고생했다는 것을 의미한다. 이 과정에서 어려운 점도 있었는데 마을의 가축들을 자유롭게 방목하는 2월과 6월 사이에, 가축들이 새로운 목초지에서 자라는 귀중한 풀을 짓밟을 거라는 점이다. 그러나 좋은 점은 이제 목초지에서 겨울 동안 외양간과 마구간에서 소와 말에게 먹이를 제공할 사료를 충분히 생산할 수 있게 되었다는 것이다.

가축들은 축사에서 휴식을 취하며 먹이를 해결할 수 있었고, 주인들은 가축 분뇨로 쉽게 거름을 모아 밭으로 옮길 수 있었다. 900년까지 얀턴의 밭은 과한 경작으로 지력을 잃은 흙에서만 잘 자라는 잡초들에 의해 점령당했고 그 밖의 식물은 많이 사라졌다. 동시에, 무거운 점토질 토양에서 번성하는 밀과 보리 종에 대한 증거가 나타난다. 발굴자들은 이 모든 증거로부터 5세기 이후로 쭉 잉글랜드 전역에서 선호되었던 가볍고 건조한 산허리의 토양에서, 로마 시대 이후 거의 접근하지 않았던 계곡 바닥의 더 단단한 점토로 농업이 확장되었다고 결론 내렸다. 이 토양들은 더 많은 비료, 더 무거운 (400년 이후로 사라졌지만 원래 로마 농부들이 사용했던 종류의) 쟁기, 그리고 쟁기를 끌기 위한 더 많은 가축이 필요했다. 다행히 가축은 거름을 주었고, 목초지는 더 많은 가축을 먹일 건초를 제공했다. 부유한 농부가 기후변화에서 이익을 보기 위해 추가로 투자해야 하는 것은 훨씬 더 많은 양의 노동력뿐이었다.

인구가 증가한 덕분에 필요한 노동력의 일부를 얻었지만, 많은 부분은 노동자들을 더 강하게 밀어붙여서 충당했다. 학식으로 존경받는 수도원장이었던 앨프릭은 한 농부가 지역 영주에게 '아, 저는 정말 열심히 일합니다'라고 말하는 장면을 상상해 글을 썼다.

새벽에 일어나 소들을 몰고 밭으로 나가 쟁기질을 합니다. 아무리 추위도 주인님이 무서워서 집에 있을 엄두를 내지 못합니다. 소에 멍에를 씌우고 날을 쟁기에 단단히 고정한 후, 매일 1에이커 이상을 경작합니다. 그리고 이외에 더 많은 일을 합니다. 소들의 여물통을 건초로 채우고, 물을 주고, 그들의 배설물을 밖으로 내다 버립니다.

'아아!' 그의 주인이 소리친다. '일하느라 고생이구나.'[31]

하지만 영주는 아랑곳하지 않고 농부들에게 계속 일을 시켰다. 잉글랜드 전역의 영주들은 농부들이 확실하게 명령대로 일하게 하고자 농촌 지역을 새롭게 계획했다. 색슨족이 잉글랜드의 대부분을 정복하면서 임의로 나눠 경작하던 비효율적인 집단 농장은 650년경부터 쇠퇴하고 있었는데, 이는 영주들이 농장의 생산물을 새로운 시장 도시들에 팔기 위해 더 많은 수확을 짜내기 시작했기 때문이다. 850년 이후에는 기존의 산만한 땅들이 완전히 사라졌다. 늘어난 투자와 면밀한 노동력 감시로 이득을 본 영주들은 그들의 넓은 땅을 50~100헥타르 정도 크기의 작은 농장 수십 개로 나누었다. 그들은 이 농장을 가신들에게 빌려주거나, 팔거나, 심지어 주기도 했다.

영주들이 이런 일을 자선 차원에서 한 건 아니었다. 작은 토지에서 생산과 노동을 감독하는 것이 넓은 토지보다 쉬울 뿐만 아니라, 종종 직접 토지를 관리하는 것보다 가신들이 토지에 내는 돈을 받는 것이 더 이익이었다. 따라서 계산이 빠른 영주들은 토지 분할을 선호했다. 조건만 잘 걸어둔다면, 심지어 무상으로 주는 것도 이익이 될 수 있었다. 땅을 얻은 가신들은 일반적으로 자신들의 토지 대부분을 소작농들에게 빌려주었지만, 일부는 직영지로 보유하여 개인적으로 경작했다. 어떤 이들은 노예를 사용했는데, 건강한 사람 한 명당 약 1파운드(대략 소 여덟 마리의 가격으로, 아마 일반적인 가신의 연간 수입의 5분의 1 수준)의 값을 치렀다. 여기에 숙박, 식량, 감독 비용은 포함되지 않았기 때문에 노예를 부리는 것은 저렴하지 않았다. 10세기에 대부분의 가신은 노예에게 노동비를 받는 대가로 그들을 해방시키고, 필요할 때만 노동자를 고용해 직영지를 경작하는 것이 비용 대비 효율적이라는 것을 깨달았다.

850년경에서 900년 사이에 잉글랜드의 일부 지역에서는 10개에서 50개의 가구가 모여 마을을 형성하기 시작했다. 오늘날 우리는 언덕배기를 경작하는 볼드윈의 변치 않는 쟁기 무리처럼 마을이 시대를 초월해 언제나 영국에 존재했다고 생각하는 경향이 있다. 하지만 9세기나 10세기 이전에는 마을에 거주하는 잉글랜드인이 거의 없었다(여기서 마을은 100명 규모의 정착지를 의미한다). 흩어진 농장 지대가 항상 더 흔했고, 로마 시대에 2000명 규모의 소도시들이 만들어졌으며, 몇 개의 도시는 이보다 10배쯤 더 컸다. 그러나 9세기와 10세기에는 모여 사는 것이 삶에 필수적인 일들을 쉽게 단순화했기에 인기를 끌기 시작했다. 흙을 헤치고 쟁기를 끄는 것은 여덟 마리의 소가 필요할 정도로 힘들었지만, 대부분의 농민은 소 한 마리조차 살 수 없었다. 결국 이 문제를 해결하는 방법은 소를 공유하는 것이었다. 여러 가족이 각각 소 값의 일부를 내고 소를 교대로 사용하는 것이었다. 수백 헥타르에 흩어져 있던 농가의 정착민들보다 가까이 사는 이웃끼리 가축을 공유하기가 훨씬 더 쉬웠다. 또한 서로 붙어살면서 마을 사람들은 겨울에 소들을 외양간에 가둬 키우는 비용을 줄일 수 있었다. 그들은 매년 들판의 일부를 휴경지로 남겨 소들이 풀을 뜯어 먹도록 합의할 수도 있었다. 모든 사람이 이득을 봤다. 가난한 이들은 무료로 소 사료를 얻을 수 있었고, 소들을 외양간에서 키울 여유가 있던 이들은 개별적으로 모은 거름에 더해 공동의 토지에 소들이 남긴 거름의 일부를 자신들 몫으로 확보할 수 있었다.

사람들이 한곳에 모이면서 시골생활의 많은 문제가 해결됐다. 공동체들은 나무 벌채와 관련된 감시를 쉽게 할 수 있었고, 그 결과 목재로 사용될 크고 오래된 나무들과 연료로 쓰일 작고 어린 나무를 섞어서 보존할 수 있었다. 또한 값싸고 비효율적인 작은 물레방아 여러 개보다 하나의 큰 신식 물레방앗간을 짓는 것이 개울 이용에 경제적임을 알게 되었다. 정말, 모두가 이익을 보았다. 가난한 가정은 방앗간 주인에게 이용료를 냈지만 몇 주 치에 해당되는 아내의 노동력을 다른 곳에 사용할 수 있었고, 방앗간 주인은 그의 서비스를 필요로 하는 마을 사람들로부터 보장된 수입을 얻을 수 있었다.

우리가 아는 한, 농민들은 이것의 많은 부분을 밑바닥부터 스스로 조직했다. 그러나 더 생산적인 토지일수록 영주가 소작농들에게 더 많은 임대료를 부과할 수 있기 때문에, 영주들 또한 휴경지에서 허용된 가축들을 감독하고, 숲을 순찰하고, 제분소를 짓기 위한 자본을 조달하는 데 참여했다. 모든 것을 한 번에 감독하고 싶은 마음이 컸던 영주들은 자신들의 가족을 농장 노동자, 소작농, 노예들과 함께 새로운 마을로 이동시켰다. 새로운 정착지들은 종종 교회 옆에 있었던 영주의 주택 없이는 완성되지 않았다(도판 4.8). 토지를 많이 소유해 부유해진 영주들은 화려한 건물 외관과 세련된 문루에 많은 돈을 썼다.

영주들은 앨프리드의 설계에 따라 만들어진 근처 부르에서 농산물을 판매함으로써 건물 장식에 필요한 돈을 마련했는데, 보통 그곳에는 왕실의 조폐국이 같이 있었다. 교역을 늘리기 위해 (물론 그만큼 세금이 부과될 수도 있지만) 대부분의 부르에서 널찍한 대로는 장터를 겸했고 장인들로 북적였다. 고고학자들은 노퍽의 작은 부르인 테트퍼드의 대장장이들이 하루 일과가 끝나고 쓰레기를 버리던 뒷골목에서 1미터 두께의 철 부산물 층을 발견했다.

잉글랜드에는 마을과 부르뿐만 아니라 지역 경제를 유럽 대륙의 무역업자들과 연결하는 (대부분 로마 시대의 도시와 비슷한 위치에 있던) 전략적으로 중요한 위치에 자리잡은 도시들도 있었다. 가장 유리한 위치의 도시는 런던이었는데, 안보가 향상되면서 지리적 이점이 다시 부각되었다. 889년에 앨프리드는 사람들을 오늘날 런던에서 여전히 볼 수 있는 오래된 로마 성벽 안으로 다시 이동시키기 시작했다. 그는 조

도판 4.8 전통: 12세기 요크셔의 와람 퍼시 마을. 고고학 예술가 피터 던의 상상도. 교회 바로 뒤 오른쪽 상단에 영주의 주택이 있다.

폐국을 설치했고, 같은 해의 기록에는 석조 건물(아마 오래된 로마 목욕탕 건물) 안에 새로운 시장이 열렸다고 언급되어 있다. 나무의 나이테들은 890년에 런던 사람들이 퀸하이스의 템스강에 새로운 부두의 건설을 추진했다는 것을 보여준다. 퀸하이스는 아마 스트랜드 주변의 초기 앵글로-색슨 도시보다 낡은 부두가 있던 지역이었기 때문에 사람들로 덜 붐볐을 것이다. 1000년경에 그들은 무너진 로마 다리를 교체하고 대륙의 배가 들어갈 수 있을 만큼 큰 부두를 열었지만, 사실 그들의 목공 기술은 로마 기준에서 보면 조잡했다. 목공 기술자들은 로마인들이 사용했던 200~300년 된 튼튼한 참나무가 아니라, 어린나무나 고대 난파선에서 재활용한 작은 판자를 목재로 썼다.

앵글로-색슨 경제가 로마와 달랐던 점은, 특히 런던에서 두드러졌는데, 로마제국 아래에서는 대부분의 금융, 상업, 정치 엘리트들이 이민자들이었지만 에드거의 치하에서는 그들이 현지인이었다는 것이다. 잉글랜드가 7세기에 로마의 유럽연합에 가입했을 때, 종교 전문가들도 대륙 이민자였지만 10세기에 들어서는 앵글로화되었다. 오히려 잉글랜드에서 자란 위인들은 마치 그들이 대륙인인 것처럼 행동했다. 지식이 여전히 유럽에서 수입된 것이었기 때문이다.

로마 시대 브리튼 도시들에서 가장 인기 있는 술이었던 와인도 다시 돌아왔는데, 에드거의 후계자들은 와인 공급을 보장하던 프랑크 상인들에게 특권을 주었다. 에드거 자신도 게르만인 의상인 긴 실크 로브를 입고 흉내를 냄으로써 보수주의자들을 분개하게 만들었지만, 1세기 만에 잉글랜드에서 부유한 사람들은 모두 같은 복장을 하고 있었다. 왕들이 입은 비단은 문자 그대로 값을 매길 수 없는 것이었는데, 이를 생산할 수 있는 유일한 누에는 멀리 콘스탄티노플에 있는 비잔틴 황제의 것이었고, 황제의 비단은 시장에서 구할 수 없었다. 이것을 얻는 유일한 방법은 게르만 왕들에게 선물로 받는 것이었는데, 게르만 왕들은 교황들에게 그것을 받았고 교황들이 가지고 있던 것은 황제에게 직접 받은 선물이었다. 그러나 잉글랜드의 패셔니스타들에게는 다행스럽게도 10세기에 비잔티움의 2급 비단 직공들이 생산을 확대하면서, 누구나(정확히 말하면 그 시대에 로마에 갈 수 있을 만큼의 부유한 사람이라면 누구나) 황실급 품질에 가까운 비단을 구할 수 있었다. 비단은 런던과 링컨에서 적지 않은 양이 발굴되었으며, 요크에서 발굴된 옷가게에서는 재고의 25퍼센트 정도를 비단이 차지하고 있었다. 비단 스카프는 대도시에서 더블린까지 퍼졌고, 비단 리본은 윈체스터로 흘러

들어갔다. 성공에 열을 올리던 영주들은 바로 비단 제품들로 자신들을 치장했다. 고문서의 삽화에는 짧은 튜닉과 플레어 스커트를 입은 남성들의 모습이 그려져 있는데, 그들은 깃, 소매, 밑단을 비단으로 추정되는 색색의 천으로 장식했다.

사실 영주의 가족들은 거의 양모로 된 옷을 입었는데, 비단을 수입하는 대가로 지불되던 것이 양모다. 머시아 양모는 7세기에 이미 런던을 통해 수출되었고, 10세기에는 주요 무역품이 되었다. 영주들은 비생산적인 땅에 양들을 집어넣고, 플랑드르의 옷감 제조업자들에게 양털을 팔아서 현금을 마련할 수 있었다. 13세기 이전의 수치는 알 수 없지만, 13세기 잉글랜드에는 인구수의 2배를 넘는 1000만 마리의 양이 있었다. 에드거 시대의 잉글랜드는 이미 대륙 산업에 원료를 공급하는 수익성 있는 틈새시장을 찾고 있었다.

10세기의 일부 마을 사람은 구리와 납으로 만든 장신구를 착용하고 가죽 신발을 신고, 상점에서 산 냄비를 사용하고 동전으로 값을 지불하면서 과거 로마 시대 사람들을 완전히 따라잡았다. 부유한 영국인들은 유리 창문이 있는 집에서 살았고, 가장 부유한 사람들은 대륙 엘리트들처럼 우아하게 살았다. 18세기에 주영 이탈리아 대사는 "영국에는 60개의 다른 종교 종파가 있으나 음식 소스는 하나뿐이다"라고 기분 나쁘게 말했지만,[32] 그러나 에드거 시대의 잉글랜드식 소스들은 프랑스 미식가들에게도 깊은 인상을 남겼다. 잉글랜드의 건축물도 마찬가지로 인상적이었다. 앨프리드 대왕의 옛 수도였던 윈체스터는 3분의 1 이상이 궁전, 수도원, 성당들로 채워져 있었다. 한 교회는 400개의 파이프가 달린 오르간을 자랑했는데, 건반 연주를 위해서는 두 사람이 필요했고 파이프에 공기를 주입하기 위해서는 70명이 더 필요했다. 노리치에는 49개의 교회가 있었고, 이 지역의 모든 마을에서 글을 읽고 쓸 줄 알던 성직자들은 똑같이 글을 읽고 쓸 줄 아는 상인들이 제공하는 타락한 사치품으로부터 영혼들을 구하기 위해 애썼다.

10세기 잉글랜드는 인구, 번영, 도시화, 화폐화 등 수치로 확인할 수 있는 모든 면에서 6세기 전의 브리타니아를 따라잡고 있었다. 물론 정체성, 주권, 문화는 완전히 달라 보였다. 이제 잉글랜드는 먼 제국의 수도에 종속된 상태가 아니라, (비록 같은 먼 수도에서 운영되었지만)유럽연합의 정신을 같이하는 자랑스러운 파트너가 되었다. 당연히 대처의 법칙은 여전히 유효했고, 이 섬들은 유럽의 일부였다. 고대 로마 군단과 성벽이 제공했던 외벽이 함락되었을 때, 이 섬들은 유럽 대륙에서 밀려오는 이민자들의 물결에 노출되어 있었지만, 결국 가톨릭 연합은 독일과 스칸디나비아의 황야에서 온 영혼들을 길들였다. 부와 교양은 지중해 주변의 압도적인 고지에서 대서양 주변을 향해 흘러내려왔지만, 10세기에 이르러 이 경사는 이전보다 더 완만해졌다. 반면에 잉글랜드와 켈트의 주변부 사이의 경사는 더 가팔라졌다. 잉글랜드는 여전히 유럽의 가난한 사촌일지 모르지만, 예전과 같은 정도는 아니었다. 이러한 균등화 과정과 프랑크 제국의 몰락이 남긴 권력 공백 덕분에, 10세기 잉글랜드 왕들은 자신들을 영국의 왕으로 바꾸어 말할 수 있었다. 반천 년이 걸렸지만, 이 섬들은 유럽 무대에서 새로운 역할을 찾고 있었다.

5장
왕국들의 통일
973~1497년

북해의 연합왕국

아일랜드해를 가운데에 둔 그레이트브리튼*과 아일랜드의 연합왕국에 대한 에드거의 새로운 비전은 그가 죽자 오래가지 못했다. 그 대신에 통치자들은 이후 500년에 걸쳐 매우 다른 형태로 왕국들을 통합했다. 각각 잉글랜드를 서로 다른 수역인 북해, 영국 해협, 그리고 동대서양과 연결했다. 어떤 체제는 한두 세대, 다른 체제는 한두 세기 동안 지속되었지만, 어느 것도 두 가지 근본적인 문제를 해결하지는 못했다. 바로 유럽 대륙에서 흘러오는 것을 어떻게 다뤄야 할 것인가, 그리고 잉글랜드의 북쪽 이웃인 켈트족을 어떻게 관리할 것인가라는 문제였다. 통합된 영국의 형태로 대서양을 관리하고 북부와 서부를 정복하면서 해법을 찾기까지는 5~6세기, 이를 실현하는 데는 7세기가 걸렸다. 방법은 영국 연합왕국의 형태로 대서양을 관리하고 북부와 서부를

---

* 잉글랜드·웨일스·스코틀랜드가 위치한 영국 제도에서 큰 섬.

정복하면서 영국 해협을 폐쇄하는 것이었다. 그러나 973년에 이 모든 것은 사람들의 생각 밖에 있었다.

에드거의 비전을 지워버린 것은 바로 신이었다. 신은 이를 신비한 방식으로 달력을 통해 이루었다. 일부 독자들은 1999년의 'y2k' 공황을 기억할 것이다. 사람들은 12월 31일 자정 2000년으로 넘어갈 때, 한 해를 나타내기 위해 두 자리 숫자만 사용했던 수백만 대의 컴퓨터가 0년의 배열로 재설정되면서 멈출 것이라는 공포를 퍼트렸다. 몇 가지 쉬운 해결책으로 그 위기를 비켜갈 수 있었지만, 999년에 펼쳐졌던 y1k의 위기는 그렇게 간단히 해결될 수 없었다. 신자들이 생각하기에 999년의 12월 31일, 1000년이 도래하는 순간만큼 예수가 재림하기 좋은 시기는 없었다. 이는 흥미로웠지만, 또한 걱정스러운 일이기도 했다. 왜냐하면 만약 예수가 교회의 고위층이 손에 피를 묻힌 영주들의 방탕하고 교육을 제대로 받지 못한 어린 자식들로 채워진 것을 본다면 경악할 수밖에 없었기 때문이다. 그렇다면 그러한 죄인들을 성직에서 추방하는 것보다 더 좋은 방법이 있겠는가? 그리고 그 일을 맡기기에 가톨릭 세계의 가장 순수하고 많이 배운 학자들보다 더 적합한 사람이 또 있을까?

그런데 이는 900년 말에 새롭게 등장한 문제가 아니었다. 사람들은 교회를 정화해야 한다는 생각을 수 세기 동안 계속해왔다. 성직자들이 비록 좋은 집안에서 태어났다 해도 술에 취해 있거나, 성범죄자이거나—나중에 한 성직자가 불평했듯—예수를 배신한 유다와 예수의 형제인 사도 유다를 구별하지 못한다면 누가 자신의 영원한 영혼을 믿고 맡길 수 있을까? 하지만 교회 개혁은 복잡한 문제였다. 가장 열정적이고 영리했던 개혁가들 대부분은 유럽 대륙에서 공부했는데, 특히 많

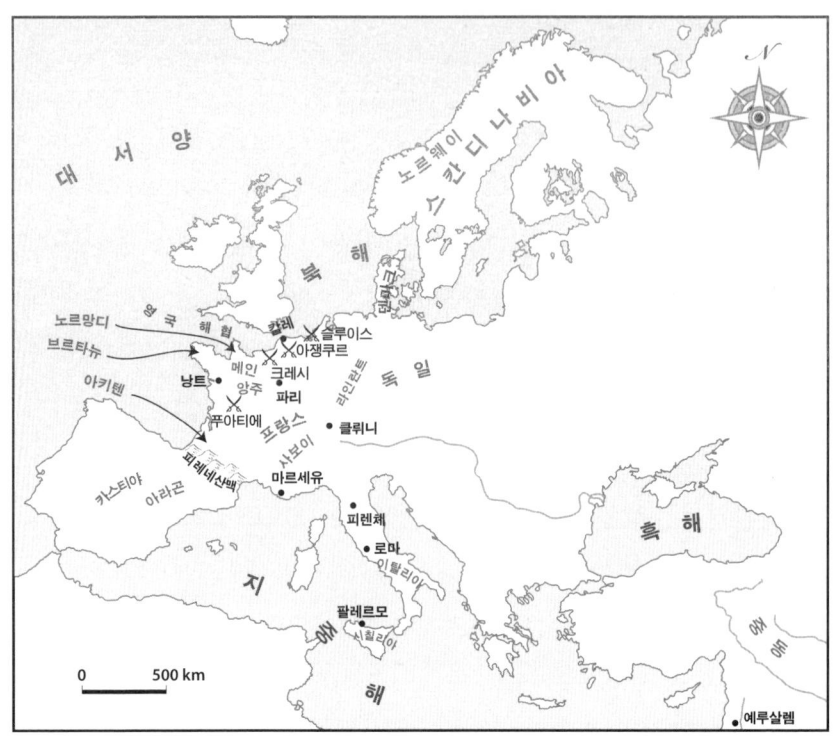

도판 5.1 유럽 무대, 973~1497년.

은 수가 부르고뉴의 클뤼니에서 공부했다(도판 5.1). 교황이 클뤼니에서 수학한 사람들을 잉글랜드의 수도원장이나 주교로 임명토록 하는 것은 훨씬 더 많은 주권을 로마에 넘겨주는 것을 의미했으며, 어떤 왕이라도 이에 대해 난색을 표할 수밖에 없었다. 한편 많은 교황도 이와 같은 임명을 달갑게 생각하지 않았는데 일반적으로 그들 자신이 정치적으로 임명되었지 교육 수준과 도덕을 기준으로 뽑힌 게 아니었기 때문이다. 그들이 가장 원하지 않았던 것은 그들을 당황시킬지도 모를 성실하고 열정적인 학자들을 승진시키는 일이었다. 그래서 개혁은

y1k의 시기가 다가올 때까지 정체되었다.

    1000년이 가까워지고 불안이 고조되자, 왕들은 개혁의 방향을 자신들에게 유리하게 돌릴 방법을 찾았다. 왕에게 한 가지 분명했던 이 점은, 개혁으로 당장 치러야 할 비용이 가장 강력했던 (따라서 가장 왕에게 위협적이었던) 가문들보다는 적었다는 것이다. 가문들에는 근사한 교회 직위에서 쫓겨날 어린 자식들이 있었다. 왕, 영주, 주교, 교황들은 개혁주의를 거룩하게 보이도록 하고, 자신들의 적들을 약화시키고, 비용이 너무 많이 들지 않는 방향으로 밀어붙이기 위해 앞다투어 책략을 짰다. 에드거는 가까이 있는 경쟁자들에 대항하고 학식 있는 유럽인들을 지지하면서, 큰 방향에서 개혁의 시류에 올라탔다. 그의 부하 대부분은 공직에 임명되었고, 반대자들은 숙청을 당했다. 하지만 그의 숙청에 의한 희생자들은 조용히 사라지지 않았다. 영국 개혁가 중 한 명은 "투쟁이 왕국을 혼란에 빠뜨렸다"라고 기록했다. 개혁으로 인해 "지방 대 지방, 가문 대 가문, 왕자 대 왕자, 올더먼* 대 올더먼이 충돌하고, 주교와 백성은 서로 등지게 되었다".[1]

    교회 개혁을 국내의 경쟁자들을 공격하는 무기로 사용함으로써, 에드거는 앨프리드 대왕의 가장 가치 있는 유산이었던 진정한 가톨릭 왕을 중심으로 한 잉글랜드의 종교적 통합 정신을 버렸다. 그 통합은 870년대 바이킹들을 몰아내는 열쇠였지만, 970년대에 붕괴되면서 바이킹들이 다시 들어오게 하는 열쇠가 되었다. 왕이 돈벌이 좋은 교회 생활을 빼앗고 있다고 생각했던 영주들은 왕을 구하기 위해 자신의 목을 거는 것을 당연히 주저할 수밖에 없었다. 특히 노르웨이인들이

---

* 앵글로-색슨 시대에 왕으로부터 지방에 대한 각종 권한을 위임받은 귀족.

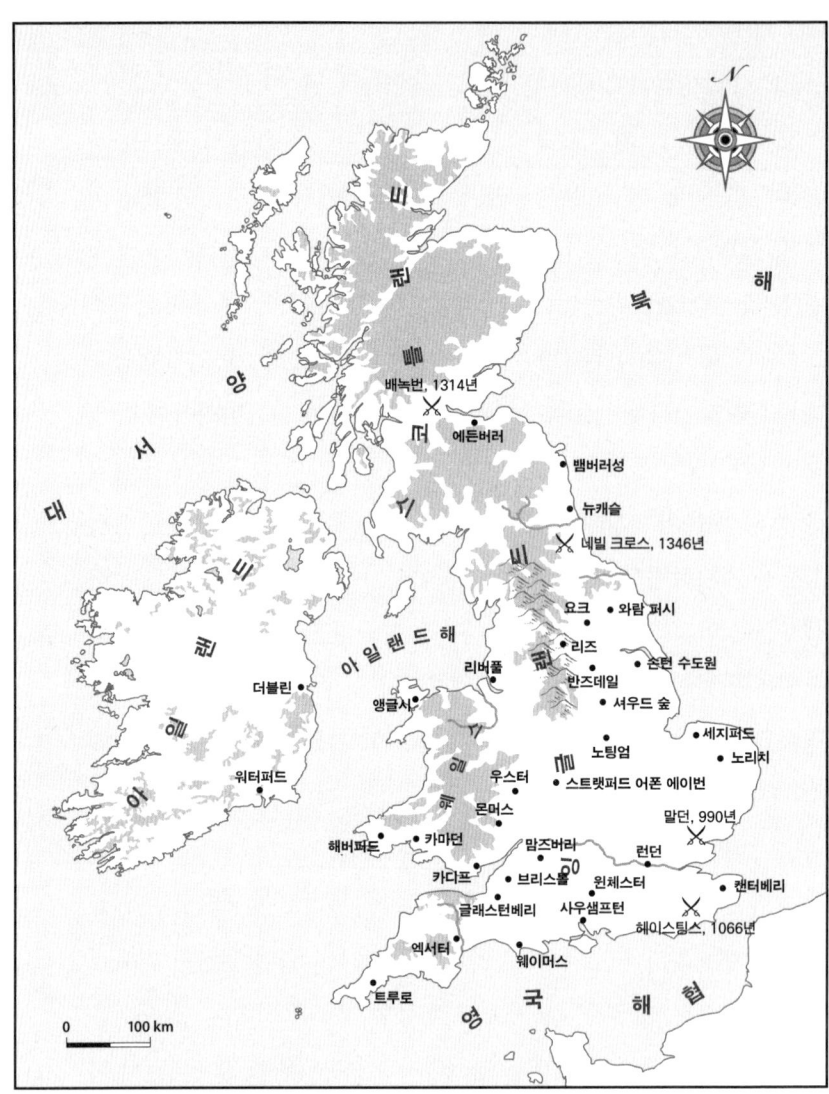

도판 5.2 영국 무대, 973~1497년.

스스로를 가톨릭교도라고 주장하는 상황이라 더욱 그랬다.

부패는 급속히 퍼져나갔다. 에드거가 죽은 지 16년 후인 991년, 그의 아들 '준비되지 않은 왕' 애설레드는 자신만만하게 몰던에 있는 바이킹 군대를 공격하기 위해 자신의 군대를 보냈는데(도판 5.2), 결국에는 그의 영주 중 한 명이 배신하고 왕실의 군대를 학살했다.* 앨프리드의 부르를 방어할 병력조차 모을 수 없게 된 애설레드는 예전 전략대로 바이킹들에게 뇌물을 주고 물러나게 하려 했다. 그러나 시인 키플링의 유명한 말처럼, "'일단 상대에게 데인겔드Danegeld**를 지불하게 되면, 당신은 결코 데인을 없애지 못한다"라는 사실을 깨닫는다.² 그 이전에 많은 바이킹 군벌처럼, (두려움을 불러일으키는 또 다른 이름인) 스윈 포크비어드는 처음에는 잉글랜드의 재정을 고갈시켰고, 이후에는 나라 전체를 집어삼키기로 마음먹었다.

이어진 싸움은 혼란을 가중시켰는데, 그 이유 중 하나는 너무 많은 잉글랜드인이 너무 자주 배신을 했기 때문이다. 그중에서도 최악의 배신자는 욕심쟁이 에드릭Eadric the Grasper이었다. 그는 덴마크와 은밀히 협상을 맺고 앵글로-색슨의 경쟁자들을 살해하거나 눈이 멀게 했다. 1015년에는 자신의 군대를 이끌고 바이킹 편에 붙었다가, 1016년 결정적인 전투를 앞두고 다시 애설레드 편으로 돌아섰으며, 전투 도중에 세 번째로 배신했다. 결국 잉글랜드가 승리하며 애설레드의 왕위가 스윈의 아들 크누트에게 돌아갔고, 크누트는 현명하게 에드릭을 즉시 처

---

* 애설레드의 별명인 'Unraed'는 사실 '경솔한 왕'을 의미했지만, 현대의 오역인 '준비되지 않은 왕Unready'이 그에게 더 잘 어울린다.—지은이
** 중세 영국에서 침입자인 데인인에게 바치기 위해 부과한 조세.

형했다.*

크누트는 현실에 굴복하지 않는 사람으로 주로 기억된다. 이는 그가 밀고 들어오는 바닷물을 향해 멈추라고 명령했던 일화 때문이다. 밀물이 그의 명령을 무시하자, 그는 벌떡 일어나 외쳤다. "모든 사람은 보아라! 왕들의 권력이 얼마나 공허하고 쓸모없는지를! 하늘과 땅과 바다가 복종하는 그분 외에는 그 이름에 걸맞은 자가 없다." 그러고는 자신의 왕관을 십자가에 걸고 다시는 쓰지 않았다고 한다.[3] 그러나 이 이야기가 (크누트가 죽은 지 약 100년 후) 처음 전해졌을 때, 이야기의 요점은 그가 의도적으로 바닷물에 발을 적셔가며 왕이라도 신과 바다라는 무자비한 힘에 고개 숙여야 함을 어리석은 신하들에게 보여주려 했다는 것이었다. 사실 크누트는 권력뿐만 아니라 비전을 가진 사람이었고 지리가 무엇을 의미하는지 잘 이해했다. 그는 바다가 육지를 지배한다는 것을 알았다. 에드거의 그레이트브리튼과 아일랜드의 연합왕국에 대한 구상은 외부 위협, 특히 스칸디나비아의 위협으로부터 안전해야 효과를 볼 수 있었고, 그 목적을 달성하기 위한 유일한 방법은 북해를 중심으로 왕국을 통합함으로써 잉글랜드에 스칸디나비아의 외벽을 제공하는 것이었다(도판 5.3). 크누트는 잉글랜드 영주들에게 덴마크가 "그대들에게 가장 큰 해를 입힌 곳"이지만, "(덴마크와 잉글랜드 두 곳 모두) 내가 정당하게 통치하는 한, 앞으로 거기서 어떤 적의도 그대들에게 닿지 않을 것이다"라고 말했다.[4] 그의 약속대로, 그는 1018년에 잉글랜드로 향하던 덴마크 해적 함대를 파괴했다.

---

* 크누트Cnut는 과거에 카누트Canute로 표기되곤 했다. 카누트는 부디카Boadica를 보아디케아Boadicea로 잘못 옮긴 것처럼 필사상의 오류가 아니라 크누트의 프랑스식 표기였으며, 노르만 정복 이후 잉글랜드에서 널리 쓰였다.—지은이

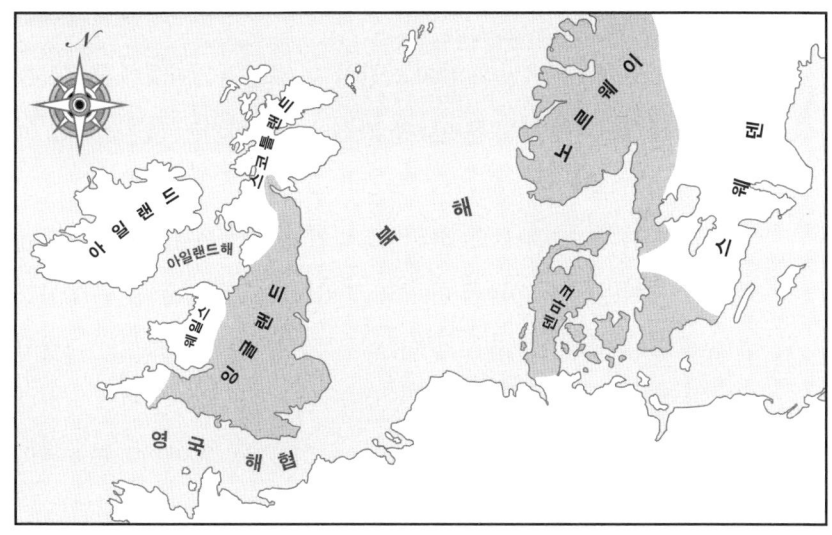

도판 5.3 북해의 연합왕국, 1030년경.

크누트는 '위대한 왕the Great'이라는 칭호를 얻을 만했다. 그는 바이킹의 습격을 물리치고 특히 데인겔드 관행을 종식시켜 잉글랜드의 안보와 번영에 큰 기여를 했다. 왕위에 오른 그는 우선 앵글로-색슨족의 실세들을 숙청하고 스칸디나비아 출신 추종자들을 키우는 한편, 애설레드의 미망인과 결혼하고 잉글랜드 영주를 교회 직책에 임명함으로써 정체성을 확고히 하는 작업을 진행했다. 찬탈자로서 정통성이 필요했던 그는 로마도 잊지 않았다. 개인적인 신앙을 지키는 데는 다소 관심이 없었지만(그는 오랫동안 두 명의 부인을 두었다), 분별력 있게 교회의 재산을 늘리고, 1027년에는 로마까지 장거리 여행을 떠나 교황의 반지에 입을 맞추며 경의를 표했다. 그러나 이 모든 일을 위해서 크누트는 통치 기간 내내 북해를 왔다갔다해야 했다. 어떤 때에는 덴마크 바이킹에게 약탈을 중단하도록 압박을 가했고, 다른 때에는 앵글로-

노르웨이 고드윈슨 가문과 같이 신뢰할 수 없는 동맹자들에게 뇌물을 주며 잉글랜드의 평화를 유지했다. 자신을 혹사시키며 달리던 그는 마흔 살에 갑작스레 사망했는데 뇌졸중이 그 이유로 보인다.

몇몇 역사가는 크누트의 왕국이 북해의 전략적 문제들에 대한 훌륭한 해결책이었으며, 조금만 더 운이 좋았더라면 왕국은 수 세기 동안 지속될 수 있었을 것이라고 본다. 다른 역사가들은 크누트의 광란의 속도를 따라잡을 후계자가 없었기 때문에 크누트 왕국은 멸망할 수밖에 없는 운명이었다고 생각한다. 또 다른 역사가들은 여전히 크누트의 방법이 해결책이었다고 보면서도, 사실 문제들이 스스로 해결되고 있었다고 말한다. 크누트가 열심히 노력해서 바이킹의 잉글랜드 습격을 줄였지만, 1000년 이후로는 크누트의 연합왕국 밖에 있었던 아일랜드, 웨일스, 스코틀랜드에 대한 바이킹의 습격 역시 전보다 줄어들었다. 사실 스칸디나비아 인구의 증가는 정체되고 있었고, 북유럽 해적 왕들은 점점 더 존경받는 가톨릭 군주가 되기를 원했다. 크누트의 외벽이 없더라도 북해를 가로지르는 이동성은 실질적 위협에서 배경 소음으로 약화되고 있었다.

북해의 연합왕국은 1042년 크누트의 마지막 아들이 죽을 때까지 가까스로 이어졌고, 크누트의 친구로 여겨지는 고드윈슨 가문은 애설레드의 마지막 남은 아들인 '준비되지 않은 왕 the Unready' 에드워드에게 자기들 가문의 여자와 결혼시킨 후 왕위를 물려주었다. 그러나 에드워드는 고집스럽게 아들 낳기를 거부했고, '참회왕 the Confessor'이라는 칭호답게 너무 경건해서 결혼생활을 유지하지 못한다는 평판을 얻었으며, 1066년 그가 죽자 다섯 사람이 왕위를 차지하겠다고 나섰다. 약하거나 터무니없는 계승권을 가진 사람들이 나서면서 대혼란이 일어났

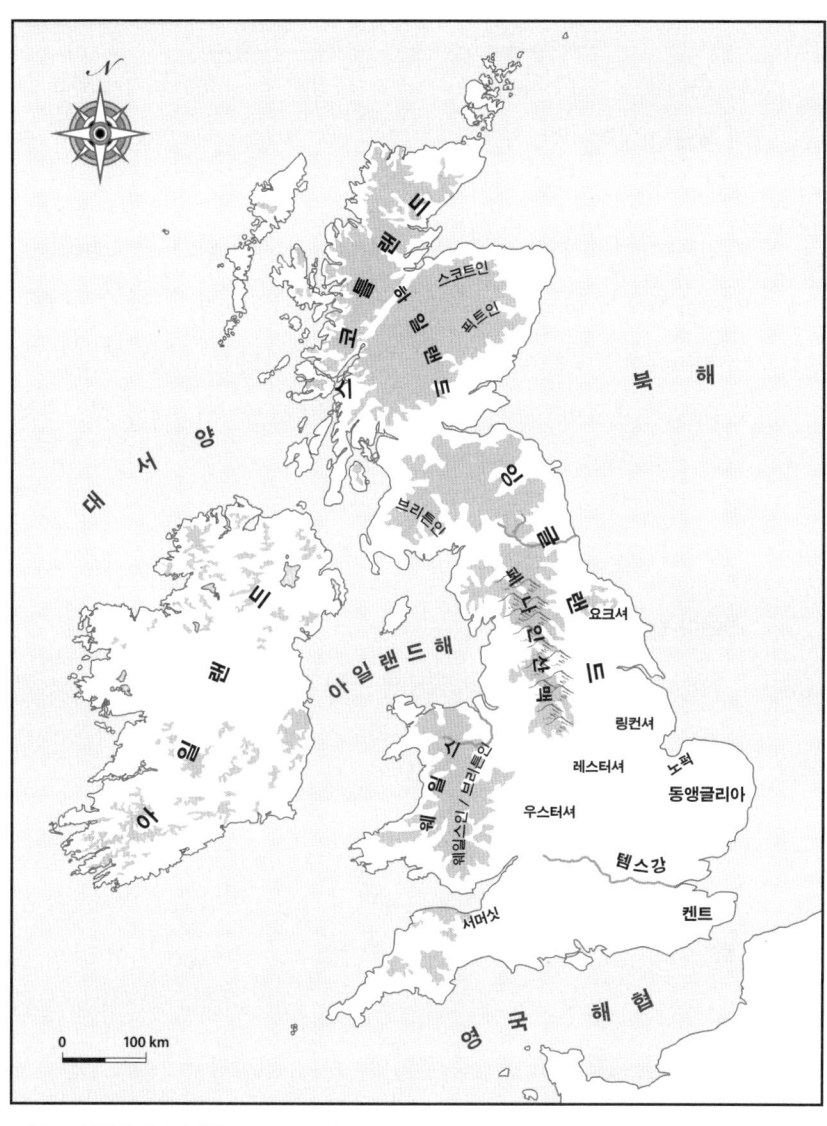

도판 5.4 영국 무대의 지역들, 973~1497년.

다. 손에 쥔 사람이 임자라는 속담처럼, 참회왕이 죽었을 때 우연히 그의 곁에 있었던 해럴드 고드윈슨은 왕족 혈통이 아니었음에도 가장 먼저 왕위에 올랐다(그가 내세운 계승권의 근거는 자신이 에드워드의 누이와 결혼했다는 것이었다). 곧바로 바이킹 용병 출신의 '무자비왕Ruthless'이라는 별명이 있는 노르웨이의 왕 하랄이 크누트의 막내아들과 맺은 사적인 계약을 근거로 요크셔를 침공했다(도판 5.4). 이 두 악당 중 누가 더 나쁜지 말하기는 어렵지만, 해럴드가 전투에서 하랄을 죽임으로써 논쟁의 여지는 사라졌다.

영국 해협의 연합왕국

어떤 의미에서 윌리엄은 영국의 왕좌를 훔치러 온 또 다른 바이킹 모험가일 뿐이었다. 4장에서 프랑크족의 '단순왕' 샤를이 911년 노르만족에게 영국 해협에 붙어 있는 땅을 뇌물로 주면서 프랑크 왕국에 대한 습격을 멈추게 했다고 언급한 바 있다. 그 후 100년 동안 수많은 노르만족이 그 땅에 정착하여 그들의 새로운 고향을 노르망디라고 부르기 시작했고, 1066년이 되기 전에 그들은 완전히 동화되어 종종 '프랑스어'와 '노르만어'를 혼용하기도 했다. 그런 의미에서 윌리엄 공작은 완전한 프랑크-노르만족 혼혈이었으며, 연합왕국에 대한 그의 생각은 크누트와는 매우 다른 지리적 비전에 기반을 두고 있었다.

그는 잉글랜드 왕위를 강력하게 주장하지는 않았지만, 다른 사람들보다 덜 하지도 않았다. 그의 고모는 애설레드 그리고 크누트와 연이어 결혼했다. 당시 귀족들의 기록에 따르면 참회왕 에드워드도 윌리엄을 후계자로 선택했고, 해럴드 고드윈슨도 위기의 순간이 오자 이에

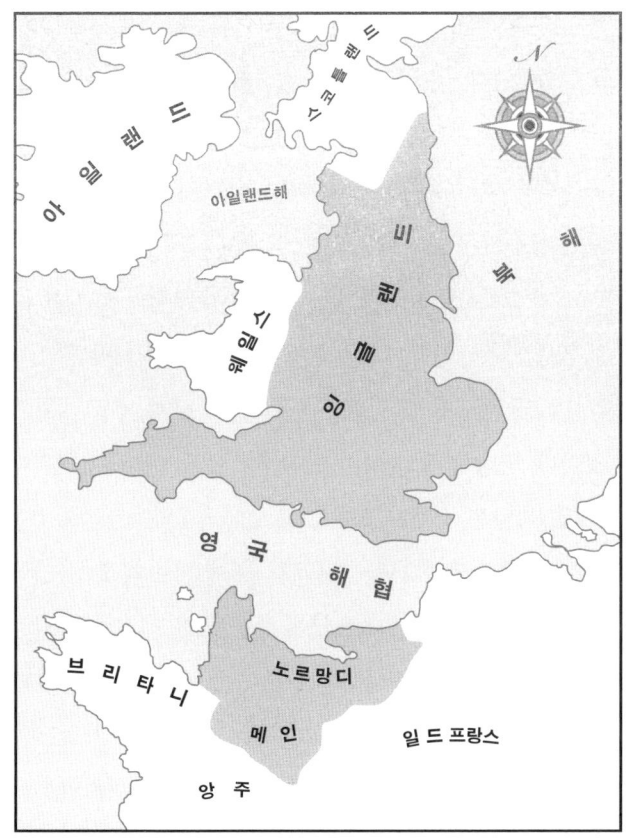

도판 5.5 영국 해협의 연합왕국(과 적국들), 1100년경.

동의했다. 무엇보다 교황이 윌리엄의 왕위에 대한 권리를 지지했다. 교황의 승인은 오늘날 유엔 결의안과 같아서 무력으로 강제하지 않기 때문에 결정적이지는 않았지만 가치가 있었고, 윌리엄이 헤이스팅스에서 해럴드를 격파하고 죽이자 효력을 발휘했다.

크누트와 마찬가지로 윌리엄도 바다가 모든 것의 중심이라고 생각했지만, 그가 염두에 둔 바다는 북해가 아닌 영국 해협이었다(도판

5.5). 또한 그는 완전히 다른 방식으로 왕국을 통합하려고 했다. 톰 스토파드의 연극 「인디언 잉크Indian Ink」의 명대사에서 보수적인 영국 노인은 젊은 인도인에게 "우리[영국인]는 당신들에게 로마인이었어, 알잖아. 우리는 당신들에게 노르만족이었을 수도 있었어"라고 말한다. 이 주장이 정확한가에 대해서는 다음 장에서 다시 설명하겠지만, 인도인(그는 "우리가 고마워할 줄 알았나요?"라며 반격했다)이 놓치지 않은 그 노인의 요점은 노르만인들이 끔찍한 주인이었다는 것이다.[5]

윌리엄이 잉글랜드에 한 일은 나치가 1940년에 세운 계획과 가장 유사할 것이다. 영국 전투가 한창 벌어지고 있을 때 나치 친위대는 영국 점령 지침을 담은 소책자(보통 '검은 책The Black Book'이라고 부른다)를 작성했다. 지침대로 되었다면 17세에서 45세 사이의 모든 영국 남성이 징집되어 유럽 대륙의 강제 노역에 동원되고, 약 3000명의 저명인사가 비밀 경찰 게슈타포에 의해 대부분 구금될 것이었다. 1945년 이 명단이 공개되었을 때 소설가 리베카 웨스트는 노엘 카워드에게 "세상에, 그때 죽었어야 했는데!"라고 빈정거리며 농담했지만,[6] 이는 결코 웃을 일이 아니었다. 나치 친위대 책임자 프란츠 직스는 이후 러시아에서 유대인 학살로 이름을 날렸다.

윌리엄은 잉글랜드의 유대인을 박멸하기는커녕 최초의 유대인을 잉글랜드로 데려왔지만, 다른 면에서 그의 왕국은 나치 독일만큼이나 잔혹했다. 그는 앵글로-색슨족 엘리트 전체를 학살하고 나머지는 모두 노예로 삼았다. 20년 만에 이 왕국의 대지주 중 잉글랜드인은 단 네 명으로 줄어들었다. 그다음으로 부유한 앵글로-색슨족 90여 명은 토지를 몰수당하거나 살해되었고, 1만5000~2만여 명에 달하는 대부분의 호족도 마찬가지였다. 잉글랜드인들이 무슨 일이 일어나고 있는지 깨닫고 반란을 일으켰을 때 노르만 군대는 요크셔를 황폐화시켰다. 이 '북부 집중 공격Harrying of the North'에서 수십만 명이 굶어 죽었고, 멀리 우스터셔의 도로까지 쇠약해진 피란민들의 시체가 줄을 이었다. 윌리엄의 열렬한 지지자조차 "힘없는 아이와 한창 일할 나이의 젊은이, 백발의 수척한 노인들이 굶주림으로 한꺼번에 죽어가는 것…… 이런 잔인한 학살을 모른 채 처벌하지 않고 그대로 넘어갈 수 없다"라고 한탄했다.7

윌리엄은 잉글랜드의 모든 땅을 몰수하여 거의 절반을 8000명의 엘리트 이민자 기사들에게 나누어주고 6분의 1은 자신이 소유했다. 기사들은 그 대가로 윌리엄의 전쟁에 참전할 것을 약속했고, 각각 받은 땅의 일부를 하급 기사들에게 나누어주었으며, 하급 기사들도 자기 밑으로 사람들을 모았다. 비록 잉글랜드인들이 있는 맨 밑바닥까지 내려가지는 않았지만 말이다. 노르만인의 통치는 인종 차별 체제apartheid에 가까웠다. 당연히 모든 잉글랜드인은 자유롭지 못했고, 그들의 생명은 노르만인의 생명보다 가치가 낮았다. 의심스러운 죽음이 발견될 때마다 가장 가까운 마을에서 벌금을 내야 했는데, 피해자가 잉글랜드인임을 간단히 증명만 할 수 있다면 벌금을 내지 않아도 됐다. 프랑스어는 자유인의 언어였고 영어는 노예의 언어였다. 노르만인인 맘즈버리의 윌리엄은 "잉글랜드는 외국인의 거주지이자 이방인의 사유지가 되었다"고 명료하게 말했다.8

윌리엄이 가져온 새로운 군사 기술로 인해 저항은 아무 소용이 없었다. 앵글로-색슨족은 앨프리드 시대부터 바이킹과 싸워왔고 전투에 매우 능숙했지만, 동남부에서부터 퍼져나간 두 가지 혁신, 중갑기병(윌리엄의 기사들은 헤이스팅스에서 매우 귀중한 자원이었다)과 성을 넘

도판 5.6 전방 작전 기지: 1080년경에 지어진 노섬벌랜드의 뱀버러성. 비좁은 중앙 성채가 있는 성에서 노르만 기사들은 주변 시골을 지배했다(타인 위어Tyne&Wear 기록 보관소 및 박물관이 친절히 허가해주어 사용).

지 못했다. 앨프리드가 바이킹과의 전투에서 전세를 역전시킨 부르들은 성벽으로 둘러싸인 마을이었지만, 한 전문가가 '요새화된 개인의 거주지'라고 부르는[9] 11세기 성은 차원이 달랐다. 중앙 성채는 겨우 수십 명의 인원으로도 방어할 수 있을 정도로 작았고, 언덕 위에 돌로 튼튼히 세운 성은 힘없는 군주에게도 권력을 행사할 수 있는 거의 난공불락의 거점을 제공했다(도판 5.6). 950년경 이탈리아에서 성의 건설이 본격적으로 시작되었지만, 에드거를 비롯한 앵글로-색슨 왕들은 충성심이 의심스러운 영주가 성을 건설하는 것을 금지했다. 비록 노르만 왕들도 성의 건설을 금지하고 싶었지만, 1066년 윌리엄은 새로운 영지를 통제하기 위해 연고 없는 이주민들이 필요로 하는 모든 것을 허용해야 했다. 그들은 한 세대 만에 500개의 성을 건설했는데, 보통 15킬로미터마다 배치되어 있었다. 반란군은 도망갈 곳도, 숨을 곳도 없었다. 실제로 1071년, 늪지대인 동부 앵글리언 습지에서 덴마크의 지원을 받아 게릴라전을 벌인 마지막 자유의 투사 헤리워드 Hereward the Wake가 역사의 기록에 나타난 이후에는 더 이상 반란에 대한 소식을 들을 수 없었다.

윌리엄은 잉글랜드 정체성에 대한 전면적인 공격을 시작했지만, 소수의 노르만 추종자만 가지고서 그가 할 수 있는 일은 제한적이었다. 주요 전장 중 하나였던 교회에서 그는 거의 모든 주교와 수도원장을 이민자로 교체할 수 있었지만, 그 아래 계층은 거의 변하지 않았다. 수도사와 교구 사제들은 계속해서 고대 영국 문학을 모방하고 영국 성인들을 기렸다. 1154년 말에는 서머싯의 마을 사람들이 기적을 행한 은둔자 성 울프릭 St. Wulfric(좋은 영국 이름이다)의 시신을 몬테큐트 Montacute(역시나 좋은 프랑스 이름이다)에 있는 수도원으로 가져가려는 프랑스 수도원장과 싸웠다는 일화도 전해진다.

윌리엄은 새로운 종교 리더십을 발휘하면서 로마와 협력할 방법을 찾는 한 이러한 저항을 견뎌낼 수 있었다. 그러나 개혁파가 교회를 장악하면서 교황은 왕의 주권을 공격적으로 훼손하고 있었다. 1075년 교황 그레고리 7세는 독일 영토 내 주교 임명을 독일 황제 헨리 4세와 협상하지 않고 자신이 직접 하겠다고 발표해 모두를 놀라게 했다. 많은 교회 땅이 앞으로 자신에게 비우호적인 사람들에게 넘어갈 것에 대해 전전긍긍하던 헨리는, 교황이 주교를 임명할 수 있다면 그도 신앙을 수호하는 사람으로서 교황을 임명할 수 있다고 대응했다. 그는 그레고리를 향해 "지금은 교황이 아니라 거짓 수도사일 뿐. (…) 나 헨리는 하나님의 은총으로 모든 주교와 함께 당신에게 말합니다. 내려오시오! 내려오시오!"라고 했다.[10] 하지만 그레고리는 헨리를 파문하는 극단적 공격을 통해 모든 독일인을 헨리에게 복종해야 할 종교적 의무에서 해방시켰다. 이것은 최고로 강력한 소프트 파워였다. 헨리의 영주들은 그를 버렸고, 1년 만에 몰락한 헨리는 알프스 수도원 밖에서 사흘 동안 맨발로 눈밭에 무릎 꿇고 교황에게 용서를 빌어야 했다.

헨리의 길은 윌리엄이 원하는 길이 아니었기 때문에 그는 조심스럽게 움직였고, 왕국의 통치를 위태롭게 하지 않는 수준에서 로마의 반발을 사지 않도록 충분한 교황권을 인정했다. 윌리엄에게 매우 충성스러운 캔터베리의 이탈리아계 대주교, 란프랑크는 앵글로-색슨 왕 중 제대로 된 종교개혁 회의를 소집한 인물이 없었다는 사실에 주목하여 그중 5명의 왕을 소집했다. 란프랑크는 처음 두 회의의 의장으로 교황의 대리인을 초청하기도 했다. 윌리엄은 성직자의 결혼을 금지하고, 개혁적인 수도원 34개를 설립하고, 노르망디에 기반을 둔 수도원에 잉글랜드의 영토를 상당 부분 넘기는 등 개혁론자들이 원하는 것을 들어주었다. 그는 자신이 원하는 메시지에 충실하기만 하다면 대륙의 주요 학파에서 온 강경한 개혁가들도 임명했는데, 그 메시지는 잉글랜드의 죄를 벌하기 위해 하나님이 색슨족과 바이킹족처럼 노르만인들을 보내셨다는 것이었다.

긴박한 순간도 있었지만, 전반적으로 윌리엄은 주권에 대한 이탈리아의 위협을 능숙하게 관리했으며, 다른 외국의 위협도 운 좋게 피할 수 있었다. 1130년대에 이르러서야 마침내 루이 6세가 무질서한 영주들을 통제하면서 옛 프랑크 제국의 잿더미에서 강대국을 재건했다. 한편, 스칸디나비아의 외벽 없이는 영국을 방어할 수 없다는 크누트의 통찰은 여전히 유효했다. 1070년 바이킹 함대가 템스강에 들어왔을 때 윌리엄은 결국 데인겔드를 지불해야 했고, 1085년에는 그마저 통하지 않을 것 같았다. 잉글랜드 왕좌 계승에 있어 윌리엄에 버금가는 정당성이 있었던 크누트 4세(크누트 대왕의 조카)가 사상 최대 규모의 바이킹 함대를 동원했기 때문이다. 하지만 그의 부하들이 그를 암살하면서 윌리엄은 재앙을 피할 수 있었고, 그 후 덴마크인들은 북해의 연합왕국을 재건하기보다는 서로 싸우는 데 몰두했다.

동시에 모든 전선에서 싸우는 것을 피하고 싶었던 윌리엄은 켈트족의 세계를 그대로 내버려두다시피 했다. 동남부에 대륙의 조직을 가져옴으로써 서북부와 동남부 사이의 부와 힘의 불균형은 급격히 증가했다. 노르만 잉글랜드에는 도시, 주화, 성곽, 기병대, 개혁된 교회가 있었지만 켈트족의 변두리 지역은 그렇지 않았다. 노르만족이 보기에 웨일스인은 "길들여지지 않은 야만인", 스코틀랜드인은 "엉덩이가 반쯤 드러난 채로 다니고 (…) 쓸모없는", 아일랜드인은 "너무 야만적이어서 문화가 전혀 없다고 볼 수 있는" 민족이었을 뿐이다.[11] 1000년 전 로마처럼 윌리엄도 원한다면 켈트족을 정복할 수 있었지만, 로마의 황제들과 같이 영토 확장에 따른 이익이 거의 없다고 생각하고 다른 곳의 문제가 더 시급했기 때문에 켈트족을 내버려두었다.

하지만 그의 영주들은 그렇게 하지 않았다. 미국 대통령 린든 B. 존슨의 친구들이 그에게 방해가 되는 FBI 국장 J. 에드거 후버를 왜 해고하지 않았는지 물었을 때, 존슨이 "그가 텐트 안에서 밖으로 소변을 보는 것이 텐트 밖에서 안으로 소변을 보는 것보다 낫다"라고 답했던 것처럼.¹² 노르만족의 영국 점령 이후 윌리엄도 영주들에 대해서 같은 생각을 했다. 안쪽을 들여다보며 서로(또는 그런 일은 없길 바라지만 자신과) 사사로운 전쟁을 벌이는 것보다 바깥을 향해 켈트족과 사사로운 전쟁을 벌이는 편이 더 낫다고 생각했다. 따라서 국경 주변의 영주들이 웨일스 산맥에 성을 쌓을 때 윌리엄은 간섭하지 않았고, 그들이 1093년 웨일스 군벌 리스 아프 테우두르를 죽이고 웨일스 대부분을 점령했을 때 윌리엄의 아들 루퍼스도 아무런 대응을 하지 않았다.

2016년 (익명의) 보수당 장관이 공식화한 존슨의 오줌 누기 법칙에는 잘 알려지지 않은 결말이 있다. 존슨은 기자 팀 시프먼에게 "오줌 싸는 사람이 어디에 서 있는지는 중요하지 않다"라고 털어놓으며, "오줌은 결국 텐트 안으로 들어간다"라고 말했다.¹³ 그것은 맞는 말이었고, 그렇게 1095년 루퍼스는 결국 오줌에 흠뻑 젖어 있는 자신을 발견했다. 웨일스인들('웨일스Welsh'는 라틴어 '발렌스Vallenses'에서 유래한 '국경인'이라는 뜻의 영어 단어다)은 여전히 스스로를 '브리타니에이트Brytanye-it', 브리튼인이라고 부르며 아서왕이 다시 돌아와 자신들의 땅을 되찾아주기를 6세기 동안 기다리고 있었다. 노르만족의 침략으로 분개한 웨일스의 여러 집단은 그들의 지도자들 중 다시 돌아온 아서가 있다고 확신하고 있었다. 노르만족 시인 가이마르는 "그들이 우리를 맹렬히 위협한다"라고 위기감을 표현했다.

> [말하기를] 결국에는 그들이 모든 것을 갖게 될 것이다
> 아서를 통해 그들은 그것을 되찾을 것이다
> 모두 함께 이 땅을 (…)
> 그들은 다시 브리튼이라고 부를 것이다.¹⁴

갑작스럽게 경고를 받은 루퍼스는 (한 웨일스 작가가 말하길) "개 한 마리도 벽에 오줌을 싸지 못하도록 모든 것을 완전히 파멸시키겠다"고 결심했다.[15] 하지만 루퍼스는 그러지 못했다. 웨일스인들은 언덕으로 사라져버렸고, 매복하고 있다가 자신들을 추격하던 노르만 군대를 습격했다. 게릴라전에 속수무책이었던 루퍼스는 공격을 막기 위해 몇 개의 성을 쌓고는 웨일스인의 아서왕 자랑에 맞서 말싸움만 벌인 후 더 중요한 일을 위해 떠났다.

아서왕을 둘러싼 웨일스인과 노르만인의 말씨름 공방이 계속되었기 때문에 현재 아서왕에 대한 수많은 이야기가 전해지고 있는 것일지도 모른다. 가장 교묘했던 선동가는 1130년대에 많은 아서왕 전설을 성문화하거나 발명했던 우리의 오랜 친구 몬머스의 제프리였다. 제프리는 웨일스 주민들 안에 속해 있으면서 노르만족을 위해 헌신하는 경력을 쌓으며 아슬아슬한 줄타기를 했다. 아서의 정체성을 만드는 데 그가 공들인 모호함이 그의 책이 성공한 이유일 수도 있다.

제프리만이 유일한 선전가인 것은 아니었다. 1191년 글래스턴베리 수도원의 수도사들이 웨일스가 아닌 수도원 근처에서 아서와 기네비어의 시신을 발견했다고 발표했다. 수도사들은 아서의 키가 엄청나게 컸으며, 적어도 아홉 군데에 치료된 상처가 있었고, 오른쪽 눈 위의 열 번째 상처는 아물지 않은 상태였다고 말했다. 스스로를 웨일스인이라고 부르지만 프랑스어를 구사하고 노르만 왕들을 위해 일했던 또 다른 성직자 웨일스의 제럴드는 무덤이 열렸을 때 완벽하게 보존되어 있던 기네비어의 "능숙한 기술로 땋아 감겨" 있던 금발 머리가 "어리석고 성급하고 뻔뻔한" 수도사가 무덤에 뛰어들어 그것을 잡았을 때

(제럴드는 "여성의 머리카락"은 "마음이 약한 사람들의 덫"이라고 친절히 얘기했다) 먼지가 되어 사라졌다고 주장했다. 수도사들이 실제로 무엇을 파헤쳤는지 누가 알겠는가? 그러나 그게 무엇이든 간에 노르만인들은 이를 영리하게 사용했다. 제럴드는 "어리석게도 브리튼인[웨일스인]들은 그가 아직 살아 있다고 주장한다. 이제 진실이 알려졌으니 (…) 동화는 사라졌다"라고 마무리 지었다.16 선전 전쟁은 노르만족에게 유리한 방향으로 기울었다. 그리고 아서의 이야기는 꾸준히 확장되어 영국에 맞춰졌다.

북부의 변경 지역 관리는 더 어려운 일이었다. 1066년 이전에 현재 스코틀랜드라고 부르는 지역의 정체성은 웨일스보다 훨씬 더 분열되어 있었다. 고지대에는 스코틀랜드인이, 북부와 섬들에는 고대 스칸디나비아인이 있었고, 서남부에는 여전히 자신들을 브리튼인이라고 정의하는 사람들이, 동북부에는 픽트인으로 스스로를 정체화한 사람들이 있었다. 역사학자 알렉스 울프는 북부 지역의 정치는 대체로 "이상한 이름을 가진 사람들이 서로를 죽여온 기록"이었다고 말한다.17 맥베스(더 정확하게는 맥베하드 맥 핀들라이치)처럼 이름이 이상하지 않더라도 어쨌든 살인은 계속되었다. 맥베스는 1032년 전장에서 전임자를 죽이고 스코틀랜드 왕좌에 올랐지만, 자신의 후계자에게 결국 살해당했다. 그 사이에 맥베스는 아버지를 살해한 자를 산 채로 불태운 후 그자의 부인(맥베스 부인이 되었다)과 결혼했다. 셰익스피어라면 맥베스 부인에게 "그래서 당신의 손들이 깨끗해졌나요?"라고 맥베스에게 묻게 하지 않았을까?18

노르만족은 1120년대에 스코틀랜드의 데이비드 왕이 영토를 확장하기 전까지, 웨일스를 대할 때처럼 필요할 때는 싸우고 그렇지 않을 때는 무시하면서 불안정한 북쪽 변경을 관리했다. 데이비드 왕은 노르만 영주들이 쳐들어와 자신의 땅을 빼앗아갈 때까지 기다리지 않고, 직접 그들을 초대하여 땅을 내주기로 결정했다. 그 대가로 영주들은 그에게 성을 지어주고, 프랑스식 궁정 문화를 만들어주고, 초대 없이 침입한 노르만인들을 죽여줬다. 잉글랜드와의 군사적 불균형을 크게 해소하고 스코틀랜드를 웨일스보다 훨씬 더 강력한 지역으로 만들려는 치밀한 전략이었다.

가장 멀리 떨어진 아일랜드는 노르만 왕들이 가장 쉽게 무시해버리는 대상이었고, 한 세기 동안 그랬다. 그러나 결국 영주의 오줌으로 인해 그곳에 휘말렸다. 1169년 두 명의 아일랜드 족장이 왕권을 놓고 다퉜고, 패자는 웨일스를 약탈하는 노르만인 중에서 동맹을 찾았다. 다음 해에 펨브룩의 노르만 백작 '스트롱보Strongbow'가 이에 응했고, 워터퍼드와 더블린을 점령하는 데는 한 달이 채 걸리지 않았다. 이듬해 스트롱보는 아일랜드 왕족과 결혼했다. 런던으로 돌아온 노르만 왕 헨리 2세는 스트롱보가 더 이상 잉글랜드 텐트의 안에서 밖으로 오줌을 싸고 있는 것이 아니라 아일랜드의 왕으로서 자신만의 텐트를 세우려 한다는 사실을 깨달았다.

일어나서는 안 될 일이었다. 어떤 영주도 자신의 작은 제국을 세우고 독립을 선언할 수는 없었다. 켈트족의 수렁에 빠지는 것을 피하고 싶었던 헨리는 스트롱보의 영지를 자신의 영역에 편입시켜야 했다. 헨리는 스트롱보가 할 수 있는 것보다 훨씬 더 큰 규모로 아일랜드 전역에서 살육과 약탈을 저질렀고, 아일랜드 왕의 신분을 폐지하고, 성을 쌓고, 노르만 정착민을 이주시키고, 위원회를 소집하여 지역 교회를 로마에 순응하도록 했다. 그런 다음 스트롱보가 다시 텐트 안에 위치할 수 있도록 텐트 말뚝을 조정한 후 더 큰 문제를 해결하기 위해 고향으로 향했다. 아일랜드는 웨일스와 비슷한 형태로 남겨졌는데, 일부 지역은 왕실이 지배하고 다른 몇몇 지역은 사실상 독립된 노르만 영주들이 지배했으며 또 다른 몇몇 지역은 여전히 토착 왕들의 지배를 받았다. 헨리는 이들 사이의 불화에서 거리를 두려고 노력했다.

노르만 왕들이 북부와 서부에 시간이나 에너지를 들이지 않은 이유는 영국 해협의 양쪽을 하나로 묶는 것이 그들에게 더 중요했기 때문이다. 크누트와 마찬가지로 윌리엄도 왕국의 중심인 영국 해협을 끊임없이 오갔다. 그는 재위 기간 170개월 중 130개월을 노르망디에서 보냈다. 그의 주된 관심사는 아들들이었다. 아들의 수가 너무 적거나 많으면 내전이 일어날 수 있어서 중세 군주들은 한 명의 후계자와 한 명의 예비자를 두는 것을 원칙으로 삼았다. 하지만 노르만 군주들은 이 원칙을 따랐을 때에도 여전히 어려움을 겪었다. 정복왕 윌리엄에게는 두 명의 후계자가 있었는데 서로 죽이는 것을 막기 위해 자신이 물려받은 땅(노르망디)은 장남 로버트에게 물려주고, 차남 루퍼스에게는 자신이 정복한 땅(잉글랜드)을 물려주었다. 1087년 윌리엄이 죽자 영국 해협의 연합왕국은 분열되었고, 루퍼스는 전쟁을 통해서만 연합왕국을 재결합할 수 있었다. 루퍼스가 1100년에 죽었을 때 연합왕국은 다시 분열되었고 헨리 1세가 격렬한 전쟁 끝에 재결합했다. 하지만 1135년 헨리가 죽자 상황은 더 악화되었다.

헨리에게는 한 명의 후계자와 한 명의 예비자가 있었지만, 후계자는 1120년에 익사했고 예비자인 마틸다는 여성이었다. 당시 영국에는 여왕이 없었기 때문에 대부분의 영주는 마틸다의 두 살짜리 아들에게 왕위를 물려주어야 한다고 생각했다. 하지만 다른 세력이 쿠데타를 일으켜 마틸다의 사촌 스티븐을 왕으로 세웠다. 사건은 빠르게 진행되었다. 교황은 스티븐을 지지하겠다고 약속했지만 곧 냉담해졌다. 마틸다는 전쟁을 준비했다. 스티븐의 지지자들은 그녀에게로 돌아섰고, 그 결과 스티븐은 너무 가난해져서 그들의 충성심을 되돌릴 수도 없었다. 웨일스는 반란을 일으켰고 스코틀랜드는 잉글랜드 북부를 약탈했으며 왕권은 붕괴됐다. 몇 년 안에 모든 영주는 자신의 텐트를 갖게 되었다. 『앵글로-색슨 연대기』는 "각 위인은 스스로 성을 쌓아 왕에게 대항했고, 온 땅은 그들의 성으로 가득했으며," 이어서 "그들은 그 성들을 악마로 가득 채웠다. (…) 사람들은 그리스도와 성인들이 잠들었다고 떠들어댔다"라고 기록하고 있다.[19] 주권이 와해되었다. 끔찍할 만큼 갑자기 영국 해협의 연합왕국은 무너져내렸고, 영국은 무정부 상태 Anarchy in the UK*에 빠져들었다.

1150년에 일부 마을에서는 토지의 3분의 1 정도가 너무 황폐화되어 과세를 할 수 없었는데, 레스터셔에서는 그 비율이 절반을 넘었다. 『앵글로-색슨 연대기』의 작가들은 "하루 종일 여행해도 마을에 거주하는 사람을 찾을 수 없을 정도"라며 불평하고 있다.[20] 연대기 작가들이 과장했을 수도 있지만, 1154년 스티븐이 사망했을 때 왕실 수입은 3분의 2로 감소했고 웨일스에 대한 영향력은 사라졌으며 스코틀랜드가 북부를 지배했다. 영주와 주교들은 왕을 무시했고, 무엇보다 최악은 노르망디를 거의 잃어버렸다는 것이었다. 영국 해협을 중심으로 왕국을 통합하려던 정복왕 윌리엄의 전략은 북해를 중심으로 왕국을 통합하려던 크누트의 전략처럼 실패로 돌아갔다.

---

*   영국의 펑크 록 밴드 섹스 피스톨스의 대표곡.

대서양 연안의 연합왕국

그 대신 마틸다의 아들 헨리는 훨씬 더 야심 찬 전략을 말 그대로 물려받았다. 1135년 왕좌가 공석이 되었을 때 거의 모든 사람이 어린 헨리를 무시했지만, 그는 이후 19년 동안 죽지 않고 살아남아 (어머니를 통해) 노르망디 공작이자 잉글랜드의 왕 헨리 2세가 되었고, (아버지를 통해) 앙주, 메인, 낭트 지역의 소유주가 되었다. 엘레오노르 공작부인과의 혼인으로 아키텐도 획득했다. 어린 헨리는 아무도 죽이지 않고 영국 해협의 분할된 연합왕국을 페나인산맥에서 피레네산맥까지 이어지는 대서양 연안의 훨씬 더 큰 연합왕국으로 변모시켰다(도판 5.7). 물론 그가 자신의 권리를 실제로 행사할 수 있었다면 말이다.

문제는 바로 거기에 있었다. 법적인 권리는 있었지만 헨리의 권한은 멀리까지 미치지 못했다. 20년에 걸친 내전은 잉글랜드의 일체감을 무너뜨렸다. 덴마크인들이 1138년에 다시 침략하기 시작했고, 이는 1366년까지 이어졌다. 잉글랜드 내에서는 일종의 앵글로-노르만 정체성이 생겨나고 있었지만, 대륙에 새로 정착한 헨리의 신민들은 이에 동참하지 않았다. 심지어 이 영토들을 통칭하는 이름조차 1887년이 되어서야 생겼다. 역사가 케이트 노게이트가 앙주의 이름을 따서 앙제빈Angevin 제국이라고 부르기 시작한 것이다. 앙제빈 제국은 헨리가 물려받은 유산의 핵심이었고, 노게이트가 지적했듯 그의 제국은 영국보다는 대륙에 더 가까웠다. 헨리는 영어를 알아듣기는 했지만, 라틴어와 프랑스어만 구사했다. 그의 적들도 유럽인이었다. 그에게 아키텐을 안겨준 엘레오노르와의 결혼은 엘레오노르의 첫 남편인 프랑스의 루이 7세가 그녀가 아들을 못 낳았다는 이유로 교황의 승인을 받아 결혼을 무효로 돌렸기에 가능했다(그녀의 입장은 "나는 왕이 아니라 수도

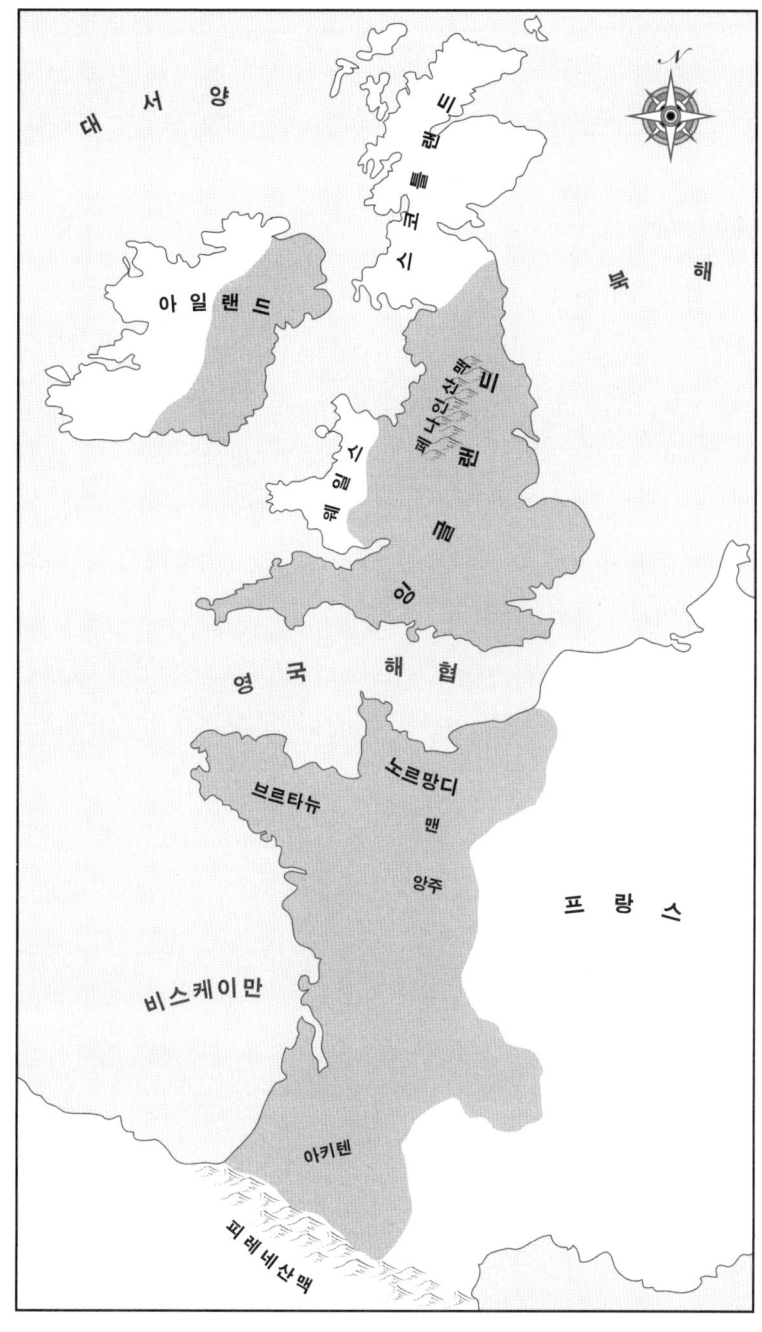

도판 5.7 대서양 연안의 연합왕국, 1162년.

사와 결혼했다"였다).²¹ 루이는 헨리에게 불임인 아내를 떠넘긴 것을 외교적 승리라고 생각했지만, 그녀는 헨리와 아들 여섯, 딸 셋을 낳았다. 조롱당한 군주의 분노만큼 무서운 것은 없었고, 헨리를 제거하는 것이 루이의 인생 목표가 되었다.

연합왕국이 굴러가려면 크누트나 윌리엄처럼 정력적인 인물이 필요했고, 헨리는 그 역할을 해낼 수 있었다. 그는 잉글랜드의 무정부주의자들을 무너뜨리는 데 온 힘을 쏟았다. 그는 자신의 영주들이 무정부 상태를 포기할 때까지 가장 완고한 무정부주의자들을 하나씩 죽이고 나머지 무정부주의자들의 특권을 박탈해나갔다. 그런 다음 그는 각 지역의 법률을 개혁하고 통화를 안정시키는 데 착수했다. 10년 만에 왕실 수입은 서서히 회복되기 시작했다.

로마의 눈치를 보지 않고는 이 일을 해낼 방법이 없었기 때문에, 1162년 헨리는 재능 있는 친구인 토머스 베켓을 캔터베리 대주교로 선출하여 교황과의 협상력을 강화하기로 했다. 베켓의 임무는 마음 내키지 않더라도 왕국 통합에 대한 교황의 승인을 받아내는 것이었다. 그러나 베켓은 부임하자마자 자신의 영혼을 찾더니 그 안에서 개혁가로서의 면모를 발견했다. 베켓은 정복왕 윌리엄의 대주교인 란프랑크처럼 행동하기는커녕 헨리의 권력 장악에 맞서 적극적으로 로마 편을 들었다. 왕과 교황은 서로 상대방의 신앙 부족을 비난했고, 결국 베켓은 헨리의 죄를 신에게 직접 호소하기에 이르렀다. 대주교 베켓은 교회 금지 명령을 내렸고, 잉글랜드는 사실상 천국으로부터 단절되었다. 교회 예배는 중단되었고, 종을 울릴 수도 없었으며, 누구도 결혼하거나, 사죄를 받거나(임종 직전 제외) 성지에 묻힐 수 없었다. 헨리는 분노하며 영주들에게 "누가 저 소란스러운 신부를 좀 없애줄 수 없겠는가?"라고(혹은 이와 비슷한 말로) 외쳤다.22 영주 중 네 명이 헨리의 분노를 명령으로 받아들여 성당 제단 앞에서 베켓을 난도질해 죽였다.

베켓 살해는 완전히 재앙이었다. 교황은 헨리를 파문하고 그의 왕국을 장악하기 위해 사절단을 보냈다. 로마가 지닌 소프트 파워의 날카로운 면모가 다시 한번 드러났다. 이제 어떤 동맹국도 헨리 편에 서려 하지 않았고, 심지어 헨리의 아내 엘레오노르도 전남편인 프랑스의 왕 루이에게 돌아갔다. 헨리는 권력을 지키기 위해 베켓의 무덤 앞에 무릎 꿇고 캔터베리 수도사들에게 상징적인 채찍질을 당하며 교황의 권위에 복종한다는 신호를 보냈는데, 그 무렵 루이와 엘레오노르는 헨리의 대륙 재산 대부분을 빼앗아버렸다.

헨리는 가까스로 버텼지만 1189년 그가 죽었을 때 대서양 연안의 연합왕국은, 리더 한 명의 열정에 의존하여 유지하는 모든 조직의 문제, 즉 그가 존재하지 않을 때 누구도 왕국을 어떻게 운영해야 하는지 모른다는 문제에 직면하게 되었다. 헨리의 큰아들 리처드('사자왕 the Lionheart')는 활력이 넘쳤지만 허름한 왕국을 다스리는 것보다 성지에서 무슬림과 싸워 명예를 얻고 교황의 인정을 받는 일에 더 신경 썼다. 그래도 자리를 비우는 왕이 1199년에 왕위를 계승한 존보다는 나았다. 현대의 역사가들이 동시대 사람들보다 존에게 더 우호적이긴 하지만, 아마 그는 영국 역사상 최악의 왕일 것이다(존 이후 8세기 동안 어떤 군주도 아들의 이름을 존으로 짓지 않았다). 개인적인 관계가 전부이던 시대에 존은 충동적이고 음탕하고 잔인했다(옛 친구가 세금 납부를 회피하자 존은 그의 아내와 아들을 굶겨 죽였다). 동맹국들이 하나둘 등을 돌렸고, 1204년 노르망디는 프랑스로 넘어갔다. 존이 반격을 위해 병력을 모았을 때 한 연대기 작가는 그의 고문들이 존에게 "이미 잃어버린 땅을 되찾으려고 나섰다가는 지금 가진 것마저 잃을 테니, 폭력이라도 사용해서 구금하겠다"라며 협박했다고 기록했다. 존은 "울고불고 난리를 치며" 이에 굴복했다.[23]

존은 과거로부터 교훈을 얻지 못했던 모양이다. 그는 헨리의 실패한 전략, 즉 로마를 다루기 위해 측근을 캔터베리 대주교로 임명하는 방식을 되풀이했다. 존이 지명한 후보자에 놀란 캔터베리의 수도사들은 교황에게 항소했는데, 당시 교황은 하필 로마 역사상 가장 현명하고 가장 영악한 교황이었던 인노첸시오 3세였다. 한 세기에 걸친 교회 개혁으로 교회의 도덕적 권위가 크게 강화된 상황에서 인노첸시오는 소프트 파워를 무시무시한 무기로 휘둘렀다. 그는 존과 캔터베리 수도사들 사이를 중재하겠다면서 교묘한 타협안을 내놓았다. 이 후보는 신학에 뛰어나고(신자들에게 매력적인 지점) 잉글랜드인(애국자들에게 매력적인 지점)이지만 프랑스에서 20년을 보냈기 때문에 존에게는 매력적이지 않았다. 존이 거부권을 행사하자 인노첸시오는 마치 선택의 여지가 없다는 듯 존을 파문할 수 있었고, 이것이 아마 처음부터 그의 목표였을 것이다. 이것은 고도의 정치술이었다.

1212년 인노첸시오 교황은 존을 폐위시키는 편지를 작성했고, 프랑스, 스코틀랜드, 웨일스, 그리고 잉글랜드에 있는 왕의 정적들은 이 편지를 집행하기 위해 자발적으로 움직였다. 하지만 존은 아무도 예상하지 못한 대응을 했다. 바로 인노첸시오에게 편지를 보내 스스로 왕위에서 물러나겠다고 선언한 것이다. 6세기 동안 잉글랜드의 왕들은 로마가 자신들의 독립성을 침해할까 걱정했지만, 이제 존은 그 독립성을 스스로 포기한 것이다. 그의 편지는 이렇게 이어졌는데, 교황이 잉글랜드를 직접 통치할 수는 없으니 자신이 교황의 제후로서 교황의 땅을 대신 통치하는 게 어떻겠냐는 제안이었다.

존의 무조건 항복은 탁월한 선택이었다. 그가 교황의 사람이 되면 그를 공격하는 것은 곧 로마를 공격하는 것이기에 프랑스 왕이 침공해온다면 존 대신 프랑스 왕이 파문당할 것이었다. 존은 패배의 문턱에서 승리를 거머쥐었다. 하지만 불과 몇 달 후 그는 다시 그 승리를 놓쳐버렸다. 그는 프랑스에 맞서 노르망디를 탈환하기 위해 해협 건너로 급히 군대를 파견해 독일 동맹에 합류시켰지만 그의 병력은 1214년 부빈 전투에서 몰살당하고 말았다. 이미 존을 증오하고 있던 영주들은 파업에 돌입했다.

존을 위해 싸우거나 세금을 내길 거부한 영주들은 존에게 그 유명한 마그나 카르타Magna Carta에 서명하라고 요구했다. 이 문서는 처음에는 단순히 영주의 희망 사항 목록에 불과했지만, 영주들이 지지 세력을 모으는 과정에서 런던 상인, 노르만 상류층, 심지어 농민까지 다양한 동맹들의 항의가 추가되었다. 이것이 바로 많은 사람이 이 헌장을 민주주의의 원형으로 기억하는 이유다. 존은 경악했지만 어차피 그의 새로운 절친한 친구인 교황이 약속을 무효화해줄 것이라 확신하며 서명했다. 인노첸시오는 실제로 한 술 더 떠서 문제가 되는 영주들을 파문했지만, 인노첸시오의 편지가 영주들에게 도착하기 전에 영주들은 이미 존의 폐위를 선언하고 프랑스 왕 루이의 아들(또 다른 루이)에게 왕위를 바쳤다. 루이는 부인의 혈통을 통해 미약하게나마 왕위 계승권을 가지고 있었다.

주권은 해체되었다. 교황, 영주들, 존, 루이 중 누가 권력을 쥐고 있는지 아무도 확신하지 못했다. 이 문제를 무력으로 해결하고자 루이가 1216년에 침공했다. 국토의 절반이 그에게 넘어갔고, 존이 마침 순순히 죽음에 이르자(한 연대기에 따르면, 복숭아와 사과주 과다 섭취가 원인이었다), 이제 확실하게 잉글랜드의 왕이 될 기회를 잡은 루이는 대서양 연안을 아우르는 더 큰 연합왕국을 장악할 준비를 마쳤다. 이것이야말로 인노첸시오 교황이 가장 원치 않는 일이었기 때문에 그는 다시 한번 개입하여 루이를 파문했다. 잉글랜드의 대주교들 중 파문된 루이를 즉위시키려는 자는 아무도 없었고, 교황 사절이 재빨리 존의 아홉 살짜리 아들을 헨리 3세로 즉위시켰을 때 루이는 아무것도 할 수 없었다. 게다가 이탈리아의 관리들도 옛 연합왕국을 통치하기 위해 해협을 건너 달려왔다. 전체적으로 열세에 몰린 루이는 파리로 돌아갔다.

이 모든 일에서 가장 큰 승자는 로마의 유럽연합이었다. 유럽연합은 잉글랜드를 거의 보호국처럼 만들었는데, 이는 그리스가 2010년 채무 위기 이후 처한 상황과 크게 다르지 않았다. 교황의 사절단이 철수한 후에도 잉글랜드는 프랑스의 세력 확장에 맞서 교황의 동맹국으로 계속 묶여 있었다. 이는 잉글랜드에 재앙이나 다름없었다. 노르망디의 외벽을 잃으면서 해안이 프랑스의 습격에 노출되었고, 스코틀랜드와 프랑스 왕이 협력하기 쉬워졌기 때문이다. 이에 불만을 품은 헨리의 영주들은 이 소년 왕이 대륙의 마지막 거점을 지키는 데 협조하지 않았다.

헨리는 유산을 되찾기 위해 점점 더 정교하고 비용이 많이 드는 계략을 세웠다. 프랑스와 정면으로 맞붙기에는 역부족이었던 헨리는 더 광범위한 동맹국 네트워크를 구축하여 잉글랜드의 무대를 카스티야와 사보이까지 확장했다. 1251년에는 교황과 함께 프랑스의 뒤를 치기 위한 더 큰 계획을 세웠다. 시칠리아는 잉글랜드와 마찬가지로 교황령이었고, 통치자는 로마가 선택했다. 교황은 당시 헨리의 아홉 살

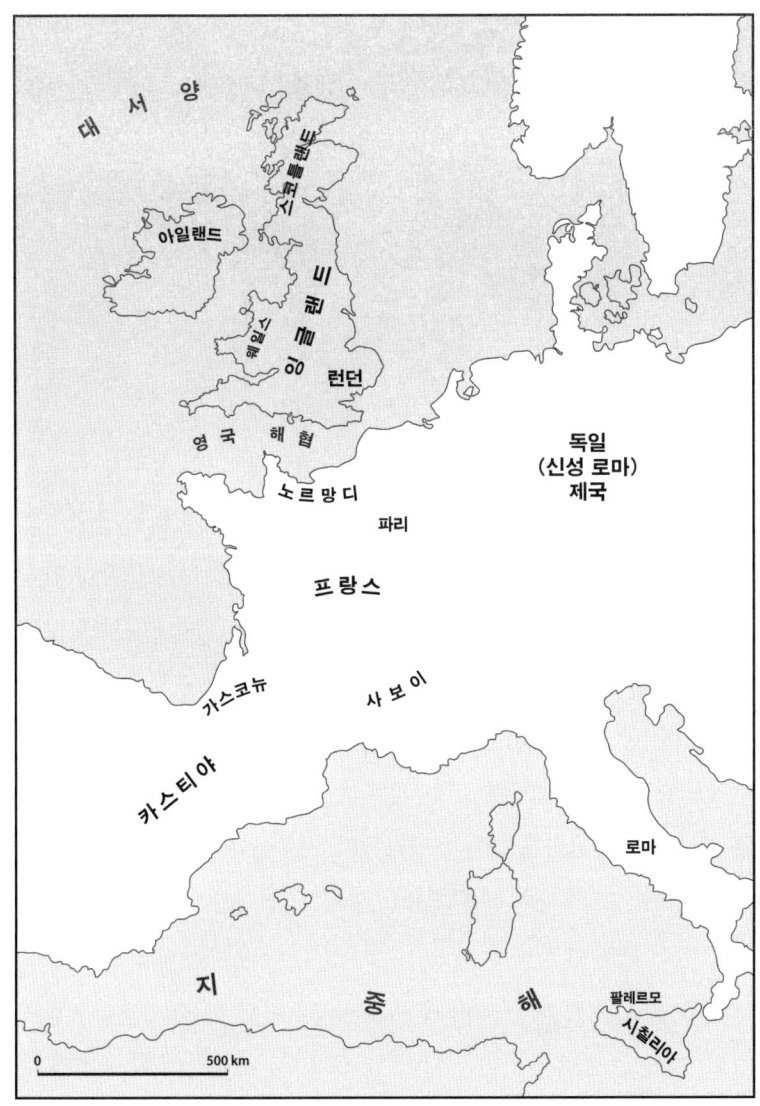

도판 5.8 느슨하게 연합된 잉글랜드, 독일, 시칠리아의 왕국들, 1258년. (프랑스와의 국경은 1259년 파리 조약에 의해 공식적으로 인정된 국경이다.)

짜리 아들에게 시칠리아를 제안했다. 이는 모두에게 이득이 되는 제안처럼 보였다. 교황은 팔레르모에 우군을 얻고, 헨리는 프랑스의 후방에 강력한 새로운 적을 배치하는 셈이었다(도판 5.8). 더 큰 야망을 품은 헨리는 막대한 돈을 빌려 자신의 동생이 명목상으로라도 중부 유럽 대부분을 통치하는 허울 좋은 신성로마제국의 왕좌에 오를 수 있도록 뇌물을 썼다. 포위 위기에 직면한 프랑스는 헨리와 교황에게 화해를 제안했다. 몇 달 동안 헨리가 유럽 질서 전체를 뒤집어놓은 것처럼 보였다.

헨리는 존만큼 영리했고, 존만큼 어리석었다. 그의 영주들은 교황의 제안들이 그것들을 이행할 힘과 돈이 없으면 아무 의미가 없다고 경고했는데, 헨리에게는 둘 다 없었다. 몇 달간의 흥정은 교황의 인내심을 바닥나게 할 뿐이었고, 1258년 유럽연합은 헨리에게 시칠리아 문제에 사용된 비용으로 연간 수입의 3배에 달하는 9만 파운드를 청구하며, 미납 시 파문이라는 벌칙을 부과했다. 그의 전략은 (친절하지 않은 표현 같지만) 폐허가 되었다. 헨리는 결국 영주들에게 긴급 구제를 요청했지만, 돌아온 것은 쿠데타였다. 영주들은 헨리에게 고등법원을 구성하고 그 지시에 따를 것을 요구했고, 헨리가 약속을 어기자 왕국은 다시 무정부 상태에 빠졌다. 영주들이 헨리를 사실상 포로로 가두기도 했고, 어떤 때는 교황이 잉글랜드를 다시 전권 대사에게 맡기기도 했다. 두 번이나 이런 상황이 반복되면서 프랑스 왕이 중재에 나서줄 것을 요청받기도 했다.

헨리는 이어진 내전에서 어느 정도 승리했지만, 대서양 연안의 연합왕국이 과거와 같이 기능할 수 있다고 생각하는 사람은 거의 없었다. 잉글랜드의 전략적 문제는 해결되지 않는 것처럼 보였다. 헨리의 아들이자 후계자였던 에드워드는 이런 문제들에는 거리를 두고, 종조부 리처드의 뒤를 이어 전 세계 가톨릭 신자들을 위해 예루살렘 탈환을 위한 마지막 십자군 원정에 나섰다. 1272년 성지에서 아버지의 사망 소식을 들은 에드워드는 외교의 복원을 결심했다. 그는 즉위하기도 전 귀국하는 길에 로마에 들러 교황에게 복종을 표시하고, 파리에서는 프랑스와의 평화를 굳혔다. 그 후 그는 대서양 연안 왕국 재건에 대한 모든 이야기를 조용히 중단했다.

가장 큰 문제는 영국이 유럽에서 분리될 수 없다는 대처의 법칙이 여전히 유효하다는 것이었다. 이는 잉글랜드의 안보에 있어 대륙의 외벽이 매우 중요하도록 만들었지만, 여러 지역에 걸쳐 주권을 행사하고 정체성을 확립하는 것을 불가능하게 만들었다. 따라서 에드워드는 잉글랜드가 대륙으로부터 넘어오는 것들에 대해 대처할 새로운 방법을 찾아야 한다고 결론 내렸다. 새로운 방법은 잉글랜드의 북부와 서부 지역에 엄청난 결과를 초래했다.

호황기……

대처의 법칙을 관리하기 위한 에드워드의 도구는 단 하나, 외교뿐이었다. 그래서 그는 위대한 중재자가 되는 것에 전력을 다했다. 에드워드는 1263년까지만 해도 이 섬들에서 문제를 일으켰던 노르웨이 왕을 설득해 물러서게 했고, 프랑스와 아라곤 사이의 평화를 중재하며 명성을 떨쳤다. 국내에서는 1년에 두 번 의회를 열어 불만을 청취하고 배심원 재판을 통해 분쟁을 해결하는 등 비판자들을 달래는 데 힘을 쏟았다. 의회는 특히 무역, 무엇보다 급증하는 양모 무역에 대한 세금을 협상하는 장소가 되었다. 1290년에 이르러 에드워드는 이전 왕들의 현금 창고였던 왕실 토지에서보다 4배나 많은 돈을 세금에서 거둬들였다. 이러한 세금을 징수하려면 많은 관료 조직이 필요했지만(1285~1286년 에드워드의 회계 장부만 해도 현대판 기준으로 250쪽에 달한다), 그가 고용한 서기와 영리한 이탈리아 은행가들이 기대 이상의 몫을 해주었다.

에드워드의 소득이 크게 증가한 주된 이유는 잉글랜드의 국민소득—사실 서유럽 전체의 국민 소득—이 증가했기 때문이다. 중세 온난기로 길어진 작물 재배 기간 덕분에 1000년에서 1300년 사이에 인구는 잉글랜드 400만~500만 명, 아일랜드 100만~200만 명, 스코틀랜드 100만 명, 웨일스 30만 명 수준으로 약 두 배씩 증가했다. 이제 이 섬들은 로마제국 아래에 있었던 시절보다 더 붐볐다.

농부들은 링컨셔와 동앵글리아의 수백 평방킬로미터 지대에 배수 시설을 만들었고, 왕실의 숲을 더 많이 베어서 개간할 수 있는 땅은 쟁기로 갈아 농지로 만들었다. 쟁기질에서도 더 효율적인 방법을 찾았는데 그것은 말의 활용이었다. 말은 소보다 사료비가 많이 들어 오랫동안 목축 동물로서 매력적이지 않았지만, 중동의 혁신 기술인 마찰을 줄여주는 철제 말발굽과 말의 견인력을 4배로 높여주는 고삐 마구 등으로 인해 이제 말은 투자할 가치가 있는 동물이 되었다. 1086년에는 목축 동물 스무 마리 중 한 마리가 말이었지만 1300년에는 다섯 마리 중 한 마리가 말이었고, 말은 북부와 서부 지역에도 대량 서식하고 있었다. 약간의 덤으로, 말똥이 많아지면서 농부들은 매년 농지의 절반이 아닌 3분의 1만 휴경하면 된다는 사실을 알게 되었다. 플랑드르 출신의 한 이민자 수도사는 잉글랜드에 대해 다음과 같이 말했다.

최고로 비옥한 들판, 무성한 초원, 넓은 경작지, 풍요로운 목초지, 우유를 내뿜는 염소 떼, 활기찬 말과 양 떼가 눈앞에 펼쳐져 있다. 물이 뿜어져 나오는 샘, 졸졸 흐르는 시냇물, 물고기와 새들로 가득 차 있고 배들이 오갈 수 있는 훌륭한 강, 호수가 있으니 사람들이 살기에 적합하다. 덤불과 숲, 들판, 언덕에는 도토리와 과일들이 가득하고 모든 종류의 사냥감이 풍부하다.[24]

3장에서 로마제국에 대해 이야기하면서, 전근대 사회에서는 성인의 키에 큰 차이를 만들 정도로 식량 공급이 빠르게 증가하는 경우가 드물다고 언급한 바 있다. 그러나 11세기와 12세기 잉글랜드는 예외였다. 남녀 모두 1000년에 비해 1200년에 평균 4센티미터 더 컸고, 로마 시대의 조상들보다는 한참 더 컸을 것이다. 평균 주택 크기는 850년에서 1200년 사이에 두 배로 증가하여 로마 시대(그리고 현대) 주택의 100제곱미터 크기로 되돌아왔다. 이는 상당한 재산이었다. 한 추산에 따르면, 적당한 규모의 목조 농가를 만들기 위해서는 다 자란 나무 333그루가 필요했다. 건축 기술도 발전해 석조 기초와 바닥 포장이 보편화되었다. 12세기 자유민들의 롱하우스longhouse*는 오늘날에 비해서 어둡고 연기가 자욱하며 비위생적일 수 있지만(도판 5.9), 고고학자들이 집 안에서 거의 아무것도 발견하지 못할 정도로 일반적으로 넓고 깨끗하게 유지되었다. 다행히 증명된 기록과 발굴된 쓰레기 구덩이는 생활 수준이 꾸준히 상승했음을 보여준다. 중산층 농부들도 양

---

* 한 공간에서 가족들이 공동으로 주거하는 단층의 주택.

도판 5.9 난로와 집: 요크셔의 와람 퍼시에 있는 목재와 관목으로 만든 롱하우스. 예술가 피터 던이 재구성한 그림. 사람, 개, 소, 훈제 햄이 같은 공간에 있다.

초, 보드게임, 수입산 마졸리카식* 주전자를 구매할 수 있었다.

분명히 이 시기는 호황기였지만 1200년경이 되니 쉽게 개간할 수 있는 토지가 고갈되어갔다. 이 책에서 살펴볼 대부분의 호황기에서와 마찬가지로, 경쟁의 심화는 성장의 과실을 나누는 방식을 왜곡했다. 인구와 생산성의 장기적인 증가는 일반적으로 토지 소유자(노동력을 사고 식량을 파는 사람들)에게 유리하며, 토지가 없는 노동자에게는 불리하게 작용한다. 땅을 많이 소유할수록 더 잘살 수 있었다. 그래서 1200년경에는 부호들이 9세기부터 팔아넘겼던 땅을 다시 사들이고 인력을 고용해 농사를 짓기 시작했다. 1280년에서 1310년 사이에 수입이 4배로 늘어난 우스터 주교만큼 막대한 수익을 올린 사람은 거의 없었지만, 모든 곳에서 부의 피라미드는 점점 더 가파르게 성장했고 상위권 경쟁은 더 치열해졌다. 1200년에 200여 명의 잉글랜드 '영주'(백작과 남작)들이 있었고, 1300년에는 호황으로 거의 모든 후손이 부자가 되었지만, 그럼에도 불구하고 그들 중 120명이 이 상위 그룹에서 떨어져 기사 계급으로 강등되었다. 한편 기사들 역시 숫자는 줄었지만 부는 늘어났다. 1200년에 4500명이었던 기사의 숫자는 한 세기 후 1250명으로 줄어들었고, 사라진 수천 명의 기사는 단순한 귀족과 신사로 전락했다. 이들은 각자의 영지에서는 중요한 존재였지만, 새롭게 얻은 부에도 불구하고 더 이상 왕을 둘러싼 매력적인 궁정 서클의 일원은 아니었다.

13세기에 사회 피라미드의 윗부분이 좁아지고 부유해지면서 아랫부분은 더 넓고 가난해졌다. 인플레이션으로 1페니의 가치가 떨어졌

---

* 이탈리아산 화려한 장식용 도자기.

음에도 불구하고 일자리를 찾는 노동자의 수가 너무 많이 늘어나면서 일당은 여러 세대 동안 1페니로 고정되었다. 13세기 마을의 가장 작은 집은 4제곱미터 남짓한 단칸 오두막으로, 나무 몇 개를 깐 바닥과 진흙, 짚, 배설물, 동물의 털을 섞은 재료로 만든 벽, 짚으로 만든 지붕으로 구성된 손에 잡히는 재료로 막 지은 정말 비참한 집들이었다. 20~30년마다 집 전체가 썩어가는 것은 당연했다. 윈체스터 주교 영지의 소작인 중에 소 한 마리라도 소유한 사람은 절반도 되지 않았으며, 한 연구에 따르면 밀 재배 지역에서는 소작농이 흡수한 칼로리의 93퍼센트가 빵이나 포티지(귀리와 콩으로 만든 죽)로 충당되었다.

고용 노동 임금이 저렴해질수록 노예를 사는 이점은 줄어들었고, 사실상 1200년 이후 노예는 법적 문서에서 사라졌다. 그러나 그 이면을 보면 13세기 '자유인' 농민의 절반이 생계를 유지할 수 없었고, 지역 영주에게 농노로 속박되어 매주 일정한 시간 동안 영주의 영지에서 일해야 했다. 법원은 자유인에게만 개방되었기 때문에 농노가 되는 것은 법적 보호를 포기하는 것을 의미했다. 영주는 농노의 딸이 결혼할 때 내는 승인료merchet 같은 비용을 정기적으로 농노에게 부과했다(영주가 농노의 신부와 먼저 잠자리를 같이하는 악명 높은 '초야권ius primae noctis'은 아마 허구일 것이다). 그 대가로 농노들은 최소한의 안전망은 확보할 수 있었기 때문에, 흉년이 곧 재앙과 같은 최하위 계층의 주인 없는 자유인에 비해서 나은 환경이었다. 연대기 작가 매슈 패리스는 1258년 "밀 한 포대의 가격이 15실링*까지 올랐을 때 (…) 죽은 자들의 시체가 썩고 부풀어 오른 채 퇴비 더미와 거리의 흙더미에 널브러져

---

*   영국의 옛 화폐로 파운드의 20분의 1.

있었다"라고 말한다.[25] 13세기에 자유는 더 이상 잃을 것이 없는 상태의 다른 표현이었을 뿐이다.

 이 시기는 부자의 재물을 훔쳐 그것을 가난한 사람들에게 나눠준 무법자 로빈 후드와 그의 부하들이 영국 신화에 등장한 때다. 이들의 이야기는 요크 대주교 궁정에서 난민으로 도망쳐온 로버트 호드(로버트Robert와 로빈Robin은 헨리Henry/해리Harry 또는 리처드Richard/딕Dick과 같이 서로 바꿔 부를 수 있는 이름이었다)로부터 시작되었을 것이다. 1225년 로버트/로빈의 재산을 압류하기 위해 파견된 로드햄의 유스터스는 노팅엄의 보안관 대행이었으며(그는 1232년에 정식 보안관이 됐다), 초기 로빈 후드 이야기에 등장하는 유명한 장소인 반스데일에서 특히 바쁘게 활동했던 인물이다. 저명한 로빈 후드 전문가인 데이비드 크룩은 "확실히 알 수는 없지만" 로버트 호드가 실제로는 웨더비의 로버트라는 깡패 산적의 가명이었을 것으로 추측하고 있다. 크룩은 아마도 "우리는 로빈 후드 전설의 기원을 노팅엄의 보안관이 로버트를 사냥했던 1225년 여름날에서 찾을 수 있을 것"이라고 결론 내린다.[26]

 유스터스는 로버트를 잡아 쇠사슬로 목을 매달았지만 로빈 후드에 대한 이야기는 이어졌다. 이후 한 세기가량은 가난한 사람들의 삶이 점점 더 힘들어지면서 실제로 수많은 무법자가 셔우드 숲과 같은 곳으로 도망쳤다. 런던으로 이주한 무법자는 더 많았는데, 이들 중에는 영국 전설의 또 다른 주인공인 딕 휘팅턴도 있었다. 동화 속 딕(마법의 고양이를 가지고 있었다)이나 실존 인물인 리처드 휘팅턴 경(런던 시장으로 네 번이나 당선되었다)만큼 형편이 좋아진 도망자들은 거의 없었지만, 최악의 도망자들도 런던에서 굶주림에서 벗어날 기회를 얻었다. 물론 런던에 항상 더 많은 노동자가 필요했던 이유 중 하나는 열악한 환경으로 인해 많은 사람이 죽었기 때문이었지만(1309년까지 길거리에서 배변을 해도 벌금을 내지 않았다), 어쨌든 도시는 계속 성장했다. 로마 시대와 마찬가지로 크고 부유한 왕국에는 수백 명의 관리자, 상인 및 기타 전문가들이 필요했고, 이들을 위해 수천 명의 건축업자, 부두 노동자, 상점 주인, 양조업자, 제빵사, 매춘부 및 하인들이 필요했다.

노르만인들이 도착했을 당시 런던에는 약 2만 5000명이 거주했지만 1200년에는 약 4만 명이 거주했다. 1300년에는 고대 성벽 안쪽 2제곱킬로미터에 약 6만 명이 모여 살았고, 성벽 너머 교외에는 약 4만 명이 더 살았다. 런던 인구는 이제 로마 시대 론디니엄Londinium*의 두세 배에 달했다. 여전히 파리의 절반에 불과했고 이탈리아에서는 상위 30위권에도 들지 못했지만 영국 기준으로는 상당한 도시화가 급속도로 진행되고 있었다. 노리치, 브리스톨, 요크, 윈체스터에는 각각 1만 명 이상의 인구가 거주하고 있었고, 5000명이 거주하는 도시도 20개가 있었다. 전체적으로 영국인 6명 중 1명이 도시에 살고 있었고, 이는 로마 영국 시대의 수준을 훨씬 웃도는 수치였다. 신도시가 곳곳에 생겨났다(미래의 대도시 리버풀과 리즈는 모두 1207년에 시작되었다). 정복왕 윌리엄 시대에는 요크 북부에 제대로 된 도시가 하나도 없었지만 뉴캐슬은 빠르게 성장하고 있었고 1120년대에 스코틀랜드의 왕 데이비드 1세는 에든버러와 다른 6개의 정착촌에 시 지위를 부여했다. 1136년에 그는 글래스고를 추가했다. 한 세기 후 카디프, 카마튼, 해버퍼드도 인구가 1000명을 넘어섰다.

로마 시대의 농민들처럼 13세기의 도시로 흘러든 시골 사람들은

---

* 옛 로만 브리튼 시대 런던의 이름.

낯선 광경과 냄새, 맛을 마주했다. 이들은 시골에서 주로 빵, 뿌리 채소, 치즈, 커드,* 양파를 먹었고, 대개 집에서 직접 재배하고 조리했다. 하지만 도시에는 오븐이 있는 집이 드물어서 길거리 음식이 일상 식사였다. "따끈한 파이 팔아요! 방금 구웠어요!"나 입맛이 덜 당기지만 "따끈한 양 족발 있어요!"라는 외침이 도시에 울려 퍼졌다고 당시 시들은 전한다.[27] 술은 어디에서나 구할 수 있었다. 맥주집은 진하고 포만감을 주는 도수 높은 맥주를 전문으로 했고, 매력적인 이름과 간판을 내건 선술집은 안목 높은 사람들에게 와인을 제공했다. 여관은 방을 빌려주었다. 현대 영국의 「폴티 타워Fawlty Towers」** 같은 숙박업소와는 달리 이 여관들은 따뜻하고 정겨운 분위기로 유명했다. 대륙에서 온 여행객들은 포옹하거나 볼에 입맞춤하며 맞아주는 주인의 환대에 감탄했다. 13세기, 1만3000명의 인구가 있던 요크에만 1300개의 여관 객실이 있을 정도로 숙박업은 호황을 누렸다.

대부분의 마을 사람들은 뒤편에 오물통이 딸린 방 두세 칸짜리 집에 살았다. 벽은 진흙으로 바르고, 지붕에는 짚을 얹었으며, 바닥은 진흙이나 다진 흙으로 마감한 뒤 그 위에 덩굴풀을 깔았다. 덩굴풀이 더러워지면 밖에 내다 버렸다. 생활은 거실 중앙의 난로를 중심으로 이루어졌지만, 1300년경에는 벽에 설치된 타일 벽난로와 굴뚝, 그리고 굴뚝에 필요한 방화 기와지붕이 새로운 인테리어 디자인으로 유행하기 시작했다. 이보다 낮은 계층 중에서도 가장 가난한 사람들은 쓰레기와 악취 나는 진흙이 깔린 어둡고 좁은 골목에 시골의 집보다 더 지

---

* 우유가 산이나 응유효소에 의하여 응고된 것으로 치즈를 만들 때 사용한다.
** 1975~1979년 방영된 시트콤으로, 무능하고 무례한 호텔 지배인이 운영하는 가상의 호텔을 배경으로 하고 있다.

저분한 오두막집을 빽빽이 짓고 살았다. 이보다 약간 더 부유한 사람들은 석조 기초 위에 지은 튼튼한 2층 목조 주택에 살았다. 이들 주택은 실내 공간을 최대화하기 위해 깊은 지하실과 길가로 돌출된 '아래층보다 넓은' 위층을 갖추고 있었다.

고고학자들은 가끔 운 좋게 건물의 뼈대만 남은 유적에 살을 붙이기 좋은 쓰레기 구덩이를 발견하기도 한다. 예를 들어 1280년대에 사우샘프턴의 뻐꾸기 도로에 사우스웍의 리처드라는 부유한 상인이 화재 이후 불에 탄 자신의 물건들을 땅에 묻었다. 그 물건들을 보면 그의 가족은 우아한 잔으로 술을 마시고 수입 접시에 음식을 담아 먹으며 유리창 너머로 서민들을 내려다보고 바버리원숭이를 비롯한 애완동물을 키우며 풍요롭게 살았다(리처드의 오물통에 잘 보존된 기생충 알들을 보건대, 가족들 모두 기생충에 감염되어 있었다).

수십만 명의 이주민이 도시의 빛과 그늘을 좇아 시골을 떠나 이주했다. 당연히 도시가 클수록 더 먼 지역에서 사람들을 끌어모았다. 작은 도시 스트랫퍼드 어폰 에이번으로 이주한 이들 중 25킬로미터 밖에서 온 사람은 열 명 중 겨우 한 명에 불과했다. 중간 규모 도시인 엑서터는 이주자의 절반을 30킬로미터 이내에서, 여섯 명 중 다섯 명을 100킬로미터 이내에서 끌어들였다. 영국의(거의 항상 잉글랜드의) 도시들이 외국인을 끌어들이기 위해서는 돈이 필요했고 따라서 12세기 한 작가가 '왕국의 여왕'[28]이라고 불렀던 런던은 다시 한번 가장 매력적인 도시가 되었다. 대부분의 잉글랜드산 양털이 런던을 거쳐갔기 때문에, 대륙 출신 상인과 금융업자들은 이곳에서 양털을 수출하고(1300년까지 연간 약 800만 개를 수출했다), 비단, 향신료, 건축용 석재 등 잉글랜드 상류층이 원하는 모든 것을 수입하여 막대한 부를 쌓을 수 있었다. 상류층이 원했던 것은 무엇보다 와인이었는데, 보르도에서만 매년 2만5000배럴*의 클라레 와인을 수입했다. 노르만, 프랑스, 벨기에, 독일 상인들은 1066년 이전에 런던에 정착했으며, 잉글랜드의 무대가 넓어지면서 13세기에는 이탈리아, 스페인, 포르투갈, 노르웨이 상인들도 런던에 합류했다. 외국인들은 수출입 산업을 발전시키면서 다른 도시들로 퍼져나갔다. 1190년에는 잉글랜드의 17개 도시에 유대인 대금업자가 있었고, 14세기에는 콘월의 작은 도시 트루로에도 독일인 구두 수선공이 있을 정도였다.

중세의 이민자들은 대체로 전문직 종사자였으며, 상업의 윤활유 역할을 하며 번영을 촉진했다. 그러나 5, 6세기의 앵글로-색슨족이나 9세기의 노르만족과는 달리 영국인의 DNA에 눈에 띌 만한 영향을 미치기에는 이들 이민자의 수가 너무 적었다. 그럼에도 이들은 정체성에 영향을 끼쳤다. 섬과 대륙 사이의 경계를 흐리기보다는, 오히려 영국인, 특히 잉글랜드인이 자신을 정의할 수 있는 타자를 제공한 것이다.

유대인은 극단적인 사례였다. 윌리엄은 1070년 유대인 금융가들을 잉글랜드로 데려왔는데, 당시의 여러 통치자가 그랬던 것처럼 현지에 친구도 없고, 성경적 배경** 때문에 친구를 얻을 가능성도 낮은 유대인 금융가들이 무해하다고 생각했기 때문이다. 그러나 이러한 계산이 바뀌는 데는 한 세대밖에 걸리지 않았다. 라인란트와 프랑스를 시작으로 예루살렘에서 무슬림을 추방하려는 십자군 원정에 대한 대중의 열기가 확산되면서, 반유대주의의 일반화와 현지 유대인 박해로 이어졌다.

---

*   1배럴은 158.987리터니, 매년 약 400만 리터를 수입한 것이다.
** 유대인은 성경에서 예수 그리스도를 십자가에 못 박아 죽인 민족으로 간주되었다.

1189년 사자왕 리처드가 즉위하고 잉글랜드 최초의 십자군 왕이 되겠다고 선언하자, 런던 시민들은 이를 축하하며 유대인 30명을 산 채로 불태웠다. 이듬해, 유대인에게 빚을 진 북부 영주들이 군중을 선동해 유대인 150명을 요크성에 가두기도 했다. 최악의 상황을 우려한 유대인 아버지들은 아내와 자녀의 목을 베고, 랍비가 남자들의 목을 벤 뒤 마지막으로 자신의 목을 베었다. 가톨릭으로 개종하겠다고 나선 유대인들도 결국 가톨릭 신자들에 의해 살해당했다.

음모론이 퍼져나갔다. 유대인들이 우물에 독을 풀고 가톨릭 신자인 아기를 죽인다는 혐의를 받았다. 다른 외국인들도 의심의 대상이 되어 유대인과 공모하여 잉글랜드 왕을 타락시켰다는 의혹이 제기되었다. 의회는 이탈리아인들이 잉글랜드에 고리대금업과 남색을 들여왔다며 비난했다. 외국인을 겨냥한 폭력이 늘었고, 왕들이 사악한 유럽인들을 부유하게 하려고 진정한 잉글랜드인들에게 과도한 세금을 부과하여 파산시키거나 셔우드 숲으로 내몬다는 소문이 퍼졌다. 1255년 헨리 3세는 가톨릭 신자 아기('작은 성인 휴'라고 불렸다)를 납치해 십자가에 못 박았다는 터무니없는 혐의로 유대인 19명을 처형해 외국인에 대한 강경한 태도를 보이려 했지만, 민심에는 여전히 못 미쳤다. 3년 후 영주들이 반란을 일으켰을 때, 그들은 '잉글랜드 공동체'를 대표해 "모든 외국인이 당신과 우리를 보면 사자를 마주한 것처럼 도망치게 하라"라고 요구했다.[29] 외국인 혐오가 당연시되었다. 한 연대기 작가는 "영어를 모르는 사람은 멸시받았다"고 썼는데,[30] 놀랍지 않은 일이었다. 헨리의 프랑스 출신 왕비가 한때 해협 너머에서 잉글랜드를 공격할 군대를 모아 영주들에게 포로로 잡힌 헨리를 구출하려 한 적이 있었기 때문이다. 반란을 일으킨 영주들은 애국자들에게 외부의 적과 내부의 반역자로부터 조국을 지켜야 한다고 촉구했다. 역사학자 데이비드 카펜터는 "이에 대한 반응은 압도적이었고 (…) 아마 1940년 잉글랜드의 분위기와 비슷했을 것"이라고 말한다.31

외국인 혐오는 정체성 구축에 있어서 장기적인 추세를 가속화했다. 특히 이 섬들이 이곳에 뿌리를 둔 네 개의 공동체, 즉 동남부 저지대의 잉글랜드인, 서부과 북부 고지대의 웨일스인과 스코틀랜드인, 바다 건너 아일랜드인으로 수렴되는 흐름이 두드러졌다. 정복왕 윌리엄의 잉글랜드 내 인종 분리 체제는 사라져갔다. 1204년 프랑스의 노르망디 정복으로 앵글로-노르만 엘리트들은 선택의 기로에 섰다. 프랑스인이 되어 노르망디 영지를 유지할 것인가, 잉글랜드인이 되어 잉글랜드의 영지를 유지할 것인가. 그러나 실제로는 대부분의 노르만인이 이미 잉글랜드인 대중 속에 흡수된 후였다. 궁정 엘리트 이외의 노르만인들은 처음부터 잉글랜드 남녀와 결혼하며 살아왔다. 1189년경 왕의 재무관은 "오늘날 잉글랜드인과 노르만인이 함께 살고 서로 결혼하면서 민족이 섞여서 (자유인의 경우) 누가 잉글랜드 태생이고 누가 노르만 태생인지 구별하기 어려울 지경이다"라고 인정했다.32

하지만 상류층에 가까울수록 인종 분리 체제가 더 오래 지속되었다. 1204년까지 모든 왕은 대부분의 시간을 프랑스에서 보냈고, 1250년에도 한 영주는 프랑스어를 "신사라면 당연히 알아야 할 언어'"라고 말했다.33 엘리트들은 정치적 무기로 외국인 혐오를 능수능란하게 동원했지만, 프랑스인에 가까운 존재였다. 1250년대 내전에서 소영국주의자들Little Englanders*의 지도자였던 시몽 드 몽포르는 뼛속까지 프랑스인이었고 영어도 거의 못했다. 1290년 잉글랜드 내 유대인을 모두 추방한 에드워드 왕은 의회에서 "[프랑스 왕이] 그의 악의에 걸맞은 힘을 지닌다면 영어는 이 땅에서 사라질 것"이라고 라틴어로 발표했고,34 영주들은 그 문제를 프랑스어로 논의했다.

다만 1270년대쯤이면 에드워드의 동료 귀족 대부분이 집에서 영어를 사용했고, 자녀에게 프랑스어와 라틴어를 가르치기 위해 가정교사를 고용해야 했다. 한 세기가 지난 뒤, 그들이 사용하는 영어는 현대 영어와 어느 정도 비슷하게 들렸고, 북부와 서부에서 사용되는 게일어, 웨일스어도 마찬가지였다. 제프리 초서, 존 바버, 다비드 아프 귈림은 각자 영어, 게일어, 웨일스어에서 등장한 최초의 문학 거장이었다.

더 강력해진 국가적 정체성은 프랑스에서 오는 위협에 맞서 에드워드가 잉글랜드인들을 하나로 모으는 데 도움이 되었다. 마찬가지로 민족주의는 웨일스의 흐웰린 아프 그리피드와 스코틀랜드의 로버트 브루스가 잉글랜드의 위협에 맞서 추종자들을 단결시키는 데 도움이 되었다. 아일랜드는 정치적으로 더 분열되어 있어 통합이 더욱 어려웠지만, 그곳에서도 1366년 킬케니 법령에 따라 수많은 오래된 정체성이 게드힐(원주민)과 게일(잉글랜드 정착민)이라는 단순한 대립 구도로 흡수되었다. 그러나 이러한 새로운 정체성의 형성은 언제나 모순적인 일이었다. 잉글랜드, 웨일스, 스코틀랜드, 아일랜드 사이의 경계가 점차 뚜렷해지고 굳어지는 와중에도, 잉글랜드의 작가들은 어떤 스코틀랜드인과 웨일스인이 적어도 프랑스인에 비하면 그리 나쁘지 않다고 주장하기 시작했다. (아일랜드인은 여전히 받아들일 수 없었다.) 웨일스 남부

---

* 영국이 국경을 넘어 국제적인 문제에 관여하지 말아야 한다고 믿는 영국인.

와 스코틀랜드 저지대의 사람들은 도시에 살면서 주화로 와인을 사고 양털을 팔고, 때로는 잉글랜드인과도 적절한 교회 예식을 통해 결혼했다. 한 잉글랜드 성인은 "[스코틀랜드] 전체의 야만성이 완화되었다"라고 말했다. 한 잉글랜드 기사는 더 나아가 웨일스를 "얼마든지 제2의 잉글랜드라고 여길 수 있을 것"이라고 말했다.35 에드워드 왕은 이에 동의했고, 1277년에 이를 실현하기 위해 나섰다.

······그리고 붕괴

에드워드만큼 웨일스를 우선순위에 둔 잉글랜드 왕은 그때까지 없었다. 그는 무력보다는 외교를 통해 대처의 법칙을 관리하려는 시도가 좋다는 것을 알았지만, 스코틀랜드와 웨일스, 아일랜드의 상당 지역이 그의 통제 밖에 있는 한 사실상 잉글랜드의 뒷문은 열려 있는 것이나 마찬가지였다. 잉글랜드에는 대륙의 외벽이 더 이상 존재하지 않았기 때문에, 프랑스군이 스코틀랜드와 웨일스, 아일랜드에서 물자를 보급받아 언제든지 잉글랜드를 침공할 수 있었다. 이 뒷문을 닫는 것이 시급해 보였다. 걱정스러운 점은 프랑스 왕들이 잉글랜드의 뒷문이 열린 상태를 선호했기 때문에, 자칫 뒷문을 닫으려는 시도가 에드워드가 예방하려는 침략을 오히려 유발할 수 있다는 것이었다. 하지만 에드워드는 인내심 있는 외교를 펼쳤고, 결국 그가 1277년 웨일스를 침공했을 때 프랑스와 로마는 단지 중재를 제안하는 데 그쳤다. 심지어 그가 들판에서 몇 달씩 머무르며 산악 요새를 봉쇄하여 웨일스의 마지막 왕자 흐웰린Prince Llywelyn the Last(역사상 가장 슬픈 별칭)을 굶겨 항복하게 했을 때도 마찬가지였다. 그 후 에드워드 왕은 웨일스 전역에 최신식 성

곽을 잇달아 건설하고 1284년 웨일스를 '잉글랜드 왕실에 합병되어 통합된 땅'으로 선포했다.36

스코틀랜드는 좀더 섬세한 접근이 필요했지만, 운은 에드워드의 편이었다. 1281년과 1286년 사이에 사고와 질병으로 스코틀랜드 왕의 세 아들이 죽고 이어 왕 자신도 세상을 떠났다. 에드워드는 살아남은 여섯 살짜리 후계자와 자신의 다섯 살 난 아들이 결혼하도록 주선했다. 하지만 1290년에 그 여자아이마저 죽으면서 그의 운도 다 떨어졌다. 그러자 에드워드는 14명의 왕위 경쟁자 중 한 명을 지지했다. 에드워드는 "최근 웨일스를 정복한 것처럼, 스코틀랜드를 자신의 권위에 복속시키고자 한다"라고 선언했다.37

이러한 발언은 3세기 전 에드거 왕이 추구했던 그레이트브리튼과 아일랜드의 연합왕국을 떠올리게 했고, 에드워드는 점점 강해지는 잉글랜드인의 정체성을 이용해 기회가 있을 때마다 그때의 향수를 불러일으켰다. 수많은 윌리엄과 헨리에 이어 왕위에 오른 에드워드는 전통적인 잉글랜드 이름을 가진 최초의 노르만 왕이었으며, 주도면밀하게 자신을 앵글로-색슨족, 아서왕과 연결시켰다. 그는 글래스턴베리의 수도사들이 아서와 기네비어의 유해라고 말한 뼈를 성대하게 재매장하고, 일부러 앨프리드 왕 시대의 수도인 윈체스터에서 아서왕풍 마상창시합과 연회를 열었다. 그는 자신의 왕관이 한때 아서의 왕관이었다고 주장했으며, 지금도 윈체스터 성의 대강당에서 볼 수 있는, 나이테 분석으로 1250~1280년에 만들어진 것으로 추정되는 거대한 원탁을 의뢰한 사람은 아마 에드워드였을 것이다.

"이제 섬들의 모든 주민이 하나가 되었다"라고 한 영국 연대기 작가는 자랑스럽게 전한다.

이 모든 나라에 왕도 군주도 없으니
그들을 하나로 묶은 이는 오직 에드워드 왕이라.
아서조차 이 영지들을 온전히 다스리진 못했노라!
이제 그가 해야 할 일은 원정을 준비하는 것뿐.
프랑스 왕에 맞서 아서의 유산을 되찾을 때다.[38]

이 모든 것이 프랑스의 필리프 왕에게는 지나쳐 보였다. 철의 왕이라는 불길한 별명을 가진 그가 먼저 공격에 나서며 1294년에 전투가 발발했다. 이듬해 필리프와 12명의 스코틀랜드 영주들은 '올드 동맹'을 체결하여 잉글랜드가 어느 한쪽을 공격하면 양쪽 모두를 공격한 것으로 간주하겠다고 선언했다. 곧바로 프랑스 군함이 켄트를 약탈했고, 그사이 윌리엄 윌리스―올드 동맹 700주년을 맞아 개봉한 멜 깁슨의 영화 「브레이브 하트」의 주인공―가 스코틀랜드에서 반란을 일으켰다.

에드워드의 영주들은 에드워드의 아버지 헨리가 대서양 연안의 연합왕국을 위해 싸웠을 때처럼 이 전쟁을 내켜하지 않았다. 그리고 1307년 에드워드가 죽자 완전히 적대적으로 변했다. 에드워드의 아들인 또 다른 에드워드는 어떻게 해야 할지 전혀 몰랐고, 프랑스와 스코틀랜드뿐만 아니라 자신의 영주들, 프랑스인 아내와 그녀의 남자친구와도 별개의 전쟁을 벌이며 패배를 거듭했다. 북부에서는 무시무시한 로버트 브루스가 스코틀랜드 왕좌를 찬탈하고 배녹번에서 잉글랜드 군대를 전멸시킨 뒤, 켈트족 왕국을 통일하겠다고 선언했다. 로버트가 웨일스 반란군과 협의하고 함대를 아일랜드로 보내자, 스코틀랜드 학자들은 마침 편리하게도 '멀린의 예언'을 발굴해냈는데, 이는 "스코틀랜드인과 브리튼인—여기서 브리튼인은 웨일스인을 뜻한다—이 연합하여 주권을 갖고 그들의 의지를 실현할 것"이라고 예언했다.³⁹

로버트의 문제는 프랑스의 새로운 왕인 호전왕 루이Louis the Quarrelsome가 다른 생각을 하고 있었다는 것이다. 루이는 런던에서 통치하는 연합왕국과 싸우고 있었지만, 그 이유가 에든버러에서 통치하는 또 다른 연합왕국을 세우기 위해서는 아니었기 때문에, 로버트의 세력이 강해질수록 루이의 로버트에 대한 지지는 줄어들었다. 루이가 생각한 완벽한 결과는 잉글랜드와 스코틀랜드가 서로 때려눕히는 동안 루이 자신은 대륙에서 더 심각한 문제에 집중하는 것이었다. 이 섬들을 휩쓴 모든 불행이 루이에게는 상당히 만족스러운 일이었다. 예를 들어 1315년 여름은 너무 춥고 습해서 농작물이 익기도 전에 썩어버렸다. 흉년은 끔찍하게도 7년이나 이어졌다. 1316년에는 150일 동안 연속으로 비가 내려 땅이 진흙탕이 되어 기사들이 싸울 수조차 없었다. 소와 값비싼 말들이 굶어 죽어 쟁기를 끌 가축이 사라졌다. 이윽고 벌들도 죽어 식물도 수분시킬 수 없게 되었다. 그러고 나서 사람들도 죽기 시작했다. 굶주림과 습기, 질병으로 1322년까지 약 100만 명의 잉글랜드인이 사망했다.

이 모든 재앙이 프랑스와 스코틀랜드에도 영향을 미쳤지만, 프랑스가 의도한 전략에 잘 맞아떨어졌다. 적어도 1336년까지는 말이다. 그해에 즉위한 새로운 프랑스 왕인 행운왕 필리프Philip the Fortunate는 자신의 역량을 과신했다. 더 단호한 태도를 보이던 잉글랜드 왕(에드워드 3세)의 등장에 위협을 느낀 필리프는 로마 시대 이래 최대 규모의 침공군을 스코틀랜드에 파견했다. 에드워드 3세는 이를 물리쳤고, 위협에 겁을 먹은 영주들은 자신들의 왕 에드워드를 지지하게 되었다. 지난 수 세기 동안 영주들은 잉글랜드의 뒷문을 닫고 대륙의 외벽을 재건하기 위한 전쟁에 비용을 대라는 왕들의 요구에 저항했지만, 이제 영주들은 왕의 주장이 일리 있다고 인정했다. 의회는 에드워드가 독일 동맹군을 고용해 프랑스를 포위하도록 전쟁 자금 지원을 의결했다. 마치 스코틀랜드에서 프랑스 동맹군이 잉글랜드를 포위했던 것처럼 말이다. 그런데 독일군이 돈을 받고도 아무 조치를 취하지 않자 에드워드는 더 큰 판을 벌였다. 그의 외할아버지가 프랑스의 왕이었기 때문에, 에드워드는 프랑스 왕위에 대해 현직 프랑스 왕보다 더 강력한 정통성을 지녔다. 그렇다면 그 왕위를 요구하지 못할 이유가 뭔가? 대서양 연안의 연합왕국을 넘어 잉글랜드와 프랑스 왕실을 통합하고 라인강에 외벽을 세우는 건 어떤가? 그리하여, 이따금 멈췄다가 다시 시작되기를 반복하는 백년전쟁이 시작되었다.

이것은 한때 교황의 한마디로 결판날 수 있는 사안이었다. 하지만 시대가 바뀌었다. 1212년 교황 인노첸시오가 존 왕을 폐위할 수 있었던 것은, 2세기에 걸친 교회 개혁으로 로마 유럽연합의 소프트 파워가 숨이 막힐 정도로 막강했기 때문이다. 교황이 원하는 것이 바로 사람들이 원하는 것이었다. 그래서 교황이 왕을 파문하면 그 왕은 물러나야 했다. 그러나 로마의 아킬레스건은 소프트 파워가 금방 자멸한다는 점이었다. 가톨릭 신자들은 교황이 그리스도의 대리자라는 이유로 교황을 따랐지만, 교황의 말에 모든 사람이 복종하고 교황의 힘이 세질수록 그가 그리스도의 겸손(그리스도의 가난은 말할 것도 없고)을 진정으로 실천하고 있다고 믿기 어려워졌다. 하급 성직자들은 유럽연합을 따르는 것보다 교황의 부패를 비판하는 유럽연합 회의론자가 되는 것이 신도들에게 더 많은 점수를 얻을 수 있다는 것을 깨달았다.

따라서 에드워드는 왕위 계승권을 무력으로 밀어붙여도 안전하다고 느꼈다. 다년간의 스코틀랜드와의 전투로 노련해진 에드워드의 군대는 크레시, 슬루이스, 푸아티에 전투에서 프랑스를, 네빌의 십자가 전투에서 스코틀랜드를 상대로 앨프리드 시대 이후 유례없는 승리를 거두었다. 그러나 프랑스 왕과 스코틀랜드 왕을 모두 포로로 잡아 지하 감옥에 가둔 상황에서도 에드워드는 전쟁에서의 승리를 정치적 성과로 전환하지 못했다. 프랑스인은 이미 잉글랜드인, 웨일스인, 스코틀랜드인, 아일랜드인처럼 독자적인 정체성을 가지고 있었고, 에드워드가 아무리 프랑스 왕좌에 대한 권리가 있다 하더라도, 누구도 그가 폭력으로 프랑스 왕이 될 수 있다고는 여기지 않았다.

전통적인 전쟁 방식이 실패로 돌아가자 에드워드는 공포 전술로 전환했다. 그는 프랑스와 스코틀랜드 시골을 수십 킬로미터에 걸쳐 불태우고, 강간하고, 약탈하는 대대적인 급습을 강행했다. 그러나 아무리 큰 고통을 가해도 전쟁은 끝나지 않았다. 심지어 흑사병조차 전쟁을 멈추지 못했다. 흑사병은 1348년 1월에 마르세유에 이르렀다. 시칠리아에서 온(그리고 그 이전에는 흑해에서 온) 선박의 화물칸에 탄 쥐의 털에 붙은 벼룩이 페스트균을 가지고 왔다. 상인과 약탈자들은 이 쥐와 벼룩을 바지선과 수레에 싣고 프랑스 전역으로 옮겼고, 그해 6월에는 도싯의 웨이머스에까지 '대역병'이 퍼졌다. 감염자들의 사타구니와 겨드랑이에는 검고 악취 나는 고름이 흐르는 종기가 가득 찼고, 감염자 중 절반 이상이 사망했다. 그 뒤를 이어 호흡할 때 나오는 침방울로 전파되는 돌연변이가 발생했으며, 이 변종에 감염된 사람은 거의 모두 사망했다.

흑사병만큼 14세기와 오늘날의 차이를 효과적으로 보여주는 사례는 없다. 2020년 봉쇄 기간에 사회적 거리 두기와 마스크 착용 덕분에 코로나19로 인한 사망률은 영국 인구의 0.1퍼센트 미만으로 유지되었다. 물론 14세기 통치자들에게는 이러한 수단이 부족하기도 했지만, 그들은 병에 신경을 쓰지 않은 것 같다. 에드워드 왕은 프랑스와 스코틀랜드를 황폐화시키며 흑사병을 옮기는 군대를 철수시켜서 병든 백성에게 군대 유지를 위한 세금을 탕감해주는 대신에 오히려 군사 활동과 세금 징수를 강화했다. 잉글랜드와 웨일스의 인구는 1348년 480만 명에서 1400년 210만 명으로, 1450년에는 카이사르가 침공했을 때보다 더 적은 190만 명으로 감소했다. 런던은 한 세대 만에 인구가 10만 명에서 2만 명으로 줄어들었다. 페스트는 거의 3000개의 마을을 전멸시켰다(이것이 고고학자들이 중세 잉글랜드에 대해 많은 것을 알고 있는 이유 중 하나다). 실제 흑사병 매장지는 드물지만, 2016년 링컨셔의 손턴 수도원에서 발견된 구덩이는 DNA 분석 결과 흑사병 매장지로 판명되었다(도판 5.10). 아마 죽은 자가 너무 많아 마을 주민들이 감당하지 못하고 지역 수도사들이 시신 처리에 나선 사례였을 것이다.

오늘날과의 또 다른 차이점은 코로나19가 가난한 사람들에게 더 큰 피해를 준 반면, 흑사병은 그 반대였다는 점이다. 여러 세대에 걸쳐 인구 밀도가 높아지면 임금은 낮아지고 이윤은 높아졌지만, 1348년 이후 인구가 줄자 정반대 상황이 벌어졌다. 점점 희소해지는 노동자들을 붙잡기 위해 필사적이었던 영주들은 농노의 노동 의무를 면제하고 임금을 인상했으며 퇴직금 제도까지 마련했다. 영리한 지주들은 살아남은 쟁기꾼들의 노동력을 보강하기 위해 말을 더 사거나, 곡물 재배 대신 노동력이 덜 드는 양 사육으로 전환하며 바뀐 상황에 적응했다. 윈체스터 주교 관할 지역에서 사람들의 수는 줄어든 반면 양 떼는 1348년 2만2500마리에서 1369년 3만5000마리로 늘어났다. 일부 소유주는 척박한 땅을 토끼들에게 넘겨버리기도 했는데, 토끼 사육은 관리가 필요 없었기 때문이다. 숙련된 토지 관리인은 중요한 인물로 떠올랐다. 1354년이 되자, 대영주 버클리는 소작 관리인과 정기적으로 식사를 함께했는데, 1348년 이전에는 절대 하지 않았던 일이다.

경제학적으로 냉정하게 말하자면, 대량 사망은 토지 대 노동력 비율을 농민에게 유리하게 변화시켰다. (쉽게 말해, 노동력 부족 덕에 가난한 사람들도 1850년까지 다시 찾아오지 않을, 약 100년 동안의 광범위한 번영을 누렸다.) 평균 신장은 1200년에서 1350년 사이에 4센티미터 줄어들었지만 1400년경에는 이러한 손실이 회복되었다. 도시와 시골 모두에서 실질 임금은 1450년까지 두 배로 올랐고, 그 결과는 1256년과 1424년 노퍽 지역의 수확 노동자들이 섭취한 칼로리의 원천을 비교한 도판 5.11에서 볼 수 있다. 흑사병 이전 노동자들의 주식은 보리빵, 치즈, 버터였지만, 그 이후에는 고기와 맥주(하루 평균 3파인트)가 식단의 주를 이루었으며 빵은 원할 때만 먹었다. 1348년 이전에 도시 밖에는 맥주집이 드물었지만 1400년 무렵에는 모든 마을에 선술집이 생겼다.

1348년 이후의 삶이 맥주와 고기로만 이루어진 것은 아니다. 지주들은 건방진 농노들에게 반격을 가했고, 전염병에서 살아남은 수천 명이 1358년 프랑스와 1381년 잉글랜드에서 정치적 폭력으로 사망했다. 폭동과 반란은 물론, 서로를 향한 전쟁과 대규모 사망자 발생으로 두 왕국은 해체 직전의 위기에 내몰렸다. 잉글랜드 북부에서는 강

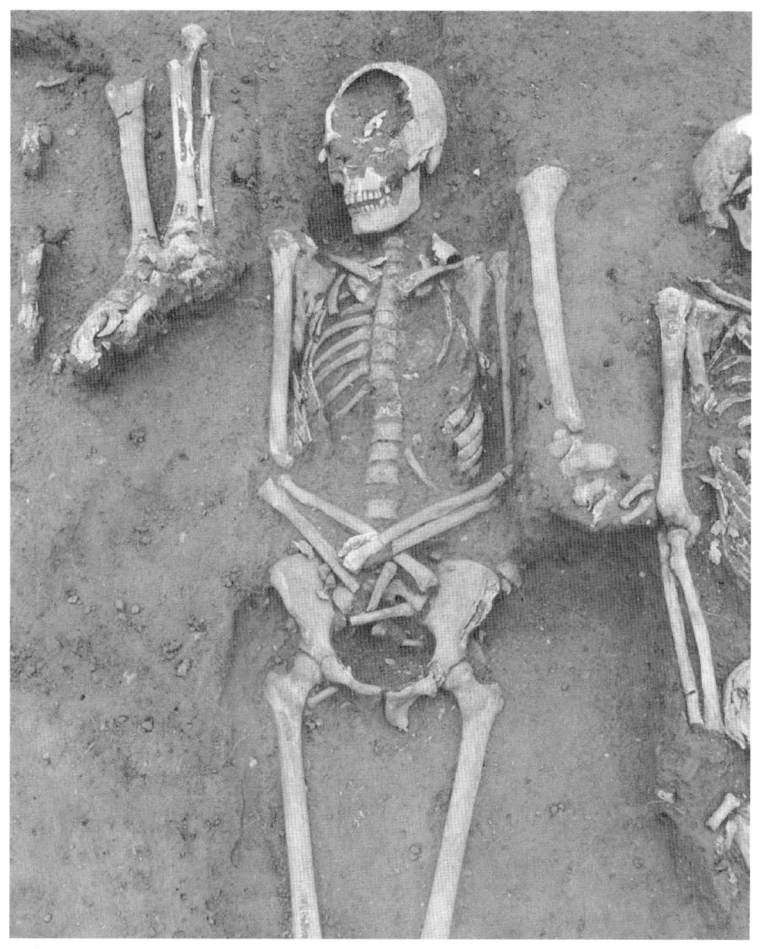

도판 5.10 시신을 내놓으시오*: 1350년경의 흑사병 집단 매장지. 2016년 링컨셔의 손턴 수도원에서 발굴되었다.

---

* "시신을 내놓으시오"는 중세 유럽에서 흑사병으로 사망한 시신을 수거하러 다니던 이들이 외치던 말이다.

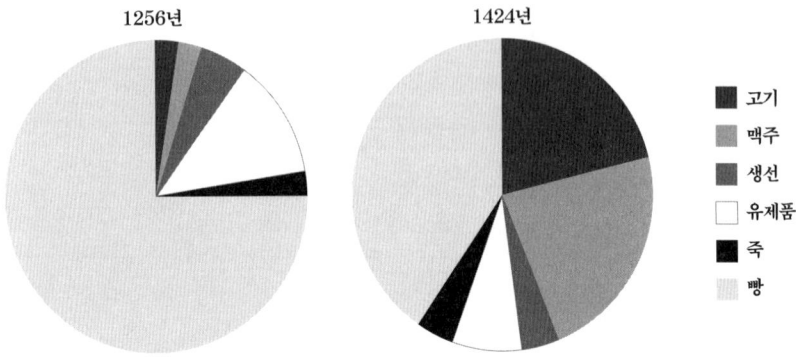

도판 5.11 전과 후: 1256년과 1424년 사이 노퍽의 세지퍼드 지역 수확 노동자 식단의 변화.

력한 씨족들이 두 개의 독립국을 세웠고, 아일랜드는 왕실의 통제에서 벗어났으며, 스코틀랜드인들은 앵글시를 약탈했다. 1399년 영주들은 잉글랜드 왕을 폐위하고 아마 죽이기까지 했다. 1400년 아서가 부활했는데, 이번에는 오와인 글린두르라는 웨일스 영주의 모습으로 왔다. 글린두르는 잉글랜드와 웨일스 양쪽 왕족의 후손이었으며, 멀린풍의 예언을 끊임없이 쏟아내는 전속 예언자를 언제나 대동했다. 흰 바탕에 황금용을 그린 글린두르의 깃발 앞에서 잉글랜드 수비대는 줄줄이 도망쳤고, 1405년 그는 아일랜드, 스코틀랜드, 브르타뉴 사절을 소집하여 켈트족 연합왕국을 논의했다. 그는 프랑스와 조약을 맺고, 교황과 협상을 벌이고, 잉글랜드의 불만 세력과 공모해 이 섬들 전체를 분할할 계획을 세웠다. 상황이 너무 악화되자 잉글랜드 의회는 웨일스 음유시인의 런던 출입을 금지했다. 역사학자 미리 루빈은 이렇게 말한다. "이는 잉글랜드의 지도를 새롭게 그리고 브리튼 세계를 구성하는 집단들 간의 관계를 새로 생각하려는 시도였다. 근본적인 변화가 실현

가능해 보였다."⁴⁰

그러나 여기서 핵심은 '보였다'라는 것이다. 지리의 힘은 막강했다. 자금과 병력, 조직력은 여전히 동남부에 집중되어 있었다. 켈트족의 연합왕국은 프랑스 없이는 성립될 수 없었다. 프랑스만이 잉글랜드와 균형을 맞출 수 있는 자원이 있는 유일한 세력이었기 때문이다. 하지만 프랑스에게 켈트족은 편리할 때는 후원하고 그렇지 않을 때는 버리는 부차적인 존재일 뿐이었다. 설상가상으로 프랑스 왕은 완전히 정신이 나가 있었다. (어떤 날은 자신이 유리로 만들어졌다고 진심으로 믿었고, 또 어떤 날에는 자신이 결혼해 자식들이 있다는 사실조차 잊었는데, 이는 왕가의 외교에 큰 문제가 되었다.) 혼란에 빠진 프랑스 영주들은 1405년이 채 끝나기도 전에 두 파벌로 나뉘었고, 글린두르를 돕기는커녕 서로 경쟁 세력을 견제하기 위해 잉글랜드의 지원을 받는 대가로 외벽을 복구해주겠다고 제안했다.

1413년 왕위에 오른 헨리 5세는 이러한 제안들이 사실 다가오는 프랑스 내전에서 어느 편에 설지 정하라는 압박임을 잘 알고 있었다. 그는 어느 진영에도 합류하지 않고 혼란을 틈타 아쟁쿠르에서 프랑스 엘리트 대부분을 학살했다. 그런 다음 살아남은 이들 중 가장 유망해 보이는 세력을 골라 프랑스 왕위에 대한 자신의 권리를 인정하도록 했다. 그가 1422년 '피 흘리는 설사'(15세기에 유행하던 이질의 병명)로 사망했을 때, 그의 어린 아들―예상대로, 헨리 6세―이 파리에서 프랑스와 잉글랜드의 왕으로 즉위했다. 그러나 대립하던 프랑스 파벌들은 곧 화해했고, 한 세대 만에 칼레를 제외한 전 국토에서 잉글랜드인을 몰아냈다.

100년에 걸친 전쟁에서 잉글랜드는 아무것도 얻지 못했다. 1453년 잉글랜드는 외벽도 없고 뒷문도 열린 1272년 에드워드 1세의 시대로 돌아갔을 뿐만 아니라 1260년대 헨리 3세 때처럼 내전(현재 우리가 '장미전쟁'이라고 부르는 전쟁)으로 찢어지고 있었다 스코틀랜드와 아일랜드 대부분의 지역이 독립했고, 잉글랜드의 무역은 붕괴됐으며, 프랑스 해적들이 남부 해안을 습격했다. 영국은 한 세기쯤마다 반복되는 호황과 불황의 사이클에 갇혀 있는 것처럼 보였다. 잉글랜드와 켈트족 내륙 일부, 영국 해협 건너 대륙 연안을 통합한 연합왕국과 무정부 상태의 연합왕국 Anarchy in the UK 사이를 오갔다.

이 새로운 내전은 1485년, 또 다른 헨리인 헨리 7세가 프랑스의 자금과 군대를 이용해 라이벌이었던 리처드 3세를 죽이고 왕좌를 차지하면서 끝났다. 헨리는 연합왕국에 대한 모든 권한을 포기했지만, 그의 심장에는 잉글랜드인만큼이나 웨일스인의 피가 흐른다고 주장하며 웨일스에 대한 권한만큼은 요구했다. 헨리는 웨일스에 상륙한 뒤, 아서와 연관된 고대 웨일스의 통치자 카드왈라드를 상징하는 붉은 용의 깃발을 내걸고 런던으로 진군했다. 내전 당시 반대 진영에서 맞아들였던 그의 아내는 며칠 만에 임신했다. 그들은 아들의 이름을 아서라고 지었다. 최고의 신화 만들기 작업이었다. 하지만 외벽도 없고 스코틀랜드와 아일랜드의 뒷문이 활짝 열려 있는 상황에서 헨리가 꺼낼 수 있는 패는 그것뿐이었다.

무언가 다른 일이 일어나기 전까지는 말이다.

전 세계를 무대로

유럽의 지식인들은 아리스토텔레스 시대부터 지구가 둥글다는 사실을 알고 있었다. 아일랜드에서 서쪽으로 항해하면 지구 가장자리에서 떨어지는 게 아니라 그리스인들이 '대양'이라고 부른 곳에 도달할 것이었다. 이 바다는 사람들이 사는 세계를 둘러싼 광활한 물의 황무지였으며, 지구의 절반을 덮고 있었다. 홀딩엄과 라퍼드의 리처드가 그의 헤리퍼드 지도를 양면으로 볼 수 있도록 만들었다면, 뒷면은 텅 빈 파란색 원판이었을 것이다.

교육받은 유럽인들은 당시 상인들이 동방의 부를 찾아 나설 때 지중해와 중동 또는 중앙아시아를 가로지르는 상인들의 경로(도판 5.12)가 유일한 경로가 아니라는 사실도 알고 있었다. 이론상으로는 서쪽으로 항해해 대양을 가로질러 동방으로 갈 수 있었다. 또는 북쪽으로 올라가 유럽의 북단을 돌아가거나, 남쪽으로 내려가 아프리카의 남단을 돌아갈 수 있었다(물론 유럽과 아프리카에 북단과 남단이 있다고 가정할 때의 이야기다). 모든 바다는 궁극적으로 아시아의 부유한 땅으로 이어졌다. 그러나 유럽의 지식인들이 알고 있던 세 번째 사실은 지구의 둘레가 약 3만 6000킬로미터라는 점이다. 이는 서쪽이나 북쪽, 남쪽으로 돌아 동쪽으로 가는 여정이 너무 길어서 수익성이 없다는 뜻이었다. 원론적으로는 모두 가능했지만, 현실적으로는 지중해와 대초원을 지나는 길이 유일한 선택지였다.

따라서 15세기 튀르키예의 침략자들이 중동을 점령하고 그들의 제국을 통과하는 비단, 향신료 및 기타 동양의 사치품에 대한 통행료를 인상했을 때 이는 서유럽에 실질적인 타격을 주었다. 설상가상으로 그들은 무역 독점권을 이탈리아 상인들에게 팔았고, 이 상인들은 여기에 추가 요금을 붙였다. 서유럽의 수입업자들은 운송 비용을 절감할 수 있는 대양 항로와 새로운 종류의 선박을 더 적극적으로 찾기 시작

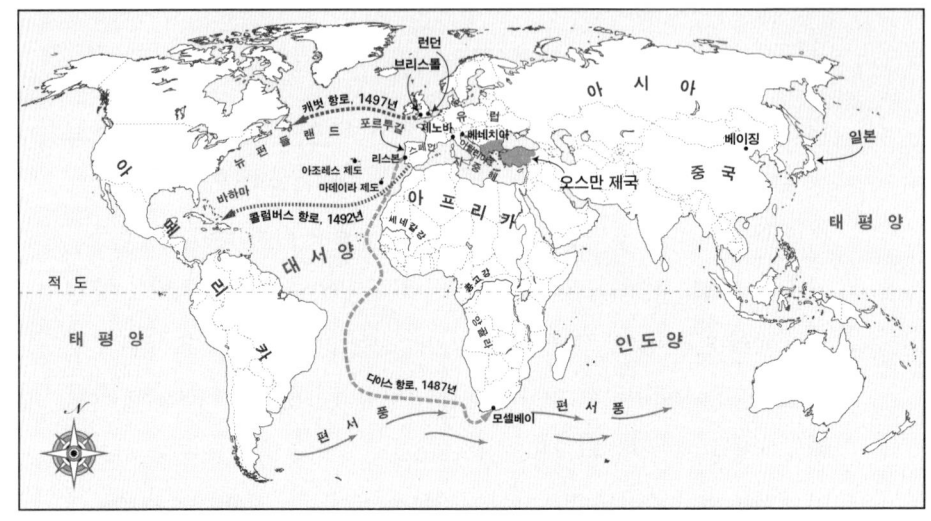

도판 5.12 모든 길은 중국으로 통한다: 15세기 유럽인들은 헤리퍼드 지도의 틀을 깨고 나왔다.

했다. 가장 유망한 선박은 지중해 어선에서 착안한, 좁고 낮은 바닥을 가진 범선으로, 속도를 위한 사각 돛과 역풍을 이겨내기 위한 큰 삼각 돛을 결합한 형태였다. 아프리카 서부 해안을 따라 남쪽으로 항해하기에 가장 유리한 위치에 있던 포르투갈과 스페인이 항해를 선도했으며, 종종 이탈리아 항해 전문가들을 선장으로 고용했다. 포르투갈 선박은 1420년에는 마데이라, 1427년에는 아조레스 제도, 1444년에는 아프리카 금광으로 향하는 길목인 세네갈강에 도착했다. 1473년에는 적도를 지났고 1482년에는 콩고 하구까지 항해했다.

서양인이 이처럼 멀리 간 것은 무려 2000년 전 페니키아인들 이후 처음이었다. 하지만 그들의 진전은 그곳에서 멈추고 말았다. 콩고 남부의 역풍이 너무 강해 범선이나 더 큰 배인 카락으로 이를 뚫고 나가기는 역부족이었기 때문이다(페니키아인들은 바람을 거슬러 노를 저을 수 있는 갤리선을 탔다). 하지만 바르톨로뮤 디아스가 불과 5년 만에 해답을 찾아냈다. 그는 앙골라 해안을 따라 남쪽으로 항해하던 중 폭풍우에 휩쓸려 서쪽 망망대해로 떠밀렸다. 13일 후 강풍이 잦아들자 디아스는 이제 다른 바람, 즉 편서풍을 타고 동남쪽으로 이동하고 있다는 사실을 깨달았다. 육지를 보지 못한 지 한 달이 지난 끝에 그는 오늘날 케이프 타운 근처의 모셀만에 상륙했다. 선원들이 (당연히) 더 나아가기를 거부하면서 탐험은 중단되었지만, 디아스는 아프리카 대륙에 남단이 있다는 사실을 증명했다. 디아스의 '바다에 의해 되돌아오기volta do mar' 전략에 따라, 유럽 선박들은 대서양으로 크게 우회해 아프리카의 역풍을 피해 바람을 타고 인도양으로 향할 수 있었다.

포르투갈 선원들은 역사상 가장 중요한 지리 전략 혁명을 이루어냈고, 다른 유럽 군주들은 이를 따라잡기 위해 분주히 움직였다. 온갖 기상천외한 계획들이 쏟아졌지만, 그중에서도 가장 황당한 것은 크리스토퍼 콜럼버스라는 영어식 이름으로 알려진 제노바의 모험가 크리스토포로 콜롬보의 계획이었다. 콜럼버스는 전문가들의 의견을 무시하고 중국이 리스본에서 서쪽으로 불과 3860킬로미터 떨어져 있다고 계산했고, 세계를 둘러싸고 있는 대양을 지나 베이징까지 가는 직선 항로를 찾겠다는 계획에 자금을 댈 후원자를 찾아 베네치아부터 런던까지 몇 년을 떠돌았다. 1492년 스페인의 이사벨라 여왕은 콜럼버스의 세 번째 요청에 마지못해 자금을 내놓았는데, 무엇보다 콜럼버스를 떼어내고 싶어서였을지도 모른다. 하지만 그게 목적이었다면 실패였다. 1년 후 콜럼버스가 돌아왔기 때문이다. 그는 대제 칸의 땅을 다녀왔다고, 그 땅이 자신이 예측한 위치와 거의 일치한다고 주장했다. (그의 첫 번째 착각은 중국이 이미 한 세기 넘게 몽골 칸의 지배를 받지 않고 있었다는 점

도판 5.13 헤리퍼드 지도를 찢고 나간 배: 50톤급 범선 '매슈호'의 복제품. 존 캐벗이 브리스틀에서 뉴펀들랜드로 항해한 500주년을 기념하기 위해 1997년에 제작되었다.

이고, 두 번째 착각은 그가 실제로는 바하마에 다녀왔다는 점이다.)

잉글랜드의 헨리 7세는 콜럼버스의 제안을 거절했던 군주 중 한 명이었다. 마음이 급해진 헨리 7세는 자신의 이탈리아 출신 부하인 베네치아인 주안 카보토(존 캐벗으로 알려짐)가 브리스톨에서 중국으로 가는 항로, 가능하면 콜럼버스보다 짧은 항로를 찾도록 항해 허락을 내주었다. 하지만 자금을 지원하지는 않았다. 1496년 캐벗의 첫 시도는 악천후로 인해 실패로 돌아갔지만, 이듬해 그는 작은 범선 매슈호(도판 5.13)를 타고 얼음으로 뒤덮인 뉴펀들랜드까지 갔으며, 그는 그곳이 일본이라고 판단하고 귀국했다.

캐벗의 주장은 헤리퍼드 지도를 찢어버렸다. 더 이상 영국 제도는 세계의 가장자리에 처박혀 있는 것이 아니었다. 물론 뉴펀들랜드는 일본이 아니었지만, 1497년은 영국이 지구의 중심을 향해 나아가기 시작한 해였다. 드라마의 새로운 막이 올라가고 있었다.

2부
매킨더 지도,
1497~1945년

6장
잉글렉시트 Englexit

1497~1713년

제2막

영국이 유럽 무대의 가장자리에 조연으로 머물다가 대서양 무대의 중심에 주연으로 서기까지는 200년이 넘게 걸렸다. 콜럼버스와 캐벗은 헤리퍼드 지도에 그려진 세계보다 더 넓은 세상이 있다는 것을 보여주었지만, 유럽인들이 합리적인 비용으로 쉽게 대서양을 항해하여 원자재를 서쪽에서 동쪽으로, 사람들을 동쪽에서 서쪽으로 이동시키려면 기술과 조직의 혁명이 필요했다. 17세기 후반에 이르러서야 지리의 의미가 본격적으로 바뀌었다. 7500년 넘게 이민자들의 도착지였던 영국은 이제 많은 사람이 특히 북미로 이민을 떠나는 출발지가 되었으며, 다른 지역 사람들도 강제로 이주시키는 땅이 되었다.

새로운 지리의 의미를 활용하기 위해 (노예무역과 같은) 새로운 조직을 만드는 것은 지도를 바꾼 기술을 개발하는 것보다 훨씬 더 어려운 일이었다. 통치자들이 상인과 선원들을 기꺼이 엘리트로 받아들인다면, 이동성이 증대되어 번영을 확보할 가능성이 커질 것이었다. 그리고 번영의 확보는 안보와 주권 모두의 변화를 약속(또는 위협)할 수 있었다. 새롭게 대서양 경제를 활용할 방법을 찾아낸 정부는 그 부를 이용해 실패한 경쟁자들을 압도할 수 있었기 때문이다. 런던 정부는 이러한 과제에서 대륙의 경쟁자들보다 뛰어난 성과를 거두었다. 그들은 세계에서 가장 효율적인 '재정-군사 국가'(역사학자들이 시장과 군사력을 결합한 정부를 일컫는 용어)를 만들어냈고,[1] 이를 이용해 함대를 구축하고 적의 영국 해협 접근을 차단함으로써 대처의 법칙을 보류시킬 수 있었다. 해양의 방어선을 확보한 후에 영국은 그레이트브리튼과 아일랜드의 연합왕국으로 변모했다. 결국 영국은 이동성, 번영, 안보, 주권에 대해 근본적으로 다시 생각하게 되었고, 대륙보다는 섬에 가까운 새로운 정체성이 필요해졌다. 1530년대에 잉글랜드는 로마의 원조 유럽연합을 탈퇴했다. 1550년대에는 스코틀랜드가, 1570년대 이후에는 아일랜드의 일부 지역이 그 뒤를 따랐다. 탈퇴하지 않고 남은 아일랜드 지역은 그 후로 계속 영국을 괴롭혔다.

이런 변화를 위한 종합 계획 같은 것은 존재하지 않았다. 1497년에는 누구도 생각하지 않았고, 1597년까지도 새로운 지리가 어떤 의미를 가질지 아무도 예견하지 못했다. 하지만 1697년 영국의 엘리트 집단은 지도가 어떻게 바뀌고 있는지, 또 이를 활용하기 위해 무엇을 해야 하는지 분명히 인식하게 되었다. 좋든 나쁘든, 그들은 영국을 헤리퍼드 지도의 가장자리에서 매킨더 지도의 중심으로 옮기기 시작했다.

교황의 나쁜 아들

헨리 7세는 새로운 지리가 무엇을 의미하는지 확실히 알지는 못했다. 처음에 그는 캐벗에게 '일본'을 찾아준 대가로 10파운드의 팁만 주었다. 이후 대가는 점점 늘었지만, 캐벗이 받은 장려금은 숙련된 노동자가 받는 삯의 두 배를 넘지 않았다. 헨리는 비열하기로 악명이 높았지만, 팁이 이것밖에 안 되는 데는 설명이 필요하다. 유능하기로 유명한 그의 스파이들이 캐벗이 일본 근처에도 가지 못했다는 소문을 들었던 게 분명하다.

브리스톨의 어부들은 1460년대부터 북아메리카 해역에서 어업을 했으며, 대구와 얼음만 잡힌다는 것을 알았다는 흥미로운 단서가 남아 있다(도판 6.1). 한 이론에 따르면, 브리스톨 사람들이 아메리카 해안을 너무 잘 알고 있었기 때문에 브리스톨의 최고 세관 책임자였던 리처드 아메리케Richard Amerike의 이름을 따서 해안의 이름을 지었다고도 한다. 그러나 이름이 놀랍게 일치한다는 것 외에는 이에 대한 실제 증거가 없으며, 대부분의 역사가는—맞는 이야기라 생각되는데—아메리카라는 이름은 (캐벗처럼 이탈리아 출신이지만 스페인에 거주했던) 아메리고 베스푸치Amerigo Vespucci에서 그 기원을 찾는다. 1501년 브라질 해안을 항해하던 베스푸치는 그곳이 아시아일 수 없다는 사실을 깨닫고, 전문가들이 말한 것처럼 지구가 정말 크며, 스페인과 중국 사이에 이전까지 확인되지 않았던 대륙이 있다고 결론지었다. 1507년 지도 제작자들은 베스푸치의 말이 맞다고 판단하고, 이 새로운 세계를 아메리카라고 불렀다.

결국 정보에 따라 결론짓자면, 캐벗이 바꾼 것은 하나도 없었다. 영국 제도는 여전히 세계의 가장자리였다(어쨌든 중요한 것은 세계였다). 아메리카는 중요하지 않았고, 유럽과의 근접성이 여전히 영국의 고립성보다 더 중요했다. 대연합왕국의 꿈은 모두 실패로 돌아갔기 때문

도판 6.1 아메리카 무대, 1497~1713년.

에, 잉글랜드의 역사는 여전히 대륙에서 온 것들의 역사였고, 웨일스, 스코틀랜드, 아일랜드의 역사는 잉글랜드에서 온 것들의 역사였다.

1272년의 에드워드 1세처럼 외벽이 없고 거의 파산 상태인 데다가 뒷문도 열려 있는 잉글랜드를 물려받은 헨리에게 타협 외에는 다른 선택지가 없었다. 헨리는 프랑스, 스코틀랜드와는 협상을 맺고, 스페인과는 결혼 동맹을 모색했다. 사실 1497년의 가장 큰 소동은 캐벗

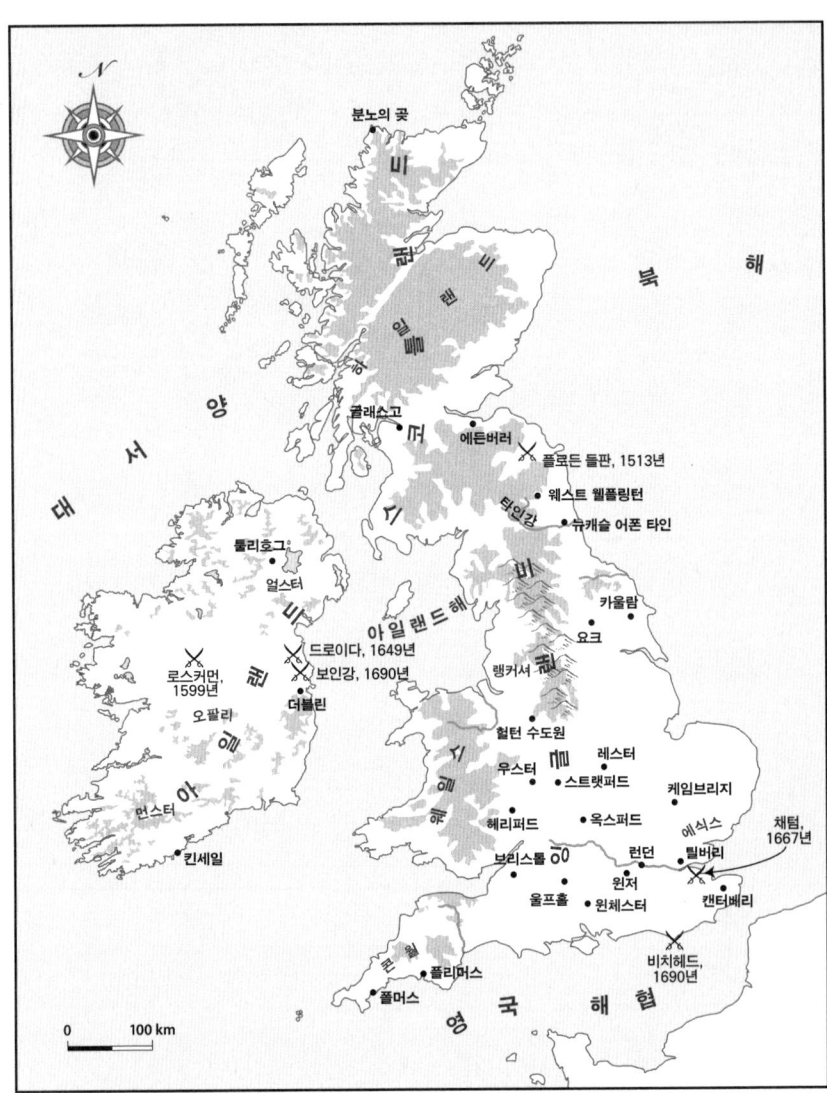

도판 6.2 영국 무대, 1497~1713년.

의 발견이 아니라 헨리의 아들 아서가 아라곤의 캐서린과 약혼한 것이었다(콘월에서 유혈 봉기가 일어나면서 캐벗의 발견은 2위도 차지하지 못했다[도판 6.2]). 이 혼인 동맹은 워낙 중대했기 때문에, 1502년 결혼식 직후 아서가 사망하자 캐서린은 서둘러 아서의 남동생인 또 다른 헨리(8세)와 약혼했다. 만일에 대비하여 어린 헨리의 여동생인 메리는 스페인 왕좌의 후계자인 샤를과의 결혼을 추가로 약속했다.

마드리드와 런던 모두 두 나라의 긴밀한 유대가 프랑스 왕의 위협을 막을 수 있을 것이라는 희망을 품었다. 하지만 캐서린과의 결혼으로 헨리 8세의 잉글랜드는 가톨릭 유럽연합에서 완전히 탈퇴했다. 그는 2016년에 영국을 현대 유럽연합에서 탈퇴시킨 데이비드 캐머런처럼 애초에 의도한 것은 아니었지만, 두 사람 다 결국 그렇게 하고 말았다. 이처럼 운명은 우리 모두를 바보로 만든다.

역사상 캐머런의 브렉시트와 비슷한 사례가 있다면 헨리의 잉글렉시트(사랑스럽지 않은 신조어)일 것이다. 두 사건은 분명 수많은 면에서 달랐지만, 공통점은 (브리타니아가 260년에서 410년 사이에 하드 파워를 가진 로마제국으로부터 여러 차례 탈퇴한 것과는 대조적으로) 이 섬들의 일부가 소프트 파워를 가진 대륙의 제국으로부터 탈퇴한 특별한 사례들이라는 점이다. 각각의 탈퇴는 정체성, 주권, 지리 전략에 대한 내부 논쟁에 의해 주도되고 심화되었다. 각각은 번영에 중대한 결과를 가져왔고, 헌법적 위기를 초래했으며, 예상보다 해결에 오랜 시간이 걸렸다. 이 모든 것은 수십 년간 이어진 외교적 줄다리기의 의도치 않은 결과였다.

헨리가 처음부터 혁신적인 인물인 것은 아니었다. 오히려 그는 거의 반동적이라 할 만큼 구시대적이었다. 그는 전장에서 잉글랜드의 문제를 해결한 헨리 5세처럼 되고 싶어했고, 더 나아가 형이 빌린 이름의 주인인 아서와 동등해지기를 바랐다. 헨리는 윈체스터에 있는 아서의 가짜 원탁을 다시 색칠하고, 돌아올 수 없는 아서를 대신해 자신이 완벽한 가톨릭 왕이 되는 것을 상상했다. 그는 자신이 "거룩한 교황의 착한 아들로서, 언제나 교황과 교회와 함께할 것이며, 결코 떠나지 않을 것"이라고 주장했다.[2] 이에 교황이 당시 교황에게 전투적이었던 프랑스 왕을 헨리가 공격하면 헨리의 프랑스 왕위 주장을 지지하겠다고 약속하자 헨리는 곧바로 행동에 나섰다.

하지만 이것은 실수였다. 잉글랜드는 아쟁쿠르 전투 이후 한 세기 동안 프랑스에 꾸준히 뒤처져 있었다. 잉글랜드의 인구는 프랑스의 6분의 1, 소득은 10분의 1에 불과했다. 또한 프랑스는 최신 군사 기술이었던 화포를 발전시키고 있었던 반면, 잉글랜드군은 장거리 활에 집착하고 있었다. 헨리 7세는 이를 알고 전쟁을 피했지만, 아버지의 판단에도 불구하고(또는 어쩌면 그 때문에) 헨리 8세는 1513년 프랑스를 침공했다. 결과는 대실패였다. 헨리의 재상조차 '은혜롭지 못한 개구멍'이라고 불렀던[3] 두 마을을 점령하는 데 그쳤다. 헨리가 한 가지 위안 삼은 것은 프랑스의 비장의 카드인 올드 동맹도 역풍을 맞았다는 점이었다. 스코틀랜드는 잉글랜드보다 훨씬 더 작고 가난하며 군사력도 약했는데, 헨리처럼 고집불통이었던 스코틀랜드 왕은 무턱대고 공격에 나섰다가 더 비싼 대가를 치렀다. 그와 세 명의 주교, 열한 명의 백작, 열다섯 명의 영주, 1만 명의 군대가 플로든 들판 위로 쏟아지는 빗속에서 학살당했다. 스코틀랜드의 권력은 한 세대 동안 꺾였다.

헨리는 파리 진격 작전이 진흙탕 속에서 수포로 돌아간 이후에도 공격을 완전히 포기하진 않았지만, 결국 그는 영리한 재상 토머스 울지에게 다른 방법을 찾도록 할 수밖에 없다는 것을 깨달았다. 그 방법 하나는 1250년대 헨리 3세의 시칠리아 전략보다 더 강력한 버전으로, 헨리가 (왕 헨리 8세에서 황제 헨리 8세가 될 수 있는) 독일 왕위에 출마하는 동시에 울지가 교황 선거에 출마하여 프랑스를 포위하는 것이었다. 어느 쪽도 성공하지 못하자 울지는 플랜 B를 발표했다. 바로 7장에서 보게 될 세력 균형 전략을 예고하며 스페인과 프랑스가 잉글랜드와 우호 관계를 맺도록 경쟁시키는 계획이었다. 이 계획은 빠르게 성공했고, 울지는 아무도 죽이지 않고 서유럽에 어느 정도 평화를 가져왔다. 이에 고마웠던 교황은 그를 추기경으로 임명하고 헨리에게 영예를 안겨주었지만, 울지는 제2차 세계대전의 윈스턴 처칠과 같이 영리함만으로는 더 크고 부유한 동맹국을 영원히 구슬릴 수 없다는 사실을 곧 깨달았다. 이러한 상황을 타개하기 위한 그의 노력은 결국 잉글랜드를 가톨릭 유럽연합에서 탈퇴하게 만들었다.

이는 잉글랜드의 정체성을 재구성하기 위한 일관된 전략 때문이 아니라 전통적인 외교 문제들과 뒤얽힌 야망, 오판, 그리고 결국 돈 때문이었다. 400년 동안 잉글랜드의 주요 라이벌은 프랑스였지만 이제는 스페인이 그 자리를 대신하고 있었다. 1497년 아라곤의 캐서린이 아서 왕자와 결혼했을 때 그녀의 조국은 이미 강대국이었지만, 20년 후에는 초강대국이 되었다. 서유럽의 무대가 대서양 너머로 확장되기 시작하면서 이베리아인들은 선두에 서 있었다. 대서양이 아시아로 가는 지름길이 아니라는 사실이 분명해지자 많은 유럽인이 대서양에 대한 관심을 잃었지만, 스페인 사람들은 신대륙에서 새로운 번영의 원천을 발견했다. 먼저 그들은 아즈텍과 잉카 제국을 약탈한 후 아프리카 노예를 아메리카로 보내 캐낸 은으로 유럽에서의 전쟁 비용을 충당했다.

동시에 일련의 영리한 외교적 결혼도 성과를 거두기 시작했고, 캐서린의 조카인 스페인의 샤를 왕은 오스트리아, 남부 이탈리아, 저지대 국가,* 그리고 독일 대부분의 영토를 상속받았다(도판 6.3). 로마제국 이후 유럽에서 이처럼 한 왕국에 영토가 집중된 사례는 없었다.

    샤를을 인척으로 맞이하는 것은 양날의 검과도 같았다. 헨리와 캐서린이 잘 협력한다면 샤를은 잉글랜드 역사상 최고의 동맹이 될 수 있지만, 그렇지 않다면 최악의 적이 될 수도 있었기 때문이다. 16세기 왕실 부부관계가 친밀한 동반자가 되기를 기대한 이는 없지만, 헨리와 캐서린의 관계는 아들이 태어나지 않고 몇 년이 지나면서 위험할 정도로 서늘해졌다. 이 결혼으로 딸 메리가 태어났지만, 여성이 왕위를 물려받은 것은 1135년이 마지막이었고, 당시에는 무정부 상태가 지속되었다. 스페인을 자극하는 것은 위험했지만 아무것도 하지 않는 것이 더 위험해 보였기 때문에, 캐서린의 마흔 번째 생일이 다가오고 아들을 가질 가능성이 점점 낮아지자, 헨리는 부인을 더 젊고 가임력 있는 사람으로 바꾸자는 이야기를 시작했다. 그는 그제서야 형의 미망인과 결혼한 일이 옳지 않다고 느껴왔다고 주장했다. 교회가 캐서린에게만 두 번째 결혼을 허용한 이유가 그녀가 아서와 첫날밤을 치르지 않았다고 맹세했기 때문인데, 헨리는 이제 그것이 사실이 아니라고 확신했다. 따라서 교황이 실수가 있었다는 데 동의만 한다면 캐서린을 스페인으로 돌려보낼 수 있고, 모든 일은 원만히 해결될 수 있다고 믿었다.

    헨리가 샤를의 분노를 누그러뜨리는 데 로마가 도움을 주리라고 기대한 것에는 그만한 이유가 있었다. 교황은 프랑스와의 균형뿐만 아니

---

* 북해 연안의 벨기에, 네덜란드, 룩셈부르크 지역.

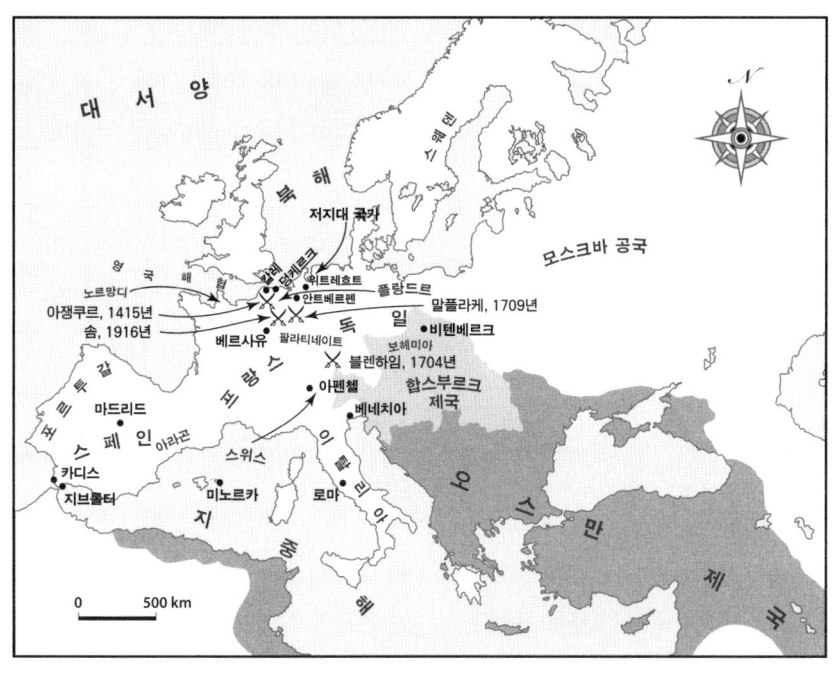

도판 6.3 유럽 무대, 1497~1713년(1700년경 합스부르크 제국과 오스만 제국의 국경을 보여주고 있다).

라 무섭게 성장하고 있는 새로운 이단에 맞서 싸우기 위해 그 어느 때보다 잉글랜드가 필요했다. 지난 100년 동안 로마는 잃어버린 소프트 파워를 서서히 되찾아가고 있었지만, 독일의 마르틴 루터 교수가 성경을 주의 깊게 읽으면 영혼을 구원하는 것은 교회의 중재가 아닌 오직 믿음이라는 사실을 알 수 있다고 주장하면서, 오래된 상처가 다시 벌어지기 시작했다. 처음에 루터는 영혼 구원의 개인화가 로마 유럽연합의 존재 이유를 상당 부분 무의미하게 만든다는 점을 굳이 지적하지 않았지만, 5년 만에 군주에서 소작농에 이르기까지 모두 루터의 신학이 로마에 대한 저항을 정당화하고 필요할 경우 폭력까지 정당화한다는 결론을 내렸다.

잉글랜드에도 루터를 추종하는 사람들이 있었지만, 헨리는 교황 편에 섰다. 헨리는 "우리는 로마 교황청과 매우 밀접하게 얽혀 있기 때문에, 그곳에 많은 영광을 돌려야 한다"면서 루터에 반박하는 '일곱 성례에 대한 변호'를 발표하기도 했다.[4] 그러나 헨리로부터 더 많은 양보를 끌어낼 자신이 있었던 역대 교황들은 그들의 착한 아들 헨리가 원했던 결혼 무효화를 차일피일 미뤘다. 그러던 1527년 재앙이 닥쳤다. 명목상으로는 샤를에게 월급을 받았지만 실제로는 수개월 동안 교황으로부터 임금을 받지 못한 스페인 용병들이 임금을 돌려받기 위해 로마를 습격했고, 그 과정에서 교황을 포로로 잡았다. 샤를은 자신의 부하들의 난폭한 행동에 부끄럽기도 했지만, 오히려 유리한 상황이 만들어졌다. 교황이 이제 캐서린 조카의 '손님'이 되었기 때문에 헨리가 아내를 제거하려는 생각을 버릴 수 있을 것으로 생각했다.

울지조차 이 문제를 협상을 통해 해결할 수 없게 되자, 헨리는 그를 해고하고 더 젊고 급진적인 사람들을 기용했다. 그들은 헨리에게 이것이 주권의 문제임을 강력하게 주장하며, 애초에 교황은 로마의 주교일 뿐이었고 사실 모든 왕이 자신의 왕국에서 성직자까지 통치하는 주권자였다고 이야기했다. 그런데 1066년 이후에 교황들이 권력을 장악하면서 (근거 없이) 성 베드로가 모든 사람에 대한 주권을 자신들에게 주었다고 주장했다는 것이다. 이제 헨리가 자신의 나라를 되찾아야 할 때이며, 헨리의 잉글랜드 국교회는 수많은 외국인의 간섭 없이 그에게 이혼을 허락할 것이었다.

이 급진적인 주장은, 헨리가 듣기에는 좋았지만, 교황의 착한 아들이 유럽연합에서 등을 돌려 단호하게 탈퇴하고 나쁘게 변하기를 요구했다. 헨리로서는 전혀 탐탁지 않은 일이었기에 그는 포로가 된 교황에게 청원을 계속했고, 1532년 당시 스페인에 대항하는 동맹으로 헨리를 원했던 프랑스 왕은 그를 대신하여 로비를 하는 데 동의했다. 이로써 결혼 무효화가 굉장히 임박한 것처럼 보이자, 지난 6년 동안 그와의 잠자리를 거부했던 헨리의 여자친구 앤 불린도 한발 물러섰다. 비밀리에 결혼 서약을 교환한 행복한 부부는 첫날밤을 보냈고, 바로 아이가 생겼다.

    이것은 어리석은 일이었다. 이중 결혼자를 위해 흥정하는 자신을 발견하고 당황한 프랑스 왕은 발을 뺐고, 캐서린에게 묶여 있는 헨리는 아기가 사생아로 태어나기 전에 해결책을 찾아야 하는 절박한 처지에 놓였다. 결국 여러 사건, 성적 욕망, 서로 다른 의제, 의도치 않은 결과들이 섞여, 2010년대의 우여곡절보다 더 기이하고 무서운 혼란이 잉글랜드를 유럽연합에서 분리시켰다. 헨리의 새로운 해결사 토머스 크롬웰(힐러리 맨틀의 소설 『울프홀』에서 걱정스러울 만큼 동정심을 불러일으키는 안티 히어로)은 탈퇴에 회의적이지만 본능적으로 유럽을 혐오하는 의회를 협박하고 매수하여, 신 외에 헨리보다 높은 자는 없기 때문에 헨리의 결정에 반대해 로마에 항소하는 것이 불법이라는 데 동의하도록 만들었다. 이에 순응한 캔터베리 대주교는 헨리가 캐서린과 실제로 결혼한 적이 없다고 결론 내렸고, 사생아 메리가 아닌 아직 태어나지 않은 아들을 후계자로 정했다. 그러나 아들이어야 했던 아기는 여자애 엘리자베스였고, 설상가상으로 1534년 초 교황은 헨리의 말과 상관없이 잉글랜드는 여전히 유럽연합의 일원이라고 발표했다. 캔터베리의 의견은 중요하지 않았다. 헨리는 여전히 캐서린과 결혼한 상태였으니 말이다. 헨리가 교황의 말을 무시하면 파문당할 것이었고, 캔터베리의 말을 무시하면 스페인 제국의 압력이 전부 자신에게 쏠릴 것이었다.

이전 세기에 존과 헨리 3세는 비슷한 처지에 놓였을 때 굴복했지만, 교회의 소프트 파워가 훨씬 더 약해지자 헨리 8세는 교황으로부터의 독립을 노골적으로 주장했다. 이제 모든 것은 웨스트민스터와 로마 중 누가 통치할 것인가라는 단 하나의 질문으로 귀결되었다. 교황의 선언이 있은 지 사흘 만에 의회는 잉글랜드의 왕위에 누가 오를 것인지에 대한 교황의 발언권을 거부하는 '왕위 계승법'으로 답했다. 그로부터 8개월 후인 1534년 11월, 헨리를 '교회의 지상 최고 수장'으로 선포하는 수장법Act of Supremacy이 통과되었다.[5] 잉글랜드는 유럽연합을 탈퇴했다.

현대의 브렉시트처럼 잉글렉시트도 꼭 일어날 필요는 없었다. 다음과 같은 가정적 질문을 통해 역사에 대한 흥미와 아쉬움을 달랠 수 있을 것이다. 형 아서가 더 오래 살았다면, 헨리가 캐서린 대신 다른 사람과 결혼했다면(한때 그는 약혼을 파기한 적이 있다), 울지가 더 운이 좋았다면, 1520년대에 교황이 한 명이라도 더 합리적이었다면, 앤 불린의 미덕이 더 오래 지속되었다면…… 등등 말이다. 그런데 1534년 이후에도 잉글렉시트는 뒤집히거나 최소한 완화될 수 있었다. 실제로 1537년 캐서린과 앤이 모두 사망하고 제인 시모어(세 번째 부인)가 아들을 낳으면서 주요 문제들은 저절로 해결되었다. 교황청 변호사들은 서로의 체면을 살리는 합의를 정식으로 도출했다.

대부분의 왕은 이 제안을 받아들였겠지만, 헨리는 거절했다. 잉글렉시트에 대한 비난이나 공로는 상당 부분 거절을 택한 헨리의 책임이다. 하지만 전부는 아니다. 왜냐하면 헨리가 아니더라도 거의 모든 잉글랜드의 군주가 헨리가 한 일 중 적어도 일부는 했을 것이기 때문이다. 실제로 1550년대에 스코틀랜드, 프랑스, 저지대 국가, 스웨덴 및 많은 독일 국가가 유럽연합 회원국 자격에 대해 재협상하거나 아예 탈퇴했는데, 이는 통치자들이 탈퇴를 원해서가 아니라 국가 정체성, 주권을 둘러싼 갈등, 루터 사상의 매력, 무엇보다 돈이 그들을 다른 길로 가도록 밀어붙였기 때문이다. 1000년 동안 교회의 지부들은 지역의 주인인 왕국의 자원을 빨아들이고 있었고, 왕들은 이러한 특권들을 되찾음으로써 그 현금을 되찾을 수 있었다. 1530년대에 헨리와 그와 함께한 사람들이 얼마나 많은 돈을 다시 차지하게 되었는지는 정확히 알 수 없지만, 실질적으로 2016년 브렉시트론자들이 유럽연합으로부터 환수하겠다고 약속한 악명 높은 3억5000만 파운드가 적게 보이는 액수였다. 수도원에서 몰수한 토지와 지불금은 국왕의 연간 수입에 (즉위 당시 국왕의 전체 수입과 거의 동일한) 약 12만 파운드를 더했고, 약탈한 금, 건물, 가축 등의 기타 모든 종류의 재산에서 훨씬 더 많은 수입이 생겼다. 이것은 쉽게 압수되고 매각되었다.

어떤 면에서 몰수는 매우 질서 있게 진행되었다. 관료들은 명단을 작성했고, 사제와 수녀들은 때로 넉넉한 연금을 받았고, 노쇠한 교회 직원들은 추가적인 혜택을 받았다. 하지만 다른 면에서는 무질서의 시대이기도 했다. 크롬웰과 같은 내부자들은 큰돈을 벌었고 심지어 농민들도 수익을 챙겼다. 크롬웰의 부하 중 한 명은 "사방의 가난한 사람들이 이곳들[수도원들]이 압수당하는 것을 보고 욕심에 가득 차 밤낮없이…… 문, 철제 창문, 유리 또는 여기저기 떨어진 납을 줍기 위해 계속해서 드나든다"고 불평했다.[6] 학창 시절, 나는 크롬웰의 부하가 말한 바로 그 장소인 스토크온트렌트의 헐튼 수도원에서 한동안 주말마다 발굴 작업을 한 적이 있다. 수도사 대부분이 양치기와 탄광 노동자였던 이 수도원은 별다른 특징이 없었지만, 주변 마을보다 좋은 건물에 가구가 잘 갖춰져 있었다. 1538년 헨리의 부하들이 이곳을 폐쇄했을 때 지역 주민들은 벽의 돌을 포함해 모든 것을 가져갔다. 그 후 1884년 농장 노동자들이 우연히 수도원의 기초를 발견하기 전까지는 이 장소 자체가 잊혀 있었다.

몰수는 교황의 착한 아들조차 잉글렉시터로 만들었으며, 자신의 앞길을 가로막는 고집스럽고 독선적인 잔류파들에게 어떤 끔찍한 운명이 와도 마땅하다고 여기게 했다. 분노 조절에 능하지 않았던 헨리는 특히 성가신 비판자 네 명을 거의 죽기 직전까지 목을 매단 다음, 눈앞에서 창자를 천천히 뽑아내도록 배를 갈랐다. 그럼에도 불구하고 그들 중 일부는 여전히 로마의 신을 불렀고, 교수형 집행관은 잘린 성기를 목구멍에 집어넣어 그들을 침묵시켰다.

폭력은 폭력을 낳았다. 1536년 1만 명의 북부 순례자들이 런던으로 행진하며 다음과 같이 노래했을 때는 헨리조차 겁을 먹었다.

> 십자가에 못 박히신 그리스도!
> 자신의 상처를 벌리며
> 우리를 인도하기 위해 온!
> 어떤 순례자가……[7]

헨리는 왕실의 가장 오래된 편법인 거짓말로 순례자들을 안심시키고 집으로 돌려보내는 데 필요한 모든 것을 제공한 다음 수백 명씩 교수형에 처했다. 그는 (분명히 진지하게) 왕에게 평민을 죽일 권한을 부여할 수 있도록 십계명의 여섯 번째 계율의 개정을 제안했지만, 아첨

꾼 캔터베리 대주교조차 이를 받아들이진 못했다. 교황을 무시하는 것도 문제였지만 모세를 무시하는 것은 정도를 훨씬 더 넘는 심각한 문제였기 때문이다.

다른 왕이 왕위에 올랐다면, 잉글렉시트는 더 느슨해졌을지 모르지만, 반대로 더 단단해졌을 수도 있다. 유럽에서는 가톨릭에 대한 대안이 무분별하게 나타나고 있었다. 진정한 가톨릭 신자는 그리스도의 열두 제자처럼 살아야 하며, 모든 맹세와 폭력을 포기하고 어떤 방식으로든 국가에 봉사하기를 거부해야 한다고 말하는 사람들도 있었다. 종말이 왔다고 확신한 다른 이들은 법을 완전히 무시하고 무정부 상태와 자유연애를 용인했다. 무엇보다 일부 급진주의자는 여성도 의견을 가질 수 있다고 주장했는데, 스위스 아펜첼의 아름다운 마을에서 온 한 여자 하인은 자신이 새로운 메시아이며 곧 적그리스도를 낳을 것이라고 선언했다.

항상 신학자를 꿈꿔왔던 헨리는 유럽연합 탈퇴가 급진화를 의미할 이유가 없다고 생각했다. 그는 대부분의 가톨릭 교리와 의식을 유지하면서 유럽연합과의 최종적인 협상 가능성을 열어두고 유화적인 태도를 유지하는 것이 더 낫다고 생각했다. 무엇보다도 탈퇴로 인해 이미 복잡했던 잉글랜드의 지정학적 안보가 한층 더 뒤얽혀버렸기 때문이다. 대처의 법칙은 여전히 적용되었고, 대륙에서 더 크고 강하며 부유한 가톨릭 세력은 이제 잉글랜드에 더 많은 적대감을 가질 이유가 생겼다. 하지만 1547년 헨리가 죽자 그의 열 살짜리 아들 에드워드의 주변 사람들은 영국의 탈퇴를 강화하는 것이 앞으로 나아갈 길이라고 조언했다. 그들은 모든 예배자에게 획일적인 공동 기도문Book of Common Prayer을 강요하고, 수백 개의 교회에 있던 아름다운 조각으로

도판 6.4 합의에 도달하는 한 가지 방법: 세인트 폴 성당의 낭독자인 존 로저스 주교를 화형하는 피의 메리Bloody Mary, 1555년 2월 4일.

장식된 제단 칸막이들을 뜯어내고 스테인드글라스를 깨뜨렸다. 하지만 1553년 에드워드가 죽고, 확고한 가톨릭 신자인 이복 누이 메리(아라곤 캐서린의 딸)에게 왕위가 돌아가면서 그들의 방침은 갑자기 뒤바뀐다.

헨리 8세의 최악의 악몽이 현실이 된 것 같았다. 화이트홀*에서 탈퇴파와 잔류파가 서로 칼을 휘둘렀고, '피의 메리'는 300명 이상의 신교도들을 불태웠다(도판 6.4). 메리가 스페인 왕위 계승자와 결혼하고

---

* 런던 중심가에 있는 거리와 주변의 중심 지구.

잉글랜드를 유럽연합으로 복귀시키자 3000명의 신교도가 런던으로 행진했다. 메리 여왕이 직접 나서서 그들을 굴복시키고 해산시켰다.

헨리가 유럽연합에서 탈퇴했을 때처럼 재가입은 생각보다 원활했다. 2010년대 대부분의 영국인은 국민투표와 최종 탈퇴 사이의 4년여간의 혼란이 지긋지긋하다고 생각했지만, 1558년 메리가 사망할 때까지 잉글랜드는 25년에 걸친 탈퇴와 재가입을 견뎌냈다. 균열을 메우는 일종의 타협이 점점 더 바람직해 보였다. 결과적으로 메리의 이복여동생이자 후계자인 엘리자베스는 헨리와 같이 주권과 돈, 두 마리 토끼를 다 잡기 위해 즉시 유럽연합에서 탈퇴했지만, 가톨릭 유럽과 대화 관계를 유지하려고 노력했다. 그러나 가톨릭 유럽은 다른 생각을 하고 있었다.

외벽 너머

로마의 관점에서 볼 때 1534년 이후의 진짜 문제는 2016년 브렉시트처럼 잉글렉시트가 유럽 전역의 탈퇴파들에게 용기를 북돋아주었다는 점이다. 따라서 다른 이들의 의욕을 꺾기 위해, 잉글랜드가 그 대가를 치르는 모습을 보여야 했다. 분란을 일으킬 기회는 많았다. 잉글랜드는 작고 약하며 분열되어 있었다. 대부분의 사람은 잉글렉시트가 무엇인지조차 몰랐고, 그들에게 설명해줄 수 있는 성직자도 턱없이 부족했다. 1560년 우스터에는 대학에서 새로운 사상을 공부한 설교자가 5명 중 1명도 되지 않았고, 1576년 레스터의 대주교는 관할 구역의 93명의 성직자 중 성경을 올바르게 해석할 수 있는 사람이 12명에 불과하다고 평가했다.

따라서 잉글랜드 교회는 잉글렉시터들에게 교육을 영혼 구원과 출세의 길로 삼으라고 촉구했다. 옥스퍼드나 케임브리지에서 새로운 사상을 접한 의회 의원의 수는 1563년에서 1593년 사이에 거의 세 배 증가했다. 부자들은 정치적으로 올바른 중등학교들에 자선을 쏟아부었고, 이들 학교는 중산층 소년들에게 승인된 사상을 가르쳤다. 실제로 1570년대에 스트랫퍼드 중등학교에 다닌 윌리엄 셰익스피어 같은 소년들에게 말이다. 도시에서는 가난한 사람들도 글자와 성경 구절을 배울 수 있었다. 1600년에 이르면 런던의 노동자와 남성 하인 중 무려 3분의 2가 글을 배웠다. 앨프리드 대왕이 꿈꾸던 문맹 없는 기독교 잉글랜드가 마침내 모습을 드러내고 있었다. 그러나 시골에서는 진척이 더뎠다. 시골에서도 기부금으로 운영되는 학교가 급증했지만(랭커셔에는 1480년에 3곳에 불과했지만 1600년에는 28곳이 되었다), 엘리자베스 통치 기간에 성경을 읽을 수 있는 시골 주민은 10명 중 1명도 채 되지 않았다. 새로운 신앙은 여전히 대부분의 사람에게 미지의 것으로 남아 있었고, 그 때문에 잉글렉시트의 반대자들은 몇몇 선구적 사상가만 포섭하면 잉글랜드가 다시 로마로 돌아갈 수 있다고 결론 내렸다―아마도 옳은 판단이었을 것이다.

그렇다면 이를 어떻게 이룰 것인가? 가장 빠른 길은 가장 높은 곳에 있었다. 프랑스와 스페인은 앞다퉈 왕족 구혼자들을 엘리자베스에게 내보였다. 그들은 가톨릭과 다시 결혼하는 것이 잉글랜드의 안보와 번영에 도움이 될 것이며, 무엇인지조차 아직 불분명한 개신교와 달리, 정체성에도 큰 부담이 없을 것이라고 넌지시 일렀다. 엘리자베스는 가톨릭이라는 '뻐꾸기'를 둥지에 들이는 위험에도 불구하고 크게 흔들렸지만, 고심 끝에 거절했다.

사랑이 실패하면 돈을 이용할 수도 있다. 엘리자베스의 재정은 직물 수출에 대한 세금에 크게 의존하고 있었는데, 스페인 당국이 앤트워프에 있는 주요 해외 시장에서 잉글랜드산 직물의 판매를 금지하자 큰 타격을 입었다. 그러나 상인들은 엘리자베스에게 잉글렉시트를 완화하라고 압박하기보다는, 네덜란드의 개신교도 동료들을 찾아 나서거나 완전히 새로운 시장을 개척했다. 일부는 아프리카 서해안으로 항해하여 금과 노예를 사들였다. 잉글랜드산 양모를 러시아산 모피와 거래하기 위해 모스코비 상사가 설립되었으며, 뉴펀들랜드가 일본이라는 캐벗의 망상이 무너졌음에도 불구하고 모험가 마틴 프로비셔는 1570년대에 아메리카의 북단을 돌아 아시아로 가는 지름길이 있는지 확인하기 위해 항해에 나섰다. 2020년대에 들어 지구온난화로 인해 그런 항로가 실제로 열리고 있지만, 프로비셔가 발견한 것은 빙하와 황철광, 즉 바보의 황금fool's gold*뿐이었다. 그럼에도 여왕은 번영보다 주권을 선택했다.

또다시 좌절한 유럽연합은 잉글랜드에서 가장 헌신적인 잔류파, 즉 불굴의 가톨릭교도들에게 직접 손을 내밀었다. 1574년 신학교 교육을 받은 사제들이 잉글랜드에 잠입해 신자들을 규합하기 시작했고, 1580년에는 가톨릭 반종교개혁의 돌격대인 예수회가 그 뒤를 따랐다. 이에 고무된 소수의 잉글랜드 가톨릭교도들(특히 북부와 서부 지역)은 여왕에게 반기를 들다 화형에 처해졌지만, 대부분은 살길을 선택했다. 그들은 어느 때보다 더 열심히 자신이 로마보다 잉글랜드를 우선시한다는 것을 증명하려 했다.

---

* 황철광. 색깔 때문에 종종 금과 혼동되어서 붙은 이름이다.

웨일스의 가톨릭교도들 또한 로마를 실망시켰다. 반잉글랜드 감정은 글린두르 시대 이후 누그러졌고, 1535년에 시작된 웨일스와 잉글랜드의 법적 통합은 웨일스 엘리트들이 런던에서 친구를 사귀고 출세하도록 장려했다. 무엇보다 1563년 성경을 웨일스어로 번역하기로 한 현명한 결정이 민족주의와 로마의 연결 고리를 끊어놓았다. 그렇게 개신교는 노래*처럼 웨일스인 정체성에 서서히 뿌리내렸다.

스코틀랜드 가톨릭 신자들은 잉글렉시트를 아무도 따라 하고 싶지 않을 만큼 끔찍하게 만들 수 있는 상당한 잠재력을 지니고 있었고, 스코틀랜드의 가톨릭 통치자들은 기꺼이 거기에 협조했다. 1558년 스코틀랜드의 여왕 메리는 프랑스 왕위 계승자와 결혼했다. 그러나 스코틀랜드에도 개신교 신도들이 있었고, 이들은 올드 동맹의 재가동을 막기 위해 무기를 들었다. 프랑스는 이들을 진압하기 위해 군대를 보냈고, 잉글랜드는 그 프랑스군을 몰아내기 위해 또 다른 군대를 보냈다. 그러자 스코틀랜드의 개신교도들은 1560년에 스코틀랜드의 유럽연합 탈퇴인 '스켁시트Scexit'를 선언했다.

하지만 스켁시트와 잉글렉시트가 합쳐져 브렉시트로 이어지지는 않았고, 겉보기에 외교적 재앙 같은 이 상황은 오히려 로마에 꽤 이롭게 작용했다. 스코틀랜드의 개신교도들은 대부분 장로교도였는데, 이들은 귀족 출신 주교가 아닌 평범한 장로가 교회를 운영해야 한다고 믿었다. 그들은 잉글랜드의 주교들이 교황주의자들만큼이나 타락했다고 생각한 터라 캔터베리와의 타협은 전혀 매력적이지 않았다. 대신에 장로교도들은 자신들만의 올드 동맹을 결성했다. 독일과 스위스의

* 웨일스는 '노래의 땅'이라고 불릴 만큼 합창, 찬송가 문화가 발달했다.

침례교도 등 더 급진적인 집단들과 손을 잡은 것이다. 잉글랜드의 뒷마당은 완전히 혼란에 빠져 각종 음모와 값비싼 전쟁이 일어날 것이 거의 확실해 보였다. 무엇보다 (로마 입장에서) 반가운 점은 스코틀랜드 교회가 유럽의 가톨릭 연합에서 단호하게 탈퇴했지만, 그들의 여왕은 그 연합에 그대로 남아 있었다는 사실이다. 그리고 만약 엘리자베스가 자식 없이 죽는다면 메리가 잉글랜드 왕위를 계승할 가장 유력한 후보가 될 터였다. 그렇게 되면 잉글렉시트는 곧 철회되거나 적어도 내전으로 전환될 수 있었다.

만약에 메리가 자기 충동적인 행동을 하지 않았다면, 이 중 일부 또는 전부가 실현되었을지도 모른다. 나쁜 조력자나 불운이나 잘못된 판단력 혹은 이 세 가지 모두의 저주를 받은 스코틀랜드 여왕의 삶은 너무 화려했고, 누구의 계획에도 들어맞지 못했다. 귀 감염으로 프랑스인 남편이 사망한 후, 그녀는 놀랄 만큼 부적절하게도 그녀의 사촌과 결혼하기로 결심했다. 7개월 후, 이 새 남편은 메리 바로 앞에서 한 남자를 살해하는 데 가담했는데, 그 남자는 침실에서 남편을 대신했다고 널리 알려져 있었다. 그로부터 7개월 후, 새 남편 역시 폭발 사고로 사망했고, 이는 메리와 그녀의 또 다른 애인의 소행으로 추정된다. 메리는 곧바로 퇴위하고 (개신교 예식으로) 그 애인과 결혼했으며, 개신교도 신하들과의 짧은 내전에서 패배했다. 세 번째 남편은 바로 도망쳤고, 결국 미쳐 죽었다. 더 이상 스코틀랜드에 머무를 수 없게 된 메리는 잉글랜드로 도망쳐 엘리자베스에게 보호를 요청했다. 그러면서도 엘리자베스를 죽이고 왕좌를 장악하는 데 도움을 줄 프랑스, 스페인 또는 교황청 인물과 연을 이어가려고 노력했다. 엘리자베스는 사촌을 처형하기를 주저했지만, 그의 왕실 고문들이 그 일을 대신해주었다.

메리 여왕의 죽음으로 아일랜드는 기독교의 마지막 희망으로 남겨졌다. 런던의 지배력은 1488년 잉글랜드인 정착 지역으로 조성되어 요새화된 더블린 주변의 페일을 넘어서지 못했고, 헨리 8세 이후 이를 변화시키려는 시도는 항상 상황을 더 악화시킬 뿐이었다. 1528년 잉글랜드 왕의 인사말을 전달받은 오펄리의 게일족 영주인 브라이언 오코너가 "이게 무슨 왕이냐"고 무시했다는 일화는 유명하다.[8] 1534년 헨리가 수장법에 서명할 때에도 아일랜드의 족장들은 스페인, 교황과 협력해 이단 잉글랜드라는 공통의 적과 싸우기 위해 준비하고 있었다.

잉글랜드의 기본적인 방침은 아일랜드를 또 하나의 웨일스로 만드는 것이었다. 헨리는 자신을 아일랜드 개신교 교회의 수장으로 임명했는데, 이는 오히려 가톨릭과 아일랜드가 힘을 합쳐 개신교 잉글랜드 정체성에 맞서도록 만들었을 뿐이다. 헨리는 족장들에게 뇌물을 주고 잉글랜드식 작위를 주며 그의 신하가 되기를 요구했지만, 그들은 돈만 챙기고 계속 음모를 꾸몄다. 잉글랜드 측 기록은 16세기 아일랜드를 21세기 아프가니스탄처럼 묘사한다. 모든 거래가 '배신과 신의의 위반'으로 점철되는 곳이라는 것이다.[9] 1591년 더블린에 설립된 트리니티대학조차 아일랜드의 엘리트들에게 잉글랜드인으로서의 정체성을 심어주지는 못했다.

설득이 실패로 돌아가자 런던은 인종 청소로 방향을 틀었다. 1530년대 초 법률가들은 아일랜드 수도원에서 몰수한 토지에 '잉글랜드의 젊은 영주와 신사를 이주시키는' 계획을 구상하고 아일랜드를 이민자로 가득 채우려 했다.[10] 하지만 실질적인 진전은 1570년대에 접어들어서야 나타났다. 가난한 계층의 잉글랜드 개신교도들이 먼스터와 얼스터에 '플랜테이션'을 만들기 시작하면서 아일랜드 기준으로 봤을 때도 충격적인 폭력 사태가 발생했다. 교황은 이에 가톨릭 저항 세력을 지지하며 1000명의 용병 부대에 자금을 대 먼스터를 침공하도록 했다. 이들은 교황의 깃발 아래 행진하며 '지극히 높으신 교황님'을 찬양했다.

로마에서 볼 때 아일랜드의 분쟁은 신이 준 선물이었다. 잉글랜드로 하여금 스코틀랜드와의 분쟁보다 더 많은 인력과 돈을 쓰게 만들었기 때문이다. 그럼에도 불구하고 아일랜드 분쟁이 잉글랜드를 가톨릭 진영으로 되돌리지 못하자, 교황은 가톨릭 군주들, 특히 스페인 국왕과 함께 잉글렉시트에 대한 더 강경한 해결책을 논의하기 시작했다. 당시 이러한 움직임을 뒷받침하는 두 가지 새로운 국면이 전개되고 있었다. 첫 번째는 세력 균형의 변화였다. 수십 년 동안 프랑스가 잉글랜드를 공격할 때마다 스페인은 잉글랜드를 도왔고, 그 반대로 스페인이 잉글랜드를 공격할 때 프랑스는 잉글랜드를 도왔다. 하지만 1562년에는 프랑스 가톨릭교도와 개신교도들이 서로 전쟁을 벌였다. 300만 명의 프랑스인이 목숨을 잃었고, 40년 동안 국가가 마비되었으며, 스페인의 펠리페 국왕은 만약 원한다면 잉글랜드를 공격할 수 있는 자유를 얻었다.

두 번째 변화는 그 '만약'이었다. 이탈리아부터 (자신의 이름을 딴) 필리핀까지 제국을 확장한 펠리페는 손이 모자랄 정도로 해결해야 할 일이 많았다. 튀르키예의 지중해 진출, 반항적인 이탈리아 도시 국가들, 공격적인 독일 개신교도들, 그리고 아메리카 대륙에서의 기회들은 모두 잉글렉시트를 되돌리는 일보다 우선순위가 높았다. 하지만 그것도 1568년 전까지의 이야기였다. 스페인이 지배하던 네덜란드에서 제국의 세금과 종교 탄압에 대한 저항이 본격적인 이탈, 더치엑시트Dutch exit로 번진 것이다. 필립이 군대를 투입하면서 이 충돌은 전형적인 안보 딜레마가 되었다. 펠리페는 만약 잉글랜드를 그대로 두면 엘리자베스가 네덜란드를 도울까봐 걱정했고, 엘리자베스는 네덜란드를 돕지 않으면 펠리페가 그곳을 무너뜨린 다음 잉글랜드를 침공할까봐 두려워했다.

교황은 펠리페에게 신앙을 수호하라고 압박했고, 네덜란드는 엘리자베스에게 그들의 여왕이 되어달라고 요청했다. 전쟁은 피할 수 없는 것처럼 보였다. 선택의 여지가 없는 상황에 두려움을 느낀 엘리자베스는 새로운 조언자들을 찾았고, 그들은 틀 밖에서, 더 정확히는 헤리퍼드 지도를 넘어 사고하는 사람들이었다. 새로운 조언자들은 그녀에게 잉글랜드의 미래는 공해high seas*에 있다고 강조했다. 그들은 새로운 유형의 인물들이었다. 캐벗 이후 1528년까지 아메리카에 간 잉글랜드인은 없었고, 1555년까지 적도를 넘은 사람도 없었다. 1560년대까지만 해도 대륙 출신 항해사의 도움 없이는 카리브해에 갈 수 있는 이가 거의 없었다. 이후 잃어버린 시간을 만회하듯, 잉글랜드 서남부 지역 해적들은 노예상이 되어 스페인 세관을 피해 아프리카인들을 밀수해와서 신대륙의 비참한 은광에 팔아넘겼다. 사업은 번창했지만 존 호킨스, 프랜시스 드레이크, 월터 롤리와 같은 일부 해적들은 노예를 배에 한가득 채워와서 은광 사업가들에게 팔면서 시간을 낭비할 바에야 차라리 은을 직접 훔치는 게 낫지 않을지 의문을 품었다.

지금의 볼리비아 포토시에서 채굴된 스페인 은은 태평양 연안을 따라 파나마까지 운송된 후 노새에 실려 지협을 가로질러 놈브레 데 디오스까지 운반된 다음, 함대에 실려 카디스로 옮겨졌다. 중무장한

---

* 어느 나라에도 속하지 않고 개방되어 있는 해역.

함대들은 뚫기 힘든 무적이었고, 실제로 나포된 사례는 단 한 차례, 1628년 네덜란드 해적들에게 붙잡혔을 때뿐이었다. 그래서 1571년 드레이크는 함대 대신 거대한 (노새) 열차를 탈취하기 위해 파나마에 상륙했다. 하지만 울창한 밀림 속에서 탈취에 실패한 그는 도망친 노예들로 구성된 강도단을 결성했다. 2년 후 그들은 세기의 약탈에 성공한다.

 1577년 드레이크는 더 대담한 계획을 세워서 돌아왔는데, 그의 계획은 아메리카 대륙 최남단을 돌아 태평양에 진입하여 은이 파나마에 도착하기 전에 탈취하는 것이었다. 결과적으로 그는 단 한 척의 배만 잡았고, 스페인 순찰대를 피하려고 태평양과 인도양 전체를 가로질러 아프리카 서해안을 따라 먼 길을 돌아와야 했다. 하지만 그가 플리머스에 도착했을 때 전리품은 은 26톤으로 약 60만 파운드에 달했고, 이는 후원자들의 초기 투자금 대비 47배에 달하는 수익이었다. 여왕은 자기 몫에서 잉글랜드의 외채를 모두 갚고도 4만2000파운드가 남았다.

 엘리자베스의 새로운 조언자들은 이것이야말로 스페인과 싸울 수 있는 방법이라고 주장했다. 외벽의 마지막 조각은 1558년 프랑스가 212년 만에 칼레를 영국으로부터 탈환하면서 사라졌지만, 드레이크와 다른 해군주의자들은 이것이 중요하지 않다고 말했다. 기술이 지리의 의미를 바꿔놓았기 때문이다. 잉글랜드는 헤리퍼드 지도의 가장자리에 매달리는 대신 이제 매킨더 지도의 중앙, 마드리드와 그 광산을 연결하는 길고 취약한 해로의 한복판에 자리하고 있었다. 엘리자베스는 대륙의 외벽 재건을 위해 막대한 비용이 드는 전쟁을 벌이는 대신, 스페인의 은 공급을 차단할 수 있었다. 약탈로 전쟁의 본전을 뽑을 수 있었다.

이를 가능하게 한 기술은 갤리언(도판 6.5)이었다. 갤리언은 1490년대에 콜럼버스와 캐벗을 아메리카 대륙으로 실어 나른 작은 범선보다 더 크고 무장이 강력했다. 새로운 해군 전략가들은 갤리언이 잉글랜드를 위해 두 가지 일을 할 수 있다고 말했다. 첫째, 1570년대에 드레이크가 보여준 것처럼 대양을 개척해 아메리카 대륙까지 세력을 확장할 수 있고, 둘째, 드레이크의 경쟁자 존 호킨스가 보여준 것처럼 해협을 봉쇄할 수도 있었다. 1586년 호킨스는 해상에 함대를 배치해 3개월 동안 포르투갈의 항구를 봉쇄했다. 그는 영국 해협에서도 똑같이 할 수 있다고 주장했다. 즉 잉글랜드의 은 공급 차단으로 권력이 약화될 위기에 처한 펠리페가 잉글랜드를 침공하지 못하도록 막을 수 있었다. 수천 년 동안 침략을 막을 유일한 방법은 맞은편 해안에 외벽을 쌓는 것이었지만, 해군주의자들은 이제 배가 실제로 바다를 지배할 수 있다고 주장했다. 섬나라의 고립성이 근접성을 능가할 수 있었다. 대처의 법칙은 깨질 수 있었고, 잉글랜드는 원하지 않는다면 유럽에 속할 필요가 없었다.

엘리자베스는 고립 전략을 선호했다. 배는 비쌌지만 외벽을 구축하는 데 드는 비용은 훨씬 더 컸기 때문이다. 엘리자베스는 첫 의회 연설에서 좋은 함대가 '이 섬의 적을 막을 수 있는 가장 강력한 방벽이자 방어 수단'이 될 것이라고 주장했다.[11] 그러나 문제는 선박 건조에 막대한 예산이 투입됨에도 불구하고 새로운 전략이 실제로 효과가 있을지는 아무도 확신하지 못했다는 것이다. 격렬한 논쟁으로 참모들은 분열되었고, 마침내 1588년 펠리페가 공격해오자 엘리자베스는 양쪽으로 대비책을 마련했다. 한편으로는 롤리와 드레이크를 보내 펠리페의

도판 6.5 헤리퍼드 지도 너머: 프랜시스 드레이크 경의 첨단 갤리언들이 산토 도밍고(현 도미니카 공화국)와 바다 괴물들 사이에서 수상쩍게 배회하고 있다, 1584년 새해 전야.

선박을 약탈하고 그의 주요 항구인 카디스를 기습해 그를 거슬리게 했으며, 다른 한편으로는 8000명의 병사를 네덜란드에 보내 외벽을 방어하도록 했다.

군사 역사가들은 1588년에 함대와 외벽 중 어느 쪽이 더 중요했는지에 대해 여전히 논쟁을 벌이고 있다. 함대의 관점에서 보면 엘리자베스가 준비한 해군 전력은 확실히 성과를 거두었다. 스페인 함대보다 수적으로는 열세였지만, 잉글랜드는 대담하고 숙련된 선원들과 더불어 빠르고 단단히 무장된 갤리언을 더 많이 보유하고 있었다. 잉글랜드 함선의 대포는 조잡해서 한 시간에 한 발에서 한 발 반밖에 발사하지 못했지만, 스페인 함선의 대포는 더 조잡해 하루에 한 발에서 한 발반만 발사할 수 있었다. 양측 함대들이 가까이 접근했을 때 예상대로 잉글랜드군이 우위를 점했고 스페인군은 혼돈 속에서 흩어졌다.

반면, 외벽을 중요하게 생각하는 전통적인 전략가들은 이러한 설명이 요점을 놓치고 있다고 주장했다. 잉글랜드를 침공하려면 플랑드르에 주둔한 스페인 육군이 스페인의 무적함대Armada에 승선해야 했지만, 이는 생각보다 쉽지 않았다. 최신 군함들은 선체가 깊어 수심이 깊은 항구가 필요했다. 덩케르크와 앤트워프 사이의 해안에는 그런 훌륭한 항구가 몇 군데 있었지만, 엘리자베스가 외벽에 파견한 병사들 덕분에 이 항구들은 네덜란드의 손안에 있었다. 스페인 군대가 바닥이 평평한 바지선에 올라타 노를 저어 바다에서 함대에 합류하려고 한다면, 재빠른 네덜란드의 작은 범선들이 그들을 침몰시킬 것이었다. 펠리페의 해군 제독은 해안으로 들어올 수 없었고 육지의 장군도 바다로 나갈 수 없었다. 그들은 갈팡질팡하다가 끝내 모든 작전을 취소할 수밖에 없었다. 함대 때문이 아니라, 외벽 때문이었다.

어느 전략이 결정적이었는지, 둘 다였는지, 아니면 둘 다 아니었는지는 알 수 없다. 펠리페 스스로는 패배의 원인을 잉글랜드의 날씨 탓으로 돌렸다. 파리의 도박사들은 조직이 무너졌기 때문이라고 주장하며, 6대 1의 배당률로 스페인의 무적함대가 영국 해협에 도달조차 못 할 것이라고 내다보았다. 펠리페의 지휘관들은 그의 지나치게 복잡한 계획을 탓했다. 그 계획에 따르면 해협을 통과해 잉글랜드 함대를 격파하고 플랑드르에 있는 군대와 합류해 런던에 도착해야 했다. 한 고위 장교는 "우리는 기적이 일어나길 바라며 잉글랜드를 향해 항해하고 있다"라고 푸념했다.[12] 모든 것이 완벽하게 맞아떨어져야만 했다.

무엇 하나도 제대로 풀리지 않았지만, 스코틀랜드의 여왕 메리가 있었다면, 너덜너덜해진 스페인의 무적함대도 얻어낼 게 뭐라도 있었을 것이다. 그녀가 1588년까지 왕좌를 지켰다면, 스페인 군대를 뒷문으로 들여보내고 자신은 잉글랜드의 왕좌를 차지할 수 있었을지도 모른다. 하지만 1588년 당시 스코틀랜드 왕은 그녀의 아들 제임스 6세로, 견실한 개신교 신자였다(엘리자베스의 후계자였음은 말할 것도 없다). 스페인의 침략으로 얻을 게 아무것도 없었던 그는 뒷문을 단단히 잠갔다. 무적함대가 래스곶을 돌아 아일랜드에 도착했을 무렵에는, 이미 전쟁을 치를 만한 상태가 아니었다.

잉글랜드는 승리를 기념하기 위해 메달을 만들었다. 새로운 카이사르라고 자처하는 펠리페의 허세를 조롱하듯, 메달에는 이렇게 새겨져 있었다. 'venit, vidit, fugit.' '왔노라, 보았노라, 도망쳤노라'라는 뜻이었다.

대재건

1588년은 잉글랜드 정체성에 있어 결정적인 해였다. 그해 여름에 실제로 무슨 일이 일어났는지를 두고 군사 역사가들은 여전히 논쟁 중이지만, 전쟁에 나갔던 사람들은 자신들이 적그리스도로부터 잉글랜드를 구했다고 굳게 믿었다. 영국의 무적함대는 전설이 되었다. 드레이크는 갤리언이 지나가는 길목에서 적을 섬멸했고, 밤이 되면 화공선은 스페인군을 흩어놓았으며, 엘리자베스는 틸버리에서 군대를 독려했다. ("나는 힘없고 연약한 여자의 몸을 가졌지만, 왕의 심장과 용기를 가졌노라.")[13] 사실이든 아니든 이러한 이야기는 살아남아 영웅에 걸맞은 새로운 종류의 영어에 깃들었다. 하나님의 말씀을 모든 사람이 이해할 수 있는 방식으로 전달하려고 노력하는 과정에서 시인과 설교자들은 16세기에 영어를 재창조했다(최초의 영어 성경을 쓴 윌리엄 틴들은 '쟁기질하는 소년'도 이해할 수 있어야 한다고 했다).[14] 틴들은 전문가의 귀와 마법 같은 감각으로 1530년대의 일반 사람들이 말하는 방식을 살려서 2000년 된 그리스어 문장과 히브리어 문장들을 울림이 있고 잊을 수 없는 영어로 바꾸어놓았다. '빛이 있으라.' '화평케 하는 자는 복이 있나니.' '낯선 땅의 나그네.' '먹고 마시고 즐거워하라.' '내 백성을 보내소서.'[15] 이 모든 표현은 틴들의 것이다. 그가 없었다면, 윈스턴 처칠과 마틴 루서 킹은 무엇을 말해야 할지 몰랐을 것이다.

틴들이 개척한 길을 다른 사람들은 열심히 따라갔다. 1540년대 후반 토머스 크랜머 대주교가 주로 집필한 공동 기도문The Book of Common Prayer은 처음에는 평이한 문체와 단순한 운율로 보수주의자들의 분노를 샀다. 어떤 이들은 이 기도문에 맞서 무기를 들었고, 왕들은 이를 지키기 위해 왕관을 걸고 싸우기도 했다. 하지만 이제 이보다 더 잉글랜드적인 어조를 상상할 수 있을까? "우리의 어둠을 밝히소서, 주님께 기도드립니다. 오 주님 (…) 이 밤의 모든 위험으로부터 우리를 지켜주소서……."[16]

영어는 어느 때보다 더 빠르게 변화하고 있었고, 신의 본질을 표현할 수 있는 문학적 언어가 다른 용도로도 쓰이는 것은 당연한 일이었다. 1576년 런던 최초의 상설 공공 극장이 문을 열었고, 이후 30년 동안 크리스토퍼 말로, 토머스 키드, 벤 존슨 등 수많은 천재가 이 강력한 신무기로 영혼의 가장 어두운 구석까지 탐색했다. 하지만 셰익스피어에 필적할 만한 사람은 없었다. 그는 영어에 1700개가 넘는 신조어를 더했을 뿐 아니라, 단음절만으로도 사람들의 마음을 움직였다. 셰익스피어 작품 속 헨리 5세는 "친애하는 동료들이여, 틈을 향해 한 발 더, 다시 한발 더 가야 한다"라고 간절히 요구하며 "아니면 우리 잉글랜드인의 시체로 벽을 막아라. (…) '해리, 잉글랜드, 성 조지를 위해, 신이시여!'라고 부르짖었다".[17]

새로운 영어는 새로운 잉글랜드의 정체성을 형성했다. 새로운 잉글랜드는 아쟁쿠르를 되돌아볼 뿐만 아니라 대서양 건너편까지 바라보았다. 1595년 셰익스피어가 잉글랜드를 "은빛 바다에 놓인 보석, 성벽의 역할을 다하는 보석"이라고 묘사한 것은 당시의 50년 전만 해도 우스꽝스럽게 들렸을 것이다.[18] 하지만 셰익스피어가 말한 '방어용 해자' 뒤에 안전하게 자리잡은 새로운 잉글랜드인들은 이제 세상을 자기 뜻대로 재창조할 수 있는 힘을 얻었다고 느꼈다. 스코틀랜드와 아일랜드를 흡수하여 뒷문을 잠그고, 은 공급을 차단해 스페인을 무너뜨리고, 대륙 해안을 '급습'해 대륙을 위협하고 불태우고 약탈했다. 셰익스피어가 『폭풍우』에서 암시했듯, 그들은 심지어 헤리퍼드 지도 너머의 세계를 끌어들일 수도 있었다.

무대와 종이 위에서는 모든 것이 가능해 보였다. 영국의 무적함대가 승리를 거둔 지 한 세대 후, 변호사 존 셀든은 논문 「닫힌 바다Mare Clausum」*에서 셰익스피어의 수사에 법적 효력을 부여하려고 시도하기도 했다. 그는 "영국 왕은 주위에 흐르는 바다의 주인이기 때문에 자신의 바다에서 다른 이들을 배제할 권리가 있다"라고 주장했다.[19] 그러나 1588년이 얼마나 아슬아슬한 승리였는지 잘 알고 있던 잉글랜드

---

* 영유권이나 배타권이 특정 국가에만 속하는 바다.

통치자들은 이를 시행할 수 있을지 확신하지 못했고「닫힌 바다」를 출판하지 않은 채로 보관해두었다.

적들에 맞서 해협을 봉쇄할 기술은 있었지만, 그 기술을 효과적으로 작동시키는 자금을 조달할 조직은 부재했다. 어떤 열정이나 영감, 법조문도 조직을 대체할 수는 없었다. 엘리자베스는 스페인의 무적함대를 물리친 선원들에게조차 수당을 지불할 여유가 없었고, 스페인 함대를 궤멸시키기 위해 추격할 여력은 더더욱 없었다. 1589년에 승리를 이용하려는 시도는 아무 성과 없이 끝났는데, 함대를 운영하려면 민간 투자자들의 자금이 필수였고, 이들은 군사적으로 중요한 곳보다 큰 수익을 올릴 수 있는 곳으로 함대의 방향을 돌렸기 때문이다. 엘리자베스의 정보 총책임자는 "우리의 반쪽짜리 행동이 불명예를 낳고 병을 치료하지 않은 채로 남겨졌다"라고 한탄했다.[20] 펠리페는 첫 번째 함대보다 더 큰 무적함대를 새로 만들었고, 1596년에 다시 침공할 뻔했지만 폭풍우가 이를 막았다. 이듬해 스페인이 콘월의 팔머스를 점령하려 했지만, 이번에도 자연이 잉글랜드를 구해주었다.

잉글랜드도 카디스를 다시 불태우는 등 군사적 성과를 거두었지만, 왕실이 필요로 하는 종류의 함대를 조직할 수 있을 때까지는 해자 방어 체계를 신뢰할 수 없다는 것이 엄연한 현실이었다. 이러한 상황에서 엘리자베스가 할 수 있는 일은 스페인군이 수심 깊은 플랑드르 항구에 접근하지 못하도록 외벽에 더 많은 병력을 배치하는 것뿐이었다. 또한 아일랜드에도 병력을 파견해야 했는데, 1595년 그 뒷문이 활짝 열려버렸기 때문이다. 아일랜드의 영주 휴 오닐—'위대한 오닐'—은 툴리호그의 신성한 돌(전통에 따르면 성 패트릭이 직접 축복한 돌)까지 진군해 자신을 얼스터의 왕자로 선포하고 스페인의 펠리페에게 아일랜드 왕관을 바쳤다. 1599년 반란군이 로스코먼에서 잉글랜드군을 격파했고, 1600년에는 교황이 그들의 개신교와의 전쟁을 성전聖戰으로 선포했으며, 1601년에 스페인군이 킨세일에 상륙했다. 그리고 1603년에는 방어용 해자나 외벽도 막을 수 없는 재앙이 들이닥쳤다. 엘리자베스가 후계자 없이 세상을 떠난 것이다.

하지만 영국이 다시 무정부 상태에 빠지는 최악의 시나리오는 일어나지 않았다. 잉글랜드는 스코틀랜드의 제임스 왕을 기꺼이 통치자로 받아들였을 뿐만 아니라, 대륙의 외벽도 건재했고, 아일랜드의 저항은 기아와 폭력으로 약해졌다. 물론 잉글랜드의 입지는 여전히 미약했다. 아일랜드가 새로운 웨일스가 되기는커녕 개신교의 대규모 농장들은 얼스터를 끝없는 무질서의 온상으로 만들었고, 분리되어 있던 앵글로-웨일스, 스코틀랜드, 아일랜드의 상속 영토를 통합하여 그레이트브리튼과 아일랜드의 연합왕국을 이루겠다는 제임스 왕의 낙관은 헛된 꿈으로 드러났다. 1560년 엘리자베스의 고문 윌리엄 세실은 "[잉글랜드와 스코틀랜드] 두 왕국을 합치고 아일랜드까지 합치는 것은 고려할 가치가 있다"며 강력히 권했지만,[21] 막상 기회가 오자 잉글랜드인이나 스코틀랜드인 모두 동등한 조건으로 결합을 원하는 이는 거의 없었다(웨일스와 아일랜드에는 의견을 묻지도 않았다). 제임스는 일방적으로 자신을 '그레이트브리튼의 왕'이라고 선언하고 잉글랜드와 스코틀랜드의 상징(아일랜드나 웨일스는 제외되었다)을 결합한 '유니언 잭Union Jack' 국기를 내세웠지만, 이러한 노력으로 정작 얻은 것은 "긴 논쟁과 이상한 질문들뿐 아무것도 이루어지지 않았다"라고 푸념했다.[22]

세실이 이 섬들 전체의 연합왕국이 바람직하다고 생각한 이유는 대류의 왕들이 "최근 영지를 크게 확장하여 예전과 전혀 다른 규모로 발전했지만, 잉글랜드는 (…) 새로운 세력의 유입 없이 그대로 남아 있기 때문"이었다.23 프랑스와 스페인의 왕들은 신민들의 재산을 활용할 새로운 방법을 찾고 있었다. 대서양에서 중국까지 전 지구적으로 인구는 마침내 흑사병 이전 수준을 회복하고 있었고, 농민들은 다시 숲을 개간하고 늪지를 메우며 척박한 땅에서 생계를 꾸려나가고 있었다. 이 모든 것은 왕이 과세할 수 있는 인구와 자원이 늘어났다는 것을 의미했지만, 동시에 왕의 요구에 저항할 수 있는 자원이 있는 사람들도 더 늘어났다는 것을 의미했다.

이전의 모든 호황기와 마찬가지로 부유한 사람들은 가난한 사람들보다 더 많은 것을 얻었지만, 이번에는 하층민들의 불행을 가중시키는 세 가지 새로운 요인이 있었다. 첫째는 인플레이션이었다. 임금도 오르고 있었지만 신대륙에서 캐낸 은이 산더미처럼 쌓이며 물가가 더 빠르게 상승해 노동자들의 구매력을 약화시켰다. 둘째, 기후학자들이 '소빙하기Little Ice Age'라고 부르는 수 세기에 걸친 지구 한랭화였다. 이로 인해 재배 기간이 짧아지고 수확량이 감소해 흑사병 이후 대부분의 가정이 누렸던 이득이 사라졌다. 잉글랜드에서는 1540년대, 1550년대, 특히 1590년대에 연이은 집중호우로 인해 몇 년간 수확이 엉망이 되었다. 물가는 치솟았고, 이질로 수천 명이 목숨을 잃었으며, 가장 가난한 사람들은 폭동을 일으키다 끝내 굶어 죽었다.

세 번째 요인이 어쩌면 가장 잔인한 것이었다. 한때 자선은 미덕이었고 가난한 사람들을 옷 입히고 먹이는 것은 의무였다. 그러나 16세기에 빈민 및 그들과 관련된 문제가 증가하면서 그들의 이미지에 심각한 문제가 발생했다. 부유한 사람들의 눈에 빈민이 자선을 받을 자격이 있는 대상에서 사회 질서를 위협하는 주범으로 변모한 것이다. 정부가 지역사회에 빈자를 도우라고 부추길수록 그 의무는 더 많은 반감을 불러일으켰다. 굶주린 이들이 취약해 보일수록 더 위협적으로 보였다. 결국 가난하고 사회적으로 고립된 과부와 독신 여성들이 악마와 손잡고 부유한 이웃을 해치려 한다는 주장이 전적으로 합리적인 것으로 인식되기 시작했다.

마법은 오래된 걱정거리였으나, 수천 년 동안은 그저 배경 소음에 불과했던 것이 이제는 집착의 대상이 되었다. 최악의 시기인 1570년에서 1630년 사이에 유럽인들은 약 5만 명의 마녀를 처형했는데, 그중 90퍼센트가 여성이었다(1550년대 이전까지만 해도 마법은 성별과 무관했다). 잉글랜드에서는 마법이 1542년까지 법률상 범죄로 규정되지는 않았지만, 1580년대가 되면 에식스의 형사 피고인 중 8분의 1 이상이 마법으로 기소되었다(물론 극단적인 사례긴 하다). 스코틀랜드는 더 심각했다. 1590년에 열린 대규모 대중 재판에서 제임스 왕은 마녀들의 표적 명단에 자신의 이름이 올라가 있었다는 사실에 깊은 충격을 받아 「악마학에 관하여On Demonology」라는 철학적 논문을 쓰게 되었다. 셰익스피어가 1606년 『맥베스』를 쓰기 위해 스코틀랜드를 찾았을 때, 가마솥 주위의 마녀들은 그에게 완벽한 첫 장면을 제공했다.

모스크바에서 마드리드에 이르기까지, 당시 통치자들은 다루기 힘든 대중의 질서 유지를 위해 평소보다 더 고군분투하고 있었다. 왕권과 농민들의 저항 사이에서 어려움을 겪던 지주 엘리트들은 대부분 결국 왕의 편에 섰다. 그들은 농민 제압에 국가의 지원을 받는 대가로 법률과 세금 제정에 대한 영향력을 포기했다. 1614년 이후 프랑스 왕은 1789년 혁명이 일어나기 전까지 과세 자문 회의인 삼부회Estates General를 소집할 필요성을 느끼지 못했다. 마드리드와 파리의 이론가들은 신이 왕에게 절대 주권을 부여했기 때문에 백성의 동의가 필요 없다고 점차 확신하게 되었다.

그러나 잉글랜드의 의회와 재산가들은 그렇게 순응적이지 않았다. 이는 잉글랜드 정체성에 대한 새로운 사상이 왕실의 탐욕에 저항하는 일을 곧 개신교도의 명예처럼 여기게 한 것과 관련이 있다. 이는 다음 장에서 다시 다루겠지만, 어쩌면 더 중요한 것은 새로운 종류의 번영이었다. 인구 증가, 인플레이션, 기후변화로 인해 가난한 사람들은 점점 더 절망에 빠졌지만, 잉글랜드의 '중간부류middling sorts'[24](그때까지 '중산층middle classes'이라는 용어는 아직 쓰이지 않았다) 가운데 많은 이가 새로운 대서양 경제 덕분에 큰 번영을 누리고 있었고 왕실의 압력에 굴복할 필요가 없다고 느꼈다.

1492년 이후 스페인과 포르투갈이 구축한 원조 대서양 경제는 추출extraction에 집중했다. 이베리아인들은 기생충처럼 아메리카 대륙에서 부를 빨아들였다. 그보다 먹이사슬의 아래쪽에 있던 잉글랜드는 이베리아인들의 은을 훔침으로써, 부를 빨아들이는 기생충에 기생했다. 1607년 잉글랜드 모험가들은 버지니아의 금과 향신료를 약탈하기 위해 제임스포트James Fort(1619년 제임스타운James-town으로 개명)를 건설하면서 스스로 기생충이 될 준비가 되었다고 느꼈다. 하지만 버지니아에는 금과 향신료가 거의 없었기 때문에, 이 계획은 참혹하게 실패했다. 1609~1610년 겨울, 기생충이 되려던 사람들의 5분의 4가 굶주림과 질병으로 사망했다.

제임스포트는 이대로 끝날 수도 있었지만, 새로운 경제 체제가 이를 구했다. 옛 대서양 경제가 아메리카 대륙에서 물건을 약탈해 유럽으로 운반하는 것이 전부였다면, 버지니아의 새로운 경제는 유럽보다 더 좋은 물건을 더 저렴하게 생산하여 거래하는 것이었다. 이 경제는 버뮤다의 먼 해안에서 발생한 난파선 사고(셰익스피어가 『폭풍우』의 첫 장면에 등장시켜 불멸의 재난이 되었다)에서 시작되었다. 구조를 기다리는 동안 한 생존자(오늘날 아메리카 원주민 추장의 딸인 포카혼타스와 결혼한 것으로 가장 잘 알려진 존 롤프)는 주머니에 현지의 달콤한 담배 씨앗을 가득 채웠다. 콜럼버스가 1492년 아메리카인들이 담배 피우는 것을 목격했고, 1565년이 되어서야 잉글랜드 문헌에서 담배가 처음 언급되지만 롤프가 살던 시기에는 유행에 민감한 런던 사람들 사이에서 담배가 인기 상품이었다. 잉글랜드에서 담배를 재배하려는 시도는 실패했고 버지니아산 담배는 맛이 좋지 않았다. 그래서 롤프는 버뮤다 담배를 훔쳐서 버지니아에 심어 키운 다음 본국 시장에 팔면 어떨까 생각했다.

그 일은 탁월한 산업 스파이 활동이었다. 롤프의 첫 담배 선적은 1614년에 잉글랜드에 도착했다. 정통 스페인산 담배가 파운드당 18실링에 팔리던 것에 비해, 그의 담배는 파운드당 3실링에 불과했지만 수익은 괜찮았다. 곧 다른 사람들이 그를 따라 했고, 제임스타운은 신흥 도시로 부상했다. 1607년에 104명이었던 인구가 1625년에 1300명, 1640년에 8000명, 1660년에는 무려 2만5000명으로 급증해 잉글랜드인이 세운 가장 큰 도시 중 하나가 되었다. 사망률은 여전히 높고 거주 환경은 열악했지만, 잉글랜드인들은 버지니아로 몰려들었다. 병에 걸려 죽기 전에 부자가 되리라는 도박을 한 것이다. 이 도박은 종종 성공했고, 잉글랜드인들은 아메리카 대륙의 다른 지역에서도 같은 시도를 이어갔다. 실패하면 다른 작물을 심으면 그만이었다.

바베이도스에 정착한 사람들은 1640년에 사탕수수를 심기 시작했다. 사탕수수는 이미 지중해 섬에서 잘 자라고 있었지만, 카리브해에 딱 맞는 작물이었고 곧 담배보다 훨씬 더 수익성이 높다는 것이 입증되었다.

최초의 아메리카 대농장은 그 전에 얼스터에 조성된 농장과 비슷했으며, 대부분 아일랜드 노동자들이 계약직으로 일했다. 일거양득을 노린 잉글랜드 정부는 불안할 정도로 늘어난 빈민 인구를 아메리카에 버림으로써 이 섬들에서 없애버리려 했다. 그러나 농장주들은 곧 더 저렴한 대안을 발견했다. 바로 아프리카 노예였다. 18세기에 말라키 포스틀스웨이트Malachy Postlethwayt라는 멋진 이름을 가졌던 한 사람은 "흑인들이 없다면 우리는 설탕, 담배, 쌀, 럼주 등을 얻을 수 없다. (…) 이 사실을 설명하는 데 시간을 할애하는 것은 공기와 햇빛의 유익함에 대해 열변을 쏟는 것만큼이나 엉뚱한 일이다"라고까지 말했다.[25] 1644년 바베이도스에는 아프리카인이 고작 800명뿐이었고 유럽인은 3만 명 있었다. 하지만 1700년이 되자 유럽인은 1만5000명만 남아 있었고 그들이 소유한 아프리카인은 5만 명에 달했다.

총 1200만 명 정도의 아프리카인이 납치되어 대서양 너머로 수송되었다. 항해하면서 약 여덟 명 중 한 명이 사망했고, 배에 오르기도 전에 약 400만 명이 사망했다. 역사가들이 '삼각 무역'(도판 6.6)이라고 부르는 체계의 정점에는 바로 이러한 비극이 있었다. 이전에는 볼 수 없었던 거대한 수익 창출 기계가 돌아가고 있었다. 1650년경 브리스톨에서 구슬, 담요, 총 등 잉글랜드에서 생산된 상품을 가득 싣고 출발한 한 상인은 서아프리카로 항해하여 자신의 상품을 (이윤을 남기고) 노예와 교환할 수 있었다. 그다음 버지니아나 바베이도스로 항해해 그곳

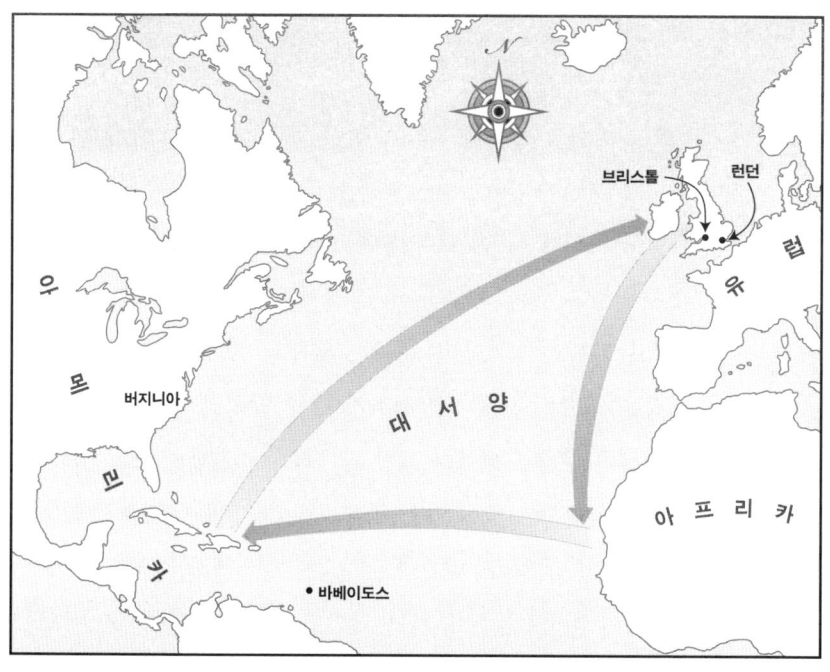

도판 6.6 삼각 무역: 새로운 대서양 경제의 출발

에서 아프리카인을 (또 한번 이윤을 남기고) 담배나 설탕과 교환한 다음 브리스톨로 돌아와 신대륙산 마약을 팔아 세 번째 이윤을 챙긴 뒤 구슬, 담요, 총을 더 많이 사서 전 과정을 다시 시작할 수 있었다.

　경건한 잉글랜드인들은 자유인으로 태어난 개신교도의 정체성과 인간의 고통을 거래하는 행위 사이에서 거의 모순을 느끼지 않았기 때문에, (오늘날 강경 개신교로 알려진) 청교도들은 새로운 대서양 경제에서 두각을 나타냈다. 이 부유하고 독선적인 사람들은 제임스 왕의 위협이 먹혀들지 않을 정도로 강경했으며, 이들의 담배와 사탕수수 농장은 한곳에 집중되어 있지 않고 (포토시의 스페인 광산처럼) 수천 곳의 작은 농장과 대농장들에 흩어져 있었기 때문에 단순히 이것들을 몰수하는 것 역시 선택지가 되지 못했다.

처음에 제임스는 담배 생산을 완전히 막는 방식으로 대응했다. 그는 버지니아 식민지 총독들에게 재배업자를 설득해 담배를 재배하지 못하게 했고, 마녀에 집착하던 와중에도 시간을 내어 또 다른 책인 『담배에 대한 반격 Counterblast to Tobacco』을 집필했다. 그는 이 잡초가 "눈에는 혐오스럽고, 코에는 역겨우며, 뇌에는 해롭고, 폐에는 위험한 (…) 더러운 신풍조"라고 주장했다.[26] 일리가 있는 말이었지만 담배 무역의 높은 수익성이 점차 드러나자 그는 담배와의 전쟁을 접고 수익의 일부를 떼어가는 쪽으로 돌아섰다. 1660년대에는 왕실 수입의 1파운드당 1실링 정도가 담배에서 나왔다.

버지니아의 농장주들은 부자가 되었고, 서로 맞물린 삼각 무역을 조직한 잉글랜드 상인들은 더 큰 부자가 되었다. 2020년 흑인의 생명도 소중하다 Black Lives Matter 시위대에 의해 에이번강으로 던져진 동상의 인물인 노예상 에드워드 콜스턴과 같은 일부 부호들은 브리스톨에 거주했지만, 새로운 부호들은 대체로 런던에 거주했다. 1558년 엘리자베스가 왕위에 올랐을 때 런던의 인구는 6만 명(흑사병 이전과 동일)이었지만 1603년 제임스가 왕위에 올랐을 때는 20만 명, 1640년에는 무려 50만 명에 달했다. 그들의 생활에 필요한 물품 수요는 잉글랜드 대부분의 지역을 변화시켰다. 예를 들어 뉴캐슬 어폰 타인은 런던 시민들에게 매년 10만 톤의 석탄을 판매하면서 독자적인 대도시가 되었고, 심지어 시골에서도 새로운 시장과 연결될 수 있었던 주민들은 배고프고 추위에 떠는 도시민들에게 식량과 직물을 판매하며 부유해졌다.

이전 7500년 중 대부분의 기간에 영국은 유럽의 가난한 사촌이었지만, 새로운 대서양 경제는 영국의 지리적 위치(그리고 삼각 무역의 다른 주요 참여국인 네덜란드의 지리적 위치)에 새롭고 엄청난 번영의 의미를 부여했다. 17세기에도 잉글랜드의 빈민층은 자주 배고팠지만, 스코틀랜드인과 아일랜드인, 그리고 네덜란드를 제외한 유럽인들이 앞으로도 굶주릴 운명이었던 데 반해, 잉글랜드는 1597년 이후 현재까지 더 이상 기근을 겪지 않았다. 실제로 영국의 중간부류들은 크게 번영해, 평균 소득이 1500년 하루 약 2달러 상당(로마 시대와 비슷한 수준)에서 1600년에는 2.75달러, 1700년에는 3.60달러로 상승했다.

우리는 고고학적 증거로 소득 상승의 결과를 매우 분명하게 볼 수 있다. 권력자들은 농부들의 주택 개조 프로젝트에 대해 좀처럼 기록을 남기지 않았지만, 고고학자들은 1580년에서 1640년 사이에 시작되어 동남부에서 북부와 서부로 퍼진 '대재건Great Rebuilding'에 대해 이야기한다. 전국 각지의 수만 채의 주택에서 개조업자들은 대성당처럼 천장이 높고 홀이 전부인 단층 구조의 집에 위층을 추가하여 아래층에는 거실과 응접실을, 위층에는 침실을 만들었다. 당시에는 신기한 것이었던 계단과 굴뚝, 현관, 출입구를 추가했고 벽과 천장에는 회반죽을 발랐다. 70년 전 '대재건'을 처음으로 규명한 고고학자 윌리엄 호스킨스는 이 시기의 집이 "더 따뜻하고, 더 밝아지고, 더 커졌다. 벽난로가 더 많아지고, 처음으로 유리창이 설치되었으며, 방이 더 많아지고 각기 다른 용도로 구분되기 시작했다"라고 결론 내렸다. 어떤 집들은 너무 잘 지어져서 지금도 반半목조 구조의 아름다움을 간직한 채로 서 있다 (도판 6.7). 변화는 단지 건축에만 그치지 않았다. 호스킨스는 1570년 이후 "모든 것이 더 많아지고 더 좋아졌으며, 쿠션과 옷걸이처럼 새로운 편의 용품도 등장했다"라고 말했다.[27]

도판 6.7 오랜 세월 버텨온 집: 4세기 동안 날씨와 개발업자들에 맞서 살아남은 헤리퍼드 하이타운의 고택.

하나의 예로 1971~1972년에 부분적으로 발굴된 요크셔 마을인 카울람을 살펴보겠다. 스칸디나비아어 이름 같은 이곳에는 노르만 기록에 따르면 1080년대에 한 영주가 살았다고 하지만, 발굴된 가장 오래된 집들은 1200년경으로 거슬러 올라간다. 이 집들은 매우 허술하게 지어져서 땅에 쓰레기 구덩이와 몇 개의 기둥 구멍만 남아 있었다. 집의 설계도를 재구성해볼 수도 없었고 도자기 조각도 10여 개밖에 발견되지 않았다. 그러나 14세기 또는 15세기에 들어서 나무와 석회 블록을 사용한 더 크고 튼튼한 집 세 채가 지어졌다. 이 집들은 약 50제곱미터 크기의 방 하나로 이루어져 있었으며, 적어도 한 채에는 납틀 창문이 있었다. 여전히 유물은 많지 않았지만, 집 안에서 뼈로 조각한 빗과 칼자루가 출토되었다.

그 후 대재건이 카울람을 변화시켰다. 16세기에 기존 주택 위에 새로운 농장 건물과 부속 별채들이 지어졌다. 이전보다 두 배나 큰 이 농장 건물은 두 개의 유리창과 중앙 난로와 오븐을 갖추고 있었다. 17세기의 거주자들은 철제 칼, 경첩, 가위, 낫, 열쇠, 소 방울, 소 편자, 청동 숟가락과 백랍 숟가락, 와인병 조각, 그리고 완전히 새로운 물건인 점토 담배 파이프 아홉 조각 등 수십 개의 부서진 물건들을 남겼다. 건물 유적 위 지층에서는 수천 점의 도기 파편이 추가로 발견되었는데, 일부는 수입품이었으며 하나는 소변기였던 것 같다. 모든 것이 더 많아졌고, 더 좋아졌으며, 새로운 편의 용품도 등장했다. 이러한 풍요의 흔적은 사회 아래층으로도 퍼져, 노섬벌랜드의 웨스트 웰핑턴과 같이 하찮고 작은 마을에도 미쳤다. 이곳의 17세기 주택은 대개 25제곱미터도 채 되지 않는 작은 집들이었지만, 몇몇 집에는 유리창이 있었고, 거의 모든 17세기 고고학 유적과 마찬가지로 흡연용 점토 담배 파이프도 발굴되었다.

'잉글랜드인은 자신만의 성에 산다'라는 문구는 대재건이 막 시작되던 1581년으로 거슬러 올라가, '대재건'이 절정에 달하던 1628년 관습법에 명시되었다.[28] 견고하고 실용적이며 자기 충족적인 집에 사는 건실하고 이성적이며 독립적인 현대 영국인의 자아상이 이 시기에 탄생했다. 1677년에 존 호턴은 이러한 생각이 어디에서 비롯되었는지 명확하게 알려줬다. 그는 "우리가 세계 무역의 대부분을 차지하고 있기 때문에, 가난한 오두막에 사는 이들의 자녀 가운데 많은 이가 상인이 되고 중요한 무역업자가 되었으며 (…) 우리 집들은 지난 시대와 비교하면 궁전처럼 지어졌다"며 기뻐했다.[29]

새로운 예루살렘

제임스 왕의 가장 큰 고민은 급증하는 부를 어떻게 활용할 것인가 하는 점이었지만, 신민들이 선호한 해결책은 그것을 활용하지 않는 것이었다. 잉글렉시트는 신이 잉글랜드인들을 고결한 민족으로 선택했기 때문에 그들에게 번영을 가져다준다는 새로운 자만심을 심어주었다. 따라서 신이 그런 신민들을 위해 세운 왕들은 그들을 통제할 상비군도, 그들을 압도할 베르사유나 엘 에스코리알 같은 궁전도 필요하지 않았고, 따라서 그들에게 세금을 부과할 필요도 거의 없었다. 세금을 많이 걷고 지출을 많이 하는 대규모 정부는 가톨릭적 타락의 징후였다. 번영과 정체성이 더해진 결과 주권은 분산되었다.

이 방정식은 군주들에게 매력적이지 않았다. 그리고 주권의 분산이 곧 안보의 약화를 가져오므로 실제로는 실행 불가능한 공식이었다. 청교도들은 왕들이 자신의 수입 내에서 살기를 기대했을 뿐만 아니라, 신이 개신교 군주들이 사악한 가톨릭 유럽연합에 맞서 싸우기를 원한다고 주장했다. 그러자면 왕들은 군인과 군함이 필요했고, 이는 곧 큰 정부와 높은 세금을 의미했다. 왕이 로마에 맞서 신을 기쁘게 하려면 동시에 신민들에게 세금을 부과하게 되어 신을 실망시킬 수밖에 없었고, 세금을 낮추어 신을 기쁘게 하려면 동시에 사악한 가톨릭 군주들을 편안하게 두어서 신을 불쾌하게 만들 수밖에 없었다.

1560년에 이미 엘리자베스 여왕의 대법관은 유일한 길이 '교황과 청교도 사이'에 있다고 경고했지만,[30] 개신교의 정체성이 굳어지면서 그 길은 점점 더 좁아졌다. 길에서 벗어나 로마의 방향으로 가까워지면 안보와 번영은 강화될지 모르지만 주권이 약화되고, 무적함대의 전설을 듣고 자라 반가톨릭 정체성이 점점 더 강해진 민중과 충돌한다면 치명적인 결과를 초래할 수 있었다. 반대로 로마에서 너무 멀어져 사방의 가톨릭과 싸운다면 잉글랜드 정체성에 활력을 불어넣고 주권을 공고히 할 수는 있지만 안보와 번영을 위협해 또 다른 치명적인 결과를 초래할 수 있었다.

그 좁은 길을 벗어나지 않고 계속 걷는 일은 어떤 정치가에게도 어려운 과제였겠지만, 제임스는 스스로에게 득이 안 되는 것들에 빠져 있었다. 대륙의 사치품에 대한 그의 애정은 너무나도 유명했다. 그는 유럽의 우아한 궁정 문화를 모방하여 호화로운 이탈리아풍 궁전을 짓고 화려한 가면무도회를 열었다. 또한 돈을 지나치게 퍼줘서 젊고 잘생긴 '총신'들을 부유하게 만들어주었다. 돈은 그의 손가락 사이로 물 흐르듯 빠져나갔고, 그와 친구들의 "의복의 사치와 허영, 수많은 연회와 호화로운 대접, 귀부인 및 처녀와의 성행위, 그 밖의 프랑스 궁정식의 타락한 문화들"[31]은 근엄한 엘리자베스 시대 사람들에게 충격을 주었다.

제임스는 이런 방탕한 생활에 필요한 돈을 다른 곳의 지출을 줄여서 채웠다. 그는 엘리자베스가 벌인 스페인과의 전쟁을 종결짓고, 아일랜드 반란군을 사면하고, 함대를 썩도록 방치했다. 그의 통치 15년 차에 실시된 조사에 따르면 장부에 등재된 43척의 군함 중 실제로 항해가 가능한 것은 22척뿐이었다. 북아프리카에서 활동하던 바버리Barbary* 해적들은 정기적으로 콘월을 습격하여 7000명의 잉글랜드인을 노예로 팔아넘겼다. 근면하고 신앙심 깊은 납세자들이 제임스의 우선순위에 의문을 품는 것도 무리가 아니었다.

---

* 이집트를 제외한 북아프리카의 옛 이름.

그러나 마침내 제임스가 그 좁은 길에서 벗어났을 때, 이는 전적으로 그의 잘못은 아니었다. 그는 청교도들의 여론을 달래기 위해 자신의 딸을 라인란트에서 좁게 뻗은 팔츠 지역의 통치자 프리드리히와 결혼시켰다. 이는 대중에게 환영받은 조처였다. 프리드리히는 강경한 개신교 신자였고, 팔츠는 대륙 저지대 지역에서 잉글랜드 외벽의 측면을 감싸고 있었기 때문이다. 그런데 프리드리히는 야망이 큰 인물이었고, 1619년 보헤미아(지금의 체코 공화국)의 개신교도들은 그에게 자신들의 왕이 되어달라고 요청했다.

제임스는 프리드리히에게 이를 거절하기를 간청했다. 보헤미아의 개신교도들이 그들의 가톨릭 군주인 오스트리아 합스부르크 왕가에 맞서 반란을 일으킨 상황에서, 프리드리히가 보헤미아의 왕이 된다면 곧바로 오스트리아 합스부르크 왕가뿐만 아니라 그들과 혈연관계인 스페인과도 전쟁을 치르게 될 터였다. 제임스는 잉글랜드 청교도들이 자신에게 신성한 대의와 사위의 새로운 왕좌를 위해 싸우길 기대하리라는 것을 알고 있었지만, 그들이 정작 그 일을 제대로 수행할 만큼의 자금을 자신에게 맡길지는 의문이었다. 프리드리히는 제임스의 조언을 무시하고 보헤미아의 왕위를 수락했고, 이후 상황은 제임스가 예상했던 대로 악화되었다. 가톨릭 군대가 보헤미아와 팔츠 지역을 점령했고, "눈물과 한숨, 그리고 분노의 외침이 사방에서 터져나왔다"라고 주던던 베네치아 대사는 기록했다.[32] 청교도들은 이것이 제임스의 경건함 부족에 대한 심판이라고 말했다. 포퍼리popery*가 곧 승리할 것이었고, 적그리스도의 도래가 임박했으며, 유일한 희망은 당장 도덕적으로

---

* 로마 가톨릭교를 경멸적으로 가리키는 말이다.

순결한 새 예루살렘을 건설하는 것뿐이었다.

청교도들은 이를 실현하기 위한 두 가지 방안을 가지고 있었다. 첫 번째는 잉글랜드를 완전히 떠나 바다 건너 뉴잉글랜드에 '언덕 위의 도시'를 세우는 것이었다. 하지만 이는 너무 위험해 보였기 때문에 선뜻 나서는 사람이 거의 없었다. 1620년 메이플라워호를 탄 102명의 필그림 파더스Pilgrim Fathers* 대부분은 종교적 난민이 아니라 흉작, 부채, 질병을 피해 떠나는 평범한 경제적 이민자였다. 청교도 목사인 코튼 매더에 따르면, 메인주의 한 설교자가 교인들에게 "이 황야를 개척한 주된 목적은 우리 자신이 종교적인 민족임을 증명하기 위함이었다"라고 말하자 한 교인이 단호하게 "목사님, 잘못 알고 계십니다. (…) 우리의 주된 목적은 물고기를 잡는 것이었습니다"라고 반박했다고 한다.[33] 메이플라워호의 원래 계획은 초기 경제적 이민자들을 따라 버지니아로 가는 것이었지만, 폭풍우에 휩쓸려 훨씬 더 북쪽 해안에 상륙하게 되었다. 뉴잉글랜드의 겨울에 대비하지 못했던 탓에, 하선한 사람 중 절반이 4개월 만에 사망했다. 나머지는 왐파노아그 부족이 음식을 나누어주고 낚시와 농사를 가르쳐준 덕분에 살아남을 수 있었다.

새로운 정착지의 인구는 점차 안정되었지만 1630년에 더 많은 청교도가 도착할 때까지 하나님의 사명은 부차적인 것으로 남아 있었다. 이후 10년 동안 2만 명이 더 도착했다(이보다 두 배 많은 인원이 담배를 재배하기 위해 버지니아로 갔다). 영국의 이동성은 새로운 국면에 접어들었다. 다음 350년 동안, 사실상 내가 미국으로 이민을 떠난 해인 1987년까지, 영국에서 나가는 이민자의 수가 영국으로 들어오는 이민자 수보

---

* 1620년 미국으로 건너가 플리머스 식민지에 초기에 정착한 이주민들.

다 많았고, 이로써 역사상 가장 큰 규모의 유전자 흐름 중 하나가 만들어졌다.

청교도들의 두 번째 방안은 잉글랜드 안에 새 예루살렘을 세우는 것이었다. 이 아이디어가 그들 사이에서 훨씬 더 많은 인기를 끌자, 제임스는 유럽의 가톨릭보다 잉글랜드의 청교도들이 훨씬 더 위협적이라고 확신했다. 그는 아들 찰스를 스페인 공주와 결혼시킬 수 있다면 그 지참금으로 빚을 청산할 뿐만 아니라 사위인 프리드리히가 보헤미아와 팔츠에서 잃은 땅을 되찾을 수 있을 거라 판단했다. 결과적으로 1623년 협상이 교착 상태에 빠졌고, 이내 더 어처구니없는 일이 벌어졌다. 소설보다 훨씬 더 기이한 한 사건에서 찰스는 가짜 수염으로 변장하고 직접 공주에게 구애하기 위해 스페인으로 떠났다. 그의 유일한 동행은 연인인(이전에는 아버지의 연인이었던) 버킹엄 공작이었다. 꼬일 수 있는 모든 일이 꼬였고, 급기야 버킹엄이 바지를 벗은 채 찰스의 침실에서 발견되기까지 했다.

당연히 임무는 실패로 돌아갔다. 굴욕을 당한 찰스는 아버지의 정책을 포기하고 의회가 전부터 요구했던 스페인과의 전쟁을 받아들였다. 하지만 하원 의원들은 찰스의 판단력이 아버지보다 나을 것이 없다고 여겨 전쟁 자금으로는 턱없이 부족한 금액만 승인했다. 찰스는 의회의 의심을 입증이라도 하듯 느닷없이 프랑스 공주와 결혼했는데, 그녀의 지참금으로 전쟁 비용을 충당하려는 계산이었다. 이 가톨릭 결혼은 의회를 경악하게 했고 지참금으로는 당연히 전쟁을 치를 수 없었다. 하지만 어쨌든 찰스는 스페인을 공격했고, 이어서 프랑스마저 공격했다. 두 전쟁은 모두 참패였다. 역사학자 브렌던 심스는 찰스의 행보가 "잘 봐줘야 전략적으로 무능한 것이고, 나쁘게 보면 악의적이었다"라고 평가했다.³⁴ 한 궁정파 출신 인사는 의회에서 이렇게 말했다. "남의 칼도, 우연도 아닌 (…) 우리가 신뢰하는 자들에 의해서 우리의 명예는 짓밟히고, 배는 침몰했으며, 병사들은 죽었다."³⁵

정체성, 이동성, 번영, 안보, 주권을 둘러싼 격렬한 논쟁은 지리의 의미에 관한 더 깊은 논쟁을 감추고 있을 뿐이었고, 지리는 늘 그래왔듯이 가장 언급되지 않는 주제였다. 한쪽에는 스스로를 '지방파Country'라 부르는 사람들이 있었다. 이들은 잉글랜드의 주요 전략적 문제가 유럽과의 근접성이라고 보고 교황을 공공의 적 1호로 지목하며 왕실 정책에 강력히 반대했다. 그들은 청교도들이 아무리 위협적으로 보일지라도 가톨릭이 더 나쁘다고 주장했다(피의 메리를 생각해보라). 따라서 잉글랜드의 개신교, 즉 성공회는 스코틀랜드 장로교 및 네덜란드 칼뱅주의자들과 연합하여 교황에 맞서야 했고, 아일랜드의 가톨릭을 부숴야 했으며, 프랑스, 스페인과는 싸워야 했다. 잉글랜드의 안전을 위해 필요한 외벽의 비용은 스페인의 은을 훔쳐서 절감할 수 있었다. 주요 상인들은 찰스에게 "스페인 본국에 막대한 돈을 공급하는 핏줄을 끊으면, 스페인을 굴복시키고 온 그리스도교가 그토록 갈망하던 평화와 안보를 가져올 수 있을 것"이라고 주장했다.³⁶ 따라서 이민은 좋은 일이었다. 신대륙에 스페인 선박을 가로챌 수 있는 기지를 구축하고 설탕과 담배로 수익도 올릴 수 있기 때문이었다(우연이 아니라 많은 지방파 지도자들은 대서양 무역에도 활발히 참여하고 있었다). 세금은 낮고, 정부는 간소하며, 교회가 개혁된다면 예루살렘은 이 땅에도 세워질 수 있었다.

지방파와 거의 모든 면에서 대립하던 경쟁 세력이 '궁정파Court'였다. 궁정파는 이제 유럽과의 근접성보다 섬나라의 고립성이 더 중요하고, 진정한 위협은 내부에 있다고 주장했다. 자국의 청교도들이 가톨릭 신자들보다 분명히 더 위험한 존재이므로 왕은 잉글랜드, 웨일스, 스코틀랜드에서 청교도를 억누르고 아일랜드에서 가톨릭교도와 협상해야 했다. 엘리자베스 시대 이후 세상은 변했다. 이제 프랑스와 스페인은 잉글랜드를 침략할 수 없었기 때문에 잉글랜드의 평화를 위해서 필요했던 외벽은 잊어도 되었다. 오히려 지금은 외벽이 위협이 되고 있었다. 네덜란드 상인들이 같은 개신교도임에도 불구하고 잉글랜드의 무역을 침범하고 있었기 때문이다. 궁정파는 우호적인 유럽연합과 협력하면 그들을 견제하는 데 도움이 될 수 있으며, 좀더 유연한 정체성 정치가 더 큰 안보, 번영, 주권을 가져올 것이라고 주장했다. 유럽 대륙에 평화가 찾아오고 돈이 흘러들어오면, 찰스 왕도 골치 아픈 의회에 돈을 요구할 필요 없이 잉글랜드를 통치하면서 유럽의 왕들처럼 살 수 있었다.

찰스는 궁정파의 이론을 크게 선호했고, 이는 한동안 효과가 있었다. 좋은 날씨(그로 인한 높은 수확량)도 도움이 되었지만, 그는 영리한 변호사와 회계사를 고용해 의회에 한 푼도 요청하지 않고 수입을 두 배로 늘렸다. 찰스는 빠르고 작은 전함들을 건조하여 바버리 해적들을 지중해로 쫓아냈고, 100문의 포가 장착된 거대한 기함 '바다의 군주 Sovereign of the Seas'호를 건조하여 네덜란드를 위협했다. 세금과 무역 수입은 세 배로 늘어났고, 찰스는 빚을 청산하고도 궁전을 대륙의 그림으로 채울 만큼 여유가 생겼다. 네덜란드 화가 루벤스는 "어디에서도 이 궁전에 있는 그림, 조각상, 고대 비문과 같이 훌륭한 것들을 본 적이 없다"라고 인정했다.[37]

대담해진 찰스는 캔터베리 대주교라는 자신의 전투견을 청교도들

앞에 세웠다. 여성 배우들(찰스의 프랑스인 아내는 열렬한 연극 애호가였다)과 공개 무도회(그녀가 즐겼던 또 다른 활동)에 불평해서 흥을 깨는 사람들killjoy은 비밀 법정에서 재판을 받았고, 이 법정에서는 고귀한 출신의 청교도들에게조차 낙인찍기, 귀 자르기, 형틀에 채워 공개 망신 주기 등의 형벌을 선고했다. 찰스는 심지어 스코틀랜드의 훈련되지 않은 장로교인들이 형식도 없이 마음 가는 대로 하나님께 기도하는 것을 그만두고, 잉글랜드의 것과 같은 정식 기도서를 따라야 한다고 결정했다.

그러나 그의 운은 여기까지였다. 검소한 왕실 인쇄업자가 기도서의 교정쇄를 수정한 후 그 종이를 재활용하여 담배 업자들에게 버지니아 담뱃잎을 포장하는 용도로 판매했고, 곧 에든버러의 모든 가정이 찰스의 의도를 알게 되었다. 세인트 자일스 대성당의 주임 사제가 새로운 예식을 선포할 때 청교도들은 이에 맞설 준비가 되어 있었다. 기다렸다는 듯 욕설과 몽둥이, 돌, 의자가 쏟아져 나왔고, 깜짝 놀란 신부는 강단에서 쫓겨났다(도판 6.8). 장로교인들은 "어떤 자들에 맞서더라도 왕국의 참된 종교, 자유, 법률"을 수호하겠다고 맹세하며 그들만의 새 예루살렘을 선포했다.[38]

군대를 통한 진압은 상황을 더 악화시킬 뿐이었다. 창의적인 자금 조달에도 불구하고 찰스는 전쟁을 감당할 여력이 없었다. 자금이 부족했던 그의 군대는 스코틀랜드 민병대 앞에서 와해되었다. 궁지에 몰린 찰스는 스페인에 30만 파운드의 긴급 자금 지원을 간청했다. 이것이 거절당하자 그는 대신 의회에 자금을 요청했다. 그러나 의회는 그를 무시하고 일방적으로 스코틀랜드와 평화를 선언했으며, 지나치게 영리한 그의 고문들을 탄핵하고, 그의 편법적인 재정 조치를 무효로

도판 6.8 열혈 신도들: 몽둥이, 돌, 의자로 에든버러 주임 사제를 쫓아내고, 잉글렉시트와 스켁시트를 완화하려던 찰스의 희망을 끝장내다, 1637년.

했다. 찰스가 반발하자 의원들은 언론전을 벌였다. 런던의 선술집에서 판매되는 신문을 통해 그들의 주장을 전국에 알렸다(이 시기의 많은 장면이 2010년대와 유사해 보인다). 찰스의 지지자 중 한 명은 "왕이 맞서 언론 대응을 하기에는 의회가 너무 민첩하고, 서민들은 머리에 가장 먼저 각인된 이야기를 믿는다"라고 한탄했다.[39] 곧 1만5000명의 군중이 찰스의 총신을 처형하라고 요구했고 50만 명의 잉글랜드인이 왕의 잘못된 통치를 규탄하는 청원서에 서명했다.

전해지는 이야기에 따르면 찰스가 의회를 공격하도록 부추긴 것은 그의 프랑스인 아내였다. 그녀는 "가서 해치워, 이 겁쟁이야"라며 "저 악당들의 귀를 잡아 끌어내지 않으면 다시는 내 얼굴 볼 생각도 하지 마"라고 소리쳤다고 한다.[40] 그러나 찰스가 웨스트민스터에 도착하기도 전에, 왕비의 시녀 중 한 명이 이 사실을 밀고했고, 치안 판사들은 그를 저지하기 위해 민병대를 일으켰다. 한 목격자는 찰스가 "시민들에게

갈가리 찢겨 죽을 뻔했다"고 전했다.⁴¹ 찰스는 간신히 윈저로, 그다음에는 요크로 도망쳤다. 새로운 예루살렘 탄생의 고통이 시작된 것이다.

불결하고 잔인한

사람들은 고통에 시달렸다. 1651년까지 폭력과 굶주림, 질병으로 인해 잉글랜드와 웨일스에서 30명 중 1명(제1차 세계대전보다 더 많은 수), 스코틀랜드에서 50명 중 1명, 아일랜드에서 끔찍하게도 6명 중 1명이 사망했다. 일단 전쟁이 시작되자, 아무도 어떻게 끝내야 할지 알지 못했다. 맨체스터 공작은 "우리가 왕을 아흔아홉 번 이긴다 해도 왕은 여전히 왕이지만, 왕이 우리를 한 번만 이기면 우리는 모두 교수형에 처해질 것"이라고 인정했다.⁴² 그러나 동시에 왕이 비판자들을 아흔아홉 번이나 교수형에 처해도 의회는 여전할 것이며, 결코 왕을 위한 세금을 승인하도록 의회를 강제할 수 없다는 것도 사실이었다. 폭력은 이 섬들을 전부 균열시켜놓고 해결책은 주지 않았다. 화이트홀*과 웨스트민스터,** 동남부와 서북부, 도시와 시골, 고교회와 저교회***의 관계는 단절되었다. 도시, 마을, 가족, 심지어 개인의 양심까지 둘로 갈라졌다.

갈등은 여러 방향으로 치달았다. 찰스가 스코틀랜드의 장로교도와 아일랜드의 가톨릭교도의 반란을 막지 못하자, 스코틀랜드는 잉글랜드와 아일랜드를 침공했고 아일랜드는 스코틀랜드를 침공했으며 잉

---

* 왕의 궁전 또는 정부를 의미한다.
** 국회 의사당 혹은 의회를 의미한다.
*** 성공회 내부의 신학적 운동으로 구분되는 교회 종류.

글랜드는 내전을 벌였다. 잉글랜드 신민들이 찰스의 군대를 파괴하자, 찰스는 아일랜드 가톨릭 신자들에게 자신을 구하기 위해 잉글랜드를 공격해달라고 요청했다. 그러나 아일랜드 가톨릭 신자들은 응하지 않았고, 찰스는 스코틀랜드 장로교도들에게로 도망쳤다. 스코틀랜드 장로교도들은 그를 배신해 잉글랜드 장로교도들에게 넘겨주었다. 그런데 이들은 찰스를 폐위하는 대신 그를 권좌에 복귀시키기로 결정했다. 전장에서 거둔 승리를 무력화시키는 이 '스코틀랜드식' 야합에 분노한 잉글랜드 의회의 군대는 반란을 일으켜 찰스를 납치하고 런던으로 진군했다. 대열에 있던 급진주의자들은 스스로를 수평파Levellers,* 밭갈이파Diggers,** 소요파Ranters***라 부르며 공산주의와 민주주의를 받아들였고 지금 당장 새 예루살렘을 건설하자고 요구했다. 찰스는 굴복하지 않고 계속해서 음모를 꾸몄다. 그는 두 번째 내전을 일으켰다가 패했고, 올리버 크롬웰 장군은 왕과 의회, 급진주의자 모두를 상대로 군사 쿠데타를 일으켰다. 그는 군대의 명령을 어느 정도 따르고자 하는 의원들만 남을 때까지 의회를 숙청했다. 군의 첫 번째 명령은 찰스가 명령을 따르지 않으면 의회가 그의 목을 베어야 한다는 것이었는데, 1649년 1월 의회는 실제로 찰스의 목을 베었다.

    왕의 목을 베는 것은 신의 법을 어기는 것이었지만, 잉글랜드의 주권을 옭아매던 고르디우스의 매듭을 끊는 일이기도 했다. 잉글랜드 정부는 붕괴되어 무정부 상태가 되기는커녕 1650년대에 철학자 토머스 홉스가 '리바이어던Leviathan'이라 부른 것으로 변모했다. 유혈 사태를

---

* 평등주의자들.
** 황무지를 개간하는 자들. 토지의 공동 소유를 주장했다.
*** 율법폐기론자들. 구원받은 자는 십계명을 지키지 않아도 된다고 믿었다.

직접 겪은 홉스가 말한 리바이어던은 성경에 나오는 고질라 같은 괴물 리바이어던처럼 무서운 통치자를 의미했다. 킹 제임스 버전 성경의 「욥기」에서는 "지상에 그와 같은 자는 없으며…… 그는 모든 교만한 자들의 왕이다"라고 말한다.[43] 홉스는 리바이어던 같은 국가가 법을 집행하지 않으면 오직 "끊임없는 공포와 폭력적 죽음의 위험"만 있을 뿐이며, 이때 "인간의 삶은 고독하고, 가난하고, 비열하고, 잔인하고, 짧다"고 믿었다.[44] 잉글랜드를 위대하게 만들려면, 국민이 겁에 질려 바른길로 가게 이끌 만큼 강력한 리바이어던, 즉 국민을 억눌러서라도 하나로 뭉쳐 무언가를 해내게 만들 수 있는 존재가 필요했다.

주권을 두고 다툴 찰스가 없자 의회는 스스로를 주권적 존재로 만들었다. 의회는 가장 강경한 방식의 잉글렉시트를 수호할 군대 비용을 마련하기 위해 세금을 인상했다. 의회가 부과한 새로운 부담은 큰 분노를 불러일으켰다. 1630년대에 찰스가 부과했고 의회가 반대했던 세금과 너무 흡사했기 때문이다. 레벌러스인 윌리엄 월윈 같은 시위자들은 "한 폭군을 끌어내린 다음 다른 폭군을 세우고, 자유는커녕 우리가 싸워 없애려 했던 것보다 더 무거운 노예 제도를 우리 스스로에게 떠안긴 꼴"이라고 생각했다.[45] 이제 의회가 자발적으로 과세를 부과했고, 저항은 여전히 조직화되지 않았으며, 리바이어던은 사람들의 주머니 속으로 더 깊숙이 파고들어 있었다.

세금의 일부는 제대로 된 전문 부대를 편성하는 데 사용되었다. 이 군대는 근사하기만 할 뿐 훈련되지 않은 찰스의 기병대를 전장에서 쫓아냈다. 대부분의 자금은 웅장한 현대식 갤리언을 건조하는 데 쓰였다. 이 시점에서 기술과 조직이 맞물렸다. 엘리자베스 여왕은 장기간 함대를 운영하기 위한 자금력이 있는 리바이어던이 없었기 때문에,

1588년 해협을 봉쇄하는 데 상당한 운이 필요했다. 하지만 1650년경 크롬웰은 함대를 유지할 수 있는 수입을 확보했다. 리바이어던은 대처의 법칙을 마음대로 깨뜨릴 수 있게 됐다. 돈만 있다면 고립성은 근접성을 능가할 수 있었고, 불균형과 외벽, 뒷문은 무의미해졌다. 잉글랜드의 지도자들은 새로운 질문에 직면했다. 진정한 해자 방어선 뒤에서 안전하게 자리 잡은 지금, 다음에 무엇을 해야 하는가?

크롬웰은 켈트족에게 가지고 있던 원한을 갚는 것이 최우선이라 생각했다. 그는 찰스가 죽은 지 몇 달 만에 아일랜드를 침공하여 이전 잉글랜드 정복자들을 뛰어넘는 잔인함을 보였다. 드로게다에서 벌어진 한 학살에서는 3500명이 사망했는데, 이 중에는 자신의 나무 의족에 얻어맞아 죽은 (잉글랜드 출신) 반군 사령관도 있었다. 가톨릭 신자들은 아일랜드의 가장 좋은 땅에서 쫓겨났고 1만 명이 카리브해에 노예로 팔려갔다. 인구는 20만 명이나 줄었다. 상황을 파악한 스코틀랜드 교인들은 프랑스에 숨어 있던 찰스의 아들, 또 다른 찰스에게 돌아와서 장로교 연합왕국을 선포해달라고 요청했다. 그러나 크롬웰이 먼저 움직였다. 그는 1650년에 스코틀랜드인 1만3000명을 사살하거나 포로로 잡는 동안 자기 군대는 20명밖에 잃지 않았고, 1년 뒤에 또 한 번 스코틀랜드 군대를 전멸시켰다. 어린 찰스는 드레스를 입고 나무에 숨어 있다가 겨우 탈출했다(이를 기려 수많은 술집과 여러 군함이 로열 오크Royal Oak라는 이름을 갖게 되었다).

켈트족을 제압한 뒤 크롬웰은 의회에 "여러분의 가장 큰 적은 스페인인"이라고 힘주어 말했다.[46] 1655년, 그는 드레이크의 전략을 되살려 스페인의 은 수송함대를 공격하기 위한 거점으로 히스파니올라(지금의 아이티와 도미니카 공화국)를 점령하는 '서부 설계'를 시작했다. 이 작전은 실패했지만 자메이카를 점령하고, 은 수송함대를 한 척도 아닌 두 척이나 나포하거나 침몰시켰다. 이후 크롬웰은 군대를 저지대의 외벽에 다시 파견했고, 1659년에 잉글랜드는 대륙의 마지막 거점이었던 칼레를 잃은 지 101년 만에 덩케르크를 합병했다.

크롬웰은 16세기 엘리자베스의 전쟁에서 승리했다고 말할 수 있을 것이다. 하지만 그게 문제였다. 1550년대의 승리가 1650년대에는 더 이상 승리로 간주되지 않았음에도 불구하고 그의 비전은 16세기에 머물러 있었다. 무대는 너무 많이 변했고 배우들은 새로운 역할을 맡았다. 스페인은 부도와 패배로 몰락했고, 개신교를 신봉하는 네덜란드는 이제 잉글랜드의 외벽에서 독자적인 도전자로 떠올랐다. 잉글랜드인들이 서로 싸우는 동안 네덜란드 상인들은, 한 정치 로비스트의 말을 빌리면, "그리스도 세계뿐만 아니라 더 넓은 세계를 독점하는 전 세계 무역의 기반을 스스로 마련했다".[47] 개신교가 가톨릭보다 더 큰 위협이 될 수 있다는 사실을 인정하기를 꺼리면서도 크롬웰은 보호주의법으로 네덜란드의 경쟁력을 무력화하려 했고, 심지어 잉글랜드와 네덜란드의 합병(사실상 적대적 인수합병)을 제안하기도 했다. 하지만 결국 크롬웰은 역사상 최초의 해전인 네덜란드와의 전면전을 치러서 승리해야 했다.

전투가 길어질수록 크롬웰의 주변 인물들은 크롬웰의 국내외 정책이 시대에 뒤떨어졌다는 사실을 깨달았다. 나라 안 사람들은 세금과 신예루살렘에 지쳐 있었다. 크롬웰의 전쟁으로 200만 파운드의 빚이 쌓였고, '음주, 욕설, 주일 모독 그리고 그 밖의 악행들'[48]을 칼끝으로 억누르려는 그의 노력은 재앙을 불러왔다. 하지만 교훈도 있었다. 1620~1630년대가 왕이 의회의 지지 없이는 리바이어던처럼 통치할 수 없다는 것을 보여줬다면, 1640~1650년대는 의회가 종교의 성유를 바른 왕의 정당성 없이는 리바이어던처럼 행동할 수 없다는 것을 보여주었다. 크롬웰은 스스로를 올리버 왕으로 세우고 성유를 바르는 명백한 해결책을 단호하게 거부했지만, 그가 죽자마자 왕정(이지만 이전보다 더 얌전한) 리바이어던을 이끌 군주를 다시 옹립하는 논의가 시작되었다. 가능한 유일한 후보는 참수당한 찰스 1세의 추방된 아들이었고, 찰스 2세는 놀랍게도 큰 소란 없이 1660년 런던으로 돌아와 스튜어트 왕조를 복권했다. 불꽃놀이, 와인이 흐르는 분수, 거리 축제가 그를 맞이했다. 극장이 다시 문을 열고 메이폴maypole* 주위에서 춤판이 펼쳐지는 등 오락이 다시 유행하기 시작했다.

외교 정책에서 두 가지가 분명해 보였다. 첫째, "잉글랜드가 확실한 이득을 볼 수 있는 것은 무역"이라는 점과 둘째, "강력한 해군 없이는 이웃 나라의 먹잇감이 될 것이며, 무역 없이는 해군도 배도 가질 수 없다"는 점이었다.[49] 찰스는 크롬웰의 경제 보호주의를 강화하고 대포를 100문 이상 탑재할 수 있는 배를 건조했다. 그의 동생 제임스는 상업 제국 운영에 관해 누구보다 깊이 고민한 인물로, 식민지 총독의 권한을 강화하고, 네덜란드로부터 뉴욕을 탈취하는 등 토지 쟁탈을 지원했으며, 일기 작가이자 사교계 인사이며 행정의 천재였던 새뮤얼 피프스 같은 인물을 진급시켜 해군 경영을 합리적으로 개편했다. 1680년이 되자 잉글랜드 상인이 네덜란드 상인보다 많았고, 왕실 수입의 3분의 1이 국제 무역 관세에서 나왔으며, 30만 명의 잉글랜드 식민주의자들이 메인주에서 캐롤라이나주에 이르는 미국 해안을 점

---

* 5월 축제 기둥. 꽃 등으로 장식해 사람들이 이 주위를 돌며 춤을 춘다.

령하고 있었다.

찰스의 비전은 크롬웰보다 더 세계적이었지만 여전히 세계를 매킨더 지도보다 헤리퍼드 지도의 관점에서 보았다. 어쩌면 그게 옳았을지도 모른다. 외벽이 계속 부재하고 의회가 해협을 봉쇄할 선박을 마련할 자금을 충분히 지원할지 불확실한 상황에서, 식민지와 상업을 그 자체로 목적으로 추구하기보다는 유럽 무대에서 군사활동을 하기 위한 수단으로 취급하는 것이 합리적이었기 때문이다. 스페인은 약해졌지만 네덜란드는 여전히 위협적인 존재였고, 프랑스의 역동적인 새 왕 루이 14세는 잉글랜드보다 훨씬 더 효과적인 리바이어던을 키우고 있었다. 섀프츠베리 백작은 "루이가 엄청난 돈을 항구 건설에 쏟아붓고 있으며, 이제 우리 중 해상에서 가장 강력한 존재가 되었다"며 놀라워했다.[50]

청교도들은 루이가 충분한 배를 건조해 해협을 다시 열고 잉글랜드를 침공하여 가톨릭을 복원할 것이라고 확신했다. 프랑스(또는 네덜란드)만큼이나 자신의 신민들을 두려워했던 찰스도 배를 건조했다. 비용은 폭발적으로 증가했다. 근대식 선박 한 척을 건조하는 데에는 참나무 3000그루가 필요했고 100명의 장인이 8개월 동안 12시간씩 교대로 일해야 했다. 왕실 조선소는 잉글랜드 최대의 고용처가 되었다. 평화기에도 함대 비용은 찰스 수입의 3분의 2를 차지했지만, 피프스는 "여전히 돈이 부족해서 모든 것이, 무엇보다 해군이 망가지고 있다"라고 불평했다.[51] 리바이어던이 아무리 많은 돈을 모아도 충분하지 않았다. 1667년에 임금을 받지 못한 잉글랜드 선원들은 파업strike(말 그대로, 돛을 내림으로써striking 임금을 받을 때까지 배를 움직일 수 없도록 항해를 중단하는 행위)에 들어갔다. 네덜란드인들은 채텀으로 항해하여 아예 왕실

도판 6.9 열렬한 유행 패션 추종자: 가발부터 구두까지 화려한 최신 파리지앵 룩을 선보이는 찰스 2세(그가 잉글랜드를 프랑스에 팔아넘긴 해인 1670년에 그려진 것으로 추정됨).

조선소를 불태웠다.

찰스는 아버지와 할아버지처럼 감당할 수 없는 전쟁을 벌이거나, 대륙의 왕들과 친밀한 관계를 형성해야 하는 진퇴양난에 빠졌다. 신민들은 대부분 전쟁을 선호했지만, 찰스는 아버지와 마찬가지로 결국 친분을 택했다. 한 외교 대사는 "잉글랜드에서 왕을 제외한 모든 사람이 프랑스인들을 악마만큼이나 미워했다"라고 언급했다.[52] 실제로 비평가들은 찰스가 "모든 게 프랑스식"이라고 말했다.[53] 궁정 사람들은 모두 프랑스 음식을 먹고, 프랑스 와인을 마시고, 프랑스 음악을 듣고, 프랑스 옷을 입었다. 엄청난 크기의 가발periwig(도판 6.9)도 포함해서 말이다. 파리에서 망명생활을 하며 성장한 찰스는 프랑스의 세련미에 누구보다 깊이 매료된 듯했다. 그는 프랑스산 침대에서 프랑스인 정부情婦들과 함께 잠을 잤고, 그중 적어도 한 명은 루이가 고용한 정부였다. 그의 아내는 포르투갈인이었지만 '프랑스의 양녀'로 널리 여겨졌다.[54] 한 시인은 "궁정은 프랑스 식민지였다"라고 불평했다. "매춘부, 사제, 어릿광대들이…… 요정처럼 왕을 홀려 빼앗아간다."[55]

이것은 단순한 외국 혐오가 아니었다. 찰스는 실제로 잉글랜드를 팔아넘겼다. 1670년 찰스는 루이에게 연간 34만2000파운드의 막대한 보조금을 받는 대가로 네덜란드와의 전쟁에 동참하는 것은 물론, 가톨릭 유럽연합에 재가입하기로 비밀리에 합의했다. 필요하다면 프랑스 군대를 동원해서라도 자국민의 목구멍에 가톨릭을 밀어넣겠다고 했다. 역사가들은 종종 찰스가 루이의 금을 얻기 위해 아무 말이나 한 게 아닌가 생각하지만, 그의 동생 제임스는 분명히 진심이었다. 제임스는 단지 가톨릭 쪽으로 기울었던 것이 아니라 실제로 가톨릭 신자로 개종했으며, 찰스에게는 (혼외 자식은 14명이나 있었지만) 정식 후계자가 없었기 때문에, 잉글랜드는 곧 가톨릭 왕을 맞이할 것이었다.

가톨릭 유럽연합과의 관계는 여전히 국가를 분열시킬 수 있었지만, 상황은 이전과 비교해 많이 바뀌어 있었다. 1620년대에 지방파에 합류했을 법한 사람들이 이제는 '휘그당Whigs'(원래는 극단적인 스코틀랜드 장로교도들을 비하하는 용어)으로 불렸는데, 이들은 잉글랜드 개신교의 정체성을 지키기 위해서라면 제임스의 신성한 왕권을 무시하는 것도 마다하지 않는 급진주의자들이었다. 휘그당은 성공회가 아닌 비非성공회 개신교에 대해 관용적이었고, 강력한 리바이어던과 공존할 준비가 되어 있었으며 종종 이를 통해 부를 얻기도 했다. 한편, 옛 궁정파는 '토리당Tories'(아일랜드 가톨릭 도적들을 모욕적으로 부르는 별명)이 되어 신이 주신 주권이 개신교의 정체성보다 우선하며, 주님이 주신 모든 것은 심지어 그게 가톨릭 왕이라도 주님만이 거둬들일 수 있다고 주장했다. 토리당은 자신들을 성공회 교회와 강하게 동일시하는 경향이 있었으며, 잉글랜드에 남아 있는 소수의 가톨릭 신자보다 비성공회 개신교들과 리바이어던이 그들의 자유에 가할 위협을 더 걱정했다.

한 세기 전만 해도 독실한 성공회 신자들이 가톨릭 왕을 기꺼이 용납한다는 것은 기이한 일이었을 것이다. 하지만 1670년대에는 비록 제임스의 개종이 중요한 문제였음에도, 논쟁의 핵심은 더 이상 로마가 아니었다. 한 세기에 걸친 종교 전쟁으로 사람들의 새로운 예루살렘을 향한 열정은 사그라들었고, 독일에서는 30년간의 참혹한 전쟁을 종결시킨 합의, 즉 각 군주가 외부 간섭 없이 자국의 종교적 정체성을 정할 수 있다는 원칙이 널리 퍼지고 있었다. 루이는 제임스가 로마와 주권을 공유하기를 기대하지도 않았고 특별히 원하지도 않았다. 제임스를 개종시키는 일이 매력적이었던 이유는 잉글랜드가 프랑스에 종속될 수 있어서였다. 1000년 넘게 이어져온 로마의 유럽연합은 왕들의 계산에서 더 이상 중요한 것이 아니었다. 심지어 그들이 로마의 종이라고 공언했을 때조차 그러했다. 교황 자신도 "프랑스 왕은 (…) 종교를 위해서가 아니라 오직 이웃 나라를 억압하기 위해 전쟁을 벌인다"라고 한탄했다.[56]

휘그당과 토리당의 대립은 성변화*나 성찬**과 관련된 논쟁보다는 잉글랜드적인 것, 유럽, 리바이어던, 전통에 대한 태도에 관한 것이었지만, 그렇다고 해서 이것이 대립의 강도를 낮추지는 못했다. 양측은 상대방을 비방하고, 파산시키고, 구타하고, 무자비하게 살해했다. 역사가 휴 트레버 로퍼는 "10만 명이 포퍼리에 대항해 무장 봉기를 할 태세였지만, 그들 중 누구도 포퍼리가 사람인지 말인지도 몰랐다"라고 말했다. 상식적인 사람들은 "마치 오래된 게임이 다시 시작되고 있는 것처럼" 곧 내전이 벌어질 거라 예측했다.[57]

다행히 찰스 2세는 찰스 1세보다 더 나은 정치가였다. 휘그당이 의회에서 언론 검열을 중단시켜 신문들이 제임스를 자유롭게 비방하도록 했을 때, 찰스는 언론에 재갈을 물리는 함정에 빠지지 않았다. 대신 그는 자신만의 필진들을 고용했다. 왕실의 기자 로저 르스트레인지는 "그들을 미치게 만든 게 언론이니, 바로잡을 수 있는 것도 언론뿐"이라고 충고했다.[58] 이때부터 토리 계열 신문들은 존 드라이든같이 당대 최고의 문장가들을 고용하여 대중에게 자신들의 논지를 전달하는 오랜 전통을 시작했다.

---

*   성찬 예식의 빵과 포도주는 그리스도의 살과 피가 완전히 실체화된 것이라는 설.
** 최후의 만찬 때 그리스도가 자신의 죽음을 기념하여 빵과 포도주를 나누라 하셨다는 복음서 말씀을 따르는 성사.

찰스는 또한 메리의 결혼으로 휘그당의 불안을 잠재웠다. 메리는 제임스의 첫 번째 부인이 낳은 딸로, 확고한 개신교도였던 메리를 더 확고한 네덜란드 개신교도인 오렌지 공작 윌리엄과 결혼시킨 것이다. 제임스에게는 젊은 (가톨릭교도인) 두 번째 부인이 있었지만, 아들을 못 낳았기 때문에 메리는 아버지의 뒤를 이을 후계자로 남아 있었다. 루이 14세와의 전쟁에서 맹렬히 반프랑스를 외쳤던 네덜란드의 지도자와 그녀를 결합한 것은 천재적인 선택이었다. 게다가 윌리엄은 왕위 계승권도 있었다. 찰스의 조카인 그는 왕위 계승 서열에서 제임스, 메리, 메리의 여동생 앤에 이어 네 번째 계승자였다. 온 나라가 기뻐했다.

마지막으로 찰스는 휘그당의 강경파들이 하나님의 뜻에 반하는 결정을 한다고 비난함으로써 휘그당을 분열시켰다(이는 2010년대 후반에 정치인에게 국민의 뜻에 반한다고 비난하는 것과 비슷하다). 이런 비난에 휘말리고 싶지 않았던 대부분의 온건파는 가톨릭 국왕의 즉위를 마지못해 받아들였다. 특히 개신교 후계자가 있는 국왕이니 충분히 통제할 수 있을 거라 기대했다. 설령 그렇지 못하더라도 그들은 제임스의 통치가 오래된 게임을 다시 시작하는 것보다는 낫다고 믿었다.

모든 교만한 자들의 왕

토리당은 곧 생각을 바꾸게 된다. 찰스가 죽고 1685년 제임스가 왕위에 오르자마자, 이 새 왕은 정치 현실에 대해 충격적으로 무지하다는 것을 드러냈다. 교활한 형보다는 서투른 아버지를 더 닮은 그는 인기 없는 가톨릭교도들을 (특히 아일랜드에서) 고위직에 임명하고 교황 대사를 궁정에 초대했다. 그의 지지자들은 이 정도야 감당할 수 있다고 말했지만, 1688년 6월 가톨릭 신자인 제임스 아내의 뱃속에서 사내아이가 태어났을 때 그들조차 공황 상태에 빠졌다. 가톨릭 왕조가 잉글랜드의 평화를 유지해온 미묘한 합의를 뒤집을까 두려워진 네 명의 토리당 주동자는 세 명의 휘그당 최고 지도자와 함께 오렌지의 윌리엄에게 개입해달라고 간청했다.

윌리엄에게 간청할 필요는 없었다. 그는 이미 잉글랜드의 여론을 프랑스에 적대적으로 조성하기 위해 은밀히 언론 캠페인을 벌이고 있었고, 쿠데타가 일어나면 제임스에게 협조하라는 압력이 높아질 거라 예상했다. 그는 네덜란드 자금을 동원해 스페인 무적함대의 네 배에 달하는 병력을 고용했다. 엄청난 행운도 따랐다. 잉글랜드의 제독들이 가톨릭 왕을 위해 싸울지를 두고 논쟁하는 동안 '개신교의 바람'이 그들의 배를 항구에 가둬둔 바람에 해협이 텅 비었던 것이다. 윌리엄은 해협을 서둘러 건너가 런던으로 진격했고, 그저 잉글랜드의 자유를 수호하기 위해 왔다고 주장했다. 제임스의 부하들은 손쓸 새도 없이 당했다. 그의 딸 앤마저 메리와 윌리엄 편에 합류하자 제임스도 항복할 수밖에 없었다.

제임스의 정권이 이렇게 갑자기 무너지리라고는 아무도 예상하지 못했다. 의회의 권력 실세들은 재빨리 전당 대회를 열어 제임스가 퇴위했으며(사실 그는 퇴위하지 않았다), 그의 조카와 딸이 공동으로 순조롭게 왕위를 이어받을 거라고 발표했다(그들은 외국 군대로 권력을 뺏은 찬탈자였다). 이렇게 휘그당이 '명예혁명 Glorious Revolution'이라 칭송한 일련의 수상한 밀실 거래가 시작되었다.

윌리엄이 원했던 한 가지 큰 목표는 잉글랜드가 유럽 무대로 나아가 오스트리아, 스페인, 네덜란드와 대동맹을 결성해 외벽을 방어하고 루이 14세를 프랑스 국경 안에 가두는 것이었다. 이를 위해서는 헨리 8세 혹은 어쩌면 헨리 5세 이래 전례 없는 규모의 잉글랜드의 대륙 개입이 필요했다. 이를 위해 윌리엄과 메리는 의회의 휘그당이 원했던 한 가지 큰 요구, 즉 왕실이 가지고 있던 "의회의 동의 없이 법률 및 법률의 집행을 중단할 수 있는 권한"과 "의회의 승인 없이 왕실의 이익이나 지출을 목적으로 세금을 부과할 수 있는 권한"을 포기하는 권리장전Bill of Rights을 수용했다.[59]

1660~1670년대의 경험은 1620~1630년대(왕이 의회 없이 리바이어던을 운영할 수 없다는 것)와 1640~1650년대(의회가 왕 없이 리바이어던을 운영할 수 없다는 것)의 교훈을 명확히 보여주었다. 결국 필요한 것은 혼합형 리바이어던, 즉 의회 속 왕실the Crown in Parliament이었다. 의회가 결정을 내리지만 군주는 여전히 국가 원수로서 '국왕의 특권royal prerogative'을 가진다. 여기서 국왕의 특권은 2004년 의회 특별 위원회에서도 인정했듯이 "적절하게 정의하기 매우 어려운 개념"이다.[60] 원칙적으로 국왕의 특권이란 의회가 통과시킨 법안은 국왕이 승인해야만 법이 된다는 뜻이다. 하지만 실제로 군주가 거부하면 어떻게 되는지는 아직 모른다. 다만 마이크 바틀릿의 2014년 매혹적인 연극 「찰스 3세」는 그 결과가 좋지 않을 것임을 암시한다.

의회 속 왕실은 초반에 자리잡는 데 어려움을 겪었다. 스코틀랜드 고원에서 일어난 자코바이트Jacobite(제임스의 지지 세력)의 반란은 흐지부지됐지만, 급료를 받지 못한 잉글랜드 선원들이 다시 파업에 들어갔고 제임스는 아일랜드로 잠입해 또 한 번 반란을 일으켰다. 윌리엄은 1690년 보인강에서 그를 물리쳤지만, 바로 그날 프랑스 해군이 비치곶에서 잉글랜드-네덜란드 함대를 공격했다. 루이가 잉글랜드를 침

도판 6.10 닫힌 바다: 1692년 라 오그La Hogue*에서 잉글랜드-네덜란드 함대와 프랑스 함대와의 전투가 교착 상태에 빠졌다.

공할 준비가 되어 있었다면, 혹은 잉글랜드 침공이 저지대로의 추가 병력 파견보다 우선순위가 더 높았다면, 루이를 막을 수 있는 건 거의 없었을 것이다. 그러나 그 순간은 지나갔고, 1692년 노르망디 해안에서 벌어진 일련의 해전으로 해협은 다시 봉쇄되었다(도판 6.10).

한 세기 전의 엘리자베스처럼 윌리엄도 잉글랜드의 안보를 위해 해자뿐만 아니라 외벽도 필요하다는 사실을 외면할 수 없었다. 미국의 전략가들이 소련의 팽창에 대해 '도미노 이론'을 펼치기 250년 전에 잉글랜드의 사상가들 역시 비슷한 생각을 했다. 한 소논문 저자는 "플

* 프랑스 서북 해안 먼바다에 있는 정박지.

랑드르가 프랑스로 넘어가면, 곧 네덜란드가 그 뒤를 이을 것이고, 그 다음은 잉글랜드가 될 것"이라고 예상했다. "그들은 아홉 개의 볼링핀과 같아서 하나를 넘어뜨리면 나머지도 넘어진다"는 것이었다.[61] 토리당은 종종 해전만으로도 도미노를 막을 수(그리고 전비를 충당할 수) 있다고 주장했지만, 휘그당의 대부분과 윌리엄은 대륙 개입을 선호했다. 휘그당의 승리로 1695년까지 잉글랜드는 플랑드르 진지에 4만 5000명의 병력을 배치하고 추가로 2만 명의 네덜란드인, 덴마크인, 독일인 병사를 지원했다.

1697년까지 전쟁 비용은 5000만 파운드(국내 총생산의 61퍼센트에 달하는 엄청난 액수)에 이르렀는데, 이런 막대한 지출이 가능했던 이유는 휘그당이 번영에 대한 새로운 사고방식을 도입했기 때문이었다. 휘그당은 네덜란드의 아이디어를 받아들여, 국왕 개인이 아닌 '의회 속 왕실'이 빚을 지는 공식 국가 부채를 발행했다. 새로 설립된 잉글랜드은행은 이자 지급 채권, 즉 국가 부채의 지분을 판매하여 자금을 조달했고, 이 채권은 증권거래소에서 자유롭게 거래되었다. 국왕은 의회의 승인 없이 부채를 상환하지 않을 수 없었고, 의회는 오히려 세금을 인상할 유인을 갖게 되었다. 왜냐하면 의회가 미래 세수로 상환을 보장한다면, 채권자들이 낮은 이자율에도 기꺼이 돈을 빌려주었기 때문이다. 10년 동안 정부 세수는 200만 파운드에서 500만 파운드 이상으로 급증했고, 세금을 징수하는 관료의 수는 4000명에서 1만2000명으로 늘어났다. 『로빈슨 크루소』와 헤리퍼드 지도 바깥 모험담들을 쓴 작가 대니얼 디포는 이렇게 말했다. "신용은 전쟁을 일으키고 평화를 이루며, 군대를 키우고, 해군의 장비를 갖추고, 전투를 벌이고, 도시들을 포위하고, 군인을 무급으로 싸우게 하고, 군대를 식량 없이 행군하게 하며, (…) 수요에 따라 국고와 은행에 수백만 파운드를 채워넣는다."62

전쟁은 군사적·재정적 소모전으로 돌입했다. 군대들은 저지대 지역에서 참호를 파고 서로의 요새를 포위하고 있었고, 상대 리바이어던의 재정이 파산하기만을 기다리고 있었다. 둘 다 아슬아슬한 상황이었다. 루이는 1692년 해전에서 패배했음에도 1696년 또 다른 침공을 고려했지만, 대규모 함대 침공 작전 대신 잉글랜드의 대서양 무역을 막는 전략으로 방향을 전환했다. 잉글랜드는 거의 모든 식량을 자체적으로 충족했기 때문에 루이의 목표는 20세기 세계대전에서 독일이 시도했던 것처럼 상대를 굶겨 죽이는 것이 아니라, 해외 무역에 수익을 의존하는 상인들을—당연히 그들에 수입을 의존하는 리바이어던도—파산시키는 것이었다. 루이가 후원하는 해적들은 이 최초의 대서양 전투에서 잉글랜드와 네덜란드 상선 4000척을 나포했다.

고통이 가중되면서 윌리엄의 전쟁에 대한 지지는 줄어들었지만, 루이의 명분이 더 빨리 무너졌다. 빚을 갚지 못하고 기근에 직면한 루이는 1697년 평화 협정을 요청했다. 윌리엄은 더 유리한 협상을 위해 버텼지만, 토리당은 윌리엄이 부패한 네덜란드 금융업자와 휘그당 전쟁 투기꾼들로 구성된 '금전적 이익단체'와 결탁하여 고국인 네덜란드의 이익을 잉글랜드보다 우선시하고 있다는 의혹을 제기했다. 열성 휘그주의자였던 디포는 이러한 주장을 외국인 혐오증으로만 보았는데, 그가 말하기를 '국왕'이 "무례한 공론가들과 노래를 만드는 시인들에게 (…) 단지 (…) 외국인을 고용하고 그 자신이 외국인이라는 이유로 비난과 모욕을 받고 있다".63 그러나 국민 정서를 더 잘 이해한 쪽은 토리당이었다. 선택권이 주어졌을 때 투표에 참여한 잉글랜드인의 4분의 1은 국가의 역할을 축소하고 유럽에서 발을 뺀다는, 2010년대의 이야기처럼 들리는 토리당의 강령을 지지했다.

토리당은 윌리엄의 상비군을 해산했다. 윌리엄의 새로운 리바이어던을 뒷받침하던 왕실과 의회의 거래도 깨질 위험에 처했다. 다행히 루이가 자기 역량을 과신해 일을 망치면서 상황은 달라졌다. 1697년에 루이는 평화를 환영했지만, 뜻밖의 상속과 사망으로 인해 그의 손자가 프랑스뿐만 아니라 스페인 왕좌의 유력한 후보로 떠오르자 태도를 바꿨다. 이렇게 되면 대륙의 초강대국이 탄생해 해협을 지배하고 잉글랜드를 압도할 수 있었다. 토리당조차 큰 충격과 걱정에 빠졌다. 하지만 루이는 이쯤에서 타협하기보다는 판돈을 더 올려서, 윌리엄 왕이 죽으면(그날도 머지않아 보였다), 왕위를 유배된 가톨릭 신자이자 사망한 제임스의 아들에게 넘기자고 제안했다.

스코틀랜드 고원에서 일어난 자코바이트 봉기, 프랑스-스페인의 네덜란드 침공, 가톨릭 신자의 왕위 찬탈이라는 어려운 삼중고에 직면한 영국의 엘리트들은 단호하게 대처했다. 스코틀랜드와 잉글랜드는 한 세기 전 제임스 1세가 그레이트브리튼 연합왕국을 제안했을 때보다 사이가 좋지 않았지만, 1707년 두 나라는 전면적인 연합법Act of union을 협상했다. 아무도 이를 진심으로 좋아하지는 않았다. 글래스고에서는 폭동이 일어났고, 6년 만에 연합을 해체하자는 법안이 단 한 표 차로 부결되었다. 그래도 연합은 유지되었다. 잉글랜드는 뒷문을 걸어 잠갔고, 스코틀랜드는 잉글랜드의 시장과 식민지에 접근할 수 있게 되었으며 마침내 제임스 1세의 유니언 잭 깃발이 하늘에 휘날리게 되었다.

영국의 새로운 통치자 앤 여왕은 형부 윌리엄의 대륙 전략을 더 큰 규모로 부활시켰다. 전쟁의 범위를 넓히며, 여왕의 함대는 미노르카와 지브롤터를 점령했다. 이로써 잉글랜드는 약 50년 전 덩케르크 철수 이후 처음으로 유럽 본토에 복귀했지만, 이는 새로운 방식의 복귀였다. 지브롤터는 프랑스가 해협에서 접근하지 못하도록 막는 외벽이 아니라 지중해에 해군력을 투사하기 위한 기지였다. 그리고 초강경 휘그당원인 말버러 공작의 지휘 아래 독일을 휩쓸고 진격하면서 영국의 활동 무대는 더 확대되었다. 외벽 요새를 방어하는 것을 넘어서 프랑스 동쪽 측면을 노출시켰다. 이렇게 블레넘 전투에서 아쟁쿠르 이후 가장 큰 성과를 거두었음에도 불구하고 승리는 오지 않았다. 1709년 말플라케 전투에서 또 한 번의 승리를 거두었지만, 2만 명의 사상자가 발생했다. 이는 영국 인구의 비율로 따지면 1916년 솜 전투 첫날에 발생했던 사상자 6만 명보다 더 큰 피해였다. 이에 앤 여왕조차 "도대체 언제 이 유혈 사태가 멈출 것인가?"라고 물었다.[64]

1690년대와 마찬가지로 전쟁은 질질 끄는 소모전이 되었다. 영국은 1708년 해군에 체계적인 호송 임무를 맡기면서 프랑스 민간 무장선들을 상대로 더 나은 성과를 거두었지만, 그럼에도 불구하고 전쟁에 대한 토리당의 불만은 사람들의 지지를 받았다. 토리당의 지적대로 앤은 대부분이 외국인으로 구성된 17만 명의 병력을 고용하고 있었다. 리바이어던은 그 어느 때보다 규모가 컸고 세금도 가장 많이 요구했다. 물가는 오르고 경제는 불황에 빠졌다. 앤과 말버러 공작의 아내 세라와의 사이가 틀어지자(이는 2018년 개봉한 묘하게 매혹적인 영화 「더 페이버릿: 여왕의 여자」의 소재가 되었다), 토리당은 말버러 공작을 횡령 혐의로 기소했다. 그와 사라가 영국 최초의 백만장자 중 두 명이 되었음을 고려할 때 정당한 기소였을 것이다. 말버러 공작이 사라지자 토리당은 루이와 비밀 협상을 시작했고, 루이는 대화할 준비가 되어 있었다.

국내 휘그당과 대륙에 있는 앤의 오스트리아, 독일, 네덜란드 동맹국들은 프랑스가 최후를 맞고 있다고 확신하며 계속 싸우라고 촉구했지만, 앤의 장관들은 1713년 네덜란드 위트레흐트에서 단독으로 루이와 평화 조약을 체결했다. 비판자들이 '토리당의 배신'이라고 부르는 이 협정은 2016년 브렉시트를 훨씬 뛰어넘는 분노를 불러일으켰다. 휘그당은 마치 1944년 디데이* 전날 미국이 대동맹을 배신하고 히틀러와 단독 평화 협정을 맺었다면 영국인들이 느꼈을 법한 분노에 휩싸였다. 휘그당은 웨스트민스터에서 다시 정권을 잡자마자 개인의 이익을 위해 영국의 유럽 우방들을 배신한 죄인들을 탄핵하고 투옥하는 데 온 힘을 쏟았다. 그들은 위트레흐트 조약이 사실상 시계를 1689년으로 되돌리고, 프랑스가 다시 싸울 수 있도록 살려놨으며, 25년 동안의 희생을 저버렸다고 생각했다.

하지만 휘그당원들이 틀렸다. 위트레흐트 조약에 도덕적 결함이 있었다 하더라도, 1689년 이래로 이어진 전투는 모든 것을 바꿔놓았다. 1713년 영국은 전쟁으로 지쳐 있었지만, 프랑스는 굶주리고 파산했다. 영국은 정치적으로 분열되어 있었지만, 프랑스는 통치가 불가능한 상태였다. 영국은 대출금을 상환하고 함선을 교체했지만, 프랑스는 그러지 못했다. 영국의 리바이어던은 프랑스의 리바이어던을 무너뜨렸다. 지상에 이와 같은 존재는 없었다. 25년에 걸친 과세과 지출, 살육 끝에 리바이어던은 모든 교만한 자들의 왕이 되었다.

---

* 제2차 세계대전 당시 연합군의 북프랑스 반격 개시일.

7장
전환

1713~1815년

세계적 영국

위트레흐트 조약은 영국 역사상 가장 거대한 전략적 전환의 시작점이었다. 1713년이면 담배, 설탕, 노예제도가 영국을 대서양 무대로 끌어들인 지 한 세기가 다 지난 때였건만, 런던의 지도자들은 여전히 헤리퍼드 지도식 세계관으로 사고했다. 삼각 무역으로 벌어들인 세금은 프랑스, 스페인, 그리고 일부 사람의 마음속에선 로마에 맞서 정체성, 안보, 주권을 지키기 위한 유럽 내 투쟁에 사용되어야 했다. 그러나 위트레흐트 협상 테이블에 앉은 토리당은 점점 더 매킨더 지도와 비슷한 지도를 바탕으로 사고했다.

매킨더 지도식 세계관으로는 프랑스와 죽을 때까지 싸워야 한다는 휘그당의 집착에 쉽게 공감할 수 없었다. 세계의 중심에 위치한 국가에 분명한 진실은, 한 토리당 시인이 말했듯 "오직 무역만이 그대의 영광을 세운다"는 것이었다. 그러니 "상업이 그대의 유일한 목적이 되도록 하라 / 그것을 지키면 온 세상이 그대의 것이 되리라"라고 그는 덧붙였다.[1] 토리당은 프랑스나 스페인, 교황이 번영하든 말든 무슨 상관이냐고 물었다. 중요한 것은 대륙의 어떤 세력도 영국의 상업적 이익에 도전할 만한 군함이나 상선을 보유해서는 안 된다는 것이었다(영국에 대한 침략은 말할 것도 없고). 이를 보장하는 방법은 휘그당이 주장하는 프랑스와의 전쟁을 연장하는 것이 아니라, 유럽을 동등한 동맹들로 균형 있게 분할하는 것이었고, 이렇게 하면 각국 정부는 상대 동맹을 견제하느라 바빠서 다른 대륙에서 영국과 경쟁할 시간, 에너지, 자금을 가질 여유가 없을 것이었다. 어떤 국가가 너무 강해지면 (영국을 선두로) 다른 국가들이 반대편 동맹으로 옮겨가 위트레흐트 조약의 표현대로 "정당한 세력 균형(이것이 가장 안전하고 확실한 기반이다)을 통한 가톨릭 세계의 평화와 안녕"을 보장할 수 있었다.[2]

이것은 잔인할 정도로 거래적인 세계관이었다. 약 150년 뒤 외무장관 파머스턴 경은 "우리에게는 영원한 동맹도 영원한 친구도 없다"라며 "이익만이 영원하다"라고 말했다.[3] 개신교도, 가톨릭교도, 심지어 무슬림까지 모두 동맹이 될 수 있었다. 그들이 유럽을 바쁘게 붙잡아두는 한, 영국 상인들은 해자를 잘 방어하고 매킨더 지도의 한가운데에 안전하게 앉아 전 세계의 무역에 몰두할 수 있었다. 1713년에서 1815년 사이, 세계적 영국이 탄생했다.

균형 잡기

겉보기에 위트레흐트 조약 직후 몇 년 동안 세계적 영국의 전망은 그리 밝지 않았다. 앤 여왕은 열일곱 번의 임신에도 불구하고 1714년에 자식 없이 죽었고, 많은 사람은 가톨릭교도인 의붓오빠—

제임스 2세의 아들—가 여왕의 가장 유력한 후계자라고 생각했다. 이를 막기 위해 휘그당 장관들은 가톨릭교도의 왕위 계승을 금지하는 법을 통과시켰는데, 이 법은 2020년대에도 여전히 존재한다. 앤 여왕의 임종이 가까워지자 토리당 고위 인사들은 비밀리에 제임스에게 접근했다. 하지만 마지막 순간에 휘그당의 재빠른 움직임으로 결국 앤의 먼 친척이지만 건실한 개신교도였던 사촌 조지가 대신 왕위에 올랐다.

조지는 누가 봐도 대서양을 우선시하는 세계적 영국인 유형은 아니었다. 그의 장관 제임스 스탠호프가 조지를 두고 한 말 중 가장 호의적인 표현이 "정직하지만 둔한 독일 신사"일 정도였다.[4] 조지는 자신의 고향 하노버(도판 7.1)를 런던보다 선호한다는 점을 분명히 밝혔으며, 기회가 있을 때마다 고향으로 돌아갔고 영국이 하노버를 지켜야 한다고 주장했다. 그는 토리당을 혐오했고, 전략에는 관심이 없었으며, 영어를 배우려 하지도 않았다. 토리당 역시 조지를 싫어했다. 토리 계열 신문들은 스위프트, 필딩, 포프, 존슨과 같이 의견과 뉴스의 구분을 모호하게 만드는 데 귀재인 거물급 문인들을 고용하여 대중의 분노를 부추기는 17세기 전통을 되살려서 조지의 화를 돋우었다. 폭력 사태도 난무했다. 민병대는 정기적으로 반하노버 폭도들이 들고일어날 때마다 발포 전에 폭동 진압법(1715년 통과)을 읽어야 했다. 한번은 정부가 노리치에서 성난 성공회 신자들을 향해 대포까지 동원하기도 했다(도판 7.2).

그러나 영국 엘리트들은 1642년처럼 압박 속에서 분열되기보다, 의회 속 왕실을 중심으로 똘똘 뭉치며 그 이후 얼마나 많은 것을 배웠는지 보여주었다. 아무도 무정부 상태가 돌아오기를 원치 않았다. 폭

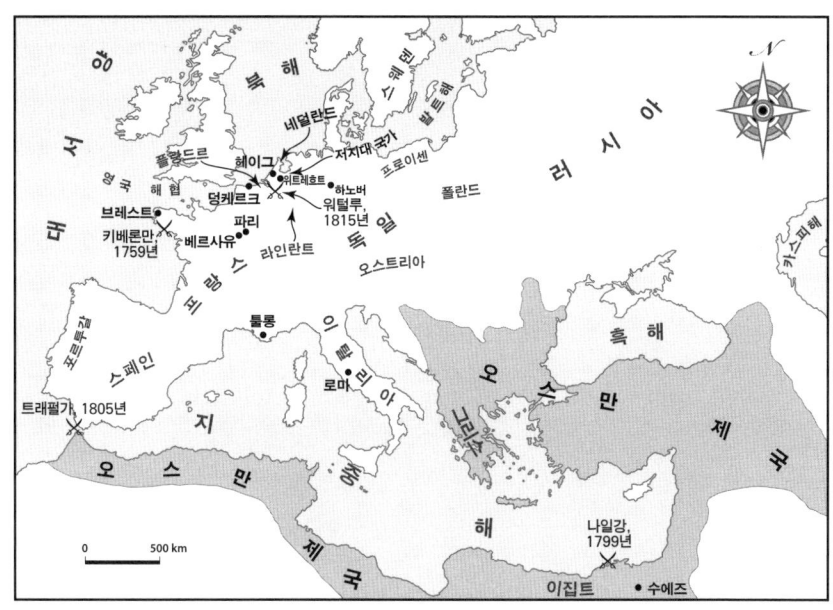

도판 7.1 유럽-지중해 무대, 1713~1815년.

도들이 폭동을 일으키면, 지배층은 침착하게 총살하거나 그들을 교수형에 처했다. 국민의 목소리는 점점 더 작아졌다. 1700년에는 거의 잉글랜드인 네 명 중 한 명이 투표권을 가졌지만 1800년에는 여섯 명 중 한 명만이 투표권을 가졌다. 스코틀랜드 전체 유권자 수는 2662명에 불과했다. 유권자가 수십 명에 불과한 선거구도 많았고, 당연히 정치인들은 종종 돈으로 유권자의 표를 매수했다. 그리고 만약 매수 비용이 너무 많이 들면, 정치인들끼리 누가 출마할지 담합하면 그만이었다. 윌트셔에서는 105년 동안 단 한 번의 선거만 치러졌고, 슈롭셔에서는 109년 동안 선거가 없었다.

역사학자 데이비드 스콧은 조지가 국가를 통합한 공로는 어느 정도 인정받을 만하다고 말하며, 이는 "(그의) 전임자들과 달리 거대한 규모

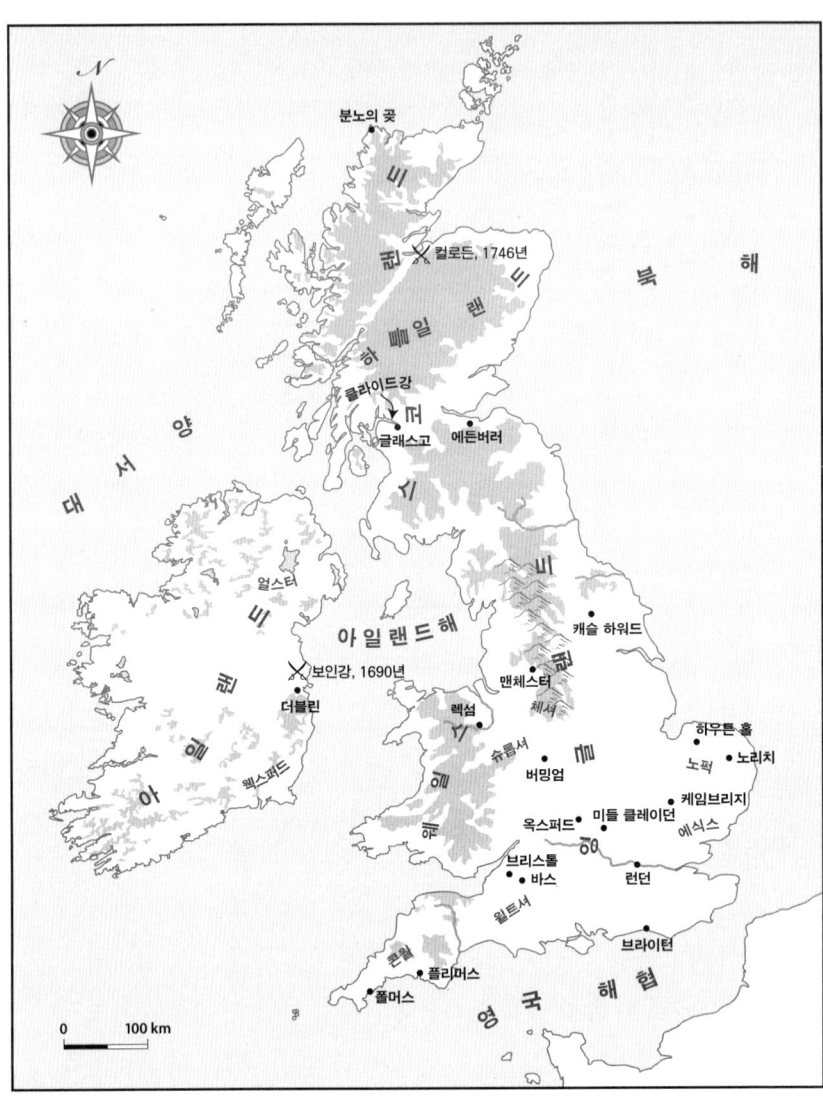

도판 7.2 영국 무대, 1713~1815년.

로 실수를 저지르기에는 부족했던 상상력" 덕분이라고 설명했다.[5] 그리고 대부분의 공로는 조지의 해결사 로버트 월폴(도판 7.3)에게 돌아간다. 월폴은 아마 영국 역사상 가장 사악하고, 계략에 능하며, 부패한 총리였지만 가장 영리한 총리이기도 했다. 굉장한 언변가로 세부 사항에 정통했던 그는(스탠호프의 말을 빌리면 "그가 말하는 동안에는 가장 무지한 사람조차 자신이 모르는 것을 이해한다고 착각했다")[6] 1720년 남해회사 거품 사태South Sea Bubble로 알려진 금융 위기에서 두각을 나타냈다. 2008년 금융 붕괴만큼이나 심각했던 이 위기는 영국의 금융 시스템 전체를 위협하고 고위층의 부패를 폭로했다. 월폴만이 이에 맞서 시장을 진정시키는 동시에, 투기로 돈을 벌었던 국왕뿐만 아니라 국왕의 정부情婦와 친구들까지 스캔들에 휘말리지 않도록 보호했다. 2008년과는 달리 책임자들은 처벌받았다. 월폴은 재무부 장관과 재무부 제1차관을 희생시킨 후 그들의 자리와 막대한 뒷돈을 본인이 차지했다.

무엇보다 월폴은 휘그당의 일당제 국가를 효과적으로 운영하며 정책적으로는 토리당의 정책들을 주로 추구했다. 1727년, 1734년, 1741년 선거에서 대중의 투표로는 토리당이 승리했지만 게리맨더링*으로 인해 휘그당이 항상 과반수를 차지했다. 그 결과는 자명했다. 토리당원들이 대거 탈당해 휘그당으로 옮겨간 것이다. 휘그당은 매우 폭넓은 연합체가 되었고, 여기서는 이념보다 인맥이 더 중요했다. 역사가 J. H. 플럼의 인상적인 표현을 빌리자면, "당파의 분노가 지위 추구 욕망으로 바뀌었다".[7]

월폴은 유럽과 더 넓은 세계에 대한 토리당의 영국 우선주의, 세

---

* 특정 정당이나 후보에게 유리하도록 선거구를 개편하는 것.

도판 7.3 영국의 거인: 1740년 만화에서 로버트 월폴이 프랑스와 스페인 사이에서 균형을 잡으며 좁은 세계를 누비고 있다.

력 균형 접근법을 열정적으로 받아들여 유럽 대륙의 균형을 유지하기 위해 끊임없이 동맹을 맺었다가 깨뜨렸다. 무역은 호황을 누렸다. 1740년에는 1675년에 비해 두 배나 많은 영국 선박이 대서양을 건넜고, 그 무렵 전 세계 국제 선박의 절반이 유니언 잭을 달고 다녔다. 합법적으로 신고된 수입은 두 배로 증가했고 수출은 그보다 더 크게 증가했다. 밀수가 가장 많이 증가했음에도 불구하고 영국 정부 수입의 3분의 2는 무역 세금에서 나왔다. 그러나 런던의 노련한 장관들은 월폴의 변덕스러운 외교를 "고도의 사고 유연성"(역사학자 브렌던 심스의 완곡한 표현)[8]이 작동하는 외교로 여겼을지 몰라도, 다른 이들에게는 배신으로 보였다. 그리고 실제로 장관들도 세력 균형이 어디에 있는지 합의할 수 없었다. 1740년대까지 영국의 전략가 대부분은 프랑스가 파산하면서 이제 스페인이 주요 위협 국가라고 생각했고, 지중해와 카리브해에 있는 스페인 식민지를 약탈하면서 대륙과의 복잡한 관계에서 벗어나려고 애썼다. 다른 사람들은 유럽에 남아 오스트리아를 지원하는 것이 더 중요하다고 주장했고, 하노버 보호에 가장 신경 쓰는 듯한 국왕 조지는 스웨덴, 프로이센, 러시아와의 소모적인 분쟁에 영국을 끌어들였다. 그 후 프랑스의 국력이 되살아나자 균형은 완전히 무너졌다. 월폴은 의회에서 "현재 대륙에 영국의 동맹국이 하나도 없다"라고 평가하며, 이런 상황이 계속된다면 "유럽 대부분이 우리에게 대항해 뭉칠 것"이라고 예상했다.[9]

어떤 이들은 이 상황이 괜찮다고 생각했다. 월폴의 많은 정적 중 한 명은 "각하, 엘리자베스 여왕 치하에서 우리는 동맹국이 없었고, 동맹국이 필요하지도 않았습니다. (…) 이번 한 번만 우리의 비굴한 태도를 바꾸면 모든 것이 잘 풀릴 겁니다"라고 주장했다.[10] 그러나 균형이 무너지자 비난은 월폴에게 쏟아졌다. 1742년 그의 지지자들이 등을 돌렸다. 영국군은 몇 달 만에 대륙으로 돌아가 프랑스와 싸웠고, 국왕이 직접 병력을 이끌고 전장에 나섰다(국왕이 직접 지휘하는 일은 이때가 마지막이었다). 그들은 유명한 승리를 거두었지만, 프랑스는 곧 더 큰 승리들을 거두었다. 오스트리아는 무너지고 있었고, 요새들이 하나둘 함락됐다. 월폴의 후계자는 프랑스가 육지에서 모든 경쟁자를 물리치고 있으며, 이 일이 마무리된 후에는 "대륙에 쓰는 모든 비용을 바다에 쓸 수 있게 되고, 곧 바다에서도 우리를 능가할 수 있을 것"이라고 기록을 남겼다.[11]

이 결정적인 순간에, 유럽 동맹보다 대서양 건너편에 집중 투자한 영국의 전략은 뜻밖의 성과를 거뒀다. 영국 함선과 아메리카 식민지 민병대의 대담한 공격으로 캐나다로 가는 길목을 지키고 있던 프랑스의 요새 루이스버그를 함락시킨 것이다. 퀘벡과 몬트리올이 무방비 상태가 되자 프랑스는 협상을 제안했다. 스탠호프에 의하면 '환호와 함성'이 런던을 가득 채웠다.[12] 1748년 마침내 타결된 이 협정은 루이스버그를 프랑스가 플랑드르에서 점령한 요새와 맞바꾸는 것이었는데, 이는 대서양주의자들을 격분시켰지만, 그 의미는 여전히 중대했다. 영국과 프랑스 정부가 처음으로 아메리카 대륙에서 일어나는 사건도 유럽에서의 사건만큼이나 중요하다는 사실을 인정한 것이었다. 1만 5000명의 독자를 보유하고 있던 토리당의 『젠틀맨스 매거진』은 캐나다를 거쳐 영국으로 돌아온 승리의 여신을 찬미하는 대서양주의 찬가를 실었다.

우리가 착각하고 애원했던

플란드리아*의 적대적인 평원에서

영국인의 피가 헛되이 흘렀으니

이는 영국의 대의를 위한 싸움이 아니라서였다

하지만 넓은 대서양 너머에서

그녀는 먼저 일어나 우리의 노고에 왕관을 씌우고

부로 향하는 길을 안내하며

프랑스의 전리품으로 번영하라 명하도다[13]

휘그당 거물들은 여전히 유럽보다 대서양을 우선시하는 사람들에게 "대륙의 모든 문제와 소란을 외면한 채 (…) 상업에만 몰두한다"고 비난하기도 했지만,[14] 대륙의 문제와 소란보다는 상업에 참여하는 것이 점점 더 많은 영국인이 원했던 바였다. 국민 정서가 바뀌고 있었다.

푸딩 시대

순응하며 살아가는 사람들에게 편하고 안주하기 좋은 시대가 펼쳐졌다. 가객들은 이를 '푸딩 시대Pudding time'라고 불렀다.

푸딩 시대에 조지가 건너오니

온건파들이 기세를 부렸지요

나는 또다시 원칙을 갈아치우고

휘그당원이 되었답니다[15]

---

* 플랑드르를 의미한다.—지은이

자신만만하고 위엄 있고 화려한 시대였다. 자신만만하고 위엄 있고 화려한 엘리트들이 런던의 웨스트엔드를 우아한 저택과 광장, 하수도와 가로등, 수도관과 유원지 등으로 가득 채웠다. 이는 17세기의 분노에 찬 정체성과는 전혀 다른 모습이었다. 비발디, 스칼라티, 그리고 잉글랜드가 양아들로 맞은 게오르크 프리드리히 헨델은 이 완벽하고 조화로운 집과 연주회장을 똑같이 완벽하고 조화로운 음악(「메시아」「제사장 사독」)으로 가득 채웠다. 부와 권력을 쥔 이들은 켄싱턴같이 세련된 신흥 교외 주거 지역을 차지했고, 시골에서는 로마 시대에나 볼 수 있었던 규모의 저택을 지었다. 캐퍼빌리티 브라운 Capability Brown*은 이들에게 절묘한 정원을 선물했다. 그중 일부에서는 내셔널 트러스트**와 잉글리시 헤리티지*** 덕분에 지금도 산책할 수 있다. 그러나 당시 전원 산책은 평민을 위한 것이 아니었다. 하워드성에서는 존 밴브러 경이 경관을 개선하려고 한 마을 전체를 물에 잠기게 했고, 호턴 홀에서는 월폴이 하루 저녁 만찬을 밝히는 데 쓴 양초 값이 노동자의 1년치 수입인 15파운드에 달할 정도였다.

빈부 격차가 커졌지만, 놀라운 점은 이후 격차가 더 벌어지지는 않았다는 것이다. 1장에서 설명한 지니계수(지니계수 0은 완전한 평등을, 1은 한 사람이 모든 것을 가져가는 것을 의미한다)로 측정한 결과, 소득 불평등은 1688년 0.47에서 1751년 0.49로 증가했다(로마 시대에는 약 0.45였다). 그러나 경제학자 브랑코 밀라노비치가 사회의 총 잉여에

---

* 영국의 대표적 조경가 랜슬롯 브라운의 별명.
** 영국의 자연보호와 사적 보존을 위한 민간 단체.
*** 400개가 넘는 역사 유적지들을 관리하는 자선단체.

서 엘리트 계층이 차지하는 비율을 측정하기 위해 개발한 '추출 비율 extraction ratio'은 오히려 하락했다. 로마의 엘리트들은 푸딩의 75퍼센트를 먹어치웠지만, 영국의 엘리트들은 1688년에는 57퍼센트, 1759년에는 55퍼센트만 먹었다. 그 이유를 설명해보면, 부자들이 푸딩을 더 많이 먹은 것은 맞지만 푸딩 자체가 너무 빠르게 많아졌기 때문에, 가난한 사람들도 (부자들만큼은 아니었지만) 더 많은 푸딩을 먹게 되었기 때문이다.

농업 환경 개선도 푸딩 소비 증가에 도움이 되었다. 좋은 날씨가 이어지기도 했지만, 농부들은 땅에서 더 많은 것을 생산할 수 있는 방법을 찾았다. 여기에는 고위층 인사들도 한몫했는데, 한 전직 장관은 자리에서 밀려난 뒤 농업 개선에 힘쓴 덕분에 '순무 톤젠드'라는 별명을 얻기도 했다. 교통의 개선도 푸딩 시대에 기여했다. 식량을 소비자에게 더 쉽게 운송할 수 있게 된 것이다. 1700년에서 1750년 사이에 준설 작업으로 잉글랜드 내 항해 가능한 강의 길이가 6분의 1이나 늘어났다. 또한 5000킬로미터에 달하는 유료 도로들이 건설되었으며, 일부는 로마 도로에 버금가는 수준이었다. 이동 시간은 20~40퍼센트 단축되었다.

논란의 여지가 있는 것은 '인클로저 enclosure'였는데, 이는 일반적으로 지역 귀족이나 정치인들이 공유지를 사유지로 전환하고 매각하여, 이를 산 구매자가 더 큰 사유지와 통합할 수 있도록 하는 것이었다. 도판 7.4는 버니 가문이 지배하던 버킹엄셔의 미들 클레이던이라는 한 평범한 마을에서 일어난 일을 보여주고 있다. 1648년에 이 지역에는 다양한 규모와 형태의 농장이 있었지만, 이후 75년 동안 75~150에이커에 달하는 12개의 대규모 농장이 토지의 3분의 2를 차지하게 되었다.

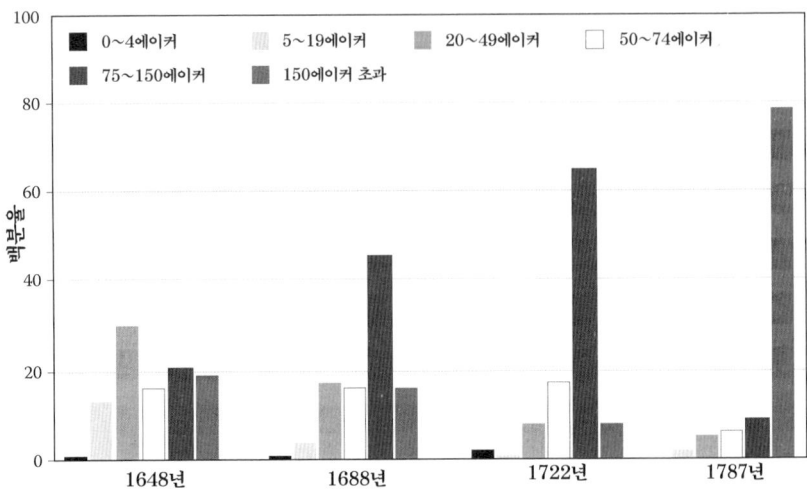

도판 7.4 미들 클레이던에서의 푸딩 분배: 농장 규모별 토지 비율, 1648~1787년.

1750년대에는 (농장의 크기가 커지는 대신) 농장의 수가 절반 정도로 줄었다. 많은 마을과 마찬가지로 미들 클레이던도 1648년에서 1722년 사이에 인구가 절반으로 줄었다.

가장 많이 가진 자가 가장 많이 얻고 가장 적게 가진 자가 가장 많이 잃었다. 인클로저는 세입자들이 공유지에서 돼지 한두 마리를 방목하여 수입을 얻을 기회마저 박탈했다. "내가 아는 건, 소 한 마리를 키우고 있었는데, 의회법이 그걸 빼앗아갔다는 것뿐이오."[16] 한 농부가 농업경제학자 아서 영에게 이렇게 말했다. 미들 클레이던과 같은 마을에서 밀려난 가난한 사람들은 도시로 몰려들었다. 다행히 도시는 그들을 기꺼이 받아들였다. 무역이 확대되면서 상인들은 해외에 판매할 수 있는 직물, 피아노, 총기 등을 생산하기 위해 노동자가 필요했기 때문이다. '메뉴팩토리manufactory'라 불린 소규모 공장이 우후죽순 생겨났고, 농민들은 농장에서보다 이런 공장들에서 더 나은 임금을 받을 수 있었다. 인클로저를 단행한, 무자비하게 효율성만 따지던 지주들도 간접적으로 푸딩 시대에 기여했다. 1690년에서 1750년 사이에 농업 생산량이 19퍼센트 증가했고, 그에 따라 식량 가격이 하락했기 때문이다. 삶이 크게 뒤흔들렸음에도 1740년대가 되면 대부분의 노동자는 부모 세대보다 더 나은 생활을 누리게 되었다.

건축 붐이 일었다. 건축업자들은 새로 유입된 도시 인구를 위해 방 네 칸짜리 2층 벽돌·석조 주택 수만 채를 지었는데, 많은 집이 지금까지 형태를 유지할 정도로 튼튼했다. 한 프랑스인 관찰자는 "그들은 집을 잘 꾸며놓았고, 옷을 잘 차려입고, 식사도 잘 챙겨 먹는다. 가장 가난한 시골 소녀들마저 (…) 고운 꽃무늬 면으로 지은 상의를 입고, 머리에는 밀짚모자를, 어깨에는 주홍색 망토를 걸치고 있다"며 놀라워했다.[17] 한 독일인 목사도 깊은 인상을 받았다. 그는 영국의 시골 사람들이 "우리 나라 사람들처럼 거친 작업복을 입지 않고 약간 멋을 부린 좋은 천으로 만든 옷을 입는다. (…) 도시 사람들과는 옷차림이 아니라 (…) 소박한 생활 태도로 구별된다"라고 말했다.[18]

항상 그렇듯이, 번영할수록 더 많은 조직 담당자와 관리자가 필요했고, 이들은 필연적으로 도시에 모였으며, 도시는 이들을 위해 집을 짓고 서비스를 제공하고 물건을 판매할 더 많은 사람을 필요로 했다. 런던은 어느 때보다 더 강력한 자석이 되어 사람들을 끌어들였고, 1750년에는 67만5000명이 거주하는, 유럽에서 가장 큰 도시로 성장했다. 저 멀리 아시아에 있는 베이징과 도쿄가 여전히 더 컸지만, 유럽 방문객들이 입을 모아 말하기를, 세계에서 런던만큼 특별한 쇼핑 명소는 없었다. 스위스의 관찰자 기 미에주는 "상점의 수가 (…) 다른 어떤 외국 도시들보다 훨씬 더 많아 외지인들은 그저 놀랄 뿐"이라고 썼다.¹⁹ 역시 스위스인인 세자르 드 소쉬르는 스트랜드 거리*의 상점들이 "유럽에서 가장 멋있는 곳"이라고 생각했다.²⁰

런던은 독보적이었다(영국에서 런던 외에 인구가 3만 명을 넘는 도시는 노리치 한 곳뿐이었다). 하지만 런던의 영광은 지방으로 흘러들었다. 도시의 것을 지방으로 가져와 돈을 벌 수 있었고, 바스와 브라이턴(윌리엄 윌버포스는 브라이턴을 '바닷가의 피카딜리'**라고 불렀다)²¹은 모두 웨스트엔드의 부속 도시로 재탄생해 사교계 인사들이 대도시의 시끄러움에서 벗어나 지친 감각을 회복할 수 있는 곳이 되었다. 신문, 소설, 스타일 잡지는 영국 전역의 열성적인 독자들에게 자신만의 '작은 런던'을 만드는 법을 알려주었다. 버밍엄과 같이 투박하고 알려지지 않은 도시에도 서점과 집회실이 생겨 중간부류가 『젠틀맨스 매거진』과 『태틀러Tatler』에 실린 에세이에 대해 대화를 나눌 수 있었다. 지방 사람들의 허세는 일부 상류층의 기분을 불쾌하게 만들기도 했다. 한 제독은 "나는 진심으로 런던의 매너를 퍼지게 한 왕국의 유료 도로의 절반이 갈아엎어지면 좋겠소. (…) 길에서 우유 짜는 여자들이 스트랜드의 아가씨 같은 옷차림과 외모로 단장한 모습을 본다오"라며 못마땅해했다.²² 그러나 런던 사람들이 "지방에서 가장 잘나가는 상인의 아내와 딸들이 일요일마다 누가 더 우아한 런던의 옷차림을 했는지 서로 견준다"고 비웃을지라도,²³ 지방 사람들은 새롭고 동질화된 중산층 영국인의 정체성을 구축하고 있었다.

이 영국인 정체성의 가장 근본적인 특징은 상업에 대한 열광적인

---

* 런던의 호텔, 극장, 상가가 늘어선 거리.
** 영국의 번화가.

에너지였다. 브리스톨에 도착한 호레이스 월폴(로버트 월폴의 아들)은 "독실한 성직자들조차 무역과 돈 버는 방법만 이야기하며, 이리저리 뛰어다니느라 바쁘다"는 사실에 놀랐다.[24] 1741년 버밍엄에 온 10대의 윌리엄 허턴은 지역 주민들이 "한 번도 본 적 없는 활기를 지녔다"며, "나는 그동안 몽상가들 사이에 있었지만, 이제는 깨어 있는 사람들을 본다"고 말했다.[25]

그도 그럴 것이, 새로운 영국다움의 또 다른 특징이 바로 카페인이었던 것이다. 커피는 중동에서 수입된 또 다른 마약이었다. 잉글랜드 최초의 커피숍은 1650년경 옥스퍼드에서 야콥이라는 유대인 이민자가 열었다(또는 1652년 런던에서 파스콰라는 그리스 이민자가 열었다는 설도 있다—기록이 엇갈린다). 런던의 상인들에게 깊은 인상을 받은 기 미에주는 커피가 "다른 어느 곳보다 [잉글랜드에서] 더 보편적"이라고 생각하게 되었다.[26] 영국인들은 종종 커피를 니코틴, 설탕, 코코아 등 다른 중독성 강한 수입품과 곁들여 마시곤 했고, 커피는 한 잔에 1페니의 가격으로 즉각적인 각성 효과를 제공했다.

매킨더 지도의 한가운데에 있는 사람들에게 걸맞은, 새로운 영국 정체성을 정의 내리려는 싸움이 벌어지고 있었다. 기존의 '마약'들(다수를 위한 에일, 소수를 위한 와인)은 주로 진정제였기에 허턴이 그토록 감탄했던 '각성 상태'와는 거리가 멀었으며, 영국인의 알코올 중독은 점점 더 악화되고 있었다. 네덜란드에서 수입된 맥주가 15세기부터 영국 에일을 대체하고 있었다. 에일과 맥주는 모두 맥아 주류이지만 맥주에는 홉이 들어간다(홉이 많이 들어간 현대의 '리얼 에일'은 사실 에일이 아니다). 홉은 술맛을 더 산뜻하고 오래 유지하게 만들며 알코올 도수를 높여주기에 큰 인기를 끌었다. 1424년이 되자 런던의 양조장에서는 홉을 사용하고 있었다. 비록 1540년대에도 일부 작가가 맥주를 해로운 네덜란드 수입품으로 간주했지만, 한 세기 만에 맥주는 완전히 현지화되었다. 새뮤얼 피프스의 일기를 보면 프랑스 맥주를 조롱하는 영국의 전통이 1680년대에 시작되었음을 알 수 있다.

그 무렵 '영국산' 맥주를 위협하는 또 다른 네덜란드 마약이 등장했는데, 이는 에너지를 더 앗아가는 술이었다. 바로 진gin이다. 디포는 "처음에는 샴페인이나 부르고뉴 와인처럼 신사들 사이에서만 마셨지만" 1720년 이후 가격이 떨어지자 양조업자들은 "상류층에게 통하는 것이 하류층에게도 통한다는 사실을 분명히 알았다"라고 말한다.27 진은 저급 술이었을지 모르지만 중독성이 강했다. "1페니에 취하고 2펜스면 만취한다"라는 말이 돌 정도였다.28 소쉬르는 아이들이 술에 취해 쓰러지는 모습을 목격했고, 한 세관원은 "열두세 살짜리의 여자아이들이 진을 물처럼 마신다. (…) 그 애들이 어찌나 파렴치해졌는지, 사람들이 길을 지나갈 수 없을 지경이다"라고 보고했다.29 한 어머니는 아기를 구빈원에 버렸다가, 정부가 아기에게 새 옷을 지급하자 다시 데려가서는 아기를 목 졸라 죽이고 옷을 팔아 더 많은 진을 산 혐의로 교수형에 처했다.

진은 곧 맥주만큼이나 영국적인 것으로 간주되었고, 마약과의 전쟁이 아닌 마약을 둘러싼 전쟁의 주요 전장이 되었다. 일찍이 1657년부터 커피 애호가들은 "국민이 커피를 마시면서 맑은 정신을 불러왔다. 이전에는 견습생과 사무원들이 사람들과 에일, 맥주 또는 와인을 마시며 아침을 시작했고, 이는 뇌에 어지럼증을 일으켜 많은 사람을 업무에 부적합하게 만들었다. 그런데 이제는 사람들이 술 대신에 잠이 깨는 문명적인 음료를 마시며 모범적인 동료가 된다"고 찬양하고 있었다.³⁰ 하지만 모든 사람이 이것을 달가워한 것은 아니다. 한 비평가는 친구에게 보낸 편지에 "커피하우스가 모든 마차꾼과 짐꾼을 (…) 정치가로 만들었다. 우리가 술지게미나 레드와인, 또는 영국 맥주와 에일만 마시던 시절에는 그렇지 않았다"라고 썼다.³¹ 그럼에도 불구하고 커피는 술에 취해 있던 영국에 꾸준히 침투했다. 1690년대에 한 관광객은 런던에 커피하우스가 3000곳이나 있다고 계산했다. 아주 작은 마을에도 적어도 각각 한두 곳의 휘그 혹은 토리 계열 커피하우스가 있었다. 훗날 스타벅스를 예견한듯, 커피하우스 주인들은 편안한 환경과 무료 신문을 제공했다. 고객들은 온종일 커피숍에 머물며 정치 이야기를 나누고, 비즈니스를 하고, 커피를 연달아 마셨다.

1650년대에 커피는 여전히 '튀르키예 음료'로 여겨졌기 때문에 '영국적'이지 않았다.³² 한 전통주의자는 "커피가 이 땅에서 팔릴 때 / 코란이 곧 따라왔네"라고 운율을 맞춰 비아냥댔다.³³ 그러나 그 이전의 맥주와 진처럼 커피도 곧 현지화되어, 차가 커피를 추월하기 전까지만 해도 영국적 정체성을 지녔다(내가 어렸을 때 대부분의 사람은 커피를 미국적 허세라고 생각했다). 영국인이 처음으로 차를 마신 것은 1637년 광저우를 공격하던 배 위에서였다. 1660년에도 차는 여전히 신기한 음료로, 피프스는 "차(중국 음료) 한 잔을 마셨는데 전에 한 번도 마셔본 적 없었다"라고 적었다.³⁴ 그러나 1750년이 되면 영국인 1인당 차 소비량은 커피의 10배에 달했다. 커피의 인기가 절정에 있을 때도 커피는 도시 중산층의 음료였지만, 차는 훨씬 더 간단히 만들 수 있어 좀더 보편적인 매력을 지니고 있었다. 아주 작은 시골 마을 유적에서도 찻주전자와 찻잔이 발견되었으며, 최근 케임브리지의 세인트존스대학 정문 근처에서 발굴된 도기 파편에 따르면 1740년대에 최고의 엘리트들이 이용했던 커피하우스에서도 주로 차를 취급했다(물론 고객들은 맥주와 와인도 많이 소비했다).

모든 계층에서 차와 커피의 가장 큰 매력 중 하나는 조지 왕조 사람들이 '예의'라고 부르는 상호작용을 원활히 해주는 윤활유 역할을 한다는 점이었다. '예의'는 18세기에 새로운 영국다움의 핵심 개념인 정중, 이성, 태도, 관용을 포함하는 큰 개념이었다. 이 모든 것은 약간의 카페인을 섭취한 신사 숙녀에게는 쉽게 받아들여졌지만, 술에 취해 소리 지르는 사람들은 이전 세기의 종교적, 정치적 분노를 떠올리게 하는 18세기의 또 다른 큰 개념인 '열정'에 더 치우쳐 있었다. '예의 바른' 사람들은 적그리스도와 전쟁을 하거나 마녀를 죽이는 일보다는 상업, 과학, 세력 균형에 관심을 두었다. (마녀법은 1731년에 폐지되었지만, 1751년 트링에서 마지막으로 마녀 한 명이 집단폭력을 당했다.) 그들은 아직 구약성경을 손에서 놓지는 않았지만 『스펙테이터』와 『램블러』*를 읽었다. 여전히 자신을 분노한 신의 손아귀에 있는 죄인으로 보는 사람들은 감리교처럼 새롭지만 그리 점잖지 않은 종파에 몰려들 수도 있었다. 이들 종파의 매혹적인 웅변가들은 탁 트인 하늘 아래 수많은 군중 앞에서 개인적 구원을 설교했다. 그러나 잉글랜드 국교회는 건전하고 착실한 목회자들이 품위 있고 믿음직한 신을 내세우는 쪽으로 나아갔다. 역사학자 데이비드 스콧은 "종교를 진리의 영역에서 견해의 영역으로 점차 이동시키는 방대한 인식론적 노력"이 진행 중이었다고 말한다.[35] 18세기 잉글랜드인들은 종종 강한 의견을 가지고 있었지만, 예의를 지키는 것이 의견을 강하게 표출하는 것보다 먼저였다.

---

* 당시 사람들이 많이 읽었던 교양 수필 잡지들.

다섯 나라

예의는 서유럽에 널리 퍼진 현상이었지만, 잉글랜드인은 자신들이 동남부 이웃보다는 더, 북부와 서부 이웃보다는 훨씬 더 예의 바르게 행동한다고 믿었다. 그 어느 때보다 더 부유하고 예의 바르고 자신감 넘치는 잉글랜드의 엘리트들은 대륙인들이 자신들에게서 배울 점이 그 반대보다 더 많으며, 이 섬들 안에 존재하는 다른 정체성들은 잉글랜드다움을 이들 고지대와 섬 지역에 밀어넣음으로써 지워야 한다고 확신했다.

다양한 결과가 나타났다. "웨일스가 잉글랜드화될 것"이라는 우려[36]에도 불구하고 웨일스 언덕과 계곡에 흩어져 있던 30만 명의 농민과 유목민들은 계속해서 고유의 언어를 사용했다(반면 콘월어는 1780년경에 소멸했다). 잉글랜드의 농업 및 도시 혁명은 웨일스에 거의 영향을 미치지 않았고, 웨일스의 가장 큰 도시인 렉섬의 주민은 4000명에 불과했다. 하지만 웨일스 귀족들은 잉글랜드적인 것에서 많은 매력을 발견했다. 이들 대부분은 자녀들에게 웨일스식 이름을 지어주거나 아들들을 문학 학교에 보내는 것을 중단했다. 일부는 아예 잉글랜드로 떠났지만, 잉글랜드에 도착한 후에는 오히려 새로운 형태로나마 웨일스다움을 재발견했다. 예를 들어 옥스퍼드의 에드워드 루이드는 모든 켈트어가 서로 연관되어 있다는 이론을 주장했고, 런던의 웨일스인들은 자신들의 정체성을 홍보하는 잡지와 여러 단체를 설립했다. 모두 아서왕과 '영국'의 뿌리인 웨일스를 찬양했다. 예를 들어 한 단체는 창립자가 해군성의 서기관이었고 임원 중 웨일스어를 구사하는 사람이 단 한 명뿐이었는데도 '우리는 영국의 토착민이다'라는 제목의 노래까지 만들었다. 또 다른 회원인 에드워드 윌리엄스는 '이올로 모건위그'라는 예명을 사용하고, 라우다넘(액체 아편)을 복용한 후 '드루이드'의 시를 짓기 시작했다. 시가 잘 팔리자 그는 런던에 정착해 죽을 때까지 그곳에 머물렀다.

한편, 아일랜드인을 잉글랜드화하려는 노력은 그렇게 성공적이지 못했다. 17세기 얼스터에 '심어진' 정착민은 대부분 스코틀랜드인이었고, 아일랜드 인구의 나머지 4분의 3에게 있어 아일랜드다움은 기본적으로 가톨릭 신앙을 의미했다. 이들의 삶은 점점 더 힘들어졌다. 1641년까지만 해도 가톨릭교도들은 여전히 토지의 3분의 2를 소유하고 있었지만 1702년에는 6분의 1, 1750년에는 10분의 1에도 미치지 못했다. 그들은 푸딩 시대가 아니라 감자 시대를 보내고 있었다. 1720년대와 1730년대에 기근으로 50만 명의 아일랜드인이 사망했지만, 높은 감자 수확량 덕분에 인구는 1640년에서 1750년 사이에 두 배로 증가했다(때로 감자를 송아지 피를 굳힌 젤라틴으로 양념해 먹었고, 잉글랜드 비평가들은 이를 혐오했다). 소작료는 세 배로 올랐고, 개신교 지주들은 잉글랜드 방식으로 토지를 개선할 필요성을 거의 느끼지 못했다.

일부 아일랜드 개신교도는 잉글랜드다움을 열정적으로 수용했지만, 잉글랜드는 그들을 거의 포용하지 않았다. 심지어 한 아일랜드 대법관은 런던에서 "내가 (…) (가장 되고 싶지 않은 정체성인) 아일랜드인으로 여겨질까" 걱정하기도 했다.[37] 다른 아일랜드 개신교도들은 반가톨릭주의를 아일랜드의 정체성으로 삼고, 이웃에 사는 가톨릭교도들을 많은 잉글랜드인조차 불쾌할 정도로 잔혹하게 단속했다. 1719년에는 포교활동을 하다 발각된 가톨릭 사제들을 거세하자는 계획을 세웠는데 이에 왕조차 "우스꽝스러운 일"이라며 우려했다.[38] 얼스터에서는 당시 스코틀랜드 이민자의 후손들이 자신들만의 강경한 (잉글랜드인English이 아닌) 영국인British 정체성을 만들어내기도 했다. 오늘날까지도 얼스터의 오렌지 당원*들은 1690년 윌리엄 왕의 보인 전투에서의 승리를 기념하는 연례 행진을 함으로써 가톨릭 신자들을 자극하고 있다. 그리고 마지막으로 더블린은 완전히 다른 방향으로 나가, 인구 6만 명(런던 다음 규모)이 사는 무역 도시로 발전했고, 그 상업 엘리트 층은 가톨릭교도와 개신교도를 모두 아울렀다.

정체성을 둘러싼 가장 첨예한 갈등은 스코틀랜드에서 발생했다. 1707년 연합법 이후 20년 동안 스코틀랜드인 중 이 법의 혜택을 본 사람들은 소수였고, 1690년대 이후 기근이 사라지긴 했지만 여전히 가난과 무질서가 지속되었다. 한 런던 주민은 런던의 악취에 단련되었음에도 에든버러(올드 리키Auld Reekie란 별명으로 불린다**)에서의 하룻밤을 "이웃들이 버린 오물 냄새가 (…) 방 안으로 밀려 들어와 이불 사이에 머리를 파묻고 잤다"라고 회상했다.³⁹ 세금이 인상되고 위스키 증류에 필수적인 맥아에도 관세가 붙자 1725년에는 폭동이 일어났다. 스코틀랜드 도시들에서는 노인들이 일상적으로 칼을 차고 다녔는데, 이는 잉글랜드에서 수 세대 전에 사라진 풍경이었다.

하지만 스코틀랜드의 도시들은 변화하고 있었다. 연합은 스코틀랜드 상인들에게 잉글랜드 제국을 개방했고, 글래스고의 '담배 영주'들은 1730년대에 대서양 횡단 무역으로 큰돈을 벌었다. 『젠틀맨스 매거진』과 『태틀러』가 들어왔고, 팬뮤어 부인은 남편에게 "마침내 올드 리키도 다른 국가들처럼 예의를 갖추게 될 것"이라고 자랑했다.⁴⁰ 실제로 그렇게 되었고, 하노버, 조지, 샬럿, 프린스 등으로 불리는 거리와

---

*   북아일랜드가 영국에 계속 통합되어 있어야 한다고 주장하는 개신교 정당 당원.
** 묵은 연기라는 뜻으로 오래전부터 석탄과 나무로 난방을 한 에든버러 도시 전역이 굴뚝 연기로 자욱해 이런 별칭이 붙었다.

광장으로 가득한 뉴타운은 오늘날까지도 조지 왕조 시대 최고의 도시 계획 사례로 남아 있다.

예의 바람은 시작에 불과했다. 스코틀랜드는 영국 역사상 유례없는 지적 폭발을 경험했다. 이는 프랑스와의 오랜 문화적 유대, 장로교회의 대중 문맹 퇴치 장려, 그리고 무엇보다 스코틀랜드의 자유사상가들에게 잉글랜드의 문화 시장이 개방된 덕분이었다. 에든버러대학과 글래스고대학 모두 철학자 데이비드 흄의 채용을 거절할 정도로 스코틀랜드의 대학들은 여전히 보수적이었지만, 연합법 덕분에 잉글랜드 독자들이 흄의 책을 베스트셀러로 만들 수 있었다.『스코틀랜드 매거진』에 따르면 거리는 "천재들로 붐볐다".[41] 스코틀랜드 사람들은 남쪽으로 가서 이름과 억양을 바꾸고 유명인으로 재탄생했다.

잉글랜드화된 스코틀랜드 지식인들이 국제적 명성을 얻으면서 스코틀랜드의 이올로 모건위그가 배출되는 것은 당연히 예상된 일이었다. 1759년 제임스 맥퍼슨이라는 무명 시인이 핑갈의 아들인 고대 게일족 시인 오시안의 잃어버렸던 서사시를 발견하고 번역했다고 주장해 에든버러 학계의 엘리트들을 놀라게 했다(도판 7.5). 반응은 열광적이었다. 앵글로-아일랜드 극작가 토머스 셰리든은 오시안이 "세계의 모든 시인을 능가하며 (…) 숭고미에서는 호메로스를, 감동에서는 베르길리우스를 뛰어넘었다"고 말했다.[42] 3년 만에 흄과 다른 사람들이 오시안의 서사시가 사기라고 폭로했을 때 모두 얼굴이 벌겋게 달아올랐지만, 많은 스코틀랜드인(그리고 낭만적인 잉글랜드인)이 오시안의 시를 믿고 싶어했기 때문에, 그는 기회를 놓치지 않고 부와 고위직을 얻었고 결국 웨스트민스터 사원의 무덤에 묻혔다.

이 믿음의 욕망은 새로운 앵글로-스코틀랜드의 도시 문화가 고지

도판 7.5 부족한 예의: 날조된 야생적인 시인 오시안이 게일족 신을 부르고 있다. 1801년 프랑수아 제라드의 그림.

대의 오래되고 '예의 없는' 게일족 문화를 사라지게 할 것이라는 불안감에서 비롯되었고, 실제로 그렇게 되고 있었다. 런던과 에든버러의 엘리트들은 야만적인 부족을 문명화하려고 고지대 지역에 1725년에서 1740년 사이에 400킬로미터, 1760년까지 1200킬로미터에 달하는 도로를 건설하고 붉은 제복들*을 밀어넣었다. 절망에 빠진 고지대인들

---

*   영국 군인.

은 폐위된 제임스 왕의 후계자들에게 망명생활에서 돌아와 자신들을 구해달라고 간청했고, 후계자들은 프랑스, 스페인, 스웨덴, 러시아, 교황 등 그들의 말을 들어줄 만한 모든 사람에게 잉글랜드의 뒷문을 차 열어버리고 자코바이트 반란을 일으켜달라고 간청했다. 그들의 음모는 여섯 번이나 발각되었고, 1715년과 1745년 두 차례 폭동이 발생했을 뿐이다. 하지만 그마저 소용이 없었다. 스탠호프는 "외국의 지원이 없다면"—그리고 해자가 외국의 지원을 확실히 차단했기에—"그들은 끝을 맞이할 것"이라고 침착하게 논평했다.[43] 그 끝은 컬로든에서 찾아왔다. 잉글랜드의 소총수들은 돌격해오는 고지대인들을 쓰러뜨렸고, 이어 북부 전역에서 살인, 강간, 약탈, 방화를 저질렀다. 이후 '고지대 복장'을 입은 사람은 6개월 징역형에 처했으며, 두 번째 위반 시에는 추방당했다. 인종 청소를 가만히 앉아서 기다리는 대신, 수만 명의 난민이 배를 타고 신대륙으로 향했다.

그들이 마주한 신대륙은 완전히 신세계였다. 1690년대에 커스버트 포터 대령이 제임스타운에서 뉴잉글랜드로 이동했을 때까지도, 적대적인 원주민과 프랑스 해적의 공격을 받았고, 난폭한 현지인들에게 모욕을 당했으며, 의심 많은 관리들에 의해 감옥에 갇히기도 했다. 하지만 1744년 스코틀랜드 태생의 알렉산더 해밀턴 박사가 거의 같은 여정을 떠났을 때, 그 모든 것은 과거의 일이 되어 있었다. 에든버러와 마찬가지로 아메리카 식민지는 점점 더 예의 바른 곳이 되었고, 자부심 강한 아메리카 식민지인들은 해밀턴을 체포하거나 강탈하거나 죽이는 대신 그에게 시청 건물을 보여주고 교양 있는 대화를 나누었다. 해밀턴은 심지어 내러갠싯* 추장과 비단옷을 입은 그의 아내와 함께 '좋은 와인 한잔'을 마시기도 했다.[44]

13개의 아메리카 식민지는 잉글랜드, 아일랜드, 스코틀랜드, 웨일스에 이어 영국 연합의 다섯 번째 국가로 자리잡고 있었다. 그곳에는 영국 제도의 4분의 1에 해당되는 200만 명 이상의 영국 신민이 살았다. 전적으로 잉글랜드 이주민들이 절대다수였지만 1650년 이후 수십만 명의 아일랜드인, 스코틀랜드인, 독일인, 아프리카인이 이주해오면서 아메리카인(이제부터 구세계에서 신세계로 이주한 사람들을 가리키는 말로 사용하겠다)은 유전적으로 더 다양해졌다. 문화적으로는 문제가 더 복잡했다. 각 정착 집단은 저마다의 정체성과 증오를 짊어지고 왔으며, 현지 태생 백인 아메리카인과 신규 이민자의 비율이 변함에 따라(1668년에는 백인 버지니아 주민의 80퍼센트가 1세대 이민자였으나, 1750년에는 90퍼센트가 아메리카 현지 태생이었다), 이러한 정체성들은 새로운 방향으로 발전했다.

　한 방향은 잉글랜드로 향했다. 가장 부유한 아메리카인들은 영국의 여느 부자처럼 번영을 누렸다. 펜 가문은 4000만 에이커의 땅을 소유했고, 허드슨 강변의 '봉건 영주'로 알려진 대지주들은 100만 에이커가 넘는 땅들을 보유하고 있었다. 그 아래에는 담배와 노예를 거래하는 프로비던스의 브라운 가문과 같은 대상인들이 있었고, 또 그 아래에는 훨씬 더 많은 수의 성공한 농장주, 사업가, 전문가 집단이 있었다. 그리고 아메리카에도 대부분이 농민으로 구성된 중간부류와 극도로 가난한 땅 없는 노동자들이 있었다. 전반적으로 아메리카 백인의 소득 불평등과 추출 비율은 잉글랜드와 매우 유사했다(아메리카의 지니계수는 0.46, 잉글랜드의 지니계수는 0.49이고, 추출 비율은 각각 61퍼센트, 55퍼센

* 북아메리카 원주민.

트다).

　여유 있는 아메리카인들은 벽돌과 돌로 조지 왕조 양식의 타운하우스와 시골 저택을 지었다. 현지에서 만든 의자와 나무 그릇은 사라지고 잉글랜드식 의자와 도자기가 등장했다. 이는 수입한 가발과 양복 조끼를 입고 차를 마시기에 제격이었다. 이와 함께 잉글랜드식 예의범절의 모든 것이 들어왔다. 1740년대에 소년이었던 조지 워싱턴은 잉글랜드 매뉴얼인 『예의와 품위 있는 행동의 규칙*Rules of Civility and Decent Behavior*』을 따라 쓰며 글씨 연습을 했는데, 이를 통해 손님 앞에서 이를 잡거나 불에 침을 뱉으면 안 된다는 것을 배웠다. 일부 아메리카인들은 더 '합리적인' 신에 대한 잉글랜드인들의 열망을 받아들인 반면, 대부분의 아메리카인은—역시 잉글랜드인들처럼—온화해진 신에 반발하며, 여전히 분노한 주님께 자비를 구하라고 설교하는 잉글랜드 출신 복음주의자들의 순회 집회로 몰려갔다.

　모든 방식에서 잉글랜드다움이 아메리카를 휩쓸었다. 그다음 세기에 프랑스 여행가 알렉시 드 토크빌은 아메리카인은 간섭하는 왕과 주교 없이 "잉글랜드의 본질로 정제된 사람들"이라고 결론지었다.[45] 하지만 중요한 차이점도 있었다. 웨일스, 아일랜드, 스코틀랜드에서 잉글랜드화된 상류사회와 마찬가지로 앵글로-아메리칸은 주위에 영국의 정체성을 공유하지 않거나, 공유할 수 없는 사람들로 둘러싸여 있었다. 약 40만 명, 즉 아메리카인 5명 중 1명꼴로 노예였으며, 이들의 조상은 얼마 전 아프리카에서 끌려온 이들이었다. 이들 대부분은 담배와 쌀을 재배하는 남부의 주들에 살았지만(사우스캐롤라이나를 방문한 한 사람은 영국이 아닌 "흑인 국가처럼 느껴진다"고 했다),[46] 맨해튼섬에서도 인구의 20퍼센트는 자유롭지 못한 노예였다. 잉글랜드에는 수

도판 7.6 영국의 국가들: 존 딕슨의 1774년 판화「신탁」. 가운데(왼쪽에서 오른쪽으로)는 아일랜드, 잉글랜드/웨일스, 스코틀랜드이고, 오른쪽은 예의도 없고 잉글랜드다움도 없는 아메리카다.

세기 동안 노예가 없었다. 성직자들이 때때로 영국의 노사관계가 "잉글랜드 같은 나라에 기대하기 마련인 관계보다 아메리카 식민지의 농장주와 노예의 관계에 훨씬 더 가깝다"라고 불평했지만,[47] 1714년 뉴욕에서 13명의 노예가 화형에 처해졌던 것과 달리, 잉글랜드에서는 아일랜드인조차 화형에 처하는 일은 없었다.

18세기 아메리카는 노예제 말고도, 18세기의 잉글랜드보다 중세 잉글랜드와 더 많은 공통점을 가지고 있었다. 11세기와 12세기의 노르만 정복자들은 아메리카의 폭력적이고 개방적인 변경 지대를 즉시 이해했을 것이다. 중세 시대 왕들은 영주들이 웨일스, 스코틀랜드, 아일랜드로 영토를 확대하는 것을 막기 위해 주기적으로 노력했는데, 그 이유는 확대한 영토를 방어하는 데 드는 비용이 이익보다 더 컸기 때문이다(그리고 이익이 있더라도 그 이익은 왕이 아닌 영주에게 돌아갔다). 그러나 어쨌든 영주들은 영토를 점령했고, 이로 인해 왕들에게 엄청난 골칫거리를 남겼다. 그래서 18세기 아메리카에서도 잉글랜드 왕과 총독들은 식민지 정착민들이 서쪽으로 이동하는 것을 막으려 노력했는데, 이는 원주민들과의 값비싼 전쟁을 일으킬 뿐만 아니라, 라이벌인 프랑스와 스페인으로부터 잉글랜드 식민지를 보호하는 것을 더 어렵게 만들었기 때문이다. 하지만 식민지 정착민들은 안보보다 이동성과 번영을 선택했고, 결국 서부로 향했다.

앵글로-아일랜드인들과 마찬가지로 앵글로-아메리카인은 잉글랜드인들이 보기에 잉글랜드인답지 않아 보였다. 벤저민 프랭클린은 그들이 "잉글랜드인이라는 이름에 걸맞지 않은, 무시당하고, 억눌리고, 속박되고, 약탈당하는 게 적합한 자들"이라며 비하했다.[48] 역사학자 린다 콜리는 1774년 런던에서 출판된 판화(도판 7.6)를 통해 아메리카인의 정체성을 업신여기는 잉글랜드인의 태도를 요약해서 보여준다. 그림 왼쪽에는 시간의 신*이 영국의 여러 국가에게 그들의 영광스러운 미래를 비춰주며 기쁨을 주고 있다. 중앙에는 멋지게 차려입은 세 여인이 앉아 있는데, 왼쪽부터 차례로 아일랜드, 브리타니아(잉글랜드와 웨일스를 의미), 스코틀랜드를 상징한다. 그 오른쪽 발아래에는 짙은 피부에 허름한 옷차림의 아메리카가 활을 들고 깃털 머리 장식을 하

---

* 시간을 의인화한 존재로, 큰 낫과 모래시계를 든 노인의 모습이다.

고서 웅크리고 있다. 콜리는 이 그림의 핵심이 앵글로-아메리카인이 "아직 자발적이고 의식적인 정체성을 발전시키지 못했다는 것"에 있다고 말한다. 그림 속 일부이면서도 영국인들과는 너무나 다른 그들은 "제국적 관계의 운영에 있어 심각한 불확실성"을 불러일으켰다.[49] 이것은 곧 문제가 될 예정이었다.

자아도취자

지리의 의미가 바뀌었다는 사실을 깨달은 것은 영국인만이 아니었다. 런던의 전략가들과 마찬가지로 베르사유의 전략가들도 '상업이 국력의 진정한 원천'임을 인식하고 있었지만, 프랑스는 상업에 '무관심하고 나태한' 태도를 보였다. 그들은 프랑스의 지도자들이 헤리퍼드 지도가 시대에 뒤떨어졌다는 사실을 알아차리지 못한 게 문제였다고 결론지었다.[50] 프랑스가 이탈리아, 독일, 저지대 국가들에서 스페인, 오스트리아, 네덜란드와 싸우는 동안, 영국은 한 소논문 집필자에 따르면 '바다의 보편적 군주 universal monarchy of the sea'를 달성했다. 프랑스는 매킨더 지도의 현실을 직시해야 했다. 바로, 영국을 글로벌 전략의 중심에 두고 생각해야 한다는 사실이다.

루이 15세의 각료들은 세 가지 목표를 설정했다. 첫째, 프랑스는 영국을 외교적으로 고립시켜야 한다. 이것은 가능해 보였다. 강대국들은 영국의 교묘한 세력 균형 전술에 반감을 품고 있었지만, 프랑스가 더 위협적이었기에 어쩔 수 없이 영국과 손잡았던 것이다. 따라서 프랑스는 주변 대륙 국가들을 침략하는 대신 이들과 우호적인 관계를 맺으면 되었다. 오스트리아, 러시아, 스페인은 모두 긍정적으로 반응했고,

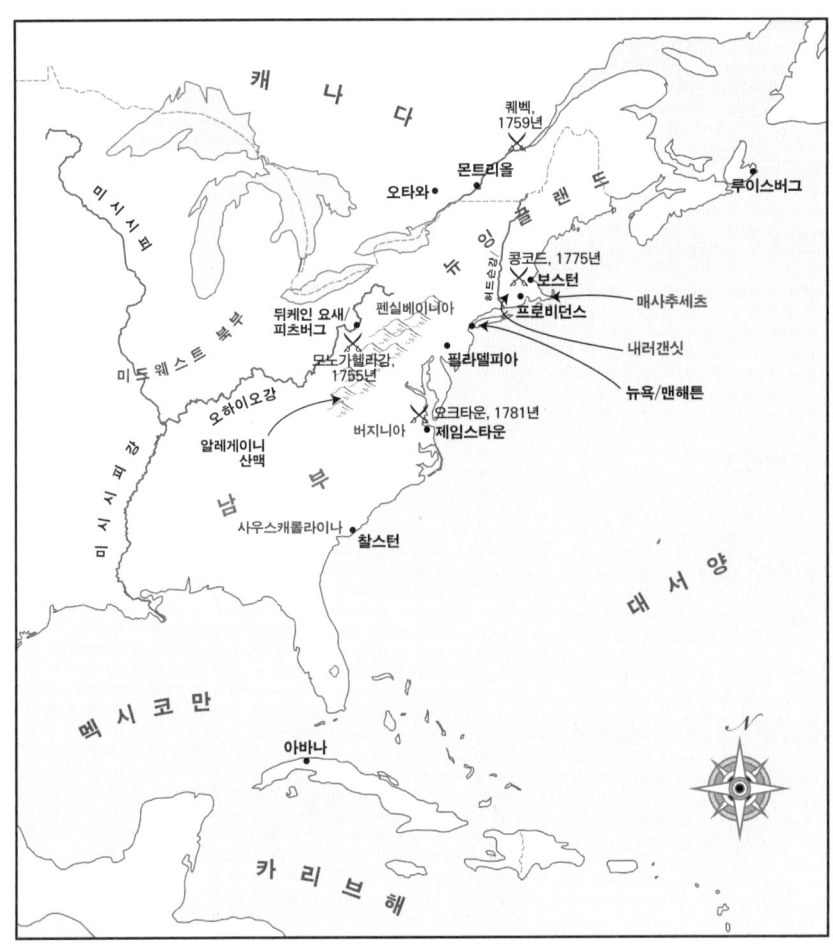

도판 7.7 북아메리카 무대, 1713~1815년.

1756년에는 프로이센만이 오스트리아와 러시아로 분할되는 것이 두려워 친영국 노선을 유지했다.

대륙 내 다른 동맹과 전쟁할 가능성이 사라지자, 프랑스는 두 번째 목표인 대양으로 눈을 돌릴 수 있었다. 루이의 각료들은 수출 무역을 장려했고, 그 결과 수출액은 1720년에서 1780년 사이에 10배나 성장했다. 그러나 1745년 루이스버그 위기*로 냉혹한 현실이 드러났다. 영국이 바다를 지배하는 한(우연히도 「지배하라 브리타니아여」는 1740년에 작곡되었다) 프랑스 상업은 항상 영국 해군에 취약할 수밖에 없다는 것이다. 따라서 루이는 함선 건조에 돈을 쏟아부었고, 배에 올린 대포의 숫자를 따서 '74'라는 새 함선을 건조했다. 이 군함들은 영국 함선보다 저렴하고 빠른데, 화력은 비슷했다. 만약에 프랑스가 계속 함선을 건조하고, 스페인이 프랑스에 합류한다면, 결국 연합 함대는 영국 함대를 수적으로 압도할 수도 있었다.

하지만 이것은 변수가 많은 '만약에'였다. 프랑스 전략가들은 "프랑스가 해군을 영국과 동등한 규모로 오랫동안 유지할 수 있다고 자만해서는 안 된다"는 사실을 깨달았다.[51] 따라서 그들의 계획에는 세 번째 목표가 있었다. 바로 북아메리카와 남아시아의 인디언들이었다. 프랑스는 두 지역에서 동맹을 맺고 그들이 영국과 싸우도록 설득할 셈이었다. 적절한 보상을 제공함으로써, 북아메리카의 '인디언들'(유럽인들은 1500년 이후 아메리카가 인도가 아니라는 사실을 알고 있었음에도 여전히 그렇게 불렀다)로 하여금 캐나다와 미시시피 계곡의 프랑스 식민

---

*   현재 캐나다 동부에 위치한 프랑스의 요새로 48일간 영국 지원군의 포위 공격을 받은 후 항복했다.

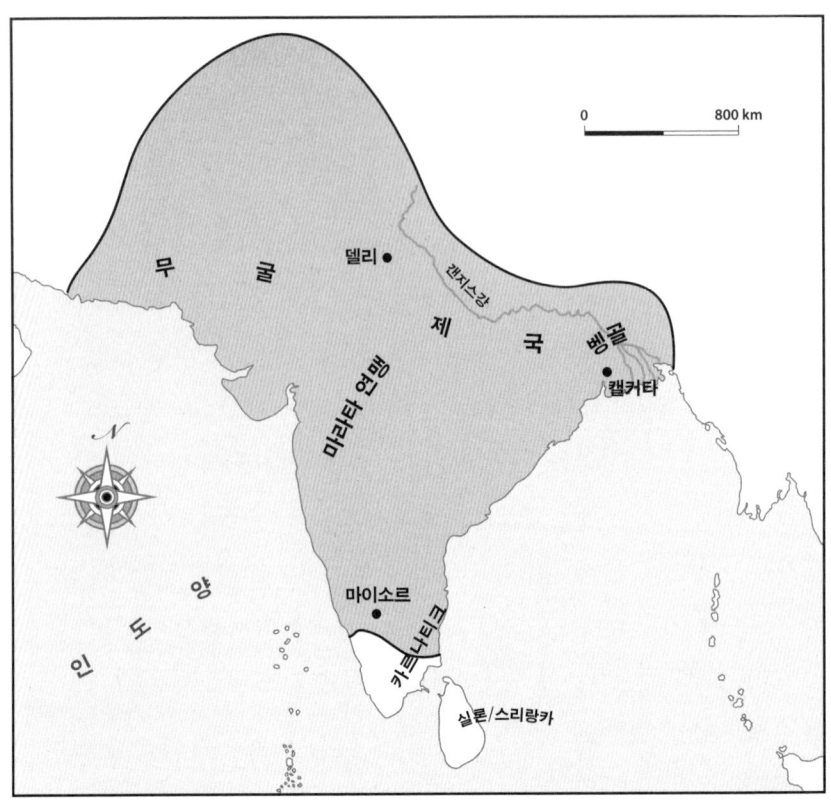

도판 7.8 남아시아 무대, 1713~1815년(무굴 제국의 국경선은 영토가 최대로 확장된 1707년을 기준으로 표시).

지들을 연결하여 영국의 식민지들을 포위해 목을 조일 수 있었다(도판 7.7). 한편 1592년부터 영국인들이 교역하던 인도에서는 친프랑스 성향의 인도 왕자들이 벵골과 카르나티크에 있는 영국의 무역 지구를 폐쇄하려 했다(도판 7.8). 영국이 이 미끼를 물면 프랑스는 이 두 지역 주변 전장으로 군함과 병력을 보내려 했고, 고립된 영국이 사방에서 위협에 시달릴 때 '최후의 일격coup de grâce', 즉 영국 해협을 건너는 침략을 감행할 것이었다.

윈스턴 처칠이 뒤이어 일어난 갈등이 바로 '제1차 세계대전'이었다고 지적한 것은 옳았다.[52] 이전에도 유럽인들은 아메리카와 아시아에서 서로 싸웠지만 이처럼 대규모 전쟁이거나 중대한 결과를 낳은 적은 없었다. 비록 인도에서와 같이 참전자들이 항상 전쟁에 무엇이 걸려 있는지 인식하고 있었던 것은 아니지만 말이다.

　인도는 분명히 엄청난 돈을 벌 수 있는 곳이었다. 초창기 포르투갈인들을 끌어들였던 향신료뿐만 아니라, 1700년 무렵 잉글랜드에서 선풍적인 인기를 끈 면직물 덕분이었다. 대니얼 디포는 이렇게 썼다. "면직물은 우리 집, 침실, 옷장으로 스며들었다. 커튼, 쿠션, 의자, 결국 침대까지 전부 캘리코Callico 등 인도산 면직물로 만든 것이었다."[53] 토머스 '다이아몬드' 피트와 같이 엄청난 부를 축적한 사람들도 있었다—피트의 손자와 증손자는 이 장 후반부에서 중요한 인물로 등장할 것이다. 1674년 인도에 도착한 피트는 살인과 비열한 행동을 저질렀다는 소문이 돌았지만, 어쨌든 141캐럿의 다이아몬드를 손에 넣었다. 이 다이아몬드는 오늘날에도 현존하는 가장 순수하고 아름다운 것으로 널리 알려져 있다. 그는 이 다이아몬드를 1701년에 2만 파운드에 사서, 1717년에 13만5000파운드를 받고 되팔았다.*

　그러나 인도가 제2의 아메리카가 될 수 없다는 것도 분명했다. 강력한 무굴 제국은 엄격하게 통제되는 무역 지구들에서만 외국인들이 활동하도록 했는데, 이 무역 지구에서 생존하려면 대규모의 장기 고위험 투자가 필요했다. 이러한 조건을 매력적으로 여긴 상인들은 거의 없었

---

* 몇 세기가 지나 현재의 화폐 가치로 환산하는 것은 어디까지나 추정에 불과하지만 경제학자 그레그 클라크의 계산에 따르면(https://measuringworth.com/ukearnpi/), 구입가는 현재 가치로 325만 파운드이고 판매가는 2000만 파운드에 달한다.—지은이

기 때문에 네덜란드·영국·프랑스 정부는 자국 상인들에게 독점권을 지닌 '동인도 회사'를 설립할 권한을 부여했다. 경쟁에서 벗어난 이 회사들은 향신료·다이아몬드·면직물을 본국의 고객들이 지불할 수 있는 만큼 비싸게 팔아 초기 투자금을 회수할 수 있었는데, 단 그 대가로 전투가 일어나면 (그 대상이 무굴 제국이든, 다른 유럽 국가든) 스스로 해결하기로 합의했기에 본국 정부에 군대와 함대를 요청하는 대신 사병과 사설 함대를 고용해야 했다.

프랑스 전략가들은 여기서 기회를 포착했다. 동인도 회사들은 늘 위험하고 음지에 가까운 세계에서 활동했지만, 1707년 무굴 제국이 붕괴되기 시작하면서 그 위험—그리고 기회—은 급격히 커졌다. 제국의 모든 왕자와 관리가 제국의 잔해를 각자 자신들만의 영지로 나눠 가지면서 무역 지구의 몇 안 되는 규칙마저 사라졌다. 갈등과 불확실성은 유럽 회사들의 수익에 악영향을 미쳤지만, 다른 한편으로는 새로운 돈벌이 기회를 열어주었다. 결국 왕이 되려는 사람들은 상대를 이기기 위해 돈과 정예병이 필요했고, 회사들은 이들이 대가를 지불한다면 둘 다 제공할 수 있었다.

그래서 1740년대에 영국과 프랑스의 동인도 회사는 카르나티크 지역의 나와브nawab(통치자)로 서로 다른 후보를 지지했고, 이 지역 분쟁은 더 큰 세계 전쟁으로 확대되었다. 영국이나 프랑스 정부 모두 어느 나와브가 승리하든 크게 신경 쓰지 않았지만, 프랑스가 자국 회사를 지원하기 위해 군함 몇 척을 보내자 영국은 더 많은 군함을 보냈다. 루이는 기뻐했다. 영국이 이 사소한 전쟁에 자원을 낭비하기만 한다면 그들이 지지하는 자가 나와브가 되든 무슨 상관이랴? 루이를 더 기쁘게 만든 것은, 1756년 벵골의 나와브가 캘커타에 있는 영국 동인도 회사의 본거지를 점령하고 수십 명의 포로를 좁은 감방에 몰아넣어, 결국 많은 포로가 질식해 죽는 사건이 발생한 것이었다. 영국 동인도 회사는 이 캘커타의 블랙홀*에서 벌어진 일을 되갚기 위해 나와브와 전쟁을 벌였다(더 정확히 말하면, 진행 중인 내전에 가담했다). 영국이 지원한 세력이 다시 승리해 자신들의 나와브를 세웠지만, 영국은 유럽에서 더 많은 배와 병력, 자금을 끌어오는 대가를 치렀다. 프랑스 입장에서 이 모든 상황이 매우 만족스러웠다.

　북아메리카 '인디언'은 프랑스에 훨씬 더 큰 도움이 되었다. 이들은 오하이오 계곡 상류를 장악하는 전쟁에서 프랑스를 대신해 대부분의 전투를 치렀다. 13개의 영국 식민지가 방어를 위한 조직화에 실패하자 런던은 다시 미끼를 물어 2개 연대의 정규군을 대서양 너머로 보냈다가 머낭거힐러강에서 프랑스계 캐나다인과 그들의 원주민 동맹군에게 몰살당했다. 더 많은 원주민 부족들이 프랑스 편에 합류했고, 버지니아와 펜실베이니아 국경 지대에 있던 영국 정착민들은 해안으로 급히 도망쳤다.

　영국의 적들이 이토록 일관된 전략을 펼친 것은 수백 년 만의 일이었고, 영국 정부는 크게 당황했다. 휘그당은 분열됐고, 갈등 속에서 새로운 유형의 지도자 윌리엄 피트가 등장했다. 그는 귀족이나 (자신을 혐오하는) 왕의 호의보다는 여론에 의존해 권력을 쥔 사람이었다. 피트는 여러 면에서 18세기 최악의 정치를 상징하는 인물이기도 했다. 그는 엄청난 부자였고(그는 다이아몬드 피트의 손자였다), 지극히 자기중심적이었으며("이 나라를 구할 수 있는 사람은 나뿐이라고 확신한다"고 한 총리

---

*　캘커타 지하 감옥.

에게 말했다).⁵⁴ 유권자가 7명에 불과한 의회 선거구를 대표했다. 흄은 그를 '사악한 미치광이'라고 불렀지만,⁵⁵ 피트의 가장 혹독한 비평가 중 한 명도 "피트처럼 계획을 세우고, 합의된 계획을 밀어붙일 수 있는 사람은 아무도 없다"라고 인정할 정도였다.⁵⁶ 피트는 무엇을 해야 할지 알았고, 그 일을 해냈다.

피트는 유럽과 대서양 무대가 연결되었다는 프랑스 전략가들의 의견에 동의했지만, 아메리카와 인도를 이용해 영국을 대륙에서 멀어지게 하려는 프랑스의 계획과는 정반대 전략을 세웠다. 그는 "아메리카는 독일에서 정복될 것"이라고 주장했다.⁵⁷ 프로이센에 충분한 병력을 고용할 돈을 주어 프랑스를 대륙에 묶어둘 수 있다면 영국은 바다 건너편에서 주도권을 장악할 수 있다는 뜻이었다. 그의 주장은 옳았다. 영국의 보조금으로 프로이센의 수입은 4년 연속 두 배로 늘었고, 프로이센의 프리드리히 대왕은 그에게 맞서는 러시아와 오스트리아 군대를 격파했다. 루이 15세는 개입해서 독일의 확장을 막아야 한다는 압박감을 느꼈다. 피트는 의회에서 "아무리 독일 전쟁이 영국에 불편하고 비용이 많이 든다 해도, 프랑스는 더 불편하고 더 큰 비용이 든다"는 점을 의원들에게 상기시켰다.⁵⁸ 루이는 전쟁 비용을 충당하기 위해 선박 건조를 중단했다. 이로써 루이의 국제 전략은 붕괴되었다. 프랑스의 한 관리는 1758년 중반 "해군이 없으니 영국에 저항할 방법이 없다"며 고뇌했다. "해군에는 선원이 부족하고, 돈이 없으니 선원 모집을 기대할 수 없다."⁵⁹

영국은 상황이 크게 달랐다. 1689년에서 1713년 사이에 재정-군사 국가fiscal-military state를 건설함으로써, 대출 기관들은 영국 정부가 얼마의 돈을 필요로 하든 빌려줘도 된다는 믿음을 갖게 되었다. 영국은 어떤 상황에서도 이자를 제때 갚았고, 프로이센에 자금을 지원했을 뿐만 아니라 자국 함대를 더 크고 튼튼하게 만들었다. 프랑스의 전쟁 시도는 다시 중지되었다.

모든 전략이 실패로 돌아가자, 루이는 1759년 해협을 건너 영국을 침략하는 것만이 유일한 해결책이라고 생각했다. 그는 툴롱과 브레스트에 봉쇄되어 있던 지중해 함대와 대서양 함대에 봉쇄를 돌파하고 키브롱만(기원전 56년 카이사르가 베네티족들을 격파한 곳)에서 집합하도록 명령했다. 그들은 그곳에서 아일랜드해를 거쳐 북쪽으로 항해하여 클라이드강에 군대를 상륙시키고 스코틀랜드에서 자코바이트 반란을 일으킨 후, 분노의 곶을 돌아 영국 동해안을 따라 내려온 다음 플랑드르에서 또 다른 군대를 태워 에식스에 상륙시켜 런던으로 진군할 계획이었다.

이는 1588년에 스페인의 펠리페 2세가 계획했던 것보다 더 복잡한 작전이었다. 루이의 지중해 함대는 키브롱만 근처에도 가지 못했고, 대서양 함대는 영국 함대가 바짝 뒤쫓는 가운데 사나운 폭풍을 헤치며 키브롱만으로 미친 듯이 돌진해야 했다. 다른 어느 함대라도, 과거 어느 시점에서든, 이런 상황이면 작전은 이미 끝났을 것이다. 어느 쪽 해군도 이 복잡한 해안의 해도海圖를 가지고 있지 않았고, 악천후 속에서 함대 전투를 수행한 적이 없었기 때문이다. 하지만 새로운 시대였고, 영국 함대에는 열다섯 살에 해군에 입대해 차근차근 계급을 올린 에드워드 호크라는 새로운 유형의 지휘관이 있었다. 폭풍이 다가오자 호크는 총력을 다해 추격하라고 지시했다.

호크의 배들은 바람과 파도에 흔들리면서도 울퉁불퉁한 바위를 피해가며 프랑스 함대를 뒤쫓아 만으로 몰려들었다. 호크의 기록에 따르면, 그는 혼란 속에서 기함의 선장에게 "배를 프랑스 사령관의 배 옆에 대라"고 소리쳤다. 베테랑 선원이 현명하게 절벽이 너무 가깝다고 답하자, 호크가 선원에게 소리쳤다. "위험을 경고한 것으로 당신의 임무는 다했소. 이제 내 명령을 얼마나 잘 따를 수 있는지 보겠네." (쉽게 흥분하는 현대인들은 그가 실제로 이렇게 말했다기보다 훗날 이렇게 말했으면 좋았을 거라고 생각해서 지어낸 말이 아닌지 의심할지도 모른다. 하지만 다시 한 번 말하건대 당시는 예의범절의 시대였다.) 호크는 지휘관들에게 "적의 대포에 손을 댈 수 있을 만큼 가까워지기 전까지 사격을 보류하라"고 말했다.[60] 어둠과 연기, 빗속에서 함장들이 그 외에 별다른 조치를 취할 수 없었지만, 혼전 속에서 프랑스 함선들이 하나둘 호크와 기함 사이로 끼어들었고, 그때마다 영국 함대의 측면 근접 사격으로 산산조각이 났다. 수백 발의 24파운드짜리 철포탄이 선체를 뚫고 들어와, 배 안에 있던 선원들의 팔과 머리를 찢을 만큼 날카로운 참나무 '파편'(선원들은 이를 가시splinter라고 불렀다)들을 뿌렸다. 프랑스 포수들은 핏물에 미끄러지고 넘어졌다. 전세가 밀린 프랑스군은 도망치기 시작했다. 살육은 밤까지 계속되었고, 호크를 피하던 프랑스 기함은 마침내 좌초되어 불에 탔다. 호크는 해군성에 예의 바르게 편지를 보내 "할 수 있는 모든 일을 다 했습니다"라고 말했다.[61]

1759년의 승리는 1415년의 아쟁쿠르 전투는 물론 1588년의 아르마다 함대 격퇴와도 비교할 수 없는 것이다. 의심할 바 없이 이때는 영국 역사상 가장 위대한 시기였다. 1940년처럼 절체절명의 위기 속에서 맞이한 순간이 아니라,* 모든 전선에서 승리한 순간이었다. 바다를 장악한 피트는 대서양 너머 영국군 운영에 자금을 지원할 수 있었고, 영국군은 루이스버그를 탈환한 후 아메리카 식민지 민병대의 지원을 받아 중요한 듀케인 요새(후에 윌리엄 피트를 기념하기 위해 '피츠버그'로 이름을 바꿨다)를 습격해 오하이오 계곡을 확보했다. 호크에 버금가는 영웅들의 활약으로, 영국은 같은 해 퀘벡을 함락하고, 1760년에는 몬트리올, 1761년에는 인도의 마지막 프랑스 거점, 1762년에는 카리브해에 남은 프랑스의 설탕섬을 (스페인령 아바나와 마닐라도 함께) 차지했다. 프랑스에서는 한 상인이 "이 모든 패배가 벼락처럼 닥쳤다"고 말했다.[62] 반면 영국에서 호레이스 월폴은 "승전 소식에 종이 닳도록 울린다"며 기뻐했다.[63] 「참나무의 심장Heart of Oak」**(현재 영국 해군의 공식 행진곡이다)라는 새로운 노래가 크게 유행했다.

> 자, 친구들이여, 기운 내자! 영광을 향해 나아가자!
> 이 멋진 해에 또 하나의 빛을 더하자
> 그대를 노예처럼 부리지 않고 명예롭게 부르노니,
> 파도의 아들들만큼 자유로운 자가 또 어디 있으랴?
> 참나무의 심장은 우리의 함선이고, 참나무의 심장은 우리의 병사들이니,
> 우리는 항상 준비되어 있다. 흔들림 없이 침착하게, 친구들이여!
> 우리는 싸우고 승리하리라, 다시 그리고 또다시![64]

---

*　1940년은 제2차 세계대전 중 독일이 서유럽을 제패하던 해로, 나치 독일군이 네덜란드, 벨기에, 룩셈부르크를 격파하고 프랑스 파리에 진격한 가운데 윈스턴 처칠이 6월 18일 의회 연설에서 지금이 "우리의 가장 위대한 시간finest hour"이라며 영국의 위기 극복을 호소했다. 이로부터 나흘 뒤 프랑스는 독일에 항복했고, 영국은 8월부터 독일과 '브리튼 전투'를 치렀다.

**　용맹한 전사를 뜻한다. 참나무는 항해 시대 영국 군함을 만드는 데 주로 사용된 나무다.

영국은 더 이상 유럽의 가난한 사촌이 아니었다. 향락을 좇느라 바빴던 난봉꾼 카사노바조차 1759년 영국을 여행하면서 "영국인들은 자신에게 영국만의 공통된 특별한 기질이 있어 다른 모든 사람보다 우월하다고 생각한다"는 것을 알아챘다.65 독일에 있던 한 영국 사절은 실제로 '멋진 해'의 영광이 "모든 외국인에게 경외심을 불러일으켜, 이들은 영국인들을 다른 인류보다 우월한 종족으로 여긴다"라고 고국에 편지를 썼다.66

영국인들은 1759년 이전에도 자신들의 우수성에 대해 부풀려진 견해를 갖고 있었던 것처럼 보이지만(많은 사람이 동의하지 않지만 지금도 그럴 것이다), 이 '멋진 해'를 겪으면서 많은 영국인이 미국 장군 H. R. 맥매스터가 말한 '전략적 자아도취', 즉 "자기 자신에게만 몰두해서 다른 이들이 미래의 사건 전개에 미치는 영향력을 무시하는 성향"을 갖게 된 듯했다. 맥매스터는 "세계를 오직 자신의 열망과 욕망에 비추어 정의"하는 국가는 항상 파국을 맞는다고 말했다.67

1760년대의 영국이 바로 그랬다. 최근의 성취가 너무 대단해 보였기에 일부 영국인, 특히 토리당원들은 피트가 대륙의 동맹을 위해 많은 돈을 쓸 필요가 있었는지 의문을 품기 시작했다. 일부 사람들은 유럽 대륙 국가들이 프랑스를 견제하기 위해 동맹을 바꿀 이해관계가 있었기 때문에, 영국이 뇌물을 주지 않았더라도 세력 균형이 저절로 이뤄졌을 것이라고 말했다. 다른 사람들은 영국의 보조금이 실제로는 프랑스의 주의를 전혀 분산시키지 않았다고 주장했다. 한 소논문에 따르면 "프랑스는 독일에 있는 프랑스 군대에 보급품을 공급한다고 해서 프랑스 항구에 있는 인력을 단 한 명도 빼내어 옮기지 않았다. 따라서 그들의 해군은 손상을 입지 않았고, 해병과 선원도 줄어들지 않았다"라고 했다.⁶⁸ 결국 정말 필요했던 것은 영국의 참나무 심장 같은 의지뿐이었다는 의미로 보인다.

새로운 왕 조지 3세도 이에 동의했다. 조지는 '풀숲의 진정한 뱀'⁶⁹이라고 불렸던 피트와 '제거하기를 간절히 바랐던'⁷⁰ 프리드리히 대왕을 해임했으며, 그의 장관들은 프랑스와 스페인을 끊임없이 괴롭히고 오스트리아를 무시했다. 1760년대 외교관들의 거만한 행동으로 인기가 떨어진 영국과 동맹을 고려할 의향이 있는 국가는 러시아뿐이었다. 이조차 러시아 예카테리나 대제가 영국에 보조금을 요청하자, "영국과의 동맹은 그 자체로 너무 중요하기 때문에, 그것을 가치 있게 만들기 위해 보조금을 보낼 필요는 없다"라는 단호한 답변이 돌아왔다.⁷¹ 놀랍지 않게도, 영국의 친구들은 곧 아무도 남지 않게 되었다.

전략적 자아도취는 북아메리카 식민지에서 훨씬 더 재앙적이었다. 언제나 그렇듯 모든 문제는 돈이었다. 토리당은 항상 낮은 세금을 선호해왔고, 반피트주의 정서의 상당 부분은 피트의 정책으로 늘어난 1억 3300만 파운드의 부채를 갚기 위해 1760년대 내내 세금을 높게 유지해야 한다는 인식에서 비롯되었다. 부채 중 수천만 파운드가 북아메리카 식민지에 쓰였지만, 북아메리카 식민지 정착민들은 관례상 자신들의 의회에서 승인한 세금만 납부했다. 그들은 나름의 지혜를 발휘하여 세금을 영국 주민들의 25분의 1 정도로 책정했다. 게다가 더 이상 13개 식민지가 프랑스령 캐나다로부터 보호받을 필요가 없어졌기 때문에 대부분의 아메리카 식민지 정착민들은 오히려 세금이 더 내려가야 한다고 생각했다.

그들의 희망은 오타와 원주민들의 대규모 봉기가 발발하면서 산산이 부서졌다. 식민 당국은 당황한 나머지 천연두에 감염된 담요를 보내 반란을 제압하자는 잔혹한 제안을 내놓기도 했다. 런던 정부는 더 이상의 분쟁을 피하기 위해 두 가지 방안을 고려했다. 첫째, 정착민들의 원주민 토지 강탈이 반란을 촉발했기 때문에, 북아메리카 식민지 정착민들이 앨러게니강 서쪽으로 이동하는 것을 금지하는 것이었다. 안타깝게도 이는 전략상 합리적일지언정 식민지 정착민들이 지도를 인식하는 방식을 무시한 것이었다. 이동은 신이 그들에게 부여한 권리였고, 이를 제한하는 것은 폭압적인 조치였다.

둘째, 이동을 제한한다 하더라도 정착민들의 안전을 위해서는 더 많은 병력과 돈이 필요했다. 영국은 연간 20만 파운드에 달하는 비용을 대부분 부담하되, 약 5만 파운드는 법률·사업 문서의 공식 승인 수수료인 '인지세'를 북아메리카 식민지에도 확대 적용하여 식민지가 부담할 것을 제안했다. 런던에서 볼 때 이는 합리적(심지어 관대한) 방안이었지만, 대부분의 북아메리카 식민지 정착민에게는 자신들의 동의 없이 50퍼센트의 세금을 인상하는 것을 의미했다. 이는 식민지 정착민의 번영뿐만 아니라 식민지 의회의 주권과 자유민으로서의 정체성을 침해하는 것이었다. 법률가 패트릭 헨리는 국민의 대표 없이 과세를 요구한 왕은 "국민의 아버지가 아니라 타락한 폭군이며, 백성의 복종을 요구할 모든 권리를 상실한다"고 주장했다.[72]

이것은 선전 포고나 다름없었다. 10년 전 프랑스의 침략에도 하나로 뭉치지 않았던 식민지 주민들은, 1765년 영국산 제품 불매운동에는 모두 동참했다. 5000킬로미터 떨어진 곳의 성난 백성으로부터 세금을 징수하는 게 거의 불가능하다는 것을 확인한 정부는 전략을 바꿨다. 과거 식민지 주민들이 영국으로 들여오는 물품에 세금을 부과하는 영국 정부의 권리를 인정했기 때문에, 런던은 인지세를 수입 관세로 대체했다. 그러나 이 시점에는 식민지 주민들은 이마저 터무니없다고 여겼고, 잘 조직된 갱단들이 세금 징수원들을 잡아 타르와 깃털을 뒤집어씌우고 그들의 집을 부수기 시작했다. 이에 군대가 보스턴에 배치되었고 병사와 주민들 간의 주먹다짐이 일상화되었다. 그리고 1770년 눈 내리는 어느 날 밤, 한 갱단이 한 보초병을 둘러싸고 "빌어먹을 악당 같은 랍스터 개자식"(이상하게 들리는 욕설이지만, '랍스터'는 붉은 제복의 영국군을 가리키는 속어였다)이라고 욕을 했다.[73] 이에 격분한 군인들은 보스턴 시민 다섯 명을 총으로 쏴 죽였다.

이제 영국 의회가 하는 모든 일은 북아메리카 식민지 주민들에게 불길해 보였다. 1773년 차에 부과되는 세금을 단 하나만 남기고 전부 면제해 불매운동을 중단시키려던 재치 있는 계획조차 역효과를 냈다. 유일하게 남은 수입 관세에 분노한 시위대는 뉴욕, 필라델피아, 찰스턴에 도착한 배들을 돌려보내고 보스턴 항구에는 40톤의 찻잎을 쏟아버렸다. 사태를 진정시키려 뉴욕의 일부 상인들이 손실을 변상하겠다고 제안했지만, 분노한 조지의 장관들은 보스턴 항구를 폐쇄하고 매사추세츠주 의회를 해산시켰으며, 법에 대한 통제를 강화하고 영국의 군대 파병권을 확대해 중서부 북부 지역을 퀘벡의 통제하에 두었다.

10년 동안 북아메리카 식민지 극단주의자들은 온건파 식민지 정착민들에게 영국이 그들의 정체성과 안보를 훼손하고 이동성, 번영, 주권을 제한하려 한다고 경고해왔다. 비판자들이 '참을 수 없는 법Intolerable Acts'이라고 불렀던 새로운 법들은 그 경고가 사실임을 입증하는 것처럼 보였다. 급진주의자들의 경고대로 영국 의회는 1640년대 찰스 1세가 잉글랜드인을 대했던 방식대로 정착민을 대하는 것처럼 보였다. 일부 정착민들은 과거 일부 잉글랜드인들처럼 저항할 의무가 있다고 느꼈다. 필라델피아에서 열린 대륙 회의Continental Congress*는 식민지 의회가 영국 의회와 동일한 법적 지위를 가진다고 주장했고, 뉴잉글랜드 주민들은 무기를 비축했다. 영국군이 매사추세츠주 콩코드에 있는 무기고를 압수하자 민병대가 영국군에게 총을 쏜 사실이 세상에 알려졌다. 제2차 대륙 회의에서 조지에게 '올리브 가지 청원서Olive Branch Petition'**를 보냈을 무렵에는 회의 대표들 중에서도 대화를 원하는 이는 거의 없었고 조지도 더 이상 귀를 기울이지 않았다. 북아메리카 식민지는 영국에서 이탈하고 있었다.

이 불화는 북아메리카 식민지 정착민과 영국인을 서로 갈라놓고 그들 내부도 분열시켰다. 일부 식민지, 특히 뉴욕('토리타운Torytown'이라는 별칭을 가지고 있었다)과 남부에서는 이탈파보다 잔류파가 더 많았다. 혁명가들조차 이탈을 우려했다. 벤저민 프랭클린은 "나는 오랫동안 대영제국이라는 훌륭하고 고귀한 도자기가 깨지지 않도록 지키기 위해 노력했다"라고 썼다.[74] 토머스 제퍼슨은 "우리는 모두 함께 자유롭고 위대한 국민이 될 수도 있었을 것"이라며 견해를 같이했다.[75] 마찬가지로 영국의 여론도 당파에 따라 분열되었다. 일부 토리당은 "우리가 낳은 비정상적 자식인 북아메리카 식민지 정착민들"에 대한 무력 사용을 지지했지만,[76] 휘그당은 종종 이 폭정에 맞서는 식민지 정착민의 투쟁에 동조하곤 했다. 피트는 "전능하신 신이 어느 편에 승리를 주시든, 불쌍한 영국은 자신의 칼에 찔려 쓰러질 것"이라고 예상했다.[77]

결과적으로 양측 모두 확신 없이 전쟁***을 치렀다. 영국이 뉴욕

---

* 북아메리카의 열세 개 식민지 대표자 회의.
** 올리브 가지는 평화의 상징이다.
*** 미국 독립전쟁.

의 왕실파를 무장시켜 전쟁을 미국 내전으로 전환했다면, 빠르게는 1776년에 승리했을지도 모른다. 미국을 협상 테이블로 끌어들일 수 있다는 기대로 군사력을 물리는 대신 군사적 승리에 전념했다면, 1777년 필라델피아 부근에서 승리했을지도 모른다. 영국이 외교적으로 고립되지 않았다면 1778년에는 프랑스가, 1779년에는 스페인이, 1780년에는 네덜란드가 이어서 미국 편으로 합류하지는 않았을 것이며, 러시아가 반영국 무장 중립 동맹을 조직하지 않았을 수도 있었다. 그랬다면 영국은 미국과 전쟁하는 동시에 영국 해협과 카리브해를 방어하느라 전력을 분산시킬 필요가 없었을 것이다. 반대로 대륙 회의가 더 열정적으로 군대를 지원했다면 미국은 더 빨리 승리할 수 있었을지도 모른다. 반면, 통화가치가 더 빨리 폭락했다면(1781년에는 말 한 마리가 2만 달러였다) 미국은 더 빨리 패배했을 수도 있다.

군인들은 승리는 마지막에서 두 번째에 실수하는 쪽에 돌아간다고 말하곤 하는데, 이 전쟁이 바로 그런 아슬아슬한 승부였다. 양측에서 실수가 워낙 많았기에, "하우 장군이 아닌 다른 어떤 장군이라도 워싱턴 장군을 이겼을 것이고, 워싱턴 장군이 아닌 다른 어떤 장군도 하우 장군을 이겼을 것이다"라고 한 익살꾼은 농담했다.[78] 결정적으로 미국 군대에서 내란이 일어나고 프랑스와 미국이 모두 파산 직전에 몰려 혁명이 실패할 가능성이 가장 커 보였던 바로 그 순간, 영국의 장군 콘월리스 경이 모든 이를 능가하는 실수를 범해 자신의 군대를 요크타운에서 포위되게 했다. 콘월리스가 항복한 후에도 영국은 계속 싸울 수 있는 군함과 병력, 자금을 보유하고 있었지만, 요크타운은 영국의 정치적 의지를 꺾었다. 자아도취에 빠진 제국은 스스로 패배했다.

파산하기에는 너무 큰

영국이 미국 식민지를 잃으면 대서양 무대에서 쫓겨나 유럽 무대의 가장자리에 다시 갇힐 것이라는 전문적 의견이 1770년대에 있었다. 매킨더의 지도에서 헤리퍼드의 지도로 되돌아가는 것이었다. 북아메리카에서 반란이 일어나기 직전, 심지어 피트는 미국이 제국에서 이탈하면 영국이 와해될 거라고 예측하기도 했다. 이는 모든 영국의 신사가 재산을 팔아 대서양 너머로 이주하도록 유혹할 것이기 때문이었다. 그러나 그로부터 얼마 지나지 않아, 그의 아들(역시 이름이 윌리엄 피트이고 둘 다 총리직을 역임했기 때문에, 이 둘을 구분하기 위해 역사가들은 아빠를 대大피트, 아들을 소小피트라고 부른다)은 다른 무언가의 가치를 알아챘다. 그는 의회에서 "엄청난 소유물을 잃어 발생한 손실을 만회할 만큼 인도의 가치가 증가했다"라고 말했다.[79] 여기서 엄청난 소유물은 미국 식민지를 의미했다.

남아시아를 정복하여 북아메리카 상실을 보상한다는 약삭빠른 계획이 있었던 것은 아니다. 우선, 아시아 전체에 대한 운영은 정부가 아닌 동인도 회사의 손에 달려 있었고, (알려진 바와 같이) '존 컴퍼니'* 라 불리던 회사는 장기적인 전략보다 단기적인 이익을 우선시했다. 1757년 벵골의 나와브를 축출한 존 컴퍼니는 새로운 나와브에게 그를 지지하는 영국 군대에 공정한 대가의 지급을 요구했고, 이후 8년 동안 존 컴퍼니 고위 간부들은 이러한 거래를 '원활히 해준' 대가로 총 250만 파운드에 달하는 뒷돈을 챙겼다. 하급 직원들도 시골에서 법을 무시하고 닥치는 대로 갈취하며 제멋대로 날뛰었다. 훗날 총독이 된

---

* 동인도 회사의 별명.

워런 헤이스팅스는 "영국이라는 이름의 승인 아래 자행된 탄압"에 충격을 받았다. "모자를 쓴 자는 누구나 캘커타를 벗어나자마자 주권을 가진 왕자가 되는 것"*처럼 보였다.⁸⁰

영국의 약탈은 저항을 불러일으켰다. 이런 가운데 동인도 회사는 1764년 벵골에서 누가 실권자인지 확실히 하기 위해 또 다른 전쟁을 치러야 했다. 그 후 새로운 계약이 체결되었다. 회사는 이제 나와브에게 연간 26만 파운드의 수수료를 지급하는 대신 벵골에서 세금을 부과하고 징수할 권리를 얻었다. 이는 또한 벵골의 분쟁을 해결할 사법권과 판결을 집행할 경찰력을 확보했다는 의미였다. 무굴 황제 자신도 동인도 회사의 직원이 되었다. 회사 주식의 가치는 거의 배로 뛰었고 벵골인들이 내는 세금도 배로 증가했다.

존 컴퍼니는 경비대를 거느린 회사에서 무역 부서가 있는 군대로 변모했다. 존 컴퍼니는 당시 조지 왕의 신민보다 두 배 이상 많은, 2000만 명의 신민을 거느린 사실상 독립 국가였다. 물론 영국 정부의 허가 아래 운영되었기 때문에 독립 국가는 아니었지만 말이다. 이와 같은 환경 덕분에 회사의 직원들은 국가와 기업이 지니는 의무에서 자유롭다고 생각했다. 인도 학자 굴람 후세인 칸은 "매년 막대한 양의 동전이 (…) 영국으로 수출되고 있다"며 "벵골에서는 돈이 부족해지기 시작했다"고 지적했다.⁸¹ 회사의 관리들이 너무 많은 '전리품loot'('전리품'이라는 단어 자체도 당시 벵골에서 가져온 것 중 하나였다)을 가져가서 푸딩 시대에 자란 영국인조차 충격을 받을 정도였다.

---

* 모자는 18세기 인도에서 유럽인의 전형적 복장이었고, 캘커타는 당시 동인도 회사의 본부가 있어 회사의 통제와 감시가 미치는 곳이었다. 이 문장은 유럽인이라면 누구나 캘커타를 벗어나 시골로 나가면 절대적인 권력을 휘두르며 왕처럼 행동했다는 뜻이다.

회사는 통제 불능 상태였다. 영국 본토에서도 회사의 탐욕에 대한 분노가 커졌다. 1769년에서 1771년 사이에 회사 치하의 벵골인 중 약 5분의 1이 굶주림이나 전염병으로 사망했다. 회사가 직접적으로 주민들의 쌀 수확 실패를 야기한 것은 아니지만, 사망자 수를 줄이기 위한 노력이 실패한 것은 부분적으로 맞다. 1784~1786년 새로운 흉작이 들어 벵골의 왕자들이 굶주린 주민들을 구하려고 했을 때에도, 또 다시 이들의 5분의 1이 사망했기 때문이다. 영국 여론을 경악하게 만든 것은 회사의 실패보다는 그 무정함이었다. 많은 벵골인이 죽자 회사는 100명을 고용해 시신들을 갠지스강에 버렸지만, 그 경영진은 1770~1771년에도 100만 파운드가 넘는 개인 수익을 챙겨 본국으로 송금했다. 회사의 이사회는 "최근 심각한 기근과 그로 인한 인구 감소에도 불구하고 [수입이] 어느 정도 증가했다"고 자랑했다.[82]

회사는 영국의 주권에 있어서도 문제가 되었다. 당시 떠오르던 의회의 스타 에드먼드 버크가 말한 '상인의 탈을 쓴 국가'가 헌법에 들어설 여지는 없었기 때문이다. 그뿐만 아니라 영국의 정체성에도 문제가 되었다. 예의 있는 국민이 기근 문제 해결에 앞장서지 않았기 때문이다. 호레이스 월폴은 친구에게 "우리는 페루에서 스페인인들이 한 것보다 더한 짓을 했다!"고 불평하며, "300만 명이 사망한 벵골 기근의 원인이 동인도 회사 직원들의 식량 독점 때문이라는 사실에 대해 어떻게 생각하냐"고 물었다.[83] 가문 재산의 수상한 출처가 인도였다는 것에 대해 항상 신경을 곤두세웠던 피트도 벵골을 타락시킨 사람들이 이제 영국도 타락시킬까봐 걱정했다. 그는 의회에 "아시아의 재물이 우리에게 쏟아져 들어왔다"며 "아시아의 사치품뿐만 아니라, 두렵게도 아시아식 통치 원리도 함께 들어왔다"고 경고했다.[84]

하지만 의원들의 관심은 원칙과 양심이 아니라 번영에 있었다. 엘리트 집단에게는 존 컴퍼니의 부패보다 무능이 더 큰 문제였다. 존 컴퍼니는 벵골에서 막대한 부를 빨아들였으면서도 파산 직전이었다. 1772년 회사의 자산은 거의 500만 파운드에 달했지만, 미지급 어음은 160만 파운드, 미지급 채무는 900만 파운드에 달했다. 그래서 회사는 잉글랜드은행에 100만 파운드의 대출을 간곡히 요청했다. 잉글랜드은행은 이미 550만 파운드를 존 컴퍼니에 투자한 상태였기 때문에 존 컴퍼니가 파산하면 잉글랜드은행도 파산해 영국 정부가 국가 부채를 갚을 수 없게 될 판이었다.

1720년의 '남해회사 거품 사태'보다, 1772년 존 컴퍼니의 위기가 2008년의 위기와 닮아 있다. 의원의 5분의 2가 존 컴퍼니의 주식을 보유하고 있다는 사실이 영향을 주었겠지만, 의회는 다른 모든 선택지를 기각하고 전례 없는 140만 파운드의 정부 구제 금융안을 선택했다. 이 회사의 영리한 회계사들은 무역 활동과 준정부 활동을 분리하고 준정부 부문을 국유화하는 당연한 조치도 좌절시켰다. 회사는 벵골에서 거둬들인 세금을 바로 런던으로 보내는 대신, 이 돈으로 현지에서 인도산 면화와 실크를 사서 해외에 판매한 뒤, 그 수익을 다시 벵골로 보내 다음 해 세금 징수 비용으로 사용했다. 한 정치인이 한탄할 정도로 "벵골의 세금은 사업을 하는 데 있어 절대적으로 필요하고, 사업은 세금을 징수하는 데 필요한" 구조가 확립되었다.[85] 회사를 해체하는 것은 엎지른 물을 주워 담는 것과 같이 불가능했다.

의회는 감독위원회를 설치했지만 실제로 크게 달라진 것은 없었다(익숙하지 않은가?). 회사 사람들은 계속해서 인도의 부를 강탈해 본국으로 보냈다(1783년에서 1793년 사이에만 130만 파운드를 더 빼돌렸다). 런던의 정치인들은 대중의 분노를 자신들의 목적에 이용하려 했다. 이들은 이 모든 책임을 회사의 총책임자인 워런 헤이스팅스에게 돌렸고, 상원에서 "국가의 신념에 반하는 심각한 불의, 잔혹성, 배신"을 이유로 그를 탄핵했다.[86] 8년에 걸친 재판 끝에 그는 무죄 판결을 받았다. 회사는 계속 전쟁을 벌이고, 영토를 확장하며 몸집을 키웠고, 1780년대의 영국인들도 2010년대의 영국인들처럼 파산하기에는 너무 큰 기업과 함께 사는 법을 배웠다.

런던 정치인들의 이러한 행동은 해명을 필요로 했지만 놀랍지는 않았다. 영국은 미국 독립전쟁을 치르면서 1781년 2억4300만 파운드(1776년의 거의 두 배)의 빚을 지고 있었으며, 이 빚을 갚기 위한 자금을 마련해야 했기 때문이다. 다행히 소피트(1783년 총리로 임명되었을 때 그의 나이는 겨우 24세였기 때문에 '최연소 피트'라고 불러야 할 것 같다)는 행정의 천재이기도 했다. 그는 영국의 신용을 회복하는 것이 가장 중요한 과제라고 생각했다. 그는 회사가 전리품을 공유하도록 했고, 매년 국가 부채를 조금씩 갚아나가는 상환 기금에 수백만 파운드를 투입했다. 그는 효율성을 중시해 무수한 한직을 없애고 정부 회계를 투명하게 만들었다. 특히 차를 비롯한 수입 관세를 인하해 밀수를 줄이고 관리들의 월급을 인상해 뇌물 수수를 줄였다. 더 값진 조치는 그가 대서양 무역을 장려했다는 점이다. 미국인들은 여전히 담배, 설탕, 목재, 생선 등을 수출하고 대부분의 공산품을 수입해야 했기 때문에, 실제로 매킨더의 지도가 헤리퍼드의 지도로 되돌아갈 위험은 거의 없었다. 대서양 횡단 무역은 곧 미국 독립 이전 수준으로 회복하고 계속 성장했다. 영국 상선의 총 톤수는 1782년과 1788년 사이에 두 배로 증가했고, 10년 후에는 영국 전체 수출의 절반 이상이 미국으로 향했다.

'정직한 빌리Honest Billy'*의 개혁은 처음에는 산더미 같은 부채를 거의 줄이지 못했지만, 중요했던 것은 피트가 납세자와 시장에 보낸 메시지로 그에게 맡겨진 돈은 투명하게 잘 쓰일 거라는 약속이었다. 이 돈으로 영국 해군은 세계에서 가장 큰 드라이 독dry dock**들과 구리로 덮인 배(더 빠른 속도를 낼 수 있다)를 보유할 수 있었고, 최고의 대포와 화약을 살 수 있었다. 피트는 남은 돈으로 우편 서비스도 개선했다.

반면 프랑스는 이 같은 조치를 전혀 취하지 않았고, 미국의 독립 전쟁으로 인한 부채를 감당할 수 없을 정도로 키웠다. 1789년 뒤늦게 세수 확대를 시도했지만 이는 엘리트층을 분열시키고 민중 봉기를 촉발했다. 왕정은 무너졌고 프랑스의 공공 재정, 육군, 해군도 모두 붕괴했다. 피트와 그의 장관들은 신이 프랑스 국민 위에 세운 왕권 질서를 회복하기를 바란다고 경건하게 이야기했지만, 실제로는 런던의 전략가들은 루이의 불행에 기뻐했다. 피트의 외무장관은 바스티유가 함락된 후 "영국에서 가장 뛰어난 지도자들이라도 (…) 프랑스가 지금 내부 소요로 스스로를 몰아넣은 이 치명적 상황을 계획할 수 없을 것이다"라고 우쭐대며 말했다.[87] 피트는 한술 더 떠서 1792년 "우리 나라 역사상 (…) 지금처럼 향후 15년간의 평화를 합리적으로 기대할 수 있는 시기는 없었다"라고 장담했다.[88]

하지만 전쟁은 거의 정확히 1년 후에 발발했고, 중단과 재개를 반복하며 22년 동안 지속되었다.

---

* 개혁을 추진한 총리 윌리엄 피트의 별명. 영어권에서 Billy는 William의 애칭으로 쓰인다. 피트는 청렴한 재정 운영과 정직한 사생활로 이 별명을 얻었다.
** 항구에서 물을 빼고 배를 만들거나 수리할 수 있는 곳.

가장 아슬아슬한 승부

프랑스 혁명은 미국 독립 전쟁보다 영국의 여론을 더 크게 분열시켰다. 휘그당 지도자 찰스 제임스 폭스는 "세상에 벌어진 일 중에 이보다 더 위대한 사건이 있었던가!"라며 환호했다.[89] 똑같이 생각한 군중은 "피트 반대, 전쟁 반대, 빵, 빵을 달라!"를 외치며 왕을 야유하고 다우닝가 10번지와 왕실 마차에 돌을 던졌다. 하지만 혁명가들은 소수에 머물렀다. 노퍽의 목사였던 제임스 우드퍼드와 같이 시위대를 "가장 폭력적이고 저급한 민주주의자들"이라고 부르는 것이 더 일반적이었다.[90] 파리에서 벌어진 사건을 신랄하게 비난한 에드먼드 버크의 『프랑스 혁명에 관한 성찰』은 베스트셀러가 되었다. 버크의 친구 길버트 엘리엇은 프랑스와의 전쟁을 "세상의 모든 질서와 모든 무정부 상태 사이의 투쟁"이라고 표현했다.[91]

우드퍼드와 엘리엇에 동조하는 사람들에게 파리의 새 예루살렘은 17세기 영국의 열광적인 분위기를 그대로 재현하는 것 같았다. 따라서 피트가 반체제 인사 탄압을 위해 인신 보호 영장제도 중지 등 어떤 조치를 취하더라도 괜찮아 보였다. 프랑스 혁명가들은 1649년의 잉글랜드와 마찬가지로 국왕을 참수함으로써 국제사회에서 스스로를 고립시켰고, 거의 누구도 상상하지 못했던 악마들을 풀어놓았다. 100만 명의 프랑스인이 자유·평등·박애를 위해 전쟁에 자원했다.

이로써 프랑스와의 전쟁은 완전히 새로운 양상으로 전개되었다. 수많은 병사를 먹여 살릴 수 없었던 프랑스 정부는 그들을 국경 너머로 보내 스스로 생계를 꾸리도록 했다. 이들은 18세기 직업군인들처럼 대오를 맞춰 일제사격을 하는 훈련을 받지 못했지만, 대규모 총검 돌격과 대포 사격으로 구식의 오스트리아 군대와 프로이센 군대를 압도했다. 급진적인 젊은 장군들, 특히 나폴레옹 보나파르트는 이 거칠고 새로운 군대를 최대한 활용하는 법을 익혔다. 프랑스군은 1796년까지 북부 이탈리아, 라인란트, 저지대를 점령했고, 덕분에 프랑스와의 전쟁은 새로우면서도 동시에 전통적인 양상도 띠게 되었다. 1580년대 스페인의 펠리페와 1690년대 루이 14세처럼 보나파르트도 덩케르크에서 영국 침략을 위한 바지선을 건조하기 시작했다. 모든 외벽과 세력 균형이 무너졌다. 대륙과의 근접성에 맞서 섬나라의 고립성을 지키는 마지막 보루였던 영국 해군마저 1797년에 다섯 차례의 심각한 반란을 겪으며 흔들리고 있었다.

한 세기 전 잉글랜드가 프랑스와 싸웠을 때만 해도 스코틀랜드 뒷문에 대한 두려움이 늘 존재했지만, 1707년 연합법(그리고 이후 고원지대의 인종 청소)이 이 문을 닫았다. 이제는 스페인과 싸웠던 시절처럼 아일랜드에 대한 불안감이 커졌다. 지난 30년 동안 아일랜드의 내부 분열은 더 복잡해졌다. 1795년에는 종교적으로 혼합되어 있지만 공화주의의 신념을 가진 통합아일랜드인협회Society of United Irishmen가 파리와 비밀리에 협상을 시작했다. 수천 명의 농민이 '수호자들The Defenders'이라는 비밀 결사단체의 무장 조직에 가입했고, 이에 맞서 왕실파는 자체적으로 무장한 오렌지 동맹을 결성했으며, 앵글로-아일랜드 엘리트들은 의용군을 조직했다.

1798년 통합아일랜드인협회는 웩스퍼드주에서 공화국을 선포하며 영국의 뒷문을 열어젖혔다. 왕실파 의용군들은 이들을 즉각 진압했는데, 그 잔혹함은 미국과 인도에서 전쟁을 치른 경험이 있던 한 영국군 중위조차 경악하게 할 정도였다. 그는 "이 사람들이 나라를 구했지만, 이제는 강간과 살인에 앞장서고 있다. (…) 심지어 식탁에서 나누는 대화조차 (…) 항상 교수형, 총살형, 화형 등의 얘기로 흘러간다. 아일랜드 성직자가 죽으면 가장 큰 소리로 환호한다"라고 한탄했다.[92] 전투는 프랑스군이 개입하여 도움을 주기 훨씬 전에 끝났지만, 3만 명의 사망자를 냈고 영국 전역을 동요시켰다. 피트는 1707년의 시나리오를 재연하며, 아일랜드를 대영제국 안으로 끌어들이는 새로운 연합법을 통과시켰다.

그러나 아일랜드는 스코틀랜드가 아니었다. 1707년 연합으로 모든 스코틀랜드인은 완전한 영국 시민이 되었지만, 1801년 아일랜드에서는 그런 일이 일어나지 않았다. 많은 아일랜드 개신교도는 가톨릭의 해방을 격렬하게 반대했고, 조지는 가톨릭교도에 대한 법적 규제의 해제가 대다수 아일랜드인이 영국인이 되는 데 필수적인데도 성공회를 수호하겠다는 자신의 대관식 선서를 위반한다는 데 동의했다. 피트와 주변 전략가들은 실망감을 금치 못했고, 한 전략가는 아일랜드 가톨릭 신자들을 영국 연합 밖에 남겨두는 것은 "우리의 외국 적들이 이용할 수 있는 (…) 영국 영토의 심각한 약점을 그들에게 넘겨주는 것"이라고 주장했다.[93] 피트는 이에 항의하며 사임했지만, 조지는 단호했다. 정체성 공유가 아닌 무력이 아일랜드를 영국에 계속 묶어둘 것이었다. 10년이 지나 한 아일랜드 하원 의원은 "통합은 어디로 갔습니까?" "공동의 이익은 어디에 있습니까?" "모두에게 생기를 불어넣을 심장은 어디에 있습니까?"라고 물었다.[94]

피트가 물러난 후 (이후에 피트가 다시 집권한 시기를 포함해) 여섯 개의 연이은 정부가 전쟁을 이끌었지만 어느 내각도 해협 폐쇄, 대륙의 대프랑스 동맹 지원, 프랑스의 해외 식민지 점령, 파리의 파산을 기다리기 등의 오래된 전략들을 승리로 전환할 방법을 찾지 못했다. 물론

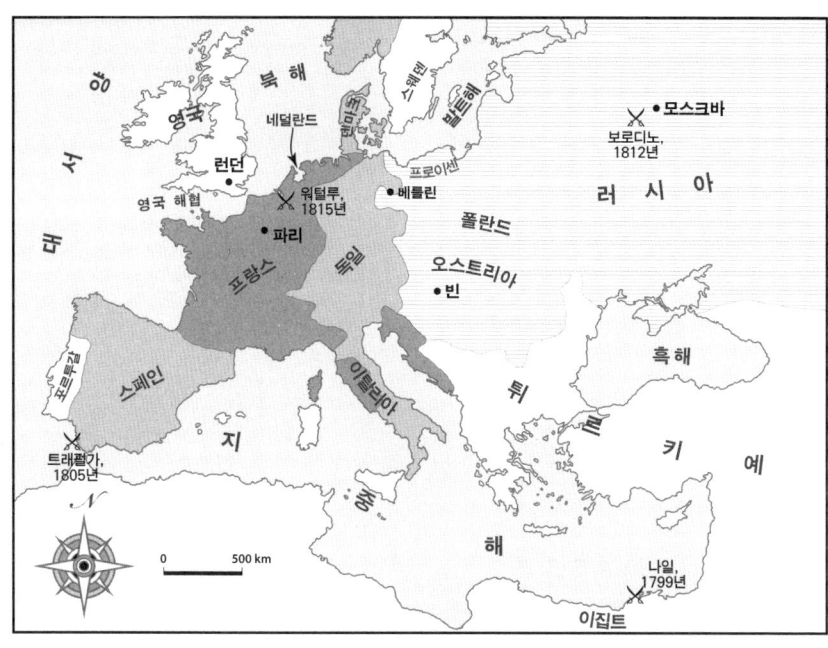

도판 7.9 새로운 로마: 1810년 나폴레옹 제국의 전성기. 프랑스(짙은 회색), 프랑스가 관리한 지역(연한 회색), 동맹국(가로선), 그리고 제국의 경계를 결정지은 전투 지역들도 함께 표시하였다.

패배는 면할 수 있었다. 1804년 나폴레옹은 "우리가 그곳[영국 해협]을 단 6시간만 장악해도 우리가 세계의 주인이 될 것"이라고 자신했지만,[95] 그런 일은 일어나지 않았다. 스페인이 프랑스에 함대를 지원한 후에도 마찬가지였다. 오히려 영국 해군이 200년 후 미군이 적군에 보여준 것과 비슷한 압도적인 우위를 누리며, 1805년 트라팔가르 해전에서 프랑스와 스페인 연합 함대를 전멸시켰다. 영국군 한 명이 사망할 때마다 열 명의 적군이 사망했다. 비극적이게도 전사한 영국인 가운데 무쌍의 지휘관 호레이쇼 넬슨이 있었지만, 해군 역사가 니컬러스 로저가 말하듯 영국은 트라팔가르 해전을 통해 "양적·질적·물질적·심리적 측면에서 실제적이든 잠재적이든 모든 적에 대해 이전에 누구도 갖지 못한 독보적인 해양 지배력을 확보하게 되었다".

거의 한 세기 동안 해협을 다시 열겠다고 진지하게 위협하는 적은 없었지만 트라팔가르 해전만으로 전쟁에서 승리하기에는 역부족이었다. 해상력을 이용해 프랑스의 식민지를 빼앗는 것 역시 효과가 없었는데, 프랑스에 남은 식민지가 거의 없었기 때문이다. (1799년 정권을 장악한) 나폴레옹은 식민지를 지키려고 싸우기는커녕 되레 식민지를 줄이는 데 열심이었고, 1803년에는 미국 중서부 대부분을 미국에 팔아넘겼다. 영국은 나폴레옹의 동맹국인 네덜란드로부터 실론(현 스리랑카)과 희망봉을 빼앗았지만 이것도 전쟁을 단축하는 데는 아무런 도움이 되지 못했다. 한편, 1807년 한 영국 장교가 상부의 명령도 없이 부에노스아이레스를 점령하고, 단독으로 스페인으로부터 라틴 아메리카를 해방시키겠다고 나섰다가 상황은 끔찍하게 악화됐다. 분노한 현지인들은 그의 군대의 절반을 죽이거나 포로로 잡았고, 서둘러 아르헨티나로 몰려갔던 영국 상인들은 전 재산을 잃었다.

대륙 동맹에 대한 자금 지원은 더욱 도움이 되지 못했다. 막대한 재정 지출에도 불구하고 영국은 새로운 프리드리히 대왕을 찾지 못했다. 동맹국들은 계속 패배했고, 1807년까지 나폴레옹은 연달아 네 번의 연합을 깨뜨렸다. 그해 여름 나폴레옹이 러시아와 협상 테이블에 마주 앉았을 때(러시아 차르의 첫마디가 "나도 당신만큼이나 영국을 싫어합니다"였다는 일화가 전해진다),[96] 나폴레옹은 로마 시대 이후 그 누구도 누리지 못한 수준으로 유럽을 지배하고 있었다(도판 7.9).

1750년대의 루이 15세조차 나폴레옹만큼 영국의 세계적 입지를 깨뜨리는 데 근접하지 못했다. 나폴레옹이 자기 책 귀퉁이에 적어놓은 글은 그가 10대 때부터 인도의 전략적 중요성을 이해하고 있었고,

1798년 아일랜드 반란이 격렬하게 일어나고 있을 때 대담한—심지어 환상적인—계획을 세웠음을 보여준다. 스스로 새로운 알렉산더 대왕이 되어 이집트를 정복한 다음 동쪽으로 진군하여 현지의 왕자들과 협력해 동인도 회사를 몰아내겠다는 것이었다. 나폴레옹은 벵골 지도를 손에 쥐고, 인도 마이소르의 반영국 통치자 티푸의 궁정에 파견됐던 전 프랑스 대사와 함께 영국의 감시를 피해 지중해를 건넜다. 프랑스 외무장관은 "이집트를 점령해 요새화하고, 수에즈에서 인도까지 1만5000명의 군대를 보내 티푸 술탄과 합류해 영국군을 몰아낼 것"이라고 발표했다.[97]

나폴레옹은 이집트가 '세계의 지리적 열쇠'라고 주장했다.[98] 실제로 그렇게 된 것은 1869년 수에즈 운하가 개통된 이후였다. 또한 나폴레옹은 이집트가 언젠가 영국을 몰아낼 거라고도 말했지만, 이는 1956년(당시 프랑스는 영국 편이었고 영국은 이미 인도를 잃은 상태였다)이 되어서야 실현됐다. 1798년의 현실에서 이집트에서 인도를 침공하러 가는 데에는 군사·보급상의 난관이 너무 많았기 때문에, 많은 역사가는 나폴레옹의 인도양 전략을 단순한 선전으로 간주한다. 어쨌든 영국 함대가 1759년에 버금가는 대담함으로 나일강 하구에서 나폴레옹의 함선을 파괴하면서 이 문제는 무의미해졌다. 나폴레옹은 바로 군대를 사막에 버리고 도망쳐 프랑스로 돌아갔다.

이렇게 영국은 위험을 모면할 수 있었다. 하지만 아일랜드 반란 때와 마찬가지로 이번 일도 영국 관리들의 경각심을 일깨웠다. 동인도 회사는 몇 년 동안 인도 왕자들의 군대 강화에 도움을 주고 있는 프랑스 용병들을 갈리아의 큰 음모의 일부라고 판단하고 공격에 나섰다. 1799년 수도 성벽에서 티푸를 죽이고, 4년 뒤에는 프랑스에서 훈련받은 마라타 연맹의 군대를 아사예에서 격파했다. 영국군 사령관은 "내 생애 이렇게 혹독한 전투는 없었다"며 "다시는 이런 상황에 처하지 않기를 신께 기도한다"고 고백했다.[99] 하지만 아사예에서의 승리 이후 회사는 인도 대부분을 집어삼켰다. 인도를 방문한 한 제독은 "우리가 이 나라에서 세력을 불리는 꼴이 꼭 당신네 친구 보니Bony(나폴레옹 보나파르트)가 유럽에서 하는 일 같아 두렵네"라고 뼈 있는 농담을 했다.[100]

인도에서 좌절한 나폴레옹은 번뜩이는 아이디어로 대응했다. 영국은 트라팔가르 해전에서 승리한 후, 엘리자베스 시대 스페인과의 전쟁 이후 모든 전쟁에서 그랬던 것처럼 대륙의 항구들을 봉쇄했다. 하지만 나폴레옹은 유럽이 영국과의 무역에 의존하는 것보다, 영국이 유럽과의 무역에 더 의존한다고 생각했다. 나폴레옹은 대륙의 모든 주요 항구를 장악하고 있었고, 영국이 봉쇄를 원한다면 그렇게 하게 놔두었다. "육지의 힘으로 바다를 정복하겠다"고 선언한[101] 그는 동생에게 편지를 보내 "영국이나 영국 식민지에서 오는 배는 (…) 어떤 항구에서도 받지 않겠다"고 선언했다.[102]

그 결과는 즉각적이고 잔인했다. 1806년 4100만 파운드에 육박하던 영국의 수출액은 1808년 3500만 파운드까지 떨어졌다. 1810년에는 맨체스터에서 대형 기업 다섯 곳이 파산했다. 일자리는 줄어들고 임금은 하락했으며 밀 가격은 50퍼센트 올랐다. 1690년대 루이 14세가 자신의 민간 무장선들을 풀어놓아 배들의 통행을 막았던 때와 달리, 인구가 급증한 영국은 이제 매년 바닷길로 식량을 수입해야 했다. 1915~1917년과 1941~1943년 대서양 전투에서 보았듯이, 1810년대 초에 기근의 유령은 가까이에 있었다. 1811~1812년에는 식량 폭동이 영국을 뒤흔들었다.

웰링턴 공작은 잘 알려진 바와 같이 워털루 전투를 "인생에서 본 것 중 가장 아슬아슬한 승부"라고 했지만,[103] 1807~1812년의 경제 전쟁은 그보다 더 아슬아슬한 전쟁이었다. 유럽인들이 수입산 설탕, 커피, 담배를 그토록 절실히 원하지 않았다면, 나폴레옹이 승리할 수 있었을지도 모른다. 그러나 영국에 대한 보이콧은 유럽 대륙의 모든 밀수업자를 영국의 동맹으로 만들었다. 암시장에 접근할 수 있는 사람은 누구나 그곳을 이용했다. 나폴레옹의 아내는 가장 심한 위반자 중 하나였고, 나폴레옹의 동생은 도가 지나쳐 왕좌*에서 쫓겨났다. 이 무역 전쟁은 가망이 없었다. 1807년 나폴레옹이 폴란드를 침공했을 때, 유럽 대륙에 충분한 양의 외투와 신발을 생산할 수 있는 공장이 없었기 때문에 그의 군대는 영국산 외투와 군화를 사와야 했다.

그래도 나폴레옹이 무역 전쟁에서 승리할 수 있었을지도 모른다. 만약에 영국의 금융 기관들이 그토록 견고하지 않았고, 납세자들이 그토록 결연하지 않았으며, 금융가들, 특히 독일계 유대인인 로스차일드 가문이 그토록 기민하지 않았다면 말이다. 영국은 계속해서 새로운 시장을 찾아냈다(1807년 부에노스아이레스에서의 참패조차 남미에서 영국을 내쫓을 수 없었다). 호황과 불황을 오가면서도 1793년에서 1815년 사이에 정부의 관세·소비세 수입은 세 배로 늘었고, 다른 세금 수입은 이보다 더 크게 증가했다. 소피트는 1797년에 영국 최초로 소득세를 도입했고, 1815년에는 소득세와 새로 도입된 재산세 수입이 열 배로 늘어났다.

---

* 홀란트 왕국.

도판 7.10 「평화와 풍요」: 토머스 롤랜드슨의 1814년 판화가 모든 것을 말해준다.

금융 시장은 영국에 대한 신뢰를 잃지 않았다. 국가 부채는 네 배로 불어났지만, 정부는 1815년까지 연간 3200만 파운드에 달하는 이자를 계속 지급하고 새로운 대출 기관을 유치했다. 결국 돈은 루이 14세, 15세, 16세를 패배시킨 것처럼, 나폴레옹도 무너뜨렸다. 구식의 사고방식을 가진 나폴레옹의 경제 고문들은 상황을 더 악화시켰다. 1810년 영국이 대흉작으로 곡물난을 겪자, 나폴레옹에게 봉쇄를 풀고 배고픈 영국인들에게 곡물을 팔면, 결국 영국의 금이 바닥나리라고 장담한 것이다. 그러나 현실은 그렇지 않았다. 어떤 상황에서도 영국은 언제든지 금을 더 빌릴 수 있었다.

한 계산에 따르면 1807년부터 1812년까지 영국의 생활 수준은 매년 1~2퍼센트씩 하락했지만, 프랑스의 생활 수준은 거의 두 배나 빠르게 하락했다. 결국 무너진 것은 영국의 은행가나 상인이 아니라 나폴레옹이었다. 나폴레옹은 무력만이 포르투갈과 스페인을 통한 밀수를 막는 방법이라고 스스로를 설득하며 전략적 자아도취에 빠져들었다. 1807~1808년 나폴레옹이 두 나라에 군대를 투입하자, 반란이 일어나 그의 군대를 집어삼켰다. 영국은 이 기회를 놓치지 않았다. 1811년 웰링턴 공작은 10만 명의 병력—한 세기 전 말버러 공작이 저지대 국가들에 배치한 병력보다 많은—을 스페인에 배치했다. 그러자 나폴레옹은 30만 명의 병력을 투입했다.

이 반도 전쟁만으로 프랑스를 무너뜨릴 수는 없었지만, 이 전쟁의 여파는 다른 것에도 영향을 미쳤다. 1812년, 여전히 무력으로 영국을 봉쇄할 수 있다고 믿었던 나폴레옹은 러시아까지 침공했다. 이는 지나친 도박이었다. 눈 속에서 50만 명의 병력이 사라졌고, 이 공백은 아무리 뛰어난 전술로도 만회할 수 없었다. 2년 후, 영국이 지원한 또 다른 대프랑스 동맹(제7차)이 파리에 입성했다. 곳곳에 안도감이 넘쳐났다(도판 7.10). 영국 교회의 종들은 승리를 알리며 울렸고, 출판업자들은 너무 많은 전황 속보를 인쇄해서 잉크가 떨어질 정도였다. 한 애국적인 성직자는 친구에게 "얼마나 압도적인 사건인지! 우리가 살아 있는 동안 이 이상의 뉴스는 없을 거네. 앞으로 신문은 회계장부처럼 따분해지고, 정치는 달걀 흰자처럼 밋밋해지겠지"라고 편지를 보냈다.[104]

하지만 이 또한 빗나간 예측이었다. 1년 만에 나폴레옹은 새로운 군대를 이끌고 돌아왔다. 영국은 대륙 동맹의 후원자라는 전통적인 역할 대신 전투의 주도권을 쥐고, 저지대의 오래된 외벽에 있는 워털루에서 나폴레옹과 정면으로 맞섰다. 워털루 전투는 끔찍한 나폴레옹식 전쟁의 기준에서도 손꼽히는, 처절한 '고기분쇄기meatgrinder'였다. 웰링턴 공작 참모진의 거의 모든 장교를 포함해 양군 병력의 3분의 1이 전사하거나 부상을 입었다. 공작의 보좌관은 피 묻은 군복을 갈아입을 겨를도 없이 배를 타고 런던으로 돌아갔다. 그는 창밖으로 세 개의 프랑스군 독수리 깃발을 내보이며 프렌치 이글French eagle* 마차를 타고 웨스트엔드를 질주했다. 그는 사교 무도회에 있던 왕자에게 승리의 소식을 전했고, 무도회는 흥분의 도가니가 되었다. 사람들이 거리로 쏟아져 나와 "신이 왕을 구하셨도다!"라고 환호했다.

'나폴레옹 완전 격파!' 몇 시간 후 『모닝 크로니클』은 대서특필했다. "웰링턴 공작이 거둔 가장 찬란하고 완벽한 승리를 속보로 전합니다. 이 승리는 영국의 영광스러운 이름을 영원히 드높일 것입니다."[105] 이후 100년 동안 매킨더 지도만이 유일하게 중요한 지도가 되었다.

---

* 나폴레옹 군대를 상징하는 독수리 깃대.

8장
넓게 더 넓게

1815~1865년

세계 체제

워털루 전투 9일 전, 빈 회의에서 수개월에 걸친 논의 끝에(도판 8.1) 프랑스를 제외한 모든 유럽 강대국 대표들이 모여 전후 유럽의 모습을 규정한 '최종 의정서'를 발표했다. 1713년 위트레흐트 조약 당시까지만 해도 대륙 세력 균형은 급진적인 토리당의 구상이었지만, 1815년 빈에서는 거의 모든 정치가가 이를 나폴레옹 전쟁과 같이 약 500만 명의 사망자를 낸 전쟁을 피할 수 있는 유일한 방법이라고 받아들였다. 이 의정서는 또한 영국 지도자들이 원하던 것을 정확히 제공해줬다. 견고한 외벽, 안전한 뒷문, 2~4위 국가의 해군을 합친 것만큼 강력한 해군, 해상에서 영국에 도전하기 위한 전 단계로 대륙 통합을 꿈꾸는 경쟁자가 없는 상태. 대처의 법칙은 중단되었다.

하지만 대처의 법칙이 폐기된 것은 아니었다. 후대의 작가들은 1815년 이후 영국이 "유럽에서 영예롭게 고립된 나라"였다고 향수에 젖어 회상하지만,[1] 당시의 정치가들은 그런 환상을 품지 않았다. 이후 50년

도판 8.1 유럽-지중해 무대, 1815~1865년(합스부르크 제국과 오스만 제국의 국경선은 1830년을 기준으로 표시).

동안 대처의 법칙을 억제하기 위한 투쟁은 유럽 무대에서 영국의 역할을 없애기보다는 오히려 심화시켰다. 끊임없이 변화하는 역할 속에서 매킨더 지도의 중심이라는 위치를 활용하려던 영국의 구상도 복잡해졌다. 점점 더 상호 연결되는 세계 시장은 오히려 영국 내부의 정체성, 이동성, 번영, 안보, 주권에 혁명을 일으켰다.

역사학자 J. R. 실리는 1883년에 영국이 "무심코 세계의 절반을 정복했다"[2]라고 말한 일로 위선자라는 조롱을 받기도 한다. 하지만 그의 말이 맞는 점도 있다. 세계 무대 중앙에서 주연 역할을 어떻게 할지에 대한 각본은 누구에게도 없었다. 영국인들은 그때그때 상황에 맞춰 즉흥적으로 대응했다. 자신들이 무엇을 하고 있는지 완전히 이해하지 못한 채 워털루 이후 반세기 동안 변화하는 지리적 의미에 맞춰 대응하며, 이전 어떤 제국보다 더 크고, 부유하며, 강력할 뿐만 아니라 섬세하게 균형 잡힌 조직을 만들어냈다.

이 제국의 일반적인 지도—우리 중 일부가 학창 시절에 접했을 영토가 분홍색으로 칠해진 지도—는 빅토리아 시대 영국인들이 건설한 제국의 모습을 제대로 보여주지 못한다. 이 제국이 너무 크고 새로웠기에 몇몇 사회학자와 역사가는 더 이상 제국이 아니었다고 말하기도 한다. 그것은 지구 전체를 감싸는 접속점과 연결선으로 이루어진 다차원 네트워크, 세계 체제world-system였다. 당시 세계 체제는 인류가 만들어낸 가장 복잡한 유기체였지만 누가 이 유기체의 설계자인지는 정확하지 않았다.

그레이트 게임*

1815년 당시 영국의 최우선 과제는 국가 부채를 낮추고 프랑스에서 또 다른 나폴레옹의 출현 가능성을 없애는 것이었다. 이 두 가지 문제를 동시에 해결하는 최선의 방법은 오스트리아, 러시아와 함께 프랑스를 점령, 감독하는 비용을 분담하는 것으로 보였다. 이러한 세력 균형 전략은 필연적으로 새로운 우려를 불러일으켰다. 프랑스가 너무 약해지면 러시아나 오스트리아가 너무 강해지기에, 영국은 이를 견제하기 위해 프로이센을 균형추로 키웠다. 그러나 프로이센이 다시 강해지면 그 자체로 위협이 될 수 있었기에, 또한 영국은 프로이센(또는 오스

---

* 중앙아시아의 패권을 차지하기 위한 대영 제국과 러시아 제국 간의 전략적 경쟁이자 냉전을 총칭하는 의미다.

트리아)이 독일의 작은 국가들을 통합하지 못하도록 끊임없이 간섭해야 했다. 각각의 해결책은 새로운 문제를 초래하거나 국가 간 이해관계를 복잡하게 만들었다. 원칙적으로 영국은 특히 무역 자유화를 통한 유럽에서의 자유주의 확산을 선호했지만, 러시아, 프로이센, 오스트리아의 독재자들의 너무 많은 자유는 국가의 위험 요인이라고 여겼다. 1822년에 이미 영국, 오스트리아, 러시아는 리스본에서 아테네에 이르기까지 남부 유럽을 뒤흔든 자유주의 봉기에 대한 견해차로 사이가 틀어졌다.

갈등들은 자유주의자와 보수주의자들이 원칙보다 세력 균형을 우선시하는 한 관리 가능한 상태로 유지되었지만, 지정학은 불안한 동맹을 지속적으로 만들었다. 1821년 보수적인 러시아는 튀르키예를 약화시키는 것이 주요 목표 중 하나였기 때문에 오스만 제국에 대항하는 그리스 민족주의 봉기를 은밀히 부추겼다. 하지만 평소 작은 국가들을 옹호하던 자유주의 국가 영국은 러시아의 지중해 진출을 막을 만큼 튀르키예가 강하기를 원했기 때문에 봉기에 반대했다. 그러나 이후 그리스의 자유를 지지하는 입장으로 돌아섰고, 심지어 반란군에게 자금을 빌려주기도 했다. 곧 반란군이 전혀 자유주의적이지 않다는 사실이 밝혀졌지만, 그때쯤에는 독립한 그리스가 러시아를 봉쇄할 최선의 방법처럼 보였고 영국은 그리스의 주요 후원자가 되었다.

지정학은 외벽에 있어서 훨씬 더 중요했다. 1830년 벨기에인들이 15년 전 빈 회의에서 결정된 네덜란드의 지배에 반기를 들었을 때 영국 외교관들은 충격을 받았다. 하지만 프랑스가 반란을 지원하고 벨기에 영토의 분할을 제안해 프랑스어권 지역을 파리의 지배하에 두려 하자 영국은 네덜란드 친구들을 포기했다. 벨기에가 독립되고 영토가 온전한 상황의 이점이 갑자기 매력적으로 보였다. 특히 마침 영국 시민권을 지닌 독일 왕자(이후 그의 조카 앨버트가 빅토리아 여왕과 결혼할 예정이었다)가 벨기에를 통치한다면 더욱 그랬다. 결국 영국은 프로이센을 비롯한 강대국들을 설득해 벨기에의 국경을 보장한다는 약속을 받아냈고 그에 따라 영국의 외벽을 확보하는 외교적 성과를 거둔다. 이는 1914년에 중대한 결과를 낳는다.

1830년에 독일은 영국에게 큰 걱정거리가 아니었다. 프랑스의 2위 자리를 뺏은 새로운 거인이 나타났는데, 바로 러시아였다. 오랫동안 러시아는 우려의 대상이었지만 먼 나라에 불과했다. 그러나 이제 러시아는 균형을 맞출 수 없을 만큼 커지고 있었다. 인구는 영국의 두 배, 병력은 여섯 배였으며, 영토는 독일 국경에서 일본 국경까지 확장하고 있었다. 18세기 동안 영국이 아시아 무대에서 보인 행동은 유럽 무대에서와 여러 면에서 차이가 뚜렷했는데, 유럽 무대에서는 세력 균형을 추구했던 반면, 아시아 무대에서는 제국주의를 추구했다. 무굴 제국의 붕괴 이후 인도를 회사 국가로 만들어 초강대국이 된 영국은, 러시아 차르가 국경을 맞대고 있던 붕괴 직전의 오스만, 카자르, 청 제국에서 같은 일을 벌이지 못하도록 막으려 했다(도판 8.2). 대영제국에 광대한 새 영토를 추가하는 것은 관심의 대상이 아니었기 때문에, 연이어 들어선 영국 정부들은 그 대신 불안정한 아시아 통치자들을 지원하여 상트페테르부르크*에 대항하는 방벽으로 삼고자 했다. 이로 인해 18세기에는 별개 무대였던 유럽과 아시아가 19세기에 하나의 유라시아 무대로 통합되었고, 이곳에서 영국과 러시아는 스파이, 암살자, 그

---

* 러시아 정부.

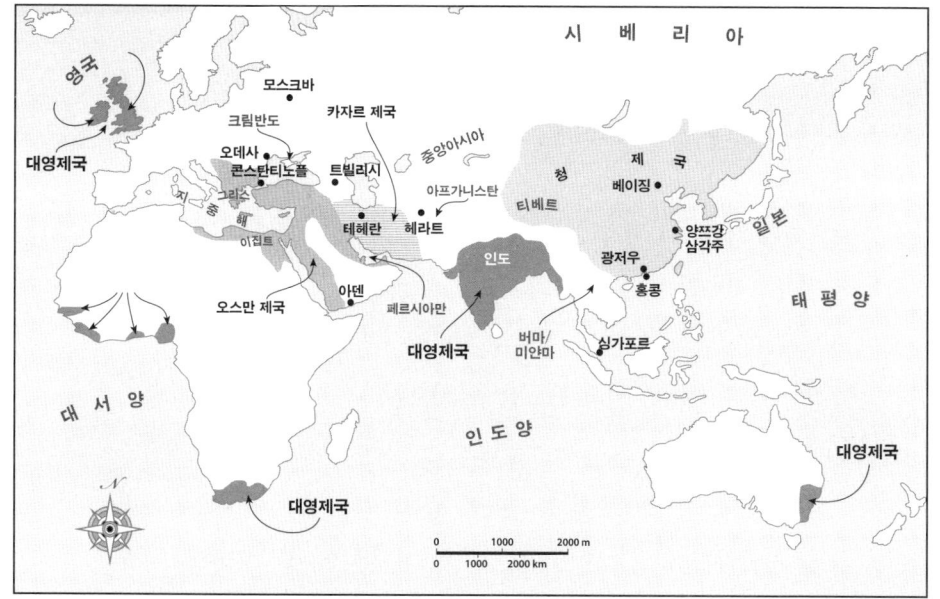

도판 8.2 그레이트 게임의 무대, 1815~1865년(1830년 기준으로 표시).

리고 (나중에 언급될 이유로) 지도 제작자들이 얽힌 치명적이고 비밀스러운 투쟁을 벌이게 된다. 키플링은 잘 알려진 바와 같이 이를 '그레이트 게임the Great Game'이라고 불렀다.³

초기 전선은 튀르키예 지역에 집중되었다. 러시아는 이미 한 세기 동안 튀르키예의 콘스탄티노플(러시아는 '차르그라드'라고 불렀다)을 거쳐 지중해로 진출하려고 애써왔다. 1820년대 역대 차르들은 그리스인들을 포함한 가톨릭 신민들의 보호자를 자처하며 오스만 제국을 압박했다. 1831년 오스만 제국의 이집트 총독이 반란을 일으키자 나폴레옹 시대부터 이집트와의 관계를 유지해온 프랑스는 오스만 제국을 분할하라는 러시아의 요구에 힘을 실었다. 영국의 국익이 타격을 입을 것이 확실해 보이자, 외무장관 파머스턴 경이 오스만 제국을 서유럽 무역에 개방하는 협상을 중재하게 되었다. 오스만 제국과 무역이 가능해진 프랑스는 러시아를 막기 위해 영국을 지지할 이유가 생겼고, 1853년 러시아가 오스만 제국 내 가톨릭교도들을 종교 탄압으로부터 보호하기 위해 개입하자 프랑스는 영국, 오스만 제국과 함께 크림반도를 침공하기까지 했다. 그 후의 전쟁은 여러 군사적 실책 그리고 병원에 위생 개념을 도입하려는 플로렌스 나이팅게일의 노력으로 가장 잘 알려져 있다. 전쟁은 영국에도 안 좋았으나 러시아를 더 나쁜 상황으로 몰고 갔고, 결과적으로 20년간 오스만 제국을 내버려두게 되었다.

페르시아는 사정이 달랐다. 처음에 튀르키예보다 페르시아의 문제가 덜 시급하다고 생각한 영국은 러시아의 침략에 맞서 도움을 구하는 카자르의 요청을 무시했고, 그 당연한 결과로 페르시아 샤shah와 러시아 차르가 협정을 맺었다. 러시아의 격려하에 페르시아는 1836년 동쪽으로 방향을 틀어 불길하게도 '인도의 관문'으로 알려진 오아시스 도시 헤라트를 포위했다. 이는 영국의 주의를 끌었다. 페르시아가 헤라트로 가는 길을 열어주고, 러시아인들이 그 길을 따라 델리까지 걸어갈 수 있다면 영국 함대가 무슨 소용이겠는가?

실제로는 러시아에서 헤라트 사이에는 1000킬로미터에 달하는 대초원, 사막, 산들이 길을 막고 있고, 헤라트에서 델리까지는 또 다른 1000킬로미터가 가로놓여 있었다(도판 8.3). 나폴레옹의 이집트 원정 이후 40년이 지났어도 당시 유럽인들은 중앙아시아에 대한 제대로 된 지도를 갖고 있지 못했다. 그리하여 러시아와 페르시아에 대응하기 위해 인도의 강경파들은 1839년 아프가니스탄을 침공하여 인도의 외벽으로 삼기로 결정했다. 이것은 잘못된 발상이었고, 실행도 엉망이었다. 관련된 사람 대부분이 죽었다. 그러나 당시 현장에 있던 이들에게

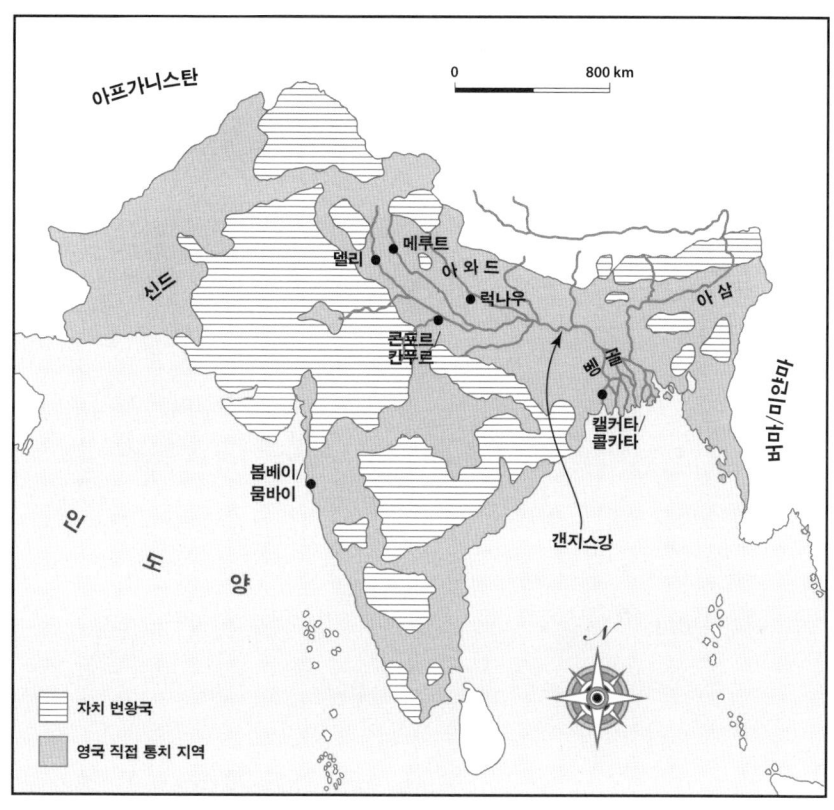

도판 8.3 남아시아 무대, 1815~1865년(1857년도의 국경선).

는 지극히 합리적으로 보였던 일이기도 하다. 동인도 회사는 1740년 대부터 대부분의 문제를 무력으로 해결해왔다. 런던이 필사적으로 중단하라는 지시를 했음에도 불구하고 회사는 1819년부터 1839년 사이에 싱가포르, 버마, 아삼, 아덴으로 진격해 총칼로 현지의 문제를 해결했다. 잘 알려진 이야기에 따르면, 현재 파키스탄 일부인 신드의 비옥한 땅은 침략하지 말라는 명령을 무시한 한 정복자는 이에 대한 뉘우침도 없이 고전 교육을 받은 상급자들에게 단 한 단어짜리 전보를 보냈다고 한다. 최악의 말장난으로 꼽히는 이 단어는 '페카비Peccavi'였다.[4] 라틴어로 '나는 죄를 지었다'라는 뜻이지만, 동시에 '나는 신드를 차지했다'라는 의미이기도 하다.*

회사는 러시아의 위협이 없는 곳에서도 똑같이 탐욕스러웠다. 1848년에는 '소멸 원칙'을 선포해 직계 후손이 아닌 양자를 후계자로 둔 속국 군주의 땅을 몰수할 수 있다고 주장했다. 8년 뒤에는 정당한 후계자가 있는 아와드 왕국까지 점령했다. 이로 인해 지역 엘리트들이 갖고 있던 마지막 신뢰마저 무너졌다. 무굴 제국에서 유일한 생존 지역인 델리가 다음 차례라는 것은 비밀이 아니었다. 영국 총독은 "아들들 중 누구를 후계자로 선택하더라도 쓸데없는 짓일 것"이라고 말하고 다녔다.[5]

동인도 회사는 한 세기 동안 스스로가 무굴 제국의 대리 기관에 불과하며, 원주민을 대신해 인도를 통치하고 있다는 허구를 퍼뜨려왔다. 회사 직원들은 그 역할을 수행하며 종종 엘리트 인도인처럼 생활했다. 학구적인 유형은 산스크리트어를 공부했고, 다른 이들은 원주민 의상을 입고(습한 벵골에서는 좋은 생각이었다), 매운 음식을 즐기며, 인도의 성 관습을 적극적으로 받아들였다. 델리의 첫 영국인 총독은 매일 저녁 열세 명의 아내와 함께 각각의 코끼리에 올라타고 성벽 주위를 산책했다고 전해진다. 그러나 1820년대에 이르러 영국에서 온 관리들은 종종 매우 다른 모습을 보였다. 백인의 인종적 우월감이 고조되는 가운데 기독교가 더 강성해졌다. 한 관리는 "아시아 영토가 우리에게 주어진 것은 단지 매년 이익을 얻기 위해서가 아니라, 오랫동안 어둠과

---

* 죄를 뜻하는 'sin'과 신드를 뜻하는 'Shidh'의 발음의 유사성을 이용한 말장난이다.

악과 불행에 빠져 있던 주민들에게 진리의 빛과 선한 영향력을 전파하기 위해서"라고 설교했다.[6]

한 총독이 '인도의 도덕적 재생'[7]이라고 말한 정책이 완전히 거짓인 것은 아니었다. 무굴 제국의 황제들은 150년 동안 사티suttee(남편의 장례식에서 미망인을 화형에 처하는 행위)를 근절하기 위해 노력했지만 실패했는데, 동인도 회사가 1829년 마침내 근절시켰다. 그러나 영국을 존경하는 인도인조차 강제적인 기독교 개종에는 거리를 두었다. 델리 영어대학의 한 학생은 "대다수 영국 신사들이 우리를 대하는 냉담하고 경멸적인 태도는 우리 마음에 상처를 주고 영국 통치의 축복을 잊게 만든다"고 불평했다.[8] (열세 명의 부인을 거느린) 첫 델리 총독도 같은 의견이었다. "그러한 비하로 인해 인도인들에게 우리가 호감을 얻지 못할까 두렵습니다."[9]

동인도 회사는 과거에도 심각한 불만들을 무력으로 진압한 바 있지만, 1850년대에는 두 가지 문제로 인해 불만이 더 증폭되었다. 하나는 값싼 영국산 직물로 인해 수백만 명의 직공이 일자리에서 쫓겨남으로써 생긴 시골의 기아 문제였다. 다른 하나, 더 심각한 문제는 그동안 억눌려 있던 군대 내부의 분노였다. 문제가 된 것은 이미 인종 차별과 임금 하락에 불만을 품고 있던 30만 명의 인도인 병사에게 지급된 소총과 탄약이었다. 탄약은 총구에 맞게 매끄럽게 들어가도록 기름칠된 종이 카트리지에 포장되어 있었는데, 이를 사용하기 위해서 병사들은 카트리지를 입으로 물어뜯어 화약을 풀어놓은 다음 매끄러운 카트리지를 소총에 밀어넣어야 했다. 그런데 정부가 주문한 카트리지는 돼지고기와 소고기로 기름칠되어 있었고, 힌두교와 이슬람교도들에게 이 가증스러운 기름을 입에 대는 것은 엄청난 모욕이었다. 문제가 된 카트리지는 즉시 회수되었지만, 모욕감은 오래 남았다. 메루트에서 일어난 반란에 대한 잘못된 대응으로 반란은 델리로 퍼져나갔고, 놀랍게도 82세의 무굴 황제가 반감금 상태에서 구출되어 반란의 지도자로 추대되었다. 몇 주 만에 영국은 북인도의 대부분을 잃었다.

1857년은 잠시 동안 1776년만큼 위협적으로 보였지만 무굴 황제는 조지 워싱턴이 아니었다. 농민, 군인, 도시 엘리트, 왕자들은 각자 원하는 것이 달랐고, 이들이 함께 행동하지 못하자 영국 증원 부대가 점차 전세를 역전시켰다. 콘포르(지금의 칸푸르)에서의 유럽인 학살과 러크나우에서의 격렬한 포위전에 대한 자극적인 보도가 이어지면서 영국의 자유주의자들조차 자극을 받고 극단적인 폭력을 용인했다. 깊이 억눌려 있던 증오가 터져나왔고, 양쪽에서 사악한 행위가 자행되었다. 일부 영국인들은 인도 반군이 인도 내 유럽인 일곱 명 중 한 명을 죽였지만, 자신들은 기껏해야 250명 중 한 명의 인도인을 죽였다면서 스스로의 행동을 정당화했다. 하지만 인도인들은 이 말이 영국이 6000명의 죽음을 되갚아주기 위해 100만 명이 넘는 인도인을 죽였다는 의미라고 응수했다. 어느 쪽에서 보든 암울한 대차대조표였다. 이 사건은 인도인들이 제국을 지지한다는 관념을 무너뜨렸다. 결국 영국 의회가 개입하여 동인도 회사와 무굴 제국을 폐지하고, 직접 통치에 나섰다.

무엇보다 이 반란*은 영국이 더 이상의 유혈 사태에 휘말리지 않도

---

* 명칭만큼 역사학자들을 흥분하게 만드는 주제도 많지 않다. 영국에서 몇 세기 동안 사용된 '인도 폭동Indian Mutiny'이라는 명칭은 이제 대체로 사건을 폄하하는 표현으로 여겨진다. 인도, 파키스탄, 방글라데시의 역사학자들은 보통 이를 '제1차 인도 독립 전쟁'이라 부르고, 서양 학자들은 좀더 중립적으로 들리는 단어인 봉기Uprising, 항쟁Revolt, (1850년에 가장 많이 사용된) 반란Insurrection을 쓰고 있다. ―지은이

록 아시아의 나머지 제국들을 안정적으로 관리해야 할 필요성을 보여주었다. 따라서 모든 시선은 중국으로 향했다. 청 제국이 수십 년째 내부의 반란들과 싸우고 있었기 때문이다. 그때까지 청에 대한 영국의 지원은 미온적이었다. 런던은 러시아의 침략에 저항할 수 있을 만큼 강한 중국을 원했지만, 다른 한편으로는 자신들의 보호무역주의 정책을 강제할 수 있는 약한 중국을 원했다. 1757년 이후 서양 상인들은 캔턴(지금의 광저우)에만 들어갈 수 있었고, 중국 관리들이 유일하게 허용한 거래 품목은 은이었다. 이는 바로 동인도 회사에서 문제가 되었는데, 영국에서 중국산 차에 대한 수요가 급증하면서 회사의 은 보유량이 점점 줄어들고 있었기 때문이다. 회사 직원들은 기발하지만 끔찍한 해결책을 찾아냈다. 중국 관리들이 무엇을 원하든 중국인들은 아편을 원했고 세계 최고의 아편은 인도에서 생산되니, 회사는 인도산 아편을 광저우 중독자들에게 팔아 은을 벌고, 은으로 차를 사서 영국에 팔아 모든 단계에서 이윤을 챙기겠다는 것이었다. 1830년대에 이르자 이 거래를 통해 중국 흡연자들은 매년 10톤 이상의(200만~300만 명을 영구적으로 중독시킬 수 있는 양) 아편을, 영국 상인들은 중국의 모든 차를 공급받을 수 있었다.

아편 확산과 막대한 은화 유출이라는 이중고에 시달리던 청나라 정부는 1839년 마약과의 전쟁을 선포하고 외국 중개상들로부터 수백 톤의 아편을 압수하여 폐기했다. 하지만 영국의 마약왕들은 감옥에 가기는커녕 오히려 200만 파운드의 손실 보전을 요구하며 멜버른 총리에게 로비를 벌였다. 텔레비전 시리즈 「빅토리아」에서 루퍼스 슈얼이 연기한 세련되고 재치 있는 모습과 달리 훨씬 더 고약한 인물이었던 멜버른 경은 결국 로비에 굴복했다. 당시 영국이 이집트, 페르시아, 아프가니스탄에서 위기를 겪고 있었음에도 불구하고 멜버른은 소함대를 광저우에 파견했다. 영국 함대는 중국의 방어선을 가볍게 뚫고, 베이징의 식량 공급을 차단하겠다고 위협했다. 청나라는 멜버른에 200만 파운드(이자 및 작전 비용은 따로)를 배상할 뿐만 아니라 상인과 선교사들에게 다섯 개 항구를 개방하고 홍콩을 기지로 넘기기로 했다.

영국의 행동은 18세기 벵골에서 했던 것과 유사했다. 인도에서와 마찬가지로 중국도 서양에 패배한 뒤 현지 정권은 불안정해졌고, 영국인들은 더 많은 양보를 요구했다. 1856년 청나라가 끝내 협조를 거부하자 영불 연합군은 한 세기 전 동인도 회사가 델리로 진격했던 것처럼 베이징으로 향했다. 영국의 사령관은 "제2의 인도를 손에 넣고 싶은 기분이 들면 청 제국을 합병할 수도 있다"고 단언했다.[10] 하지만 그가 1860년 자금성에 도착했을 때는 이미 인도의 봉기로 인해 합병은 바람직하지 않아 보였다. 원정대는 베이징을 불태워 정권을 무너뜨리는 대신 황제의 아름다운 정원인 이화원을 파괴하고 약탈하는 것으로 만족했다. 황제를 모욕한 영국은 황제의 군대가 청나라 내부 반란군과 싸울 수 있도록 용병(그리고 그 비용에 대한 대출)을 제공했다.

청이 멸망했다면 중국은 트빌리시*에서 티베트까지의 공간에서 이미 진행 중이던 게임보다 훨씬 더 큰 게임의 무대가 되었을 것이고, 이는 영국의 이익에 부합하지 않았다. 게다가 영국은 러시아만 상대하는 것이 아니라 중국에서 프랑스인, 그리고 점점 더 많은 미국인과도 맞붙게 되었다. 1848년 캘리포니아를 합병한 후 수천 명의 미국인이 고래를 잡거나, 성경을 전하거나, 광저우에서 아편을 팔기 위해 태평양

---

* 조지아의 수도.

을 건넜다. 미국 정부는 이들을 지원하며 1854년 함대를 파견해 일본을 강제로 개항시켰다. 러시아 견제가 이전에는 별개였던 유럽과 아시아 각각의 무대를 하나의 유라시아 무대로 연결했던 것과 마찬가지로, 이제 신생 미국과의 대결은 구세계 무대 전체를 신세계 무대와 연결했다.

신세계들이 열리다

해수면 상승으로 시베리아와 알래스카를 잇는 육지가 물에 잠긴 후, 1만 년 이상 구세계와 신세계는 거의 완전히 단절되어 있었다. 1492년 이후에야 구세계와 신세계가 다시 연결되었으나 그 혜택은 전적으로 구세계의 몫이었다. 인간, 동물, 미생물, 사상, 제도가 대서양을 건너 서쪽의 구세계로 흘러 들어갔고, 이는 미국 원주민에게 끔찍한 결과를 초래했다. 1823년이 되어도 이러한 불균형은 완전히 해소되지 않았다. 그해 미국 국무장관 존 퀸시 애덤스가 제임스 먼로 대통령에게 유럽인들이 아메리카 대륙을 '재식민지화'하려고 한다고 경고했다. 그는 "러시아가 캘리포니아, 페루, 칠레를, 프랑스가 멕시코를 차지할지도 모릅니다. 영국은 (…) 이 쟁탈전에서 적어도 쿠바섬을 자기 몫으로 삼고자 할 것입니다"(도판 8.4)라고 말했다.[11]

그러나 애덤스의 판단은 틀렸다. 대서양을 가로지르는 세력 균형은 여전히 유럽 쪽으로 기울어 있었지만, 쿠바 식민지는 영국이 결코 원치 않는 부담이었다. 아메리카의 진정한 매력은 시장이었다. 1820년 리오그란데에서 혼곶에 이르는 식민지 주민들이 리스본과 마드리드의 보호무역주의 정책에 대항하여 봉기를 일으키자, 영국 상품이 쏟아

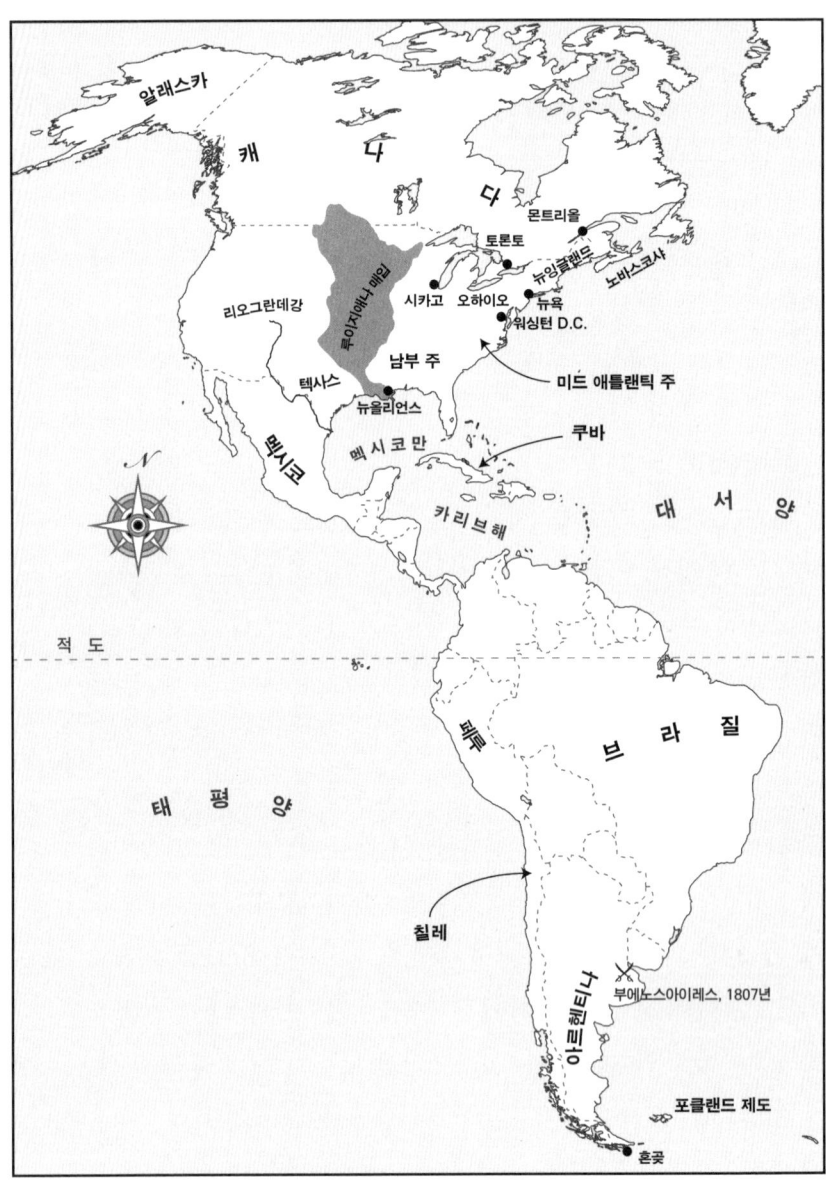

도판 8.4 아메리카 무대, 1815~1865년.

져 들어갔다. 영국의 외무장관 조지 캐닝은 이베리아 제국주의자들을 아메리카 대륙에 들어오지 못하도록 막을 수만 있다면, 1807년 부에노스아이레스를 자유무역에 개방시키려다 참담히 실패했던 것과 같은 일을 되풀이할 필요가 없다고 생각했다. 그래서 애덤스의 경고에 먼로가 "아메리카 대륙은 (…) 앞으로 어떤 유럽 열강에도 식민지화되지 않을 것이다"라고 선언했을 때,[12] 캐닝은 기뻐했다. 이제 아메리카 대륙에 제국주의자들이 들어오지 못하도록 막아야 하는 부담을 미국이 짊어진 것이었다. 캐닝은 "일은 끝났고, 못은 박혔다"고 썼다. "스페인령 아메리카는 자유다. 우리가 우리 일만 그르치지 않는다면, 이제 그곳은 곧 영국의 것이 된다. 미국은 승리를 외치겠지만, 정작 가장 많은 것을 잃게 될 이들은 미국일 것이다"라고 기록했다.[13]

영국은 1823년 이후에도 신대륙에서 무력 사용을 거의 포기하지 않았다. 1830년대와 1850년대 사이에 혼곶 일대의 무역을 보호하기 위해 포클랜드 제도를 점령해 기지로 삼았고, 페루, 아르헨티나, 브라질에의 투자금을 보호하기 위해 군함을 파견했다. 그러나 아메리카 무대에서 주로 활동한 영국 배우는 해군이 아니라 은행가나 중개업자였다. 그들은 사방으로 퍼져나가 커피, 설탕, 가죽, 구아노를 사들였고, 아메리카인들에게는 영국산 차, 직물, 철을 살 수 있도록 돈을 빌려줬다. 1850년까지 영국 수출입의 10퍼센트가 남아메리카에서 이루어졌는데, 수입과 수출 둘 다에서 남아메리카가 인도 다음으로 큰 비중을 차지했다. 캐닝이 "나는 구세계의 균형을 바로잡기 위해 신세계를 불러냈다"[14]고 한 발언은 뻔뻔했지만, 완전히 틀린 말은 아니었다.

영국과 미국의 상호 적대감에도 불구하고 북아메리카에서 영국의 역할은 남아메리카에서와 비슷한 방향으로 발전했다. 미국의 팽창에는 자본이 필요했고, 영국 은행들은 기꺼이 자금을 댔다. 가장 큰 은행인 베어링스는 1803년 제퍼슨이 루이지애나를 매입하고 새로운 땅에 면화 농장을 확장하는 데 자금을 지원했다. 관여한 모든 이에게 막대한 이익이 돌아갔지만, 그 노동을 위해 수입된 아프리카 노예들은 물론 제외였다. 노예의 존재는 미국에서 영국의 역할을 상당히 복잡하게 만들었다. 두 세기 동안 노예제 폐지론자들은 괴짜 취급을 받았지만, 이제 자유주의 여론은 인신매매에 반대하는 쪽으로 돌아섰다(하지만 그 산물은 반대하지 않았다. 영국인들은 어느 때보다 담배, 설탕, 면화를 더 많이 소비하고 있었다). 1807년 영국과 미국 정부는 대서양 노예무역을 금지했고, 1833년 영국은 더 나아가 제국 전역에서 노예제를 폐지했다. 영국이 노예무역으로 의심되는 미국 선박을 나포하면서 마찰이 끊이지 않았다. 1845년 미국이 텍사스를 합병한 주요 목적 중 하나도 영국이 먼저 차지하면 텍사스가 도망친 노예들의 안전한 피난처가 될 것이라는 두려움 때문이었다.

그러나 미국의 우려는 기우였다. 아메리카 내륙에서의 전쟁은 영국 지도자들이 가장 원치 않는 일이었기 때문이다. 영국은 남북 전쟁 때도 남부연합이 여러 차례 접근했음에도 불구하고 개입을 피했다. 영국과 미국 사이의 갈등은 조용히 협상을 통해 해결되었고, 캐나다만이 유일하게 남은 마찰의 원인이었다. 처음에는 미국인과 캐나다인 모두 캐나다가 미국으로 합병되는 것은 1824년 한 노바스코샤 주민이 말했듯, "모두가 반드시 일어날 거라 생각하는 사건"이라고 여겼지만,[15] 몇 년이 지나도 합병이 이루어지지 않자 이러한 생각은 점점 희미해졌다. 대신 전쟁의 두려움은 계속되었다. 1837년 캐나다군이 미국 영토에서 한 미국인을 살해했고, 1844년 제임스 포크가 '54도 40분이 아니면 전쟁을!Fifty-four forty or fight!'*이라는 구호를 내걸고 대통령 선거에 출마해 미국-캐나다 국경 위도를 두고 전쟁을 일으키겠다 위협했으며, 1859년에는 캐나다 돼지가 미국 감자밭에 들어갔다가 대치 상황을 불러왔다. 그러나 북아메리카 대륙은 땅이 너무 넓어서 한 영국 총리가 "몇 마일 정도 되는 음침한 침엽수 늪지대"라고 말한[16] 국경선을 두고 런던과 워싱턴이 싸울 이유는 없었다.

이런 식으로 업신여기는 태도가 일반적이었다. 영국 정치인들은 캐나다를 진지하게 받아들이지 않았다. 한 정치인은 캐나다가 "영국에서 망한 사람들이 마지막으로 찾아가는 곳. (…) 신사라 할 만한 자도 제대로 된 수입을 가진 자도 거의 없는 곳"이라고 말했다.[17] 하지만 이조차 영국인들이 이 시기에 개척한 다른 식민지 전초 기지를 바라보던 시선에 비하면 긍정적인 편이었다. 1770년 쿡 선장이 호주를 선점했을 때만 해도(도판 8.5), 지구 반대편에 있는 붉은 모래와 독충이 많은 대륙을 죄수들을 버리는 용도 말고는 달리 활용할 방법을 아무도 떠올리지 못했다. 1769년에 발견된 뉴질랜드는 그마저 적합하지 않아 보였다. 포경업자, 바다표범 사냥꾼, 선교사를 제외한 유럽인은 거의 가지 않았고, 영국이 이 섬들에 대한 영유권을 공식적으로 주장할 필요성을 느낀 것도 1840년이 되어서였다. 남아프리카는 그보다 매력이 적어 보였지만, 적어도 희망봉은 수천 명의 군인을 주둔시킬 만한 충분한 전략적 가치를 가지고 있었다.

1815년만 해도 호주, 뉴질랜드, 남아프리카는 말할 것도 없고, 캐나다가 미국 독립 이전의 13개 식민지에 버금가는 정착사회가 될 수 있

---

* 현재 오리건주의 북쪽 국경 위도는 54도 40분이다.

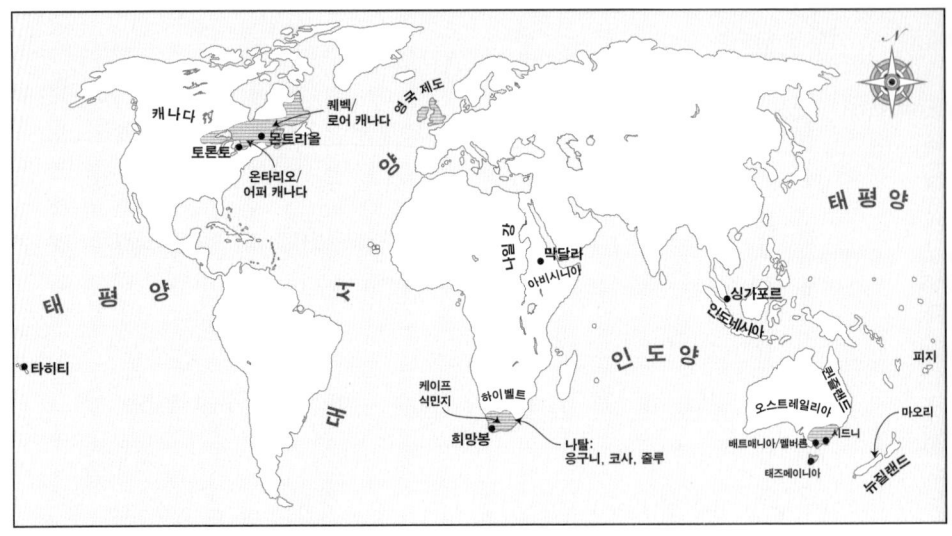

도판 8.5 세계 무대, 1815~1865년.

다는 생각은 터무니없어 보였다. 식민지 개척자 에드워드 기번 웨이크필드는 "여성에게 매력적이지 않은 식민지는 매력적이지 않은 식민지"라고 지적했다.[18] 이 거칠고 준비되지 않은 변방(편의상 이후에 붙은 이름인 '자치령Dominion'이라고 부르겠다)에서는 누구도 가정을 꾸리고 싶어하지 않았다. 실제로 1830년대에 한 식민지 장관은 대부분의 영국 정치인이 "식민지 보전은 우리에게 득이 되지 않으며, 이를 위해 어떠한 희생도 치러서는 안 된다"고 믿는다고 인정했다.[19]

하지만 이런 인식은 빠르게 변했다. 1860년대에 작가 찰스 딜케가 자치령을 '더 위대한 영국Greater Britain'이라고 부르며,[20] 영국의 미래가 이곳에 달려 있다고 주장할 정도였다. 이러한 변화는 대규모 이주의 급증에 의해 촉진되었다. 이는 역사상 가장 큰 규모의 유전자 이동

gene flow*중 하나로, 1815년에서 1870년 사이에 영국을 떠나는 인구는 700만 명 이상이었다. 이 가운데 약 300만 명은 미국으로 갔지만, 나머지 대부분의 사람은 자치령으로 향했다. 이들의 이주는 완전히 새로운 종류의 영국적 정체성을 창출했고, 전통적인 주권 개념을 흔들었으며 번영과 안보에도 큰 영향을 미쳤다.

비옥한 농지를 갖추고, 미국·영국 시장과 직접 연결되며, 이미 정착촌이 자리잡은 캐나다가 그 선두에 섰다. 이민자(대부분은 아일랜드 개신교 신자였으며, 종종 가족 단위로 왔다)가 1820년대와 1850년대 사이에 두 배로 늘어나며 토론토와 몬트리올은 진정한 도시로 변화했다. 『보스턴 레코더』는 몬트리올의 "인구, 부, 기업이 매시간 늘어나고 있다"며 미국인들에게 경고했다.[21] 호주에서는 선구적인 총독 라클런 매쿼리와 1700만 마리의 수입된 양이 수용소를 목축 경제로 바꿨다. 인구는 1815년 죄수가 대부분이었던 5만 명의 영국인들에서 1861년에는 100만 명 이상의 백인 호주인으로 늘어났으며, 그들 대부분이 자유인이었다(마지막 죄수 호송선은 1868년에 도착했다). 시드니와 멜버른(원래 '배트매니아Batmania'라는 멋진 이름으로 불리던 곳)은 토론토, 몬트리올만큼 큰 도시로 발전했다. 그러나 멀리 떨어진 뉴질랜드는 발전이 더뎠다. 1820년대 중반에야 첫 번째 선교지, 영구 포경 기지, 농업 식민지(바로 실패했지만)가 세워졌다. 남아프리카는 가장 느리게 발전했는데, 1820년에 5000명의 영국 이민자를 받아들였지만 이후로는 1880년대에 금이 발견되기 전까지는 그 수가 거의 늘지 않았다.

영국 정부는 여전히 멀리 떨어진 변방의 식민지들에 신경 쓰지 않

---

* 한 지역에서 다른 지역으로 유전자가 이동하는 과정.

으려 했고, 관여하더라도 아시아 제국에 개입했던 것과 같은 이유, 즉 유럽의 경쟁자들이 먼저 들어올 것을 걱정해서였다. 자치령 내부에서는 러시아보다 프랑스가 더 위협적인 존재로 보였다. 1815년 캐나다 유럽인 80만 명 중 32만 명은 50년 전 영국에 정복당한 프랑스 정착민의 후손이었고, 로어 캐나다Lower Canada(현재의 퀘벡)에서는 그 비율이 80퍼센트에 달했다. 하지만 1837~1838년의 폭동*에도 불구하고 19세기 중반에 이르자 영국계는 프랑스계보다 더 많은 후손을 낳고 더 많이 이주해왔다. 앵글로-퀘벡의 갈등은 계속되었지만(지금도 계속되고 있다), 프랑스의 침공은 물론 분리 독립의 위험은 점점 더 희박해졌다. 한편, 호주와 뉴질랜드에서도 프랑스 군함의 방문은 경각심을 불러일으켰다. 이는 영국인뿐만 아니라 원주민들에게도 마찬가지였다. 1831년 프랑스 군함을 본 뉴질랜드 원주민 마오리족 중 일부는 영국 왕에게 "이 섬의 친구이자 수호자가 되어달라"고 청원하기도 했다.[22] (하지만 당시 타히티와 같은 모래섬을 차지하는 것조차 프랑스의 능력을 초과하는 것이었기 때문에, 그들이 걱정할 필요는 없었다.)

남아프리카에서 영국의 경쟁자는 보어인들(또는 아프리카너**)이었다. 이들은 네덜란드와 독일 정착민의 후손으로 궁핍한 농민이었다. 영국이 케이프를 점령했을 때 이미 2만 명의 보어인과 그들의 2만 5000명의 아프리카 노예가 살고 있었고, 영국인의 이민과 출산으로는 그들 인구수를 결코 따라잡을 수 없었다. 대부분의 영국인은 보어인 대다수의 생활 방식, 특히 노예제 수용을 수치스럽게 여겼고, 보어

---

* 로어 캐나다에서 발생한 프랑스계 캐나다인들의 반란.
** 남아프리카에서 아프리칸스어를 제1언어로 쓰는, 보통 네덜란드계 사람.

인들은 영국인이 되는 데 조금도 관심이 없었다. 대신 1833년 영국 정부가 노예제를 폐지하자, 1만5000명의 보어인이 보어엑시트Boerexit를 단행했다. 이들은 마차를 타고 영국의 통치권 밖으로 나가 누구든 원하는 대로 노예를 부릴 수 있는 자신들만의 공화국을 하이벨트에 세웠다. 영국은 '텐트 안에서 바깥으로 오줌을 싸는 것이 낫다'는 오래된 전략에 따라 1848년 보어인들을 다시 영국 영토 안으로 끌어들이기 위해 식민지 국경을 확장했지만, 6년 후 이들은 밖에 내버려두는 것이 낫다는 결론을 내렸다.

보어인 문제는 비단 보어인만의 문제가 아니었다. 영국인들도 네덜란드인처럼 너무 많은 이들이 해외로 이주했고, 주로 할 수 있는 한 많은 것을 약탈하기 위해서였다. 총독들이 주둔군 유지 비용이나 원주민의 권리를 걱정해 약탈을 중단하라고 지시하면 그들은 분노했다. 한 식민지 주민은 "아! 좋았던 시절이여. 내가 뉴질랜드에 처음 왔을 땐 총독도, 법도 정의도 없었는데 말이오"라며 과거를 회상했다.[23] 18세기의 미국 식민지에서처럼 영국의 해외 정착지들은 모두 언젠가는 법, 정의 따위와 충돌하게 되었고, 매번 영국은 고국에서 수천 킬로미터 떨어진 곳에 있는 고집 센 이민자들을 통제하는 것이 어려운 일임을 알게 되었다.

다시 캐나다가 선두에 섰다. 1837년 온타리오와 퀘벡에서 각각 반란이 일어났다. 둘 다 별다른 성과를 거두지는 못했지만, 1776년보다 현명해진 런던은 더럼 경 휘하의 고위 조사단을 파견하여 반란의 이유를 조사했다. 이들이 내놓은 권고안에는 두 가지가 섞여 있었다. 하나는 퀘벡과 온타리오를 통합해 영국인의 숫자로 프랑스인의 정체성을 덮어버리자는 냉소적인 발상, 다른 하나는 1770년대에 미국인들이 원했던 것과 비슷한 수준의 권한을 허용하자는 현실적 양보였다. 더럼은 이를 '책임 정부responsible government'라고 불렀다. 그는 캐나다 백인 남성(영국계뿐만 아니라 프랑스계도 포함)들이 자신들만의 정부를 선출하게 하면, 정치인들이 유권자 앞에서 결과를 책임져야 하므로 거친 언사를 곧 자제할 것이라고 주장했다. 런던에서 일부가 식민지 주민들에게 많은 주권을 넘겨주는 것이라며 반대했지만, 이들이 반박할 수 없는 반론이 있었다. 바로 "대안이 있는가"였다. 정착민들과 맞붙을 때마다 "우리는 거의 항상 패배한다"라고 식민청은 인정했다.[24] 영국은 모든 대륙에서 또 다른 미국 독립 혁명과 다시 싸울 여력이 없었다. 결국 1845년 무렵 캐나다는 자신들의 책임 정부를 갖게 되었다.

하지만 런던은 다른 자치령의 책임 정부 요구에는 더 신중했다. 캐나다는 영국의 눈에 거슬리는 행동을 하기에는 한계가 있었다. 강력한 이웃인 미국이 토지 확대를 제어하고 있었고, 캐나다는 1816년 이후 원주민과 본격적인 전쟁을 치른 적이 없었다. 반면 남아프리카에서는 1830~1840년대까지도 정착민들이 코사족과 응구니족을 공격했다. 오스트랄라시아*에서는 퀸즐랜드 주민들이 지속해서 원주민을 습격했고, 태즈메이니아 백인들은 원주민 이웃을 거의 몰살시켰으며, 뉴질랜드 정착민들은 마오리족과 1860년까지 피비린내 나는 전쟁을 치렀다. 그러나 영국은 폭력적인 정착민 후손들을 강제로 통제하는 데 드는 비용을 생각해보고 다시 한번 물러섰다. 호주는 1850년에, 뉴질랜드는 1852년에 자신들의 책임 정부를 수립했다. 남아프리카는 시간이 더 걸렸는데, 정착민들이 보어인들처럼 노예제를 옹호하지는 않았지

---

* 오스트레일리아·뉴질랜드·서남 태평양 제도를 포함하는 지역.

만, 아프리카인들과 투표권을 공유하길 원치 않았기 때문이다. 공식적으로 케이프 식민지는 1872년에, 나탈은 1893년에야 책임 정부를 허가받았지만, 사실상 1860년 이전부터 백인들이 선출한 대표들이 대부분의 문제를 결정하고 있었다.

자치령에서는 새로운 종류의 신세계가 열리고 있었고, 새로운 유형의 영국인들로 가득했다. 이들은 대부분 본국에서보다 더 많은 풍요와 자유를 누렸다. 그들은 새로운 정체성과 생활 방식, 영어 버전을 만들었다. 그러나 미국인들과 같이 영국과의 대립 속에서 새로운 정체성을 구축했음에도 불구하고, 한때 반항적이었던 캐나다, 오스트레일리아, 뉴질랜드, 남아프리카(보어인 제외)의 백인들은 미국인들과 달리 자신들을 영국과 더 강하게 동일시하게 되었다. 1760년대에 영국이 미국 식민지 주민들에게 제국주의적 자아도취에 빠진 관리가 아닌 더럼 경 같은 인물을 보냈다면 어떻게 되었을까, 그저 짐작만 할 뿐이다.

하지만 여러 신세계의 원주민에게 무슨 일이 닥쳤는지는 굳이 짐작하지 않아도 자명하다. 유럽인이 정착한 곳마다 재앙이 뒤따랐다. 캐나다에서는 원주민 수가 1815년에서 1900년 사이에 3분의 1, 뉴질랜드에서는 1840년에서 1896년 사이에 절반, 호주에서는 1788년에서 1911년 사이에 5분의 4 이상이 감소했다. 오직 남아프리카 공화국에서만 백인 이민자가 드물고 현지인들이 유럽의 질병에 적응할 시간이 더 길었기에 원주민 인구가 강세를 유지했다. 하지만 그곳의 생존자들도 토지와 자유를 잃었다. 마오리족은 영국과 정식으로 조약을 맺었지만, 그것도 소용없었다. 조약 체결 후 6년 뒤 그들의 재산권은 "헛되고 근거 없는 허풍"이었다며 부정당했다.[25]

이처럼 세계의 중심에 있는 영국의 모습은 불과 3세기 전 헨리 8세의 세계와 비교하면 어지러울 정도로 대조적이었다. 1540년대 고립되고 불안정했던 영국은 적대적인 가톨릭 대륙의 가장자리에 매달려서 사방이 적으로 둘러싸인 채 생존을 걱정하고 있었지만, 1840년대에는 강력하고 자만에 찬 국가가 되어 전 세계를 무대로 당당히 활보하고 있었다. 사람과 상품, 사상은 영국이 서 있는 높은 곳에서 그 아래 모여든 대중에게로 흘러내려갔다. 당시 지구상의 대부분 사람에게 역사란 이제 영국으로부터 흘러나온 것들을 어떻게 다룰 것이냐의 문제였다.

강력한 정신

영국에는 많은 것이 있었다. 계산 방식에 따라 다르겠지만, 영국 경제는 1760년에서 1860년 사이에 대여섯 배로 성장했으며, 해외 시장에서 영국 제품의 비중이 두 배 가까이 증가하면서 수출은 최소 10배 이상 증가했다. 전례 없는 호황이었다. 이는 영국뿐만 아니라 전 세계 대부분의 국가에서 정체성, 이동성, 번영, 안보, 주권에 혁명을 일으켰다.

1815년 이전부터 영국의 상업과 농업 분야에서는—특히 잉글랜드, 그리고 글래스고와 에든버러 사이의 스코틀랜드 저지대(도판 8.6)에서— 이미 조직 혁명이 시작되었다. 1740년대에 인클로저 관련 의회 법률은 64건이었으나, 1810년대에 574건으로 늘어났다. 시장은 꾸준히 확대되었고, 분업이 심화되었으며, 직업은 전문화되었다. 1760년에는 농부가 자신이 키우던 말이 아프면 마부에게 조언을 구했지만, 한 세기 후 그는 대학에서 교육받은 수의사를 불렀다. 1791년 최초의 3년제 동물 의학 과정이 개설되었고, 1796년에는 육군 위원회가 전문

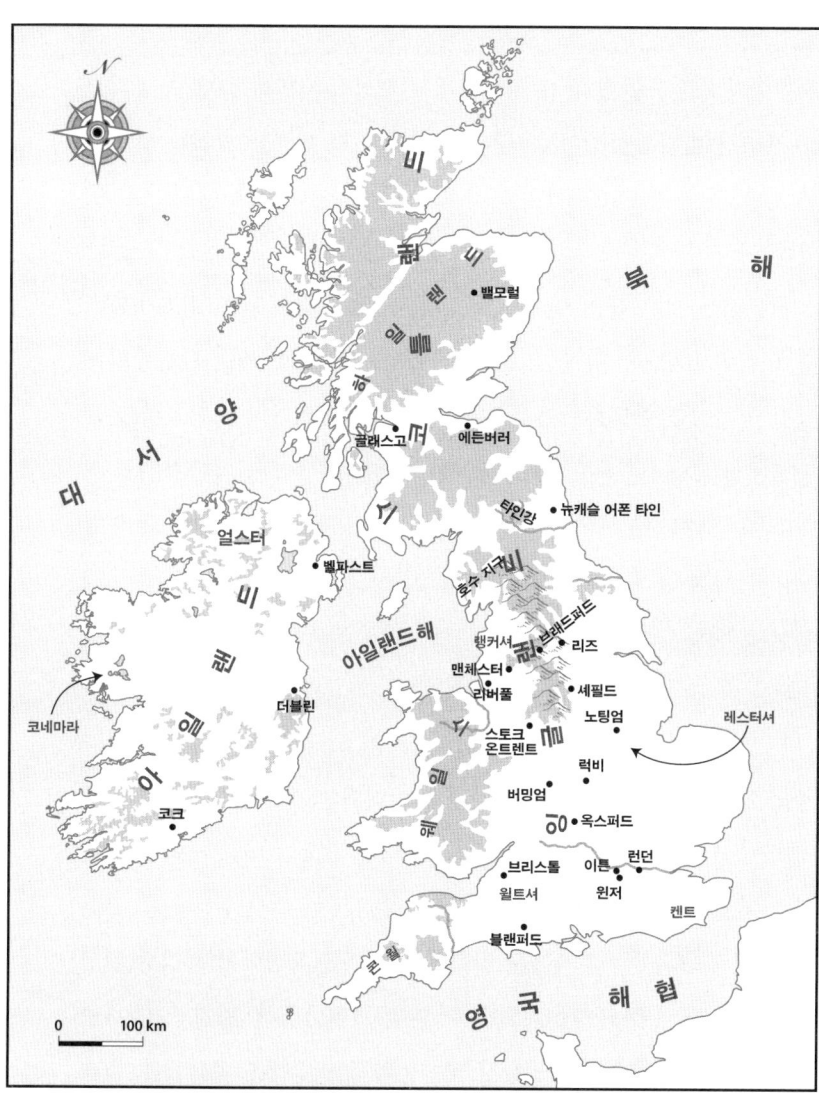

도판 8.6 영국 무대, 1815~1865년.

8장 넓게 더 넓게

수의외과의를 공인했다. 1820년대에는 수의학 저널이 한 종도 아니고 두 종이나 발간되었다. 1844년에 왕립 수의사 협회가 인가를 받았으며, 1852년에 발표된 공인 수의사 명단에는 1733명의 이름이 올라 있었다.

전문화는 모든 삶의 영역에 영향을 미쳤다. 예를 들어 회계사들은 세부 전문 분야로 나뉘었고, 그중 한 분야에서 보험 계리표를 발명해 보험 설계사로 전문화되었다. 1783년에는 5개 회사가 생명보험을 제공했지만, 1844년에는 105개로 늘어났다. 은행업도 마찬가지였다. 1784에서 1815년 사이에 지방 은행은 거의 6배로 늘어났다. 그 무렵에는 지폐가 널리 유통되고 일반적으로 신뢰받았으며, 자본은 풍부해 야심 찬 사업가들이 보통 3퍼센트 미만의 이자율로 대출을 받을 수 있었다.

1720년대까지만 해도 세계에서 가장 생산성 높은 노동자는 벵골과 중국 양쯔강 삼각주 지역의 아시아인이었지만, 1770년대가 되자 영국 일부 지역에서 이들을 추월했다. 그러나 영국의 다른 지역은 여전히 뒤처져 있었기 때문에 농촌 인구의 4분의 1이 복지 수당을 받고 있었다. 영국의 급진주의자들은 일반적으로 이를 착취적인 엘리트 탓으로 돌렸고, 보수주의자들은 무능한 빈민을 비난했다. 하지만 1798년 교회의 부목사였던 토머스 맬서스는 충격적인 대안을 제시했다. 문제는 도덕이 아니라 수학의 문제라는 것이다. 인구가 적을 때는 토지가 풍부하고 노동 수요가 강했다. 이로 인해 임금은 상승하지만, 임대료, 식량, 토지 가격은 저렴하게 유지되었다. 왜냐하면 적은 인구는 낮은 수요를 의미했기 때문이다. 전반적으로 이것은 가난한 자에게는 유리하고 부유한 자에게는 불리한 환경이었다. 그런데 높은 임금과 저렴한 식재료 덕분에 노동자들이 자녀들을 더 잘 먹이고, 따라서 더 많은 아이가 생존하자, 이는 인구 증가로 이어져 이전 패턴을 뒤집었다. 이제 임금은 하락하고 임대료, 식량 가격, 토지 가격은 상승했다. 이는 부자에게는 유리하고 가난한 자에게는 불리했다. 그러나 가난한 자들이 굶어 죽거나 이민을 가거나 아이를 낳지 않아 인구가 다시 감소할 때까지 이 상황은 계속될 수밖에 없었다. 그러고 나면 전체 사이클이 다시 시작될 것이었다. 좋은 날씨, 농업 개선, 저렴한 교통수단 등이 지엽적인 영향을 미쳤지만, 그 효과는 오래가지 못했다. 오늘날 맬서스의 함정Malthusian Trap이라고 부르는 이 법칙은 정치경제학의 철칙이었다.

18세기 영국은 맬서스의 모델에 완벽하게 부합했다. 수십 년 동안 안정세를 유지했던 인구가 맬서스가 책을 쓰기 전 40년 동안 600만에서 900만 명으로 늘어났다. 근면한 노동과 숙련된 농업 기술로 식량 생산량이 증가하기는 했지만, 그 증가율은 10퍼센트도 채 되지 않았다. 푸딩 시대의 모든 이득을 이미 다 먹어치운 셈이었다. 빵 한 덩어리의 실질 가격이 1740년에서 1770년 사이에 두 배로 뛰고, 1800년에 다시 두 배가 되는 동안, 임금은 전반적으로 10~20퍼센트 하락했다. (차 소비는 증가했지만) 담배, 설탕, 커피 소비는 감소했다. 나폴레옹의 금수 조치와 혹독한 겨울, 흉작은 1800년대의 불행을 가중시킬 뿐이었다.

영국인 다섯 명 중 한 명은 주기적으로 굶주렸지만, 이전 세기와는 달리 실제로 굶어 죽는 사람은 거의 없었다. 아무리 힘든 시기였어도, 군대에 징집된 청소년의 키에 대한 기록에 따르면 1800년 이후에 태어난 소년의 키가 1780~1790년대에 태어난 소년보다 더 컸다. 이는 일반적으로 성장기의 영양 상태가 더 좋았다는 지표로 볼 수 있다. 세부 사항에 대해 역사가들 사이에 논쟁은 있지만, 1760년 이후 반세기는 하위층에는 불행을, 중산층 상당수에게는 성공을, 상류층에는 막대한 돈을 안겨준 또 다른 양극화 시기로 보인다. 토지가 높은 수익을 보장했기 때문에 돈이 있는 사람은 누구나 토지를 더 많이 사들였다. 토지 가격은 한 세기 동안 두 배로 뛰었다. 1700년에 귀족들은 영국 전체 토지의 약 6분의 1을 소유했지만, 1800년에는 4분의 1에 가까운 토지를 소유했다. 상위 0.01퍼센트와 나머지 99.99퍼센트와의 격차가 더 벌어지고 있었다. 이런 배경 속에서 제인 오스틴 소설의 대시우즈 가문과 베넷 가문 인물들을 판단해야 한다. 그들이 그토록 상류층과의 결혼에 집착한 이유는 딸 중 단 한 명만 결혼을 잘해도 모든 것이 잘될 테지만, 그렇지 않으면 온 가족이 (소설가 헨리 필딩이 '약 1200명을 제외한 영국의 모든 사람'이라고 정의한) '보잘것없는 사람들Nobodies'[26]의 집단으로 전락할 수 있다는 것을 알았기 때문이다.

많은 사람은 나폴레옹이 없어지면 관세와 금수 조치가 사라져 유럽 대륙 전체의 토지가 사실상 영국의 식량 공급지가 되어 빵 가격이 떨어질 것이라고 기대했다. 이는 분명히 많은 이에게 이로운 일이었기 때문에, 이를 근거로 어떤 사람들은 자유무역을 신조로 삼았다. 한 감리교 목사는 "자유무역은 하나님이 인간에게 내린 태초의 축복에 내포되어 있다"라고 주장했고,[27] 홍콩의 한 총독은 더 직설적으로 "예수 그리스도가 곧 자유무역이고 자유무역이 곧 예수 그리스도"라고 말하기도 했다.[28]

그러나 나폴레옹의 무역 전쟁으로 농산물 값이 뛰면서 큰 이익을 얻었던 지주들은 자유무역에 동의하지 않았고 의회에 보호무역 로비를 벌였다. 그리고 이러한 지주 가운데 상당수가 의원이었기에, 의회는 국내산 밀 가격이 엄청난 수준에 도달할 때까지 밀 수입을 금지하는 '곡물법'을 협조적으로 통과시켰다. 보호무역주의와 상위 0.01퍼센트에 대한 분노의 불길은 걷잡을 수 없이 커졌다. 1819년 맨체스터의 세인트 피터 광장에서 6만 명이 시위를 벌였을 때, 기마 의병대는 최소 11명을 죽이고 600여 명을 다치게 했다. 정부는 인신 보호 영장을 중단했다. 1820년에 내각 전체를 폭파시키는 음모가 성공할 뻔했으며, 곳곳에서 프랑스식 혁명에 대한 이야기가 나돌았다.

구원은 영국의 조직적 혁신에 기술적 혁신이 더해지면서 찾아왔다. 이 기술적 혁신은 영국인들의 활동 무대를 전혀 예상치 못한 방향, 바로 발밑으로 확장시켰다. 발밑에는 지하 석탄 왕국이 있었다. 사람들은 수천 년 동안 석탄을 알고 있었고 캐내왔지만, 이제 달라진 것은 화석 연료에 갇혀 있는 에너지를 활용하는 방식이었다. 18세기까지 석탄은 거의 집을 덥히거나 음식을 조리하는 데만 쓰였고, 인구 증가로 영국의 또 다른 주요 연료 공급원이던 산림이 사라지면서 석탄 수요가 확대되었다. 1700년 런던 시민들은 대부분 뉴캐슬 어폰 타인에서 운송된 80만 톤의 석탄을 소비했지만, 1750년에는 150만 톤, 1800년에는 250만 톤의 석탄이 필요했다. 석탄은 나무와 달리 재생이 불가능하기 때문에 지표면에 가장 가까운 광산은 금방 고갈되었고, 갱도를 더 깊게 파면 지하수가 새어들어와 침수되었다. 탄광을 배수하는 것은 가능했지만(한 독창적인 탄광 주인은 말 500마리가 양동이 사슬을 끌게 했다), 막대한 비용이 들었다.

커피를 마시고, 지방 의회 회의실을 드나들고, 탄광을 운영하던 실용주의자들에게 해결책은 분명해 보였다. 채굴한 석탄 일부를 태워 물을 끓이고 나온 증기로 피스톤을 움직이게 하면, 피스톤이 광산에서 물을 퍼낼 수 있었다. 하지만 이는 말처럼 쉬운 일이 아니었고, 1698년이 되어서야 그 원리를 실제 장치로 구현할 수 있었다. 최초의 작동하는 엔진이었던 '광부의 친구'는 말 500마리를 먹이는 것보다 저렴했지만, 속도가 느리고 물을 겨우 12미터밖에 퍼올릴 수 없었으며, 까다롭게도 폭발하는 성질을 지녔다. 무엇보다 끔찍할 정도로 비효율적이었다. 물을 끓이고 증기를 응축하는 과정을 하나의 실린더에서 처리하다 보니, 피스톤이 한 번 움직일 때마다 실린더를 다시 데워야 했다. 수많은 개선의 노력이 있었지만, 어떤 엔지니어도 석탄 에너지의 1퍼센트 이상을 동력으로 전환하지 못했다. 한 광산주는 "이 엔진의 막대한 연료 소비는 우리 광산의 수익에 있어 큰 타격을 주고 있다"며, "이 무거운 부담을 지고 작업하는 것은 거의 금지령을 받은 것과 같다"고 불평했다.[29]

돌파구는 1765년에 찾아왔다. 증기 엔진 모형 하나가 글래스고대학에 들어온 것이다. 우리 학자들은 기계를 잘 다루지 못한다는 평판이 있는 탓에, 이 장치는 대학의 수학 기구 제작자인 제임스 와트의 손에 맡겨졌다. 와트는 그 기계를 작동시켰지만, 그 비효율성은 장인으로서의 그의 영혼을 불쾌하게 만들었다. 그러던 어느 일요일, 그는 산책을 나갔다가 한 묘안을 떠올렸다. 그는 "증기는 탄성체이기 때문에 진공으로 돌진한다. 만약 [끓는] 실린더와 진공 용기를 연결하면, 증기가 그리로 돌진해서 실린더를 식히지 않고도 응축될 수 있을 것이다. (…) 모든 것이 머릿속에 정리되었다"라고 회고했다.[30]

하나의 방에서 가열, 냉각, 재가열을 계속 반복하는 대신 끓이는 방과 응축하는 방으로 분리한 다음 전자는 뜨겁게, 후자는 차갑게 유지함으로써 석탄 소비량을 4분의 3이나 줄일 수 있었다. 이 발상은 단순하면서도 기발했다. 하지만 과거와 미래의 수많은 뛰어난 스코틀랜드인처럼 와트도 이를 상용화하기 위해 잉글랜드로 이주해야 했다. 그곳에서 그는 자신과 같이 뛰어난 버밍엄의 제조업자인 매슈 볼턴의 지원을 받아 한 광산에서 자신의 엔진을 공개 시연했다. 그의 엔진은 광산에서 20미터 깊이의 물을 60분 만에 퍼올려, 기존 기계보다 성능이 뛰어나면서도 석탄은 4분의 1만 소모했다.

이는 1776년의 일로, 엄청난 사건이 많았던 해지만, 나는 볼턴과 와트의 전시회가 그 어떤 사건보다 더 중요한 일이었다고 본다. 거의 바로 모든 종류의 제조업체들이 이 엔진의 잠재력을 알아보았고, 그중에서도 면직물의 큰손들이 그 선두에 섰다. 17세기에 동인도 회사가 밝고 가벼운 아시아산 면직물 캘리코를 수입하기 시작했을 때, 매출이 떨어진 영국 양모 상인들은 의회에 로비해 캘리코 수입을 금지시켰다. 원면은 여전히 수입할 수 있었고, 이를 영국 내에서 방적·직조할 수 있었지만, 영국 방적공과 직조공은 벵골인보다 숙련도가 훨씬 낮았다. 1760년대 영국산 면직물 시장은 영국산 양모 시장의 30분의 1에 불과했다.

이때 와트식 엔진이 등장한다. 1만 년 동안 직물 생산은 민첩한 손놀림을 가진 여성(남성은 드물었다)이 방적기 방추에 섬유 가닥을 꼬는 것에 의존해왔다. 이 기간에 한 방적공이 1킬로그램의 실을 생산하는 데는 5000시간이 필요했다. 12세기에 페달로 구동되는 물레가 발명되면서 2000시간으로 단축되었고, 18세기에는 풍차와 물레로 구동되는 멋진 이름의 놀라운 새 기계(하그리브스의 제니 방적기, 아크라이트의 스로슬 방적기, 크롬튼의 뮬 방적기)들이 등장하면서 3시간으로 단축되었다. 단, 바람이 불거나 시냇물이 흐르는 때에 한해서였다. 하지만 이제 증기 엔진이 등장하면서, 날씨에 상관없이 제니 방적기와 스로슬 방적기에 안정적이고 저렴한 에너지를 공급할 수 있게 되었다. 최초로 완전 증기 동력을 이용한 공장은 1785년에 문을 열었다.

영국 기계가 짠 제품은 인도산 제품만큼 품질이 좋았을 뿐만 아니라 가격은 더 저렴했다. 완제품 직물의 가격은 1786년에 1킬로그램당 약 5파운드에서 1807년에 1파운드 이하로 떨어졌다. 1830년대에 방적뿐만 아니라 직조에도 증기력을 적용하면서 영국산 면제품은 인도산보다 200배나 저렴해졌다. 가격이 하락하자 수요가 급증했다. 수십만 명의 남성과 여성, 특히 어린이들이 일주일에 6일, 하루 12시간 이상 공장에서 일했다. 생산량은 1790년 3000베일*에서 1810년 17만 8000베일로, 1860년에는 460만 베일로 폭증했다. 수출은 1760년에서 1815년 사이에 백 배나 증가하여(대부분 인도로 역수출됐으며, 값싼 랭커셔 천이 인도 현지 제품을 대체했다) 국가 수입의 거의 12분의 1을 차지하게 되었다.

소비자 혁명이 시작되었다. 매년 몇 주에 걸쳐 옷을 만들던 농부의 부인들은 이제 며칠 치 임금으로 옷을 살 수 있게 되었다. 이는 시작에 불과했다. 증기 발전은 이 산업에서 저 산업으로 확산되며 더 많은 상품을 대중 시장으로 가져왔다. 영국의 제철 장인들은 1709년에 코크스(숯보다 훨씬 저렴한)로 광석을 제련하는 방법을 터득했지만, 용광로의 열기를 충분히 유지하는 데 어려움을 겪고 있었다. 그러던 1776년 볼턴과 와트의 엔진이 공기를 지속적으로 주입해 이 문제가 해결되었다. 비용은 감소하고 매출은 급증했다. 전쟁과 금수 조치에도 불구하

---

* 원면 또는 원사의 포장 단위.

고, 선철 생산량은 1788년 6만8000톤에서 1811년 32만5000톤으로 증가했다. 1850년이 되면 전 세계 철의 절반이 영국에서 생산되고 있었다.

당시 영국 광산도 전 세계 석탄의 절반을 생산하고 있었고, 석탄은 또 다른 혁신인 운하를 통해 공장의 증기 기관으로 실려갔다. 최초의 산업용 운하는 석탄을 맨체스터로 운반하기 위해 지어져서 1759년에 개통되었다. 이 운하는 마일당 1만500파운드라는 엄청난 비용이 들었지만, 연료 가격을 절반으로 줄였다. 투기꾼들은 1815년까지 2000만 파운드를 운하에 쏟아부었고, 광대한 농촌 지역을 산업 경제에 개방시켰다. 하지만 그 무렵 운하는 이미 구식이 되어 있었다. 1804년 콘월의 한 엔지니어가 경량의 고압 증기 기관을 사용해 철로 위를 달리는 탈것을 만들었고, 10년도 안 돼서 비슷한 기관이 외륜선에 동력을 공급했다. 한 세대 후, 조지 스티븐슨의 유명한 기차 '로켓'이 리버풀과 맨체스터 사이를 시속 20킬로미터로 13톤의 짐을 싣고 달렸고, 배들은 증기로 페달을 돌려 대서양을 가로질렀다.

증기 기관은 에너지 대풍년을 가져왔다. 1770년대에 이미 세계에서 산업 생산성이 가장 높았던 영국 경제는 1830년대에 들어서자 더욱더 생산성이 높아졌다. 영국 노동자의 평균 생산성은 미국이나 네덜란드 노동자의 평균 생산성보다 3분의 1, 독일 노동자의 평균 생산성보다 3분의 2 정도 높았다. 1850년 무렵 영국의 증기 기관은 1300만 명의 노동력과 맞먹는 에너지를 생산하고 있었는데, 만약 1300만 명의 노동자가 실제로 존재했다면, 영국 전역에서 재배되는 밀을 모두 먹어치웠을 것이다. 대신 이 1300만의 유령 노동자들은 석탄을 먹었다. 기적이었다. 소설가 찰스 킹즐리는 "방적기와 철도는 나에게 (…)

우리가 적어도 어떤 점에서는 우주와 조화를 이루고 있으며, 우리 가운데 강력한 정신이, (…) 바로 질서를 만들고 창조하는 신이 함께하고 있다는 징표로 보인다"며 놀라움을 표했다.[31]

돔베이와 아들의 해

1850년대 영국의 인구는 전 세계 인구의 2퍼센트에 불과했지만, 화석 연료를 사용하는 근대식 기계의 40~45퍼센트를 가동하고 전 세계 제품의 절반가량을 생산했다. 이러한 체제를 유지하기 위해서 영국인들은 자신들이 만든 제품을 살 구매자와 필요한 상품(특히 식량)을 파는 판매자를 찾아야 했다. 따라서 1810년대와 1860년대 사이에 영국인들은 세계를 그들의 수요를 충족하고 제품을 공급하는 네트워크로 만들기 시작했다. 기술 혁신만큼이나 놀라운 조직적 혁신이 시작되었다.

이동성은 전례 없는 수준에 이르렀다. 경제학자 윌리엄 스탠리 제번스는 19세기 말에 "북미와 러시아는 우리의 곡창지대"라고 선언했다.

시카고와 오데사는 우리의 곡창지대이고, 캐나다와 발트해 연안은 우리의 목재 숲이며, 오스트랄라시아에는 우리의 양 목장이 있고, 아르헨티나와 북미 서부 대초원에는 우리의 소 떼가 있다. 남아프리카와 호주의 금은 런던으로 흘러오고, 페루인은 우리의 은을 캐서 보내고, 힌두인과 중국인은 우리를 위해 차를 재배하고, 인도 전역에는 우리의 커피, 설탕, 향신료 농장이 있다. 스페인과 프랑스는 우리의 포도밭이고, 지중해는 우리의 과수원이며, 오랫

동안 미국 남부에 자리하던 우리의 목화밭은 이제 지구의 따뜻한 지역 어디에든 널려 있다.[32]

이러한 세계 체제는 거대한 상선 없이는 불가능했다. 1860년에는 바다를 항해하는 모든 무역선의 3분의 1이 유니언 잭 깃발을 달고 있었다. 그러나 이 엄청난 이동성과 그로 인한 번영도 영국 상인들이 먼 바다에서 물건을 운반하고 교환하는 동안 안전을 보장받을 수 없다면 불가능했을 것이다. 이에 대해 영국 총리 파머스턴 경은 해답을 가지고 있었다. 1860년에 그는 "폭력으로 무역을 불안정하게 만드는 불량한 자들을 잠재우기 위해 곤봉과 군도, 소총이 필요하다"고 말했다.[33]

1850년에 이것이 의미하는 바가 분명히 드러났다. 18년 전 튀르키예로부터의 독립 전쟁에서 승리한 신생 국가 그리스는 급속도로 빚더미에 올라앉았다. 영국 최대 은행가인 로스차일드 가문이 다국적 대출을 주선했지만, 1847년 그리스는 다시 채무 불이행에 빠졌다(태양 아래 새로운 것은 없다). 그리스 정부는 부활절에 금융가 야콥 로스차일드를 아테네로 초청하여 추가 대출을 논의했다. 때마침 그리스도의 부활을 축하하기 위해 배반자 유다의 모형을 참수하는 아테네의 오랜 전통이 이 유대인 은행가를 불쾌하게 할 수 있다는 사실을 깨달은 당국은 이 의식을 금지했다. 당연히 이에 분노한 교회 신자들은—그중에는 정부 장관의 아들도 있었다—저명한 유대인 상인 돈 데이비드 파시피코의 저택을 약탈했다. 경찰은 이를 그저 지켜보기만 했다.

돈 파시피코는 보상을 요구했지만, 그리스 당국이 이를 무시하자 그는—지브롤터에서 태어나 영국 시민권이 있다고 주장하며—런던에 지원을 호소했다. 그의 이야기는 수상한 대목이 있었지만(예를 들어 그는 서로 다른 두 곳을 출생지라고 말했다), 파머스턴에게 그리스의 전체 부채 상환을 요구할 수 있는 근거를 제공했기 때문에 유용하기도 했다. 2009년 아테네가 다시 파산했을 때 독일 총리 앙겔라 메르켈은 군함을 보낼 생각을 하지 못했지만, 1850년 파머스턴은 소함대를 보내 그리스 해군을 묶고 피레우스항을 봉쇄했다. 결국 그리스의 왕은 영국의 명령에 따를 수밖에 없었다.

1710년대 토리당이 처음 세력 균형 전략을 추진했을 때 휘그당은 그들의 신의 없는 정치를 반영국적이라고 비난했지만, 이제는 야당인 토리당이 파머스턴의 '뻔뻔함과 거짓의 놀라운 결합'이 영국적 가치와 일치하지 않는다고 비난했다.34 그러나 파머스턴은 하원에서 5시간 동안 연설하며 자신의 행동을 영국 정체성에 대한 급진적 재정의로 정당화했다. 그는 진짜 문제는 자신이나 돈 파시피코가 정직한지 여부가 아니라고 주장했다. "옛날 로마인이 '나는 로마 시민이다civis romanus sum'*라는 말로 어떤 모욕도 당하지 않을 수 있었던 것처럼, 오늘날 영국 국민 또한 어느 나라에 있든 영국의 감시와 강한 군대가 자신을 불의와 부정으로부터 보호해줄 것이라고 확신할 수 있느냐"가 중요하다는 것이었다.35 이때 새벽 2시가 넘었지만, 하원은 파머스턴의 말에 열광했다. 진보당원이든 보수당원이든 모두 일어나 환호하고, 파견 서류에 도장을 찍고 흔들었다. 파머스턴이 옳았다. 로마조차 영국만큼 자국민을 보호할 수 없었다. 이제 주머니에 영국 여권만 있으면 수상쩍은 돈 파시피코조차 당당히 걸을 수 있었다.

---

* "나는 로마 시민이다"는 키케로의 표현(「베레스에 반대하며」 5.37)으로, 1850년대의 하원 의원들이 학창 시절에 접했을 법한 구절이다. 사도 바울도 「사도행전」 16장 37절에서 이 표현을 인용한 것으로 가장 잘 알려져 있다. —지은이 주

이 모든 것이 세계 체제의 안보를 지켜준 함대 덕분이었다. 정부가 완전한 기록을 남긴 1857년부터 1862년 사이에만, 상인들은 적어도 102번의 군대 지원을 요청했다. 상인들에게 함대를 지원하는 데는 큰 비용이 들었고 장관들은 항상 국방비 절감의 압박에 처해 있었기 때문에, 대부분은 육군 예산을 줄여 함대를 지원했다. 1850년 무렵 영국 해군의 규모는 프랑스의 5분의 1에 불과했다. 이렇게 작은 규모가 가능했던 것은 외교관들이 대륙과 미국의 분쟁들을 블레넘 전투나 워털루 전투 같은 대규모 전투로 번지기 전에 진정시킬 수 있었기 때문이다. 그리고 무엇보다 해군 자체를 영리하고 신중하게 운영했기 때문이다. 때로는 (1850년 아테네에서처럼) 전함 몇 척을 보내는 것만으로 충분했다. 하지만 그렇지 않을 때는 함대가 병력을 증원하는 역할을 맡아 예비 병력을 한 곳에서 다른 곳으로 급파해 소수의 병력으로 넓은 지역을 경비할 수 있도록 했다.

당시 영국인들은 이처럼 적은 비용으로 세계 안보 체제를 유지할 수 있었던 이유를 빅토리아 시대의 미덕인 용기와 불굴의 정신으로 돌리곤 했다. 이 두 가지 덕목은 전 세계 곳곳에서 풍부하게 발휘되었지만, 영국이 인도라는 또 하나의 이점을 갖고 있지 않았다면 별로 도움이 되지 못했을 것이다. 영국의 무모한 용맹함이 가장 극에 달한 1868년 아비시니아(현재의 에티오피아) 원정도 사실 인도가 있었기에 가능했다. 아비시니아 원정은 2년 전 테워드로스 황제가 영국인 아홉 명(아기 포함)을 인질로 잡으면서 시작되었다. 외교가 실패로 돌아가자 빅토리아 여왕은 로버트 네이피어 중장에게 "족쇄를 끊어라"라는 장엄한 명령을 내렸다. 하지만 이는 말처럼 쉽지 않았다. 아비시니아에는 도로나 철도, 항구가 없었기 때문이다. 네이피어 중장은 비할 데 없는 용기와 불굴의 정신으로 인공 항구—1944년 노르망디 상륙 작전에 배치된 멀베리 인공 항구의 조상 격이다—를 만들어 동아프리카까지 끌고 갔다. 그곳에서 약 1만3000명의 병력과 2만6000명의 노동자, 4만1000마리의 짐승(코끼리 44마리 포함)이 하선해, 더위와 우박 폭풍을 무릅쓰고 500킬로미터에 달하는 산과 사막에 길을 만들면서 막달라에 있는 테워드로스의 요새까지 도달했다(도판 8.7). 그들은 이곳을 습격하여 약탈했다. 테워드로스는 행복했던 시절 빅토리아에게 선물로 받았던 은제 권총으로 자결했다. 그날 전사한 700명 중 영국인은 단 한 명도 없었다(나중에야 두 명이 부상으로 사망했다). 한 목격자는 "연대의 비단 깃발이 펄럭이고, 병사들이 전투모를 흔들며 승리의 환호성을 질렀다. (…) 언덕에는 「신이시여, 여왕 폐하를 지켜 주소서 God Save the Queen」*가 울려 퍼졌다"고 말했다.36 '나는 영국 시민이다'가 빛나는 순간이었다.

막달라의 성벽을 넘은 것은 잉글랜드인과 스코틀랜드 고지대 사람들이었지만, 수만 명의 인도 보병과 동물들의 도움이 없었다면 그들은 요새 근처에도 갈 수 없었을 것이다. 영국은 인도 군대를 동쪽 지역의 이익이 위협받을 때마다 전략적 예비군으로 동원했다. 인도군이 없었다면 세계 체제는 작동하지 않았을 것이다. 인도군은 1799년 이집트, 1840년 중국, 1857년 페르시아에서 싸웠고 1942년 이집트로 돌아왔다. 심지어 봄베이 해병대는 영국 해군을 대신하여 페르시아만을 순찰하기도 했다.

영국은 인도 예비군에 필요한 비용을 인도의 돈으로 충당했다. 인

---

* 영국의 국가.

도판 8.7 용기와 불굴의 정신 그리고 인도: 에티오피아의 황무지에서 인도 코끼리들이 영국 대포를 운반하고 있다, 1868년.

도는 유럽, 아시아, 미국에서 무역 흑자를 냈지만, 외화 수익의 절반을 영국과의 무역에서 발생한 적자를 메우는 데 사용했다. 영국 관리들은 랭커셔의 공장에서 생산된 값싼 기계 방직 면직물에 대한 인도 시장의 관세 장벽을 제거했고, 그리하여 17세기에 영국 소비자에게 면직물을 처음 소개했던 인도가, 19세기에는 영국 면제품의 최대 구매자가 되었다. 영국산 옷감과 가격 경쟁을 할 수 없었던 인도인들은 대신 목화와 더불어 인디고,* 황마, 아편, 차 등을 재배하여 수출하고, 그 수익금으로 영국산 수입품의 대금을 지불했다. 영국 관리들은 인도 루피

---

* 쪽풀에서 채취한 청색의 식물성 천연 염료.

화를 파운드에 유리한 환율로 고정시킨 다음, 인도가 런던의 자금 시장에서 차관을 빌려 철도를 건설하도록 했으며, 이로써 영국 상품이 인도 내륙에 더 깊숙이 침투할 길을 열었다. 세계 체제는 인도의 거대한 경제를 적극적으로 탈산업화시켰다. 인도는 1750년에 전 세계 공산품의 25퍼센트를 생산했지만 1880년에는 불과 2.8퍼센트만 생산했다. 설상가상으로 1857년 반란 이후 인도인들은 자신들을 감시하는 영국 군인들의 봉급뿐만 아니라, 인도들을 통치하는 유럽인들의 연금까지 부담해야 했다.

세계 체제가 인도에 준 혜택도 있었다. 이 남아시아인들은 현지 제품보다 저렴한 영국 제품을 구매했고, 인도 기업가들은 낮은 이자로 대출을 받을 수 있었으며, 1890년대에는 영국이 자금을 지원한 철도로 식량을 빠르게 운송시켜 때때로 기근의 위협을 완화할 수 있었다. 하지만 이러한 모든 혜택에는 대가가 따랐다. 철도 건설을 위한 대규모 토목 공사로 수천 개의 작은 강의 물길이 바뀌거나 가로막혀 고인 물에 모기가 들끓었다. 말라리아가 폭발적으로 증가하여 1890년부터 1920년 사이에 2000만 명의 목숨을 앗아갔고 수백만 명의 삶을 파괴했다. 한 역사학자는 이를 '개발에 의한 죽음'이라고 불렀다.[37] 인도인들이 좋은 거래를 하고 있다고 누구도 주장할 수 없었다.

1860년대에 이르면 인도는 매년 수천만 파운드를 영국으로 송금했지만, 그럼에도 영국은 연간 1억 파운드의 무역 적자를 기록했다. 특히 수입 식품과 원자재 등에 지불해야 할 청구서가 너무 많았기 때문에, 영국의 막대한 수출(또는 인도와의 관계 조작)로도 수지 균형을 맞출 수 없었다. 사실 세계 체제가 작동할 수 있었던 마지막 요인은 동시대 사람들이 상업의 '런던화Londonisation'라고 부르는 발전 덕분이었다.

1815년에 이미 런던은 자금 조달, 해운 회사 알선, 상업 정보 수집, 대리인 고용, 보험 가입이 지구상에서 가장 쉬운 곳이었다. 18세기에도 상당한 규모였던 영국의 '보이지 않는' 서비스 무역은 19세기 세계 체제의 요구 사항을 충족하기 위해 급성장했다. (규율이 덜 잡힌 국가의 정부들과 달리) 영국 정부는 현금을 몰수하지 않을 거라는 확신을 바탕으로 상인들은 현금을 런던에 산더미처럼 쌓아두었고, 은행가들은 이 돈의 해외 투자처를 찾았다. 영국의 해외 직접 투자는 1850년대에 2억 파운드, 1870년에는 7억 파운드, 세기말에는 20억 파운드를 넘어선 것으로 추정된다.

수입과 수출의 격차를 메우는 것 이상의 엄청난 부가 창출됐다. 실제로 1890년대에 영국의 국제 수지는 정기적으로 1억 파운드의 흑자를 기록했다. 보이지 않는 서비스 무역이 없었다면 영국의 공장, 함대, 인도 제국은 지속될 수 없었을 것이고, 서비스 무역 또한 공장, 함대, 인도 없이는 작동할 수 없었을 것이다. 세계 체제는 거대하고 복잡한 저글링이었다. 어떤 저글러도 전체에서 작은 부분밖에 볼 수 없었고, 서로 무엇을 하는지도 알 수 없었지만, 그들 사이에서 세계 지도가 새로 그려졌다. 디킨스는 오만과 편견, 국제 상거래를 다룬 역작『돔베이와 아들』에서 다음과 같이 말했다.

> 지구는 돔베이와 아들의 무역을 위해 만들어졌고, 해와 달은 그들에게 빛을 주기 위해 존재했다. 강과 바다는 그들의 배를 띄우려고 생겨났으며, 무지개는 그들에게 맑은 날씨를 약속했다. 바람은 그들의 사업을 위해 불었고, 별과 행성은 그들의 궤도를 돌며, 그들이 중심인 체계를 흔들림 없이 지켜주었다 (…) 'A.D.'는 '그리스도의 해anno Domini'가 아니라 돔베이와 아들의 해anno

Dombei—and Son를 의미했다.[38]

디킨스 대 맬서스

영국이 만든 세계 체제는 영국 또한 변화시켰다. 1801년에서 1851년 사이에 영국 인구는 거의 두 배로 증가했지만, 산업 생산과 수출은 훨씬 더 빠르게 증가했다. 맬서스의 암울한 예측과 달리, 공장주들은 외국 상인들이 면제품, 석탄, 철에 지불한 돈 일부로 임금을 지급했고, 노동자들은 곡물법에 의해 치솟은 물가에도 불구하고 가까스로 빵은 살 수 있었다. 영국인들은 배고팠지만 아사하지는 않았다. 출산을 멈추지도 않았다. 대신 그들은 산업 도시로 몰려들었고, 처음으로 영국인의 절반 이상이 도시에 살게 되었다. 버밍엄 인구는 7만1000명에서 23만3000명으로, 브래드퍼드 인구는 1만3000명에서 10만4000명으로 증가했다.

도시로 이주한 농촌 사람들은 늘 신기한 것들을 마주했지만, 19세기만큼은 아니었다. 자부심에 찬 산업계 거물들은 자신의 고향에 멋진 공공 건물을 세우고, 거리를 포장하고 자갈을 깔았으며, 심지어 지하에 석탄 가스 배관을 깔아 가로등에 연결하여 거리를 밝혔다. 잉글랜드의 자존심이 걸린 모든 도심에 곧 가스등이 설치되었고(내가 자란 스토크온트렌트에도 1825년에 최초의 가스관이 설치되었다), 웨일스·스코틀랜드·아일랜드의 여러 도시에도 가스관이 들어섰다. 하지만 런던에서 전등 실험이 성공하면서 가스등을 포함한 방대한 석탄 가스 인프라는 구축된 지 얼마 지나지 않아 구식이 되었다. 1830년대에 런던 시민들은 조명이 환한 거리를 따라 소형 이륜 마차를 타고 빠르게 이

도판 8.8 웨스트민스터 사원의 그림자 속 '부실한 생활': 런던 데빌스 에이커의 빈민가, 1873년.

동할 수 있었고(교통 상황이 허락한다면), 20년 후에는 말이 끄는 버스를 탈 수 있었으며, 1860년대에는 지하철이 등장했다.

그러나 19세기의 도시는 화려함뿐만 아니라 열악함에서도 그 어떤 이전 시대의 도시들에 뒤지지 않았다. 수많은 공장 노동자를 위해 수백만 채의 새 집이 필요했지만, 이를 신경 쓰는 도시는 드물었다. 셰필드의 철강 노동자와 같이 보수가 좋은 노동자들은 안락하게 살았다. 1840년대의 셰필드의 한 방문객은 "영국 도시의 일반적인 상태를 넘어서는 더러움"에도 불구하고 "노동자는 가족별로 각각 주거지를 차지하는 게 셰필드의 관례이며, 그 집의 방들은 매우 안락하게 꾸며져 있다"고 언급했다. 그는 덧붙여 "바닥에 카펫이 깔려 있다"고도 했다.[39] 1800년경 노팅엄의 전형적인 노동자 가정은 두세 칸의 방을 빌려서 살았지만, 1820년대 레이스 무역이 호황을 누리자 대부분 네다섯 칸의 방으로 이사했다. 영국 주택사에서 권위 있는 한 역사가는 "노동력이 증가하는 비율에 맞춰 주거 수준이 향상되었고, 생필품 이외의 것에 지출할 여유가 생겼다"고 결론지었다.[40]

하지만 모두가 그런 것은 아니었다. 리버풀 부두처럼 인건비가 싼 곳에서는 건물이 (당시 사람들이 말하기로) '부실한' 모습이었다. 도로조차 선택 사항이었으며, 기존 집들 사이의 틈새에 폭 2미터 남짓한 골목의 '마당'을 둘러싸고 집들이 빽빽이 들어찼다. 1840년대의 전형적인 '백투백back-to-back'* 유형의 주택은 3층으로 각 층은 10제곱미터 크기였고, 지하에는 가장 가난한 가정들을 위한 단칸방이 따로 있었다(도판 8.8). 이러한 건물에 수십 명이 함께 살기도 했다.

"축축한 땅에서 겨우 6인치 위에 얇고 벌어진 판자를 깔아 만든 지하실 바닥, 습기를 빨아들여서 방으로 내뿜는 잘못 구워진 벽돌과 진흙 모르타르로 쌓은 얇은 벽, 뚜껑 없이 만들어져 냄새가 올라오는 배수구"를 관찰한 한 지역 조사원은 이렇게 결론을 내렸다. "건강 상태가 좋지 않은 원인을 더 찾을 필요도 없다."[41] 1840년 영국인의 평균 수명은 40세였지만, 일반적으로 가장 비위생적인 도시로 평가받는 리

---

* 등을 맞댄 것처럼 다닥다닥 붙여 지은 집.

도판 8.9 아르카디아에도 죽음은 있다Et in Arcadia ego*: 도싯 블랜드퍼드 인근의 한 시골집 내부, 1846년.

버풀에서 하인과 노동자의 기대 수명은 평균 15세에 불과했다(절반은 아기 때 죽고 살아남아도 서른 살을 넘기기 어려웠다). 리버풀은 워낙 심각해서 중간부류 상인들도 평균 기대 수명이 22세, 상류층들도 35세에 불과할 정도였다. 런던에서는 대중의 질병이 부유층에게까지 감염되었다. 1832년 콜레라가 대도시를 휩쓸고, 석탄 연기와 안개가 결합하여 눈을 멀게 하는 '황색 농무' 스모그가 발생했다. 디킨스가 『황폐한 집』에서 생생하게 묘사한 것처럼, 수도가 마비되고 모든 계층의 노인들이 사망했다.

* '아르카디아'는 목가적 이상향을 뜻하는 말로, 소박하고 조용한 즐거움이 있는 시골 지역을 의미한다.

왜 사람들이 영국 시골을 떠나 디킨스 소설로 불후의 명성을 얻은 비참한 도시로 왔는지 의아할 수도 있겠지만, 그 답은 너무나 우울하게도 분명하다. 시골은 더 열악했다. 중세 이래로 생활 수준은 거의 나아지지 않았다. 한 여행자는 "화가의 관점에서 보면 그림처럼 아름답고 조화롭다"면서도, "다른 대부분의 기준에서 시골집들은 영국의 수치다"라고 언급했다.[42] 산업화를 좋아하지 않았던 윌리엄 코빗조차 윌트셔에 도착해 "일꾼들은 비참하게 가난하다. 그들의 주거환경은 돼지우리보다 조금 낫고, 그들의 외모는 그들의 음식이 돼지 먹이만도 못하다는 것을 보여준다"라고 인정했다.[43] 한편 레스터셔에서는 "진흙과 짚으로 만든 오두막을 보았다. (…) 그 안에는 부러진 의자나 걸상 조각들, 테이블로 사용하기 위해 대충 못질한 볼품없는 판자가 있었다. 바닥은 부분 부분 자갈과 부서진 벽돌 아니면 그냥 맨땅이었으며 침대라 부르는 것은 끔찍하고, 비참한 주민들의 등에 걸친 것은 누더기였다"(도판 8.9).

사람들이 도시로 이주한 이유는 그렇게 할 수 있었기 때문이다. 많은 이에게 디킨스의 비참한 도시의 유일한 대안은 맬서스의 굶주린 시골이었다. 우리가 작은 넬Little Nell이나 아주 작은 팀Tiny Tim*(또는 열두 살에 구두약 공장에 떠밀려 들어간 디킨스 자신)을 위해 눈물을 흘린다 해도, 증기 기관과 도시가 아직 도달하지 못한 지역의 사람들을 위해서 더 많은 눈물을 흘려야 마땅한 상황이었다. 1836년 스코틀랜드 고지대에 흉년이 들자 수천 명의 사람이 집에서 굶어 죽느냐, 아니면 바다를 건너 도망치느냐 하는 오래된 선택의 기로에 섰다. 10년 후 아일

---

* 모두 디킨스의 소설에 나오는 이름들이다.

도판 8.10 초맬서스주의Ultra-Malthusian: 도니골의 무너진 시골집, 19세기 후반.

랜드에서는 그 선택에 직면한 사람이 수백만 명에 달했다.

아일랜드는 맬서스 이론이 가장 잘 적용되는 곳이었다. 감자 덕분에 아일랜드의 인구는 영국 제도에서 가장 빠르게 증가해, 1800년 500만 명에서 1820년 800만 명을 넘어섰다. 그러나 농촌의 빈곤은 코빗이 잉글랜드에서 목격한 수준을 훨씬 뛰어넘었고(도판 8.10), 잉글랜드의 증기 동력 면화 공장이 더블린, 벨파스트, 코크의 구식 방직 공장을 몰락시키면서, 사실상 1840년 무렵 아일랜드의 산업 기반은 붕괴되고 있었다. 그래서 1845년 아메리카 대륙에서 들어온 곰팡이인 감자 역병균이 통통하고 단단한 감자를 먹을 수 없는 검은 점액질로 변하게 만들었을 때, '적극적 억제positive check'―맬서스가 기아를 완곡하게 표현한 말―가 수 세기 동안 본 적 없는 규모로 전개되었다. 수천 명이 굶어 죽었고, 티푸스와 이질로 100만 명이 사망했으며, 그보다 훨씬 더 많은 사람이 잉글랜드나 아메리카로 향하는 배를 탔다.

역병이 발생했을 당시 총리였던 로버트 필 경은 인도에서 아일랜드로 식량을 들여오고 공공사업에 돈을 쏟아부어 사람들에게 임금을 주어 식량을 살 수 있도록 노력했지만, 아일랜드 시골에는 이 사업을 추진할 인프라가 부족했다. 그의 후임자인 존 러셀 경은 '19세기의 인구에 작용하는 13세기의 기근'[44]이라고 부른 것을 막으려는 시도조차 하지 않았다. 일부 영국 맬서스주의자들은 실제로 '억제check'*의 작동을 환영했다. 나중에 한 옥스퍼드대학의 학장은 "나는 항상 정치경제학자들을 섬뜩하게 여겨왔다. 그들 중 한 사람이 아일랜드의 기근으로는 100만 명 이상이 죽지 않을 것이며, 그것만으로는 큰 도움이 되지 않을 것이라고 말하는 것을 들었을 때부터였다"라고 말했다.[45] 150년이 지난 1997년에야 영국 총리는 뒤늦게 공개 석상에서 당시 정부의 대응이 부적절했음을 인정하고 사과했다.

이것이 19세기 중엽의 영국이었다. 한편에서는 해가 지지 않는 제국을 통치했지만, 다른 한편으로는 자국민을 중세 농민들처럼 썩고 굶주리게 내버려뒀다. 1843년에 창간된 『이코노미스트』는 "우리가 19세기 첫 50년에 살고 있는 것을 행복이자 특권"이라고 썼다. "18세기와 19세기의 사이의 변화가 1세기부터 18세기까지의 변화보다 더 크기 때문"이라고 했다.[46] 그들은 옳았다. 그러나 법학자 월터 배젓은 같은 시기에 "2000년 전의 대다수 사람보다 겨우 좀더 문명화된 군중"을 봤다.[47] 그 역시 옳았다. 그리고 수필가 토머스 칼라일이 결론지었듯이, "영국의 상황은 (…) 이 세상에서 본 것 중 가장 불길하고, 동

---

* 인구 감소.

시에 가장 기이한 것 중 하나다".[48]

유럽의 빳빳한 옷깃

1848년 이러한 상황을 살펴보던 두 관찰자는 "우리 시대가 점점 두 개의 거대한 적대 진영으로, 구체적으로 말하면 부르주아지와 프롤레타리아의 두 개의 거대한 계급으로 나뉘고 있다"고 결론지었다. 이 관찰자들—카를 마르크스와 프리드리히 엥겔스—은 분명 다른 속셈이 있었지만, 그들의 말이 틀린 것은 아니었다. 번영의 추구는 정체성을 재구성하고 새로운 형태의 주권에 대한 요구를 불러일으켰다.

마르크스와 엥겔스가 보기에 자본주의는 가난한 사람들을 공장으로 밀어넣음으로써 "사람들을 '자연이 정한 지배자'에 묶어놓던 다양한 봉건적 관계를 무참히 무너트리고, 인간 사이에 적나라한 이기심과 냉담한 '현금 지불' 외에는 아무런 사회적 관계도 남기지 않았다. 자본주의는 종교적인 열망, 기사도적인 열정, 소시민적 감상주의가 만들어내는 천국 같은 황홀감을 이기적인 계산의 얼음장 밑으로 침몰시켰다". 그런데 이러한 자본주의의 목적은 무엇이었을까? 마르크스와 엥겔스에 따르면 "생산과 교환이라는 거대한 수단을 만들어낸" 자본주의는 "자신의 주문으로 불러낸 저승세계의 힘을 더는 통제할 수 없게 된 마법사"와 같았다. 이제 "공장으로 몰려든 대규모 노동자들은 군인처럼 조직화되었고 (…) 산업의 발전은 (…) 경쟁으로 인해 고립되었던 노동자들의 처지를 혁명적 결합으로 대체하였다". 그 결과 "부르주아지가 생산하는 것은, 무엇보다 자신의 무덤을 파는 일꾼"이었다.[49]

그들의 주장이 옳아 보이던 순간도 있었다. 100만 명의 노동자가

1인 1표를 요구하는 청원서에 서명했을 때, 의회는 이를 받아들이지 않았다. 300만 명이 새롭게 서명했을 때도 이 역시 거부했다. 겁먹은 정치인들은 노동운동가들을 감옥에 가두거나 호주로 추방했다. 시위대는 총에 맞았으며, 필*에 대한 암살 시도로 그의 비서가 사망하기도 했다. 그러나 프롤레타리아는 부르주아지를 매장시키지 못했는데, 이는 부분적으로는 전통적인 이유(좋은 날씨로 더 큰 수확과 더 저렴한 빵이 생산되었다)도 있었지만, 새로운 이유에서였다. 1811년부터 1861년 사이에 광업·제조업·건축업·무역업·운송업에서 420만 개의 새로운 일자리가 창출되었다. 이 공적은 상당 부분 정치 엘리트들 덕분이었다. 문제 속에서 기회를 본 휘그당(또는 자유당, 그들은 '자유당'으로 불리기를 점점 더 좋아했다)은 혁명 요구를 흡수했다. 하지만 이들은 결코 사회주의자가 아니었다. 1830년 얼 그레이 백작(얼 그레이 차에 붙은 그 이름)이 구성한 휘그 내각은 아마 그때까지 영국 역사상 가장 부유한 내각이었을 것이다. 그들의 이상은 지방의 대지주와 도시 중산층의 연합을 조직해 자유당을 금융과 세계주의의 정당에서 자생적 지배층의 목소리를 내는 정당으로 바꾸고, 반동적 귀족과 혁명적 프롤레타리아는 제자리에 붙들어두는 것이었다.

그레이는 지배층에 연간 수익이 10파운드에 달하는 80만 명의 남성들을 포함시키기로 결정했다. 이는 영국 남성 여섯 명 중 한 명도 안 되는 숫자였지만 당시 투표권을 가진 사람보다는 두 배나 많은 숫자였다. 구舊귀족과 하위 80퍼센트에 해당되는 다수는 동의하지 않았고, 때로는 자유당의 계획에 격렬하게 항의했다. 브리스톨에서는 군대가

---

* 1834~1835년, 1841~1846년 영국의 총리.

시위대로부터 거리를 되찾는 데 사흘이 걸렸다. 그러나 이 대혼란은 엘리트들이 무언가 조치를 취해야 한다는 필요성을 절실히 느끼게 했고, 2년 동안 세 번의 선거 끝에 대개혁법The Great Reform Act이 1832년에 통과되었다.

이 법은 웨스트민스터의 운영 방식을 바꿨다. 1700년경부터 대개혁법 이전까지 왕이 총리를 임명했고, 총리의 임무는 내각을 구성하는 한편, 후원, 설득 혹은 부정한 방법을 이용해 왕의 뜻을 의회의 법안으로 만드는 것이었다. 18세기에도 선거는 중요했는데, 총리가 왕의 뜻을 실현하려면 선출된 의원들의 지지가 필요했기 때문이다. 선출된 의원들이 총리를 지지하지 않는다면 총리는 왕에게 아무 소용이 없었다. 그러나 유권자의 목소리는 정치 체제의 여러 요소 중 하나에 불과했다. 대개혁법은 이를 바꾸어 국민의 명령이 왕의 뜻보다 우선한다는 것을 의원들에게 확인시켰다. 그래서 1834년 윌리엄 4세가 멜버른과 그의 휘그당 내각을 해임하고 그 자리에 토리당의 로버트 필을 임명했음에도, 필은 실질적으로 국정을 운영할 수 없었다. 이후로 어떤 왕도 이와 같은 시도를 하지 않았다. 국왕의 서거와 함께 자동으로 총선을 치르는 전통도 1837년을 마지막으로 사라졌고, 국왕이 총리가 마음에 들지 않는다는 이유로 해임한 것도 1839년(또다시 필이었다)이 마지막이었다.

필은 당연한 결론에 도달했다. 즉, 토리당(또는 보수당, 그들 스스로 부르기 시작한 당명이다)은 새로운 유권자들의 지지를 얻기 위해 경쟁해야 한다는 것이었다. 휘그당과 마찬가지로 토리당도 스스로를 재창조할 필요가 있었다. 필의 계획은 전통, 교회, 왕실의 정당이라는 토리당의 이미지를 유지하는 동시에 휘그당의 의제였던 자유무역 문제를 적절히 활용하여 친기업적인 모습을 부각시키는 것이었다. 그래서 1846년 그는 자유당보다 더 자유주의적인 조치로 곡물법을 폐지했다. 필은 토리당 지주들이 이 배신을 용서하지 않을 것이었기 때문에 당이 분열되리라는 것을 알고 있었지만, 장기적으로는 보수당이 자유당을 대신해 중산층 대변자로 자리잡을 수 있으리라는 데에 도박을 걸었다. 이제 중산층들은 영국을 자신들의 이미지로 재구성하고 있었다.

수천 년 동안 사람들이 돈을 벌면 가장 먼저 한 일은 상류층을 모방하는 것이었다. 여전히 많은 사람이 그렇게 했지만, 더 이상 그러지 않는 사람도 많아졌다. 자수성가하고 자신감 넘치며 자존심이 강했던 새로운 영국 중산층은 새로운 영국인 정체성을 주장했다. 1859년 최고의 베스트셀러는 존 스튜어트 밀의 『자유론』도, 찰스 다윈의 『종의 기원』도 아니었다. 그것은 부르주아지가 되고자 하는 이들을 위한 자기계발서, 새뮤얼 스마일스의 『자조론』이었다. 스마일스는 독자들에게 "하늘은 스스로 돕는 자를 돕는다"라는 격언을 상기시키고, "그대도 가서 이처럼 하라"라고 말했다. 이제 중요한 것은 배경이 아니라 일을 해내는 능력이었다. 그는 '자조 정신'이 "개인의 적극적인 실천 속에서 드러나듯이 이는 언제나 영국인의 뚜렷한 특징이었으며, 우리의 국가적 힘을 가늠하는 진정한 척도를 제공한다"고 설명했다. 스마일스에 따르면 영국인이 된다는 것은 나약한 대륙인들과 달리 현실적인 사람이 되는 것이었다. 한번은 어떤 프랑스인이 셔츠 주름 장식을 발명한 사람의 천재성을 칭찬하자, 현명한 영국인이 "셔츠를 발명한 사람에게도 공로가 있다고 날카롭게 지적했다"고 스마일스는 전했다.[50]

영국이 수출한 수백만 장의 면 셔츠에 확신을 얻은 외국인들은 점점 더 많은 공감을 보였다. '자조론'은 모든 주요 유럽 언어뿐만 아니라 일본어, 아랍어, 튀르키예어 및 여러 인도어로 번역되었다. 튀르키예가 이집트에 파견한 총독은 마호메트가 아닌 스마일스로부터 가져온 문구로 궁전을 장식했다. 폴란드 시인 율리우시 스워바츠키는 영국스러움이 이제 진지하고 근엄한 중산층 스타일의 전형이라는 데 동의했다. 그는 다음과 같은 시를 썼다.

> 만약에 유럽이 요정이라면,
> 나폴리는 그녀의 밝고 푸른 눈이요,
> 바르샤바는 그녀의 심장이며……,
> 파리는 머리,
> 런던은 빳빳한 옷깃이다.[51]

빅토리아 여왕은 스마일스의 근면하고 빳빳한 새로운 세상에 완벽히 맞는 군주였다. (빅토리아 여왕은 독일인 사위에게 『자조론』의 속편인 『기술자들의 삶Lives of the Engineers』을 결혼 선물로 주었다.) 『타임스』는 빅토리아를 그녀의 세 선대 군주('멍청한 사람, 방탕한 사람, 우스운 사람')와 비교하면서 '새로운 유형의 통치자'라고 불렀다.[52] 왕족의 이상한 기준으로 볼 때, 그녀는 지극히 평범했다. 그녀는 자신의 스코틀랜드 고지대 휴양지 밸모럴에 있었을 때 가장 행복해했다. 한 고위급 방문객은 "여왕과 그 가족은 아주 작은 귀족들처럼, 작은 집, 작은 방, 작은 시설들에서 아무 위엄 없이 산다"(사실 밸모럴은 7층짜리 탑이 있는 성이다)라고 기록했다.[53] 농담꾼들은 그녀의 답답한 '밸모럴주의Balmorality'를 조롱했지만, 좀더 사려 깊은 관찰자들은 그것이 "주권의 위엄을 사소한 삶의 수준"으로 끌어왔다고 보았다.[54] 예를 들어, 빅토리아가 1858년에 리즈를 방문했을 때 『리즈 머큐리』의 편집자들은 "그녀는 매우 고결한 아내이자 어머니로서 자신의 의무를 잘 수행하고 있어 영국의 부인들에게 가장 훌륭한 본보기가 되고 있다"며 찬양했다.[55]

여론의 흐름을 읽은 권력자들은 밸모럴주의를 받아들였다. (1809년에 그랬던 것처럼) 결투를 벌인 각료들은 쫓겨나고, 권투와 도박, 여성 편력 같은 파머스턴의 취미는 부끄러운 일이 됐다. 대신에 한 고위 귀족이 이 땅에서 '편안한 신사'로 사는 것을 견딜 수 없어 직업을 구했다고 말했을 때,[56] 이제 놀라움을 표현하는 사람은 거의 없었다. 1908년 보이스카우트의 창시자인 로버트 베이든 파월은 "공황이나 흥분에도 동요되지 않고 침착하게 파이프를 빨아들이는, 가장 곤란한 상황에서도 믿을 수 있는 남자다움"을 가지고 있는 영국인을 찬양했다.[57] 물론 모두가 이 흐름을 받아들인 것은 아니었다. 방탕한 부잣집 젊은이들은 사라지지 않았고, 17세기식의 격렬한 열정도 여전히 이어졌다. 하지만 야생성은 조금씩 사라지고 파이프 담배를 문 차분함이 멋진 것이 되었다.

1830년대 교육자 토머스 아널드는 귀족의 자녀들에게 '종교적, 도덕적 원칙과 신사적인 품행', 그다음으로 '지적 능력'을 심어주는 것이 교육의 핵심이라고 생각했다.[58] 이전까지 영국의 학교는 신사적인 품행과는 거리가 멀었다. 1770년에는 윈체스터의 학생들을 진압하기 위해 민병대가 폭동 진압법을 읽어야 했을 정도였다. 아널드는 럭비*에 있는 그의 학교를 새로운 지배층 양성소로 만들어 혈통으로 이어지는 기존의 엘리트와 스마일스적 신흥 엘리트를 융합하기 시작했다. 아

---

* 워윅셔에 있는 도시로 이곳에서 럭비 경기가 시작됐다.

널드의 아들은 "이처럼 유익하고 건전한 계급 간의 뒤섞임이 일어나는 곳은 오직 영국뿐"이라고 썼다(여기서 '계급'은 귀족과 부르주아지를 의미한다). 이어 "술병 장수의 아들과 플랜태저넷 가문*의 아들이 나란히 자라는 것을 봐라. (…) 상인의 아들은 결국에는 스스로의 힘으로 '보틀스Bottles' 가문의 귀족이 될 것이다"라고 확신했다.[59]

아널드의 성공은 한계가 있었다(1980년대에 럭비학교에서 1년간 교사 생활을 한 내 친구에 의하면, 여전히 혈통으로 이어지는 기존 엘리트들이 굳건히 자리를 지키고 있었다). 하지만 토머스 휴스의 소설 『톰 브라운의 학교생활』 속에서 각색된 아널드는 중산층이 학교 교육을 바라보는 방식을 바꿔놓았다. 휴스의 판타지 버전 럭비학교에서 "게임과 모험, 우정으로 가득한 신선하고 용감한 학교 분위기"는 삐뚤어지고 고집 센 톰을 밸모럴주의 부모들이 원하던 개신교 신사로 변화시켰다.[60] 『타임스』는 『톰 브라운의 학교생활』을 "모든 영국의 아버지가 아들의 손에 쥐여주고 싶어할 책"이라고 했고,[61] 이 책이 실제로 수천 명의 소년의 손에 쥐여지자 교장 선생님들은 학교생활을 책 속 이야기처럼 바꿔갔다. 1870년대에 한 프랑스 방문객은 이튼학교**에서 "게임을 통해 통솔하는 법을 배운 소년들이 미래 인도 지휘관들로 자라나고 있다"고 생각했다.[62]

럭비학교 같은 곳에서는 소년들에게 행동뿐만 아니라 외모도 침착하고 진지해 보이도록 가르쳤다. 화려함보다 예의를 중시했던 18세기 영국인들은 이미 프랑스 궁정의 공작새 같은 화려한 옷차림에서 벗어

---

*　영국의 왕가 중 하나.
**　영국 이튼에 있는 명문 사립 중등학교.

나고 있었지만, 19세기에 들어서는 더 수수하고 기능적이며 철저히 중산층적인 '영국식' 외관이 패션을 좌우하던 대륙의 주도권을 완전히 빼앗아버렸다. 1700년 이후 점점 줄어들던 남성용 가발은 1800년 이후 완전히 유행에서 사라졌다. 당대에 옷 잘 입기로 유명한 조지 브라이언 브루멜은 "요즘 남자들을 바지, 짙은 코트, 흰 셔츠, 깨끗한 리넨 차림으로 만든 건 바로 나, 브루멜이다"라고 자랑했지만,63 사실 그는 '영국식' 외양을 재창조하느라 분주한 많은 런던 남성 중에 앞서간 한 명에 불과했다. 런던의 새빌 로 거리와 저민 거리에서 새로운 유행을 이끌었던 재단사들은 날렵하게 재단한 맞춤 양복을 판매했고, 런던 신사들은 이를 헤센 장화, 넓고 빳빳한 흰색 셔츠, 완벽하게 매듭지어진 크라밧*과 함께 입었다(도판 8.11). 『크라밧 매는 기술』이나 개인적으로 가장 좋아하는 『네클로시타니아 또는 티에타니아 매는 법: 어느 옷감 장수의 빳빳한 옷깃에 관한 에세이』와 같은 책들도 출간되었다. 일부는 화려한 양복 조끼와 엄청나게 높은 깃을 더해 '한껏 멋 부린' 외양을 만들어냈지만, 다른 사람들은 이를 단순화해 노동자들도 외양을 '점잖게' 연출할 수 있을 정도로 만들었다.

    가난한 공장 노동자가 '보 브루멜'이 되기 위해서는 상당한 금전적 무리를 해야 했지만, 점점 무리 없이 가능한 일이 되어가고 있었다. 1840년대 후반 마르크스와 엥겔스가 『공산당 선언』을 집필하고, 디킨스가 빈민의 고통을 다룬 이야기가 많은 독자를 확보하고 있을 때, 실질 임금은 마침내 3세기 전 흑사병 직후에 도달했던 최고치를 회복했다. 이것은 단기적인 변동이 아니었다. 임금은 계속 상승해 1850년에

---

*   넥타이처럼 매는 남성용 스카프.

서 1900년 사이에 두 배로 증가했다. 세기말에도 영국 노동자의 평균 소득은 여전히 비참하게 4500달러(역사적 회계의 표준 단위인 1990년 미국 달러로 계산한 수치)에 불과했지만, 이는 다른 어느 국가의 노동자보다 많은 소득이었다. 모든 계층의 영국인들이 더 많은 물건을 사들이면서, 빅토리아 시대의 응접실은 특유의 어수선함을 갖추게 되었다. 가장 중요한 것은 영국인들이 더 많은 음식을 살 수 있었다는 사실이다. 일반적인 노동자 가정은 일주일에 한 번만 고기를 먹었으나, 남성의 일일 섭취량은 1850년 2350칼로리에서 1900년 2850칼로리로 증가했다. 동시에 기대 수명도 1850년 40세에서 1900년에는 48세로 늘어났다.

이와 같은 개선은 시장이 성숙해지면서 고용이 안정되고, 굶주린 40년대Hungry Forties*의 호황과 불황의 변동성이 완화된 데서 힘입은 바가 컸다. 더 나은 기계와 조직 덕분에 한 노동자가 생산하는 부가 가치가 증가했고, 노동자들이 파업에 돌입하면 이런 이익을 잃을까 우려한 고용주와 정부 모두 협상에 더 적극적으로 임했다. 탐욕스러운 자본가들을 우려한 급진적인 휘그당과 사업가들의 날개를 꺾고 싶어하던 토리당 지주들도 힘을 합쳐 공장법을 통과시켰고, 이 법으로 13세 미만 아동의 주당 노동 시간은 48시간으로 제한되었다. 얼마 지나지 않아 여성과 10세 미만의 소년의 광산 노동도 금지되었다. 1867년에는 선거권이 대부분의 남성 세대주(임대인이든 임차인이든)로 확대되어 유권자 수가 약 두 배로 늘어났다. 이듬해에는 수많은 소규모 노조가 하나의 노동조합회의Trades Union Congress로 통합되었고, 이 단체는 모든 노

---

* 1840~1849년의 대기근 시대.

도판 8.11 흑백 차림의 남성들: 영국 스타일을 가장 잘 보여주는 옷차림, 1856년.

동자를 위한 국가 '공휴일Bank Holiday'을 요구해 쟁취했다. 대부분의 공장에서도 토요일 오후에 휴무를 시행했다. 1870년대에 성인 근로자의 주당 노동 시간은 56시간으로 안정화되었는데, 이는 여전히 길었지만 이전보다는 줄어든 수치였다. 1880년대에는 좌파 지식인들이 사회주의연맹Socialist Leagues과 페이비언협회Fabian Societies*를 결성했고, 노동자들은 1900년에 진정한 프롤레타리아노동대표위원회Labour Representation Committee를 결성해 이에 호응했다.

많은 보수주의자가 노동자의 지위 상승을 걱정했다. 자유주의자들은 종종 이에 동감하면서도 산업화된 국가가 필요로 하는 글 읽고 사유할 줄 아는 노동자를 얻기 위해 치러야 할 작은 대가라고 생각하는 경향이 있었다. 최초의 교육법은 1837년에 통과되었다. 14년이 지난 후에도 전형적인 상류층·중산층 남학생은 여전히 6년제 학교에 다니고, 저소득층 남학생은 4년제 학교에 다녔지만, 1870년이 되면 잉글랜드와 웨일스에는 13세 미만의 모든 남녀 아동을 수용할 수 있는 공립학교들이 생겼다. 스코틀랜드도 1872년에 비슷한 법이 제정되었지만, 아일랜드에는 그러한 법이 필요하다고 여겨지지 않아 제정되지 않았다. 그 무렵 공중 보건 조사관이 임명되고, 경찰이 창설되었으며, 거의 모든 비폭력 범죄에 대한 사형이 폐지되고, 호주로의 범죄자 이송이 종료되었다. 이 섬들은 더 친절하고 온화한 나라가 되어가고 있었다.

책임감 있고 존중받을 만한 존재로 인정받았기 때문인지, 가난한 사람들도 더 책임감 있고 존중받을 만한 태도로 행동하기 시작했다.

---

* 영국의 점진적 사회주의 사상 단체.

1850년에서 1900년 사이에 살인율은 절반 가까이 줄었고, 폭행, 절도, 영아 살해도 급격히 감소했다. 사생아 출산도 감소했는데, 이때 전반적인 출산율이 감소하긴 했다. 사람들이 부유해질수록 아기를 적게 낳는다는 사회학 법칙에 가까운 현상이 나타난 것이다(1860~1900년 사이에 부부 한 쌍당 출산이 6명에서 4명으로 감소). 사람들은 대신 자녀에게 더 많은 시간과 노력을 투자했다. 금주는 좀더 어려운 과제였고, 1830년대의 '맥주 공포'는 한 세기 전의 진 광풍을 생각나게 했다. 하지만 1870년 이후에는 음주량도 감소했다. 엥겔스는 마르크스에게 "영국 프롤레타리아트가 점점 더 부르주아화되고 있다"며 불평했다.[64]

영국인들이 점점 더 스스로를 준법적이고 관대하며 합리적인 국민으로 여기게 되었다는 점에서, 엥겔스의 지적은 옳았다. 외국인들의 눈에는 영국인의 동물에 대한 친절이 당황스러워 보였을 수도 있지만, 닭싸움, 황소·곰·오소리 골리기*와 소 학대가 모두 금지되었다. 동물학대 방지 협회는 빅토리아 여왕을 후원자로 영입하기도 했다. 기숙학교에서 비롯된 팀 스포츠에 대한 집착을 받아들임으로써, 노동계급 남성들은 부르주아처럼 행동할 수 있는 또 다른 길을 얻었다(1851년 랭커셔 법원은 "크리켓이 널리 행해지는 곳에서는 범죄가 드물다"고 확신했다).[65] 그러나 중산층은 이러한 계층 이동에 대해 여전히 신중한 태도를 유지했다. 크리켓 구단들은 '신사'(중산층 아마추어)와 '선수'(월급쟁이 프롤레타리아)를 철저히 구분하여, 경기장 출입구조차 따로 두었다. 럭비축구는 일반적으로 남부의 중산층 팀이 선호하는 '유니언' 방식과 북부의 서민층 선수들을 위한 '리그' 방식으로 규칙이 나뉘어 발전했다.

---

* 동물들을 우리 안에 가두고 개들을 이용해 괴롭히는 놀이를 의미한다.

축구도 비슷하게 출발했지만, 1892년 '프로 선수'로 구성된 북부 축구 리그가 '신사들'로 구성된 남부 축구 협회를 흡수했다. 그 이후로 축구는 노동자 '청년들'이 일이 없는 토요일 오후에 경기하고 관람하는 아래로부터의 스포츠가 되었다. 신문들은 이미 1885년부터 축구 훌리건 문제를 개탄하고 있었고, 이듬해에는 (1970년대 팬들에게 인기 있는 오락이 되었던) 기차 파손이 언론을 장식했다.

이러한 중대한 변화들 가운데 평론가들이 가장 우려했던 것은 종교적 정체성이었다. 1854년에 한 설교자는 "우리가 다른 나라 사람들처럼 불의하고 탐욕스럽고 억압적이고 잔인하지 않고, 성경을 읽고 교회에 다니는 종교적인 민족임에 하나님께 감사드린다"며 기뻐했다.[66] 그러나 1851년의 인구조사에 따르면 3월 30일 일요일에 잉글랜드와 웨일스에서는 교회에 갈 수 있는 인구의 절반만이 교회에 출석한 것으로 나타났다(스코틀랜드에서는 더 많은 사람이, 아일랜드에서는 훨씬 더 많은 사람이 교회에 출석했다). 교회 출석은 더 이상 영국인 정체성의 중심이 아니라 선택 사항이 되어가고 있었다. (한 런던 노점상은 세인트 폴 성당이 무엇인지 아느냐는 한 개혁론자의 질문에 "교회라고 들었습니다, 선생님. 저는 교회에 가본 적이 없습니다"라고 답했다.)[67]

그럼에도 불구하고 19세기 중반에 성공회의 쇠퇴에 대한 불안은 과장된 것이었다. 영국인들이 이교도가 되었다기보다는, 그들에게 있어 종교는 여전히 중요하지만 좀더 사적인 일로 재정의되고 있었다. 크리스마스가 대표적인 예다. 물론 크리스마스는 여전히 종교적인 휴일이었지만, 1840년대에는 그 초점이 교회에서 가정으로 옮겨가면서 새로운 형태를 띠게 되었다. 예수 탄생의 기쁨이 가족, 사랑, 풍요에 대한 더 넓은 의미의 축하와 합쳐졌다. 이 가치들은 산업혁명이 많은 것

도판 8.12 밸모럴식 크리스마스: 트리를 둘러싼 가족, 사랑, 풍요, 1848년.

을 뒤엎는 와중에도 꼭 붙들어야 할 가장 중요한 것들이었다. 새로운 의식(거위, 선물, 자두 푸딩)이 등장했고 일상적인 찬송가를 대신해 특별 제작된 멋진 크리스마스 '캐럴'이 불렸다. 「옛날 다윗 왕의 도시에」 「호랑가시나무와 담쟁이넝쿨」 「선왕 바츨라프」는 모두 1848년에서 1853년 사이에 발표되었으며, 「기쁘다 구주 오셨네」 「천사 찬송하기를」 같은 18세기 노래는 1839~1840년에 경쾌한 새 선율로 편곡됐다. 오늘날까지 전해지는 고전 가운데 단지 몇 곡(「만백성 기뻐하여라」 「첫 성탄」)만이 그보다 훨씬 더 이른 시기의 것이다. 1843년에는 세계 최초의 상업용 크리스마스 카드가 인쇄되었고, 디킨스의 소설 『크리스마스 캐럴』('메리 크리스마스'를 크리스마스 시즌의 일반적인 인사말로 확립시켰다)이 출간됐다. 1840년대 후반에는 소나무를 장식하는 가장 큰 관습적 변화가 생겨났다. 에스토니아 사람들은 1441년부터, 리투아니아 사람들은 1510년부터 나무를 장식해왔지만, 영국인들은 빅토리아의 독일인 남편인 앨버트가 1841년 윈저성에 장식한 나무를 세울 때까지 이에 대해 전혀 몰랐다. 이 관습은 1848년 『일러스트레이티드 런던 뉴스』에서 왕실 가족들이 크리스마스트리 주위에 모여 있는 모습을 삽화로 실으면서 널리 퍼졌다(도판 8.12).

처음에 크리스마스에 대한 새로운 정의는 노동 계급 운동선수만큼이나 논란이 많았고, 보수적인 기독교인들은 예배 문제를 확장된 '영국의 조건' 문제의 상징으로 여겼다. 1860년대 경쟁 상대였던 글래드스턴과 디즈레일리 두 총리 모두 1830년대에 교회와 국가에 관한 책으로 이름을 알렸다. 어떤 이들은 공립학교에서 장려되고 있던 강건한 기독교muscular Christianity에 구원이 있다고 생각했다. 이에 기반한 선교는 인도와 아프리카(1852년 리빙스턴 박사의 모험이 시작된 곳)뿐만 아니라 영국의 도시들에서도 이루어졌다. 또 다른 이들은 성공회의 일종인 '옥스퍼드 운동Oxford Movement'에 강하게 끌렸는데, 이는 고교회를 지향해 로마 가톨릭과 구분하기 어려울 정도였다. 옥스퍼드 운동의 전통에 대한 흔들림 없는 집착은 조롱의 대상이 되었다(토머스 러브 피콕의 소설『기이한 상상의 성Crotchet Castle』에서 영웅 체인메일은 12세기부터 모든 것이 내리막길을 걷고 있다고 주장한다). 그러나 옥스퍼드 운동의 몇몇 지도자가 공개적으로 로마 교회를 받아들이면서 조롱은 사라졌다. 교황은 이 기회를 틈타 3세기 동안 공석이었던 영국 가톨릭 주교를 임명했다. 원조 유럽연합이 150년 동안 거의 무의미했고 영국에 가톨릭교도가 얼마 남아 있지 않았는데도, 정체성과 주권에 대한 공격으로 보이는 이 사건은 여론을 분노케 했다. 총리는 '교황의 침략'에 대해 "오랫동안 숭고하게 의견의 자유에 대한 권리를 옹호해온 국가에 [로마의] 족쇄를 채우려는 시도"라고 비난했다.[68]

만약 잉글랜드인이 아일랜드 대기근을 피해 달아난 가톨릭 신자들을 우려하지 않았다면, 아마 옥스퍼드 운동에 참여하는 학자 몇 명의 특이한 발상은 덜 불안해 보였을 것이다. 역사학자들은 흔히 스페인이 나폴레옹의 궤양이었다면 아일랜드는 잉글랜드의 곪은 상처라고 말한다. 아일랜드를 뒷문에 대한 안보 우려 때문에 영국 연합에서 제외할 수도 없었지만, 빳빳한 옷깃이라는 새로운 정체성 안에 흡수할 수도 없었다. 런던은 1829년에야 뒤늦게 아일랜드 가톨릭 신자들에게 동등한 권리를 부여했지만, 이것만으로는 (일찍 부여했다 하더라도) 아일랜드와 화해해 연합을 꾸리기에 충분치 않다는 것을 바로 알게 되었다. 1834년 아일랜드 문제로 정부가 한 번이 아니라 두 번이나 무너졌고, 필이—당시 영국 역사상 최고의 총리일 것이다—1846년에 자신의 당에 의해 축출되었을 때도 그 이유는 경제 문제만큼이나 아일랜드 문제 때문이기도 했다. 필은 "우리는 농업에 대한 보호를 축소하고 아일랜드에 평화의 토대를 마련하려고 노력했다. 그런데 이것이 용서받을 수 없는 죄가 되었다"라고 회고했다.69 1868년 글래드스턴이 총리가 되었을 때, 아일랜드는 다시 입법 의제의 최우선 순위에 올랐다. 아일랜드공화국형제단The Irish Republican Brotherhood은 그 전해 잉글랜드에서 폭탄 테러를 시작했다.

하지만 아일랜드조차 19세기 중반 영국인들의 경이로운 자부심에 흠집을 낼 수 없었다. 역사학자 토머스 배빙턴 매콜리는 일기에서 스스로에게 물었다. "아일랜드인이나 프랑스인의 영국에 대한 증오를 보면서도, 내 안에서 그들에 대한 증오가 일어나지 않는 이유는 무엇일까? 이는 국가적 자존심 때문일 것이다. 영국은 너무 위대해서, 영국인들은 다른 이들이 영국에 대해 어떻게 생각하든, 뭐라고 말하든 개의치 않는다."70 실제로 파머스턴은 하원에서 "영국이 지금처럼 존경받았던 시기는 없었다. (…) 이는 영국의 신의와 절제, 확고함 덕분이다"라고 말했다.71

매콜리와 파머스턴은 옥스퍼드 운동만큼이나 조롱받을 만했지만, 그들의 말에는 일리가 있었다. 1815년에서 1865년 사이에 영국은 지구를 매킨더의 지도에 맞게 재편했다. 1970년대에 내 할아버지가 해협의 안개로 대륙이 고립되었다고 농담하거나, 2016년 브렉시트 지지자들이 영국이 브뤼셀의 덫에서 벗어나 무엇을 이룰 수 있을지 열정적으로 늘어놓았을 때, 그들은 파머스턴이 본 세상에 반응하고 있었던 셈이다. 하지만 그 세계는 순간뿐이었다. 1865년 파머스턴이 죽었을 때(그는 "내가 죽는다니, 의사 선생? 그건 내가 맨 마지막에나 할 일이지!"라는 불멸의 유언을 남기고 멋지게 떠났다).⁷² 그를 배웅하기 위해 모인 사람들은 그의 죽음이 한 시대의 종말을 의미한다는 데 엄숙히 동의했다. 한 전직 총리는 무덤가에서 이렇게 말했다. "우리의 조용한 시대는 끝났다. 더 이상 평화는 없을 것이다."⁷³

9장
신세계의 전진

1865~1945년

이상한 패배

파머스턴의 애도객들이 우울했던 이유는 그가 그토록 강력하게 지켜온 세계 체제가 실패해서라기보다 오히려 너무 잘 작동하고 있어서였다. 여전히 영국은 세계에서 가장 발전된 산업 경제를 갖고 있었고, 누구보다 저렴하고 우수한 상품과 서비스를 생산해 외국인들이 이를 구매하도록 함으로써 계속 번영하고 있었다. 물론 외국인들이 이것들을 사려면 돈이 필요했는데, 그들이 번영할 가장 확실한 방법은 영국을 모방하고 산업화하는 것이었으므로, 영국 금융가들이 외국인들에게 화석 연료 경제를 구축하는 데 필요한 자금을 빌려주는 것은 합리적인 일이었다(특히 그 돈의 대부분이 영국의 기계, 석탄, 전문 지식을 구매하는 데 사용되었기 때문이다).

이것이 자유무역의 영광이었다. 그러나 자유무역은 경쟁국을 부상시키는 자금 지원을 의미하기도 했다. 1860~1870년대 미국과 독일의 통일 전쟁은 거대한 내수 시장을 창출했고(도판 9.1), 영국의 투자금은

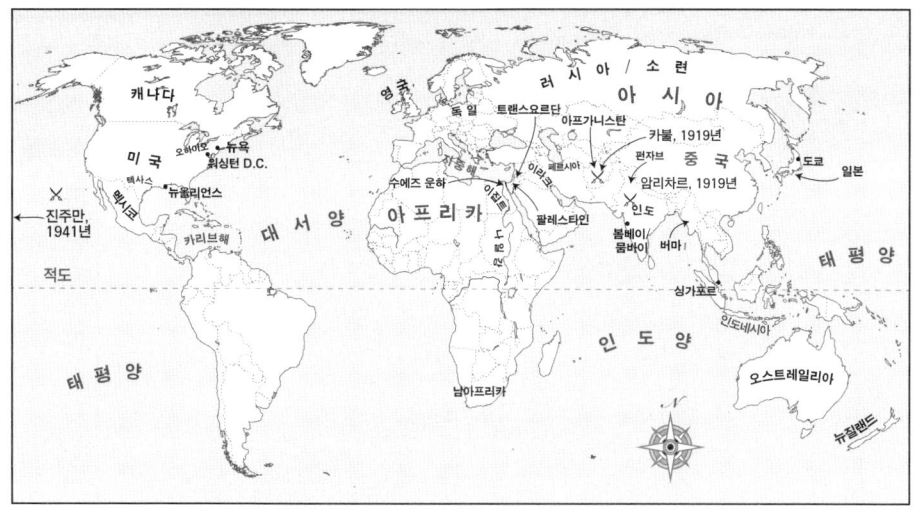

도판 9.1 세계 무대, 1865~1945년.

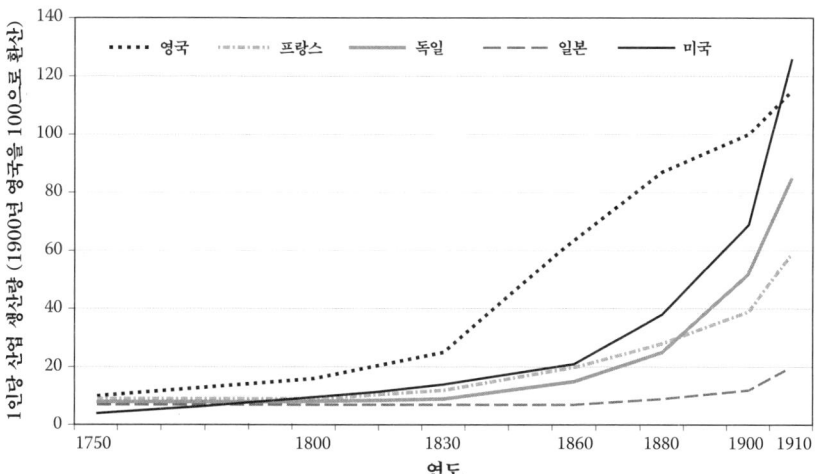

도판 9.2 대수렴: 19세기에 영국은 번영했지만, 다른 나라들은 더 빠르게 번영했다.

9장 신세계의 전진

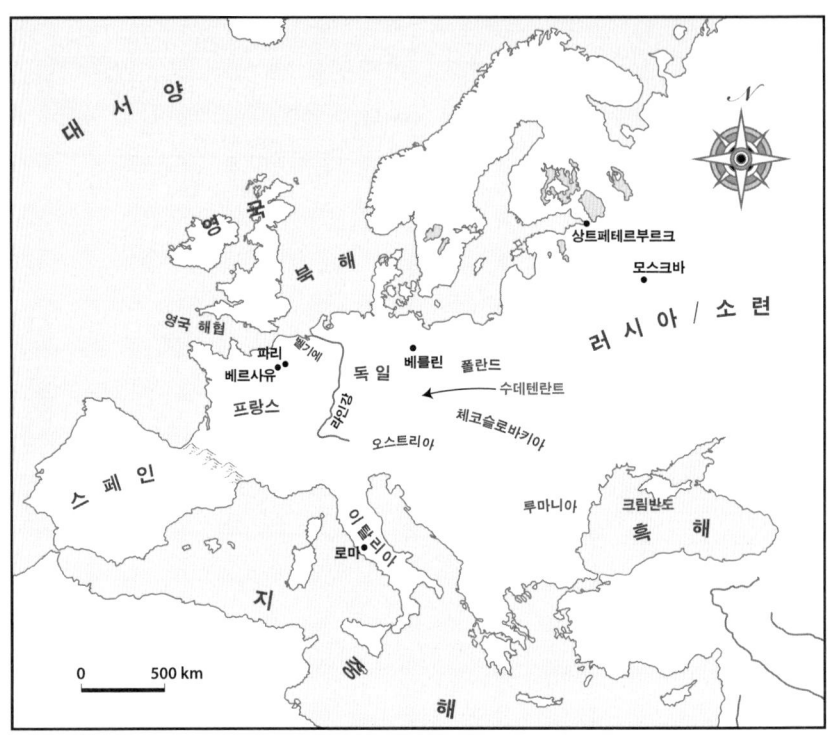

도판 9.3 유럽 무대, 1865~1945년.

이들 나라를 산업화할 공장과 연결시킬 철도를 건설하는 데 들어갔다. 1880년대에는 미국과 독일의 산업 생산량이 모두 영국보다 빠르게 성장했으며, 1907년에는 미국이 실제로 산업 생산량에서 영국을 앞질렀다(도판 9.2).

그래서 우울했던 것이다. 파머스턴의 무덤에 모인 사람들은 부와 권력의 균형이 바뀔 때마다—로마에서 독일로, 스페인에서 프랑스로, 프랑스에서 영국으로(도판 9.3)—늘 폭력이 뒤따랐으며, 근대화된 육군과 해군의 엄청난 살상력으로 인해 이번 전쟁은 더 참혹하리라는 사실을 잘 알고 있었다. 실제로 그렇게 되었다. 독일의 도전을 물리치기 위해 영국과 그 동맹국이 치른 두 차례의 세계대전으로 최소 1억 명이 사망했다. 그리고 이에 못지않게 중요했던 것은 영국이 미국의 도전에 맞서 동시에 벌인 또 하나의 전쟁이었는데, 이 전쟁에서는 단 한 명도 사망하지 않았다. 전장이 회의실, 증권거래소, 공장이었기 때문이다. 엄청난 규모로 치러진 이 전쟁은, 20세기 전반기를 규정했고 영국의 대패로 끝났다. 하지만 그것은 참으로 이상한 패배였다.

퇴장곡

독일과 미국에 대한 투자와 판매는 인도에 상품을 대량으로 판매하거나 수에즈 운하(1869년 개통)와 봄베이-캘커타 철도(1870년) 같은 기반 시설을 건설하는 것과 매우 다른 문제였다. 인도인과 이집트인은 영국과의 저가 경쟁으로부터 자국 산업을 보호할 수 없었고, 운하와 철도를 이용해 운송비를 절감하려는 현실의 돔베이들을 막을 수도 없었다. 그러나 독일과 미국 정부는 달랐다. 그들은 영국에서 원하는 것(석탄, 철, 기계)만 구매했고, 관세와 운임을 무기 삼아 다른 수입품들을 국산품보다 더 비싸게 만들었다.

영국은 자체 관세로 보복할 수도 있었지만, 거의 그렇게 하지 않았다. 영국 소비자들이 수입품(특히 식품)을 저렴하게 구매해 더 수익성 있는 활동(석탄 채굴 또는 보험 판매 등)에 집중할 수 있는 세계 체제에 의존하고 있었기 때문이다. 외국의 관세는 영국에 불리하게 시장을 조작했지만, 그래도 영국은 여전히 독일보다 더 많은 석탄을 보유하고 있었고, 미국보다 더 큰 자본을 보유하고 있었으며, 엔진과 방직기를 계속 가동하기 위해 언제 밸브를 잠그고 보빈*을 조여야 하는지 감을 체득한—여러 세대에 걸친 현장 교육으로 길러진—노동자들이 압도적으로 많았다.

그러나 1880년대가 되자 미국과 독일이 관세 장벽 뒤에서 돔베이들의 우위를 우회할 방법을 찾고 있다는 게 분명해졌다. 독일은 기술 교육에 눈을 돌려, 공학자들에게 영국보다 석탄을 적게 소모하는 기계를 설계할 수 있도록 과학 지식을 가르쳤다. 미국인들은 경영학을 발명했다. 기업가들은 자기 자본을 가족 회사에 투자하는 대신, 주식을 팔아 자금을 조달하고 전문 경영인을 고용해 시간·동작 효율성 연구, 조립 라인 및 그 밖의 새로운 아이디어로 끊임없이 혁신을 추구했다. 이렇게 책으로 배우는 학문들은 영국인 눈에는 다소 우스꽝스러워 보였지만, 광학 및 화학 같은 첨단 산업에서는 감에 의존하는 것보다 과학의 응용이 더 나은 결과를 낳았다. 1890년대에 이르러서는 오히려 자조와 임기응변, 직감을 따르는 아마추어를 신뢰하는 영국이 우스꽝스러워 보이기 시작했다.

새로운 첨단 산업을 뒷받침한 많은 발전은 사실 영국의 실험실에서 시작되었지만, 그 혜택을 가장 많이 누린 자들은 독일과 미국의 산업가들이었다. 1885년, 영국의 기계공학자들이 자전거의 메커니즘을 완성한 바로 그해에 독일의 기계공학자 고틀리프 다임러와 카를 벤츠는 휘발유(당시에는 램프에 사용되던 등유의 저부가가치 부산물)를 경량 내연기관에서 연소시키는 방법을 알아냈다. 미국인들은 이 두 기술을 결합해 큰 부를 얻었다. 1896년까지만 해도 자동차는 여전히 느려서 미국 최초의 자동차 경주에서 구경꾼들이 "말이나 타라!"라고 조롱할 정

---

* 실을 감는 통 모양의 실패.

도였지만,[1] 1913년에 미국의 공장들은 100만 대의 자동차를 생산하게 된다. 그 무렵 오하이오 출신의 자전거 정비공 라이트 형제는 휘발유 엔진에 날개를 붙인 후 이를 자전거 프레임에 장착해 하늘로 날리는 데 성공했다.

영국 은행가들은 여전히 이러한 활동에 자금을 지원하여 돈을 벌고 있었지만, 미국인과 독일인이 더 많은 돈을 챙겼다. 순전히 규모만 보면 1872년에 미국 경제가 영국을 추월했고, 1908년에는 독일이 그 뒤를 이었다. 1885년 길버트와 설리번이 희극 오페라 「미카도」를 썼을 때만 해도 이국적이고 후진적이며 우스꽝스러워 보였던 먼 나라 일본도 1913년에는 경제 규모가 영국의 3분의 1로 따라잡고 있었다.

자유무역 지지자들은 밀물이 밀려오면 모든 배가 떠오를 것*이라고 주장했지만, 1880년대에는 일부 배가 다른 배보다 훨씬 빨리 떠오르고 있다는 것이 분명해졌다. 몇몇 국가는 영국보다 더 빨리 배의 숫자를 늘리기 위해 해군에 많은 돈을 쓰고 있었다. 1815년 영국 해군은 전 세계 나머지를 합친 것보다 더 많은 수의 전함을 보유하고 있었지만, 1880년에는 영국의 뒤를 잇는 세 함대(프랑스, 러시아, 미국)를 합친 규모를 겨우 앞질렀고 1910년에는 영국 뒤의 두 함대(독일과 미국)의 규모를 간신히 앞질렀다. 설상가상으로 외국 해군의 전함들은 그 수가 많아졌을 뿐만 아니라 성능도 향상되었다. 해상 항로를 감시하고 상대의 봉쇄망을 돌파하는 해군력을 유지하기 위해 영국은 놀라울 정도로 큰 비용을 지출해야 했다.

영국은 한 세기 동안 해양 기술 분야에서 세계를 선도했다. 1840년

---

* 경제가 부흥하면 모든 경제 참여자에게 그 혜택이 돌아갈 것을 뜻하는 격언.

에 영국 정부는 세계 최초의 철갑 전함 네메시스호를 중국에 파견했고, 1854년에는 나선형 프로펠러를 장착한 최초의 증기 추진 전함을 크림반도에 투입했으며, 경쟁국들은 이를 빠르게 모방했다. 1860년에 진수된 HMS 워리어호*는 바다에서 가장 크고, 가장 빠르며, 가장 강력한 포가 장착된 전함이었다. 그러나 12개월 만에 다른 국가 해군이 두께 11센티미터의 철갑을 뚫을 수 있는 함포를 제작하기 시작했다. 혁신은 혁신을 낳았다. 1871년에 진수된 HMS 포츠머스호는 돛대와 돛을 모두 없애고 회전식 포탑에 포를 장착했으며, 1877년에 나온 알렉산드라호는 새로 발명된 어뢰 발사관을 탑재했다. 그리고 1900년에 영국은 세계 최초의 잠수함을 취역시켰다(이는 1880년대에 한 아일랜드 민족주의자가 영국 함선을 침몰시킬 목적으로 설계된 것이다). 1906년에 진수된 HMS 드레드노트호(도판 9.4)는 속도, 무장, 장갑 모두 뛰어나 바다 위 기존의 모든 배를 순식간에 구식으로 만들었다. 그러나 그 위상은 고작 1년 남짓 이어졌을 뿐, 곧 독일이 1년 후에 자신들의 드레드노트호를 건조하기 시작했다. 1911년 젊은 해군 총사령관 윈스턴 처칠은 해군의 동력을 석유 연소 엔진으로 전환했다. 석유 연소 엔진은 석탄 연소 보일러보다 성능이 뛰어났지만, 영국이 보유한 막대한 석탄 매장량을 무용지물로 만들었다. 이제 영국 함대는 인도네시아, 페르시아, 무엇보다 미국의 유전으로 향하는 긴 해상 항로를 보호해야 했다.

1860년대 이후 영국 내 분위기는 어두워졌다. 독일, 미국과 같은 경쟁국들이 영국의 기술과 조직을 채택하고 적용해 자국의 산업혁명을

---

* HMS는 "폐하의 군함/잠수함His/Her Majesty's Ship/Submarine"을 의미한다.

도판 9.4 영국을 건드리지 마라: HMS 드레드노트호(1906년 진수)에 장착된 12인치 함포 10문 중 2문. 이 포는 포탄을 거의 20킬로미터까지 발사할 수 있었다. 그 위에는 신형 고속 어뢰정의 공격에서 방어하기 위해 12파운드 포 27문 중 2문이 장착되어 있다.

일으켰기 때문이다. 이는 지리의 의미를 바꿨고, 영국은 매킨더 지도의 중앙에 머무르기 더 어려워졌다. 물론 영국은 여전히 없어서는 안 될 국가였다. 영국의 상인, 전함, 해군기지, 해외자산, 외환 보유고, 통신망, 엔지니어, 은행가들이 여전히 세계를 주도했다. 영국의 과학과 소프트 파워는 절정에 달했고, 1897년에는 가장 적대적인 적들조차 빅토리아 여왕의 즉위 60주년을 기념하는 축하 행사에 참석했다. 하지만 세계의 경쟁이 점점 더 치열해지고 있다는 사실은 누구도 의심하지 않았다.

상황 분석은 두 가지 매우 다른 형태로 이루어졌다. 하나는 정체성에 초점을 맞춘 것으로, 1870년 이후 영국인들이 우위를 잃으면서 자신감이 자기 의심으로 바뀌었다고 주장했다. 당시 보수당 최고 권력자 솔즈베리 경은 '붕괴Disintegration'라는 섬뜩한 제목의 글로 상당한 영향력을 끼쳤는데, 이 글에서 그는 영국이 대부분의 노동자에게 투표권을 부여하면서 '대중'과 '계급' 간의 갈등이 불가피해졌다고 주장했다. 그 결과 "성직자, 지주, 술집 주인, 제조업자, 말 소유주, 철도 주주, 채권자들이"(이상한 조합이지만, 그의 요지는 분명하다) 몰락할 것이라고 그는 말했다. 그런 다음 아일랜드가 분리되고, "우리 제국의 중요한 가지와 팔다리들"이 뒤따라 떨어져 나갈 거라고 경고했다.[2] 다른 비관론자들은 상업적 동력의 상실을 쇠퇴의 원인으로 꼽았다. E. E. 윌리엄스는 1896년에 출간된 베스트셀러 『메이드 인 독일Made in Germany』에서 영국 제품이 더 좋고 값싼 독일 제품에 밀려 전 세계 진열대에서 사라질 거라 예견했고, W. T. 스테드는 『전 세계의 미국화The Americanization of the World』(1901)라는 책 제목 그대로 미래를 예측했다. 무엇보다 충격적이인 것은, 제국주의의 저명한 시인인 러디어드 키플링이 빅토리아 여왕의 즉위 60주년 행사에서 영감을 받아 고뇌에 찬 「퇴장곡」을 썼다는 것이다. 그는 영국이 신으로부터 등을 돌렸으며 앞으로 쇠퇴와 몰락, 망각만이 있을 거라 예언했다.

멀리 불려간 우리의 함대들이 녹아내리고
모래 언덕과 곶에서는 불빛이 꺼져가네
보라, 어제의 모든 화려함이
니네베*와 티레**와 함께 묻히도다!

---

* 고대 아시리아의 수도.
** 고대 페니키아의 항구 도시.

만국의 심판자여, 아직은 우리를 용서하소서

우리가 잊지 않도록―우리가 잊지 않도록 (…)

연기 뿜는 총포와 흩날리는 포탄에

믿음을 거는 이교도의 마음이여

먼지 위에 먼지를 쌓아올리는 모든 용맹함이여

구원을 청하면서도, 주님을 부르지 않은 자여―

이 광란의 자랑과 어리석은 말 위에

주님, 당신의 백성에게 자비를 베푸소서!³

다른 분석가들은 상황을 더 단순하게 안보의 문제로만 보았다. 조지 체스니의 저서 『도킹 전투 The Battle of Dorking』(1871)부터 윌리엄 르 퀴의 고전 『1910년 침공 The Invasion of 1910』(1906년 『데일리 메일』에 연재된 「미래 역사 future history」)에 이르기까지 일부 작가들은 자기 자신과 수천 명의 독자에게 독일의 공격이 임박했다고 확신시켰다. 르 퀴의 이야기로 여론이 크게 동요하자, 재무장관, 상원의장, 외무장관, 국방장관, 해군대신이 1907~1908년에 무려 열여섯 차례나 모여 그 주장을 반박하는 보고서를 작성해야 했다(1909년 P. G. 우드하우스가 쓴 풍자 소설 『급습! 또는 클래런스가 영국을 구한 방법 Swoop! or How Clarence Saved England』이 그 일을 훨씬 더 잘해냈다).

해군성 내 강경론자들은 연기 뿜는 총포와 포탄으로 이 도전들에 대응할 수밖에 없다고 결론지었다. 불같은 성격의 해군 대신 재키 피셔가 지지한 한 가지 아이디어는, 기술을 통해 국가 예산 범위 내에서 해협을 봉쇄할 수 있다는 것이었다. 피셔는 "내 사랑하는 잠수함들이 영국의 해군력을 현재보다 7배 이상 증강시킬 것"이라 약속했으며,

1905년에는 "3~4년 안에 잠수함으로 인해 영국 해협과 지중해 서부 유역에는 어떤 함대나 소함대도 활동할 수 없는 곳이 될 것"이라고 예상했다.[4]

피셔의 주장은 시대를 100년이나 앞선 것이었다. 우리 시대에는 잠수함과 대함 미사일로 바다를 봉쇄해 적의 수상 활동을 막지만(미 7함대는 우리 생전에는 다시는 타이완 해협을 항해하지 않을 것이다), 피셔의 시대에는 그렇지 않았다. 제독들은 빠르게 전함을 호위함, 잠수망, 자체 잠수함으로 둘러싸서 적 잠수함의 어뢰 사정거리 바깥에 두는 방법을 배웠다. 결국 해협을 방어선으로서의 해자로 유지하는 유일한 방법은 1588년과 마찬가지로 해협에 재래식 전함들을 집결시키는 것이었다. 대형 전함의 필요성을 받아들이게 된 피셔는 "독일이 전 함대를 항상 영국에 몇 시간 안에 닿을 수 있는 거리에 집중 배치하고 있기 때문에, 우리도 두 배의 막강한 전력을 몇 시간 안으로 독일에 도착할 수 있게 집중 배치해야 한다"라고 주장했다.[5] 문제는 그 비용을 어떻게 감당할 것인가였다.

그 해답은 외교관들이 1890년대에 찾아냈다. 영국은 1713년과 맞먹는 급격한 전환을 통해 19세기 세계 체제를 18세기 세력 균형 체제와 비슷하게 보이도록 재편했는데, 이번에는 전 세계적인 규모의 재편이었다. 첫 단계는 영국이 모든 바다를 직접 지배할 필요가 없음을 인정하는 것이었다. 영국에 정말 필요했던 것은 영국과 유럽 대륙의 동맹 집단과 함께 해협 봉쇄라는 한 가지 대과제에 집중하는 동안 다른 바다에서 영국을 대신해 각자의 구역을 통제할 수 있는 또 다른 믿을 만한 동맹 집단이었다.

이런 동맹 집단의 핵심 국가는 미국이었다. 캐나다, 카리브해, 자유무역을 둘러싸고 미국과 끊임없이 의견이 충돌했지만, 영국 정부는 그것이 더는 확대되지 않도록 노력했다. 먼저 영국은 미국을 동등한 파트너로 대하는 해군 회담을 열었다. 그리고 1893년, 런던은 워싱턴 D.C.에 있던 공사관을 정식 대사관으로 격상시켰다. 2년 후 영국은 베네수엘라 분쟁에서 미국의 요구를 받아들였고, 1901년에는 카리브해를 미국의 바다로 암묵적으로 인정했다. 그렇게 영국은 서반구에 대한 책임을 조용히 내려놓았다. 이듬해에는 한 걸음 더 나아가 일본과 역사상 처음으로 해군 동맹을 체결하여 서북 태평양을 일본의 바다로 인정했다. 피셔는 이제 호주, 중국, 극동에 흩어져 있던 소함대를 싱가포르에 있는 단일한 동부 함대로 통합할 수 있었고, 전함 다섯 척을 영국 해협으로 복귀시킬 수 있었다.

    1898년까지만 해도 영국군과 프랑스군이 나일강 상류에서 대치했을 때 일부 전략가들은 프랑스가 여전히 해협 너머의 가장 큰 위협이라 생각했지만, 대부분의 시선은 독일로 향하고 있었다. 1895년 영국의 음모자들이 남아프리카 금광을 탈취하려다 실패했을 때, 독일 황제 카이저는 매우 공개적으로 보어인의 편을 들었다. 1899년에는 영국이 남아프리카의 초원 지대에 발목이 잡혀 있는 동안 러시아-프랑스-독일 연합이 영국을 공격할 것이라는 가짜 뉴스가 퍼졌고, 이런 와중에 1900년 독일은 대규모 전함 건조 계획을 추진하기 시작했다. 멀리 있는 사막과 정글을 두고 프랑스와 벌인 다툼은 이제 사소해 보였고, 밸모럴주의자인 어머니와 상당히 달랐던 영국의 새로운 왕 에드워드 7세는 매력 공세를 위해 파리를 방문했다. 샴페인, 프랑스 요리, 아름다운 여성에 매료된 '평화주의자 에드워드'는 파리 방문에서 큰 합의를 이루었다. 1904년 '우호적 이해관계', 즉 앙탕트 코디알레Entente

Cordiale*가 체결되었다.

이 협상 덕분에 영국은 지중해에서 전함 여섯 척을 추가로 복귀시킬 수 있었고, 오랜 경쟁자인 러시아와도 그레이트 게임보다 독일이 더 중요한 문제라는 데 서로 합의하면서 전함 두 척을 추가로 확보했다. 이제 먼 바다에 나가 있던 해군 조직은 사라지고, 런던은 더 이상 50년 전처럼 세계 체제를 운영할 수 없다는 사실을 인정했지만, 본토 함대는 언제나 경쟁자들보다 한발 앞서 있었다. 연기 뿜는 총포와 포탄은 여전히 해협을 봉쇄하고 있었다.

더 위대한 영국

일부 전략가들에게 독일의 도전에 대응해 해군을 재편하는 일은 단지 첫 단계에 불과했다. 영국 안보 위기의 진정한 원인은 세계 체제가 지리적 현실과 점점 더 맞지 않게 되면서 경쟁국보다 상대적으로 번영하지 못하는 데 있었기 때문이다. 미국과 독일은 이 새로운 현실을 공격적으로 이용하고 있었지만, 사실 기회는 영국에도 있었다. 무엇보다 수백만 명의 이민자가 자치령으로 이주해 형성한 거대한 '더 위대한 영국'이 있었다. 1883년 역사학자 J. R. 실리는 "앞으로 더 위대한 영국을 연구할 때, 우리는 인도 제국보다 우리의 것[자치령]을 훨씬 더 중시해야 한다"라고 단언했다. 그는 호주, 캐나다, 뉴질랜드(그리고 아마도 남아프리카공화국)의 넓고 탁 트인 공간을 언급하며 "가장 진취적인 인종이 진보에 가장 유리한 환경에 놓여 있다. 이곳에는 과거가 없

---

* 영국과 프랑스 사이의 평화 협정.

고 무한한 미래가 있다. 정부와 제도는 모두 철저히 영국적이다. 모든 것이 자유, 산업, 발명, 혁신이다"라고 말했다.[6]

역사학자 제임스 벨리치가 2009년에 발표한 (다소 혼란스럽지만) 통찰력 있는 지도인 도판 9.5는 실리와 같은 사람들이 염두에 두고 있었던 것을 보여준다. 더 위대한 영국을 지지하는 사람들은 캐나다, 호주, 뉴질랜드의 정착지가 애팔래치아산맥 너머의 광활한 미국 정착지와 얼마나 유사한지 강조하기를 좋아했다. 벨리치에 따르면 영국과 미국은 각각 '구舊'중심지(영국은 브리튼 제도, 미국은 대서양 연안의 13개 식민지)라 할 수 있는 지역에 자리잡고 있다. 여기에는 벨리치의 용어로 '주 파트너senior partner'(영국은 잉글랜드, 미국은 중부 대서양 주들)가 있었고, 이 지역은 확장에 필요한 대부분의 인력, 자금, 조직을 제공했다. 더불어 각기 두 개의 '부 파트너junior partners' 지역이 있었다. 두 개의 부 파트너 중 하나(영국은 스코틀랜드, 미국은 뉴잉글랜드)는 많은 수의 사업가와 공무원을 배출했고, 다른 하나(영국은 내부적으로 가톨릭과 개신교로 분열된 아일랜드, 미국은 흑인과 백인으로 분열된 남부 주들)는 '개척 돌격대' 역할을 맡았다. 삼분된 '구舊영국'과 '구舊미국'은 19세기에 각각 대양과 애팔래치아산맥 너머에 자신들의 확대판을 만들어냈다.[7]

두 체제는 많은 면에서 유사했지만 한 가지 결정적 차이가 있었다. 구미국과 신미국은 모두 워싱턴 D.C.에서 운영된 반면, 구영국과 신영국은 여러 책임 정부가 각자 독자적인 길을 걸었다. 실리가 보기에 해법은 새로운 제도를 마련해 (도판 9.5와 같이) 자치령을 영국 본토로 끌어당겨 "캐나다와 호주가 우리에게 켄트와 콘월과 같은 존재"가 되도록 하는 것이었다(도판 9.6). 이처럼 이동성과 정체성이라는 공통 기반 위에 주권을 함께 묶는 연합을 구축함으로써, 더 위대한 영국이 영

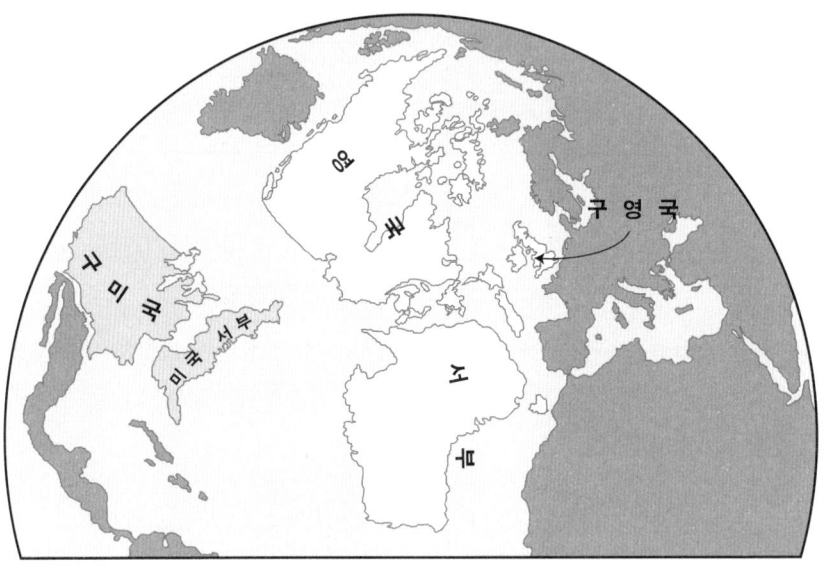

도판 9.5 벨리치 지도: 역사학자 제임스 벨리치가 2009년에 그린 영국과 미국의 비교 지도. 캐나다, 호주, 뉴질랜드를 대서양 쪽으로 끌어와 '구영국'과 긴밀하게 연합한 '영국 서부'를 만들었는데, 이는 '구미국'의 13개 식민지와 애팔래치아산맥을 넘어 가로지르는 '미국 서부'의 연합과 매우 흡사하다.

국 제도의 번영에 활력을 불어넣고 동시에 안보 문제도 해결할 수 있을 것이었다. 또 다른 역사학자는 이러한 목표가 실현된다면 "모든 영국 영토를 단단히 결합한 연합은 전 세계를 지배하는 국가가 될 수 있을 것"이라고 결론지었다. 더 위대한 영국은 또 다른 미국이 될 수 있었고, 그러면 프랑스, 러시아, 일본과 합의(우호적이든 그렇지 않든)를 할 필요성도 없었다.

누구도 이 같은 계획을 보고 야망이 부족하다고 비판할 수는 없을 것이다. 영국인들은 이 계획을 정기적으로 되살려왔다. 가장 최근에는 2016년 브렉시트 이후 캐나다, 호주, 뉴질랜드, 영국의 연합인 '캔적 CANZUK'으로 되살아났다. 그러나 19세기 말과 21세기 초의 계획 모두 한 가지 중요한 사실을 외면했다. 캐나다인, 호주인과 뉴질랜드인이

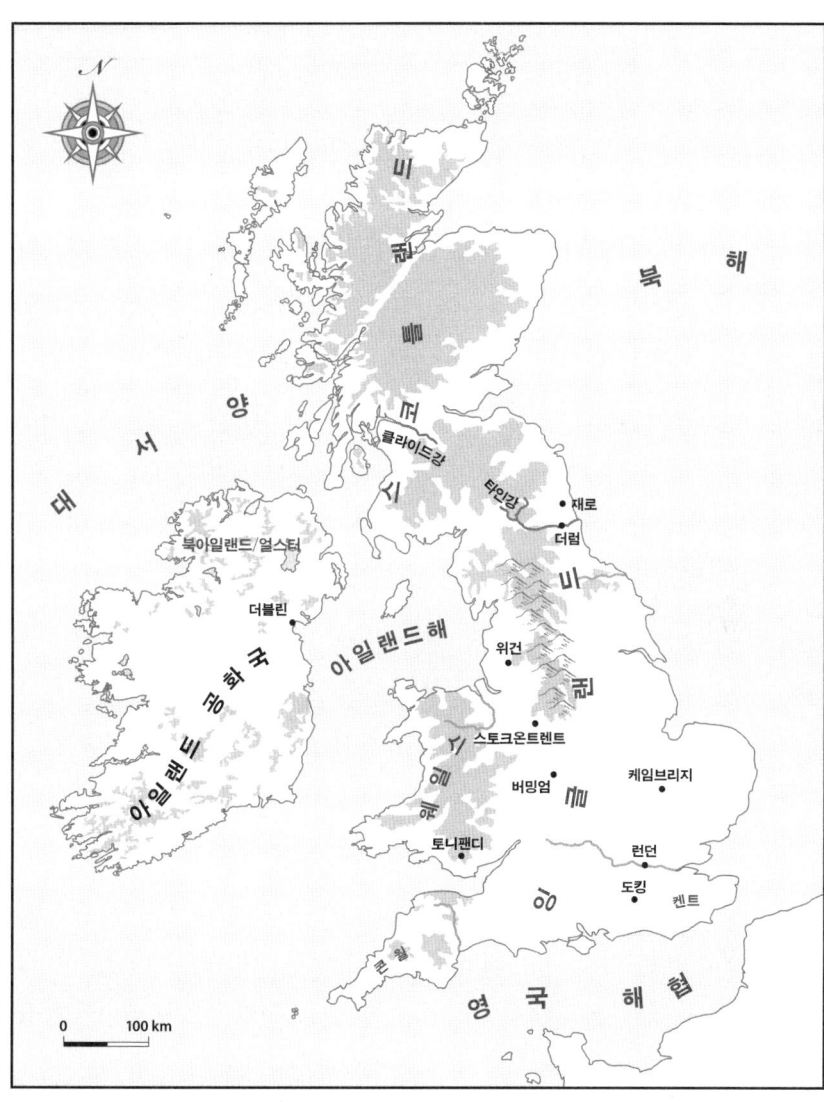

도판 9.6 영국 무대, 1865~1945년.

연합에 아무런 관심을 보이지 않았다는 점이다. 1884년 글래드스턴은 제국 연합이 '무의미하거나 비현실적'이라고 결론지었고,[8] 2019년 호주의 전 총리 케빈 러드는 캔적을 '완전한 헛소리'라고 잘라 말했다.[9]

1900년 이후 더 위대한 영국이 살아남을 수 있었던 것은 한 사람의 노력 덕분이었다. 바로 조지프 체임벌린이다. '조'라는 애칭으로 불린 그는 20세기 초 영국 정치계에서 단연코 가장 중요한 인물이었다. 그는 만화 속 인물처럼 단안경과 난초 모양 옷 장식으로 인상적인 외양을 하고 있었고, 극적인 인생사도 갖추고 있었다. 구두 수선공의 견습생으로 일을 시작한 그는 전 세계 나사의 3분의 2를 생산하는 버밍엄 회사의 공동 경영인으로 성장했으며, 이후 버밍엄의 가장 급진적인 시장이 되었다. 그는 아일랜드 자치법Home Rule과 관련해 자유당을 분열시킨 끝에 탈당했고, 1899년 보어 전쟁을 주도하여 제국 연합을 위한 투사가 되었으며, 결국 토리당도 분열시켰다.

체임벌린은 "영예로운 고립 속에서, 혈연으로 맺어진 동족에게 둘러싸여 지원을 받는다면" 영국이 유럽과 영구히 떨어져 있을 수 있다고 생각했다. 그러나 그는 연합 체제의 이점에 대해 자치령의 주민들을 설득하는 일이 쉽지 않음을 잘 알고 있었다. 따라서 체임벌린은 판돈을 높였다. 세계 체제의 핵심 전제인 자유무역을 협상 테이블에 올려놓은 것이다. 대부분의 자치령이 영국과의 관계에서 특혜 무역권을 원하고 있었는데, 그렇다면 영국이 자유무역이라는 신념을 버리는 것은 어떠한가? 체임벌린은 의문을 제기했다. 왜 모든 나라 상품에 관세를 부과해서, 애팔래치아산맥 너머의 이민자들이 미국 내에서 누렸던 것과 같은 종류의 혜택을 영국 식민지 동포들에게 주지 못하는가?[10]

이는 대담한 발언이었다. 일부 보수당원은 그의 구상을 받아들였지만, 윈스턴 처칠을 비롯한 다른 이들은 돔베이주의*를 배신할 수 없다며 자유당으로 이적했다. 자유당은 체임벌린의 '이단적' 제안에 분노하여 "국민의 식량에서 손 떼라"[11]라는 구호로 반격했고, 제국주의적 특혜 무역이 곡물법을 부활시켜 빵값을 다시 올릴 수 있다고 주장했다. 그들은 공개 빵 굽기 시연을 열어, 자유무역 오븐에서 구워낸 푸짐하고 따뜻한 큰 빵과 관세 오븐에서 나오는 비루한 작은 빵(외국인들이나 씹어 먹을 법한 껍질같이 딱딱한 빵)을 대비시켰다. 이에 아랑곳하지 않고, 『데일리 익스프레스』는 P. G. 우드하우스를 고용하여 체임벌린을 지지하는 풍자시를 쓰게 했는데, 이 시는 큰 인기를 끌어서 음악 홀 공연의 소재가 되기도 했다.

체임벌린은 한층 더 공세를 강화했다. 1900년 영국인의 평균 수명은 1800년의 조상들보다 12년 더 늘어났다. 좌파의 선동가인 데이비드 로이드 조지는 수년 동안 노령연금의 필요성을 강조해왔지만, 자유당원들은 연금에 필요한 재원을 전혀 마련하지 못하고 있었다. 체임벌린은 관세 수입으로 그 재원을 충당할 수 있다고 주장하며 선수를 쳤다. 자유당도 관세 없이 연금 재원을 마련하겠다고 공약할 수밖에 없었다. 그들의 새로운 스타 처칠은 실업 보험도 제공하겠다고 약속했다.

1906년 선거에서 국민의 목소리는 어느 때보다 거셌다. 그들은 연금과 사회보장뿐만 아니라 자유무역과 전함들도 원했다. 국민은 자유당에 의회 과반수라는 막대한 의석과 함께 공약을 이행할 재원을 마련해야 하는 곤란한 과제를 부여했다. 로이드 조지는 연금 수령액을

---

* 자유무역 신조.

노동자 임금의 4분의 1에만 해당되게 책정하고 수급 연령을 70대 이상으로 제한하는 등 여러 꼼수를 부렸지만(당시 그 나이의 사람들은 대부분 이미 사망한 상태였다), 예산을 10퍼센트밖에 증가시키지 못했다. 체임벌린이 식료품에 부과했던 간접세를 없앤 자유당으로서는 부유층의 재산에 직접세를 부과하는 것 외에는 대안이 없었다. 결국 로이드 조지는 1909년 "빈곤 및 불결함과의 무자비한 전쟁"을 벌이기 위해 '인민 예산People's Budget'을 선포했다.[12]

그의 무자비한 전쟁은 사실 현대의 기준으로 보면 다소 온건한 편이었다. 소득세가 오르긴 했지만 고작 4퍼센트에서 6퍼센트로 상승한 정도였다. 지주 계급을 분노하게 만든 것은 과도한 과세로 영지 보유에 부담이 된다는 점이 아니라, 아예 과세 대상이 되었다는 사실 그 자체였다. 그러나 이 제한적인 재분배조차 거의 실패할 뻔했는데, 이는 1910년까지 아일랜드 민족주의자들의 지지를 얻어야 의회에서 관련 법안을 통과시킬 수 있었던 자유당이 그 대가로 더블린의 자치권을 지지했기 때문이다. 보수당은 이 모든 계획이 연합 왕국에 대한 음모라고 주장할 수 있었다. 재분배와 아일랜드의 자치는 곧 '모든 것의 종말'이라고 한 전직 총리는 주장했다. 그것은 "신앙, 가족, 재산, 군주제, 제국의 부정"이었다.[13]

마침내 이 인민 예산 법안이 통과되었을 때 로이드 조지는 "드디어 놈들을 잡았다"며 기뻐했다.[14] 수천 년 동안 반란을 일으킨 농민들과 재산을 몰수하는 왕들을 제압해온 '다운튼 애비' 같은* 지주들은 파산과 몰락을 향해 서서히 내리막길을 걷기 시작했다. (드라마 「다운튼 애

---

* 20세기 초 다운튼 마을의 한 귀족 가문과 그 저택을 배경으로 한 역사 드라마다.

비」의 이야기가 인민 예산이 통과된 2년 뒤인 1912년부터 시작하는 것은 우연이 아니다.) 물론 그들은 천천히 소멸해갔고, 내가 1982년 케임브리지에 갔을 때도 여전히 많이 남아 있었다. 하지만 1882년에 비해서는 훨씬 줄어 있었다. 인민 예산은 지주 계급의 쇠퇴를 알리는 신호탄이었다.

자유당의 승리는 독이 든 성배였다. 보수당은 세금을 아일랜드 문제와 결부시키는 데 성공함으로써 번영과 정체성 문제를 불가분하게 엮어 자유당을 공격할 새로운 무기를 찾았다. 아일랜드 민족주의자들이 자치권을 대가로 요구하자마자 토리당은 '보수연합당Conservative and Unionist'으로 당명을 변경하며 연합 수호야말로 당대의 최대 과제라고 주장했다. 영국인들이 여전히 독일 황제보다 교황을 더 두렵게 생각한다는 점에 착안하여, 그들은 '자치home rule'가 실제로는 '로마 통치Rome rule'를 의미하며 보수주의만이 잉글랜드의 뒷문을 닫을 수 있다고 주장했다.

보수당의 연합주의 정책은 자유당의 아일랜드 정책보다 더 나은 효과를 거두지 못했다. 1914년 3월, 런던의 스파이들은 얼스터 의용군이라 불리는 준군사조직이 무장봉기를 계획하고 있다고 보고했다. 그러나 이 반란군은 연합당이 적대시하는 사악한 가톨릭 공화주의자들이 아니라 개신교도들이었고, 왕실의 군대는 반란군을 진압하기는커녕 오히려 지원하고 있었다. 얼스터 의용군의 지도자들은 모두 전직 영국 장교 출신이었다. 한편 수십 명의 현직 장교들은 동료 종교인들에게 '로마 통치'를 강요하느니 차라리 사직서를 내겠다고 위협했다. 정부는 달리 방도가 없어, 이 위기를 오해라고 말하며 무마하려 했지만, 그것은 오해가 아니었다. 불과 몇 주 후, 두 명의 육군 장교가 거의 2만

5000정의 소총(대부분 독일제)을 얼스터 의용군들에게 밀반입하는 것을 도왔다. 영국 최대의 전략적 경쟁국의 총으로 무장한 영국 최고의 애국자들—군인과 오렌지 당원들—은 연합을 구하기 위해 연합을 불태우려는 음모를 꾸미고 있었다. 자치령과의 제국 연합 구축은커녕 영국 자체가 붕괴 직전처럼 보였다.

평소와 같은 일상

1914년 여름, 소설가 H. G. 웰스는 대부분의 영국인이 "아일랜드 분쟁에 대해 크게 우려하고 있지만, 독일과의 전쟁 가능성에 대해서는 거의 의도적으로 무시하고 있다"고 보았다.15 6월 28일 테러리스트들이 오스트리아의 페르디난트 대공을 암살한 후 3주 동안 유럽 전역의 투자자들은 국채를 계속 매수했다. 이는 일반적으로 드라마틱한 국제적 충돌을 예상하지 않는다는 신호였다. 7월 18일에야 파리, 베를린, 상트페테르부르크에서 채권 가격이 폭락했다. 이제 대륙 내 분쟁을 예상한 투자자들은 자금을 런던으로 옮겼는데, 빳빳한 옷깃의 땅은 안전할 것이라고 믿었던 것이다. 그러나 29일이 되자 그들은 실수를 깨달았고 영국 채권은 6퍼센트 하락했다. 31일에는 증권거래소가 "추후 공지가 있을 때까지" 문을 닫았다.16 『가디언』은 8월 3일에도 여전히 평화를 예측했지만, 영국은 다음 날인 4일에 전쟁을 선포했다.

현대인의 기억 속에서 1914년부터 1918년까지 치러진 '대전'은 새로운 시대의 서막으로 자리잡고 있다. 이 전쟁은 항공기, 탱크, 가스가 사용된 최초의 산업화된 전쟁이었다. 또한 최초로 영상으로 기록된 전

도판 9.7 이전의 모든 것을 끝장낸 전쟁: 평소와 다름없는 일상이 세계 체제를 무너뜨리다, 1914 ~1918년.

쟁이기도 하다. 실제 영상은 덜컹거리고 무성인 데다, 거칠고 흑백이라 전혀 현대적으로 보이지 않지만, 피터 잭슨이 이를 디지털로 복원해 그의 훌륭한 영화인 「그들은 늙지 않으리라They Shall Not Grow Old」를 만들었을 때, 한 세기 전 10대 전사들이 컬러로 생생하게 되살아났다. 그들은 자연스럽게 움직이고 심지어 우리에게 말을 건넸다. 입술 판독 전문가들이 해독하고 방언 전문가들이 재현했기 때문이다. 그 결과는 충격적이고 가슴을 울린다. 이 전쟁은 전쟁을 끝내기 위한 전쟁이 아니라, 이전의 모든 것을 끝장낸 전쟁이었다.

그러나 과거와의 단절은 1914년 영국 지도자들이 결코 바라지 않던 일이었다. 처칠은 전쟁으로 "유럽의 지도 위 경계가 바뀌는 동안에도 일상은 평소와 같이 이끌어갈 것"이라고 약속했다.[17] 전쟁은 전통적으로 그랬듯이 합스부르크 제국과 오스만 제국이 서서히 붕괴하는 과정에서 시작되었다(도판 9.7). 많은 전략가가 예측했던 것처럼 아프리카의 새로운 식민지를 둘러싼 충돌에서 시작된 게 아니었다. 초기에 일부 신문에서 '제3차 발칸 전쟁'이라고 부르기도 했지만, 러시아, 독일, 프랑스에 이어 영국까지 동맹 관계로 전쟁에 휘말리면서 그 명칭은 점점 사라졌다. 이러한 연쇄적인 선전 포고와 전쟁 참전 또한 18세기 이후 모든 세력 균형 체제의 논리적 귀결로서 정상적인 것이었다. 영국이 참전했을 때 그 이유는 이전과 다른 것이 없었다. 독일이 유럽을 지배하는 것을 허용할 수 없었고, 영국보다 큰 함대를 자유롭게 운영하게 내버려둘 수 없으며, 벨기에 외벽을 정복하는 것은 절대로 허용할 수 없었기 때문이다.

전통적인 이유로 전쟁에 참전한 영국은 전통적인 방식으로 싸웠다. 대륙 연합군(프랑스, 러시아, 세르비아, 그리고 결국 이탈리아와 루마니아까지)에 자금을 지원하고 외벽에 소규모 원정대를 파견했다. 그리고 루이 14세가 플랑드르에 진흙 참호를 파고 몇 미터 단위로 전진하며 적을 소모전으로 격파했던 전략을 따랐다. 1916~1918년에 동원된 대규모 군대가 색다르기는 했지만, 말버러와 웰링턴이 지휘했던 군대의 규모만 키운 것일 뿐 전례가 없던 것은 아니었다. 1916년 솜에서의 첫날에 포와 기관총으로 발생한 사상자는 모두에게 충격이었지만, 말플라케나 워털루와 비교했을 때 피비린내 나는 전투는 아니었다.

16세기 이후 대부분의 전쟁에서와 마찬가지로 아일랜드 반군은 영국의 뒷문을 열려고 시도했다가 잔인하게 진압당했고, 19세기 이후 대부분의 전쟁에서와 마찬가지로 영국은 남아시아로 향하는 길을 적극적으로 보호했다. 군대는 수에즈 운하를 통해 예루살렘으로 진격했고, 인도인들은 이라크를 침공했으며, (새로운 방식으로) 호주와 뉴질랜드인들은 갈리폴리* 공격을 도왔다. 예상대로 영국은 해군 봉쇄를 통해 독일의 목을 조르고 식민지와 무역을 장악하는 데 주력했다.

지금까지는 평소와 다름없는 일상이었다. 하지만 제1차 세계대전이 평소와 달랐던 것은 미국 때문이었다. 1806년 영국과 프랑스가 서로를 봉쇄했을 때, 양국은 적에게 밀수품을 운반하는 것으로 의심되는 중립국 선박을 나포할 권리가 있다고 주장했다. 이는 특히 미국인들에게 큰 피해를 주었지만, 미국이 할 수 있는 일은 거의 없었다. 토머스 제퍼슨은 영국과 프랑스에 대한 금수 조치로 대응했지만, 미국인의 생활 수준이 곧바로 매년 5퍼센트씩 하락했다(프랑스 하락률의 두 배, 영국의 세 배였다). 1812년에 시도된 군사적 해결책도 별다른 효과를 거두지 못했다. 앤드루 잭슨은 뉴올리언스에서 영국군을 물리쳤지만, 영국군들은 떠나며 백악관을 불태웠다.

그러나 1914년 영국과 독일 선장들이 미국의 배에 올라타기 시작하면서 상황은 매우 달라졌다. 전쟁은 금융 시장에서의 거대한 역류와 함께 시작되었다. 수십 년 동안 해외 투자의 형식으로 런던 밖으로 빠져나갔던 자금이 전쟁 비용 지불을 위해 다시 유입된 것이다. 하지만 국가가 보유한 은만으로는 영국의 필요를 충족시킬 수 없었다. 거액의 자금을 동원해야 했고, 그런 종류의 현금을 가진 사람은 미국인뿐이었다. 1916년 말, 은행가 J. P. 모건은 전쟁 비용으로 20억 달러라는 놀라운 금액을 모금했다. 그리고 전쟁 초기에 미 해군이 영국

---

* 이탈리아 동남부에 있는 항구 도시.

의 봉쇄를 "지금까지 알려진 해상 전쟁의 법이나 관습에 따라 지지할 수 없다"고 불평하자.[18] 런던은 채권자들의 심기 악화를 우려해 한발 물러섰다. 1915년 독일은 여객선 루시타니아 침몰에 대한 분노로 우드로 윌슨 대통령이 월스트리트뿐만 아니라 정부의 자금까지 영국에 투입하도록 지시할까 우려하여 영국의 뒤를 따라 미국 달래기에 동참했다.

그러나 윌슨은 더 깊은 계산을 하고 있었다. 영국의 달러 중독은 그에게 지렛대를 제공했고, 그는 이를 이용해 교전국들이 '승리 없는 평화'를 받아들이도록 압박하고자 했다.[19] 그렇게 된다면 영국, 독일, 프랑스, 러시아는 더 가난하고 약해지는 한편, 미국은 더 강해질 수 있었다. 그러나 문제는 모건이 윌슨의 공화당 경쟁자들에게 거액을 기부하면서 사실상 친영적인 외교 정책을 펼치고 있었다는 점이다. 모건의 공화당 꼬리가 윌슨의 민주당 몸통을 흔들고 있었다. 미국 투자자들은 영국의 승리에 너무 많은 것을 걸고 있었기 때문에, 금융 붕괴를 막기 위해 윌슨이 영국을 지원하도록 만들어야 했다.

영국은 '너무 커서 파산할 수 없다'는 쪽에 도박을 걸고, 금수 조치를 다시 강화하여 독일과 거래하는 미국 기업들을 블랙리스트에 올렸다. 윌슨은 자신의 최측근에게 "영국과 그 동맹국에 대한 내 인내심이 거의 한계에 다다랐다는 것을 인정하지 않을 수 없다"며, "영국 해군보다 더 큰 해군을 만들어 우리가 원하는 대로 하자"고 말했다.[20] 1916년 여름 의회는 이를 위해 5억 달러에 가까운 예산을 배정하고 '긴급함대공사Emergency Fleet Corporation'를 설립해 지구상에서 가장 큰 상선의 건조에 필요한 자금을 조달했다. 그렇게 해서 카이저가 아닌 윌슨이 영국의 세계 체제를 무너뜨렸다. 수 세기 동안 영국은 대륙의 경쟁자들을 압도적인 자금력으로 물리쳤지만, 수표책으로 사는 자는 수표책으로 죽을 수도 있는 것이었다.

그해 가을 영국의 불안감은 절망으로 바뀌었다. 연합군은 이듬해 여름 다중 집중 공격을 계획하면서 모건에게 15억 달러를 추가로 조달해달라고 요청했지만, 채권 발행 나흘 전 연방준비제도이사회는 미국인들에게 투자 금지를 권고했다. 완벽한 타이밍을 포착한 윌슨은 '평화 문서'를 발표하여, 참전국들에게 전쟁이 무의미하다는 것을 인정하라고 압박했다. 국왕은 눈물을 터뜨렸고, 영국 화폐는 폭락했다. 연말이 되자 영국의 외환 보유고는 고갈되어 미국 내 자산으로는 겨우 3주만 지탱할 수 있었다. 잉글랜드은행에 있는 모든 금을 쏟아부어도 겨우 6주를 더 버틸 수 있을 정도였다. 영국 재무부 장관은 "내년 6월 또는 그 이전에 미국 대통령이 자신의 조건을 우리에게 강요할 수 있는 위치에 서게 될 것"이라고 경고했다.[21]

윌슨은 평소와 같은 일상을 방해했지만, 이를 대신할 새로운 일상의 형태는 여전히 불분명했다. 로이드 조지는 "영어를 사용하는 두 대국이 적극적인 동조"를 한다면 "모든 바다에서 결속된 우리의 지배력을 누구도 흔들 수 없을 것"이라며 앵글로-아메리카의 공동 사업을 희망했다.[22] 1916년 12월 그가 총리에 취임하면서 이것이 런던의 공식 견해가 되었다. 워싱턴에서는 많은 공화당원이 런던의 견해에 찬성했지만, 미국 국민은 확신하지 못했다. 아주 근소한 차이로 11월 대통령 선거에서 승리한 윌슨은 승리 없는 평화를 추진하는 데 4년의 시간을 더 얻었다. 그러나 정작 중요한 것은 런던이나 워싱턴이 아닌 베를린이었다. 로이드 조지보다 미국 정치를 더 잘못 읽은 카이저는 장군들의 설득에 넘어가, 윌슨이 아무리 '승리 없는 평화'를 내세워도 월스트리트의 투자*를 포기하지는 않을 것이라고 여겼다. 독일이 먼저 지상전에서 승리하지 않는 한 앵글로-아메리카가 승리할 것이었다.

따라서 독일은 대서양에서 미국의 물자와 인력을 봉쇄함으로써 매킨더 지도를 헤리퍼드 지도로 되돌리기 위해 잠수함을 출격시켰다. 하지만 여전히 윌슨은 승리 없는 평화를 추구하고 있었다. 미국 선원들이 익사했을 때조차 그는 의회에 선전 포고를 요청하지 않았다. 독일 외교관들이 미국의 개입이 불가피하다고 판단하여, 멕시코에 텍사스 재정복을 독려함으로써 미국의 에너지를 다른 곳으로 돌리려고 시도했을 때에야 선전 포고에 동의했다. 미국은 1917년 4월 전쟁에 참전했다.

열두 달 동안은 카이저의 판단이 옳은 듯 보였다. 독일 잠수함이 영국 상선의 3분의 1을 침몰시켰고, 프랑스 군대는 반란을 일으켰으며, 러시아는 붕괴했고, 1918년 4월의 치열했던 며칠 동안 영국군은 도망치기도 했다. 영국 사령관은 "더 이상 물러날 곳이 없다. 모두 끝까지 싸워야 한다"고 명령했다.[23] 전선은 무너지지 않고 유지되었다. 5월이 되자 70만 명의 미국인이 프랑스에 도착했고, 영국 해군의 봉쇄로 독일은 결국 굶주리게 되었으며, 끔찍한 신종 인플루엔자로 수백만 명이 죽어가고 있었다. 카이저의 결정은 참담한 오판이었다. 수만 명의 독일군이 항복했고, 카이저는 도망쳤으며, 혁명과 내전이 발발했다. 결국 평화는 승리와 함께 찾아왔다.

---

*   영국에 대한 투자를 의미한다.

10:10:6:3:3

하지만 이것이 평화이자 승리였을까. 영국의 승리는 1815년이나 1763년만큼 대단한 것은 아니었지만, 1713년과 비교해 유럽에서 영국의 안보 목표를 좀더 확실하게 달성한 것임은 분명했다. 승리는 독일을 약하게 만들었지만 '너무' 약하게는 아니었다. 독일을 1817년 이전의 구성 요소들로 해체하려는 프랑스의 계획은 로이드 조지에게 너무 과한 것이었다. 러시아의 새로운 소비에트 통치자들이 볼셰비즘을 대륙 전체에 퍼뜨릴 것이 분명한 상황에서, 그는 "동쪽에서 흘러오는 붉은 야만의 홍수를 막을 수 있는 평화롭고, 합법적이며, 인내심과 미덕의 힘을 가진 제방"(처칠의 말)[24]으로서 온전한 독일을 선호했다. 너무 약하지 않은 독일은 프랑스를 계속 긴장시켜 영국의 선의에 의존하게 만들 것이었다. 긴장한 파리는 동유럽에서 동맹을 구축하는 동시에 독일을 포위하고 소련을 봉쇄하는 작업을 수행했다. 내전과 인종 청소에 휩싸여 있던 소련과 동유럽은 그들 자신을 빼고는 누구에게도 위협이 되지 않았다. 런던에서 바라본 이 모든 상황은 매우 만족스러웠다.

반면, 아시아의 상황은 복잡했다. 전쟁으로 인해 오스만 제국을 지원하던 기존 전략을 포기할 수밖에 없었던 영국은 결국 인도와의 연결을 유지하기 위해 팔레스타인, 트랜스요르단,* 이라크를 점령했다. 인도에서도 거의 100만 명에 달하는 많은 병력이 전쟁에 참전했고, 1917년 로이드 조지는 조속히 인도의 지위를 자치령으로 승격하는 것에 합의했다. 하지만 당시 인도에서는 독감으로 다른 어떤 나라보다

---

* 요르단의 옛 이름.

많은 1200만 명 이상의 사망자가 발생했고, 오스만 제국을 분할하는 과정에서 영국 측 수천만 명의 인도 무슬림이 소외되는 상황이 발생했다. 라지Raj*는 런던에서 교육받은 변호사 모한다스 간디의 활동에 어떤 반응도 하지 않는 듯했다. 그러나 간디는 성자 같으면서도 신랄한 태도로 힌두교도와 무슬림을 하나로 모으고 비폭력 저항을 설파하며 독립 운동을 촉발했다. 하지만 비폭력 저항은 결국 폭력적으로 변했고, 간디는 자신의 추종자들이 보인 잔인성에 놀란 나머지 그들과의 관계를 끊었다. 1857년 대규모의 봉기에 직면했다고 확신한 레지널드 다이어 준장은 1919년 암리차르에서 약 2000명을 총살했다. 봉기는 펀자브 전역으로 확산되었다. 아프가니스탄의 통치자 에미르emir가 봉기를 지원하기 위해 국경을 넘자, 영국은 30만 명의 군대를 급파하고 카불을 폭격하기 위해 비행기를 보냈다.

질서가 회복되고 간디가 감옥에 갇혔을 무렵, 새로운 질문이 런던을 분열시켰다. 일부 사람들은 제국의 식민지는 목적이 아니라 수단이라고 말했다. 영국에 이익이 되는 세계 체제에 기여한다면 좋지만, 비용이 더 많이 든다면 영국은 이를 포기하고 새로운 번영의 길을 찾아야 한다고 주장했다. 새로운 사업 모델이 정체성, 이동성, 번영, 안보, 주권에 대한 재고를 요구한다면 그렇게 해야 했다. (버마에서 식민지 경찰로 복무했던 자신의 경험을 싫어했던) 조지 오웰과 같은 좌파는 이러한 재고안을 긍정적으로 환영했지만, 우파는 격렬하게 반대했다. 그러나 대부분의 사람은 감정에 휘둘리지 않았다. 30년 전만 해도 당연하게 영국의 동지가 되었을 간디와 같이 교육받은 사람이 이제 민족주의를

---

* 영국 통치 시기의 인도.

더 나은 선택으로 여긴다면, 제국의 비용은 증가하고 이익은 감소하는 것처럼 보였다. 대차대조표가 변한 것이다.

가장 오래된 식민지였던 아일랜드조차 더는 꼭 필요해 보이지 않았다. 8세기 동안 아일랜드는 잉글랜드가 어떤 대가를 치르더라도 닫아두어야 했던 뒷문이지만, 1918년에 이르러서는 더 이상 누가 그 문을 통과하려고 할지 분명해 보이지 않았다. 더불어 값비싼 피비린내 나는 게릴라전으로 국내 여론이 분열되고 미국에서도 관심을 보이지 않자, 영국과 아일랜드 대표들은 1921년 얼스터에서 개신교가 다수인 6개 구역을 중심으로 '임시' 경계선을 그었다(한 세기가 지난 지금도 그 경계선은 그대로 유지되고 있다). 영국은 가톨릭 남부 지역에서 마침내 손을 뗐다. 처칠은 "오직 국가적 자기보존만이 (…) 철권 탄압을 변명할 수 있었다"며 "합리적인 사람이라면 자기보존이 걸린 사안이라고 주장할 수 없다"고 말했다.[25]

물론 깨끗한 분리는 어려웠다. 1922~1923년에 아일랜드 남부는 내전을 치렀다. 그러나 아일랜드가 떠난다면, 어디가 국가적 자기보존과 관련해 신성한 지역으로 여겨졌을까? 1931년에 사실상 독립한 자치령들은 당연히 아니었다.* 하지만 처칠을 포함한 많은 사람이 인도는 국가적 자기보존의 문제라고 생각했다. 이들에게 중요한 것은 자기보존의 문제 여부가 아니라 어떻게 유지하는가였다. 15만 명의 영국군이 현지인 3억 명의 호의를 잃으면 통치가 불가능하다고 판단한 대부분의 제국주의자는 타협만이 유일한 길이라고 생각했지만, 군대가

---

* 1931년 웨스트민스터 헌장의 제정으로 캐나다, 호주, 뉴질랜드, 남아프리카연방, 아일랜드자유국, 뉴펀들랜드 자치령이 독립하였다.

암리차르에서 다이어를 파면하자 국내의 반발은 거셌다. 강경 우파 신문인『모닝 포스트』는 그를 위해 2만6000파운드를 모금했다. 처칠은 타협론자들과 타협을 시도했다. 개인적으로 다이어의 '강경한 대응'[26]이 맞는다고 생각하고 그를 놓아주며, 인도의 요구를 더 받아들이는 데에서는 선을 그었다. 하지만 회유는 있었다. 1929년에 인도는 자치령의 지위를 획득했고, 1935년에 보수당 총리인 스탠리 볼드윈은 인도의 책임 정부에 대한 처칠의 입장을 '상당히 미친 것'이라고 비판했다.[27]

이 모든 문제는 결국 1916년에 밝혀진 대영제국의 위대한 비밀, 즉 독일과의 군사 전쟁에서의 승리가 미국과의 재정 전쟁에서의 패배를 의미했다는 사실로 귀결되었다. GDP 대비 국가 부채는 1815년보다 1918년에 실제로 더 적었고, 영국이 미국에 빚진 10억 파운드는 다른 동맹국들이 영국에 빚진 10억 파운드와 거의 균형을 이루었지만, 프랑스와 이탈리아는 파산했고, 러시아의 볼셰비키는 채무 상환을 거부했으며, 독일은 지불 능력이 없었으므로 영국이 독일에 청구서를 강요하는 것은 무의미했다. 달러로 돈을 빌린 영국은, 돈을 찍어 부채를 부풀려도 빚을 갚을 수 없었다. 결국 런던이 모든 것을 떠안게 되었다.

나폴레옹이 몰락했을 당시 영국은 세계 금융 및 해운의 중심지이자 유일한 산업 국가였지만, 카이저가 몰락한 무렵에는 눈에 보이지 않는 서비스의 수출과 해외 투자 수입이 무너졌고, 전쟁 중 총과 탄약 제조에 동원된 영국 산업은 누구나 사고 싶어하는 제품들을 거의 만들지 못했다. 정부 지출의 40퍼센트가 부채 상환에만 쓰이고 있었다. 존 메이너드 케인스는 경제학자들 사이에서 거의 유일하게 성장을 촉진하기 위해 정부 지출을 더 늘릴 것을 촉구했지만, 로이드 조지는 정통파의 조언에 귀를 기울이고 긴축 재정을 선택했다. 그는 정부 지출을 삭감하고 이자율을 인상했으며, 1911년 6퍼센트에 불과했던 소득세 기본 세율을 1919년 30퍼센트로 인상했다.

디플레이션으로 인해 물가가 임금보다 빠르게 하락했기 때문에 전체적으로 일자리를 가진 사람들이 혜택을 받았다. 1929년에는 일반적인 봉급으로 1919년보다 10퍼센트 더 많은 것을 살 수 있었다. 스토크온트렌트에서 철강 노동자였던 내 할아버지는 스물세 살이 되던 해에 결혼하고 가정을 꾸렸으며, 외부 복도 끝에 있는 새집을 임대했다. 그러나 500만 명의 전역 군인이 집으로 돌아왔을 때 경제 위축의 하강 국면에서 6명 중 1명은 실직 상태에 놓였다. 고용주들이 임금을 삭감하자, 노동자들의 파업이 길게 이어졌고 기록은 모두 경신되었다. 1926년에는 총파업으로 전국이 잠시 마비되기도 했다.

대부분의 산업가는 달러 대비 파운드 가치를 떨어뜨려, 외국인들이 영국 제품을 더 싸게 구매할 수 있도록 하는 것이 해답이라고 생각했다. 그러나 금융가들은 강하고 안정적인 파운드가 세계 은행가들로부터 신뢰를 회복하는 방법이라 믿으며 '안정된 통화'를 선호했다. 당시 총리였던 처칠은 "영국이 세계 최고의 신용을 보유하는 동시에 125만 명의 실업자가 발생하는 것"에 대해 우려했지만,[28] 그 뒤에도 그랬듯이 결국 권력자들은 공장보다 금융을 선택했다. 미국 자금이 유럽의 재건 경제로 몰려들자, 처칠은 이를 런던으로 끌어들이기 위해 케인스의 반대를 무시하고 파운드 금 본위제를 유지하면서 1파운드당 전쟁 전 환율인 4.86달러로 고정했다. 그 결과 국제 수지 위기가 지속되었고, 고평가된 통화를 방어하기 위해 준비금의 출혈을 감당해야 했다.

19세기 세계 체제의 세 기둥인 영국 파운드, 제조업, 인도가 눈에 띄게 흔들리는 상황에서, 네 번째 기둥인 함대가 압박을 받는 것은 어쩌면 당연한 일이었다. 하지만 전쟁이 끝나자 비용 절감은커녕 영국, 일본, 프랑스는 윌슨의 함정 건조 프로그램을 따라잡기 위해 앞다투어 해군 군비 경쟁에 뛰어들었다. 군비 경쟁을 감당할 수 없었던 영국이 타협을 제시했지만, 윌슨은 타협을 거부하며 "또 다른 끔찍하고 피비린내 나는 전쟁이 일어나면 영국은 지도에서 사라질 수도 있다"며 위협하기도 했다.[29] 베르사유 평화 회의에서 영국과 미국의 제독들은 거의 주먹다짐을 벌일 뻔했다. 그러나 많은 미국인, 특히 공화당원들은 윌슨의 야망에 대한 로이드 조지의 반감을 공유했다. 미국 상원이 베르사유 조약에 반대하도록 움직인 것은 고립주의와 재정적 보수주의였으며, 군사비 삭감 공약은 1920년 공화당이 백악관을 차지하는 데 도움이 되었다.

미국 공화당이 해군 감축을 논의하기 위해 모든 관련자를 워싱턴으로 불러들이자고 제안했을 때, 로이드 조지는 그 기회에 뛰어들었다. 전쟁이 끝난 지 정확히 3년이 지난 후, 헌법회관에서 자리를 잡고 앉은 대표들은 아마 의례적인 개회식을 예상했을 것이다. 하지만 한 관찰자는 "내가 본 가장 강렬하고 극적인 순간"이었다고 말했다. 미국의 신임 국무장관 찰스 에번스 휴스는 모든 주요국 함대에 대한 상세한 검토서를 내보이고 66척의 전함 폐기를 요구했다. 한 저널리스트는 "휴스는 35분 동안 전 세계 모든 제독이 수 세기 동안 침몰시킨 것보다 더 많은 배를 침몰시켰다"라고 썼다. 휴스는 군함 건조를 "반드시 멈춰야 한다"고 외쳤다. 모두가 '폭풍 같은 환호'에 휩싸여 자리에서 일어났다.[30]

모두는 영국 해군을 제외한 모두였다. 휴스는 단지 2등, 3등 혹은

4등까지의 해군을 합친 것보다 강력한 영국 해군의 전통적 우위를 없애려는 것이 아니었다. 그는 영-미 해군의 동등성을 원했다. 그의 '10:10:6:3:3' 공식은 유니언 잭이나 성조기를 달고 있는 전함이나 항공모함 10척당, 일본의 욱일기를 단 함선 6척, 프랑스와 이탈리아의 삼색기 아래 각각 3척(실제로는 3.3척)을 의미했다. 그리고 미국은 두 개의 대양에만 군대를 집중하면 되는 반면 영국은 전 세계 모든 해역에 이해관계를 가지고 있었기 때문에, 사실 동등성마저 몽상에 가까웠다. 결국에 가서 미국은 영-일 동맹도 소멸되어야 한다고 주장했기 때문에, 도쿄는 태평양에서 런던의 대리인 역할을 할 수 없었다.

이 모든 것이 런던 입장에서는 매력적이지 않았다. 하지만 이를 거부하면 군비 경쟁에서 패하고 더 악화된 상태로 추락하는 것만이 남은 선택지였기 때문에, 영국의 조지 왕은 할 수 없이 워싱턴 해군 조약에 서명했다. 미 공화당이 군함의 쿼터를 채우는 것보다 세금을 낮게 유지하는 것을 선호한다는 점이 다소 위안이 되었지만(1924년 당선된 캘빈 쿨리지 대통령은 "미국 국민에게 중요한 비즈니스는 비즈니스다"라는 견해를 가지고 있었다),[31] 그럼에도 불구하고 확실한 것은 영국의 세계 체제가 10:10:6:3:3으로는 운영될 수 없다는 것이었다. 조약이 체결된 1922년 2월 6일은 영국 해군이 1690년 루이 14세에게 패한 이후 가장 최악의 날이었다.

좋은 결과

처음에는 조약의 결과가 그리 중요해 보이지 않았다. 매킨더 지도는 서쪽으로 회전해 런던이 아닌 뉴욕이 중심이 되었지만, 대영제국은 여전히 해양을 지배했고, 1920년대는 시장이 호황을 누리며 성장의 환호성으로 가득 찼다. 하지만 이러한 착시는 7년 만에 끝났다. 지금도 경제학자들은 1929년 월스트리트 붕괴의 원인에 대해 논쟁을 벌이고 있지만, 그 결과는 분명했다. 미국인들은 자신들의 돈을 유럽에서 미국으로 가져왔고, 유럽인들은 그 돈을 다시 끌어오기 위해 금리를 올렸으며, 디플레이션이 다시 찾아왔다. 정통 경제학에서는 파산으로 실업률이 충분히 높아지면, 임금이 낮고 사람들이 일하기 꺼리는 산업들이 일어설 것으로 생각했지만, 그런 일은 일어나지 않았다. 1933년까지 영국인, 미국인, 독일인의 거의 3분의 1이 일자리를 잃었고 대부분의 경제는 여전히 위축되고 있었다.

다시 홀로 외로이 케인스는 수요 진작을 위해 공공 지출의 확대를 계속 권장했지만, 미국은 그 대신 자국 시장을 보호하기 위해 2만 1000개 항목의 관세를 도입했다. 다른 국가들도 그 뒤를 따랐다. 국가 간 대출은 고갈되었다. 1931년까지 18개 국가의 은행 시스템이 붕괴 직전까지 치달았다. 영국에서는 공공 부문의 임금을 삭감하여 비용을 절감하자 선원들이 반란을 일으켰다. 파운드가 더 이상 세계가 선호하는 유통 화폐가 아니라는 것을 암묵적으로 인정한 런던은, 금 본위제를 포기하고 '파운드 지역'을 형성하여 세계 체제라 할 수 있는 것을 최대한 보존하기 위해 서둘렀다. 체임벌린이 원했던 대로, 이제 관세는 거의 모든 국가로부터 대영제국(미국과 함께한 캐나다는 제외)을 보호해주었다. 아이러니하게도 이 새로운 규칙을 만든 사람은 조의 아들 네빌이었다.

빠른 속도로 회복이 이루어졌지만 고르게 이루어지지는 않았다. 인도와 자치령은 영국으로의 수출이 급격히 증가하며 호황을 누렸지만,

영국 안에서 오래된 동남/서북부의 분열은 심화되었다. 석탄, 면화, 철강은 19세기에 북부 잉글랜드를 세계의 작업장으로 만들었지만, 20세기에는 외국과의 경쟁으로 인해 이 모든 산업이 빛을 잃어갔다. 재로에서는 세 명 중 두 명이 실직했고, 웨일스 남부와 더럼 지역의 광산이나 타인사이드와 클라이드사이드 조선소도 상황이 그리 더 낫지 않았다.

조지 오웰의 『위건 부두로 가는 길』은 1930년대 영국에 대한 가장 감동적인 기록이지만, 또 다른 명작인 J. B. 프리스틀리의 『영국 여행 *English Journey*』과 함께 읽어야 한다. 프리스틀리가 본 영국, 특히 런던과 버밍엄 교외는 위건이나 재로와는 전혀 다른 모습이었다. 플라스틱, 전자, 항공 엔진 등 새로운 산업이 돈을 벌고 고용을 창출하고 있었다. 1937년쯤에는 실업률이 10퍼센트 미만으로 떨어졌고, 실질 임금도 10년 전보다 6분의 1 증가했다. 1934년과 1938년 사이에 거의 200만 채의 주택이 새로 지어졌다. 주택은 1890년대 이후 꾸준히 개선됐으며, 정부는 다닥다닥 붙은 낡은 주택 대신 적당한 넓이의 제대로 포장된 도로 옆에 연립 주택이나 심지어 단독 주택을 짓도록 했다. 벽 속의 방습층, 가마에 구운 벽돌, 지붕 타일, 금속 배수구가 표준이 되었지만, 화장실은 여전히 야외에 있었다(내 조부모님은 1968년에야 실내 화장실을 쓰기 시작했다). 가난한 지역에도 수도와 가스가 공급됐다. 1900년에 최초의 공공 주택인 런던 바운더리 주택단지가 건설되었다. 1930년대에는 공공 주택과 아파트가 신축 건축물의 거의 절반을 차지했다. 나중에 "복지, 보조금, (…) 2등 시민의 냄새"(노동당 의원 앤서니 크로슬랜드의 묘사)로 표현되었지만,[32] 처음에는 모든 계급을 뛰어넘어 환영받았다. 1931년 런던 의회에 따르면, 도버 하우스 단지 세입자 중 3분의

1은 숙련 노동 계급이었고, 나머지 3분의 1은 화이트칼라였으며, 일부는 가사도우미를 고용하기도 했다.

저렴한 장기 담보 대출 덕분에 주택 소유도 호황을 누렸다. 체면을 위해 더 많은 돈을 지출할 수 있는 사람들은 단독 주택을 지었다. 이 주택들은 한적한 정원을 갖추고 있었고, 복잡한 도시를 벗어나는 도로를 따라 수 킬로미터에 걸쳐 늘어섰다. E. M. 포스터와 같은 지식인들은 "런던에서 천천히 퍼지는 붉은 녹"이라고 비난했지만,[33] 교외의 삶은 많은 사람이 원하는 것이었다. 견고한 반주택이 우후죽순 들어섰고, 부르주아들은 '스톡브로커 튜더'*의 빌라에 전화기를 달았고(전화기 수 3배 증가), 차고에는 자동차들을 채워넣었다(차량 소유 2배 증가). 1935년에는 5000개의 영화관에서 매주 2000만 장의 티켓이 판매되었고, 네 개 중 세 개의 가정에서 라디오를 가지고 있었다.

이것들은 앞으로 다가올, 더 여유로운 중산층 영국에 대한 예고였다. 적어도 동남부 지역에서는 이후 개혁가들이 지적할 '궁핍, 질병, 무지, 불결, 게으름의 5대 악'[34]이 정복되고 있었다. 대부분의 가정에는 생계 수단, 집, 제대로 된 옷과 규칙적인 식사가 있었다. 여성도 투표권을 가졌고 1931년 인구조사는 65세 이상의 남성 대부분이 일에서 은퇴했음을 보여준다. 의료 서비스는 여전히 불완전했지만 19세기의 가장 큰 사망 원인인 장티푸스, 콜레라, 결핵은 퇴치되었다. 1930년대에 유아 사망률은 3분의 1로 감소했다. 어떤 영국 정치가도 10:10:6:3:3의 세상을 선택하지는 않았겠지만, 당대 최고의 인기 코미디언 조지 폼비의 말을 빌리자면, 결국 상황은 "다시 잘 풀렸다".[35]

---

* 20세기 중반까지 유행했던 중산층 주택 양식.

홀로 맞서

대륙의 상황은 영국과 달랐다. 자치령과 같은 파트너에 의존해 번영을 되찾을 수 없었던 유럽인들은 주권의 전면적인 개정을 만지작거렸다. 프랑스는 1930년 유럽연방을 제안했고, 독일은 오스트리아와 관세 동맹을 맺어 동유럽까지 끌어들이려고 했다. 두 시도 모두 실패로 돌아갔고, 각국 정부가 경제에 담을 세우면서 군축, 국경, 부채에 관한 논의도 무산되었다. 선거를 통해 선출된 정부가 하는 모든 일은 상황을 악화시키는 것처럼 보였고, 더 과격하고 독재적인 생각들이 힘을 얻었다. 독일에서는 1932년 극우와 극좌 정당들이 전체 의석의 절반을 차지했다(히틀러의 나치는 공산당보다 두 배나 많은 의석을 차지했다). 국가 정체성이 쪼개지고 있었다. 프랑스에서는 정치적 폭동으로 정부가 거의 무너질 뻔했고, 독일에서는 길거리 싸움이 더 심해졌으며, 스페인은 내전에 빠졌다.

이에 비하면 영국의 문제는 사소했다. 영국 파시스트연합은 5만 명을 채우지 못했고, 영국 공산당은 겨우 1만 명에 불과했다(거의 45만 명에 달하는 노동당 당원과 200만 명에 달하는 토리당에 비해). 불안한 사건들이 이어지고 흥분에 휩싸인 대륙에 비해 "공황이나 흥분에도 동요되지 않는, 침착하게 파이프를 빨아들이는 남자다움"을 가진 영국인의 우월성을 보여주는 듯했다. 1931년 이후 영국이 '국민 통합'을 내세운 연립정부에 의존해야 했던 것은 시대의 징후였다. 반면 독일에서는 보수파가 히틀러를 총리로 임명하고 뒤에서 그를 조종함으로써 국가를 통합하려 했지만, 히틀러는 취임 2개월 만에 민주주의를 완전히 폐지하는 것으로 보답했다.

히틀러는 유럽의 번영, 주권, 정체성의 위기를 안보의 위기로 바꾸었다. 그가 만들어낸 위협을 의심하는 사람은 없었다. 독일을 '흑인 국가보다 못한 국가'로 전락시키려는 영국-미국-유대인의 음모에 대해 수년 동안 비난을 퍼부은 히틀러는 동유럽을 정복해 독일 국민을 위한 '생활 공간'을 만들겠다고 공언했다.[36] 히틀러의 쿠데타 1년 후 영국의 국방분과위원회는 독일을 '피할 수 없는 잠재적인 적'으로 규정했다. 그로부터 1년 후 히틀러는 재무장을 시작했다.[37]

폭군이 무력으로 대륙을 묶으려는 시도는 새로운 것이 아니었다. 그리고 루이 14세, 나폴레옹, 카이저를 막았던 것과 같은 도구들—침략자를 분산시키는 세력 균형, 침략을 막는 외벽, 함대를 동원한 재정적 압박—도 여전히 사용할 수 있었다. 물론 강력한 잠재적 세력 균형 추인 미국이 지원을 꺼렸고 자치령들도 의구심을 품었다. 하지만 프랑스는 폴란드, 루마니아, 체코, 잠재적 소련 동맹국들과 함께 히틀러를 포위하는 데 열중했다. 심지어 이탈리아의 파시스트 독재자 무솔리니도 협조적이었다. 프랑스-벨기에 군사 동맹과 프랑스와 독일의 국경을 따라 구축된 강력한 요새 덕분에 외벽도 견고해 보였다. 게다가 함대도 해협을 계속 봉쇄할 수 있었다. 영국의 참모총장들은 함대를 영국 해역에 집중시키면 "상당한 기간 동안 인도, 호주, 뉴질랜드를 포함한 영국의 지배지와 종속국들이 약탈에 노출될 것"이라 인정했지만,[38] 싱가포르에 새로운 (계획은 있었지만, 아직 건설되지 않았던) 해군 기지가 그 공백을 메워줄 것이라고 보았다. 독일과의 해군 협상도 작동되어 히틀러를 10:10:6:3:3 공식에서 약 3.5로 묶었다.

하지만 이것으로 충분했을까? 대부분의 군사 전문가는 1914년만 해도 거의 문제가 되지 않았던 공군력이 방정식을 바꾸어놓을 것으로 생각했다. 『데일리 메일』은 "현대의 비행기들은 육상과 해상에서 모든 형태의 전투 행동을 제거할 수 있다"고 경고했다.[39] 함대가 무의미해진 것이다. 이미 1917년에 비행선이 런던을 폭격한 바 있으며, 1930년대의 더 크고 빠른 비행기는 막을 수가 없었다. 1960년대 해럴드 맥밀런 총리는 "1938년의 공중전은 오늘날 사람들이 핵전쟁에 대해 갖고 있는 생각과 같았다"고 회상했다.[40] 전쟁이 선포된 지 몇 시간 만에 공중에서 '결정적 일격'이 예상되었다. 교양인들을 위한 신문인 『옵서버』는 "모든 마을, 모든 거리, 모든 집, 모든 거주자가 공격에 노출될 것"이라고 말했다.[41] 한 정부 위원회는 전쟁 첫날 2만 명, 첫 주에는 15만 명의 사상자가 발생할 것으로 예측했다. 스탠리 볼드윈 총리는 "폭격기가 항상 날아다니는" 냉혹한 현실을 맞게 될 것이라고 우울한 결론을 내렸다.[42]

현대 전쟁에 대한 이러한 시각은 기존 영국의 전략을 넘어서는 것처럼 보였다. 엘리자베스 시대부터 영국의 통치자들은 강력한 함대만 있다면 해협이 유럽 대륙의 해안을 장악한 적을 방어하는 해자 역할을 할 수 있다고 확신했다. 하지만 히틀러의 비행기가 함대를 침몰시키고 해협을 뛰어넘는다면, 침략자를 막지 못했던 중세나 로마 시대와 비슷한 상황이 벌어질 수 있었다. 당시 해협을 건너려는 적을 막는 유일한 방법은 적의 해안선 접근을 차단하여 배를 띄울 수 없도록 하는 것이었다. 참모총장들은 비슷한 생각을 하면서 대륙에 외벽을 세우는 일이 "과거보다 방어에 훨씬 더 중요해졌다"라고 결론 내렸다. 그들은 "만약 독일군이 저지대를 점령하고 벨기에와 네덜란드 해안 근처에 공군 기지를 건설하는 데 성공한다면, 런던뿐만 아니라 미들랜드와 북부의 산업 중심지 전체가, 해안에 접근하는 우리 선박과 마찬가지로, 효과적이고 결정적인 공습 범위 내에 있을 것이며, 가까운 거리로 인

해 심각한 피해를 계속해서 입을 것"이라고 우려했다.⁴³

이와 같은 생각이 의미하는 바는 분명했다. 영국은 어느 때보다 더 깊은 외벽을 구축하고 어떤 대가를 치르더라도 이를 방어해야 한다는 것이었다. 볼드윈은 의회에서 "옛 국경은 사라졌다"고 말했다. "영국을 방어한다고 생각할 때 우리는 더 이상 도버의 석회암 절벽을 생각하지 않고, 라인강을 떠올린다. 그곳이 바로 우리 국경이다."⁴⁴ 하지만 이러한 통찰을 행동으로 옮기기는 쉽지 않았다. 세력 균형은 구성원들이 싸울 준비가 되어 있을 때만 작동하나, 영국(그리고 프랑스는 더욱더)의 유권자들은 제1차 세계대전의 유혈 사태를 반복하고 싶어하지 않았다. 거기엔 경제적인 이유도 있었다. 1929년 당시 산업 생산력은 여전히 회복 중이었고, 영국의 공장들이 모든 비용을 감당하고 있는 수출품 생산을 중단해야만 무기 생산을 시작할 수 있었다. 비용을 충당하기 위해 차입을 하게 되면 무기 생산과 상관없이 인플레이션을 유발할 수 있었고, 세금을 올리면 성장의 발목을 잡을 우려가 있었다. 번영과 안보가 충돌하는 상황에서 모든 것이 신중한 태도를 촉구했고, 이는 잠재적 파트너들이 서로를 신뢰하기 어렵게 만들었다. 이탈리아와 소련은 곧 거리를 두었다.

영국은 히틀러를 달래며 시간을 벌었다. 그 10년이 전쟁으로 끝나면서 유화 정책은 비열하고 부정직한 단어가 되었지만, 사실 그것은 매우 영국적인 전통이었다. 그 정책은 1930년대 인도에서 효과가 있는 것처럼 보였고, 1830년대 이래 자치령에서는 통했으며, 1770년대에는 미국을 회유하지 않아 처참한 상황을 맞이했다. 처칠은 유화주의자를 "악어가 자신을 마지막으로 잡아먹기를 바라며 먹이를 주는 사람"이라고 조롱했지만,⁴⁵ 마지막에 잡아먹히는 것은 인기 있는 전략이었다. 그리고 유화 정책으로 재무장의 시간을 벌어 맞서 싸울 만한 세력 균형과 외벽을 구축할 수 있다면 당연히 그렇게 해야 했다. 그러나 1938년 영국은 주데텐란트에서 히틀러가 자유롭게 행동하도록 내버려둠으로써 독일에 대한 포위를 깰 수 있도록 했으며, 유화 정책의 모든 목적을 무력화시켰다. 이를 본 스탈린은 히틀러와 화해했고 두 독재자는 폴란드를 분할 점령했다. 영국과 프랑스는 모든 동맹국(실제 동맹국과 희망 동맹국)이 떠난 후에야 참전을 결정했다.

영국의 계획은 늘 그래왔듯이 1702년에 세워진 방식을 그대로 따랐다. 영국은 해역을 봉쇄하고(1914년과 마찬가지로 현금을 빌려 대서양 건너에서 물자를 구입했다) 대륙으로 군대를 파견하여 적의 붕괴를 기다렸다. 이 계획은 히틀러가 단 11주 만에 외벽 전역을 점령하면서 실패로 돌아갔지만, 독일 폭격기가 항상 영국 상공을 통과할 것이라는 전문가들의 예상과 달리 영국은 하늘을 지킬 수 있었다. 공군과 함대는 해협을 계속 폐쇄했다. 런던 대공습으로 6만 명의 런던 시민이 사망하는 끔찍한 순간이 있었지만, 히틀러가 영국 상공에서 소모전을 벌여 승리할 가능성은 거의 없었다. 영국의 레이더는 독일군의 접근을 포착할 수 있었고, 독일군 전투기의 연료로는 목표물에 오가는 것이 전부였다. 영국은 전투기, 조종사 그리고 생산력에서 모두 우월했다. 1940년 6월부터 10월까지 영국 공군은 915대의 전투기를 잃고 공장에서 2091대의 전투기를 새로 만들었던 반면, 같은 기간에 독일은 1733대를 잃고 988대만 추가할 수 있었다. 1940년 9월 17일 히틀러는 침공을 무기한 연기했다.

처칠이 말했듯이 이때가 영국과 자신의 전성기였다. 1940년은 새로운 1588년과 같았다. 처칠은 스스로 엘리자베스와 셰익스피어를 연기했다. 그는 영국인들에게 새롭게 자신들을 보는 방식을 심어주었다. 영국인들만이 힘을 합쳐 악에 홀로 맞서 싸우고 있다는 자각이었다(도판 9.8). 이는 공작과 상속녀의 후손으로 방탕하고 사치스러웠던 사람으로서는 놀라운 업적이었다. 처칠은 늘 논란을 일으키는 인물이었다. 공산주의자이자 철강 노동자였던 내 할아버지는, 처칠에 대해 알아야 할 가장 중요한 것이 그가 군대에 1910년 웨일스의 토니판디에서 파업 중인 광부들에게 총을 쏘라고 명령했다는 것(실제로는 그렇지 않았다)이라고 반복해서 말씀하셨다. 1930년대 기준으로 보더라도 처칠의 인도인 경멸은 유별났고, 그 시대의 많은 영국인은 2020년 시위대가 국회 광장에 있는 처칠의 동상에 '인종차별주의자'라고 쓴 글[46]에 동조했을 것이다. 하지만 처칠은 이 모든 구설수에도 불구하고 1940년 영국의 진정한 투쟁의 상징이 되었다. 전쟁이 시작되기 전만 해도, 스코틀랜드의 한 민족주의 지도자는 친구들에게 독일의 침공을 환영한다고 말했고, 웨일스 민족주의자들은 베를린에 대표단을 파견했으며, 아일랜드 공화주의자들은 런던에 폭탄을 설치했다. 그러나 전쟁이 시작되고 침공이 임박해 보이던 그 때, 여론 조사에서 88퍼센트의 사람들이 처칠을 지지하는 것으로 나타났다. 80년이 지나 그해 여름 처칠의 연설을 다시 들으면서, 특유의 걸걸한 목소리와 묵직한 호흡을 곱씹다보면 나머지 12퍼센트는 무슨 생각을 하고 있었는지 궁금해진다. "우리는 끝까지 갈 것이다. (…) 우리는 어떤 대가를 치르더라도 우리 섬을 지켜낼 것이다. 우리는 해변에서 싸울 것이고, 상륙지에서 싸울 것이고, 들판과 거리에서 싸울 것이고, 언덕에서 싸울 것이며, 절대로 항복하지 않을 것이다."[47]

그러나 절대로 항복하지 않는 것이 곧 승리를 의미하는 것은 아

도판 9.8 홀로 맞서. 역사상 가장 위대한 정치 만화(데이비드 로 그림, 『데일리 메일』, 1940년 6월 18일).

니었다. 총리 취임 첫 주에 처칠은 "우리 목표가 무엇인가"라는 질문에, "승리―어떤 대가를 치르더라도 승리, 어떤 위협에 대해서도 승리, 아무리 길고 험난한 길일지라도 승리"라고 답한 바 있다.[48] 그러나 1940년 승리의 길은 1588년(또는 1805년) 이후 어느 때와 비교해봐도 명확하지 않았다. 영국은 유럽 대륙을 봉쇄하고, 해안을 습격하고, 독일 도시를 폭격하고, 게릴라 작전을 지원할 수 있었지만, 그 어떤 방법으로도 히틀러의 제국을 무너뜨릴 수는 없었다. 나폴레옹의 러시아 침공을 모방하기로 한 히틀러의 결정이 모스크바에서 똑같은 재앙을 초래했어도 무너뜨리지 못했다. 처음부터 처칠이 가지고 있던 단 하나의 전쟁 전략은 "신세계가 모든 힘과 에너지를 다해 구세계의 구출과 해방을 위해 나설 때까지, 신이 정한 때까지" 싸우는 것이었다.[49]

루스벨트 대통령은 영국이 독일에 맞서는 미국의 외벽이라는 사실을 윌슨보다 더 분명하게 간파했음에도 불구하고, 신이 정한 시간은—아니 루스벨트가 정한 시간은 천천히 다가왔다. 1916년과 같은 금융 위기가 영국을 덮쳐 영국의 달러 보유액이 미국 제조업체들에 이미 빚진 금액 이하로 떨어졌을 때도, 루스벨트는 영국을 믿고 있었다. 1940년 말 그는 참모들에게 "영국은 파산하지 않는다"라고 자신 있게 말했다. "영국에는 많은 돈이 있다"고 믿은 그는 거래 과정에서 "어리석고 바보 같은 낡은 달러 표시"를 제거하여,[50] 미국이 영국에 대서양을 횡단하는 선박을 포함해 원자재, 장비 및 군수품을 빌려주거나 임대하도록 허용했고, 병목 현상을 제거했다. 관련 세부 문제들은 나중에 해결하도록 했다.*

한편 미국은 전쟁 전에 무기 대여 협정으로 영국 재산보다 많은 50억 파운드 상당의 물자를 제공했지만, 영국은 여기에 14억 파운드만 지불했다. 처칠은 이를 두고 "역사상 가장 고결한 행위"라고 칭송했다.[51] 그러나 그것은 결코 자선행위가 아니었다. 루스벨트는 영국의 미국 자산을 헐값에 매각하고 해군 기지와 금괴를 넘겨줄 것을 요구했다(금을 가져가기 위해 군함을 보내기도 했다). 영국은 전쟁이 끝나면 파운드 지역을 해체하여, 파운드를 달러로 자유롭게 환전할 수 있게 하고 미국의 금융 지배력을 사실상 인정하겠다고 약속했다. 무기 대여

---

*   훨씬 후, 채무 재조정을 거듭한 끝에 영국은 2006년 12월에 최종 대금을 지불했다.—지은이

협정의 이 조항 때문에 처칠은 루스벨트가 "무력한 채무자의 마지막 재산을 추심하는 보안관처럼 행동한다"며 비난하는 서한을 작성하기도 했다.52 하지만 현명하게도 그는 그 편지를 보내지는 않았다.

1941년 12월 7일 일본의 진주만 공습 소식을 처음 접했을 때 처칠은 "미국이 목숨을 건 전쟁에 연루됐다. 결국 우리가 이겼다!"라며 기뻐했다. 그 이후 즉각적 결과를 보면 이 동아시아 제국에 노출된 영국에는 재앙이었지만, 처칠은 다음 날 아침 루스벨트에게 "독일과 이탈리아가 모두 미국에 선전 포고할 것으로 예상한다"고 말하며 낙관적인 태도를 유지했다.53 실제로 선전 포고가 이루어졌다. 히틀러는 "세계대전이 시작되었으니 유대인 근절은 필연적인 결과"라고 생각했고,54 이를 위해서는 미국을 패배시키고 유대인들을 학살해야 한다고 보았다. 처칠은 훗날 "감격과 만족감이 가득 찬 채 잠자리에 들었고, 구원받고 감사하는 자의 잠을 잤다"고 썼다.55

신대륙은 1917년보다 훨씬 더 강력한 힘으로 개입하여, 더 완벽한 승리를 건네주었다. 그 결과 영국은 세계에서 두 번째로 큰 함대와 세 번째로 큰 경제력 및 군대를 보유하게 되었을 뿐만 아니라, 진정으로 통합된 왕국을 갖게 되었다. 처칠은 독일이 항복하던 날 런던의 발코니에서 "이것은 특정 정당이나 계급의 승리가 아니다. 이것은 위대한 영국 전체의 승리다"라고 열변을 토했다.56 궁핍이 영국 국민을 하나로 모았다. 정보부는 "100퍼센트의 노력을 쏟아붓는 대신 그 부담을 모두가 공평하게 나눠 질 수 있다면, 국민은 어떤 희생도 기꺼이 감수할 것이다"라는 사실을 일찍이 간파했다.57 배급 역시 영국 정체성의 핵심인 공정성의 상징이 되었다. 식품부의 공식 역사가는 "케이크도 배급되어야 한다는 말만큼 배급에 대해 이보다 더 강력한 찬사는 없을 것"이라고 기록했다.58 루스벨트 부부가 버킹엄 궁전을 방문했을 때 영부인은 "욕조에 물의 상한선을 표시하는 검은색 선을 발견"하고 놀라움을 금치 못했다.59 사실 국왕은 워싱턴 주재 대사에게 비밀리에 편지를 보내 부드러운 미국산 화장지를 요청했지만, 중요한 것은 적어도 모두가 함께 힘을 모으는 것처럼 '보인다'는 것이었다. 조지 6세가 폭격으로 폐허가 된 런던의 거리를 정기적으로 방문했을 때 한 남자가 "좋은 왕이 되어주셔서 감사합니다!"라고 외치자, 평소 입을 굳게 다물고 있던 왕은 "좋은 국민이 되어주셔서 감사합니다!"라고 곧바로 답했다.60 1940년은 1640년이 아니었다.

그러나 이 영광스러운 승리는 기묘한 패배이기도 했다. 제2차 세계대전으로 영국은 제1차 세계대전보다 두 배나 많은 비용을 치렀고 경제는 더 왜곡되었다. 많은 수출 시장을 잃었고 전쟁 전 국부의 4분의 1이 사라졌다. 1945년 영국이 굶주림에서 벗어날 수 있는 유일한 방법은 미국의 자금뿐이었고, 해리 트루먼 신임 대통령이 무기 대여법을 갑자기 종료하자 케인스는 50억 달러의 긴급 대출을 부탁하기 위해 워싱턴으로 급히 날아갔다. 9월에 도착한 그는 미국인들이 영국의 부채를 상당 부분 탕감해 영국인들의 희생을 인정해줄 것으로 기대했지만, 12월 떠날 무렵에는 트루먼 행정부의 관심사가 "과거에 대한 보상이 아니라 (…) 미래에 영향을 미치는 것"61임을 절실히 깨달았다. 미국은 앞으로 축소될 영국의 주권을 예견했다. 영국의 의원들은 승전국 영국을 종속적으로 만드는 조건적 대출에 분노하며 반대했지만, 휴 돌턴 노동당 의원은 "승리 이후 뒤따를 더 나은 시대에 대한 희망은 절망과 환멸로 바뀔 것"이라며,62 다른 선택지가 없는 암울한 상황을 일깨웠다.

3부
부의 지도,
1945~2103년

10장
교차점

1945~1991년

처칠의 지도

1945년 이후, 세계가 여전히 매킨더 지도처럼 작동한다고 믿는 사람은 거의 없어졌고, 처칠은 새로운 지리적 비전을 제시하며 구제에 나섰다. 이후 40~50년 동안의 사건들은 처칠의 판단력이 옳았음을 거듭 입증했다. 그러나 영국이 새로운 현실에 적응하는 과정은 참으로 고통스러웠다.

처칠은 1948년 란디드노에서 "영국의 미래를 전망할 때, 자유 국가들 사이에 세 개의 거대한 원이 보인다"라고 이야기했다(도판 10.1). "첫 번째 원은 당연히 영연방과 대영제국, 그리고 이들에 속한 모든 것이다. 그다음 원은 우리 영국과 캐나다, 다른 영국계 자치령들과 미국이 중요한 역할을 하고 있는 영어권 세계다. 그리고 마지막 원으로 유럽연합이 있다." 처칠은 이어서 핵심을 말했다.

우리는 이 모든 원에 위치해 중요한 역할을 하는 유일한 국가다. 우리는 바로

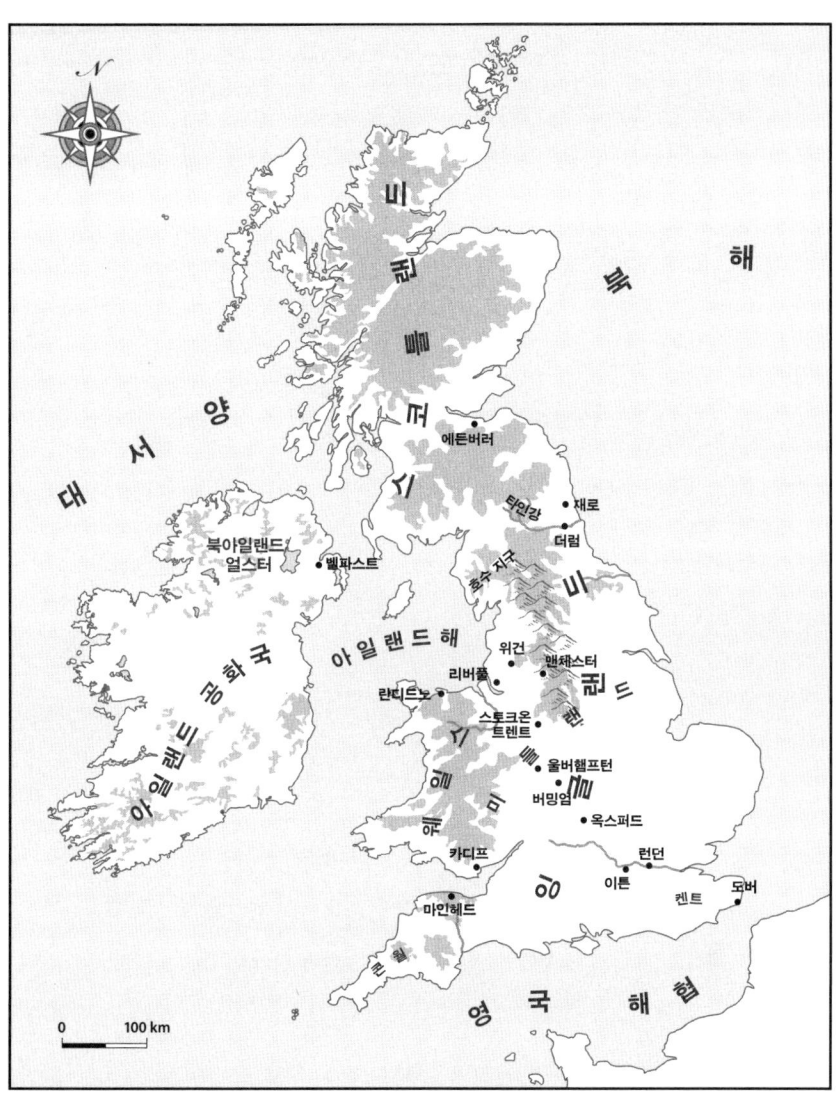

도판 10.1 영국 무대, 1945~1991년.

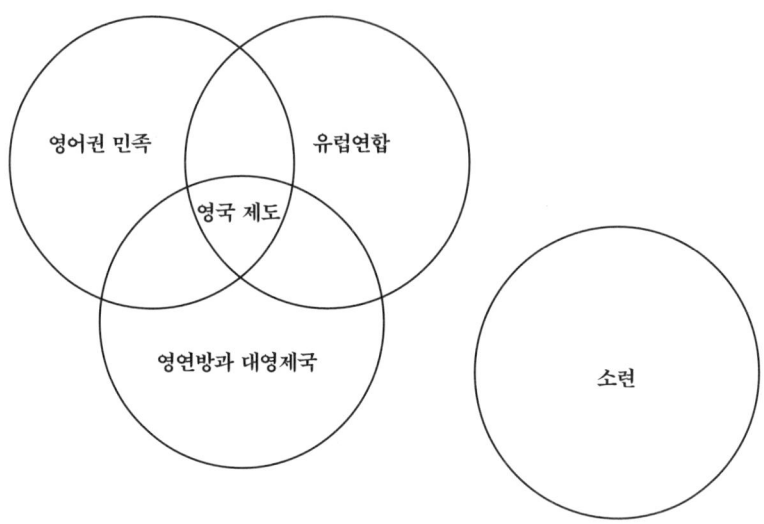

도판 10.2 처칠의 지도: 자유의 세 개의 원과 소련의 네 번째 원.

교차점에 서 있으며, 바닷길은 물론 하늘길의 중심에 있는 이 섬에서 이 모든 지역을 하나로 묶을 기회를 가지고 있다. 앞으로 몇 년 동안 난국을 헤쳐나간다면 우리가 인류에게 안전하고 행복한 미래를 열어줄 열쇠를 쥐고 있음이 다시 한번 밝혀질 것이며, 우리 자신도 감사와 명예를 얻을 것이다.[1]

이는 대담한 비전이었다. 그러나 처칠 자신이 가장 먼저 지적했듯, 세 개의 자유의 원 옆에는 철의 장막으로 둘러싸인, 자유에 반대되는 네 번째 원이 존재했다(도판 10.2). 전쟁으로 인해 영국은 세계 무대에서 조연으로 내려앉았다. 이제 가장 중요한 관계는 소련과 미국의 관계였고, 처칠이 란디드노에서 연설할 무렵에는 이미 그 관계가 악화된 상태였다. 영국에서 가장 왼쪽에 있는 좌파들도 스페인, 프랑스, 독일의 전통적인 대륙 정복자의 가장 최신판처럼 보이는 스탈린을 따르려 하지 않았다. 영국은 미국과 문화적, 전략적, 재정적 이해관계를 공유하고 있었기 때문에 트루먼의 지시를 따르는 것이 훨씬 더 바람직했다. 이는 소련과 전쟁을 하거나 회유하는 것이 아닌, 소련을 봉쇄하여 모든 움직임을 차단하는 것이었다.

그러나 소련 봉쇄 정책은 영국 국내 정치에도 영향을 미쳤다. 총리가 국내 정책을 추진할 때조차 소련 봉쇄 전략을 흔드는 결정은 허용되지 않았다. 따라서 트루먼이 1950년 공산주의의 남한 침공에 맞서 동맹국들에 전쟁의 개입을 요청했을 때(도판 10.3), 영국 최초의 노동당 정부는 어려운 결정에 직면했다.

히틀러가 자살한 지 불과 몇 주 후에 치러진 선거에서, 영국인들은 처칠 대신 완전 고용과 보편적 의료 서비스를 제공하는 새 예루살렘을 건설하겠다는 사회주의자 클레멘트 애틀리를 선택해 세계를 깜짝 놀라게 했다. 하지만 이는 세계가 잘못 놀란 것이었다. 대부분의 영국인은 줄곧 이것들을 쟁취하기 위해 자신들이 싸우고 있다고 생각했기 때문이다(한 젊은 여성은 인터뷰에서 "노동자로서 사장을 대변하는 사람에게 투표하는 것은 아무 소용이 없다"고 말했다).[2] 오히려 놀라워해야 했던 것은 노동당의 프로그램이 굉장히 잘 작동했다는 사실이다. 빈곤 인구는 1936년 18퍼센트에서 1950년 1.5퍼센트로 감소했으며, 1950년이 끝날 때는 디프테리아, 결핵, 산모 사망은 거의 사라졌고, 국민보건서비스는 영국에서 가장 존경받는 기관이 되었다. 현실을 직시한 처칠의 당도 복지국가 건설에 동참했고, 1951년 정권을 되찾았다. 노동당의 전 재무장관은 기쁜 마음으로 보수당이 "우리가 하려던 일을 정확히 해냈다"라고 인정했다.[3]

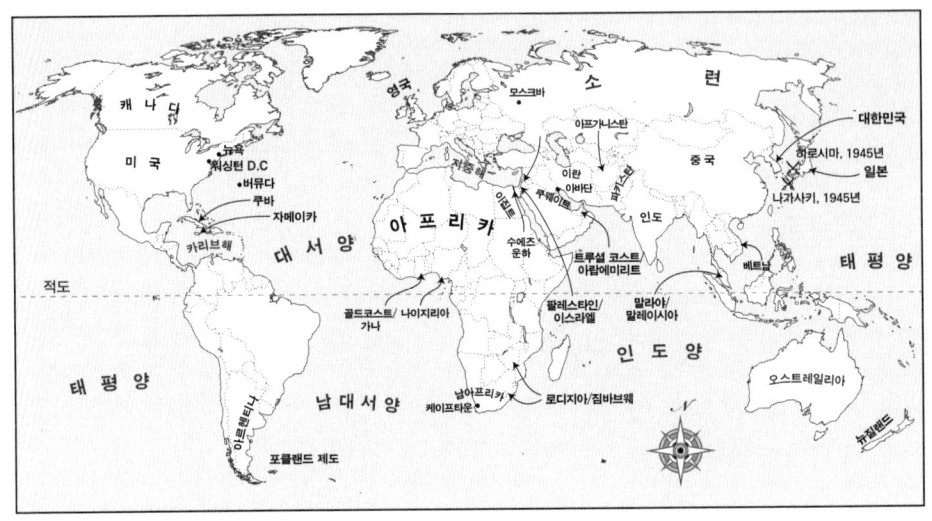

도판 10.3 세계 무대, 1945~1991년.

양당이 직면해야 했던 가장 큰 과제는 복지국가에 드는 비용이었다. 미국의 차관에도 불구하고 영국인들은 1945년 이후 어느 때보다 허리띠를 졸라매야 했다. 1946년에는 사상 처음으로 빵 배급제가 시행되었고, 의류는 1949년까지, 육류는 1954년까지 배급제로 제한되었다. 영국 재정은 매우 불안정해 1947년 애틀리가 파운드를 달러로 전환 가능하게 하겠다는 처칠의 약속을 이행했을 때, 파운드가 너무 빨리 폭락해 불과 6주 만에 환전을 중단해야 했다. 이제 한국에 파병하라는 요청을 받은 애틀리는 표준 소득세 세율을 47.5퍼센트로 올리고 최고 세율을 97.5퍼센트로 올려도 새 예루살렘 건설과 재무장 비용을 동시에 감당할 수 없다는 사실을 알게 되었다. 선택의 압박에 직면해서 그는 트루먼의 파병 요청을 거절하느니 환자들에게 처방전, 치과, 안경 비용을 부과하는 것을 선택했다. 국정의 혼란 속에서 두 명의 장관이 사임했지만, 정부는 입장을 고수했다. 사실 전설적인 외무장관

어니 베빈은 반스탈린주의에 있어 미국인들을 능가했다. 세련된 외교계에서 이방인이었던 그는(열한 살에 학교를 그만두었으며, 국왕에게 삶의 기술들을 '거친 현장 경험'에서 배웠다고 말한 일화는 유명하다)[4] 한 가지 중요한 사실에 집중했다. 바로 소련이 나치만큼이나 나쁘다는 것이었다. 베빈이 없었다면, 미국과 유럽이 회원국에 대한 공격을 모든 회원국에 대한 공격으로 간주하는 북대서양조약기구NATO는 결코 탄생하지 못했을 것이다.

나토의 초대 사무총장(또 다른 영국인)은 조직의 목표가 "러시아를 막아내고 미국을 끌어들이며 독일을 주저앉히는 것"이라고 말했다(도판 10.4).[5] 러시아를 막아야 하는 이유는 자명했고, 미국을 끌어들여야 했던 이유는 서유럽이 홀로 러시아를 막을 수 없기 때문이었다. 영국이 엘베강의 외벽을 방어하는 연합군에 8만 명의 병력을 투입했음에도 마찬가지였다. 1930년대의 붉은 러시아의 공포가 현실이 되면서 새로운 외벽이 필요했고, 오직 미국만이 전혀 다른 종류의 외벽을 제공할 수 있었다. 핵무기였다. 핵무기는 실제로 도시 전체를 초토화시킬 수 있었다. 스탈린은 첩자들에게 엄청난 도움을 받아, 미국보다 불과 4년 뒤인 1949년에 원자폭탄을 개발할 수 있었다. 1953년에는 두 초강대국이 히로시마와 나가사키에 사용된 무기보다 수백 배 더 강력한 수소폭탄(핵융합 폭탄)을 보유하게 됐다. 이듬해 영국 정부는 소련이 핵무기로 전면 공격을 해온다면 900만 명의 민간인이 즉시 사망하고, 곧이어 300만 명이 방사능 피폭으로 사망하며, 400만 명 이상이 장애를 입을 것으로 예상했다. 원자폭탄은 16세기의 범선 갤리언이 그랬던 것처럼 영국의 안보에 큰 변화를 가져왔다.

소련 폭격기가 영국 제도에 도달하는 것을 막을 만큼 높은 물리적

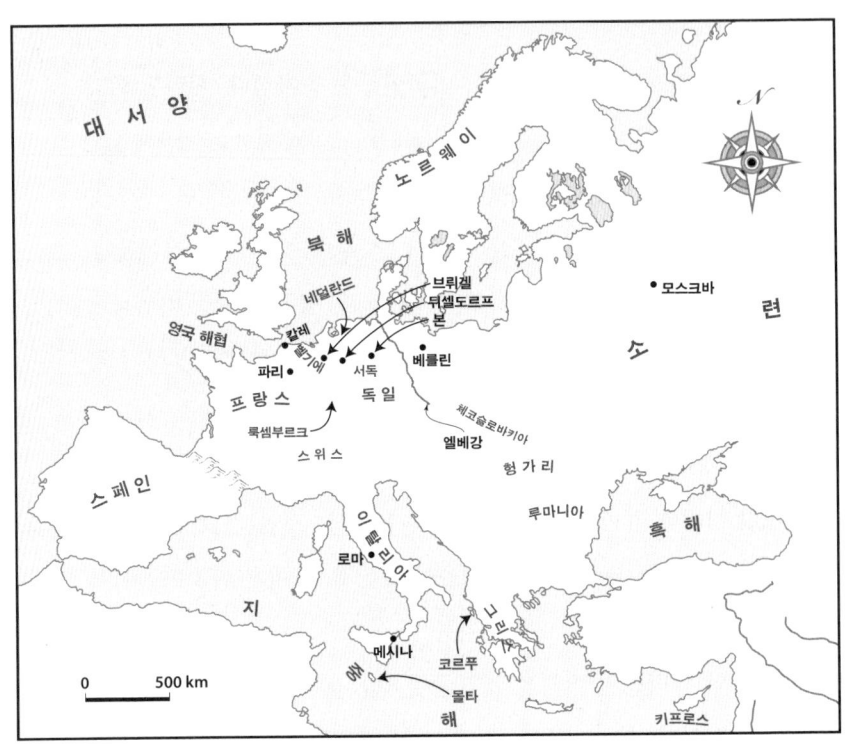

도판 10.4 유럽-지중해 무대, 1945~1991년.

외벽은 없기 때문에, 유일하게 실행 가능한 방어 수단은 대규모 핵 보복과 상호 확증 파괴 위협으로 만들어내는 가상의 외벽인 억지력이었다. 영국산 핵폭탄을 만드는 데 드는 충격적인 비용에도 불구하고 베빈은 주저하지 않았다. 1946년 그는 "비용이 얼마가 들든 우리도 이 폭탄을 가져야 한다"며, 이어 "이 폭탄 위에 빌어먹을 유니언 잭이 휘날려야 한다"고 말했다.[6] 미국이 최초의 수소폭탄 실험을 했을 때, 처칠도 주저하지 않고 수소폭탄을 가지려 했다. 그는 "우리는 반드시 해내야 한다. 그것은 우리가 정상의 테이블에 앉기 위해 치르는 대가다"

라고 말했다.7 국민은 이에 동의했다. 여론 조사에서 60퍼센트가 원자폭탄을 원한다고 답했고, 58퍼센트는 수소폭탄에 대해서도 같은 의견을 보였다.

영국산 핵무기의 목적은 사실 스탈린을 겁주기 위한 것이 아니었다. 영국이 수소폭탄을 모두 사용한다면 약 800만 명의 러시아인을 죽일 수 있었는데, 그 정도로는 히틀러와 싸우다 2000만 명의 목숨을 잃은 경험이 있는 러시아를 막을 순 없었다. 미국만이 사망자 수를 1억 명으로 끌어올리기에 충분한 폭탄을 보유하고 있었고, 이는 실제로 스탈린을 겁에 질리게 했다. 영국의 폭탄은 사실 워싱턴을 향한 메시지였다. 1957년 영국의 비밀 보고서는 "우리의 독자적인 핵무기를 사용하겠다고 위협함으로써, [우리는] 미국의 이익이 우리만큼 직접적으로 위협받지 않는 상황에서도 미국의 협력을 확보할 수 있다"라고 설명했다.8 대부분의 미국 대통령은 영국을 가장 중요한 동맹국으로 인식했지만, 미국이 영국을 지원하지 않으면 영국이 스스로 아마겟돈을 시작할 수 있다는 사실은 그들 대통령의 등골을 오싹하게 만들 수 있었다. 일종의 협박이었지만, 절박한 시기에는 절박한 조치가 필요했다.

나토의 임무 중 '독일을 주저앉히는' 일은 좀더 복잡했다. 1945년 당시 소련과 미국은 서로보다 독일의 부흥을 더 걱정했다. 독일을 분할하고 불안이 줄어들었지만 스탈린이 새로운 골칫거리로 떠오르자, 미국은 기회를 엿보았다. 돈과 병력이 부족한 상황에서, 새로운 친서방 국가 서독을 재무장하여 그 힘을 이용하는 것은 어떨까?. 이에 대한 파리 정치인들의 답은 분명했다. 1870년 이후 세 번이나 프랑스를 침공한 적이 있는 독일이 다시 침공할 수도 있다는 것이었다. 프랑스는 독일을 나토에 가입시키는 대신에, 프랑스, 독일, 영국 군대를 결합한 초국가적 유럽방위공동체를 결성할 것을 제안했다. 많은 미국인은 이 제안에 찬성했지만, 대부분의 영국인은 경악했다. 1943년부터 유럽 대륙 통합을 추진했던 처칠조차 영국이 가입해야 한다고 생각하지 않았다. 영국은 영어권, 제국, 유럽 대륙권이라는 세 개의 원을 잇는 교차점이어야 했지, 유럽연합의 일원이 되어서는 안 되었다.

유럽방위공동체는 무산되었지만, 연방주의에 대한 미국의 지원은 점점 더 커졌다. 1948년 미국이 막대한 자금을 투입해 서유럽 경제를 부흥시킴으로써 공산주의에 덜 동조하게 만들겠다는 마셜 플랜을 발표했을 때, 원래의 생각은 초국가적 조직을 통해 달러를 공급하는 것이었다. 베빈은 민첩하게 움직여 연방주의의 덫은 피하면서도 영국의 몫을 챙겼다. 그 후 미국 국무장관 딘 애치슨은 프랑스 외무장관 로베르 쉬망에게 접근했다. 애치슨은 방위 계획도 경제 원조도 서독에 대한 프랑스의 걱정을 가라앉히지 못하니, 두 나라의 핵심 산업을 통합해 전쟁을 불가능하게 만드는 것이 어떻겠냐고 제안했다. 합법적인 파트너로 대접받는 것에 기뻤던 독일 수상은 전적으로 찬성했다. 베빈은 이 일을 사전에 알지 못했기에 방해할 수 없었고, 그렇게 프랑스-독일 협상은 1950년에 기정사실로서 그에게 던져졌다.

쉬망 플랜(실제로는 유럽 연방주의의 창시자인 장 모네가 초안을 작성했다)은 석탄과 철강을 "새로운 최고 기관의 권한 아래 두고, 그 기관이 프랑스, 독일 및 그 외 가입국을 구속하는 결정을 내리는 것"이었다.[9] 이탈리아, 벨기에, 룩셈부르크, 네덜란드는 즉시 참여했지만, 영국은 그렇지 않았다. 영국 에너지의 90퍼센트가 석탄에서 나오는 상황에서 에너지 안보는 매우 중요해 보였다. 참여하지 않으면 거대한 대륙 카르텔과의 경쟁을 피할 수 없었음에도, 영국 부총리는 "안 된다. 우리로 선 불가능하다. 더럼 광부들이 절대 받아들이지 않을 것"이라고 못 박았다.[10] 이는 영국의 번영을 위협했지만, 쉬망이 '유럽연방을 향한 첫 번째 구체적 단계'라고 불렀던 움직임에 맞서 영국의 주권과 정체성을 지키려면 불가피해 보였다.[11]

연방주의자들은 열광했다. 유럽인들은 폭력을 동원하지 않고 수억 명의 인구를 더 크고, 더 부유하고, 더 안전한 초국가로 통합하는 전례 없는 일을 해내고 있었다. 그러나 영국의 '공적 정신official mind'(기자 후 고 영이 정치인과 고위 관료의 내부 집단을 지칭하며 사용한 단어)은 쉬망이 사실 히틀러가 군대를 통해 시도했던 일을 쉬망 플랜을 통해 실행하고 있다고 의심했다. 제3제국*과 석탄철강공동체의 명백한 차이점을 이해한 사람들조차 쉬망의 움직임을 13세기 전 가톨릭교회의 주권 장악에 빗대곤 했다. 이것이 내가 중세 교회를 원조 유럽연합이라고 부른 이유이기도 하다. 1950년 이 조약에 서명한 여섯 국가 대표는 모두 가톨릭교도였다. 베빈의 최측근 중 한 명은 쉬망의 계획을 "내가 줄곧 유럽평의회의 배후에 있는 큰 동력이라 생각해온 가톨릭 '블랙 인터내셔널'**의 통합을 위한 사전 단계에 불과하다"라고 말했다.[12] 1960년대 초 노동당 지도부는 여전히 "거대한 자본주의와 가톨릭의 음모에 빨려들어가는 것"을 두려워했다.[13] 30년 후에도 마거릿 대처는 종종 브뤼셀 뒤에 로마가 있다고 보았다.

실제로 교황이 돌아오지는 않았다(석탄철강공동체 50주년을 맞아 일

---

* 1933~1945년 히틀러 치하의 독일.
** 가톨릭 지도자들로 구성된 바티칸의 비밀 조직으로 19세기 가톨릭교회의 위협 요인들에 대응하기 위해 만들어졌다.

부 가톨릭 신자들이 바티칸에 쉬망을 성인으로 공표할 것을 촉구하기는 했다). 그러나 공동체를 구성한 여섯 나라는 7세기에 로마를 다시 받아들였던 색슨족 족장들처럼 사고하고 있었다. 이들 나라는 주권을 일정 부분 양도하고 정체성을 희미하게 만드는 대신 번영을 높이고 안보를 강화할 수 있기를 바랐다(이 단계에서 이동성은 크게 중요하지 않았다). 그러나 20세기 영국의 통치자들은 이러한 거래에서 얻을 것이 거의 없다고 생각했다. 보수당 대표 앤서니 이든은 "이것은 우리가 뼛속 깊이 할 수 없음을 아는 일"이라고 말했고,[14] 노동당 전국 집행부는 ('유럽 통합'이라는 제목을 슬쩍 붙인) 공동 성명에서 "영국은 단지 유럽 대륙 서부 해안에 붙은 작고 밀집된 섬이 아니다. (…) 거리를 제외한 모든 면에서 영국은 유럽보다 지구 반대편에 있는 호주와 뉴질랜드의 혈족과 더 가깝다"라고 주장했다.[15]

정부의 공식 견해조차 쉬망의 공동체가 과연 기본 목표인 번영을 달성할 수 있을지 의심했다. 1950년 영국의 산업 생산량은 프랑스와 독일의 산업 생산량을 합친 것보다 많았고, 세계 무역의 4분의 1은 영국의 손에서 이루어졌으며, 영국 수출의 대부분은 제국의 시장으로 향했다. 이런 상황에서 처칠이 말한 첫 번째 원에서의 지위를 포기하고 불안정하며 보호주의적인 세 번째 원에 합류해야 할 이유가 없었다. 그게 아무리 미국이라는 두 번째 원을 기쁘게 만든다고 할지라도 말이다. 한 고위 공무원은 이렇게 결론지었다. "유럽과의 장기적인 경제 협력은 우리에게 아무런 매력이 없다. 잘해야 우리 자원의 낭비일 것이며, 잘못되면 경제에 심각한 피해를 줄 것이다."[16] 심지어 여섯 나라 중 몇몇조차 영국이 빠지는 편이 합리적이라고 생각했다.

또한 영국의 불참으로 여섯 나라가 큰 성과를 내기 어렵게 만드는 이점도 있었다. 일부 영국 외교관은 이 때문에 아예 통합이 무산되기를 바랐다. 하지만 여섯 나라는 도리어 판돈을 높여서 1955년 시칠리아 메시나에서 회의를 열어 "공동 기구의 발전, 국가 경제의 점진적 융합, 공동 시장의 창설, 사회 정책 (…) 등의 점진적 조합을 통해 통합된 유럽을 구축하기 위해 노력"하자고 했다.[17]

이를 주도한 벨기에 외무장관 폴 앙리 스파크는 영국을 참여시키기 위해 최선을 다했지만, 런던은 그를 무시했다. 몇 년 후 갤럽의 여론조사에 따르면 영국인의 39퍼센트는 공동 시장에 대해 들어본 적이 없었고, 12퍼센트는 영국이 이미 가입했다고 생각했다. 역사학자 영이 지적하듯, 1955년 영국 신문에서 '메시나' 관련 보도는 "성매매 알선 및 공갈 혐의로 기소된 메시나 형제의 런던 중앙 형사 법원 재판"이 유일했다.[18]

영국 관료 기구의 수장은 스파크의 '이상주의'가 "유럽 가톨릭 연방주의자들에게나 매력적일 것"이라고 단언하면서도,[19] 이를 미연에 방지하기 위해 부지런히 움직였다. 하지만 메시나 협상을 거부하거나 스파크를 뭉개기 위해 정치적 거물을 협상장에 보내는 것이 아니라, 하급 경제학자를 보내 최대한 불편한 순간에 회의장을 박차고 나가라는 식의 지시를 내렸다. 전해지는 이야기에 따르면, 실제 증거는 없지만, 희생양이 된 한 공무원이 회의 도중 갑자기 일어나 이렇게 외쳤다고 한다. "여러분, 여러분은 협상할 수 없는 것을 협상하려 하고 있습니다. 설사 협상이 된다 해도, 비준되지 않을 것입니다. 비준된다 해도, 제대로 작동하지 않을 것입니다."[20] 그 말과 함께, 어쩌면 조금 달리 말했을 수도 있지만, 영국은 결국 유럽 통합에 공식적으로 등을 돌렸다.

여러 면에서, 유럽공동체에서 빠져 있겠다는 주장은 1950년보다 1955년에 더 설득력 있어 보였다. 메시나에서 제안된 유럽경제공동체는 쉬망의 계획을 훨씬 뛰어넘는 것이었는데, 특히 농민들에게 가격을 보장해주는 공동 농업 정책이 그러했다. 공동체는 농민들이 재배한 농산물을 구매자가 있든 없든 프랑, 마르크, 리라 화폐를 통해 최고가로 매입하고, 잉여분은 해외에 헐값으로 팔며 손해를 감수했다. 이는 네 집 중 한 집이 농사를 짓는 프랑스와 다섯 집 중 한 집이 농사를 짓는 서독에서는 좋은 정책이었다. 하지만 스무 집 중 한 집만 농사를 짓던 영국에는 맞지 않았다. 영국 공장 노동자들이 비효율적인 대륙 농민들에게 보조금을 지급하는 셈이 될 뿐 아니라, 더 많은 돈을 식량 구입에 지출해야 했기 때문이다.

그러나 공동체에 들어가야 한다는 주장 역시 강력해지고 있었다. 무엇보다 여섯 나라가 눈부시게 번영하고 있었던 것이다. 도판 10.5는 이를 보여주고 있다. 1955년 영국인의 생산성은 1945년보다 11퍼센트 더 높아졌지만, 독일인의 생산성은 같은 기간에 28퍼센트, 프랑스와 이탈리아인은 무려 140퍼센트 이상 더 높아졌다. 물론 이 모든 것이 쉬망의 공로는 아니었다. 1950년 이전부터 경제 회복은 이미 시작되었고, 유럽공동체 밖에 있던 노르웨이와 스위스도 호황을 누리고 있었다. 현실은 단순했는데, 서유럽은 전쟁 이전의 성장 궤도로 돌아가고 있었던 것이다. 도판 10.5의 그래프 오른쪽이 어떤 모습이 될지 몰랐다 하더라도, 1955년에 이미 분명했던 사실은 영국이 유럽의 확장되는 시장과 경제를 통합할수록 더 크게 번영할 거라는 점이었다.

영국이 이러한 사실을 외면한 데에는 1760년대식 전략적 자아도취의 기운이 짙게 깔려 있었다. 역사학자 리처드 웨이트는 영국인들이

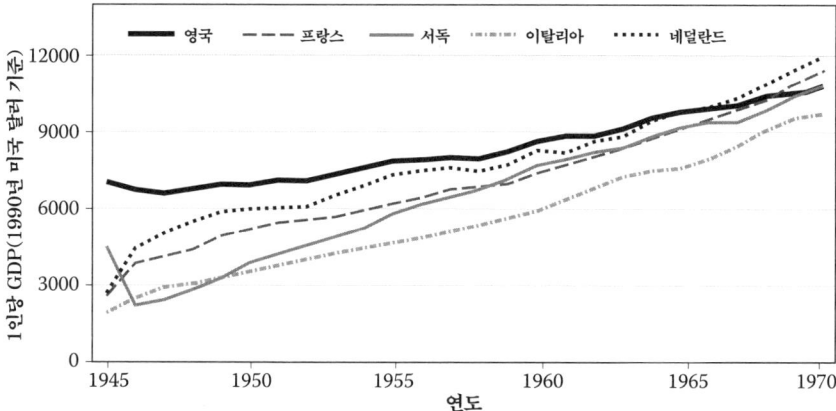

도판 10.5 앞선 자가 (거의) 꼴찌가 되리라: 1945~1970년 영국인은 더 부유해졌지만, 다른 나라는 더 빨리 부유해졌다.

메시나 협정과 관련해 느꼈던 감정과 그들이 진정으로 중요하다고 여기는 '축구'에 관한 감정 사이에서 놀라운 유사점을 발견했다. 영국은 오랫동안 축구 국가 대표팀을 구성하지 않았는데, 함께 축구를 할 만한 상대는 다른 영국인뿐이라고 믿었기 때문이다. 1904년 프랑스 축구인들이 국제축구연맹을 설립했지만, 영국 제도의 4개국은 1947년에야 정식으로 가입했고, 그 후에도 거의 관심을 보이지 않았다. 월드컵은 1930년에 시작되었지만, 20년 동안 이 섬들에서 출전한 팀은 없었고 1958년까지도 관심은 미미했다. 메시나 회의가 열린 1955년에 유럽 대륙에서 유러피언 컵(각국 리그 챔피언이 겨루는 토너먼트 대회)을 창설하자 잉글랜드 리그는 전 시즌 챔피언인 첼시의 출전을 금지했다. 하지만 그 무렵 축구는 이미 경제만큼이나 변해 있었다. 한 스포츠 기자는 "처음에는 우리가 세계 챔피언이 아니라 세계 그 자체였다. 시간이 흐르면서, 우리는 더 이상 최고는 못 되어도 적어도 상위권에 있었다. 그리고 이제는 솔직히 말해서 상위권 근처에도 가지 못한다"라고 요약했다.21 그는 축구에 관해서 이야기하는 것이었지만 지정학적 현실도 이와 마찬가지였다.

제국과 자유로운 무역을 위해 대륙의 보호무역주의를 거부해야 한다는 주장의 근거들이 1955년이 되자 눈에 띄게 약해졌다. 제국의 중요성이 줄어들었기 때문이다. 이제 영국은 자치령보다 유럽경제공동체와 더 많은 교역을 하고 있었고, 해가 갈수록 제국 유지에 비용이 더 많이 들고 수익은 줄었으며, 소련 봉쇄 정책과도 조화하기 어려워졌다. 예를 들어 말라야와 골드 코스트(지금의 말레이시아와 가나) 같은 식민지는 모두 달러를 벌어들이는 수출품을 가지고 있었기 때문에 싸워서 지킬 가치가 있었다. 게다가 두 나라의 민족주의자들은 모스크바와 연결될 법한 좌파였던 터라, 이들을 진압하는 것이 봉쇄 정책에 기여한다고 미국에 주장할 수도 있었다. 그러나 그 밖의 낡고 허술한 지역은 제국으로 유지할 이유가 그만큼 뚜렷하지 않았다.

결국 영국은 새로운 노선을 택했다. 우선, 제국주의에 저항하는 위협적인 자유 투사들을 민주적으로 선출된 정부를 구성할 수 있는 존경할 만한 지도자로 재정의한 다음, 확대된 영연방 안에서 식민지들에 독립을 부여하는 것이었다. 잘만 처리된다면, 이들 신생 국가가 영국의 사업가, 군인, 공무원들을 고문으로 맞이하고 영국의 투자를 유치하기 위해 경쟁할 것이라는 희망이 있었다. 국기와 국가國歌가 바뀌어도 그 외에는 크게 달라지지 않을 것이었다(심지어 여왕의 사진도 사무실 벽에 그대로 걸려 있을 터였다). 역사학자 로널드 로빈슨이 이를 "더 효율적인 수단에 의한 제국주의의 지속"22이라고 표현한 것이 과했을지 모르지만, 제국을 모호한 연방으로 바꾸는 방식은 탈식민지화로 "영국이 춥고 하찮은 섬으로 전락해, 열심히 일해도 청어와 감자만 먹고 살게 될 것"이라는 (내가 서론에서 인용한) 조지 오웰의 암울한 예측을 피할 유일하게 실행 가능한 방안처럼 보였다.

결과는 다양하게 나타났다. 영국은 인도와 파키스탄 민족주의자들을 영연방에 가입하도록 끌어들인 후 1947년 갑자기 철수했다. 파테 뉴스릴*은 "영국은 사명을 완수했다"며, "이제 인도가 스스로 자신의 운명을 결정할 차례"라고 태연하게 발표했다.[23] 이후 힌두교와 무슬림 사이에 충돌이 발생하면서 100만 명이 사망하고 800만 명이 넘는 난민이 발생했다. 영국은 그리스에서도 갑작스럽게 철수했는데, 내전을 남겨둔 채였다. 팔레스타인에서도 마찬가지였으며, 오늘날까지 분쟁이 계속되고 있다. 그 외 다른 지역에 관해서 영국 내각 위원회는 1970년대까지 독립 운동이 문제가 될 가능성이 거의 없기 때문에 계속 붙들고 있어야 한다는 결론을 내렸다. 적절한 투자가 이뤄진다면 일부 식민지는 수익을 낼 수도 있었다. 베빈은 아프리카 광물로 "미국이 우리에게 의존하게 되고, 4~5년 안에 우리가 하라는 대로 따르게 할 수 있을 것"이라고 생각했다.[24]

베빈의 생각은 비현실적이었지만, 서유럽 국가들이 영국의 지배하에 있던 쿠웨이트와 트루시얼 해안(지금의 아랍에미리트)에서 석유를 수입하기 시작했다. 그 결과로 1951년 이란의 좌파 성향 총리인 모하마드 모사데그가 아바단에 있는 세계 최대 규모의 앵글로-이란 석유 회사의 정유 공장을 국유화하자 애틀리는 행동에 나섰다. 그는 함대

---

* 뉴스릴은 1910년부터 1970년대 중반까지 극장에서 상영되었던 짧은 뉴스 영화를 의미한다.

대신 스파이들을 보냈고, 이들은 미국, 이란의 국왕 샤와 협력하여 쿠데타를 일으켰다. '브리티시 페트롤리엄'으로 이름을 바꾼 석유회사의 직원들은 곧 일터로 돌아갔다. 선례가 만들어지자, 1956년 이집트의 민족주의 지도자 가말 압델 나세르가 모스크바와 친교를 맺고 수에즈 운하를 국유화했을 때, 워싱턴과 런던은 나세르를 축출해야 한다는 데 동의했다. 그러나 이유와 전술에 대해서는 의견이 달랐다. 아이젠하워 대통령은 수에즈 운하가 "나세르를 물러나게 할 사안이 아니"라고 생각했지만,[25] 이든 총리는 무력을 통한 정권 교체만이 유일한 선택지라고 생각했다.

이든이 왜 그렇게 파머스턴주의자로 변했는지에 대해서는 여전히 의견이 분분하다. 그는 개인적으로 나세르를 싫어했다. 1930년대의 유화책에 반대했던 이든은 이집트의 무솔리니 지망생을 웃어넘길 수 없었다. 그는 불쾌했다. 이든은 처칠의 자리를 채우려고 노력했다. 그 이유에는 끝이 없었다. 그리고 그럴듯한 이유를 찾아보자면, 수에즈와 돈 파시피코 사건*의 상황 사이에는 실제 유사점이 있었다. 1850년의 파머스턴과 1956년의 이든은 둘 다 압도적인 군사적 우위를 누리고 있었고, 명분에 확신이 있었으며, 편리한 변명거리를 가지고 있었다. 심지어 이든은 프랑스의 지원까지 받았다. 그래서 그는 행동에 나섰다.

하지만 한 가지 차이점이 이 모든 것보다 더 중요했다. 파머스턴은 미국을 걱정할 필요가 없었다. 이든의 재무장관 해럴드 맥밀런은 "나

---

* 돈 파시피코는 포르투갈 유대인 출신 영국인으로 그리스 총영사를 지냈다. 1847년 반유대주의 폭동으로 집이 불타는 사건이 있었다.

는 아이크*를 잘 안다"며 "그는 가만히 숨어 있을 것이다!"라고 확신했다.26 그러나 영국과 프랑스 낙하산 부대가 이집트에 상륙하기 전날 소련 탱크가 헝가리 혁명을 진압하기 시작했고, 본인이 다음 날 재선 출마 선언을 하기로 한 것을 고려할 때, 아이크는 숨죽이고만 있을 순 없었다. 아이젠하워는 국무장관에게 "어떤 대가를 치르더라도, 소련이 거짓말로 그럴듯하게 약소국에 대한 관심을 표명해 세계 지도자의 자리를 차지하는 것을 막아야 한다"고 말했다.27 아이젠하워는 직접 볼거리를 만들고 싶었기 때문에 이든의 아픈 곳, 즉 지갑을 공격했다. 패닉에 빠진 투자자들은 몇 주 동안 파운드를 팔아치웠고, 영국은 화폐 가치 유지를 위해 순식간에 2억5000만 파운드의 손실을 입었다. 아이젠하워는 모든 영국 군인이 이집트를 떠날 때까지 지원을 거부했다. 상륙 후 36시간 동안 영불 원정대는 32명의 특공대와 3대의 전투기만 잃고, 2000명의 이집트인 사상자와 260대의 항공기를 파괴하는 성과를 내면서 대부분의 목표를 달성하고 있었다. 하지만 이든은 부대 복귀 명령을 내려야 했다.

이전에도 제국의 좌절은 있었다. 아프간인, 줄루스족,** 일본군이 영국군을 학살한 적이 있었다. 하지만 이번과 같은 굴욕은 없었다. (처칠은 "감히 시작하지 말았어야 했는지는 모르겠지만, 감히 멈추지는 말았어야 했다고 확신한다"고 회고했다.)28 수에즈는 어떤 의미에서 영국이 미국과의 재정적 싸움에서 패배한 대가를 톡톡히 치른 세계대전의 마지막 전투였다고 할 수 있다. 100명이 넘는 영국 보수당 의원이 아이젠하워가

---

* 아이젠하워의 애칭.
** 남아프리카공화국의 한 종족.

"대서양 동맹을 심각하게 위험에 빠뜨렸다"라고 비난하는 결의안을 승인했지만,[29] 현실은 더 가혹했다. 영국은 돈을 주는 사람과 스스로를 궁지에 빠뜨렸다. 아이젠하워는 사석에서 "내가 전쟁에서 영국만큼 같은 편에서 함께 싸우고 싶은 나라는 없다"라고 말하면서, "하지만—이런 일이! 세상에!"라며 경악했다.[30]

과거로의 전환

수에즈 사태 6년 후, 잘 알려진 바와 같이 딘 애치슨은 "영국은 제국을 잃었고 아직 제 역할을 찾지 못했다"고 말했다.[31] 이 말은 수백만 명의 영국인을 불쾌하게 만들었지만, 뉴스가 될 만한 일은 아니었다. 이든은 사임하기 전에 수에즈 사태로 "드러난 현실에서 보듯 우리는 부를 확보하지 못하고 있다"며 "분명히 우리는 우리의 세계 지위와 국내 역량을 더 면밀히 검토해야 한다"고 말했다.[32] 옳은 말이었다. 영국의 세계 지위와 국내 역량은 '함께' 재고되어야 했다. 하지만 이든은 실행하지 않았고, 그의 후임자인 해럴드 맥밀런은 세계 지위만 고려했다. 국내 역량을 직시하는 데는 30년이 더 걸렸다.

트위드 셔츠에 축 늘어진 콧수염, 나른한 한마디가 특징인 맥밀런(옛 이튼 졸업생, 전 근위대 출신)은 세계의 중심점을 이룰 사람으로 보이지 않았지만, 한 경쟁자는 그의 삼류 배우 같은 외모 뒤에는 '끝없는 유연성'이 숨겨져 있었다고 말했다.[33] 불과 10년 전, 한 국방부 고문은 "우리는 강대국이 아니며 앞으로도 강대국이 될 수 없다. 우리는 위대한 국가이지만, 계속 강대국처럼 행동한다면 우리는 곧 위대한 국가도 못 될 것이다"라고 경고한 바 있다.[34] 맥밀런은 이 말을 이해했지만, 위대한 국가로 남는 길은 강대국 행세를 하면서, 실제로는 모든 것을 바꾸면서 아무것도 변하지 않은 것처럼 행동하는 것이라고 판단했다. 그는 버뮤다로 날아가 아이젠하워와 특별한 관계를 회복하고, 모스크바에서 소련 지도자 니키타 흐루쇼프와 군비 통제를 논의하며, 케이프타운에서 제국의 종말을 선언하고, 파리에서 결국 유럽경제공동체 가입을 신청했다.

맥밀런은 아이젠하워에게 그가 자신의 위치를 알고 있다는 것을 보여줄 필요가 있었고, 영국의 지원을 기대했던 아이젠하워는 맥밀런을 믿을 준비가 되어 있었다. 그러면서도 맥밀런은 유권자들에게 자신이 결코 굴종자가 아님을 보여줄 필요가 있었는데, 이 두 가지 필요는 주기적으로 충돌했다. 빠르게 발전하는 핵무기는 특히 까다로운 문제였다. 수에즈 공습 1년 후, 소련은 발신음을 보내는 75킬로그램의 인공위성 스푸트니크를 발사해 1시간 이내에 지구상 어디든 핵탄두를 운반할 수 있는 미사일을 보유했음을 과시했다. 1959년 미국도 자체 로켓 운반체를 확보했고, 이듬해 양국은 잠수함에서 미사일을 발사하는 방법을 개발해, 효율적이며 강력한 핵무기 기습 공격을 할 수 있게 되었다. 미국에는 영국의 폭격기를 이용한 방식의 억지력이 불필요해졌다는 것을 분명하게 보여주었지만, 맥밀런에게는 영국에도 로켓이 필요하다는 것을 보여준 셈이었다. 개발의 실패가 이어졌다. 한 언론인은 영국의 미사일 프로그램이 "추진 로켓 이륙에 실패하고, 도중에 폭발하고, 계획된 최고점에 도달하지 못하고, 끝내 개발을 철회하면서 국가적 무능의 전형적인 예가 되었다"라고 말했다.[35] 실망한 맥밀런은 아이젠하워와 그의 후임자 존 F. 케네디에게 미국 미사일의 판매를 요청했다. 케네디는 '최고의 국가적 이익'[36]이 관련되지 않는 한 모든 폴라리스* 미사일을 나토의 통제하에 두어야 한다고 주장했지만, 미국은 결국 영국에 미사일을 판매했다.

무엇이 미국에 최고의 국익인지는 정의된 적이 없지만, 수에즈와 같은 사례는 분명히 아니었다. 1962년 쿠바가 실제적 위기를 촉발했을 때, 영국은 케네디의 자문 그룹에서 파머스턴 시대의 전임 강대국이었던 스페인이 가졌던 중요성보다 떨어진다는 것이 판명되었다. 궁금한 것은 미국인들이 정말 뉴욕을 위험에 빠뜨리는 것을 무릅쓰고 유럽 주변의 외벽을 방어할지, 또는 그것이 의미하는 바를 고려할 때 미국이 그렇게 하리라고 영국이 기대하는 게 타당한가 하는 것이었다. 1965년 가상의 핵전쟁이 벌어지는 켄트를 배경으로 한 페이크 다큐멘터리 「워 게임The War Game」을 방영하지 않은 BBC의 판단이 옳았을지도 모른다. 이 영화는 오스카 상을 수상했지만, BBC는 그것을 1985년까지 감추고 있었다. 이 영화는 지금까지 만들어진 영화 중 가장 불안감을 주는 작품이다. 국방부는 전쟁이 발발하면 국내 질서 유지에만 20만 명의 군인이 필요하며, 결국 영국은 지역 권력자들이 통치하는 12개의 군사 독재 정권으로 분열될 것으로 예상했다.

누구도 이 같은 상황을 원치 않았다. 1961년 약 10만 명의 시위대가 트래펄가 광장에 모여 일방적인 군비 축소를 요구했지만, 시위대의 지도자들조차 자신들이 실수하고 있다는 것을 금방 깨달았다. 한 지도자는 "우리는 영국이 여전히 강대국으로서 다른 나라에 영향을 미칠 것으로 생각했다"고 말했다. 하지만 현실에서 "우리가 폭탄을 버린다고 한들 누가 알아주겠냐"라고 반문했다.[37] 초강대국들만이 자신들의 핵

---

* 중거리 탄도탄.

경쟁을 종식시킬 수 있고, 그와 더불어 핵 외벽이 필요했다.

다행히 두 초강대국 모두 그들의 선택지를 살펴보고 있었다. 1953년 스탈린이 사망한 후 소련의 태도는 누그러졌고, 1972년 리처드 닉슨의 기습적인 중국 방문으로 고립의 위협을 받자 더 유화적으로 변했다. 쿠바 위기는 양측 모두에게 경각심을 불러일으켰고, 1976년 소련의 핵무기가 미국과 동등한 수준(각각 약 2만5000발의 핵탄두)에 도달하자 미국의 호전적인 태도도 줄어들었다. 양측은 여전히 무력을 사용할 준비가 되어 있었지만(미국은 베트남에서, 소련은 체코슬로바키아에서), 핵무기와 생화학 무기 사용을 제한하는 데 합의했다. 소련의 우주 비행사와 미국의 우주 비행사가 우주에서 악수를 나눴고, 장기적 공존의 가능성이 보이기 시작했다.

이러한 완화는 미국의 동맹국들에도 조금씩 영향을 미쳤다. 베빈과 같은 냉전 전사들은 논외로 하고, 영국은 미국만큼 소련 봉쇄에 엄격한 태도를 보이지 않았다. 워싱턴이 공산주의자들의 정부 침입에 대해 사형과 징역형, 1만 명의 용의자 해고(다른 1만5000명은 수사 중 사직)로 대응하는 동안, 런던은 자신들의 최고 요원 2명의 망명을 숨기고 35명만 해고했다(다른 25명은 사직). 1960년대에 서독과 동독은 서로의 생존권을 인정했고, 새로운 세대의 '유럽 공산주의자'들은 워싱턴과 모스크바 사이에서 중간의 길을 모색했으며, 프랑스는 나토 사령부에서 군대를 철수하고, 영국은 소련 봉쇄를 더욱 완화했다.

정세를 가늠하는 일은 결코 쉬운 게 아니었다. 1960년대 미국이 인도차이나에서 또 다른 봉쇄 전쟁에 휘말렸을 때, 영국에서는 누구도 파병을 원하지 않았다. 하지만 경제가 다시 위기에 처하자 미국 관리들은 "베트남에 영국 여단을 파병하면, 이는 영국 파운드의 결정적인 위기 순간에 10억 달러의 가치가 있을 것"이라고 약속했다.[38] 노동당 총리 해럴드 윌슨은 "채권자들을 실망하게 해서는 안 된다"라는 것을 알았지만,[39] 유권자들을 실망시킬 수도 없었기 때문에 2000년 전 로마를 대신해 영국 남부를 통치했던 '우호적인 왕들'처럼 피하고, 빠져나가고, 얼버무렸다. 그는 베트남 파병을 거부했지만 파운드의 가치를 떨어뜨리지 않겠다고 약속했고(파운드를 공격하는 투기꾼들이 그다음에 달러를 공격할 수도 있기에), 아시아에 있는 군사 기지를 폐쇄하지 않고(미국이 그 공백을 메워야 할 수도 있기에), 공공 지출을 늘리지 않겠다고 약속했다(미국에서 빌린 돈을 다 사용할 수도 있기에). 그런 다음 고전적인 피후견국 왕의 스타일로 구제 금융을 받은 후, 그는 어쨌든 채권자들을 실망시켰다. (그의 동료 중 한 명은 "내가 윌슨에 대해 싫어하는 두 가지가 있다"라며, 하나가 "그의 얼굴"이라고 말했다.)[40] 친구가 절실히 필요했던 린든 존슨*이 자신에게 보복하지 않을 것이라는 데에 운을 건 윌슨은 모든 약속을 뒤집었는데, 특히 그중 하나는 수에즈 동쪽의 값비싼 영국 식민지에 대한 약속이었다.

윌슨에 대해 '믿지 못할 사람'이라는 평가가 맞긴 하지만, 어떤 총리라도 그처럼 했을 것이다(아마 그처럼 능숙하지는 않았을 것이다). 10년 전 맥밀런은 '대영제국 감사'를 실시하여 대부분의 해외 소유지가 영국의 번영에 이바지하기는커녕 영국 군대와 명성에 부담을 가해 순부채를 증가시킨다는 결론을 내린 바 있다. 1960년 아프리카를 직접 보기 위해 방문했던 맥밀런은 나이지리아 총독에게 "이 사람들이 자치권을 가질 준비가 되어 있는가?"라고 물었다. 총독은 "당연히 아니다"

---

* 36대 미국 대통령.

라고 답했다. 그러자 그는 "그럼 그들은 언제쯤 준비가 될 것 같은가?"라고 물었다. 총독은 "20년, 25년"이라고 대답했다. 그래서 그는 "내가 어떻게 하면 좋겠는가?"라고 물었고, 총독은 "자치권을 한꺼번에 주는 게 좋겠다"라고 말했다.[41] 정신을 차린 맥밀런은 자신의 경력에서 가장 기억에 남을 연설을 하기 위해 케이프타운으로 향했다. 그는 남아공의 모든 백인 유권자를 대표하는 이들에게 "이 대륙에 변화의 바람이 불고 있다"며, "우리는 모두 이것을 사실로 받아들여야 하고, 우리 국가 정책도 이를 반영해야 한다"고 말했다.[42] 남아공은 영연방에서 탈퇴했고 영국은 아프리카에서 철수했다.

하나의 제국이 그렇게 빨리 사라진 적은 없지만, 극우파를 제외하고는 영국에서 여기에 관심을 갖는 사람은 거의 없었다. 선거에서 역풍도, 폭력도 없었다. 그래서 윌슨은 1967년에 돈이 바닥나자 영국의 아시아 영토도 바다에 던져버렸다. 홍콩 기지를 제외한 수에즈 동쪽의 모든 영토에서 10년 이내에 철수하기로 했다. 영국 정부는 "전 세계적인 군사 국가로서의 역할을 중단할 것"이며, "우리는 점점 더 유럽의 강대국이 될 것이다"라고 발표했다.[43]

250년 동안 영국은 세계 무대의 주인공으로 있기 위해 유럽 대륙을 분열시키려는 계획을 세웠지만, 그 역할을 잃은 뒤에는 유럽 통합을 반대하는 것이 더 이상 의미가 없었다. 맥밀런은 처음에 이러한 결론에 반대하고, 메시나 직후 6개국을 연방주의의 열정이 없는 더 큰 관세 동맹에 편입시켜 유럽연방을 질식시키기 위해 노력했다. 하지만 이 시도가 실패하자 현실을 직시했다. 그는 외무장관에게 "나폴레옹 시대 이후 처음으로 대륙 강대국들이 상당한 정치적 의미를 지닌 적극적인 경제 그룹으로 통합되고 있으며, 이것이 영국을 특별히 겨냥한 것은 아니지만 유럽 시장과 유럽 정책 결정 과정 모두에서 우리를 배제하는 효과를 가져올 수 있다"라고 조언했다. 그는 이 새로운 대륙 체제가 "우리를 대체해 미국의 주요 동맹이 될 수 있다"며 우려했다.[44] 그는 고립이냐, 영연방 친구들에 대한 배신이냐 중 하나를 고르는 '암울한 선택'을 예견했지만,[45] 결국에는 다른 방도가 없었다. 1960년까지 호주와 뉴질랜드는 영국의 수입과 수출에서 각각 8퍼센트, 9퍼센트를 차지했지만, 유럽경제공동체는 15퍼센트와 16퍼센트를 차지했고 그 격차는 점점 더 벌어지고 있었다. 맥밀런은 문화적 정체성의 공유보다 번영이 더 중요하다고 판단했다. 제국과 마찬가지로 자치령도 사라져야 했다. 1961년 영국은 유럽공동체 가입을 신청했다.

맥밀런이 유럽으로 방향을 선회한 것은 1710년대 이후 가장 큰 전략적 전환이었지만, 월폴 시대와 같은 당파적 분노에 가득 찬 메아리는 없었다. 일부 보수당원들이 맥밀런이 "우리의 독립을 '개구리들*과 벌레들**'에게 넘겨주려 한다"고 비난했고, 해럴드 윌슨은 "뒤셀도르프에 세탁기를 팔아 미미한 이익을 남기자고 친구와 친척을 홀대할 권리가 우리에겐 없다"며 반대했다(총리 취임 전의 발언으로, 자신의 말에 책임을 느끼지 않았을 것이다).[46] 하지만 맥밀런의 계획에 반대표를 던진 의원은 단 한 명뿐이었다. 오히려 이를 거절한 것은 유럽 대륙이었다. 1963년 프랑스 대통령 샤를 드골은 "영국은 고립되어 있기 때문에" 영국이 가입하면 "미국의 의존과 지도력 아래 거대한 대서양 공동체가 형성되어 곧 유럽공동체를 집어삼킬 것"이라고 발표했다.[47] 그래서

---

* 프랑스인에 대한 모욕적인 표현.
** 유색인에 대한 모욕적인 표현.

대답은 "농non"*이었다.

4년 후 윌슨이 다시 가입을 시도했다. 전략적 전환이 정체성, 이동성, 번영, 안보, 주권에 어떤 의미가 있는지에 대한 논쟁은 맥밀런이 시작했을 때보다 훨씬 더 조용했고, 드골은 또다시 거절했다. 마침내 1971년 드골의 후임자 조르주 퐁피두—당시 미국의 꼭두각시 역할보다 소련에 대한 서독의 유화적인 태도를 더 우려하고 있었다—가 가입에 초대했고, 윌슨의 후임자이자 유별나게 유럽을 좋아하고 미국을 혐오하는 에드워드 히스는 준비되어 있었다.

이 일로 전환을 둘러싸고 발생한 국내적 분열은 앞으로 일어날 일의 징조로 정당 간이 아닌 정당 내부에서 발생했다. 의회에서 극우파 이넉 파월은 '생사를 건 투쟁'이 시작되는 것을 목격했다. "1940년 가을 영국 남부 상공에서 격렬하게 벌어진 전투만큼이나 독립 국가 영국의 미래와 관련된 것임이 분명했다. 검투사는 없었고, 무기는 말뿐이었지만 그들의 싸움은 모든 사람의 싸움이었다."48 극좌파는 더 직설적이었다. 주먹을 휘두르며 노동당의 대표적 친시장주의자를 향해 "파시스트 자식!"이라고 외쳤다.49 의회의 최종 투표 때는 긴장감이 넘쳤다. "저기 외국 대사들 관람석이 보이시죠?" 한 참석자가 물었다. "우리가 세계의 중심에 있던 시절 이후로 자리가 이렇게 꽉 찬 건 처음 봐요."50 하지만 결과에는 의심의 여지가 없었다. 1973년 1월 1일부로 영국이 유럽경제공동체에 가입하기로 결정됐다. 소식은 해럴드 맥밀런이 모닥불을 피우고 있던 도버성에 전해졌고, 해협 건너편 칼레에서

---

* 프랑스어로 '아니오'. 영국의 유럽공동체 가입 신청에 대한 대답이 거절이었다는 뜻이다.

도 반응이 즉시 전해졌다.

정치 엘리트들 사이에서 감정이 고조되었다. 장 모네는 프랑스 텔레비전에서 "지난 25년 동안 기다려온 순간"이라고 말했다.[51] 히스는 한술 더 떠 "파리를 처음 방문한 지 40년 만에 유럽의 통합을 가져오는 데 일조할 수 있었다"라고 회상하며 "개인적으로 매우 짜릿한 순간이었다"고 말했다.[52] 하지만 노동당 지도부 내 의견 대립이 너무 격렬해 윌슨은 노동당이 다시 집권하면—영국 역사상 최초로—유럽경제공동체 잔류에 대한 국민투표를 실시하겠다고 약속해야 했다.

그러나 1975년 국민투표가 실제로 다가오자, 대부분의 영국인은 어깨를 으쓱했다. 한때 노동당의 외무장관이었던 제임스 캘러헌은 라디오 인터뷰에서 "나는 찬성도 반대도 아니다"라고 말하기도 했다. 그러자 짜증난 질문자가 그럼 "이 프로그램에 왜 나오신 겁니까? 사람들에게 '찬성'에 투표하라고 조언하러 오신 거 아닌가요?"라고 따졌다. 캘러헌은 "당신이 나오라고 해서 나온 거다"라고 답했다.[53]

이러한 배경을 고려하면 1장에서 언급한 마거릿 대처의 태도가 더 이해가 된다. 그녀는 국민투표 기간에 내가 그녀의 이름을 따 붙인 법칙을 공식화했음에도 불구하고, 사적인 자리에서 "투표를 아예 하지 않으면 좋겠다"고 얘기했다.[54] 주류 정치인들은 거의 만장일치로—거의 마지못해 만장일치로—영국이 잔류해야 한다고 말했고, 극우와 극좌의 변두리에서만 탈퇴를 주장하는 사람들이 있었다. 영국이 유럽경제공동체에 가입한 지 1년 후인 1974년에는 영국인의 3분의 2가 탈퇴를 원한다고 답했지만, 다음 1년 뒤에는 3분의 2가 잔류를 원한다고 답했다. 불확실했던 전환은 마침내 완결되었고, 영국은 역할을 찾았다. 당분간은.

썩어빠진 놈들

아니면 역할의 일부만 찾은 것일 수도 있었다. 1956년 이든은 영국의 세계적 위상을 검토하려면 국내 역량도 검토해야 한다는 사실을 분명히 알고 있었지만, 맥밀런은 관심이 없었다. 비평가들 눈에 그는 현재에 너무 만족하는 것처럼 보였다. 문제는 분노한 새로운 세대의 젊은이들 눈에는 맥밀런과 그의 측근들이 절망적으로 구시대적인 '기득권층'만을 대변한다는 것이었다. 기득권층의 친인척들이 영국 상류 전문직 사회의 요직을 차지하며 자리를 어지럽히고 있었다. 그런 사람들이 진짜든 아니든, 풍자의 좋은 먹잇감이 되었고, 그 덕에 스위프트*의 전성기 이후, 1960년대 초는 최고의 풍자 시대를 맞이했다(예를 들어, 『프라이빗 아이』**는 1961년에 창간되었다). 시장 가능성을 포착한 펭귄북스 출판사는 영국 전통을 주제로 한 얇은 문고판 시리즈 '뭐가 문제야...?What's Wrong with...?'를 내놓았고, 표심의 방향을 확인한 윌슨은 1964년 "우리 사회 전체에 스며든 잘못된 경제적, 사회적 태도를 대대적으로 변화시키겠다"고 공약했다. 이어 그는 새로운 영국이 "이 혁명의 하얀 열기 속에서 만들어질 것"이라고 선언했다.[55]

영국의 기본 구조에까지 이르는 광범위한 변화의 순간이 무르익은 듯했다. 18~19세기에 성립된 연합 왕국은 뒷문을 닫아 대륙의 적이 영토에 침입하는 것을 막고, 해외로의 자유로운 진출을 촉진하기 위한 목적으로 만들어졌다. 그러나 더 이상 임박한 침입의 위험이 없고, 제국이 쇠퇴하고 있으며, 소련 봉쇄가 지정학을 재정의한 상황에서, 연

---

* 18세기 영국 최고의 풍자 작가인 조너선 스위프트.
** 풍자 및 시사 뉴스 잡지.

합 왕국의 존재 이유는 불분명해졌다.

아일랜드에서 나온 질문들이 가장 날카로웠다. 아일랜드섬 남부에 독립한 아일랜드 공화국은 더 이상 런던의 문제가 아니었지만, 1922년 분계선으로 영국 쪽에 남겨진 많은 가톨릭 신자는 동료 종교인들과 다시 합류하기를 간절히 원했다. 그러나 그보다 두 배나 많은 얼스터 개신교도들은 어떤 대가를 치르더라도 이를 막으려 했다. 영국 정부는 계속해서 1945년 이후 스코틀랜드와 웨일스처럼 어려움을 겪고 있던 북아일랜드 산업에 현금을 투입해 불만을 달래려 했다. 처음에는 효과가 있는 것처럼 보였다. 1962년 폭탄 작전을 지지하는 사람들이 거의 없자 아일랜드 공화국군은 무력투쟁을 포기했다. 그러나 살인을 중단한다고 해서 북아일랜드의 가톨릭교도들이 영국 연합을 좋아하게 되는 것은 아니었다. 가톨릭교도들은 압도적으로 개신교도들이 정부 지원을 독식하고 있다고 생각했고, 개신교도들은 종종 런던의 유화주의자들이 자신들을 로마 가톨릭에 팔아넘길까봐 두려워했다. 둘 사이에 다리를 놓아달라는 요청에 한 개신교 목사는 "다리와 배신자는 공통점이 있다. 둘 다 반대편으로 건너간다"고 답했다.[56] 장관들은 이러한 곳에서 무엇을 할 수 있을지 궁금해했다.

할 수 있는 건 아무것도 없었다. 분파 간 살인이 재개된 1966년 한 해 동안 의회가 북아일랜드에 대해 논의한 것은 단 두 시간에 불과했다. 그러나 분노는 더 큰 분노를 낳았고, 1969년에는 오렌지의 승리(1690)를 이끈 윌리엄을 기념하는 행진이 사흘간의 소요 사태를 촉발했다. 더는 누구도 이를 간과할 수 없었다. 당시 내무장관이었던 제임스 캘러헌은 "군대를 투입할 수 있지만 철수하는 것은 악마 같은 일이 될 것"[57]이라는 자신의 경고를 잊은 채, 가톨릭 소수파를 보호하기 위해 군대를 보냈다. 이 역시 처음에는 효과가 있는 것처럼 보였다. 한 군인은 "아이들이 가는 곳마다 따라다닌다. 차와 빵과 샌드위치가 넘칠 정도로 많았다"라고 말했다.58 그러나 곧 군대가 공화파와 충성파 사이에서 중립을 지키는 게 불가능하다는 사실이 드러났다. 공화파는 정작 자신들을 원하지 않는 아일랜드 공화국에 가입하기를 열망했으며, 충성파는 영국 연합에 대한 충성심으로 무기를 들고 군대에 맞섰다. 군대는 양측(그리고 그들의 수많은 분파 그룹)이 서로보다 더 싫어하는 존재가 되었다.

1972년쯤에는 정치적 살인이 평균 하루 1건 이상 발생했다. 초기의 낙관론은 사라졌고, 정부는 용의자들을 재판 없이 구금했다. 일부는 고문을 당했다. 길거리에서는 긴장한 군인들이 비무장 시위대에게 총을 쐈다. 질서에 금이 가고 있었다. 1974년 (폭력 테러리스트의 지원을 받은) 영국 연합주의자들의 파업으로 벨파스트가 사실상 폐쇄되었을 때, 군대의 지휘관은 "경찰이 임무를 수행하지 못할 위기에 처해 있다는 것을" 알고는 있지만, 파업을 진압하라는 명령을 대신 받는다면, "대단히 미안하지만, 이것은 경찰이 할 일이다"라며 명령을 거부할 것임을 예고했다.59 2주 후 런던은 파업 참가자들의 요구에 굴복했다. 『타임스』의 벨파스트 특파원은 "북아일랜드의 개신교도, 100만 명의 영국 시민이 왕실을 상대로 반란을 일으켰고, 총 한 발도 쏘지 않고 승리했다"고 썼다.60 1914년만큼이나 상황은 심각했다. 아마 윌슨은 보좌관에게 "'차마 입에 올릴 수도 없는' 북아일랜드 철수를 이제는 고려해야 할 때"라고 말했을 것이다.61

친아일랜드 테러리스트들도 끊임없이 폭력 사태를 확대하며 런던을 극한으로 몰아갔다. 공화파가 살해한 충성파의 수는 충성파가 살해한 공화파의 수보다 두 배나 많았다. 1979년에는 폭탄 테러로 여왕의 육촌과 마거릿 대처의 최측근이 사망했고, 1984년에는 대처와 내각 대부분이 사망할 뻔했다. 계속되는 무릎 쏘기,* 총격과 못 폭탄 보도에 사람들은 무감각해졌다. 울부짖는 미망인, 분노에 차 얼굴이 붉어진 정치인, 테러리스트들이 적절한 때에 죽이려 했던 한 자칭 중재자가 '검은 안경에 바라클라바 모자를 쓰고 곡괭이 손잡이 든 강성 남자들'[62]이라고 부른 이들의 모습도 충격적으로 다가오지 않았다. 영국 본토 사람 대부분은 북아일랜드가 떨어져 나가기를 바랐다. 하지만 실제로는 그렇게 할 수 없었다. 대부분의 북아일랜드 주민이 영국에 남기를 원했고, 군대를 철수시키는 것은 곧 내전을 의미했다. 심지어 벨파스트가 다시 뒷문이 되어 소련군의 침투에 길을 열어줄 수도 있었다. 그래서 북아일랜드는 영국 연합에 남아야 했다.

웨일스나 스코틀랜드에는 아일랜드만큼 폭력적인 민족주의자가 없었다. 다만 웨일스 테러리스트들은 1950년대에 우체통을 파괴하는 수준에서 시작해 1960년대에 폭탄을 설치했고 1970년대에는 잉글랜드인 소유의 주말 별장 200여 채에 불을 지르는 데까지 이르렀다. 1966년까지 웨일스에서 민족주의자 의원은 선출되지 않았고, 스코틀랜드에서는 1967년까지 없었다. 1970년대에도 겨우 웨일스인 열 명 중 한 명, 스코틀랜드인 다섯 명 중 한 명만이 독립을 원했다. 그러나 두 지역 모두 잉글랜드보다 임금은 낮고, 기회는 적었으며, 수명은 짧았다. 대다수(웨일스에서는 근소한 과반수, 스코틀랜드에서는 뚜렷한 과반수)는 어느 정도의 자치를 선호했다.

---

*   죽이지 않고 무릎 부근을 쏘는 테러범의 수법이다.

웨일스 민족주의자들은 번영의 부족함이 그들의 정체성을 훼손하고 있다고 우려했다. 한 의원은 웨일스가 "켈트족의 성격을 잃고 오늘날의 레이크 디스트릭트나 콘월 지역과 같아질 위험에 처해 있다. 2000년 동안 군사적으로도 이루지 못했던 정복이 20년 만에 수표책 침략으로 달성되고 있다"고 말했다.[63] 반면 스코틀랜드 민족주의자들은 북해에서 발견된 석유가 충분한 번영을 가져다주어 자신들의 정체성을 다시금 주장할 수 있으리라 기대했다. 채굴 장비, 기술, 용기의 부족으로 한계에 부딪히긴 했지만, 1978년 마침내 검은 황금 덕분에 영국의 재정 수지도 흑자로 전환되었다.『타임』은 "북해 석유는 국가 생존을 의미한다"며 반겼다.[64] 하지만 어느 국가의 생존이었을까? 스코틀랜드 민족주의자들은 우리의 석유라고 주장하며, "부유한 스코틀랜드인이냐 가난한 영국인이냐"의 선택의 갈림길에 서 있다고 보았다.[65] 런던은 그 선택을 피하는 대신 카디프와 에든버러에 선출 의회 구성을 제안한 다음, 웨일스와 스코틀랜드 유권자 모두를 설득해 (웨일스에서는 압도적으로, 스코틀랜드에서는 웨스트민스터의 교활한 정치적 절차 이후에 가까스로) 유권자들이 이 제안을 거부하도록 했다.

석유는 양날의 검이었다. 한편으로는 스코틀랜드가 영국 연합을 탈퇴할 비용을 마련해 연합을 해체하도록 만들 수도 있었고, 다른 한편으로는 영국 전체가 경제적 어려움에서 벗어나는 방안이 될 수도 있었다. 영국 경제 기관들은 정치 기관들보다 훨씬 더 완고한 모습을 보였다. 부가 증가하고 있었지만, 비평가들은 더 빠른 속도로 상승할 필요가 있다고 주장했다. 그러나 과거 어느 시대와 견주어도 상승세는 인상적이었다. 1974년에는 세 가구 중 두 가구가 중앙난방과 세탁기를, 열 가구 중 아홉 가구가 냉장고와 텔레비전을 보유하게 되었다(컬러 텔레비전이 흑백보다 더 많이 팔렸다). 1957년 맥밀런이 "우리 국민 대부분이 이렇게 좋은 생활 수준을 누린 적은 없었다"[66]라고 말한 것은 옳았다. 내 부모님이 바로 그가 말한 국민이었다. 두 분 모두 열세 살에 학교를 그만두고, 아버지는 탄광에서 어머니는 지방 세무소에서 일했다. 맥밀런의 연설이 있기 3년 전에 그들은 무도회에서 만나 결혼하고, 연립 주택으로 이사하고, 첫딸을 낳고, 자동차도 장만했다. 1960년에 내가 태어났고, 1963년에는 포드의 코티나를, 1965년에는 교외 신도시의 단독 주택(도판 10.6)을, 1968년에는 스테레오를 구입했다(「사운드 오브 뮤직」이 우리의 첫 번째 레코드판이었다). 우리는 1972년에 두 대의 차를 가진 가정이 되었고, 1973년에 집을 확장했으며, 1977년에 더 좋은 동네의 더 큰 집으로 이사했다. 1979년 부모님은 햇빛 화상, 개미, 식중독으로 고생했지만 그토록 원했던 그리스의 코르푸섬으로 해외 여행을 떠나기도 하셨다. 누나와 나는 고등학교를 졸업하고 그 후에도 학업을 이어갈 수 있었다. 우리는 전후 시대의 희망을 직접 경험했다.

그러나 우리와 비슷한 수백만 개의 이야기가 있음에도 불구하고, 도판 10.5의 그래프는 영국의 경제 성과가 그토록 불충분하게 보이는 이유를 정확히 알려준다. 우리 집은 물건으로 가득 차 있었지만, 유럽의 공동 시장에 속한 국민의 집들은 더 많은 물건으로 가득 차 있었다. 1961년 맥밀런의 경제 고문은 "영국은 이제 일반적으로 저성장 국가로 간주되고 있다"라고 고백했고,[67] 1979년 파리 주재 영국 대사는 "유럽 파트너들과의 관계에서 우리의 쇠퇴가 너무 두드러져, 오늘날 우리는 더 이상 세계 강국이 아닐 뿐만 아니라 유럽에서도 일류 국가 반열에 들지 못한다"고 말했다.[68]

전문가마다 저성장에 대한 해석이 달랐다. 어떤 이는 고평가된 파

도판 10.6 직접 겪은 전후의 희망: 반쯤 지어진 가정집에 있는 나, 1965년 7월. 포드의 코티나가 밖에 서 있다.

운드로 인해 외국 물건은 더 싸게 사고, 영국 물건은 더 비싸게 팔면서, 무역 수지 균형을 맞추기가 더 어려워졌다고 말했다. 또 어떤 이는 스테레오와 휴일에 돈을 쓰게 되면서 정작 투자에 필요한 자본이 부족해졌을 수도 있다고 했다. 또는 영국은 군대나 복지, 아니면 두 가지 모두에 너무 많은 비용을 지출한다고 했다. 1950년대에 유럽공동체 가입을 거부하면서 영국의 산업가들에게 보호막을 제공했지만, 그들은 경쟁력을 잃고 말았다. 관리자들은 안주했고, 노동자들은 게을렀고, 교사들은 마르크스주의 정보원이었으며, 장발의 학생들은 공학자가 아닌 혁명가가 되길 원했고, 노동조합들은 탐욕스러웠다.

이 모든 주장에는 나름의 설득력이 있었다. 1979년 장발의 대학생 (공학이 아닌 고고학을 공부하는)이었던 나는 플라스틱 공장에서 여름 아르바이트를 하게 되었다. 아프리카의 옛 식민지로 수출할 거대한 하수 탱크를 만들고 있었는데, 내 일은 수백 개의 개별 부품 가장자리에 구멍을 뚫어 나중에 볼트로 조립할 수 있도록 하는 작업이었다. 구멍을 뚫고 또 뚫다가 구멍이 일직선이 아니라는 사실을 깨달았다. 몇 주 동안 작업했지만 이제 탱크는 조립할 수 없게 되었다. 잘못된 견본을 받아서 했기 때문에 전적으로 내 잘못은 아니었지만, 누구라도 조금만 주의를 기울였다면 뭔가 이상하다는 점을 바로 알 수 있었을 것이었다. 해고를 각오하고 사장에게 가서 고백했다. 사장은 연거푸 한숨을 쉬더니, 그냥 마무리하고 트럭에 탱크 싣는 것을 도와달라고 했다. 그날 저녁 술집에서 한 친구가 아프리카에 도착해서 탱크를 고칠 수 있을 거라며 나를 안심시켰다. 그는 아프리카인들이 그런 일에 능숙하다고 말했다. 하지만 다시는 앞으로 영국 제품을 사지 않을 고객이 한 명 늘었다는 생각을 떨칠 수 없었다.

개인적으로 비슷한 이야기가 수십 가지 더 있지만, 내 생각에 1970년대 영국의 공장이나 사무실에서 일했던 사람들이라면 다들 경험했을 것이다. 하지만 디킨스 시대에도 이런 이야기는 많이 있었다. 나와 직장 동료들은 점심시간을 술집에서 보냈지만, 19세기 현장 주임들처럼 끊임없이 욕설을 퍼부으면서 술에 취해 쓰러지는 일은 결코 없었다. 결국 1840년대의 무모함이 1970년대의 무능함보다 더 나빴는지는 알 수 없지만, 할아버지의 1930년대 철강 노동자 이야기와 아버지의 1950년대 광부 이야기를 듣다보면 연속성이 시대적 차이보다 더 크게 작동하고 있다는 생각이 든다. 1840년대와 1970년대 사이에 실제로 악화된 것은 영국의 기개가 아니라 전략적 상황이었다. 독일과 미국 같은 경쟁국들이 산업화되면서 1860년대부터 영국의 쇠퇴는 시작되었고, 1914년 이후 해외 자산을 소진하면서 가속화되었다. 1945년 보호받던 파운드 블록이 붕괴되면서 쇠퇴는 패배로 바뀌었다. 디즈레일리 시대에는 통하던 정책이 윌슨 시대에는 통하지 않았다. 세계 권력의 교차점에 머무를 수 있는지는 영국의 세계 위상뿐만 아니라 국내 역량에 달려 있다는 이든의 말은 옳았다.

이 문제를 최초로 마주한 사람들의 운명은 많은 것을 드러낸다. 어려운 상황임을 인식한 맥밀런의 재무장관 피터 소니크로프트는 1957년 각료들과 함께 영국의 변화한 위상에 맞춰 경제를 부양하기 위한 종합책을 고안했다. 그들은 차입과 지출을 줄이고, 임금 인상을 제한하는 한편, 금리를 인상하고, 파운드를 다른 통화와 비교하여 연동화할 것을 제안했다. 단기적으로는 경기 침체와 실업을 의미하지만, 장기적으로는 프랑스나 서독과 같은 성장을 약속했다. 맥밀런은 이 계획을 채택해 표를 잃을 수도, 폐기해 투자자들의 신뢰를 잃을 수도 없었다. 대신 개혁파를 달래가며 은밀히 힘을 약화시켜 자신의 바람대로 그들이 사임하게 만들었다. 경제팀이 한꺼번에 사퇴하는 것은 치명타가 될 수 있었지만, 맥밀런은 전통적인 방식으로 이를 헤쳐나갔다. 그는 공항으로 향하면서 기자들에게 자신의 계획은 "이 작은 지역적 문제를 해결한 다음 영연방 차원의 더 넓은 비전으로 전환하는 것이다"라고 침착하게 말했다.[69] 맥밀런은 유권자들이 영국의 세계적 위상과 국내 역량을 구분하고, 전자를 후자보다 더 높게 평가할 것이라는 데 운을 걸었고, 그 예상은 옳았다. 그는 정치가다운 모습을 보였고, 반대하는 사람들은 우스꽝스러워 보였다.

그러나 이는 전술적으로는 훌륭했지만, 전략적으로는 재앙이었다. 소니크로프트는 사임 연설에서 "명백한 진실은 우리가 써야 할 돈보다 더 많은 돈을 쓰고 있는 것"이라고 강조했다. 그는 "이것이 파멸로 가는 길"이라고 경고했지만,[70] 맥밀런은 내 부모님 같은 유권자들을 실망시키기보다는 지출을 늘려서 수입과 지출을 일치시키려고 노력했다. 1963년 더 순응적이었던 새 재무장관은 이 아이디어가 "인플레이션 없는 확장, 지속 가능한 확장"을 가져올 것이라고 설명했다.[71] 하지만 차입금, 물가, 실업률이 모두 치솟았고, 이는 1967년 윌슨이 린든 존슨과의 약속을 파기하는 혼란을 초래했다. 1972~1974년 보수당, 노동당의 재무장관들이 다시 지출을 통해 성장을 꾀했을 때, 결과는 훨씬 더 나빴다. 공공 부문 지출은 3분의 1만큼, 실업률은 두 배, 차입금은 세 배로 증가했다. 인플레이션은 27퍼센트에 달했고 파운드의 가치는 3분의 1 수준으로 떨어졌고, 주식은 반토막이 났다. 1976년 당시 총리였던 노동당의 제임스 캘러헌은 "내가 젊었다면 이민을 떠났을 것"이라며 생각에 잠겨 말했다.[72]

대신 캘러헌은 거의 똑같이 예상치 못한 일을 했다. 그는 현실을 직시했다. 그는 "영원히 계속될 것이라 믿어온 안락한 세상은 영원히 사라졌다"며 "재무장관의 서명 한 번으로 완전 고용이 보장되고, 세금을 깎아주고, 적자 지출로 만든, 그런 안락한 세상은 사라졌다"고 거듭 말했다. 기존 방식으로는 어차피 잘돼봐야 "경제에 더 많은 양의 인플레이션을 주입해 다음 단계에서는 더 높은 수준의 실업률을 초래할" 것이고, 최악으로는 투자자들의 신뢰를 훼손시킬 것이었다.[73] 캘러헌 내각의 재무장관은 "채권자들의 인내심이 소진"되면 "우리가 버는 돈만으로는 몇 주 안에 공공 서비스와 개인 생활이 끔찍한 수준까지 떨어질 것이며, 나는 우리의 정치 또는 사회 시스템이 이 혼란을 견딜 수 있다고 믿지 않는다"라며 경고했다.74 수에즈, 혹은 1941년, 또는 1916년의 교훈이 마침내 받아들여지고 있었다. 주권은 번영에 달려 있었다. 영국은 은행가들에게 고개를 숙여야 했다.

노동당의 좌파 비평가들은 이에 동의하지 않았다. 캘러헌의 논리에 놀란 그들은 1916년 이후 영국이 겪은 일을 부인하는 '대안적 경제 전략'을 제안했다. 한 장관은 "이제 '데인겔드'의 지불을 중단할 때가 왔다"며, 미국과 독일이 "우리에게 더 많이 요구한다면 우리는 빗장을 걸어 잠그고, 방위 공약을 단계적으로 축소하고, 고립 경제를 도입할 것"이라고 말했다.75 그렇게 된다면 대기업은 국유화될 것이었다. 관세와 자본 통제로 보호받는 영국은, 대규모 투자 자금을 조달하기 위한 과세와 차입을 늘려, 완전 고용과 생활 수준 향상을 이룰 수 있을 것이었다. 이는 유럽, 미국과의 단절 그리고 공동 시장, 나토, 핵무기의 포기를 의미하는 것이었지만, 소련과의 관계는 개선되어 외벽이 필요하지 않게 될 것이었다.

이 모든 것은 1975년 유럽공동체에 대한 국민투표가 2016년의 국민투표와 마찬가지로, 투표용지에 적힌 질문보다 훨씬 더 큰 이슈에 관한 것이었음을 의미한다. 진짜 문제—그리고 가장 언급되지 않은 문제—는 영국의 국내 역량과 세계 위상의 조화를 잘 이루려면 20년 동안 이어져온 유럽으로의 회귀를 계속하는 게 좋을지, 아니면 고립 경제를 도입하고 고립성을 근접성보다 우위에 두는 게 좋을지였다. 캘러헌은 신념을 지키며 은행가들의 긴축 요구를 수용하고 대부분의 노조 위원장들에게 임금 요구를 완화하도록 설득하면서 전자를 밀어붙였다. 노동당 회의에서 대혼란이 벌어졌다. 대의원들은 재무장관의 목소리에 귀를 막고, (다시) 핵무장 폐지를 요구하고, 은행 국유화에 투표했다. 하지만 캘러헌은 자신의 뜻을 관철시켰다. 인플레이션은 불과 12개월 만에 절반으로 떨어졌고, 경제는 다시 성장하기 시작했으며, 영국을 해체하라는 요구는 가라앉았다. 영국의 국내 생산 능력이 곧 수에즈 사태 이후 세계 경제에서 차지했던 영국의 위상에 부합할 것이라고 낙관한 캘러헌은, 임금 인상을 5퍼센트로 제한하는 정책을 한 번 더 추진하면 인플레이션을 1979년의 대륙 수준으로 낮출 수 있을 것이라고 약속했다.

그 후 이어진 '불만의 겨울'은 '영국인들은 긴축을 용납하지 않는다'는 맥밀런의 신념을 입증하는 듯했다. 폭설이 전국을 뒤덮은 가운데 2500일의 노동일이 파업으로 사라졌다. 철도와 도로 운송은 마비되었고, 수입품은 부두에 쌓여갔으며, 상점들, 심지어 막스 앤 스펜서*조차 식료품이 동났다. 가축들은 굶어 죽었다. 캘러헌은 군대 투입을 고려했지만, 영국 제도 전체를 벨파스트로 바꿀 우려가 있어 선택지가 될 수 없었다. 우익 신문들은 파업 노동자들의 악의를 부풀려 과장하기는 했지만(『데일리 메일』은 '오늘의 표적―아픈 아이들' 식의 제목으로 정부를 몰아세웠다),[76] 실제로 연금 수급자들은 얼어 죽었고, 병원 피켓 시위대는 암 환자들을 외면했으며, 시신들은 매장되지 못했다. 구급차 운전사들의 대변인은 『데일리 익스프레스』에 파업이 "생명을 잃는 것을 의미한다면, 받아들여야 한다"고 말했다.[77]

모든 평론가가 영국의 세계적 위상에 맞춰 국내 역량을 강화하려는 노력이 1940년에 형성된 국가 정체성을 분열시키고 있다고 결론지었

---

* 영국의 대표적인 대형 유통 체인으로, 식료품과 의류를 판매한다.

다. 워싱턴에서 헨리 키신저는 포드 대통령에게 "영국이 상습적인 채무자가 되었다는 것은 수치스러운 일"이라고 말했다. 고향에서 평생 노동조합에 몸담았던 프랭크 채플도 경악을 금치 못했다. 그는 캘러헌의 보좌관에게 노조 대표들이 "정말 썩어빠진 놈들"이라고 말했으며, "사실 우리 조합원들도 썩어빠진 놈들"이라고 덧붙였다.[78] 마거릿 대처는 이러한 분열을 정치적으로 이용해 유권자들에게 "우리 가운데 파괴자가 있다. (…) 그들을 보면 공동의 국가 의식, 나아가 공동의 인류애에 무슨 일이 일어났는지 의문을 갖게 된다"고 경고했다. 그녀는 국가에 필요한 것은 "도덕적 절대성에 대한 인정과 노동에 대한 긍정적인 시각"이라고 말했다.[79] 영국은 자신의 근성을 되찾을 필요가 있었다.

위대한 단추 풀기

영국의 타락이 언제 시작되었는지에 대한 의견은 다양했다. 어떤 사람들은 그것이 바로 지난 세대에 시작된 일이라고 생각했다. 1945년까지만 해도 영국의 제작사에서는 데이비드 린의 「밀회Brief Encounter」와 같은 영화를 만들고 있었다. 열렬한 사랑 이야기지만, 실제로는 아무 일도 일어나지 않고 누구도 자기 속마음을 말하지 않는 영화였다. 30년 후, 그들은 「창문 청소부의 고백Confessions of a Window Cleaner」을 만들고 있었다. 아니면 「밀회」가 나오기 30년 전에 이미 제1차 세계대전이 영국인의 정신을 꺾어놓았는지도 모른다. 1930년대에 미국 저널리스트 에드 머로는 한 영국인에게 "당신의 나라는 일종의 박물관 같았다"며, "느릿하고 무관심한 데다 지극히 안일해 보였다. (…)

젊은이들은 활력이 없고 목적도 없어 보였다"라고 말했다.[80] 타락이 더 깊은 뿌리까지 거슬러 올라간다는 주장도 있었다. 역사학자 코렐리 바넷은 자신의 영향력 있는 저서들에서 빅토리아 시대의 신사들이 사회 정의를 부와 권력보다 우선시했던 새뮤얼 스마일스의 시대부터 이런 현상이 시작되었다고 주장했다.

견해차에도 불구하고 대부분의 문화비평가는 영국의 정체성이 놀라운 속도로 변화하고 있다는 데 동의했다. 1964년부터 1969년까지 불과 5년 사이에 이전 수 세기 동안 올바른 행동을 규율하던 많은 규칙이 사라졌다. 동성애, 낙태, 자살 시도부터 혼전 성관계, 이혼, 음란물 시청에 이르기까지 도덕적 일탈로 간주되던 행위들이 비범죄화되거나, 허용되거나, 전혀 도덕적 일탈이 아닌 것으로 재정의되었다(일반적으로 잉글랜드와 웨일스에서 그랬다. 동성애는 스코틀랜드에서는 1980년까지, 북아일랜드에서는 1982년까지 불법으로 남아 있었다). 형벌은 점점 완화되었다. 범죄자(어린이는 제외)에 대한 태형이 1948년 폐지되었고, 교수형은 1964년 사라졌다. 이상하게도, 규제가 느슨해지기는커녕 오히려 강화된 분야는 1960년대의 상징적 문제인 마약이었다. 코카인과 아편은 1920년까지 전적으로 합법이었지만, 1950년부터 1970년 사이에 금지된 약물의 수는 세 배 이상 증가했다.

이러한 윤리적 개혁의 대부분은 대중에게 인기가 없었다. 이런 개혁은 계몽된 엘리트들이 어리석은 대중을 일깨워야 한다는 빅토리아 시대의 거창한 전통의 연장선이었다. 실제로 낙태, 이혼, 동성애가 용인될 수 있다고 생각하는 사람은 거의 없었다(내가 학교에 다닐 때인 1970년대에 '퀴어'는 학생들 사이에서 가장 모욕적인 욕설 중 하나였다). 개혁주의자들의 주요 업적은, 그들이 의도했던 바는 아니겠지만, 자유주의 엘리트들에 대한 존경심을 무너뜨리면서 그들 자신을 우리 대부분과 함께 더러운 시궁창 안으로 끌고 들어간 것이었다. 1963년 전쟁부 장관과 러시아 스파이가 같은 매춘 업소를 방문했다는 사실이 알려진 것만으로도 상당히 놀라웠는데, 연달아 '고등법원 판사 아홉 명이 난교를 벌였다'거나 '내각의 한 인사가 자신의 개인 파티에서 마스크와 레이스 달린 작은 앞치마, 목에는 "서비스가 마음에 들지 않으면 채찍질하시오"라고 적힌 카드만 걸친 채 저녁을 제공했다'는 이야기가 터져나왔다.[81] 이 난잡한 판사 이야기가 약간 축소된 내용으로 맥밀런에게 전달되었을 때, 그는 "한두 명이면 몰라도 여덟 명이라니. 도저히 믿을 수 없다"라고 말했다.[82]

맥밀런이 사실 여부에 의심을 품는 것은 당연했지만, 정황 증거가 너무 많았기 때문에 사람들은 이야기를 그대로 믿었다. 버킹엄 궁전을 비롯한 고위층에 많은 소련 스파이가 있다는 게 드러났다. 한 내무장관은 부동산 부정 거래로 사임했다. 자유당 당수는 청부살인업자를 고용해 전 동성 애인을 쏜 혐의로 기소되었다(여론이 가장 분노했던 부분은 총격범이 애인의 개를 쐈다는 것이다). 여왕의 여동생이 18세 어린 후배 남성과 껴안고 애무하는 사진도 찍혔다.

1960년대와 1970년대의 진정한 변화는, 기득권층이 갑자기 외국 스파이, 재정 비리, 성 매수 등에 연루된 것이 아니었다. 그런 일은 19세기에도 흔했다. 달라진 것은 그런 일들을 둘러싼 침묵의 공모가 무너졌다는 점이다. 점점 권력자와 관련된 음지의 이야기들이 양지로 나오자 사람들은 상류 인사들을 특별하게 여기지 않게 되었다. 독실한 군주론자마저 1977년 엘리자베스 여왕의 즉위 25주년 행사에서 사람들이 "사랑해요, 리즈!"라고 외치는 것에 문제가 없다고 생각했다.[83] 빅토리아 여왕 시대에는 누구도 여왕을 그런 식으로 부를 수 없었다. 1970년대에는 총리가 내각에 서로의 이름으로 부를 것을 직접 요청하기도 했다.

가장 눈에 띄는 변화는 사람들의 옷차림이었다. 1960년대를 대표하는 인물로 손꼽히는 존 레넌은 "우리 모두가 옷을 차려입은 것 외에는 변한 게 없다"고 말했지만,[84] 우리 모두가 덜 차려입었다고 말하는 게 더 정확할 것이다(도판 10.7). 영국은 더 이상 유럽의 빳빳한 옷깃이 아니었다. 스윙잉 런던Swinging London*은 옷깃의 단추를 풀고 넥타이까지 벗어던졌다. 어떤 새 유행은 성별 규범을 흐리게 만들었고(남성은 머리를 기르고, 여성은 머리를 자르고 바지를 입었다), 또 다른 유행은 성별 규범을 강조했다(미니스커트나 딱 붙는 청바지로 몸을 적나라하게 드러냈다). 1970년대 펑크와 1980년대 뉴 로맨틱**은 서로 다른 방식으로 남자와 여자의 외모에 대한 전통적인 관념을 더욱 약화시켰다. 모든 일탈자는 한 가지에 동의했다. 더 이상 진중함과 절제를 추구하지 않는다는 것이었다. 젊은이와 좌파들 사이에서 시작해 위아래로 퍼져나갔고, 사람들은 각자의 방식으로 덜 점잖아 보이려고 노력했다.

고집스러운 반발도 있었다. 내가 다녔던 종합학교에서는 일부 젊은 선생님들(우리는 '수염 난 괴짜'라고 불렀다)이 용감하게 코듀로이 재킷***을 입고 아파르트헤이트에 대해 강의했지만, 대부분의 교직원은—사실 그렇게 나이가 많지도 않았는데 나이 든 사람처럼 행동했다—밀려

---

* 1960년대 런던을 중심으로 음악, 패션, 예술, 대중문화가 폭발적으로 발전한 현상을 가리킨다.
** 화려한 패션과 전자음악, 젠더 유동적 표현이 특징인 1980년대 영국의 하위문화 중 하나.
*** 코듀로이는 영국인들이 많이 사용했던 면직물이다.

오는 무절제의 물결을 막는 것이 자신의 주요 임무라고 생각하는 듯했다. 교복은 가장 혼란스러운 전장이었다. 특히 교사가 더 이상 회초리를 들 수 없게 되자, 아이들은 넥타이를 목에 매기만 하지 않고 다양한 방식으로 개성을 뽐냈다.

사회 지도층으로 올라갈수록 옷차림은 더 골치 아픈 영역이었다. 해럴드 윌슨은 현대 노동당 총리에게 딱 맞는 복장을 찾았는데, 그는 항상 정장을 입었지만 옷은 구겨져 있었고 종종 비옷을 걸쳐 입었다. 반면 마이클 풋은 옷을 잘못 입은 사례다. 1981년 그가 캐주얼한 코트에 체크 무늬 넥타이를 매고 국가 전사자 추모 장소에 도착했을 때, 같은 당 의원조차 그가 "엄숙한 존경을 표하기보다는 시위에 참여하는 것처럼 보였다"고 말했다.[85] 『데일리 메일』은 독자들에게 오려서 보관할 수 있는 마이클 풋 종이 인형을 제공했는데, 다양한 프롤레타리아 복장을 입히거나 아니면 "진짜 정당의 진짜 지도자처럼"[86] 연미복을 입힐 수 있었다. 하지만 이는 늘 그렇듯 정도를 넘는 『데일리 메일』의 한 가지 사례일 뿐이었다. 보수당원들 사이에서 귀족적인 스타일은 한물갔다. 마거릿 대처의 파란색 정장, 리본 블라우스, 완벽하게 손질된 헤어스타일은 적극적으로 중산층다움을 드러냈고, 이후 지도자들은 한층 더 단추를 풀어헤쳤다. 데이비드 캐머런은 자주 넥타이를 풀었고 테리사 메이는 가죽 바지를 입고 인터뷰에 응했다(많은 사람이 이를 보고 화를 냈다).

각기 속도의 차이는 있었지만, 국가는 한 방향으로 움직였다. 내 어머니도 굴복했다. 1960년대에 청바지가 투박하고 미국적이라는 이유로 집 안에서 입는 것을 금지했던 어머니는, 1970년대가 되어서는 피할 수 없음을 알고 흐름을 받아들였다. 저항은 무의미했다. 단추를 푸

도판 10.7 우리 모두 옷을 덜 차려입었다: 존 레넌의 1964년(왼쪽)과 1969년(오른쪽) 모습. 세계에서 가장 영향력 있는 인물 중 한 명("예수보다 더 유명하다"라고 그는 농담했다)[87]이다.

는 것이 이치에 맞았기 때문이다. 수천 년 동안 여유 있는 사람들은 왕과 귀족, 즉 권력과 부를 가진 사람들의 스타일을 모방해왔고, 일반적으로 대륙의 왕과 귀족은 잉글랜드 왕과 귀족보다, 잉글랜드 왕과 귀족은 웨일스, 스코틀랜드 그리고 아일랜드의 왕과 귀족보다 더 많은 권력과 부를 가졌기 때문에, 패션은 이에 따라 이탈리아, 스페인, 프랑스에서 영국과 대서양을 향해 퍼져갔다. 19세기에 이러한 고전적 패턴을 깨뜨렸던 것은 어두운 정장을 입은 런던의 부르주아 금융인과 경영자들이었다. 그들은 전 세계 대부분의 왕과 귀족보다 훨씬 더 많은 권력과 부를 축적했기 때문에, 처음에는 영국에서 그리고 나중에는 세계 모든 곳에서 전통적인 엘리트들이 이 진중한 정신을 지닌 중산층을 모방해 정체성을 재구성했다. 1950년대에 이르러 (특히 미국에서) 떠오르는 계급은 주택, 자동차, 가전제품을 구매하는 부유한 젊은 노동자들이었다. 따라서 상류층과 중산층이 서둘러 모방한 것은 더 격식 없고, 더 선정적이고, 더 거칠고, 더 개성 있는 일반인의 취향이었다.

유럽인들은 1890년대부터 미국화에 대해 걱정해왔지만, 1950년대 미국의 젊음과 풍요로움은 햄버거, 코카콜라, 팝 음악, 할리우드, 청바지를 '거부할 수 없는 제국'(역사학자 빅토리아 드 그라치아의 표현)[88]으로 바꿔놓았다. 대부분의 유럽인과 마찬가지로 영국인들도 미국을 좋아하면서 동시에 원망했는데, 처칠의 원들의 교차점에 있었던 영국인의 위치 때문에 영국 정체성의 미국화는 두 가지 독특한 색채를 띠게 되었다.

영국 정체성의 첫 번째 특징은 새로운 종류의 유럽화가 미국화와 함께 진행되었다는 점이다. 영국의 세련된 사람들은 로마인이 오기 전부터 대륙 문화를 이용해 저속한 무리와 자신을 구별해왔다. 어떤 면에서 이러한 경향이 1960년대에 더 강해졌는데, 역사학자 E. P. 톰프슨이 사회적으로 보편화되지 않았던 "바캉스, 해변, 부겐빌레아, 출장, 빈티지 와인의 기억이 얽힌 안개"로 정의한 '옥스퍼드와 런던 북부의 유럽 감성Eurostomach'[89]의 부상이 대표적이다. 1950년에 시작된 유럽 대륙 해변에서의 저렴한 패키지 여행은 낮은 계층의 사람들에게도 유럽화의 문을 열어주었다. 1971년까지 400만 명의 영국인이 지중해의 태양 아래서 창백한 피부를 태웠고, 10년 후에는 그 인원이 1300만 명으로 늘어났다. 가난한 보헤미안들은 소호*에 있는 트라토리아**에서

---

* 런던의 식당, 상업 지구.
** 간단한 음식을 제공하는 이탈리아 식당.

테이블 와인을 마셨고, 베스파*를 탄 젊은 모드족**들은 화려한 조명의 커피숍에서 에스프레소를 마셨으며, 교외 주민들은 마테우스 로제 와인을 사서 코코뱅을 요리했다. 교통 기술의 발달은 지리의 의미를 바꿔놓았다. 1980년 영국인들은 평균 나흘에 한 잔씩 와인을 마셨고, 네덜란드식 라거 맥주는 영국의 젊은 주정뱅이들을 만들어낼 정도로 인기가 있었다. 좀더 다정한 대륙의 습관도 자리잡았다. 몇 년 동안 영국을 방문하지 않았던 나는 1990년대 중반에 아버지가 사람들과 포옹하는 모습을 보고 깜짝 놀랐다. 새로운 풍경이었다.

처칠의 원들의 교차점에 있다는 사실이 영국의 정체성에 영향을 미친 두 번째 방식은 (그런 단어가 있다면) 영연방화Commonwealthisation였다. 흔히 그렇듯 외국 음식이 그 길을 이끌었다. 영국인들은 적어도 1689년부터 남아시아의 별미(특히 케밥, 필라프, 피클)를 즐겨 먹었으며, 18세기 인도 최초의 커리―진하고 부드럽고 매콤한 맛을 내는 소스로, 현지 양념과 비슷하지만 달랐다―를 만든 사람은 영국 요리사였다. 그 요리들의 인기는 오르락내리락했다. 1880년대 영국령 인도가 더 경직되고, 더 차별적인 곳이 되었을 때 한 요리책에서는 "옛날의 묽은 커리와 화려한 동양식 구성이 우리 저녁 식탁에서 사라졌지만", "잘 만든 커리"는 여전히 아침 식사로 "훌륭하다"고 인정했다.[90]

1911년 런던에 최초의 인도 식당이 생겼다. 1930년대에 벵골인들이 영국의 다른 도시에서 수십 개의 인도 식당을 열었고, 1960년대에는 대부분의 도시에 인도 식당이 생겼다. 중국 요리도 비슷한 궤적을 따랐

---

*   이탈리아제 스쿠터.
**   깔끔하게 유행하는 옷을 입고 오토바이를 타고 다니던 영국 청년들.

다. 홍콩에서 온 이민자들이 1900년경 리버풀에 첫 번째 식당을 열었고, 본격적인 도약은 역시 1960년대에 찾아왔다. 빌리 버틀린이 자신의 휴가용 캠핑장에 중국식 주방을 설치한 것이 계기였다(내가 중국 음식을 처음 접한 것도 1966년 그의 마인헤드 캠핑장에서였다). 1976년이 되자 영국에는 피시 앤 칩스 가게보다 중국 식당이 더 많았다. 한 세기 전만 해도 피시 앤 칩스는 냄새나고 지저분한 유대인의 수입품으로 여겨졌지만(실제로는 프랑스에서 들어왔다는 추측도 있다), 그 후 차, 맥주, 진처럼 영국의 정체성을 정의하는 요소로 인식되었다. 20세기 후반에 인도와 중국 음식도 같은 길을 걸었다. 2001년에는 한 외국의 장관이 치킨 티카 마살라*를 라거만큼이나 '진정한 영국의 국민 요리'라고 불렀다.[91] 11년 후, 『영국 푸드 네트워크』는 치킨 티카 마살라와 볶음 요리가 영국에서 가장 잘 팔리는 식당 요리라고 보도했다.

영연방화는 미국화나 유럽화와는 달리 대중의 이동성에 더 확고한 뿌리를 두고 있었다. 100만 명의 미국인이 전쟁 중에 영국으로 이주했다가 다시 고향으로 돌아갔고, 전후에 영국으로 온 이탈리아인, 몰타인, 키프로스인은 정착했지만 10만 명 정도에 불과했다. 하지만 1980년에는 약 200만 명의 카리브해 또는 남아시아 출신의 후손들이 영국에 거주하고 있었으며, 이들은 떠날 생각이 없었다.

첫 번째 물결은 서인도 제도에서 시작되었다. 미국이 이민법을 강화했던 1944년에 발생한 허리케인은 수천 명 농부의 삶을 망가뜨렸다. 값싼 노동력에 목말라 있던 영국은 1948년 영국 국적법을 통과시

---

*   작게 자른 닭을 마살라 소스와 요구르트로 양념한 뒤 굽는 영국의 현지화된 인도 커리 요리.

켜 왕실의 모든 신민에게 여권을 제공했다. 바로 엠파이어 윈드러시호가 510명의 자메이카인(이 중 18명은 밀항자였다)을 런던으로 데려왔고, 다른 배들도 뒤따랐다. 영국은 350년 동안 이주자를 내보내는 나라였는데, 1958년에 처음으로 영국에 들어오는 이민자(대부분 카리브해 출신)가 나가는 이주자보다 많아졌다. 이 추세는 의회가 입국을 제한한 1962년까지 지속되었다. 여론 조사 기관의 질문에 응답자의 3분의 2가 일자리와 정체성 상실에 대한 우려를 이유로 입국 제한에 찬성한다고 답했다. 존 레넌만큼이나 1960년대를 대표하는 가수였던 믹 재거도 찬성하며 "그들은 모습도 다르고, 행동도 다르며, 사는 방식도 다르다"라고 말했다.92 차별은 만연했고(노동부 안내지는 이민자들에게 "영국에서 이런 일을 겪을 것을 예상해야 한다"고 경고했다),93 폭력도 적지 않았다. 1948년에는 버밍엄과 리버풀에서 갱단이 이민자들을 공격했고, 1958년에는 사흘 밤 동안의 싸움으로 런던의 노팅힐 교외 지역이 혼란에 빠졌다.

그 무렵 카리브해발 이민은 둔화되었지만 남아시아발 이민은 가속화되고 있었다. 한 울버햄프턴 주민은 "15년, 20년 후에는 흑인이 백인에게 채찍을 휘두르게 될 것"이라며 "돈이 있다면 이 나라를 떠날 것"이라고 자신의 지역구 의원에게 말하기도 했다. 보수 정치에 입문하기 전 뛰어난 고전학자였던 이넉 파월 의원은 문제의 핵심을 꿰뚫어보는 투키디데스의 통찰력과 극단으로 치닫는 소포클레스 비극의 주인공 같은 결함을 함께 지니고 있었다. 한 동료는 "불쌍한 이넉, 자기 논리의 무자비함에 미쳐버렸다"라고 말하기도 했다.94 (맥밀런은 내각 회의에서 파월의 자리를 옮기라고 지시했는데, 그 이유는 "저 미친 눈빛이 나를 뚫어지게 바라보는 걸 더는 견딜 수 없기 때문"이었다.)95 파월은

1957년 인플레이션 문제로 소니크로프트와 함께 사임했던 장관 중 한 명이었으며, 1968년에는 이민을 정치인들이 외면하는 또 하나의 문제라 보고 마지막 발언을 했다. 그는 시인 베르길리우스의 말을 인용하며 "로마인들처럼 나는 '테베레강이 엄청난 피로 거세게 일렁이는 모습'을 보는 듯하다. (…) 지금이라도 단호하고 긴급한 조치를 취해야만 이를 막을 수 있을 것"이라고 말했다.[96]

『데일리 미러』는 이를 '병든 히스테리 환자의 망언'이라고 일컬었지만,[97] 한 여론 조사에 따르면 영국인의 74퍼센트가 파월의 발언에 동의했다. 다른 여론 조사에서는 파월이 영국에서 가장 인기 있는 정치인으로 선정되기도 했다. 1968년경 대부분의 영국인이 이민자를 실제로 만난 경험이 없음에도, 파월은 많은 이가 속으로 생각하던 말을 입 밖으로 내뱉은 셈이었다. 내 부모님은 인도인들이 옆집을 구매한다는 소식을 들었을 때, 이상한 냄새와 낯선 생활 방식에 대해 불평불만을 토로했지만, 그 새로운 이웃이 의사였고, 교육 수준도 더 높고, 솔직히 말해 우리 골목의 다른 누구보다 훨씬 더 훌륭한 가족을 꾸리고 있다는 사실이 밝혀지자, 불평불만은 공식적으로 금지되었다. 우정이 형성되었다. 그 의사가 승진해 더 좋은 동네로 떠날 때는 모두가 아쉬워했다.

우리 이웃이 전형적인 이민자는 아니었지만 그렇다고 드문 것도 아니었다. 남아시아 출신의 새 이민자들은 스마일스의 가장 큰 미덕인 '성공을 향한 열망'을 어김없이 드러냈다. 거의 반세기가 지난 후 나는 버밍엄대학에서 열린 만찬에 참석했는데, 만찬의 주인공이었던 새로 취임한 총장과 버밍엄 시장 모두 인도 이민자였다. 1978년 내가 학부생으로 입학했을 때만 해도 이런 일이 가능할 거라고는 아무도 생각하지 못했다.

전후 영국인의 정체성은 미국화, 유럽화, 영연방화가 결합된 독특한 색채를 띠었다. 여느 서방 국가들과 달리 영국인들은 미국식 행동 양식에 자신들만의 전통을 더했고, 유럽과 영연방의 풍습을 혼합하여 새로운 영미식 제품을 전 세계로 재수출했다. 반세기 동안 이 문화는 진정한 특별한 관계Special Relationship*를 구성해왔다.

예를 들어 로큰롤을 보자. 1950년대 로큰롤이 영국 해안을 처음 돌파했을 때 『데일리 메일』은 독자들에게 "그것은 개탄스럽고, 미개하며, 미국에서 왔다"고 했다.[98] 영국인들은 처음에는 이 세계에서 가장 중요한 신흥 예술 양식에 거의 기여하지 못했다. 영국 뮤지션들은 1950년대 『빌보드』지의 미국 톱 20 차트에 진입하는 히트곡을 거의 내지 못했다. (1954년 로니 돈갠의 「록 아일랜드 라인」이 최초였다. 확실히 미국식 노래였다.) 하지만 1964년 비틀스는 미국과 전 세계를 강타했다. 물론 비틀스와 같은 밴드가 또 있을 수는 없었지만, 영국은 그 후 반세기 동안 놀랍도록 훌륭한 밴드 수십(수백) 팀을 배출했다. 1904년 한 독일 평론가는 영국을 '음악 없는 나라'라고 심술궂게 평했지만,[99] 1965년 『뉴 뮤지컬 익스프레스』는 "우리는 정치적으로는 이류 강국으로 여겨지지만 (…) 팝 음악에서는 세계를 선도하고 있다"고 자랑할 수 있었다.[100] 심지어 파리 신문 『렉스프레스』도 "영국이 세계 팝 음악을 지배한다"고 인정했다.

팝 음악뿐만이 아니었다. 차트 정상을 차지한 음반 외에도, 영국은 세계를 휩쓰는 영화, 패션, 동화, 살인 미스터리, 텔레비전 쇼, 컴퓨

---

* 영국과 미국 간의 긴밀한 외교적, 군사적, 경제적, 문화적 유대관계를 지칭하는 용어.

터 게임 등을 대량으로 계속 만들어냈다. 2012년 런던 올림픽 개막식은 10억 명이 시청했으며, 이는 아마도 역대 행사 중에서 가장 흥겨운 광경이었을 것이다. 영국은 세계 최고의 명절인 크리스마스에 대한 영향력까지 되찾았다. 8장에서 나는 영국의 세계 체제가 정점에 달했을 때, 디킨스와 사람들이 크리스마스를 어떻게 가족, 번영, 관대함을 상징하는 세속적이면서도 지극히 영국적인 축하 행사로 재창조했는지를 언급했다. 하지만 20세기에 들어서면서 미국인들은 다른 많은 것과 함께 크리스마스도 가져갔다. 「산타클로스가 마을에 온다」와 「이상한 나라의 겨울」이 발표된 1934년부터 「산타일 거야」가 발표된 1960년 사이에 미국인들은 비종교적인 크리스마스 노래의 황금기를 주도했다. (「징글벨」은 1857년 추수감사절 노래로 발표되었지만, 1943년 빙 크로스비와 앤드루스 시스터스에 의해 크리스마스 노래로 용도가 변경된, 사실상 1934년부터 1960년까지의 기간에만 쓰인 유일한 미국 표준 곡으로 오히려 이 규칙을 증명하는 예외라고 할 수 있다.) 미국인들은 1940년대에 「홀리데이 인」(1942), 「코네티컷에서 크리스마스를」(1945), 명작 「멋진 인생」(1946), 「34번가의 기적」(1947)을 통해 크리스마스 극장가도 정복했다. 텔레비전의 전성기였던 1960년대 중반에는 1964년 「빨간 코 사슴 루돌프」, 1965년 「찰리 브라운의 크리스마스」, 1966년 「그린치」 등이 제작되었다. 이렇게 세계에서 (심지어 비기독교인 사이에서도) 가장 인기 있는 명절 크리스마스를 미국이 완전히 장악한 듯 보였을 때, 영국이 반격에 나섰다. 2003년에 개봉한 「러브 액추얼리」는 내가 꼽는 최고의 크리스마스 영화다.

그린치같이 까칠한 한 비평가는 이 영화가 "반짝이고 행복하며 (…) 낙관주의를 끝없이 탐닉한다. 그저 지역적인 것을 국제적으로 선전하는 요령을 익혔을 뿐, 대서양 건너편 관객들이 옛 나라에 대해 듣고 싶어하는 이야기를 거의 정확하게 (……보여줬다)"라며 비아냥거렸다.[101] 하지만 그게 그렇게 나쁜가? 역사학자 도미닉 샌드브룩은 영국이 "세계의 위대한 꿈의 공장으로서 새로운 정체성을 받아들였다"고 말했다.[102] 해리 포터, 밥 말리, 맨체스터 유나이티드, 스파이스 걸스는 윈스턴 처칠이 정확히 마음에 그렸던 것은 아니겠지만, 이들이야말로 전 세계의 모든 원을 연결하는 영국에 대한 그의 비전을 실현한 존재다. 영국이 나폴레옹과 싸우고 인도를 정복하던 시대에는 상상력을 펼치고, 단추를 풀고, 포옹을 마다하지 않는 정체성이 통하지 않았겠지만, 그런 시대는 지나갔다. 수에즈 이후의 현실은 다른 부류의 사람들을 요구했고, 그래서 영국인들은 그런 사람들이 되었다. 영화 「밀회」와 「러브 액추얼리」를 연달아 보고 있자면, 얼마나 많은 것을 잃었는지 실감하지 않을 수 없지만, 동시에 얼마나 많은 것을 얻었는지도 실감하지 않을 수 없다.

No, No, Yes—or No*

어떤 면에서는 마거릿 대처도 동의했을지 모른다. 그녀의 정치 프로그램은 옛날의 좋았던 시절을 복원하고자 하는, 과거지향적이고 향수 어린 성격을 띠다가도, 동시에 아무리 신성한 전통이라도 더는 효과가 없다면 과감히 버리는 무자비한 실용주의에 기반했다. 아마 그

---

* 대처는 1990년 유럽 단일 통화 반대 연설에서 "No, No, No"라고 말하며 큰 반향을 일으켰다.

녀가 선별적이었다고 말하는 게 가장 공평할 것이다. 그녀는 전후 정치를 지배해온 안일한 합의를 깨뜨리겠다고 끊임없이 말했지만, 그녀의 접근법과 처칠이나 맥밀런의 방식의 주된 차이는 단지 그녀가 더 멀리 나아갔다는 점이었다. 오직 국내 역량 문제에서만 뚜렷하게 달랐는데, 그녀는 1957년에 선택되지 않았던 길을 선택했다. 그녀는 소니크로프트의 조언을 다시 꺼내 지출을 줄이고, 금리를 높이고, 통화량을 줄였으며, (항상 성공적이지는 않았지만) 돈을 새로 찍어내지도 빌리지도 않으려고 노력했다. 현금이 줄어들면 경제가 위축되어 인플레이션이 둔화될 것이라는 생각이 지배적이었다. 기업들은 파산하겠지만 살아남은 기업들은 더 튼튼해질 것이었다. 더 이상 공급할 돈이 없는 상황에서는 국유화되어 있는 산업도 더 효율적으로 변해야 했고, 투자도 제조업에서 영국이 번영할 가능성이 더 큰 서비스업으로 이동해야 했다.

이 프로그램의 일부는 확실히 효과가 있었다. 1980년 20퍼센트에 육박했던 인플레이션은 3년 동안 4분의 3가량 떨어졌다. 경제는 안정적인 성장세를 회복했고, 1983년에 4퍼센트를 기록한 후 1988년까지 그 수준을 유지했는데, 이는 1960~1970년대의 인위적인 호황기를 능가하는 것이었다. 금융 서비스 분야에서 영국은 1945년 이후 잃었던 기반을 상당 부분 회복했다. 누구나 할 수만 있다면 파운드를 달러로 바꿀 것이라는 두려움 때문에 애틀리 정부 이후 모든 정부는 엄격한 자본 및 외환 통제를 시행했다. "국제 통화라고 하면서 국제적인 사용을 금지해서는 안 된다"[103]라는 은행가들의 불만을 무시한 채, 정치인들은 영국인이 해외로 반출하거나 송금할 수 있는 금액을 연간 50파운드로 제한했다.

은행가들은 대처가 개입하기 한참 전부터 이러한 규제를 우회할 방법을 찾고 있었다. 1950년대 후반, 소련은 (어리석게도) 런던의 자본가들이 뉴욕의 자본가들보다 조금이라도 덜 사악하다고 판단해 달러 준비금을 영국에 맡겼고, 거래 상대를 가리지 않는 금융가들은 이 '유로달러'를 해외에 빌려주면서 높은 이자를 부과했다. 1963년 미국 세법이 바뀌면서 더 유리한 상황이 되었고, 1970년대 아랍 석유 재벌들도 런던에 달러를 예치하면서(1980년대에는 일본이 뒤를 이었다), 런던 금융계의 유로달러 시장은 폭발적으로 성장했다.

대처의 공헌은 외환 규제를 철폐하여, 소련, 일본, 미국 자금에 접근할 수 있었던 소수의 특권층이 누렸던 것과 같이 모든 런던 은행가도 달러를 자유롭게 빌리고 빌려줄 수 있도록 한 것이었다. 여기에 전산화가 함께 이루어지면서 금융 시장은 모두가 참여하는 경쟁 상태로 돌입했다. 한 내부자는 대단히 절제된 표현으로 "이곳저곳에 불건전 금융 거래가 있을 수 있다"고 말했지만,[104] 실제로는 수십억 달러가 런던 시장을 거칠게 들락날락했다. 한 명의 불량 매매자가 베어링스 은행을 무너뜨릴 수 있었지만, 운이 좋았던 투기꾼들은 수익 면에서 횡재를 거두고 막대한 보너스를 챙겼다. 1986년 추가 규제 완화로 은행에 남아 있던 대부분의 제한이 해제되면서 런던은 다시 한번 금융 서비스가 필요한 외국인들에게 가장 매력적인 장소가 되었다. 미국 은행과의 합병에 힘입어 강철과 유리, 거킨과 샤드,* 샴페인과 코카인이 어우러진 현대적인 도시 런던이 탄생했다.

이 금융 대폭발은 정부에 신이 남긴 뜻밖의 선물이었다. 북해 석유

---

* 런던의 고층 오피스 건물들.

에서 얻은 이익까지 더하면 영국 정부의 재정은 흑자였다. 그러나 이는 저주이기도 했다. 왜냐하면 석유에서 나오는 보장된 수입이 투기꾼들에게 영국 통화를 매력적으로 만들던 바로 그 순간에 정부가 파운드 가치를 통제할 능력을 상실했기 때문이다. 파운드 가치는 1976년 1.6달러에서 1980년 2.46달러로 급등했고, 많은 영국 상품이 시장에서 가격 경쟁력을 잃었다. 고평가된 파운드로 인해 시대에 뒤떨어지고 비효율적인 산업이 퇴출되기도 했지만, 건실하던 수출 중심 제조업체 수백 곳도 사라졌다.

이 프로그램은 국내 역량을 세계 위상에 맞추는 데 있어서는 확실히 효과가 없었다. 200만 개의 일자리가 사라졌는데, 대부분은 북부에 기반을 둔 오래된 산업군들에서였다. 다소 영향이 적었던 미들랜즈에서도 1980년대 초 나와 학교 친구들은 (우울할 정도로 밝은 주황색 간판이 달린) 구직 센터를 들락날락해야 했다. 폭도들이 도심을 불태웠으며, 디플레이션은 정치적으로 불가능하다는 주장에 힘이 실렸다.

보수당 의원과 각료들이 대처에 대한 불만을 드러내며 은밀한 계획을 꾸몄지만, 두 가지 요인이 대처를 구했다. 첫 번째는 노동당이었다. 노동당이 유권자들에게 그럴듯한 대안을 제시했다면, 보수당은 아마도 다음 선거 전에 지도자를 교체하고 국내 역량 개혁 시도를 포기하는 방식으로 대응했을 것이다. 하지만 노동당은 분열됐다. 노동당 좌파는 처칠과 맥밀런이 지리의 의미를 잘못 이해했으며, 영국이 유럽과 미국을 잇는 다리 역할을 해서는 안 된다고 주장하면서 '영국의 요새화' 전략을 부활시켰다. 선거에서 승리하면 며칠 안에 그들은 경제의 핵심 기관들을 국유화하고, 자본과 외환 규제를 회복하고, 노동자 협동조합을 도입하겠다고 약속했다. 몇 주 안에 영국을 유럽경제공동체에서 탈퇴시키고(지금 우리야 알지만, 결코 쉽지 않은 일이다), 몇 달 내에는 상원을 폐지하여 과거 1910년의 인민 예산에 대한 반대가 재연되는 것을 막겠다고 약속했다. 그 과정에서 국방비를 삭감하고, 핵무기를 금지하고, 미국의 굴레를 벗어던지고, 부유세를 부과하고, 주 35시간 근무제를 의무화하고, 일부 수입품을 제한하고, 다른 수입품에는 세금을 부과해서 런던을 바꿀 것이라고 했다. 자칭 지도자 토니 벤은 "동지 여러분, 이것들은 우리가 해야 할 최소한의 일입니다!"라고 촉구했다.[105]

노동당 전당대회는 욕설, 침 뱉기, 고성, 주먹다짐으로 추락했다. 심지어 텔레비전 뉴스에서도 흥미진진한 볼거리로 다뤘다. 1980년 4명의 중도파 원로가 노동당을 떠나 사회민주당을 창당했을 때 놀란 사람은 거의 없었다. 그들은 대처주의도 아니고 벤주의도 아닌 노선을 내세웠다(그리고 욕설, 침 뱉기, 고성, 주먹질도 하지 않겠다고 다짐했다). 이런 발상은 너무나 매력적으로 보였기에 1981년 말 모든 여론 조사에서 당장 총선을 치른다면 이 신생 정당과 자유당 연합이 압도적인 과반수를 차지할 것이라고 예측했다.

두 주요 정당의 전망은 모두 암울했지만 두 번째 와일드 카드로 보수당은 운을 되찾은 반면 노동당은 그러지 못했다. 이는 대처가 다시 한번 맥밀런을 따라 제국과 조용히 거리를 두고 있었기 때문이다. 여론 조사 결과 영국인의 25퍼센트(1961년에는 48퍼센트)만이 영연방을 최우선 순위로 여기는 것으로 나타났기 때문에, 대처는 로디지아* 인종차별에 대한 협상을 중개하고, 홍콩을 중국에 반환했으며, 여러 군비 예산 감축의 일환으로 남대서양에 배치된 해군의 마지막 함정인

---

* 아프리카 남부의 옛 영국 식민지. 현재의 잠비아와 짐바브웨.

노후한 쇄빙선 HMS 인듀어런스호를 퇴역시키기로 결정했다. 하지만 이는 지나친 거리 두기였다. 인듀어런스호는 실질적인 군사적 효용이 거의 사라졌지만, 19세기부터 아르헨티나가 영유권을 주장해온 포클랜드 제도에 대한 영국의 점령을 상징하는 배였다. 1982년 4월, 자신들의 범죄를 덮으려던 아르헨티나의 끔찍한 독재자들은 인듀어런스호의 퇴역을 침공의 청신호로 해석했다.

모든 상황이 '수에즈'를 연상케 했다. 사흘 만에 2만5000명의 특수 부대 병력을 소집해 전함에 싣고, 남대서양의 겨울 바다를 향해 1만 킬로미터를 이동하는 것은 재앙을 예고하는 것이었다. 대처는 이를 알고 있었지만, 항복하면 그녀의 모든 게 끝나리라는 것도 알고 있었다. 따라서 특수 부대는 남대서양을 향해 떠나야 했다. 한 달 후 나는 버밍엄의 한 술집에서 텔레비전을 보던 중 아르헨티나의 미사일 공격으로 HMS 셰필드호가 불타고 있다는 속보를 접했다. 술집은 완전히 침묵에 빠졌다. 사람들은 말없이 하나둘 일어나 집으로 돌아갔다. 모두들 그 상황이 무엇인지 이해하고 있었다. 영국의 정체성은 1940년 이후 전혀 변하지 않았다. 특수 부대는 떠나야만 했던 것이다.

많은 일이 잘못될 수도 있었지만, 대부분이 그렇지 않았다. 대처는 그녀의 군대와 행운(나폴레옹이 말했듯이 모든 지휘관에게 가장 중요한 것), 그리고 친구들에게도 감사해야 했다. 누구보다 포클랜드 사태가 또 다른 수에즈 사태로 번지지 않은 것은 로널드 레이건 덕분이었다. 일부 미국 관료들이 대처에게 타협을 강요하려 했지만, 레이건 대통령은 그들에게 "매기*에게 필요한 모든 걸 주고 계속 밀고 나가게 하라"라고

---

* 마거릿의 애칭.

지시했다.¹⁰⁶ 레이건은 심지어 "마거릿 대처의 재선을 돕기 위해 필요하다면 워싱턴 기념탑이라도 담보로 내놓을 것"이라고 단언했다.¹⁰⁷ 미국의 원을 우선시한 보상이 바로 이런 것이었다.

레이건과 대처는 많은 사안에서 견해가 일치했다. 특히 대처가 맥밀런의 노선을 따르면서도 더 나아가 소련의 원을 굴복시키려 했다는 점에서 그랬다. 미국은 1979년 소련이 아프가니스탄을 침공해 그레이트 게임을 재개한 이후 반소련 노선을 강화했지만, 대처는 그 이전에도 모스크바의 라디오 방송에서 '철의 여인Iron Lady'이라고 불렸다. 대처는 이를 즐겼다. 그녀는 1976년에 "저는 오늘 밤 붉은 별이 수 놓인 이브닝 비단 드레스를 입고, 은은한 화장에, 부드러운 웨이브 머리를 하고, 서방 세계의 철의 여인으로 여러분 앞에 섰습니다"라고 유권자들에게 말했다. "그렇습니다. 저는 철의 여인입니다. 철의 공작iron duke*도 있었으니 철의 여인도 나쁠 것 없지요."¹⁰⁸

맥밀런 시절부터 그랬던 것처럼 핵무기 관리는 영미 양국의 가장 까다로운 문제였다. 대처는 영국의 폴라리스 미사일을 엄청나게 비싼 미국의 최신 트라이던트 미사일로 교체하는 계약을 매듭지었지만, 우주 기반 무기로 소련 미사일을 격추하려는 미국의 계획('스타워즈' 계획이라며 많은 조롱을 받았다)에는 내심 경악했다. 영국 과학자들은 이 계획의 실현 가능성을 의심했지만, 대처는 그 가능성만으로도 워싱턴이 유럽 외벽에 대한 약속을 약화시킬까봐 우려했다. 대처는 미국을 붙들어 두기 위해 국내 미군 기지에 미국 중거리 미사일 배치를 허용했다. 이로 인해 수백만 명이 다시 한번 반핵 시위를 벌이기도 했다. 1983년

---

* 웰링턴 공작의 별명. ─지은이

말에는 긴장이 극도로 고조되어 소련의 관료들은 영국의 공무원들이 초과 근무를 한다는 보고를 받고 전쟁이 임박했다고 해석했다. 그들은 휴가를 취소하고 항공기에 실제 핵무기들을 실었다.

이는 1962년 쿠바 위기 이후 가장 위험했던 순간이다. 그 결과 레이건과 대처 모두 소련의 원과 다시 관계를 맺고 싶어했다. 다행히 1985년 소련 정치국이 임명한 지도자는 미하일 고르바초프였는데, 대처의 측근들은 고르바초프가 '거래할 수 있는 인물'이라 여겼다.[109] 게다가 40년 동안 이어진 봉쇄 정책이 마침내 소련 경제를 궁지에 몰아넣었고, 모스크바는 결국 '폐업 세일'을 할 수밖에 없었다. 더불어 서방과 또 다른 군비 경쟁에 나서는 시점에서 재정 수입이 감소하자, 고르바초프는 경제를 되살리기 위해 자유화를 시도하고 제국에 대한 자체 조사를 했다. (30년 전 맥밀런이 한 영국 제국 조사와 같이) 제국주의가 소련 경제에 거의 도움이 되지 않는다는 결론이 나자, 고르바초프는 50만 명의 병력을 감축하고, 아프가니스탄에서 철수했으며, 중거리 미사일을 폐기하고, 이른바 '시나트라 원칙'을 발표했다. 이 원칙에 따르면 동유럽 각 정부는 소련의 지원 없이 각자의 방식으로 공산주의를 수행해야 했다. 1989년 6월 헝가리인들은 서방과의 국경에 쳐져 있던 철조망을 걷어냈고, 5개월 후 베를린 장벽이 무너졌다. 소련 제국은 영국 제국보다 훨씬 더 빨리 해체되었다.

모든 합리적 예상을 깨고 미국은 단 한 발의 미사일도 쏘지 않고 냉전에서 승리했다. 전 세계에 7만 개의 핵탄두가 있었고, 아마 이것으로 모든 사람을 죽이기에 충분했겠지만, 1989년에 단지 수백 명이 총에 맞았을 뿐이고 대부분 루마니아에서였다. 사실 냉전은 너무나 조용히 막을 내렸기에, 당대에 살던 사람 대부분은 무슨 일이 일어난 건지 처음에는 깨닫지 못했다. 나 역시 1989년 백악관에서 차로 불과 몇 분 거리인 심장부에 살았지만 상황을 파악하지 못했고, 백악관의 새 대통령 조지 H. W. 부시도 무슨 상황인지 잘 모르는 듯했다. 몇몇 참모는 고르바초프가 봉쇄를 완화하기 위해 속임수를 쓰고 있다고 생각했다. 그러나 소련 제국은 실제로 사라졌고, 소련 즉 소비에트 사회주의 공화국 연방 소속 국가들은 제국 없는 연방은 무의미하다 여겨(마치 영국 내 일부 민족주의자들이 영국을 바라보는 것처럼) 모스크바를 떠났고, 결국 소비에트 연방도 해체되었다.

소련의 원이 붕괴되면서 영국과 다른 세 원과의 관계, 특히 유럽과의 관계가 뒤바뀌었다. 1989년까지 대처의 대륙 전략은 다른 분야 전략과 마찬가지로 더 강경한 맥밀런주의였다. 1975년 국민투표로 영국은 유럽의 일부로 남았고, 이는 번영과 안보를 위해 정체성과 주권을 교환한 것이었다. (이 당시만 해도 유럽에서 이동성은 큰 문제가 되지 않았다.) 유일한 문제는 교환이 그만큼의 가치가 있느냐는 것이었다. 이에 대해 대처의 견해는 분명했다. 영국의 유럽경제공동체 재원 분담금은 1973년 1억 파운드에서 1979년 10억 파운드에 육박할 정도로 급증했다. 탈퇴는 고려 대상이 아니었지만(대처는 "영국에서 엄청난 정치적 에너지가 여전히 우리가 '참여해야 하는가' 아니면 '탈퇴해야 하는가'라는 진부한 질문에 소모되고 있다는 게 유감스럽다"고 말했다),[110] 브뤼셀에 지급을 중단하는 '보류'라는 옵션이 있었다. 그래서 대처는 공동체를 냉대하면서도, 1984년 유럽경제공동체의 실무자들을 압박해 영국 자금의 대부분을 반환받을 때까지 협상 테이블에는 남아 있었다. 한 외교관은 이를 "영국이 협상한 가장 가치 있는 금융 협정"이라고 평가했다.[111]

이 승리는 한 보좌관이 유럽에서 영국의 '황금기'[112]라고 부른 시기의 시작점이었다. 대처는 스스로 '과시적인 공동체' 제안을 밀어붙였고,[113] 심지어 영불 해저 터널 건설에도 동의했다. 그러나 대처가 유럽의 시장만 통합하고 다른 제도는 통합하지 않겠다는 맥밀런식 의제를 추진할수록, 대륙 연방주의자들은 단일 시장에는 단일 통화가 필요하다고 주장했다. 이는 거의 모든 것의 통합을 의미했다. 실제로 1988년 유럽 집행위원회 위원장은 "10년 안에 경제와 사회 정책에 영향을 미치는 법률의 80퍼센트가 국가 단위가 아닌 유럽 차원에서 통과될 것"이라고 발표했다.[114] 먼저 유럽 환율 조정 장치가 유럽의 통화들을 연결하고, 유럽 통화 연합이 길더,* 드라크마,** 파운드를 대체할 것이었다. 한편, 유럽의 의원 총회는 유럽의회가 되어 인권에서 환경에 이르는 모든 것을 입법할 것이고, 마침내 1950년 이후 연방주의자들이 촉구해온 유럽합중국United States of Europe이 출현할 것이었다. 처칠이 그린 원들의 교차점은 삼켜지고, 영국도 함께 삼켜질 것이었다.

대처는 "우리 운명은 공동체의 일원으로서 유럽에 있다"는 데 동의했지만, 그러한 운명을 위해 "브뤼셀에서 새로운 지배력을 행사하는 초국가 유럽이 (…) 필요하지는 않다"라고 완고하게 주장했다.[115] 그러나 베를린 장벽의 붕괴는 모든 것을 뒤바꿔놓았다. 러시아가 확실히 물러나자, 미국인들은 유럽에 남을 필요나 독일을 억제할 필요를 덜 느꼈다. 몇 주 만에 본Bonn과 동베를린은 재통일을 논의하기 시작했다. 이는 프랑스에 있어 최악의 전략적 시나리오였고, 미테랑 대통령은 대처에게 서독이 "비스마르크도 히틀러도 이루지 못한 것을 달성하려

---

* 네덜란드의 이전 화폐 단위.
** 그리스의 이전 화폐 단위.

한다"고 경고했다.[116] 그는 그녀에게 독일이 통일되면 이와 균형을 맞추기 위해 프랑스-러시아-영국 동맹이 필요하며, "그러면 우리 모두 1913년으로 돌아가는 것"이라고 말했다.[117]

그러나 유럽은 그 지경에 이르기 전에 1916년의 교훈을 다시 깨우쳐야 했다. 미국 없이는 아무것도 작동하지 않는다는 사실이었다. 부시는 이미 "중력의 중심은 유럽의 심장에 있으며, 이는 영국이 아니라 독일"이라고 결정한 상태였다.[118] 통일된 독일이 미국이 지배하는 세계 체제 안에 머무는 한 워싱턴은 통일에 반대할 이유가 없었다. 이에 미테랑은 거래를 추진했다. 독일이 새로운 유럽 조약, 더 깊은 통합, 단일 통화를 받아들인다면 프랑스는 통일을 지지하기로 한 것이다. 프랑스의 최악의 시나리오는 이제 영국의 최악의 시나리오가 되었다. 영국은 홀로 프랑스-독일-미국 전선을 맞이하게 됐다.

대처의 외무장관은 수년 동안 유럽 통합에 대한 대처의 태도는 '아니오, 아니오, 네'라고 묘사했는데,[119] 그녀의 본능적인 의심이 점점 논리에 굴복해간 과정이었다. 그러나 베를린 장벽이 무너진 후 그녀의 태도는, 유럽 환율 조정 장치와 싸우면서 스스로 말했듯이, '아니오, 아니오, 아니오'가 되었다.[120] 그녀는 독일이 통일되었으니 러시아의 도움을 받아 독일을 견제해야 한다고 부시에게 설교했지만 더 이상 아무도 귀 기울이지 않았다. 그녀의 최고 장관들이 하나둘 지지를 철회했고, 추잡한 권력 투쟁이 벌어지자 같은 정당의 다른 사람들도 마찬가지로 등을 돌렸다. 아니오, 아니오, 아니오로는 충분하지 않았고, 철의 여인은 자리에서 물러났다. 3개월 만에 그녀의 후임자는 전 세계에 "우리는 우리가 속한 곳, 유럽의 중심에 있어야 한다"고 말했다.[121]

원들이 변화했고, 새로운 지도가 필요했다.

11장
평정심을 유지하고 정진하라

1992~2103년

펜타곤의 새로운 지도

1989년은 미국의 1815년이었다. 워털루 전투 이후 세계는 매킨더 지도를 기준으로 사는 법과 영국에서 온 것들에 대처하는 법을 배워야 했다. 이제 세계는 미국이 한가운데에 위치한 지도에 적응해야 했다. 이 지도의 초기 스케치는 소련이 공식적으로 해체된 지 불과 몇 주 후인 1992년 2월에 공개되었다. 미국 정부는 2년마다 「국방 계획 지침Defense Planning Guidance」이라는 소책자를 발행한다. 일반적으로 이러한 문서들은 파장을 일으키지 않도록 무난한 수준에서 작성되지만, 이번에는 초안 작성위원회가 무모한 일을 했다. 진실을 말한 것이다. 책자에서 '우리의 첫 번째 목표'를 다음과 같이 명시했다.

구소련 영토든 다른 지역에서든, 구소련이 가했던 수준의 위협을 가할 새로운 경쟁자의 등장을 막는 것이다. 이를 위해서는 (…) 통합된 통제력으로 지배하면 세계적 영향력을 창출할 만큼 자원이 많은 지역을 적대적인 세력이 지배하지 못하도록 해야 한다. 이러한 지역으로는 서유럽, 동아시아, 구소련 영토, 서남아시아[즉, 중동]가 있다.[1]

이런 종류의 문서들이 그렇듯이 이 책자도 곧바로 언론에 유출되었고, 문서의 직설적인 어조로 인해 소란이 일어났다. 국방부는 즉각 적절하게 톤을 낮췄지만, 그 이후 모든 미국 정부는 사실상 이 노선을 따랐다.

펜타곤의 새로운 지도(도판 11.1)의 중심에는 미국의 원이 있었고, 다른 모든 국가와 일정 부분 겹쳐 있었다. 한 가지를 제외하고는 다른 원들은 서로 겹치지 않았으며, 오직 미국이라는 핵심 국가를 통해서만 상호 작용했다. 유일한 예외는 동유럽이었는데 예외가 주어진 이유는 구소련 위성 국가들이 서유럽으로 이탈하도록 허용하는 것이 러시아를 약화시키는 값싸고 손쉬운 방법으로 보였기 때문이다. 1994년 폴란드와 헝가리가 유럽연합 가입을 신청했을 때나, 5년 후 이들 나라가 체코와 함께 나토 가입을 신청했을 때 아무도 반대하지 않았다. 이 전략이 효과를 거두자 2000년 블라디미르 푸틴은 러시아도 나토에 가입하는 방안을 심사숙고했다.

펜타곤의 지도에서 영국은 처칠의 지도에서와는 매우 다른 자리에 위치해 있다. 다른 모든 나라를 연결하는 교차점이 되는 것이 불가능한 이상, 유럽에서 미국이 가장 먼저 들르는 항구가 되는 것이 최선인 것처럼 보였지만, 통일 독일의 경제적 비중으로 인해 그마저 장담할 수 없었다. 1992년 이후 30년 동안 영국사는 미국 중심의 새로운 지도를 받아들이고 이 지도가 나머지 세계를 어떻게 변화시키는지 이해하려는 노력으로 채워졌다. 이는 1990년대 이후 일어난 종종 혼란스러

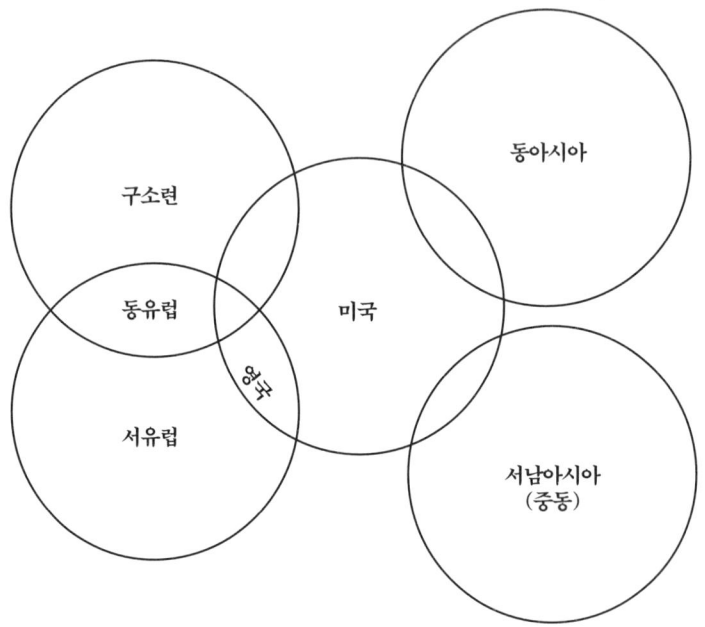

도판 11.1 펜타곤의 새로운 지도: 1992년 워싱턴에서 본 세계.

운 사건들을 이해할 수 있게 해줄 뿐만 아니라 8000년에 걸친 영국의 역사와 잘 맞아떨어지며, 앞으로 21세기가 어떨지에 대한 어느 정도의 통찰력을 제공한다고 나는 믿는다.

1990년대에 보수당과 노동당 정부가 견해를 같이한 한 가지는, 대처의 실각에도 불구하고, 영국이 유럽연합 안의 일개 국가가 될 준비가 되어 있지 않다는 것이었다. 대처의 후임자인 존 메이저는 1992년에 마스트리흐트 조약*의 유럽 단일 통화 조항을 거부했고(도판 11.2),

---

* 1991년 유럽공동체를 유럽연합으로 발전시킨 조약.

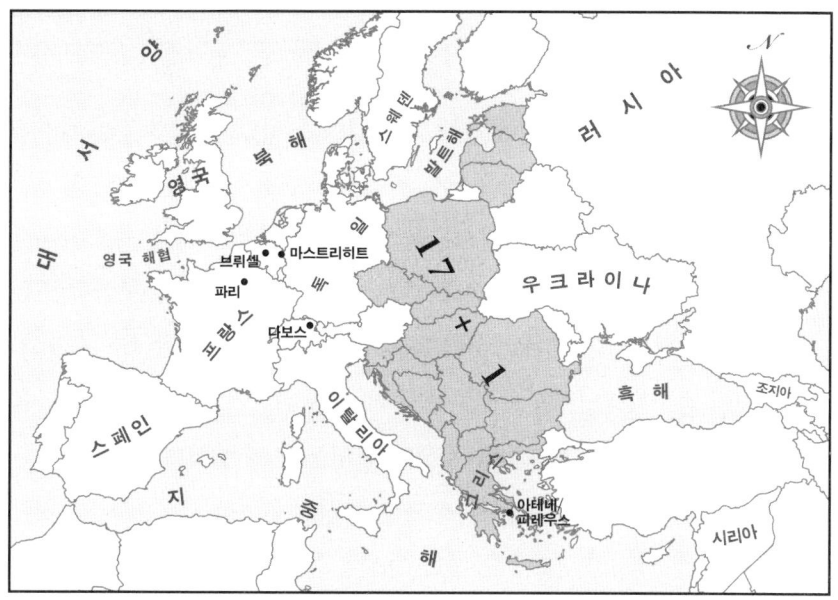

도판 11.2 유럽-지중해 무대, 1992~2103년.

노동당의 토니 블레어는 친유럽 성향에도 불구하고, 1997년 총리가 된 후 영국의 유로화 가입에 엄격한 전제 조건을 내걸면서 사실상 같은 길을 걸었다. 메이저와 마찬가지로 블레어는 펜타곤의 새로운 지도가 정체성, 번영, 주권에 미치는 함의가 드러나면서 전후 영국의 유럽에 대한 무관심이 불안으로 변모하고 있음을 알게 되었다. 1970~1980년대에 조심스럽게 친유럽적인 태도를 보였던 많은 보수주의자는 이제 자신들이 속았다는 결론을 내렸다. 아직 영국독립당(1993년 창당)과 같이 유럽 통합 반대만을 내세우는 단체가 의미 있는 득표를 하는 상황이 발생하지는 않았지만, 모든 정치인은 유럽 혐오자 눈치를 보며 이들을 자극하지 않는 법을 배워가고 있었다. 대처의 영향을 받은 일부 보수 인사는 그들과 손을 잡는 것이 이득이라고 생각하기 시작했다.

영국식 유럽다움의 한계는 2003년에 드러났다. 직접적인 계기는 펜타곤의 두 번째 원, 중동에서 비롯되었지만, 근본적 원인은 영국이 유럽의 원과 미국의 원 사이에서—한때 많이 언급되었던—교차점으로 남기 위해 지속적인 노력을 했기 때문이다. 중동에 대한 영국의 태도는 오랫동안 브뤼셀보다는 워싱턴에 더 가까웠으며, 무력 사용도 기꺼이 감수했다. 1979년 이슬람 혁명 이후 이란은 정기적으로 미국을 '큰 악마Great Satan'에 빗대어 부르면서 영국은 '작은 악마Little Satan'라 불렀다. 한 미국 국무장관은 나토가 1990년대에 이라크와 유고슬라비아에서 전쟁을 벌였을 때 '잔혹한 진실'은 "실제로 의미 있는 전력을 보낸 것은 영국과 미국뿐이었다는 점이다"라고 회고했다[2](다른 관료들은 캐나다군도 참전했다고 말했다).[3]

2001년 9.11 테러 이후 조지 W. 부시 행정부는 이슬람주의에 대항하는 새로운 외벽이 필요하며, 대외 원조, 외교, 선전만큼이나 폭격, 게릴라전, 정권 교체, 은밀한 암살, 심지어 고문과 같은 물리적 힘을 사용해야 한다는 결론을 내렸다. 대부분의 서유럽인은 이에 동의하지 않았으며, 2003년 미국의 이라크 침공 결정을 프랑스-독일이 반대하자 부시는 18세기 세력 균형의 경계선들을 따라 유럽을 분열시키려고 했다(도판 11.3). 미국은 더 가난하고 약한 동유럽 국가들에 영향력을 미쳐 파리와 베를린의 '구유럽'[4]을 측면에서 포위했다. 프랑스와 독일은 러시아, 튀르키예, 심지어 중국에까지 손을 내밀어 동유럽 국가들을 측면에서 포위했다. 이때 블레어는 미국의 가장 확실한 유럽 우방으로서 영국의 역할을 재확인할 기회를 포착했다.

주권이 브뤼셀에 넘어갈 거라는 대처주의자의 불안은 이제 주권

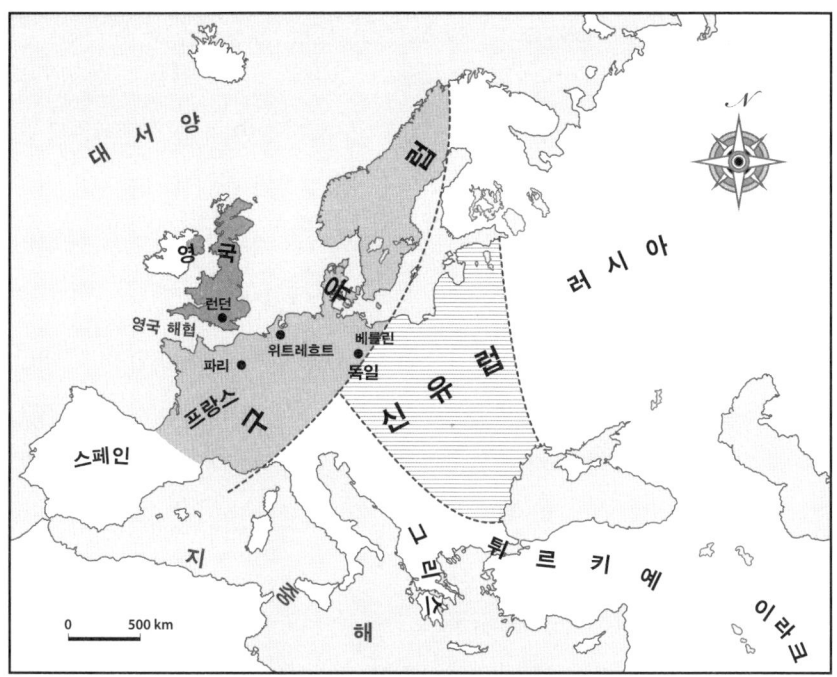

도판 11.3 2003년식 새로운 위트레흐트: 세력 균형 정치.

이 워싱턴에 넘어갈 거라는 더 큰 두려움으로 바뀌었다. 특히 이라크와 아프가니스탄의 전쟁에서 미국을 지원하면 영국의 안보를 보호하기는커녕 오히려 악화시킬 수 있다는 두려움이 커졌다. 비판가들은 2005년 신발에 폭탄을 감춘 채 비행기에 타고 런던 시민 52명을 살해한 이들이, 부시와 오사마 빈 라덴이 '십자군 전쟁'[5]이라고 부른 전쟁에 영국이 개입하면서 급진화된 자국민 테러리스트들이라고 주장했다(이는 사실이 아니며, 알카에다가 깊이 개입되어 있었다).

언론인과 논객들은 이슬람이 영국의 정체성을 침식시킬 가능성에 대해 종종 과민 반응을 보였다. 예를 들어, 저널리스트 멜라니 필립스는 그녀의 저서 『런던이스탄Londonistan』*에서 "영국 은행들의 돼지 모양 저금통은 이슬람교도들이 불쾌해할 수 있다는 이유로 퇴출되었다"고 주장했다(이 역시 사실이 아니다).⁶ 미국인 평론가 스티브 에머슨은 버밍엄(도판 11.4)을 '무슬림 전용' 도시라고 부르며, '이슬람 종교 경찰'이 "이슬람 종교 복장을 하지 않은 사람을 구타한다"라고 했다⁷(이는 전혀 사실이 아니었고, 버밍엄 당국은 이에 대해 전형적인 영국식의 절제된 반응으로 "좀 미친 소리다"라고 일축했다).⁸ 그러나 일부 급진주의자들은 실제로 샤리아법**에 따른 이슬람 전용 구역의 설치를 주장했으며, 여론 조사에 따르면 응답자의 3분의 1이 이런 전용 구역이 이미 존재한다고 생각하는 것으로 나타났다.

훨씬 덜 미친 우려는, 영국의 정체성이 오래된 경계선을 따라 해체되고 있다는 걱정이었다. 1998년 성 금요일 협정은 영국 연합의 결속을 느슨히 하고, "북아일랜드의 모든 사람이 스스로를 규정할 천부적 권리를 가지고 있으며, 자신들의 선택에 따라 아일랜드인 혹은 영국인 또는 둘 다로 받아들여질 수 있다"라는 사실을 인정함으로써,⁹ 마침내 영국의 아일랜드 테러와의 전쟁을 종식시켰다. 그 전해에는 웨일스(근소한 차이로)와 스코틀랜드(압도적인 차이로)가 독자적인 의회를 구성하기로 투표했다. 심지어 종종 자기 민족 정체성을 부끄러워하는 잉글랜드인들(조지 오웰은 "잉글랜드인이라는 것은 약간 수치스러운 일이라고 늘 느낀다"라고 말했다)¹⁰도 잉글랜드의 매력을 새삼 발견했다.

켈트족의 독립 운동이 잉글랜드의 민족주의에 활력을 불어넣은 것

---

* 과격 이슬람의 기지가 된 런던.
** 이슬람의 율법.

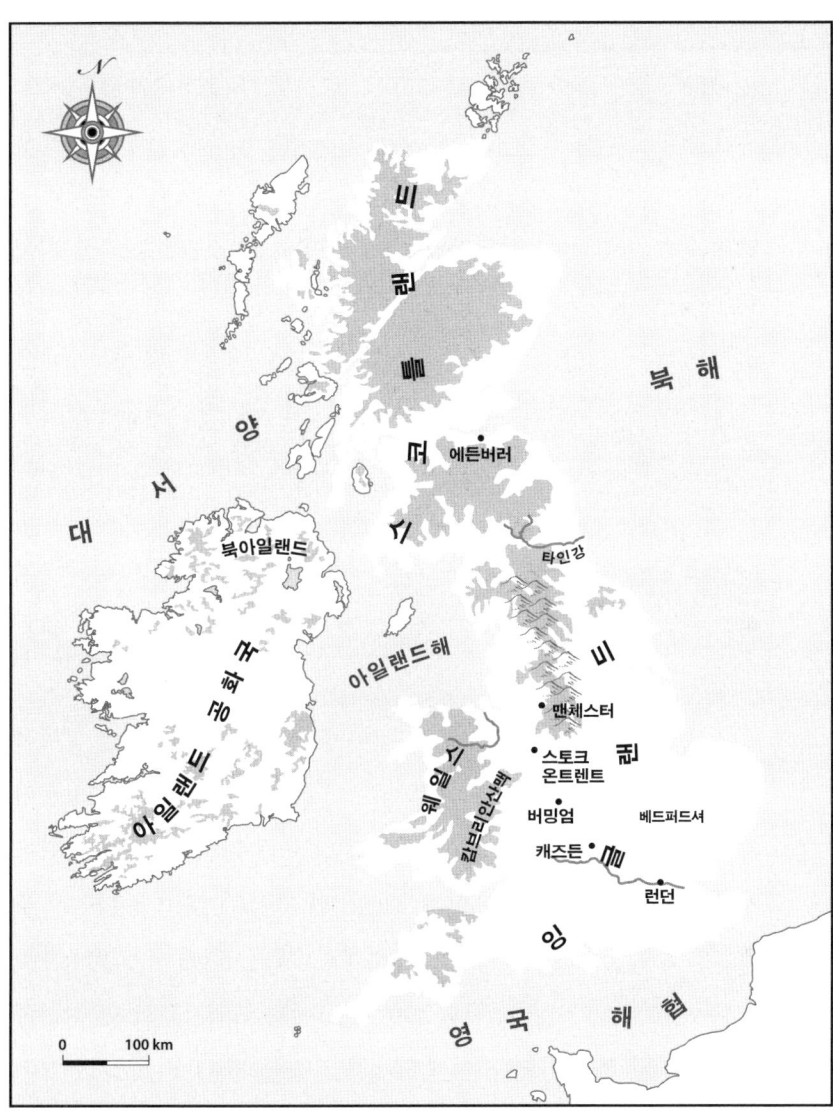

도판 11.4 영국 무대, 1992~2103년.

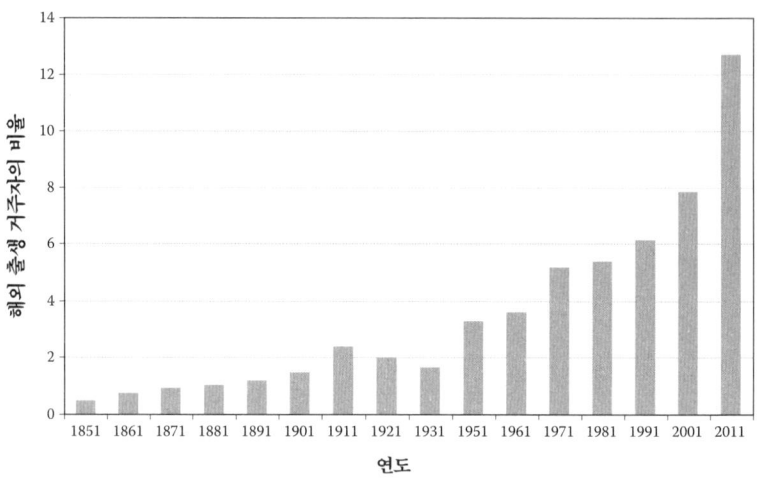

도판 11.5 폴란드 배관공이 온다: 해외에서 태어나 잉글랜드와 웨일스에 거주하는 사람들의 비율, 1851~2011년.

은 분명하지만, 유럽 대륙에서 온 이민자들이야말로 결정적인 동력이었다. 1950년대까지만 해도 잉글랜드 거주민 30명 가운데 해외 출생자는 겨우 한 명꼴이었고(도판 11.5), 1970년대에는 카리브해와 남아시아 이민자들의 유입에도 해외 출생자의 비율은 20명 가운데 한 명 정도로 늘어났을 뿐이다. 그러나 2004년(대부분 동유럽 국가인 열 개 나라가 유럽연합에 가입한 시기)과 2009년 사이에 이민자들로 인해 영국 인구는 70만 명 증가했다. 이제 영국에 거주하는 8명 중 한 명 이상이 외국 태생으로, 이는 15세기 이후 볼 수 없었던 수준이었으며, 2010년에는 런던에서 태어난 아기의 3분의 2가 최소 한 명의 외국 태생 부모를 두고 있었다. 이민에 대한 불안감이—심지어는 노골적인 외국인 혐오증까지—주류 정치로 돌아왔다.

이민자들은 저마다 나름의 이유로 이주했지만, 일반적으로 번영이 가장 큰 이유였다. 1993년부터 2007년까지 영국 경제는 매년 2퍼센트 이상 성장했고, 이민자에 대한 불안감에도 불구하고 10퍼센트 이상이었던 실업률은 5퍼센트 미만으로 떨어졌다. 대부분의 호황기와 마찬가지로 불평등은 심화되었다. 2001년부터 2008년까지 런던 은행가들이 받은 상여금은 세 배로 증가해 160억 파운드에 달했는데, 이는 국방 예산의 절반에 맞먹는 수치였다. 그러나 국가의 재분배 덕분에 최하위 소득층조차 소득의 10퍼센트 증가를 누렸다. 이 역시 이민자들과의 일자리 경쟁에도 불구하고 말이다. "30년 동안 안정성을 약화시켰던 호황과 불황이 최종적으로 끝났다"라고 고든 브라운 총리는 발표했다.[11]

부의 지도

브라운의 주장은 1998년에는 신빙성 있어 보였지만, 10년이 지나서는 황당해 보였다. 그 이유는 펜타곤의 새 지도의 마지막 원, 동아시아 때문이었다. 영국인들은 17세기부터 중국 연안에서 활동했지만, 증기선, 철도, 전신이 대서양과 인도양을 런던 중심의 세계 체제로 끌어들인 19세기에도 태평양은 여전히 너무 멀고 너무 광대해서 무대의 중심이 될 수 없었다. 1945년 이후에야 상황은 달라졌다. 컨테이너선, 제트기, 그리고 마침내 인터넷이 바다를 축소시켰고, 그 사이 네덜란드, 프랑스, 영국 제국의 몰락과 일본의 패망으로 태평양은 미국의 호수가 되었다.

세계 경제 무대가 동아시아로 확장되면서 모든 서구 경제가 이익을 얻었지만, 미국 중심 세계 체제에 합류한 '아시아의 호랑이들'(홍콩, 일

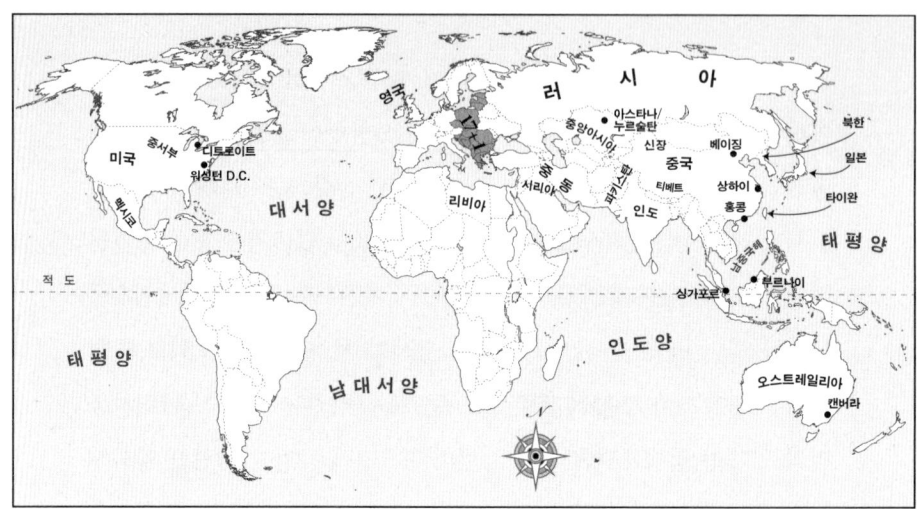

도판 11.6 세계 무대, 1992~2103년.

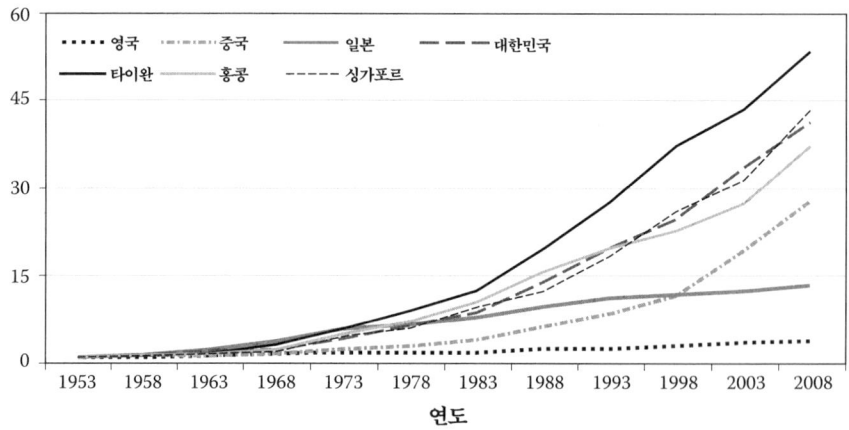

도판 11.7 호랑이들 사이의 사자: 동아시아 경제의 10배, 20배, 심지어 50배의 성장, 1953~2008년(세로축은 각국의 경제 규모가 1953년 대비 몇 배로 커졌는지 보여준다). 맨 아래에서 느릿느릿 기어가는 나라는 영국이다.

본, 싱가포르, 한국, 타이완. 도판 11.6)이 가장 큰 이익을 얻었다. 이들 국가의 경제는 역사상 가장 빠르게 성장했으며(도판 11.7), 덕분에 10억 명의 사람들이 극심한 빈곤(1장에서 설명한 세계은행의 정의에 따르면 하루 1.90달러 미만으로 생활하는 수준)에서 벗어났다. 일본 경제는 1962년에 영국을, 1967년에 서독을 추월하여 세계에서 두 번째로 큰 규모가 되었다.

한 세기 전 서양 군함들이 무력으로 동양 해역으로 진출했을 때, 자신감 넘치던 아시아의 엘리트들은 자괴감에 사로잡혔다. 중국에서는 1840년대에서 1940년대까지를 여전히 '치욕의 세기'로 기억하고 있다. 이 상황을 역전시키며 1970~1980년대에 서구 시장을 휩쓴 일본과 한국의 오디오, 텔레비전, 자동차는 서구 사회에 극심한 불안을 불러일으켰다. 마이클 크라이튼의 편집증적인 소설 『떠오르는 태양』과 에즈라 보걸의 냉철한 사회과학서 『넘버 원 재팬*Japan as Number One*』은 모두 베스트셀러가 되었지만, 사실 지도의 재편은 이제 막 시작됐을 뿐이었다.

마오쩌둥의 비극적인 정책 실패에도 불구하고 중국 경제는 1949년부터 1976년 사이에 3배 성장했다. 마오쩌둥 사후 45년 동안은 경제 규모가 무려 40배로 팽창했다. 덩샤오핑은 1980년대에 외국 자본가들을 중국 해안으로 끌어들이기 위해 경제특구를 개방하며 "부자가 되는 것은 죄가 아니다"라고 선언했다.[12] 1992년 일본이 불황에 빠지자 중국이 곧바로 세계 경제 2위 자리에 올라섰다. 1972년 마오쩌둥과 닉슨이 만났을 때, 미국 노동자의 평균 생산성은 중국 노동자 평균보다 20배 가까이 높았으나, 그 차이는 2000년에 7배 미만으로 2020년에는 4배로 줄어들었다. 1972년 중국은 전 세계 부의 4.6퍼센트를 창출했지만, 2000년에는 11.8퍼센트, 2020년에는 18.9퍼센트로 증가해 지구상 그 어떤 국가보다 많은 부를 창출했다.

중국은 1980년대 이후 새롭게 변모했다. 역사상 최대 규모의 이주를 통해 약 2억 명의 사람들이 흙먼지 날리는 가난한 내륙 마을에서 매연이 자욱한 연안 도시로 이동했다. 그 변화는 눈으로 직접 확인해야만 믿을 수 있다. 나는 남부 해안 도시 선전의 상공을 헬리콥터로 비행한 적이 있다. 처음에는 지독한 황갈색 스모그에 가려 도시가 전혀 보이지 않았다. 점차 고층 빌딩과 아파트 단지, 교통 체증으로 꽉 막힌 도로가 보이기 시작했고, 끝없이 이어졌다. 도시의 풍경이 계속되고 또 계속되었다. 그런데도 선전은 중국에서 여섯 번째로 큰 도시에 불과했다. 다섯 번째로 큰 광저우는 30분 정도 더 날아가면 있었다. 우리가 불과 15분 전에 비행을 시작했던 홍콩은 인구가 750만 명으로 열한 번째로 큰 도시였다. 샌프란시스코만 인근에 살던 나는 혼잡한 도시가 어떤지 잘 알고 있다고 생각했지만, 중국 연안 지역은 완전히 다른 차원이었다.

내가 머리말에서 인용한 것과 같이, 이에 대해 싱가포르 총리 리콴유가 내린 결론은, "중국의 발전은 세계 질서를 바꿔놓을 만큼 거대해서, 세계는 새로운 균형을 찾아야 한다"라는 것이었다.[13] 중국은 매킨더 지도의 유산을 북미, 서유럽, 동아시아라는 세 개의 거대한 현금 산맥이 지배하는 '부의 지도'로 바꾸어버렸다. 몇몇 추정치에 따르면 월마트 같은 미국 상점에서 상품 진열대의 90퍼센트는 중국산 제품이 차지하고 있으며, 아침마다 미국인이 입는 속옷 대부분도 아시아산이다. 2018년 기준 미국 수입품의 5분의 1 이상이 중국산이었으며, 이로 인해 4190억 달러에 달하는 엄청난 무역 적자가 발생했다. 영국의 수입품 중 중국산은 12분의 1도 안 되고, 대중 무역 적자도 300억 달러 미만이지만, 그럼에도 불구하고 중국은 유럽연합과 미국에 이어 영국의 세 번째로 큰 무역 상대국이다.

이것이 영국에 어떤 의미인지를 이해하려면, 돈의 흐름을 따라가야 한다. 19세기 말 영국의 자유무역업자들은 독일과 미국이 산업화되고 세계 체제에 합류할 수 있도록 자본, 상품, 전문 지식을 제공함으로써 막대한 이익을 거뒀다. 21세기 초 미국의 자유무역업자들은 중국과 비슷한 일을 했다. 중국과 협력하여 위안화를 달러에 저평가된 환율로 고정시킴으로써 중국 수출품 가격을 낮게 유지한 것이다. 환율을 유지하기 위해 중국은 벌어들인 수익 중 1조 달러를 미국 국채에 쏟아부었다.

미국 연방준비제도는 중국이 투자한 돈을 미국 은행들에 빌려주었고, 은행들은 이 돈으로 (나를 포함한) 일반인에게 부동산 대출을 해줬다. 사실상 가난한 중국 노동자들이 부유한 미국인들에게 돈을 빌려주어 이들이 중국산 수입품을 더 많이 살 수 있도록 한 셈이다. 수백만 명의 미국인이 첫 주택을 구입했고, 더 많은 이가 기존 주택을 재융자해 자동차, 휴가, 중국산 속옷에 돈을 썼다. 여기서 엄청난 부가 창출되었지만, 두 가지 예측 가능한 결과가 뒤따랐다. 첫째, 자금이 넘쳐나면서 집값이 천정부지로 치솟았고, 대출 기관은 더욱더 경쟁적으로 대출 전쟁에 뛰어들었다. 둘째, 이 대출 기관들은 신규 대출자를 공격적으로 사냥하고자 대출 기준을 낮췄다. 2004년 무렵에는 대출자 10명 중 한 명은 정상적인 서류 중 일부(때로는 모두)를 제출하지 못했다. 일부 추산에 따르면 대출 13건 중 1건은 도저히 상환이 불가능한 수준이었다.

일반적으로 부실 대출을 한 은행은 파산하지만, 금융가들은 두 가지 영리한(어쩌면 지나치게 영리한) 해결책을 찾아냈다. 첫째, 은행은 신용도 하락을 피하려고 이 막대한 부채를 장부에 올리지 않고, 다른 은행에서 단기 대출을 받아 자금을 조달하는 방식으로 처리했다. 둘째, 새로 개발된 컴퓨터 알고리즘으로 수백만 건의 주택담보대출을 잘게 쪼개 더 큰 묶음으로 재포장했다. 물론 개별 대출 중 상당수는 상환 불능에 빠지겠지만, 우량 대출자가 불량 대출자를 상쇄하면 대출 묶음 전체는 안전해진다는 발상이었다. 마지막으로, 이것이야말로 발군의 수완이었는데, 이 묶음을 담보로 삼아 단기 대출을 받아 부채를 계속 장부 바깥에 둘 수 있었다. 대형 은행들은 종종 주택담보대출 부채 1달러가 표시된 증권을 담보로 40~50달러를 서로 빌려주곤 했다. 실제 주택담보대출의 세부 사항은 서로 복잡하게 얽힌 기업 재무제표 장부 속에 너무 깊이 파묻혀 있어서 정작 묶음의 실제 가치가 얼마인지는 아무도 몰랐지만, 은행들은 개의치 않았다.

2006년부터 주택 소유주들이 대출금 상환을 연체하기 시작했고, 2007년부터는 대규모로 연체하기 시작했다. 이는 그 자체로 세계 체제에 위협이 되지는 않았다. 모두가 이런 일이 일어날 것을 알고 있었다. 사태를 치명적으로 만든 것은 은행들이 주택담보대출로 오염된 담보로 다른 은행에 단기 대출을 갱신해주는 일을 주저하기 시작했다는 점이다. 아무도 자산을 사주지 않거나 이를 기반으로 대출을 해주지 않는다면, 그 자산은 가치가 없는 것이나 마찬가지였다. 2007년 8월 대출 기관들이 영국 은행 노던 록의 신용에 신뢰를 잃자, 단 48시간 만에 수십억 파운드 규모의 사업체가 법정관리에 들어갔다.

1년 후에는 월스트리트의 차례였다. 바클레이 은행의 리먼브러더스 증권사 인수를 허용해달라는 요청을 미국 연방준비제도로부터 받았을 때, 영국 총리는 "미국 은행에 퍼진 암을 영국으로 들여오지 않겠다"고 말했지만,14 이는 기만적인 태도였다. 이 질병은 항상 전 세계적이었으며, 종양은 2008년 9월 이전에 이미 뉴욕, 런던, 프랑크푸르트, 베이징에 전이되어 있었다. 영국 은행들은 미국 주택담보대출을 기반으로 한 1590억 달러 가치의 자산을 보유하고 있었고, 독일 은행들은 2000억 달러, 중국 은행들은 4000억~5000억의 달러 가치에 달하는 자산을 보유하고 있었다. 그러나 이 자산들을 합쳐도 그 규모는 부풀려진 주택담보대출을 담보로 이루어진 은행 간 국제 대출에 비하면 미미한 수준이었다. 이 대출이 사실상 전 세계 금융 시스템을 떠받치고 있었다(도판 11.8). 영국 은행들은 수조 달러 대출에 묶여 있었고, 신뢰가 무너지고 자산이 증발하자 은행들을 살리기 위한 노력은 불과 며칠 만에 국가의 달러 보유액 대부분을 소진시켰다. 10월 13일에는 세계 최대 은행인 RBS*가 파산을 불과 몇 시간 앞두고 있었다. 재무장관은 훗날 "완전히 공황 사태가 벌어졌을 것이다"라며, "법과 질서가 무너질 (…) 엄청난 위험에 처해 있었다. 우리는 벼랑 끝에 서 있었다"라고 회고했다.15 총리가 된 고든 브라운은 단호하게 행동에 나서 RBS와 로이드 은행을 국유화하고, 은행을 계속 운영하기 위해 5000억 파운드를 투입했다. 이는 영국 국민 1인당 7000파운드가 넘는 금액이었다.

총리의 발표 당일이나 그 후 몇 주, 몇 달 동안 스레드니들가**에서 폭도들이 거리를 점령하는 일은 없었다. 미국 연방준비제도가 최후의 수단으로 세계 대출 기관의 역할을 하기로 은밀하게(사실상 비밀리에) 결정한 덕분이었다. 외국 은행들이 무너져 달러 표시 자산을 한꺼번에

---

*   스코틀랜드 왕립은행Royal Bank of Scotland.
**   런던의 은행가.

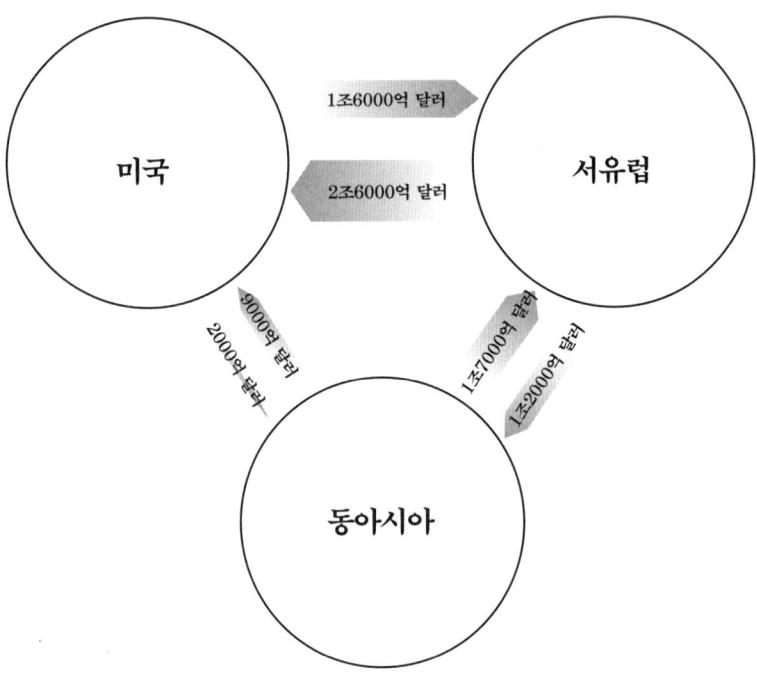

도판 11.8 수건돌리기: 미국, 유럽, 중국 은행 간의 수조 달러 규모의 자금 흐름. 음악이 멈출 때까지 계속 움직여야 한다.

처분하면 미국 경제가 무너질 수 있었다. 그래서 연준은 유럽과 몇몇 국가의 중앙은행에 사실상 무제한 달러 차입 권리를 부여했다. 계산 방법이 다양해서 은행들에 얼마나 많은 돈을 빌려줬는지 알 수는 없지만, 적어도 10조 달러는 넘었다. 결국 모든 대출금은 이자와 함께 전액 상환되었지만, 은행이 자산의 실제 가치를 파악할 때까지 유동성이 생겨 세계 경제가 유지될 수 있었다. 1916년과 1941년에 그랬던 것처럼, 신대륙이 구대륙을 구하기 위해 나섰다.

하지만 이번에는 신대륙만이 같은 역할을 한 것이 아니었다. 2009년에는 중국도 발 벗고 나섰다. 서구의 수입 수요가 급감하면서 중국에서는 약 3000만 개의 일자리가 사라졌다. 이에 중국 정부는 신속하게 중국 중앙은행이 은행들에 자금을 지원하게 하고, 도로, 철도, 의료 분야에 1조 달러 이상을 투입해 경제를 지탱했다. 그 결과 중국은 경제 붕괴를 면했을 뿐만 아니라 2009년에 무려 9.1퍼센트나 성장했다. 이 파급 효과로 전 세계 나머지 국가의 경제가 유지되었다. 중국은 달러 자산을 버리지 않고, 2008~2009년에 5000억 달러의 국채를 추가로 매입했다.

2009년 4월 세계 20개 경제 대국의 수장들이 런던에 모였을 때, "1989년에는 자본주의가 중국을 구했고, 2009년에는 중국이 자본주의를 구했다"라는 차마 웃지 못할 농담이 돌았다.[16]

눈알 굴리는 미치광이들

구원에는 대가가 따랐다. 금융 위기 첫해에 영국 개인 자산이 1조 파운드 이상 증발했고, 노동당 정부와 연이은 보수당·자유민주당 연립 정부는 국가 지출을 삭감했다. 부자들은 잃을 것이 가장 많았기 때문에 가장 많은 손실을 입었지만, 또한 가장 빨리 회복했다. 정부의 긴축은 특히 노인, 빈곤층, 장애인, 북부의 오래된 도시에 큰 타격을 입혔다. 파산율, 실업률, 자살률이 모두 급증했다. 2012~2013년에 실시한 한 조사에 따르면 영국 상위 20퍼센트의 자산이 이전 조사 시기인 2005년보다 평균 64퍼센트 증가한 반면, 최하위 20퍼센트 가구의 자산은 57퍼센트 감소한 것으로 나타났다.

어떤 면에서는 런던이 가장 큰 피해를 입었다. 번영과 경기 변동성에서 큰 영향력을 차지하고 있던 금융 부문은 2008년부터 매년 축소되었다. 10년이 지난 후, 런던 시민들의 수입은 5.9퍼센트 감소한 반면, 나머지 지역에서 수입은 4.2퍼센트 감소하는 데 그쳤다. 하지만 다른 측면에서 볼 때 런던의 피해는 상대적으로 크지 않았다. 고용이 반등했고, 이에 힘입어 이주가 계속되면서 부동산 시장도 회복세를 보였다. 스토크온트렌트에 있는 내 아버지의 집은 2005년과 2015년의 가격이 거의 같았지만, 일반적인 런던 부동산의 가격은 두 배로 올랐다. 런던의 가정은 2008년에 비해 2018년에 평균 78퍼센트 더 부유해졌고, 타인사이드 지역의 평균 가정은 12퍼센트 더 가난해졌다. 형편이 좋고, 인구가 많으며, 국제적인 동남부와 그 외 지역 간의 오래된 격차는 2010년대 들어 더 심해졌다.

런던은 로마인들이 정착한 이래로 이방인의 눈에 늘 다른 세상이었지만, 지금보다 더 그랬던 적은 없었다. 런던 시민들은 이를 자랑스러워하는 듯했다. 2014년에는 18만 명이 "사디크 칸 시장에게 런던의 독립을 선언하고 유럽연합에 가입을 신청할 것을 촉구하는" 장난스러운 청원서에 서명했다. 청원서는 "사디크 시장님, 사디크 대통령이 되는 게 더 좋지 않으십니까?"라고 물었다.[17] 비슷한 시기에 조카와 함께 기차를 타고 킹스크로스역에서 베드퍼셔에 있는 조카의 집으로 가던 중, "지금 런던 지역을 벗어나고 있습니다"라는 조카 휴대전화의 알림 소리에 깜짝 놀란 적이 있다.[18] 마치 런던을 떠나지 말라고 경고하는 것 같았다.

영국의 많은 지역에서 런던 엘리트들에 대한 불신은 심해졌다. 보수적인 『데일리 텔레그래프』는 "'런던'은 국가의 문제를 전혀 이해하지 못하는, 세상과 동떨어진 사람들을 모아놓는 곳"이 되었다고 비판했다.[19] 스코틀랜드에서는 독립에 대한 요구가 되살아났다. 영국의 데이비드 캐머런 총리는 연합의 힘을 믿고 2011년 국민투표 실시에 동의했지만, 투표 전 2014년 중반에 여론 조사 결과가 승부를 가늠할 수 없을 정도로 박빙으로 나오자 분위기는 상당히 험악해졌다. 결국 스코틀랜드는 잔류했지만, 잉글랜드의 수백만 명은 2008년 이전의 지리적 의미가 여전히 유효한지 궁금해했다. 『텔레그래프』는 '런던'의 진짜 문제는 런던이 '유럽의 얼굴 없는 괴물'과 구별할 수 없게 되었다는 점이며, 해결책은 영국이 아니라 유럽연합을 해체하는 것이라고 주장했다.[20]

이는 펜타콘의 지도에 중대한 변화를 의미하는 것이기 때문에, 가볍게 다룰 문제가 아니었다. 그러나 브뤼셀이 남들 모르게 연방주의를 추진하고, 무분별한 이동성을 조장할 뿐 아니라 위험할 정도로 무능하다고 느끼는 유럽 회의론자들이 증가하고 있었다. 2009년부터 브뤼셀은 영국에 위협을 가하는 세 개의 전선에서 전쟁을 시작했고, 모두 패배하고 있었다.

첫 번째 전쟁은 그리스의 번영과 관련된 문제로 시작됐지만, 곧 주권에 대한 위협으로 보이기 시작했다. 그리스는 1981년 유럽연합에 가입한 이후 번영을 누리고 있었다. 나는 2009년 12월 그리스 정부가 유럽 통합이 끔찍이 잘못되었다고 공식적으로 인정한 바로 그 순간 아테네에 있었다. 근사하게 새로 만들어진 베니젤로스 공항에 이틀 전에 도착한 나는 30년 전 이곳을 자주 방문했던 시절보다 부유해 보이는 그리스의 모습에 놀랐다. 아테네 사람들은 예전의 커피 찌꺼기와 함께 끓인 걸쭉한 그리스 커피가 아닌 에스프레소를 마시고 있었다. 안 파는 것이 없는 길가 노점상인 '페립테라'도 더는 보이지 않았다. 오모니아 광장도 깨끗해 보였다. 그러나 당시 정부는 자신과 전임 정부들이 부채 규모에 대해 거짓말을 해왔다고 고백했다. 금융 위기로 관광업이 황폐화되면서 아테네는 이자 상환을 감당할 수 없게 되었다.

하룻밤 사이에 모든 공기가 그리스에서 빠져나간 것 같았다. 그리스 부채 2970억 달러는 2008년 기준으로 엄청난 규모가 아니었지만 사소한 문제를 크게 만들었던 것은, 이 문제를 처리하는 데 있어 드러난 유럽연합의 완전한 무능력이었다. 유럽연합의 설립 문서인 마스트리흐트 조약은 브뤼셀이 파산 회원국을 구제하는 것을 명시적으로 금지하고 구제 업무를 시중 은행에 맡겼지만, 이들을 압박할 중앙 정부가 없는 상황에서 유럽 은행들은 2008년 붕괴 이후 자본 확충을 지원받은 미국 은행들과 달리 규모 있는 자본을 지원받지 못했다. 또다시 부실한 담보가 신용 시장을 마비시켰다. 독일 재무부는 "유럽 은행 간 대출이 사실상 전무하다"라고 지적했다. 자본은 위험한 유럽 채권에서 안전한 미국 채권으로 빠져나갔고, 이에 따라 2010년 중반에는 이탈리아도 대출금 상환에 어려움을 겪었다. 독일의 보고서는 "완벽하지 못한 시스템의 심각한 위기의 징후가 전반적으로 나타나고 있다"고 결론지었다.[21]

누구도 책임지려 하지 않았다. 그리스 정부는 부채를 상환할 능력이 없었고, 은행은 부채 탕감을 거부했고, 다른 정부들은 채무를 떠안으려 하지 않았다. 유럽 중앙은행의 채권 매입이 금지된 상황에서 브뤼셀은 몇 달 동안 아테네가 디폴트에 빠지지 않을 정도로만 움직이고, 문제 해결을 위한 충분한 모습은 보이지 않았다. 2년이 지나서야 유럽 중앙은행은 조약과 상관없이 "유로화 보존을 위해 무엇이든 하겠다"고 약속했다.[22] 이는 시장을 안심시켰지만, 반대로 입헌주의자들을 오싹하게 만들었다. 유럽의회 의원이자 브렉시트 지지자인 대니얼 해넌은 "영국인의 눈에는 이 모든 과정이 기괴해 보였다. 법률가들이 고안할 수 있는 가장 명확한 언어로 규칙을 만들어놓고, 그 규칙들이 불편해지는 순간 무시되었다"라고 말했다.[23] 이로 인해 브뤼셀은 번영뿐만 아니라 주권에 있어서도 신뢰할 수 없게 되었다.

두 번째 전쟁은 우크라이나의 안보와 관련된 것이었다. 1990년부터 유럽연합은 동쪽으로 계속해서 확장되었고, 2014년 우크라이나는 유럽연합 가입을 위한 첫걸음을 내디뎠다. 그러나 불과 몇 달 전 러시아는 우크라이나 영토인 크림반도를 합병하고 돈바스 지역에서의 반란을 지원했다. 유럽연합과 미국은 러시아를 비난하고 제재를 가하며 회담을 열었지만, 러시아는 아랑곳하지 않았다. 브뤼셀은 잠재적 파트너를 지키기 위해 회원국을 결집시키는 것조차 할 수 없는 듯했다.

세 번째 전쟁은 지중해에서의 이동성과 관련된 문제였다. 2001년 테러와의 전쟁이 시작된 이래로 중동 난민들은 유럽으로의 망명을 시도해왔지만, 시리아의 붕괴가 폭력 사태로 이어지면서 2015~2016년에 그 수가 200만 명을 훌쩍 넘어섰다. 이 같은 규모의 이주는 예상 가능한 문제들을 낳았다. 일부 이민자는 새로운 사회에 동화되는 것에 관심이 없어 보였다. 어떤 이들은 (특히 독일에서) 폭력 범죄를 저질렀다. 실제로 소수가 테러리스트였다. 2015년의 과열된 분위기 속에서, 영국의 유럽연합 회의론자들은 유럽연합이 유럽의 국경에서 난민들의 이동을 통제하지 못해 정체성, 번영, 안보, 주권을 위협하고 있다고 해석했다. 난민들의 30분의 1 정도인 8만1000명의 난민만이 영국에 도착했지만, 영국독립당의 카리스마 넘치는 새 지도자 나이절 패라지는 이를 기회로 여겼다. 그는 『데일리 텔레그래프』와의 인터뷰에서 브뤼셸의 무능이 "성경에서 탈출하는 문을 열었다"고 말했다. 그는 이어서 중동의 테러리스트들이 "이주의 흐름을 이용해 유럽에 50만 명의 지하디스트*들이 활동하게 할 것이라고 주장한다. 그 말을 주의 깊게 들어야 할 것 같다. 50만 명은 비현실적일지도 모른다. 하지만 5000명이라면 어떨까? 500명이라면?"이라며 경계심을 끌어올렸다.[24]

영국독립당은 정부 정책에 불만을 품은 반反대도시 지방 유권자들을 보수당으로부터 꾸준히 끌어들여 2010년 총선에서 30명 중 한 명이었던 지지율을 2015년에는 8명 중 한 명으로 끌어올렸다. 2006년 보수당 지도부 선거에서 캐머런은 유권자들이 일자리, 학교, 국민건강 서비스에 더 많은 관심을 두고 있기 때문에 "유럽에 관해 논하는 것"을 중단하겠다고 약속했다.[25] 하지만 2013년 말에도, 그의 가장 오랜 친구 중 한 명에 따르면, 그는 여전히 보수당을 지지하는 일반 시민 유럽연합 혐오자들을 '눈알 굴리는 미치광이들'로 여겼다.[26] 하지만 자신이 속한 우파로부터의 공격 위협에 직면한 그는 미치광이들을 달래기로 결심했다. 그해 1월 그는 『블룸버그 런던』에 "이제 영국 국민이 목소리를 낼 때다"라고 말하며, 유럽 통합 찬반 국민투표에 동의했다.[27]

캐머런이 자유민주당 당수이자 연립정부 부총리인 닉 클레그에게 자기 생각을 말했을 때, 클레그는 영국독립당의 유권자를 되찾기 위해 그런 위험을 감수하는 것은 '미친 짓'이라고 말했지만,[28] 캐머런은 "나는 해야만 한다. 이것은 당 생존의 문제"라고 주장했다.[29] 그의 도박에 대해 가장 유럽 친화적인 보수당 의원인 켄 클라크는 '믿을 수 없을 정

---

* 이슬람 성전주의자.

도의 무모함'을 느꼈지만,30 전 보수당 대표였던 이언 덩컨 스미스는 캐머런의 광기 속에 숨어 있는 전략을 보았다. 그는 2015년에 예정된 선거에서 "다우닝가*는 (…) 선거 결과로 연립정부가 될 가능성이 크고 (…) 캐머런이 동의한 국민투표는 무산될 것이라고 생각한다"고 말했다.31

사실 캐머런은 국민투표의 잠재적인 이점을 기대하고 있었다. 2010년 이후 유럽의 위기는 금융, 연방주의, 외교 정책, 국가 주권의 이슈에서 런던과 브뤼셀 사이에 얼마나 큰 격차가 존재하는지를 드러냈다. 프랑스와 독일 정치인들은 런던의 유로로 표기된 금융 거래에 세금을 부과해야 한다고 공개적으로 이야기했다. 영국은 조약의 개정이 너무 많이 진행되기 전에 민첩하고 빠르게 어떤 조치라도 취해야 했다. 이에 실제로는 이행되지 않을 수도 있는 국민투표를 통한 위협은 캐머런을 지지하는 보수당을 결집하고 브뤼셀에 그가 진지하다는 신호를 보내는 일석이조의 효과를 가져올 수 있었다.

2018년 내가 어떤 기회로 닉 클레그를 만나 캐머런의 전략에 대해 물어봤을 때 그는 그저 웃었는데, 전직 총리의 장기적 사고란 점심 대신 저녁 메뉴를 고민하는 수준이었다는 인상을 주었다.32 그러나 일부 보수당 지도자들은 전 세계적으로 변화하는 지리의 의미에 대해 깊이 고민하고 있었다. 2010년대 초에는 영국과 미국의 관계가, 블레어와 부시가 함께 전쟁에 나갔을 때만큼 특별하지 않다는 우려가 커지고 있었다. 시리아와 리비아 내전에 대응하는 과정에서 영미 공조는 제대로 이루어지지 않았고, 『가디언』의 사이먼 티스달이 "현대 미국 대통

---

* 영국 총리 관저.

령들은 영국을 적당히 유용한 고객 국가, 하급 군사 파트너, 유럽으로 가는 관문으로 간주한다"[33]고 말한 것은 옳아 보였다. 2009년 이후 중국이 부상하자, 일부 사람들—특히 캐머런의 재무장관(일부는 거의 캐머런과 동급 총리라고 말했다)인 조지 오즈번—은 이를 영국의 우방 범위를 넓힐 좋은 기회로 보았다.

오즈번은 "영국은 중국을 향해 달려가야 한다"라고 강하게 주장했고,[34] 금융가들은 전속력으로 달려갔다. 19세기 세계 체제의 전성기에 설립된 런던의 홍콩상하이은행은 2012년에 처음으로 위안화 표시 채권을 발행했고, 런던은 싱가포르를 제치고 중국 영토 밖의 위안화 어음 교환 중심지로 급부상했다. 잉글랜드은행은 2013년에 중국 인민은행과 파운드 위안화 스와프를 시작했고, 이듬해 영국은 3억 파운드 규모의 위안화 표시 국채를 최초로 발행했다.

영국이 중국의 '서방 최고의 파트너'가 되겠다는 오즈번의 목표에 대한 저항도 분명히 있었다. 오즈번은 중국이 영국의 번영에 기여할 점을 강조했지만, 캐머런은 정체성, 특히 인권을 더 걱정했다. 캐머런은 2012년 중국에서 망명 중인 티베트의 달라이 라마를 만나 중국에 대해 깊은 의구심을 드러냈다. 그 만남에서 캐머런이 "그들[중국]은 오즈번을 좋아하지만 나는 별로 좋아하지 않는다"고 말했다고 한 관리가 기자들에게 전했다.[35] 하지만 캐머런은 자신의 의구심을 버리고, 중국 원자력 공사로부터 수십억 파운드 규모의 신규 원자로 수주를 승낙했다. 미국이 중국 원자력 공사의 한 계열사를 원자력 기술을 군사 용도로 전용한 혐의로 블랙리스트에 올린 상황이었다. 테리사 메이 내무장관은 2015년 "당 지도부가 국가 안보를 중국에 팔아넘기고 있다"라는 특별 보좌관의 보고를 받았지만,[36] 1년이 지나 총리가 된 후

도판 11.9 여기만 아니면 어디든 좋을 것 같다……. 어색한 표정의 시진핑과 데이비드 캐머런이 더 플라우 앳 카드스덴에서 페일 에일 맥주를 마시고 있다. 얼마 지나지 않아 중국 중푸 그룹이 이 펍을 인수했다.

이 거래를 승인했다. 미국이 아시아인프라투자은행을 미국이 주관하는 금융 질서에 대한 중국의 도전이라고 낙인찍어 영국의 가입을 반대했을 때, 오즈번과 캐머런은 미국의 반대를 크게 고려하지 않았다.

이러한 우호적인 분위기는 2015년 말 시진핑의 런던 국빈 방문으로 절정에 달했다. 시 주석이 떠나고 며칠 후 나는 소호의 차이나타운을 걸었는데, 그곳은 마치 파티가 열렸던 것처럼 보였다. 시 주석은 버킹엄궁에서의 국빈 만찬에 그치지 않고 데이비드 캐머런 총리와 함께 펍에 갔다. 두 사람 다 썩 편해 보이지는 않았지만(도판 11.9), 중국 대사는 여전히 이때를 '황금기golden time'의 시작이라 부른다(캐머런은 '황금시대golden era'라는 말을 더 선호했다).[37] 영국은 유럽연합 내에서 안정적으로 새로운 역할을 찾아가면서도 브뤼셀과의 관계에서 균형을 맞추기 위해 중국과 미국의 우정을 활용하고 있었다.

그러나 곧 투표가 시작되었다.

세상의 종말

국민투표는 모든 것을 원상태로 돌려놓았다. 브렉시트가 될 것이라고 진지하게 예상한 사람은 거의 없었다. 심지어 나이절 패라지도 투표장에서 "[잔류가] 근소하게 이길 것 같다"고 인정했을 정도다.[38] 하지만 투표 결과가 나오자 시장은 혼란에 빠졌다. 캐머런 총리는 사임했고, 4년간의 정치적 혼란이 시작되었다. 분명한 것은 그 누구도 다음에 무엇을 해야 할지 생각하지 않았다는 점이다.

초기 반응은 극단적이었다. 유럽 이사회 의장 도날드 투스크는 한 독일 신문과의 인터뷰에서 "역사학자로서 나는 브렉시트가 유럽연합뿐만 아니라 서구 정치 문명 전체의 파괴를 가져올 수 있다고 우려한다"고 말했다.[39] 하지만 장기 역사의 관점을 가진 역사학자로서 나는 이에 동의할 수 없다. 브렉시트는 굉장히 심각한 문제지만, 그렇다고 세상의 종말은 아니었다. 그것은 8000년 동안 반복해온 사이클에서 가장 최근의 움직임이었을 뿐이다. 브렉시트는 분열을 심화시키고 지배층의 기만과 무능을 드러냈지만, 영국은 그 전에도 지정학적 전략을 둘러싼 수많은 논쟁에서 똑같이 분열되었고 엘리트들은 늘 그만큼 기만적이었다. 2010년대의 내분은 1534년의 잉글렉시트는 말할 것도 없고 1713년 위트레흐트 조약이나 1619년 팔츠 왕국의 몰락 이후와 비교하면 가벼운 수준이었다. 테리사 메이 총리가 타워 브리지에서 던져지거나 데이비드 캐머런 총리의 머리에 창이 꽂히는 일은 없었다. 일부 독자에게는 매력적으로 들릴지도 모르지만 말이다. 보리스 존슨과 제러미 코빈이 과연 월폴이나 울지 추기경보다 더 사악했을까? 아마 아닐 것이다. 브렉시트파의 전략가 도미닉 커밍스는 교활한 인물이지만, 헨리 8세의 해결사 토머스 크롬웰에 비할 바는 아니었다.

 2010년대 후반 브렉시트로 인해 부의 지도를 따라 진행 중이었던 노력들이 갑자기 물거품이 되면서, 정치 지도자들은 새로운 정책을 마련하기 위해 분주히 움직여야 했다. 1990년대부터 서방 엘리트들은 중국과의 협력을 강화해왔다. 세 개의 부의 산 위에서 개인 비행기를 타고 떠돌아다니는 더욱 세계화된 새로운 엘리트, 이 악명 높은 다보스맨들은 이 세 개의 산을 서로 연결하여 엄청난 번영을 누렸다. 영국 정치인들은 초기에 이 새로운 현실을 인식하는 데 더뎠다. 1997년부터 2010년 사이 독일 총리들이 열 번이나 중국을 방문할 동안에 두 명의 노동당 총리는 단 세 번만 중국을 방문했다. 그러나 영국의 금융가, 기술자, 제조업자들은 정치인들보다 훨씬 더 앞서서 중국의 부와 영국의 부를 깊게 얽어매고 있었다. 2008~2009년의 금융 위기에도 불구하고 1989년부터 2015년 사이 대부분의 영국인의 실질 소득은 50퍼센트나 증가했다. 같은 시간에 세계화는 세계 빈곤 인구 10억 명(대부분 아시아)을 극심한 빈곤에서 벗어나게 했는데, 이는 놀라운 기록이었다.

 하지만 완벽하지는 않았다. 중국의 낮은 금리와 값싼 속옷이 안겨다준 혜택은 널리 퍼져 있어 때로는 체감하기 어려웠지만, 저임금 아시아 노동자들과의 경쟁은 종종 특정 산업에 집중되어 일부 지역을 파산과 실업의 암흑 지대로 만들었다. 황금시대에 대한 모든 이야기는

2009년 이후 집값이 매입가보다 낮아지고 미래 없는 일자리에 매달리게 된 수많은 가구가 처한 현실과 충격적일 정도로 불일치했다. 서구의 대부분 지역에서 생활 수준이 정체되거나 악화된 사람들, 혹은 단순히 세계화가 싫었던 사람들은 자기 문제를 외국인, 이민자, 특히 다보스맨 등 온갖 적의 탓으로 돌리도록 설득당하고 있거나, 스스로를 설득하고 있었다. 소위 세계 시민이라 칭하는 사람들은 지나치게 이동성을 당연시하고, 국가 정체성이 부족하며, 안보나 주권에는 거의 관심이 없고, 자신과 같은 사람들의 번영만을 추구한다는 논리였다.

도널드 트럼프의 초기 지지자였던 내 아내의 삼촌 밥은 2016년 어느 날 아침 커피를 마시며 나에게 이 논리의 배경을 설명해주었다. 그는 애리조나주 투손의 멕시코 국경 근처에 살았다. 그는 힐러리 클린턴을 감금하고 멕시코가 국경 장벽 비용을 지불하게 만들 것이라는 트럼프의 주장을 한순간도 믿지 않았지만, 트럼프를 "내가 생각하고 있던 것을 말해준 유일한 정치인"이라고 생각한다고 했다.[40] 억만장자라도 반기득권 운동을 이끌 수 있었다. 유권자들에게 기득권이 막대한 부를 가진 악당들의 패거리가 아니라 인종, 성별, 종교에 대해 수상쩍을 정도로 유연한 견해를 가진 '고학력 대도시인'의 집단이라고 설득하기만 하면 말이다. 국내에서는 이런 기득권자들의 기를 꺾어야 했고, 국외에서는 설령 이들이 같은 편이라고 주장하더라도 멀리해야 했다. 트럼프만이 이렇게 주장한 것은 아니다. 트럼프의 뒤를 이어 다른 대선 후보들도 잇따라 환태평양경제동반자협정, 범대서양 무역투자동반자협정, 북미자유무역협정, 그리고 유엔, 나토, 세계무역기구, 유럽연합까지 공격하기 시작했다.

영국에도 이와 같은 흐름이 있었다. 영국에서 명백한 희생양은 브뤼셀과 고급 클라레 와인을 홀짝이며 마거릿 대처를 무너뜨린 국내의 동조자들이었다. 대처의 유산을 구하려면 대처의 법칙을 깨고 영국을 유럽 대륙에서 탈출시켜야 했다. 그러려면 1940년, 1805년, 1588년과 같이 영국이 스스로 유럽 대륙에서 나오는 방법이 있었다. 영국은 미국 및 캔젝의 영어권 국민과의 관계를 재건해야 했다. 이런 정치적 주장은 18세기 토리주의와 아주 많이 닮았으며, 주요 발의자 중 한 명이었던 제이컵 리스모그는 실제로 '18세기의 명예 회원'[41]이라는 별명에 기뻐했다. 그들의 주장에 따르면 2016년에 잉글랜드와 웨일스 유권자의 47퍼센트는 유럽에 남기를 원했지만, 53퍼센트는 떠나기를 원했다.

반면 북부와 서부에서 명백한 희생양은 잉글랜드였다. 북부와 서부의 입장은 영국을 유럽에 묶어놓아야지만 안전할 수 있다는 고전적인 답과 같았다. 북아일랜드에서는 56퍼센트가 잔류, 44퍼센트가 탈퇴라고 답했고 스코틀랜드에서는 62퍼센트 대 38퍼센트로 잔류가 압도적으로 높았다. 이러한 켈트족의 입장은 18세기, 19세기의 휘그당 행정부 시기와 유사했다. 아이러니하게도 글래드스턴은 영국이 유럽연합을 탈퇴한다면 영국 연합의 해체와 독립한 아일랜드의 통일이라는 망령이 되살아날 거라고 평가했을 것이다. 그러나 (늘 그렇듯) 인구의 무게중심은 저지대에 쏠렸고, 잔류 48퍼센트, 탈퇴 52퍼센트라는 전국적인 투표 결과가 나왔다. 아슬아슬한 결과였지만, 캐머런 총리가 계속 말했듯이 '탈퇴는 탈퇴'였다.[42]

나는 여기서 국민투표에 대해 다시 논쟁할 생각이 없다. 배는 이미 떠났다. 하지만 양측의 주장에서 새로운 것이 거의 없었다는 점을 강조하고 싶다. 많은 잔류파가 상대적으로 젊고, 교육 수준이 높고, 부유하거나 여행 경험이 많다고 해서 이들이 줏대가 없고, 엘리트주의자이며, 뿌리가 없다는 것을 의미하는 것은 아니며, 마찬가지로 많은 탈퇴파가 나이가 많고, 교육 수준이 낮고, 소득이 낮거나 여행 경험이 적다고 해서 그들이 무지하고, 인종 차별적이며, 시대에 뒤떨어진다는 것을 의미하는 것도 아니다. 최소 2000년, 아마 8000년 동안 이동을 위협으로 여기고 정체성을 상대적으로 고정된 것으로 간주하면서 주로 주권을 걱정한 이들은 근접성보다 고립성을 선호하는 경향이 있었고, 이동을 기회로 여기고 정체성을 상대적으로 유동적인 것으로 간주하면서 주로 번영을 고민했던 이들은 고립성보다 근접성을 선호했다. 전략적 논쟁들은 근본적으로 변하지 않았다.

그러나 세부 사항은 달랐다. 악마는 디테일에 있었다. 2004년 이후 영국으로 이주한 폴란드 배관공들은 기원전 4200년 이후에 도착한 농부, 기원전 2400년 이후에 도착한 금속 사용 집단, 혹은 5세기에서 9세기의 앵글로-색슨족, 바이킹과 공통점이 거의 없었다. 장 모네는 아돌프 히틀러가 아니었고, 마스트리흐트는 뮌헨이 아니었으며, 21세기의 브렉시트는 16세기의 잉글렉시트가 아니었다. 중국산 속옷이 몰려왔지만, 무적함대는 되돌아오지 않았다.

견디고 숨기는 것을 넘어

마오쩌둥 사후 30년 넘게 중국 지도자들은 그들의 경제 혁명을 서방 세계 체제에 맞추기 위해 온갖 노력을 기울였다. 심지어 '부상rise'이 해외에서 위협적으로 들릴지 모른다는 걱정 때문에, '평화적 부상peaceful rise'[43]에서 '평화적 발전peaceful development'[44]으로 표현을 순화시키기까지 했다. 서방은 중국의 세계무역기구 가입을 환영했고, 중국의 경제적 참여가 모두에게 이익이 될 것이라고 확신하며 중국의 상습적인 규칙 위반을 눈감아 주었다.

이러한 확신은 2010년 중반에 무너졌다. 전해지는 일화에 따르면, 케인스는 일관성이 없다는 비난을 받았을 때, "사실 자체가 바뀌면 생각도 바뀝니다. 당신은 이럴 때 어떻게 하시겠습니까?"라고 응수했다고 한다.[45] 2009년 무렵부터 사실이 바뀌기 시작하자, 모든 사람이 생각을 바꾸기 시작했다. 서양에서는 중국의 부정행위를 눈감아주는 것이 비굴한 유화 정책처럼 느껴졌고, 동양에서는 미국의 규칙에 복종하는 것이 중국의 치욕의 세기를 연장하는 것처럼 느껴졌다. 1990년대 경제 성장기에 덩샤오핑은 동지들에게 "능력을 숨기고 때를 기다려라"라고 경고했지만,[46] 2010년대 시진핑은 인내심이 부족했다. 그는 정치국에 더는 견디거나 숨기지 말라고 말했다. "중국의 목소리를 내고, 국제 규칙들에 중국적 요소를 더 많이 주입해야 할 때"가 됐다.[47]

외교적 재편이 빠르게 시작되었다. 2011년 버락 오바마는 미·중 경쟁의 최전선에 있는 호주로 날아갔다. 캔버라에서 그는 '아시아로의 전환pivot to Asia'을 대대적으로 발표했는데, 힐러리 클린턴 국무장관은 이를 요약해 "양자 안보 동맹 강화, 중국 등 신흥 강대국과의 협력 관계 심화, 지역 다자 기구 참여, 무역 및 투자 확대, 광범위한 군사력 배치, 민주주의와 인권 증진"이라고 설명했다.[48] 오바마는 이것이 과거의 반소련 봉쇄 정책과 같은 것은 아니라고 주장했다. 그러나 그는 "우리는 중국과의 더 많은 협력 기회를 모색할 것"이라고 약속하면서도 "중국에 솔직하게 말하는 것도 계속할 것"이라고 덧붙였다.[49]

실제로 얼마나 많은 변화가 있었는지에 대해서는 의견이 분분하지

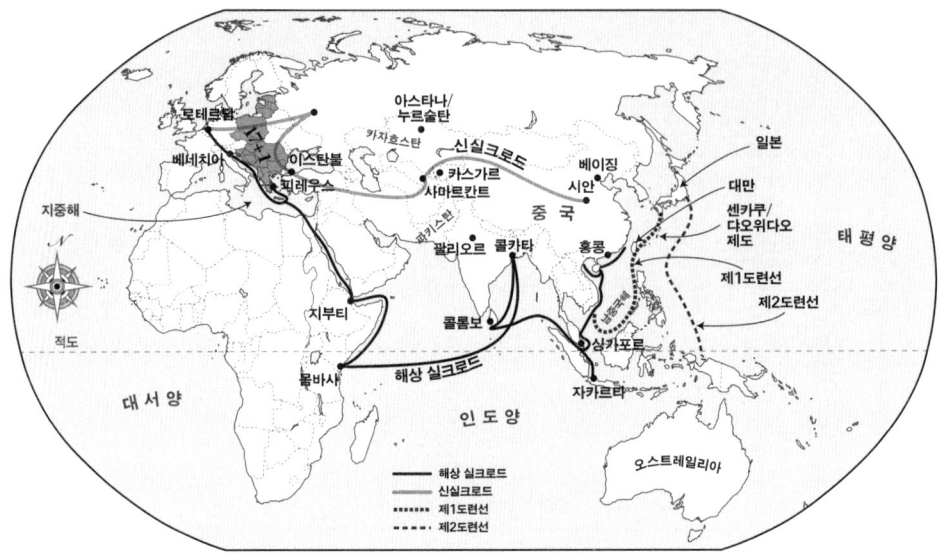

도판 11.10 태평양 외벽을 뛰어넘다: 중국의 일대일로 이니셔티브.

만, 시진핑은 2년 후 카자흐스탄의 수도 아스타나(누르술탄에서 바뀐 이름)로 날아가 사실상 아스타나가 최전선에 서게 되었다고 말하며 미국의 외교적 재편에 응답했다. 중국 전략가들은 수십 년 동안 호주에서 일본까지 뻗어 있는 미국의 동맹국들로 이어진 두 개의 선인, '도련선 Island Chains'이 서방이 자국을 봉쇄하는 수단이라고 불평해왔다. 시진핑은 대담한 행보로 이러한 장벽을 우회했다. 그는 중앙아시아 전역의 도로, 철도, 항공망에 4조에서 8조 달러를 투입해 한때 중국과 유럽을 연결했던 고대 실크로드를 부활시키는 '일대일로 이니셔티브'를 발표했다(도판 11.10). 한 달 후 시진핑은 500억 달러의 초기 자본(시진핑은 빠르게 초기 자본을 2배로 늘렸다)을 가진 아시아인프라투자은행 설립을 발표했으며, 2014년에는 400억 달러 규모의 실크로드 기금도 추가했다.

초기 반응은 열광적이었다. 중국 신화통신에 따르면 100개 이상의 국가가 일대일로 이니셔티브에 대해 "지역 연결성을 강화하고 더 밝은 미래를 포용하려는 시도"라고 평가했다.50 그러나 이러한 시진핑의 행보는 미국 내에서 우려를 불러일으켰다. 2014년까지만 해도 언론인이자 전략가인 로버트 캐플런은 "제2차 세계대전이 파시즘에 맞선 도덕적 투쟁, 냉전이 공산주의에 맞선 도덕적 투쟁, [그리고] 탈냉전이 대량학살[과] 테러리즘에 맞선 도덕적 투쟁이었다면, (…) 중국은 반체제 인사들에 대한 탄압에도 불구하고 도덕적 분노의 대상이 되기에는 역부족이다"라고 말했다.51 그러나 2019년 여론 조사에서 미국인들은 가장 위험한 경쟁국으로 중국을 선택했다.

중국을 '동맹'에서 '적'으로 분류하는 것은 2016년 도널드 트럼프가 당선된 후 공화당과 민주당이 합의한 몇 안 되는 사항 중 하나였다. 트럼프 행정부는 미국 기업들이 국내로 공급망을 옮기도록 독려하기 위해 중국산 제품에 높은 관세를 부과했을 뿐만 아니라, 중국 기술 기업을 스파이 혐의로 문제 삼고, 신장과 홍콩에 대한 탄압을 지적하고, 코로나19의 책임을 중국에 돌리면서 중국의 국제적 위상에 흠집을 냈다. 한편 미국의 국제 정책을 전면적으로 재검토했는데 이는 1713년 이후 런던의 정책을 연상케 했다. 조지 왕조 시대의 영국이 프랑스를 견제하는 개신교 국가들의 다자 동맹이었던 대동맹을 세력 균형을 유지하기 위해 변화하는 양자 동맹으로 대체했듯이, 미국도 민주주의 국가들과의 다자간 냉전 동맹에서 한발 물러났다. 트럼프는 이들의 자리에 중국에 대한 균형추로 러시아와 인도를 포함한 새로운 파트너들을 채워넣었다. 그러면서 유럽연합을 '현재 전 세계에서 가장 큰 미국의 적'으로 규정했다.52 이후 바이든 행정부는 트럼프처럼 동맹국들을 거래적 관계로 대하지 않겠다고 했지만, 18세기에 영국이 배웠던 것처럼, 세력 균형 정치는 의도치 않은 결과를 가져왔다. 미국의 신뢰성에 대한 우려로 유럽은 '전략적 자율성'[53]을 추구하도록 자극받아 베이징과 워싱턴 사이에서 자신들의 균형을 모색하게 되었고, 한편으로 중국은 미국의 오래된 동맹국들에 구애할 기회를 포착했다.

이 글을 쓰는 지금(2021년)도 계속되고 있는 미·중 간 말들의 전쟁은 두 개의 주요 전선에서 벌어지고 있다. 첫 번째 전선은 도련선이다. 각국 정부는 번영에 가장 중요한 파트너인 중국과 안보에 가장 중요한 미국 사이에서 곤경에 빠졌다. 호주는 가장 먼저 그 고통을 겪었다. 2009년 호주 정부는 국방백서에서 "역내 전략적 안정의 토대는 미국의 지속적 존재다"라고 분명하게 발표했지만,[54] 언론이 신랄하게 지적했듯이, 미국을 우선시하는 이 한 문장만 빼면 백서의 나머지 부분은 중국과 어떻게 친해질 것인가에 관한 내용으로 가득 차 있었다. 이로부터 2년 뒤인 2011년에 나는 호주전략정책연구소가 차기 백서 발간을 앞두고 이 혼란을 정리하기 위해 주최한 회의에서 연사로 참여하는 흥미로운 경험을 했다. 회의를 마치고 캔버라를 떠날 때쯤 호주의 입장은 내가 도착했을 때보다 오히려 더 불분명해진 것 같았다. 그러나 2019년 호주 육군의 초청으로 다시 방문했을 때는 모호함이 전부 사라져 있었다.* 중국의 공세적인 태도가 트럼프의 거래주의보다 호주인들을 더 불안하게 했다. 호주는 미국과 보조를 맞추어 중국과 무역전쟁을 시작했고, 중국의 스파이 행위를 비난하며 5G 통신망에서 화웨이 장비 사용을 금지했다. 3년 동안 어떤 호주 총리도 중국에 방문

---

* 호주전략정책연구소의 피터 애비게일, 린제이 애덤스, 릭 버, 피터 코널리, 리 헤이워드, 호주군의 알 팔라초, 그리고 제 방문에 많은 도움을 주신 다른 모든 분께 다시 한번 감사의 말을 전한다.—지은이

하지 않았고, 공무원부터 특수 부대 장교까지 내가 만난 거의 모든 사람이 이것을 당연한 일이라고 생각했다.

두 번째 전선은 유럽이었다. 중국은 유럽과 미국의 불신뿐만 아니라 무역 중심의 북유럽 정부들, 부채에 시달리는 남유럽 정부들, 인권 침해 비판에 지친 동유럽 정부들 그리고 유럽의 모든 것에 지친 영국 정부 간의 갈등을 이용했다. 2012년 중국은 16개 중앙유럽·동유럽 국가들에 대한 투자 지원을 위해 '16+1' 그룹을 설립했으며, 이 그룹은 2019년 그리스가 합류하면서 '17+1'이 되었다. 지원 금액은 비교적 적었지만, 중국 기업이 피레우스(돈 파시피코 사건 당시 파머스턴이 봉쇄했던 그리스 항구)를 인수하고 17+1에 (아직) 속하지 않았던 이탈리아가 일대일로 이니셔티브에 참여했을 때 경고음이 울리기 시작했다. 이후 영국도 중국의 표적이 되었다. 한 정부 관계자는 "브렉시트는 중국에 기회"라며 "유럽연합에서 탈퇴한 영국은 친구가 될 수 있는 모두와 친구를 하려 할 것이기 때문이다"라고 말했다.55 중국 정부 대변지인 『글로벌 타임스』는 "미국의 추종자가 되는 것은 세계적 영국을 지향하는 영국의 목표에 부합하지 않는다"라며 은근한 위협을 가했다.56

2020년대 초반 유럽은 10년 전 호주—신과는 아주 멀지만, 중국과는 아주 가까운—가 처한 상황과 비슷했으며, 미국과 중국 중에 하나만을 선택해야 하는 것을 피하고자 필사적으로 노력하고 있었다. 브뤼셀은 관례대로 양쪽에 베팅했다. 2019년 브뤼셀은 중국을 "유럽연합과 긴밀하게 목표를 공유하는 협력 파트너"이자 "경제적 경쟁자이며 (…) 대안적 거버넌스 모델을 추진하는 체제적 라이벌"이라고 선언했다. 결과적으로 "유럽에서는 중국이 제시하는 도전과 기회의 균형이 바뀌었다는 인식이 커지고 있으며, 더 현실적이고 단호하며 다각적인 접근 방식으로의 유럽연합 정책의 전환"을 예고했다.[57] 복잡한 유럽식 말투의 기준에서, 이는 전투적인 발언이었다. 하지만 2020년이 끝나기 전에 브뤼셀과 베이징은—미국의 격렬한 반대에도 불구하고—투자협정을 체결했고, 유럽 집행위원회는 이를 "중국이 지금까지 체결한 것 중 가장 야심 찬 협정"[58]이라고 평가했다.

어쩌면 런던도 관례대로 행동했다고 할 수 있다. 2000년대에 중국과 공식적인 관계를 발전시키는 데 소극적이었던 영국은 이후에 관계를 끊는 데도 오래 걸려서, 2020년 1월 말까지도 자국 5G 네트워크에 화웨이 장비를 허용했다. 그러나 이후 영국은 미국 주도를 따르는 맥밀런-대처-블레어의 전통으로 돌아섰다. 2021년에 영국은 「안보, 국방, 발전 및 외교 정책에 대한 통합 검토 보고서」에서 자체적인 '인도-태평양 중시 기조'를 발표했다. 이 검토 보고서는 중국과 영국의 협력 가능성을 강조하면서도, "중국의 군사 현대화와 인도 태평양 지역 및 그 너머에서 확대하고 있는 공세적 행보가 영국의 이익에 점점 더 큰 위협이 될 것"이라고 경고했다.[59] 이러한 영국의 대중 정책은 1950년대와 2010년대 사이 영국이 유럽 정책에서 보였던 급격한 전환들을 떠올리게 한다.

이러한 딜레마들은 사라지지 않을 것이다. 조 바이든 대통령의 공보 비서관은 취임 첫 주에 "중국과의 전략적 경쟁은 21세기의 특징"이라고 확신했다.[60] 경쟁의 윤곽이 여전히 모호하다면 이는 아마도 중국이 흔히 '게라시모프 독트린'이라고 불리는 전략을 따르고 있기 때문이라고 많은 전문가는 본다. 현 러시아군 참모총장의 이름을 딴 이 전략은 모호한 안개 속에서 회색 지대의 흐릿한 움직임을 보이는 고의적인 불명확성 전략 중 하나다.

게라시모프는 "전쟁의 방식에 있어 강조점이 정치, 경제, 정보, 인도주의 및 기타 비군사적 수단의 광범위한 사용으로 옮겨가고 있다"고 판단했다.[61] 오늘날 미국의 전략가들은 평화와 전쟁의 극명한 대비보다는 지속적이고 다층적인 '작전campaigning'[62]을 더 많이 이야기한다. 중국의 행동들, 예를 들면 남중국해에서 해안경비대 역할을 하는 '어부들'과 항공기가 다른 국가의 석유 굴착 플랫폼, 어선단, 심지어 군함을 주기적으로 괴롭히는 것과 같은 행동들이 이러한 작전에 부합한다고 할 수 있다. 중국은 유엔 해양법을 무시한 채 이웃 국가들을 협박해 밀약을 맺고 무인도를 해군 시설과 활주로를 갖춘 인공 섬으로 만들었다. 이 모든 것은 전통적인 의미에서의 전쟁은 아니지만 다른 국가들의 주권을 침해하는 행위였다. 게라시모프는 '노골적인 무력 사용'은 "종종 평화 유지와 위기 관리라는 구실 아래 특정 단계에서만, 분쟁에서 최종적인 성공을 거두기 위해서만 발생한다"고 판단했다.

영국과 프랑스는 미국과 마찬가지로 분쟁 대상이 된 섬과 암초 근처로 군함을 보내 게라시모프적인 거부 의사를 표명해왔다. 심지어 남중국해에, 구체적으로는 브루나이나 싱가포르에 영국 기지를 재건하자는 이야기도 나오고 있다. 그러나 여론 조사 결과는 사람들이 도련선을 새로운 외벽으로 고려하는 것에 특별한 열의가 없음을 보여준다. 영국인들은 중국에 대해 우려하지만, 미국인이나 호주인만큼은 아니며, 러시아(2018년 솔즈베리에서 영국인 세 명의 독살을 시도했다), 북한, 중동, 사이버 공격을 더 직접적인 위협으로 보고 있다. 중국의 타이완 침공에 대한 미국의 개입까지 포함해 어떤 일이 발생해도 영국은 전쟁에 참여하려 하지 않을 것이다. 영국은 미국의 항공모함이 태평양에 작전을 수행할 수 있도록 아덴에서 호르무즈로 항공모함을 이동시켜 빈자리를 채워줄 수 있겠지만, 실제 충격은 동아시아인과 (아마도) 미국인들의 일이 될 것이다.

미국의 싱크탱크인 랜드 연구소는 수십 년 동안 일본과 싱가포르를 잇는 섬들에서 발생할 수 있는 잠재적 전쟁 시뮬레이션을 진행해왔다. 이러한 전쟁 게임은 항상 미국 주도의 연합군이 승리하는 것으로 끝났지만, 더 이상 그렇지 않다. 2010년대 후반 중국의 잠수함, 항공기, 특히 미사일이 크게 발전해 이제 미국 항공모함은 중국 해안에서 2000킬로미터 밖에 떨어져야만 안전할 수 있기에, 사실상 거의 무력화되었다. 2020년대 중반을 배경으로 한 최근의 시뮬레이션들에서는 대체로 미국이 최악의 결과를 맞는 것으로 나타났다.

도련선에서 군사적 패배만큼 미국의 세계 체제를 빠르게 약화시킬 수 있는 것도 없고, 반대로 중국 공산당의 정당성을 빠르게 약화시킬 수 있는 것도 없으며, 패배로 인해 어느 한쪽의 핵무기 사용을 고조시킬 경우 전 세계를 이보다 더 빠르게 재앙으로 몰아넣을 수 있는 것도 없다. 이런 위험을 고려해볼 때 전쟁의 위험을 감수할 이들은 제정신이 아닌 자들뿐일 것이다. 과거에도 통치자들은 무모한 도박을 많이 해왔지만, 내가 보기에 중국은 타이완 문제에서 장기전을 계속할 가능성이 높다. 적들을 번영으로 유인하며 그들이 정체성, 안보, 주권에 대한 생각을 바꾸도록 시간을 벌려 할 것이다. 다른 선택지들을 고려할 때, 우리 모두 그렇게 되기를 바랄 수밖에 없다.

장기전은 중국의 오랜 전통이다. 2000년 동안 전근대 중국의 황제들은 자신의 왕국을 '중국中國' 즉 '중원 왕국Middle Kingdom'이라고 불렀는데, 이는 중원이 '천하天下, All under Heaven'의 중심에 위치하고 있기 때문이다. 황제들의 잘못으로 왕국이 바뀌어도, 자기 정당화 장치로서

'중원 왕국 지도Middle Kingdom Map'의 지리적 논리—천하의 중심에 왕국이 있다는 사실—는 항상 작동했다. 이러한 관점에서 볼 때 1840년대부터 1940년대까지 현대 중국의 '치욕의 세기'는 이전 만주족과 몽골족의 지배로 원래 궤도를 이탈한 시기보다 더 짧게 지나간 일시적인 현상이었을 뿐이다. 이제 세계는 본래의 모습으로 되돌아가고 있는 것이다.

나는 이전에 출간한 두 권의 책, 『왜 서양이 지배하는가』와 『문명화의 척도Measure of Civilization』에서 '사회발전 지수index of social development'라는 것을 만들어 세계가 '중원 왕국 지도'를 향해 얼마나 빠르게 나아가고 있는지 알아보고자 했다. 기본적으로 이 지수는 마지막 빙하기 말까지 거슬러 올라가, 시기에 따라 동서양 사회가 일을 처리하고자 물리적, 지적 환경을 제어하는 능력을 측정했다. 수천 년 동안 가장 높은 발전 점수를 받은 지역은 항상 중동-지중해였지만, 약 1500년 전부터 중국의 발전 점수가 앞서나갔다. 중국이 1200년 동안 선두를 지키다가, 유럽인들이 헤리퍼드 지도를 벗어나면서 서양의 점수가 급상승했다. 내 계산에 따르면 운명의 해였던 1776년에 서양의 발전이 동양을 추월한 후 19세기와 20세기에 걸쳐 점점 더 앞서나갔고, 1945년 이후 동양이 다시 격차를 좁히기 시작했다. 지난 100년간의 추세를 앞으로 예측해보면, 다른 모든 것이 동일하다는 가정하에, 2103년에 동양의 발전이 다시 한번 서양을 따라잡을 것이라는 산술적 예측이 나온다.

다른 조건이 동일하다는 가정을 방해할 수 있는 수많은 요소(지구온난화, 팬데믹, 전쟁, 기술, 국내 정치 등)를 고려할 때 이는 다소 가벼운 예측이다. 그러나 이 조잡한 예측은 모두가 말하기 꺼리는 현실을 직시하는 데 도움을 줄 것이다. 즉, 서양의 지배가 한 세대, 혹은 두 세대까지는 더 지속될 것처럼 보이더라도 세 세대까지는 지속되지 못하리라는 것이다. 2103년(또는 그즈음)이 되면 판도가 바뀔 것이다. 지구상의 거의 모든 사람에게 21세기는 중국에서 오는 것과 함께 살아가는 법을 배워야 하는 시대가 될 것이다.

제노의 개

약 2300년 전 제노라는 키프로스인이 아테네로 이주하여 철학자로 활동하기 시작했다. 제노가 아테네 시장 주변에 열 지어 있는 그늘진 스토아*에서 일상적인 비유를 통해 삶을 설명했기 때문에, 제노와 그를 따르던 이들은 스토아학파라고 불렸다. 그는 사람들에게 자신을 수레 뒤에 묶여 있는 개로 상상해보라고 말했다. 개는 자유의지가 풍부하기 때문에 수레가 움직이기 시작하면 무엇을 할 것인지 결정할 수 있다. 수레와 함께 뛰면서 달리기를 즐기거나 수레에 탄 사람들이 떨어뜨린 부스러기를 주워 먹을 수도 있고, 다른 방향으로 달려갈 수도 있으며, 아예 움직이기를 거부할 수도 있는데, 때로는 목이 끌려가거나 넘어질 수도 있다. 제노는 그 누구도 우리를 끌어당기는 거대한 비인격적 힘을 무시할 수 있을 만큼 강하지는 않지만, 그렇다고 선택의 여지가 없을 정도로 약하지도 않다고 주장했다. 우리는 운명의 하인도, 운명의 주인도 아니다. 성공의 비결은 수레가 어느 방향으로 가고 있는지 파악하고 이를 최대한 활용할 수 있는 방법을 찾는 것이다.

---

* 회랑.

거대사에서 지리는 수레가 어떻게 가고 있는지 알아내는 데 핵심적인 역할을 해왔다. 우리는 수레의 움직임을 이것이 정체성, 이동성, 번영, 안보, 주권에 미치는 영향을 통해 경험하곤 하지만, 실제로 무슨 일이 일어나고 있는지를 이해하려면 지도를 자세히 들여다봐야 한다. 그리고 기술과 조직이 우리가 활동하는 무대의 크기를 어떻게 결정하는지 관찰해야만, 우리는 개인 또는 공동체 중에서 가장 중요한 배우들을 구별해내고 우리에게 가장 이익이 되는 역할을 찾을 수 있다. 성과의 정도는 차이가 있었지만, 영국인들은 영국 제도가 물리적으로 형성된 이후 8000년 동안 이러한 일을 해왔다. 대부분의 기간에 영국의 무대는 서유럽에 국한되어 있었고 남쪽과 동쪽에서 온 배우들이 주도했다. 결과적으로 잉글랜드가 된 지역의 사람들에게, 역사는 주로 대륙에서 들어오는 것을 다루는 것이었고, 좀더 북쪽과 서쪽에 있는 사람들에게 역사는 잉글랜드에서 들어오는 것을 다루는 것이었다. 무대는 로마에 의해 지중해로 뻗어나갔다가 제국이 멸망한 후 발트해로 방향을 바꿨고 콜럼버스와 캐벗이 헤리퍼드 지도에서 탈출한 후 크게 확대되었지만, 어느 방향으로, 얼마나 빨리 달려야 하는지는 매번 영국인들 스스로 결정해야 했다.

지난 500년 동안의 위대한 전략적 논쟁들―가톨릭주의, 세력 균형, 영예로운 고립, 제국 내 특혜, 대서양 동맹, 유럽연합―은 모두 궁극적으로 수레의 방향 및 속도와 관련된 것이었으며, 21세기에도 방향과 속도에 관한 전략적 논쟁들은 계속될 것이다. 한 세기 넘게 대서양을 가로질러 서쪽으로 개를 끌던 역사의 수레가 이제 다시 동쪽으로 향하고 있다. 2016년에 국민투표에서 물었어야 했던 질문은 브뤼셀과의 관계를 어떻게 할 것인가가 아니라 베이징과의 관계를 어떻게 할 것인가였어야 했다.

브렉시트를 둘러싼 갈등이 재앙이 된 이유는 탈퇴파와 잔류파가 정체성, 이동성, 번영, 안보, 주권의 단기적이고 피상적인 문제를 놓고 치열한 논쟁을 벌이느라 결정적인 5년을 허비하고, 장기적 문제인 지리는 거의 언급하지 않았기 때문이다. 이러한 오류로 인해 두 진영 모두 유럽이 여전히 무대의 중심을 차지하고 있다는 착각에 빠져들었다. 정치학자 케리 브라운은 2016년 브렉시트 투표 직전에 영중 관계에 대한 대중 강연에서 있었던 충격적인(어쩌면 끔찍한) 이야기를 들려준다. 그는 "청중은 그들이 사는 세계의 근본적인 권력 구조 재편과 지정학적 힘의 재편성에 대한 뉴스와 분석을 거의 초월한 정도로 차분하게 듣고 있었다"고 회상한다. 바로 몇 미터 떨어진 "옆 방에서는 영국과 유럽연합에 대한 토론이 폭동으로 끝날 뻔했는데도 말이다".[63] 역사의 수레는 동쪽으로 굴러가고 있었지만, 제노의 개는 엉뚱한 방향으로 달리고 있었다.

제노가 아테네에서 이론을 정립하던 시기에 인도의 서사시「마하바라타」의 시인은—그는 갠지스강 유역의 수백 개의 도시 국가가 소수의 제국으로 통합되던 시대에 살았다—국제관계가 가뭄이 들면 큰 물고기가 작은 물고기들을 잡아먹는 '물고기의 법칙'에 의해 지배된다고 생각했다.[64] 21세기에 전 세계는 통합되고 있다. 우리는 대가뭄 속에 살고 있다. 전 유엔 사무부총장은 오늘날의 작은 물고기들이 "진영에 대해 방어적인 방식으로 생각하기 시작했다"고 말한다. 많은 정부는 큰 물고기에게 잡아먹히지 않는 가장 좋은 방법이 (바라건대 덜 위협적인) 다른 큰 물고기에 붙는 것이라고 결론 내리고 있다. 그런데 바로 이 시점에 영국은 "진영 없이 표류"하기로 자신을 내던졌다고 그는 덧

붙였다.65

통합은 새로운 이야기가 아니다. 유럽 물고기는 1973년부터, 미국 물고기는 1916년부터 영국을 잡아먹어왔다. 다만 조용히 해왔을 뿐이다. 이전의 거대 물고기들—로마인, 색슨족, 바이킹, 노르만족은 '조스'처럼 이 섬들을 찢어놓았고, 히틀러나 스탈린도 마찬가지였을 것이다. 하지만 20세기 워싱턴과 브뤼셀은 피라미 떼처럼 행동했다. 그들은 조금씩 영국의 주권과 정체성을 갉아먹었고, 결국 런던은 워싱턴과 브뤼셀보다 영국의 번영과 안보(그리고 유럽의 경우 이동성)에 대해 더 적은 발언권을 갖게 되었다.

2016년의 브렉시트 논쟁은 유럽이 영국을 갉아먹는 것이 영국에 좋은지 나쁜지에 강박적으로 몰두했지만, 영국이 유럽연합 바깥에서 중국을 상대하는 것이 상대적으로 좋은지 나쁜지를 묻는 것이 더 바람직했을 것이다. 일부 분석가들, 특히 미국인들은 신장, 티베트, 홍콩에서의 중국의 행동에 대해 이야기하며 "조스가 다시 공격하고 있다"고 결론짓고 있다. 도널드 트럼프 정부의 국방부 장관은 2020년에 "우리가 지금 무릎 꿇는다면 우리 아이들은 중국 공산당의 자비를 구하는 상황에 처할 수 있다"고 말했다.66 반면 다른 관찰자(특히 중국에 있는)들은 중국이 피라미도 안 된다고 주장한다. 한 금융가는 진짜 문제는 서양인들이 "우월감에 너무 익숙해 있고, 모든 사람에게 너무나도 친절하게 대접받고 있다는 것이다. 따라서 자신들이 '좋아, 이제 우리도 다른 사람들과 동등한 지위에 있어야 해'라고 생각하면 실망에 빠진다"라고 말한다.67 더 균형 잡힌, 그리고 솔직히 훨씬 더 설득력 있는 해석은 케리 브라운의 신중한 평가다. 그는 "영국에 대한 중국의 관심은 투자, 금융, 지적 파트너십(기술과 전문성을 포함)의 세 가지 범주로 나뉜다"고 말한다.[68] 중국인 회계사가 몰려오고 있을 뿐, 중국 함대가 영국 해안으로 올라와 총을 쏘는 일은 없을 것이고, 보리스 존슨이 틸버리에서 군대를 소집하는 일도 없을 것이다. 중국도 워싱턴과 브뤼셀처럼 조금씩 영국을 갉아먹을 것이다.

번영의 측면에서 중국식 특징에 의해 조금씩 갉아먹히는 방식은 여러 면에서 미국과 유럽에 먹혔던 형태와 비슷할 것이다. 1948년 마셜 플랜 원조의 첫 번째 분할금을 받았을 때부터 2016년 유럽연합 탈퇴 투표를 할 때까지 영국의 실질 소득은 4배로 증가했다. 대부분의 경제학자는 브렉시트가 번영에 타격을 줄 것으로 예상한다(잉글랜드은행은 2030년까지 브렉시트로 인해 영국이 유럽에 잔류했을 때보다 영국 경제가 3~4퍼센트 줄어들 것으로 보고 있다). 하지만 브렉시트를 지지하는 사람들은 브뤼셀에서 해방된 영국이 '세계적 영국'으로 스스로를 재창조할 것이라 반박한다. 보리스 존슨 총리는 "새로운 강대국의 부상을 보면서 근접한 유럽 내륙에 묶여 있을 것이" 아니라 "대 중국 정책에 있어 새로운 접근 방식을 만들어야 한다"라고 말했다.[69] 이 계획은 비판자들이 '템스강의 싱가포르'[70]로 조롱하는 체제—국제 상거래를 위한 저관세, 저세금, 저규제 허브 지역—로 전환해 영국이 브렉시트 이후의 적자를 상쇄하고도 남을 충분한 번영을 창출하는 것이다.

세계적 영국은 중국 무역에 있어 유럽과의 치열한 경쟁과 동쪽으로 기우는 것에 대한 미국의 반대에 직면할 가능성이 매우 크다. 설령 이를 성공적으로 극복하더라도 그 결과가 모두에게 달가울지는 미지수다. 무엇보다 중국으로 향하는 길은 브렉시트 지지자들이 그토록 경계하던 이동성의 문제를 부각시킬 것이 확실해 보인다. 이동성을 촉진하는 일부 힘들은 영국의 통제 밖에 있다. 세계은행은 2050년까지 라틴 아메리카, 아프리카, 중앙·남아시아에서 1억4000만 명의 기후 난민이 발생할 것이며, 영국이 이들이 가장 선호하는 목적지 중 하나가 될 거라고 전망한다. 그리고 세계적 영국이 되려면 더 멀리 있는 무역 파트너로부터 더 적은 수이지만 숙련된 고학력 이민자들이 유입되어야 할 것이다. 사실 이러한 흐름은 이미 시작되었다. 브렉시트 투표 이후 2020년 코로나 바이러스의 발생까지 유럽인의 영국으로의 이주는 4분의 3으로 감소했지만, 비유럽인의 이주는 이를 상쇄할 만큼 증가했다. 신규 이민자의 대부분은 중국인이었고, 그중 다수가 학생이었다. 영국 법은 대학 졸업 후 체류 기간을 2년으로 제한하고 있지만, 유학생의 절반은 더 오래 머물기를 희망한다고 말한다. 학생들은 압도적으로 도시, 주로 런던에 정착하며, 다른 나라에서 보여준 중국의 비즈니스 관행을 참고한다면, 수만 명의 숙련된 전문가들이 그들의 발자취를 따라갈 것이다. 일부는 에든버러나 맨체스터와 같은 교통이 좋은 북쪽 도시로, 일부는 교통이 덜 좋은 도시로 갈 수도 있지만, 템스강의 싱가포르는 영국 동남부와 다른 지역 간의 격차를 더 넓힐 것이 분명하다.

세계적 영국은 2010년대 초 조지 오즈번이 중국 정책을 완화하면서 대두되었던 주권에 대한 불안감도 되살릴 것으로 보인다. 중국 외교관들은 자신들의 외교 정책이 영국, 미국 등 이전의 강대국들과는 다르다고 주장하며, 이러한 우려를 계속해서 일축하고 있다. 19세기와 20세기의 강대국들은 군사력과 군사 기지망으로 불평등한 세계 체제를 만들었지만, 중국의 외교 정책은 유교적이어서 비강압적이라는 것이다. 그러나 정책을 '유교적'이라 부르는 것은 그것을 '기독교적' 또는 '이슬람교적'이라고 부르는 것과 다를 바 없다. 성경, 코란, 유교 경전에는 너무나 많은 내용이 담겨 있어, 종교의 이름으로 거의 모든 죄를 정당화할 수 있을 정도다. 고대 및 중세 유교는 덕으로 여기는 목적을 위해 무력을 사용하는 데 거의 거리낌이 없었고, 매우 위계적인 제국을 만들었다. 중국 외교관들이 뭐라고 말하든, 실제 중국은 파머스턴도 인정할 만한 방식으로 이익을 철저히 추구하는 '초현실주의 국가'라는 전략가 로버트 캐플런의 주장[71]을 반대하기는 어렵다.

중국은 이미 그들에게 '법치'가 무엇을 의미하는지를 보여준 바 있다.[72] 2014년 중국 공산당은 전국 인민 대표자 본회의에서 이 주제를 주요하게 다뤘다. 워싱턴이나 런던이었다면 법이 정부의 행동을 어떻게 제약하는지에 대한 논의가 있었겠지만, 베이징에서는 당의 의지를 집행하는 법의 역할에 초점을 맞췄다. 시진핑은 이를 곧바로 '국제관계에서의 법치' 요구로 확대했다. 2020년 런던 주재 중국 대사가 영국에 "우리는 당신들과 친구가 되고 싶지만 (…) 중국을 적대적인 국가로 대한다면 그 결과를 감수해야 할 것"이라고 경고했을 때,[73] 그가 염두에 둔 것은 바로 이런 종류의 법이었을 것이다. 중국에게 잡아먹히는 것은, 20세기에 미국과 유럽에 잡아먹힌 것보다 훨씬 더 심한 주권의 손상을 가져올 수 있다. 2010년대 호주와 마찬가지로 2020년대의 영국은 확고한 안보 파트너인 미국과 점점 더 공격적인 경제 파트너가 되어가는 중국 사이에서 하나를 선택해야 할지도 모른다.

가장 극단적인 결과는 영국이 미국과의 동맹을 포기하고 중국을 주요 안보 파트너로 인정하는 것이다. 2020년대 초 현재로서는 마치 냉전 시대에 미국 안보 체제에서 소련 안보 체제로 갈아타는 것만큼이나 모든 면에서 불가능해 보이는 일이지만, 만일 중국이 태평양 외벽을 무너뜨리는 데 성공하거나 단지 우회한다고만 가정해도, 영국의 전략적 전제들은 19세기 후반 독일 경제가 부상한 이후 어느 때보다도 더 크게 흔들릴 것이다. 당시 영국은 재빨리 최대 숙적이었던 프랑스 및 러시아와 동맹국 관계를 맺었고, 영미 파트너십을 오래 지속하는 방향으로 나아가기 시작했다. 국익은 영원하지만, 적과 우방은 영원하지 않다는 파머스턴의 법칙이 힘을 발휘하는 한, 향후 30년 이내에 영국이 중국을 동맹국으로, 미국과 유럽연합을 라이벌로 바꾸는 전략 재편을 추진할 가능성을 아예 배제하는 것은 성급한 판단일 것이다.

그런데 이러한 전환을 가로막는 가장 큰 장벽은 아마 정체성일 것이다. 공통의 역사, 문화, 언어는 영국을 다른 영어권 국가들과 묶고 있으며, 세계 가치관 조사World Values Survey가 수천 건의 여론 조사 응답을 바탕으로 작성한 '문화 지도'를 보면 영국과 중국은 정반대의 극단에 위치해 있다. 중국의 경제적 영광에도 불구하고, 중국의 권위주의는 해외에서 그다지 매력적이지 않다. 소프트 파워 30 지수(여기서 소프트 파워는 '매력과 설득을 통해 목표를 달성하는 능력'으로 정의한다)에 따르면,[74] 2019년에 중국은 100점 만점에 51.25점으로 세계 27위를 차지했는데, 이는 중국의 권위주의 정치에 대해 널리 퍼져 있는 우려가 반영되어 전보다 더 하락한 수치다. 반면 영국은 79.47점을 받았는데, 끝이 보이지 않는 브렉시트 논쟁으로 프랑스에 1위 자리를 내주며 2위를 차지했다. 중국은 전 세계 대학 캠퍼스들에 500여 개의 '공자학원'을 설립하는 등 서양에 중국의 소프트 파워를 투사하려고 노력했지만, 이 같은 노력은 잘 봐줘야 엇갈린 결과만을 가져왔다.

영국의 사업가 마틴 소렐은 "다음 세대에게 필요한 언어는 중국어와 컴퓨터 코드뿐"이라고 예측했지만,[75] 중국어의 필요성에 동의하는 영국인은 거의 없는 것 같다. 2018년 A 레벨* 시험에 응시한 27만 명 이상의 학생 중 중국어를 선택한 학생은 3334명에 불과했다. 3000명이 조금 넘는 독일어 응시자보다는 약간 많았지만, 스페인어와 프랑스어는 각각 두 배나 더 많은 학생이 응시했다. 그런데 공립학교는 열두 곳 중 한 곳에서만 중국어 수업을 제공하는 반면, 사립학교는 세 곳 중 한 곳에서 중국어 수업을 제공하고 있다. 이는 아마도 부유하고 높은 이동성에 익숙하며 중국과 유럽에 동시에 호감을 가진 엘리트 계층이 대다수와 점점 동떨어지면서, 현재 영국의 정체성에 대한 감각들이 분열되고 새로운 대안이 들어설 공간이 열리고 있음을 보여주는 또 다른 신호일 수도 있다.

  물론 '영국의 정체성' 자체는 1707년 앵글로-스코틀랜드 연합법 이전에는 거의 존재하지 않았던 비교적 최근의 발명품이다. 영국인의 정체성을 확립하는 것은 영국의 뒷문을 닫는 데 매우 중요했지만, 20세기를 거치면서 이러한 전략적 필요성이 희미해졌고, 따라서 섬나라의 정체성을 공유해야 할 논리도 약해졌다. 여론 조사에 따르면 영국인의 절반이 2030년까지 스코틀랜드가 영국 연합을 탈퇴할 것으로 예상하며, 북아일랜드 인구의 절반 가까이가 남아일랜드와의 통일을 선호한다. 그리고 1295년 프랑코-스코틀랜드 올드 동맹과 367년 색슨인-픽트인-스코틀랜드인의 '야만인의 음모'를 뒷받침하던 지리적 논리는 여전히 사라지지 않았다. 스코틀랜드와 아일랜드, 그리고 아마 웨일스까지도 유럽연합의 막대한 부의 산에 올라타는 것이 그들보다 큰 영국 내 이웃(잉글랜드)을 상대하는 가장 합리적인 방법이 될 수 있다.

---

* 영국의 고등교육 과정.

만약 모든 것의 결과로 영국이 고립되고 포위된 상황을 맞는다면, 영국인들은 중국이라는 산에 오르는 것이 최선의 선택인지 고민하게 될 것이다. 그렇게 한다면 케리 브라운이 말했듯, "경제적으로, 결국에는 정치적으로 중국이 '소유'한 새로운 종류의 조공국이 되어 자신의 가치를 훼손하고, 순전히 돈을 따라 움직이는" 존재가 될 수도 있다.[76] 매력적으로 들리지는 않지만, 영국이 움직일 수 있는 자율성의 공간이 계속 축소된다면, 이는 21세기 중반에 이르러 선택할 수 있는 차악의 전략 가운데 하나가 될 수도 있다.

그러나 흔히 그렇듯, 이 모든 가능성은 '만약'일 뿐이다. 삶에는 돈보다 더 중요한 것이 있다. 과거 영국인들은 번영보다 정체성, 이동성, 안보, 주권을 더 중요하게 여겼고 다시 그렇게 할 수도 있다. 그리고 어떤 경우에도 가장 중요한 결정은 런던이 아닌 다른 먼 곳에서 내려질 것이다. 아마도 미국과 유럽연합은 중국을 봉쇄하기 위해 함께 할 것이다. 아니면 유럽인들이 미국의 패권을 약화시키기 위해 중국에 붙을 수도 있다. 또는 2020년대 초반에 볼 때 그 가능성은 적어 보이지만, 미국과 중국이 세계를 양분하고 유럽은 소외될 수도 있다. 중간에서 취할 수 있는 수많은 위치가 있고, 각 위치에 따라 고유한 기회와 도전이 존재한다. 영국은 기존의 미국과의 동맹을 강화하거나 미국, 유럽, 중국의 원들 사이의 새로운 교차점에 위치할 수도 있다. 또는 1970년대 노동당 좌파가 주장했던(2010년대 후반에도 일부 사람들이 다시 주장했던) '영국의 요새화'와 같은 전략에 유혹을 느낄 수도 있다. 심지어 유럽연합으로 돌아갈 수도 있다. 실제로 이미 영국은 원조 유럽연합에서 탈퇴한 지 19년 만인 1553년에 다시 유럽연합에 가입했다가 불과 5년 후에 다시 탈퇴한 적이 있다.

언제나 다른 선택지는 존재한다. 그리고 영국의 8000년 역사가 가르쳐주는 것이 있다면, 이 섬나라의 과거 주민들은 이보다 더 큰 도전에 맞서왔다는 사실이다. 첫 번째로 해야 할 것은 우리가 바라는 대로가 아니라 있는 항상 그대로의 사실을 직시하는 것이다. 21세기의 무대에 등장하는 모든 배우는 "제노의 개라면 어떻게 했을까"라는 동일한 질문에 직면한다. 거대사는 미리 잘 포장된 답을 제공하지는 않는다. 왜냐하면 이는 역사가 작동하는 방식이 아니기 때문이다. 그러나 거대사는 우리가 잘 언급하지 않았던 것에 집중하도록 만든다. 바로, 지리의 의미가 그 어느 때보다 더 빠르게 변화하고 있다는 것이다. 세계 무대가 확장되어 동쪽으로 기울고 수레가 동쪽으로 굴러가면서, 중요한 것은 브뤼셀이 아니라 베이징이라는 것을 인식해야 할 때가 왔다. 브렉시트 논쟁에 정신이 팔린 제노의 개는 엉뚱한 방향으로 달리는 데 중요한 5년을 허비했다.

세계의 부와 권력이 한 지역에서 다른 지역으로 빠르게 이동하던 1910년, 미국 시인 엘라 휠러 윌콕스는 대서양 너머로 날카로운 메시지를 보냈다.

> 영국이여, 깨어나라! 과거의 꿈에서 깨어나라,
> 현재에 집중하고 과거는 잊어버려라.[77]

윌콕스의 시대 이후 지도는 변했어도, 그녀의 메시지는 그대로다. 영국이여, 깨어나라. 2103년은 생각보다 빨리 다가올 것이다.

12장
돌아갈 수 없는 고향

2017년

2015년 봄, "미국 대통령 예비선거 기간을 앞두고" 저널리스트이자 전략 분석가인 로버트 캐플런은 미국 전역을 자동차로 횡단하기로 결심했다. "텔레비전 카메라와 기자들의 질문 너머에 있는 미국을 보기 위해서"였다. 그는 "세계 속 미국의 위치를 성찰하고 이에 대응할 전략을 세우기 전에, 그곳에서 실제로 벌어지고 있는 것을 보고 싶었다"고 말했다. 그러려면 저널리즘과 전략 분석이라는 자신의 배경을 모두 활용해야 했다. 그는 "저널리스트는 사람들과 끊임없이 대화하며, 사람들의 이야기로 자신의 경험과 인식을 형성"하는 반면에 "전략 분석가는 사람들이 말하진 않지만 분명하게 드러내고 있는 것에 주목한다"라고 설명했다. 따라서 그의 계획은 "사람들이 친구나 지인들과 같이 있을 때 무엇을 이야기하는지 엿들어, 그들의 진정한 관심사와 고민을 이해하고, 그것을 자신이 관찰하는 다른 모든 것과 함께 고려하는 것"이 되었다.[1]

2017년 여름, 국민투표가 실시된 지 거의 정확히 1년 후에 나는 영국에서도 비슷한 일을 하기로 결심했다. 브렉시트에 반대한 웨스트민스터를 시작으로 브렉시트에 찬성한 시골과 도시를 두루 돌아보기로 했다. 지난 30년 동안 해외에서 보낸 덕분에, 아마도 이미 모든 논쟁에 진저리가 난 현지인보다 내가 더 신선한 눈으로 이 나라를 바라볼 수 있을 거라 기대했다. 그리고 영국은 미국과 달리 아직 대중교통으로 전국을 다닐 수 있기에, 자동차 대신 대중교통을 이용하기로 했다. 버스에서 사람들이 어떻게 행동하는지를 보는 것보다 그들에 대해 더 많이 알려주는 것은 없다.

탁월한 선택이었다. 운전대를 잡고 있는 것보다 기차 창가에 앉아서 훨씬 더 많은 것을 볼 수 있었다. 무심한 욕설, 낙서, 좌석에 버려진 쓰레기를 통해 사람들이 어디까지 단추를 풀어헤쳤는지 볼 수 있었지만, 『밀회』속 옛 정신이 얼마나 많이 남아 있는지도 알 수 있었다. 여행객들은 여전히 질서 있게 줄을 서서 차례를 기다리며 서로에게 감사 인사를 건넸고, 젊은이들은 여전히 노인들에게 자리를 양보했다. 한번은(사실 이보다 10년 전 일이긴 하지만) 누군가 철로에 몸을 던져 자살하는 바람에 내가 탄 기차가 취소된 적이 있다. 모두가 내리는 와중에 한 승객이 큰 소리로 불평했다. 그러자 다른 승객이 조용히 그에게 희생자의 가족이나 기관사도 생각해야 하지 않겠느냐고 일깨워주었다. 영국다움은 여전히 진중한 멋을 간직하고 있었다.

예상대로 내가 방문한 지역 중 하나는 스토크온트렌트였다. 2016년 '브렉시트의 수도'[2]라는 새로운 이름으로 불리기 전까지 전문가들에게 거의 주목받지 않던 이곳은 캐플런이 미국에서 찾았을 법한 바로 그런 곳이다. 스토크는 한없이 잊히기 쉬운 지역이다. 화려한 국제적인 엘리트도, 분노한 도시 하층민도 별로 없는, 그야말로 이것도 저것도 아닌 지역이다. 그저 잉글랜드 한가운데 위치한, 많은 사람이 가고 싶어하지 않는 다소 칙칙한 지역의 일부다. 2021년 런던의 '첼시 축구 클럽' 서포터들은 자신들이 엘리트 유럽 '슈퍼 리그' 가입에 얼마나 반대하는지를 보여주기 위해, "우리는 스토크에서 추운 밤을 보내고 싶다"라는 플래카드를 들었다.[3] 같은 해 봄, 정부가 런던의 일부 관리자를 스토크로 전출 보낼 계획이라고 발표했을 때, 『타임스』의 한 편집자는 "수백 명의 내무부 공무원이 스토크로 강제 이전당할 처지에 놓였다"라는 표현이 적절하다고 생각했다.[4] 스토크는 좀처럼 사람들의 가슴을 두근거리게 하지 않는 곳이다.

스토크는 지리의 산물이다. 스토크는 동남부의 평탄하고 비옥하며 비교적 따뜻하고 건조한 저지대와 북부와 서부의 척박하고 자갈 많은 토양에 서늘하고 비가 많이 오는 고지대를 나누는 경계선 바로 북쪽에 위치한다. 잉글랜드 북부의 페나인산맥과 웨일스의 캄브리안산맥을 가르는 50킬로미터 너비의 계곡인 미들랜드 갭의 한복판에 자리잡고 있다(도판 12.1). 이곳은 전략적으로 특별히 중요하지 않으며, 역사적으로 주목할 만한 사건이 일어난 적도 없다. 고고학 및 역사 유적 지도에서 미들랜드 갭은 종종 공백으로 표시되며, 누군가가 이 이름을 생각해내기 훨씬 전부터 뒤처져 있었다. 이 지역의 유일하고 진정한 변화는 1760년대 조사이아 웨지우드가 이 지역의 도자기 생산을 산업화하고(스토크는 흔히 '도자기 제조지'로 불린다), 운하 건설업자들이 이곳을 전국의 시장과 연결하면서 시작되었다.

심지어 그때도 스토크는 여전히 이도 저도 아닌 경계에 머물러 있었다. 확실히 시골은 아니지만, 그렇다고 인근 버밍엄이나 맨체스터 같은 큰 도시도 아니었다. 문화적 불모지는 아니지만, 유행을 선도하

도판 12.1 눈에 띄지 않는 중간: 펜쿨 뉴 로드에서 바라본 미들랜드 갭의 완만한 전원지대에 있는 스토크온트렌트시, 2014년.

는 도시도 아니었다. 소설가 아널드 베넷이라는 위대한 문인을 배출했지만, 그는 가장 중요한 작품들을 파리에서 썼다. 지역 주민들이 가장 중요하게 여기던 분야, 축구에서도 두각을 나타내지 못했다. 스토크 축구 클럽('포터스')은 1888년 축구 리그를 창설한 열두 팀 중 하나였지만, 리그 챔피언십이나 FA컵에서 단 한 번도 우승하지 못한 유일한 팀으로 남아 있다. 사상 최고의 축구 선수인 스탠리 매슈스 경은 포터스 소속이었지만 베넷과 마찬가지로 메달을 따기 위해 스토크를 떠나야 했다. (그는 또한 진정한 영국 신사였는데, 35년간의 선수 생활 동안 단 한 번도 반칙으로 퇴장당하거나 경고를 받은 적이 없었다.)

스토크에는 탄탄한 노동 계급이 있었으나, 그 핵심 산업인 도기, 철강, 석탄은 오래전인 2009년에 수명을 다한 상태였다. 스토크 센트럴의 전 의원인 트리스트럼 헌트에 따르면, 경기 침체는 '디트로이트식의 충격'을 미쳤다. 10년이 지나고 스토크의 실업률은 영국 평균과 비슷해졌지만, 다섯 개 일자리 중 하나 이상이 운전, 노동, 청소 등 '단순직'으로 분류되는 일이었다.[5] 2013년에는 버려진 집이 너무 많아서 시의회는 집 한 채당 1파운드에 매각하기 시작했다(다만 구매자들은 수리에 3만 파운드를 써야 했다). 국민투표에 참여한 스토크 주민의 69퍼센트(스토크 센트럴은 전국에서 투표율이 가장 낮은 지역 중 하나였다)가 유럽연합 탈퇴를 선택했다.

하지만 19세기에 지어진 스토크의 웅장한 기차역에서 밖으로 나오자마자, '뒤처진 도시'라는 이야기가 안 맞는 옷처럼 느껴지기 시작했다. 버스 정류장들은 여전히 역 앞에 남아 있지만(어린 시절 보았던 매연을 내뿜던 붉은 괴물들은 작고 민첩한 전기버스로 대체되었다), 역 앞 도로는 대부분 택시가 차지하고 있었다. 한적한 수요일 아침이었는데도, 40명이 넘는 기사가 승객들을 기다리고 있었고 꾸준히 사람들을 태우고 있었다. 낯선 광경이었다. 내 기억에 따르면 1970년대에는 빛바랜 노스 스태퍼드 호텔 앞 빼고는 다른 곳에서 택시를 본 적이 없었다. 지금의 모습은 번영하고 있는 브렉시트 수도로서의 인상을 주었다.

하지만 트렌트 앤 머지 운하(18세기 건설 공학의 걸작 중 하나)를 건너 셸턴 올드 로드를 오르자 그런 인상이 조금씩 사라졌다. 골목길을 따라 늘어선 작은 계단식 집들은 그 전에도 도시에서 가장 살고 싶은 집으로 여겨진 적이 한 번도 없지만, 이제 절반 가까이가 판자로 덧대어져 있었다. 벽은 종종 낙서로 도배되어 있었고, 창문은 철창으로 막혀 있었으며, 뒷골목과 맞닿은 담장에는 철조망이 처져 있었다. 나는 길가에서 혼잣말을 하는 남자 셋을 봤는데, 그중 한 명은 지역 쿠폰 센터 문 앞에서 털썩 주저앉아 있었다. 이것도 처음 보는 광경이었다. 하지만 이 우울한 풍경 바로 맞은편에서는 또 다른 낯선 풍경이 눈에 들어왔다. '스토크드'라는 간판을 내건, 아시아 퓨전 요리를 전문으로 하는 밝은 외관의 고급 술집이었다. 내가 살던 시절에는 '더 블랙스 헤드'라는 술집이었던 곳이다.

캐플런은 미국 동부 해안을 떠나 중부로 향하며 "저탄수화물 다이어트를 하고 세련된 옷을 입은 날씬한 사람들의 세계 (…) 피부색과 성적 지향이 단일하지 않고 다양하며 그것이 찬사받는 세계"에서 "억눌리고, 초라하며, 뒤처지고, 종종 비만인 사람들이 모여 사는, 버젓이 자리잡은 광활한 다른 세계"로 들어갔다고 묘사했다.[6] 잉글랜드는 이보다 정도는 덜하지만, 지역 주민들 간의 차이는 미국과 비슷했다. 열정적이고 세련된 런던의 주민들과는 다른 체형, 야구모자와 늘어진 운동복, 담배, 별다른 일이 없어 보이는 주민들의 모습은 스토크온트렌트를 다른 세계로 보이게 했다. 어떤 거리에서는 쇼핑객보다 경찰이 더 많았고, 다른 모든 아웃렛은 파운드세이버와 비슷한 저가 아웃렛인 것 같았다.

그리고 또 하나의 놀라운 차이가 있었다. 스토크보다 부유한 지역에서는 주민들이 프랜차이즈 식당이나 카페가 조금씩 침투해 들어오는 것에 저항하곤 하지만, 포터리스*에서는 이런 업체들이 마치 좀더 성공한 국가에서 온 작은 대사관처럼 느껴졌다. 단 몇 분 안에 나는 스타벅스뿐만 아니라 영국을 대표하는 체인인 코스타 커피와 카페 네로,

---

* 스토크온트렌트의 도자기 제조업 중심지.

그리고 이들을 꼭 빼닮은 포터리스의 카페 자바를 발견했다. 물론 이 곳들을 런던의 코번트 가든이나 메이페어에 있는 카페로 착각할 사람은 아무도 없었다. 직원과 고객들은 캐플런의 '광활한 다른 세계' 사람들 같았고, 지나치게 친절했다. 하지만 여기에도 에스프레소 한 잔에 2파운드를 지불하는 사람이 꽤 많았다. 그리고 무료 와이파이에 접속해 각종 전자 기기나 해외여행 이야기를 신나게 늘어놓는 마른 체구의 힙스터들도 눈에 띄었다.

이 모든 것이 새로웠다. 햇빛 속으로 다시 걸어나오며(이 지역의 햇살마저 새로웠는데, 어쩌면 지구온난화의 좋은 점일지도 모르겠다), 1970년대 이후 가장 큰 변화는 스토크가 업그레이드되었다는 점임을 깨달았다. 스토크 사람들Potters이 모든 것을 포기하거나 뒤처진 것은 아니었다. 스토크는 40년 전만 해도 암울하고 거친 마을이었으며, 그 흔적은 지금도 남아 있다. 하지만 이제는 예전보다 더 활기차고, 더 다채롭고, 더 많은 곳과 연결되어 있으며, 더 많은 사람이 더 부유한 곳이 되었다. 스토크는 2021년 코로나에 의해 중단되기 전까지 문학 축제를 개최해왔다. 짧은 꼬리 원숭이들과 함께 둘러앉을 수 있는 웅장한 원숭이 숲도 그대로다. 런던 사람들에게는 이 모든 것이 지방색으로 보일지 모르겠지만, 스토크 사람들은 자신들의 세계를 만들고 즐기고 있었다.

영국이니만큼, 최후의 관찰 대상은 당연히 펍이었다. 내가 기억하는 펍은 대부분 여전히 그 자리에 있었지만, 더 깨끗해졌고 더 다양한 술과 음식을 팔고 있었다. 50년 전 누나와 내가 일요일 저녁 식사 전마다 할아버지를 부르러 갔던 펍 알마는 전혀 알아볼 수 없을 정도로 변해 있었다. 예전에는 담배 연기가 자욱해서 바 건너편에 검정 유니폼 차림의 철강 노동자들이 묵묵히 파인트 맥주를 들이켜는 모습도 잘 보이지 않았다. 이제는 원색 인테리어에 수제 에일 맥주만이 가득했다.

40여 년 전 술을 마시곤 했던 하츠힐에 있는 졸리 포터스의 변화는 더 상징적이었다. 1970년대 후반만 해도 이곳은 거친 술집이었고, '즐거운 스토크 사람들Jolly Potters'이라는 이름의 의미와 달리 단골들은 하나같이 무뚝뚝한 얼굴이었다. 하지만 지금은 그야말로 빛나고 있었다. 열정적인 젊은 주인은 내게 야외 정원, 어린이 놀이 공간, 피자 화덕, 즉석 아이스크림 제조 기계—모든 것이 최신식이었다—로 안내해주었고, 훌륭한 배스 맥주 두 잔을 내주었다.

정원에 앉아서 나는 캐플런의 조언을 따라 "열정적으로 엿듣는 사람"[7]이 되었다. 오후의 술꾼들은 세계화에 대해 분노하거나 두려워하지 않았다. 그들은 유럽이나 정부, 다른 누군가를 비난하지도 않았다. 캐플런이 엿들은 미국인들처럼 그들의 대화는 잃어버린 열쇠, 아기, 중고차에 관한 것이었다. 어느 누구도 뒤처진 것처럼 들리지 않았다. 심지어 전화로 오랫동안 자신의 보호관찰 대상자가 면접에 불참한 이유를 설명하는 보호관찰관조차 그랬다.

펍들을 꼼꼼히 탐방한 후, 나는 다시 기차역으로 발길을 돌렸다. 『둠스데이 북Domesday Book』*에 따르면 잉글랜드를 정복한 노르만인들은 하츠힐 아래 경사지를 사슴 공원으로 만들었는데, 여기서 오늘날의 이름 하츠힐Hartshill**이 유래했다. 1970년대에 이 공원은 도시 도자기 공장들의 거대한 폐기장이 되어, 수천만 개의 욕조, 접시, 기와 불량품 파

---

* 노르만의 잉글랜드 정복 이후 윌리엄 1세가 조세 징수를 위해서 토지 현황을 조사한 책.
** 하츠힐에서 'hart'는 수사슴을 의미한다.

편이 산더미처럼 쌓여 있었다. (나의 첫 고고학 경험 중 하나는 1750년대에 웨지우드가 견습생으로 일했던 윌든 공장의 쓰레기장에서 발굴한 유물을 다루는 것이었다.) 하지만 2005년부터 하츠힐 공원은 국가 복권 기금으로 재조성되었다. 이제 잘 정돈된 산책로가 울창한 초목 사이로 구불구불 이어져 있으며, 곳곳에 버려진 도자기 공장에서 만든 작은 조형물들이 나타났다. 도시 한가운데에 있는 유쾌하고 기발한 장소였다. 공원의 그늘을 벗어나 큰길로 나서며 아쉬움을 느꼈다. 그때 머리를 바짝 민 중년 남자가 시큼한 맥주 냄새를 풍기며 문간에서 비틀거리며 튀어나왔다. 그는 나를 노려보며 알아들을 수 없지만 대충 욕 섞인 말을 중얼거리더니 언덕으로 휘청휘청 올라갔다.

대도시에서 스토크 같은 지역으로 취재하러 나온 기자들은 흔히 대처 시대와 10년간의 긴축이 어떻게 따뜻하고 끈끈했던 노동 계급 공동체를 파괴했는지 이야기한다. 하지만 현실은 더 복잡하다. 오늘날의 스토크는 특별히 따뜻하거나 끈끈하지 않지만, 솔직히 예전에도 그랬던 적이 없다. 영국의 다른 많은 도시와 마찬가지로 1970년대 스토크는 거칠고 지저분하고 대체로 지루했다. 사람들은 떠날 수만 있다면 떠나려 했다. (내 부모님은 스토크에 남았지만, 1960년대에 캐나다로 이민 갈 기회를 잡았더라면 어땠을지 가끔 상상하곤 했다.)

1979년 이후 30년 동안 영국 경제는 두 배 가까이 성장했으며, 그 과정에서 다른 호황기 때와 마찬가지로 양극화가 진행되었다. 확장하는 세계 무대로 연결될 수 있는 지역은 그렇지 못한 지역으로부터 인재, 에너지, 자본을 끌어모았다. 예를 들어 스토크 센트럴의 열정적인 의원 트리스트럼 헌트는 2017년 의석을 내려놓고, 런던 빅토리아 앤 앨버트 박물관의 관장이라는 가장 대도시적인 직책 중 하나로 자리

도판 12.2 시대의 징표: 200년 넘게 운영되다 2008년에 문을 닫은 스포드 도자기 공장. 창문 위의 '차이나CHINA' 간판은 1813년 이곳에서 조사이아 스포드가 반투명 도자기, '차이나china'의 비밀을 발견한 일을 기념하는 것이었지만, 결과적으로 전혀 다른 의미에서 불길한 예언이 되고 말았다.

를 옮겨갔다. 양극화는 지역 차원에서도 나타났다. 스토크의 유명하고 오래된 공장들은 모두 사라졌고(도판 12.2), 그와 함께 수천 개의 단순 노동 일자리도 사라졌지만, 몇몇은 꿈의 공장으로 재탄생했다(도판 12.3). 이 공장들은 단추를 풀어헤친 듯 자유롭고 창의적이며, 무엇보다 이미지와 스타일에 중점을 둔, 철저히 세계적 영국의 고향 같은 곳들이다. 지난 40년 동안 스토크에는 슬픈 일도 있고 기쁜 일도 있었다. 그 일들이 유럽 탓인지 혹은 덕분인지와는 별개로, 2016년에 유럽에 남을 것인지 떠날 것인지를 묻는 질문에 스토크 주민 세 명 중 두 명은 유럽을 떠나는 것이 합리적이라고 결론지었다.

도판 12.3 꿈의 공장: 발라스톤*에 있는 웨지우드 공장에서 현대적으로 재탄생한 조사이아 웨지우드(웨지우드가 남긴 유물들은 현재 핀란드 기업 피스카스가 소유하고 있다).

한 가지 일이 기억에 남는다. 나는 노점상의 테이블에 진열된 물건들을 살펴보다가 병 모양 가마 그림이 그려진 앙증맞은 커피잔을 발견했다. 고향을 다시 찾은 여행의 기념품으로 알맞아 보였다. 잔을 집어들어 뒤집어보았다. 바닥에는 이렇게 적혀 있었다. '메이드 인 차이나.' 나는 잔을 내려놓고 발걸음을 옮겼다.

---

* 스토크온트렌트 남쪽에 붙어 있는 마을.

감사의 말

어느 누구도 많은 사람의 도움 없이는 책을 쓸 수 없다. 스탠퍼드대학교 인문과학대학의 지속적인 지원과, 앤드루 카네기 펠로십으로 연구 초기 단계를 후원해준 카네기 재단의 관대함이 없었다면 이 책은 결코 세상에 나오지 못했을 것이다.

나는 마틴 카버, 닉 클레그, 사이먼 에스몬데-클리어리, 이언 호더, 필 클라인하인츠, 마크 맬컴슨, 브룩 맨빌, 재러드 매키니, 존 오브라이언, 조시 오버, 마이크 파커 피어슨, 닐 로버츠, 스티브 셰넌, 브렌던 심스, 캐시 세인트 존, 매슈 테일러, 그레그 울프에게 큰 빚을 졌다. 이들은 모두 원고의 일부 또는 전체를 읽고 조언을 해주었으며, 그들의 조언을 어떻게 활용했는지는 오롯이 나의 책임이다. 2015~2016학년도 학기 중 일부를 런던정경대학교의 필리프 로망 국제학 교수로, 2019년 여름에는 얼마 동안 호주 육군의 키오 미래 지상전 교수로 초빙되어 일한 경험은 내 생각에 지대한 영향을 주었다. 또한, 나는 캘리포니아 코먼웰스협회의 조지 해먼드, 시티 릿의 마크 맬컴슨, 대영박물관의 프레디 매슈스, 세계정세협의회의 케이티 조글린의 초청으로 각 기관에서 공개 강연을 할 수 있었고, 브렌던 심스의 초대로 지정학센터의 온라인 세미나에 참석해 많은 도움을 받았다.

샨 바히디는 모범적이고 현명한 편집자였으며, 미셸 에인절은 훌륭한 지도와 도표를 그려주었다. 페니 대니얼은 제작 과정을 원활하게 이끌었고, 밸러리 키스카는 언제나처럼 내가 만든 여러 복잡한 문제를 풀어주었다. 프로필 북스의 앤드루 프랭클린과 패러, 스트라우스 앤 지루의 에릭 친스키는 내가 작업을 지연시키거나 갑작스레 방향을 전환해도 인내심 있게 조언을 아끼지 않으며 전체 작업을 진행시켰다. 샌드라 다익스트라 출판 저작권 에이전시의 샌디 다익스트라, 엘리스 케이프런, 안드레아 카발라로 그리고 애브너 스타인의 레이철 클레먼츠 또한 완벽한 지원을 해주었다. 모두에게 진심으로 감사드린다.

주

주에는 본문 내 모든 인용문의 출처를 수록했다. 최근 150년가량의 저작에는 일반적으로 쪽수를, 여러 판본으로 재출간된 고전 저작에는 필요에 따라 장을 표시했다. 라틴어와 그리스어 자료는 별도의 표기가 없는 한 모두 직접 번역한 것이다. 1800년 이후 영국 하원에서 행해진 연설은 https://hansard.parliament.uk에서 인용했다. 모든 링크는 2021년 9월 기준으로 유효하다.

머리말

1. Winston Churchill (March 1944), https://www.oxfordreference.com/view/10.1093/acref/9780191826719.001.0001/q-oro-ed4-00002969.
2. David Edgerton, *The Rise and Fall of the British Nation* (2018), p. xx.
3. https://www.theguardian.com/us-news/2016/aug/24/nigel-farage-donald-trump-rally-hillary-clinton.
4. Nigel Farage (24 August 2016), http://foreignpolicy.com/2016/08/25/when-donald-met-nigel/.
5. Nigel Farage, phone-in interview hosted by JT on SuperTalk FM, Jackson, Mississippi (23 August 2016), http://www.express.co.uk/news/uk/703541/Nigel-Farage-UKIP-immigration-Brexit-vote-Donald-Trump-Jackson-Mississippi-US-President.
6. https://www.theguardian.com/us-news/2016/aug/24/nigel-farage-donald-trump-rally-hillary-clinton.

7. 브렉시트 투표의 쟁점들에 관해서는 다음을 보라. http://www.forbes.com/sites/johnmauldin/2016/07/05/3 – reasons-brits-voted-for-brexit/#5d1ca6cc78c1; http://fortune.com/2016/06/14/brexit-britain-eu-vote-referendum-supporters/; http://www.bbc.com/news/uk-politics-eu-referendum-36574526; http://www.independent.co.uk/voices/brexit-eu-referendum-why-did-people-vote-leave-immigration-nhs-a7104071.html; https://www.thesun.co.uk/news/1278140/why-voting-to-leave-the-eu-will-save-our-sovereignty-rein-in-migration-and-boost-our-economy/; http://www.dailymail.co.uk/news/article-3653526/Undecided-Read-essential-guide-giving-20 – reasons-choose-leave.html; https://www.theguardian.com/books/2016/jun/25/philip-pullman-on-the-1000-causes-of-brexit; http://lordashcroftpolls.com/2016/06/how-the-united-kingdom-voted-and-why/.
8. Harold Clarke et al., *Brexit* (2017), p. 146.
9. Tacitus, *Agricola* (98 ce), 21.
10. Nigel Farage, phone-in interview hosted by JT on SuperTalk FM, Jackson, Mississippi (23 August 2016), http://www.express.co.uk/news/uk/703541/Nigel-Farage-UKIP-immigration-Brexit-vote-Donald-Trump-Jackson-Mississippi-US-President.
11. Michael Gove MP (3 June 2016), https://www.youtube.com/watch?v=GGgiGtJk7MA.
12. https://www.telegraph.co.uk/ culture/books/booknews/8094333/Revealed-David-Camerons-favourite-childhood-book-is-Our-Island-Story.html.
13. Robert Tombs, *This Sovereign Isle* (2021), p. 1.
14. Thucydides, *History of the Peloponnesian War* (c.400 bce), 1.23.
15. Pindar, *Nemean Ode* (probably 473 bce), 4.69 – 70.
16. *Olympian Ode* (probably 476 bce), 3.44 – 45.
17. Strabo, *Geography* (c.20 ce), 1.1.8.
18. Shakespeare, *As You Like It* (probably 1599), Act II, scene vii. [국역본] 윌리엄 셰익스피어,『뜻대로 하세요』, 신정옥 옮김(전예원, 1990).
19. Shakespeare, *Richard II* (c.1595), Act II, scene I. [국역본] 윌리엄 셰익스피어,『리처드 3세』, 강태경 옮김(지만지드라마, 2019).
20. Lee Kuan Yew, from Graham Allison et al., *Lee Kuan Yew* (2013), p. 42. [국역본] 그레이엄 앨리슨·로버트 블랙윌,『리콴유가 말하다』, 석동연 옮김(행복에너지, 2015).
21. George Orwell, *The Road to Wigan Pier* (1937), Chapter 10. [국역본] 조지 오웰,『위건 부두로 가는 길』, 이한중 옮김(한겨레출판, 2025).

22. https://softpower30.com/what-is-soft-power/.
23. Dean Acheson, speech at West Point (5 December 1962), from Douglas Brinkley, 'Dean Acheson and the "Special Relationship"', *Historical Journal* 33 (1990), p. 601.
24. https://www.gov.uk/government/topical-events/eu-referendum/about.
25. Jan Struthers, *Mrs. Miniver* (1939), pp. 59–60.
26. Cyril Fox, *The Personality of Britain* (1932), pp. 39–40.
27. http://www.newstatesman.com/politics/staggers/2017/02/stoke-central-election-brexit-and-other-issues-could-swing-vote.
28. Eddie Holt, *The Irish Times* (15 July 2006), http://www.irishtimes.com/news/islands-in-the-stream-1.1031157.
29. 예를 들어 the Good Friday Agreement (10 April 1998)을 보라. https://peacemaker.un.org/uk-ireland-good-friday98.
30. Norman Davies, *The Isles*(2000), p. xxii.
31. Aristotle, *On the Cosmos* (c.330 bce), 393b12.

1장 대처의 법칙

1. Margaret Thatcher, speech to the Conservative Group for Europe (16 April 1975), https://www.margaretthatcher.org/document/102675.
2. Selina Brace et al., 'Ancient Genomes Indicate Population Replacement in Early Neolithic Britain', *Nature Ecology & Evolution* 3 (2019), pp. 768–9.
3. Adrian Targett, interview (7 February 2018), https://www.dailymail.co.uk/news/article-5364983/Retired-history-teacher-believes-looks-like-Cheddar-Man.html.
4. Barry Cunliffe, *Britain Begins* (2013), pp. 127–8.
5. Churchill, speech to Parliament (22 October 1945), https://winstonchurchill.org/resources/quotes/vice-of-capitalism/.
6. Friedrich Engels, *The Origin of the Family, Private Property, and the State* (1972 [1884]), pp. 18–25. [국역본] 프리드리히 엥겔스, 『가족, 사유재산, 국가의 기원』, 김대웅 옮김(두레, 2012).
7. Richard Lee, *The !Kung San* (1979), p. 348.
8. *Barbarians and Empire* (2009), p. 19.
9. Spirit Talker/Muguarra to Noah Smithwick(Comancheria, 1838), from S. C. Gwynne, *Empire of the Summer Moon* (2010), p. 111.
10. W. H. Auden, 'Spain' (1937), https://www.workersliberty.org/story/2011/09/09/

spain-w-h-auden.
11. William Cecil, Baron Burghley (1567), from R.Wernham, *Before the Armada* (1966), p. 292.
12. Harold Macmillan, speech to the Council of Europe, Strasbourg (August 1949), from Hugo Young, *This Blessed Plot* (1998), p. 113.
13. Churchill, speech to Parliament (4 June 1940).
14. http://www.ft.com/cms/s/0/ec333342-2323-11e6-9d4d-c11776a5124d.html#axzz4LIRwSVeW.
15. Stanley Baldwin, *On England* (1926), p. 6.

2장 유럽의 가난한 사촌

1. V. Gordon Childe, *Prehistoric European Society* (1958), pp. 124-34.
2. Lara Cassidy et al., 'A Dynastic Elite in Monumental Neolithic Society', *Nature* 582 (2020), p. 385.
3. Jeremy Dronfield, 'Migraine, Light and Hallucinogens', *Oxford Journal of Archaeology* 14 (1995), p. 272.
4. Barry Cunliffe, *Facing the Ocean* (2001), pp. 199, 155.
5. Michael Parker Pearson et al., 'Craig Rhos-y-felin', *Antiquity* 89 (2015), p. 1350.
6. Parker Pearson et al., 'Who Was Buried at Stonehenge?', *Antiquity* 83 (2009), p. 36.
7. Michael Parker Pearson et al., 'Craig Rhos-y-felin', *Antiquity* 89 (2015), p. 1350.
8. Henry of Huntingdon, *History of the English* (1129), Book I는 Thomas Forester, *The Chronicle of Henry of Huntingdon* (1853), p. 7에서 번역문 참고.
9. Geoffrey of Monmouth, *History of the Kings of Britain* (1136), 8.10-12는 Lewis Thorpe, *Geoffrey of Monmouth* (1966), p. 196에서 번역문 참고.
10. Cunliffe, *Britain Begins*, p. 201.
11. Hilaire Belloc, *The Modern Traveller* (1898), Part 6.
12. http://www.dailymail.co.uk/news/article-1180243/The-king-Stonehenge-Were-artefacts-ancient-chiefs-burial-site-Britains-Crown-Jewels.html.
13. Timothy Darvill, *Prehistoric Britain* (3rd edn, 2010), p. 197.
14. *Beowulf* (8세기경 작품으로 추정), lines 4-5는 Seamus Heaney, *Beowulf* (2000), p. 3에서 번역문 참고. [국역본] 셰이머스 히니, 『베오울프』, 김한영 옮김(민음사, 2021).
15. Hesiod, *Works and Days* (c.700 bce), lines 175-8.
16. Caesar, *The Gallic War* (c.58 bce), 1.1. [국역본] 가이우스 율리우스 카이사르, 『갈리아 전쟁기』, 김한영 옮김(사이, 2005).

17. Gordon Childe, *What Happened in History* (1942), p. 183.
18. Tacitus, *Germania* (c.98 ce), 12. [국역본] 푸블리우스 코르넬리우스 타키투스, 『게르마니아』, 천병희 옮김(도서출판 숲, 2013).
19. Tacitus, *Annals* (c.110 ce), 14.30. [국역본] 타키투스, 『타키투스의 연대기』, 박광순 옮김(범우, 2005).
20. Postumius Rufus Festus Avienus, *The Sea Shores* (350 – 400 ce).
21. 같은 책, lines 120 – 24.
22. Pliny the Elder, *Natural History* (78 ce), 7.197.
23. Pytheas, *On the Ocean* (c. 320 bce). Strabo, *Geography* (20s ce), 2.4.1에서 재인용.
24. Posidonius, from John Collis, *The European Iron Age* (1984), p. 149.
25. Cicero, *In Defence of Fonteius* (delivered 73 bce).
26. Caesar, *The Gallic War*, 2.4.
27. Caesar, 같은 책, 5.12.
28. Caesar, 같은 책, 2.35.
29. Cassius Dio (written c.230 ce), 56.18.
30. Caesar, *The Gallic War*, 3.13 – 15.
31. Caesar, 같은 책, 3.13 – 15.
32. Caesar, 같은 책, 3.13 – 15.
33. Caesar, 같은 책, 4.21.

3장 제국

1. Carl von Clausewitz, *On War* (1831; ed. MichaelHoward and Peter Paret, 1976), pp. 119 – 21. [국역본] 카알 폰 클라우제비츠, 『전쟁론』, 김만수 옮김(갈무리, 2016).
2. Caesar, *The Gallic War*, 4.26.
3. Cassius Dio, 39.53.
4. Caesar, *The Gallic War*, 5.28.
5. Cassius Dio, 53.25.
6. Shakespeare, *Cymbeline* (c.1611), Act III, scene i, lines 14 – 16. [국역본] 윌리엄 셰익스피어, 『심벌린』(부크크, 2020).
7. Tacitus, *Annals* (c.110 ce), 12.38.
8. Suetonius, *Life of Nero* (c.120 ce), 18.
9. Francis Pryor, *Britain AD* (2005), p. 44.
10. Tacitus, *Annals*, 14.30.
11. Tacitus, 같은 책, 21.

12. Tacitus, *Annals*, 14.34.
13. Tacitus(같은 책, 14.29)와 Suetonius(*Life of Nero*, 39)는 이를 라틴어로 참사clade라 불렀고, Cassius Dio(62.1)는 그리스어로 비극적 사건pathos이라 불렀다.
14. Vindolanda tablet 344 (c.100 ce), http://vindolanda.csad.ox.ac.uk. 공개된 번역문을 약간 수정하여 의미가 더 명확해지도록 했으며, 7행에 대한 추가 내용을 포함시켰다.
15. 같은 글 164, line 5.
16. Pliny the Elder, *Natural History*, 14.2.
17. Strabo, *Geography*, 4.5.2.
18. President Dwight D. Eisenhower, Farewell Address (17 January 1961), https://www.ourdocuments.gov/doc.php?flash=false&doc=90&page=transcript and https://www.youtube.com/watch?v=8y06NSBBRtY.
19. https://romaninscriptionsof britain.org/inscriptions/292 (c.50 ce). Barry Burnham et al., 'Roman Britain in 1994', Britannia 26(1995), 388-9을 따라, 3행에서 'a(t)q(ue)' 대신 'aq(uilifer)'로 읽었다.
20. Gaius Valerius Iustus (c.200 CE?), https://romaninscriptionsof britain.org/text/507.
21. Tacitus, *Agricola*, 20.
22. http://www.bbc.com/news/uk-england-london-36415563 and Roger Tomlin, *Roman London's First Voices* (2016).
23. Michael Jarrett and Stuart Wrathmell, *Whitton* (1981), pp. 164, 188.
24. 같은 책.
25. Kevin Blockley, *Marshfield* (1985), pp. 185, 356.
26. 같은 책.
27. Kate Nicholson and Tom Woolhouse, *A Late Iron Age and Romano-British Farmstead at Cedars Park, Stowmarket, Suffolk* (2016),p. 183.
28. Robin Fleming, *Britain after Rome* (2010), pp. 22, 27.
29. 같은 책.
30. Alan Weisman, *The World without Us* (2007), pp. 120-21. [국역본] 앨런 와이즈먼, 『인간 없는 세상』, 이한중 옮김(랜덤하우스코리아, 2007).
31. Simon Esmonde Cleary, *The Ending of Roman Britain* (1989), p. 148.
32. Edward Gibbon, *History of the Decline and Fall of the Roman Empire III* (1781), subchapter 'General Observations on the Fall of the Roman Empire in the West'.
33. Jerome, *Letters* (c.412 ce), 133.
34. Ammianus Marcellinus (c.380 ce), 14.5.
35. *Stratagems of the Warring States* (anonymous, third century bce), from Dennis and

Chang Ping Bloodworth, The Chinese Machiavelli (1976), pp. 111, 58.
36. 같은 책.
37. Ammianus, 27.8.
38. 같은 글, 28.3.
39. Gildas, *On the Ruin of Britain* (c.540 ce), 14.
40. Zosimus, *New History* (c.500 ce).
41. Rudyard Kipling, 'The Roman Centurion's Song', in *A Child's History of England* (1911), https://www.poetryloverspage.com/poets/kipling/roman_centurions.html.
42. Zosimus, *New History*, 6.10.12.

4장 원조 유럽연합

1. Jawaharlal Nehru, declaration of Indian independence, Delhi (15 August 1947), https://sourcebooks.fordham.edu/mod/1947nehru1.asp.
2. https://foreignpolicy.com/2009/11/03/think-again-power/.
3. Gildas, *On the Ruin of Britain*, 1, 20, 23, 25.
4. E. Leeds, *Early Anglo-Saxon Art and Archaeology* (1936), pp. 25–6.
5. 비석의 문구는 James Campbell et al., *The Anglo-Saxons* (1982), p. 21에서 인용.
6. 같은 책.
7. Gildas, 같은 책, 25.
8. Nennius, *History of the Britons* (c.830), p. 50.
9. *Annals of Wales* (tenth century), Year 72, supposedly 516 ce.
10. Rachel Barrowman et al., *Excavations at Tintagel Castle*, Cornwall, 1990–1999 (2007), p. 199.
11. Thomas Bartlett, *Ireland* (2010), p. 4.
12. St Patrick, *Confessions* (fifth century), 23.
13. Bede, *Ecclesiastical History of the English People* (731), 3.27.
14. Bede, *History*, 2.1.
15. Gregory of Tours, *History of the Franks* 6.46 (written c.590).
16. Bede, *History*, 2.6.
17. 같은 책, 2.15.
18. Campbell et al., *Anglo-Saxons*, p. 94.
19. 'Legatine Canons at Cealchythe' (785), in John Johnson, *A Collection of the Laws and Canons of the Church of England* I (1850), p. 273.
20. charters of Offa, in Campbell et al., *Anglo-Saxons*, p. 101.

21. Dorothy Whitelock, ed., *English Historical Documents* I (1978), p. 180.
22. Alcuin, in Whitelock, *Documents* I, p. 776.
23. William Sutton and E. Linn, *Where the Money Was* (1976), p. 160. 이 인용은 흔히 '서턴의 법칙'("명백한 것부터 고려하라")으로 일반화되지만, 서턴은 자신이 그런 말을 한 적이 없다고 부인했다. 실제로 그는 이렇게 말했다. "내가 왜 은행을 털었냐고요? 재밌기 때문이죠."
24. Asser, *Life of King Alfred* (893), 53는 Simon Keynes and Michael Lapidge, *Alfred the Great* (1983), p. 83의 번역문 참조.
25. Asser, 같은 책, 55.
26. Alfred the Great, prose preface to translation of Pope Gregory I's Pastoral Care (c.890), Keynes and Lapidge, *Alfred the Great*, 125의 번역문 참조.
27. *Anglo-Saxon Chronicle* for 886, https://avalon.law.yale.edu/medieval/ang09.asp.
28. 같은 책 for 937.
29. Tom Holland, *Athelstan* (2016), p. 37.
30. Jan Morris, *Heaven's Command* (1973), p. 21.
31. Aelfric, *Colloquy* (c.1000), M. Swanton, *Anglo-Saxon Prose* (1993)의 번역문 참조.
32. Francesco Caraccioli (1748 – 99), at http://www.bartleby.com/344/393.html. 이 말은 종종 볼테르의 말로 인용되지만, 이에 대한 신뢰할 만한 출처는 없다.

5장 왕국들의 통일

1. Byhrtferth, *Life of St Oswald* (c.1000), from Campbell et al., *Anglo-Saxons*, p. 192.
2. Kipling, 'Dane-Geld', from *A Child's History of England* (1911), https://www.poetryloverspage.com/poets/kipling/dane_geld.html.
3. Henry of Huntingdon, *History of the English* (c.1140), 6.17.
4. Cnut, letter to the English (written 1019/20), from Timothy Bolton, *Cnut the Great* (2017), p. 130.
5. Tom Stoppard, *Indian Ink* (1995), p. 17 (first performed 1993).
6. Rebecca West의 발언은 Noel Coward, *Future Indefinite* (1954), p. 92에서 인용.
7. Orderic Vitalis, *Ecclesiastical History* (c.1125), 2.196, Marjorie Chibnall, *The Ecclesiastical History of Orderic Vitalis II* (1969), p. 233의 번역문 참조.
8. William of Malmesbury, *Chronicle of the Kings of England* (1120s), 2.13. J. A는 Giles, *William of Malmesbury's Chronicle of the Kings of England* (1847), p. 253의 번역문 참조.
9. Charles Coulson, *Castles in Medieval Society* (2003), p. 16.
10. Henry IV, letter to Gregory VII (24 January 1076), in Theodor Mommsen and

Karl Morrison, eds, *Imperial Lives and Letters of the Eleventh Century* (1962), pp. 151-2.
11. David Carpenter, *The Struggle for Mastery* (2003), p. 15.
12. President Lyndon Baines Johnson (31 October 1971), http://www.nytimes.com/1971/10/31/archives/the-vantage-point-perspectives-of-the-presi dency-19631969-by-lyndon.html.
13. 익명의 보수당 장관 발언은 Tim Shipman, *All-Out War* (2016), p. 13에서 인용.
14. Gaimar, *History of the English* (late 1130s), Epilogue, lines 245-51는 Thomas Hardy and Charles Martin *Lestoire des Engles solum la translacion Maistre Geffrei Gaimar I* (1889), p. 214의 번역문 참조.
15. Anon., *Life of Gruffudd ap Cynan* (c.1150), from John Gillingham, *William II, the Red King* (2015), p. 19.
16. Gerald of Wales, *Mirror of the Church* (1216), 2.8-9는 Lewis Thorpe, *Gerald of Wales* (1978), pp. 284-5의 번역문 참조.
17. Alex Woolf, 'Scotland', in Pauline Stafford, ed., *A Companion to the Early Middle Ages* (2009), p. 260.
18. William Shakespeare, *Macbeth* (probably 1606), Act V, scene I. [국역본] 윌리엄 셰익스피어, 『맥베스』, 최종철 옮김(민음사, 2004).
19. *Anglo-Saxon Chronicle* for 1137, https://avalon.law.yale.edu/medieval/ang12.asp
20. 같은 글.
21. Eleanor of Aquitaine, from Richard Barber, *Henry II* (2015), p. 44.
22. 1170년 12월 헨리 2세의 발언으로 알려져 있으나, 동시대의 어떤 사료에서도 확인되지는 않는다.
23. Ralph of Coggeshall, from Marc Morris, *King John* (2015), pp. 57-8.
24. Goscelin of St Bertin, *History of the Transfer of the Relics of St Augustine* (1098/9), 51, from Robert Bartlett, *England under the Norman and Angevin Kings* (2000), p. 287.
25. Matthew Paris, *English History* (1250s) for 1258, J. A. Giles, *Matthew Paris's English History* III (1852), p. 291의 번역문 참조.
26. David Crook, 'The Sheriff of Nottingham', *Thirteenth-Century England 2* (1988), p. 68.
27. William Langland, *Piers Ploughman* (late fourteenth century); London Lickpenny (early fifteenth century). Ian Mortimer, *The Time Traveller's Guide to Medieval England* (2008), p. 9에서 재인용.
28. *The Deeds of King Stephen* (c.1150), from Carpenter, Struggle for Mastery, p. 43.
29. *Annals of Tewkesbury* for 1258, from Andy King, *Edward I* (2016), p. 15.
30. *St Albans Abbey Chronicle* for 1263, from Carpenter, *Struggle for Mastery*, p. 376.

31. Carpenter, 같은 책, p. 379.
32. Richard FitzNeal, *Dialogue of the Exchequer* (c.1178), from Carpenter, 같은 책, p. 5.
33. Walter of Bibbesworth (c.1250), from Carpenter, 같은 책, p. 9.
34. Edward I, writ summoning Parliament (30 September 1295), from William Stubbs, *The Constitutional History of England*(1875), p. 129.
35. Saint Aelred of Rielvaux, Life of David, King of the Scots (c.1153), from Carpenter, *Struggle for Mastery*, p. 16.
36. Edward I (1284), from Carpenter, 같은 책, p. 511.
37. *Annals of Waverley*, from King, *Edward I*, p. 60.
38. Pierre de Langtoft, *Chronicle* (1296)는 Thomas Wright, *The Chronicle of Pierre de Langtoft II* (1868), pp. 264–6의 번역문 참고.
39. English official (1307), from King, *Edward I*, p. 74.
40. Miri Rubin, *The Hollow Crown* (2005), p. 180.

6장 잉글렉시트

1. Aaron Graham and Patrick Walsh, eds, *The British Fiscal–Military States* (2016).
2. Henry VIII to Venetian ambassadors (1515), from John Guy, *Henry VIII* (2014), p. 24.
3. Thomas Cromwell, speech to Parliament (1523), from Geoffrey Elton, 'War and the English in the Reign of Henry VIII', in Lawrence Freedman et al., eds, *War, Strategy and International Politics* (1992), p. 16.
4. *Henry VIII* to Thomas More (1521), from Guy, *Henry VIII*, p. 31.
5. Act of Supremacy (1534), http://www.nationalarchives.gov.uk/pathways/citizenship/rise_parliament/transcripts/henry_supremacy.htm.
6. Derek Wilson, *A Brief History of the English Reformation* (2012), p. 205.
7. Pilgrimage of Grace (1536), from Perez Zagorin, *Rebels & Rulers, 1500–1600* I (1982), p. 149.
8. Brian O'Connor of Offaly (1528).
9. Chief Governor Sir Henry Sidney (1580).
10. Sir Patrick Finglas, chief justice of the king's bench (c.1534), from Susan Brigden, *New Worlds, Lost Worlds* (2000), pp. 149, 318, 157.
11. Elizabeth I to Parliament (1559), from Nicholas Rodger, *Safeguard of the Sea* (1997), p. 229.
12. senior Spanish officer, probably Bernardino de Escalante, to a papal representative (1588), from Rodger, *Safeguard of the Sea*, p. 259.

13. Elizabeth I, speech at Tilbury (9 August 1588), from Janet Green, '"I My Self ": Elizabeth I's Oration at Tilbury Camp', Sixteenth Century Journal 28 (1997), p. 443.
14. William Tyndale의 발언은 *Foxe's Book of Martyrs* (1563)에서 인용.
15. 윌리엄 틴들의 이 표현들과 기타 표현들은 다음을 보라. https://en.wikiquote.org/wiki/William_Tyndale.
16. *Book of Common Prayer* (1549), Evensong, Second Collect, for Aid against Perils.
17. William Shakespeare, *Henry V* (1599년으로 추정), Act III, scene I. [국역본] 윌리엄 셰익스피어, 『헨리 5세』, 김정환 옮김(아침이슬, 2012).
18. Shakespeare, *Richard II* (c.1595), Act II, scene I. [국역본] 윌리엄 셰익스피어, 『리처드 2세』, 김정환 옮김(아침이슬, 2012).
19. John Selden, *Mare Clausum* (1635), from Arthur Herman, *To Rule the Waves* (2004), p. 149.
20. Sir Francis Walsingham (1588), from Brigden, *New Worlds*, p. 294.
21. William Cecil, first Baron Burghley (1560), from Jane Dawson, 'William Cecil and the British Dimension of Early Elizabethan Foreign Policy', *History* 74 (1989), p. 209.
22. James I, speech to the Houses of Parliament (31 March 1607), from Charles MacIlwain, ed., *The Political Works of James I* (1918), p. 291.
23. William Cecil, first Baron Burghley (1560), from Jane Dawson, 'William Cecil and the British Dimension of Early Elizabethan Foreign Policy', *History* 74 (1989), p. 209.
24. Jonathan Barry and Christopher Brooks, eds, *The Middling Sort of People* (1994).
25. Malachy Postlethwayt, *The African Trade, the Great Pillar and Support of the British Plantation Trade in America* (1745), p. 2, from David Scott, *Leviathan* (2013), p. 376.
26. James I and VI, *A Counterblast to Tobacco* (1604), http://www.laits.utexas.edu/poltheory/james/blaste/blaste.html.
27. William Hoskins, 'The Rebuilding of Rural England, 1570 – 1640', *Past & Present* 4 (1953), pp. 50, 49.
28. https://www.phrases.org.uk/meanings/an-englishmans-home-is-his-castle.html.
29. John Houghton, *England's Great Happiness, or, a Dialogue between Content and Complaint* (1677), p. 19, from Scott, *Leviathan*, p. 342.
30. Sir Christopher Hatton, lord chancellor, speech to Parliament (March 1587), from Brigden, *New Worlds*, p. 330.
31. Scottish nobleman (c.1581), from Thomas Cogswell, *James I* (2017), p. 14.

32. Girolamo Lando, Venetian ambassador to London (November 1620), from Peter Ackroyd, *History of England* III (2014), p. 70.
33. Cotton Mather, *Magnalia Christi Americana* (1702), I.15.
34. Brendan Simms, *Britain's Europe* (2016), p. 38.
35. Sir John Eliot, speech to Parliament (1626), from Herman, *To Rule*, p. 165.
36. Proposal for founding a West India Company, from Scott, *Leviathan*, p. 337.
37. Peter Paul Rubens (1629), from Ackroyd, *History of England* III, 157.
38. Alexander Henderson and Archibald Johnston, *The National Covenant* (1638), https://www.fpchurch.org.uk/about-us/important-documents/the-national-covenant-1638/.
39. unattributed comment (1641), from Scott, *Leviathan*, p. 158.
40. Queen Henrietta Maria to Charles I (3 January 1642), from Geoffrey Parker, *Global Crisis* (2013), pp. 353-4.
41. Ellis Coleman (5 January 1642), from Parker, *Global Crisis*, p. 354.
42. Earl of Manchester to Oliver Cromwell (1644)은 William Hamilton, ed., *Calendar of State Papers, Domestic Series, of the Reign of Charles I, 1644–1645* (1890), p. 151에서 인용.
43. Job 41:33-4 (King James Version, 1611).
44. Thomas Hobbes, *Leviathan* (1651), Chapter 17.
45. William Walwyn (1648), from Scott, *Leviathan*, p. 193.
46. Cromwell, speech to Parliament (17 September 1656)은 Eric Cochrane et al., eds, *Early Modern Europe: Crisis of Authority* (1987), p. 516에서 인용.
47. Nathaniel Worsley, *The Advocate* (1652), p. 2, from Scott, *Leviathan*, p. 342.
48. Major-General Charles Worsley, letter to Secretary John Thurloe (12 November 1656), from Samuel Gardiner, *History of the Commonwealth and Protectorate 1649–1656* IV (1903), p. 36.
49. George Villiers, second Duke of Buckingham, *A Letter to Sir Thomas Osborn* (1672), p. 11, from Scott, *Leviathan*, p. 344.
50. Earl of Shaftesbury, speech to Parliament (20 October 1675), from Steven Pincus, 'From Butterboxes to Wooden Shoes', *Historical Journal* 38 (1995), p. 347.
51. Samuel Pepys, diary entry (30 September 1661), www.pepysdiary.com/archive/1661/09/30.
52. John Doddington, letter to Joseph Williamson (27 June 1670), from Pincus, 'From Butterboxes to Wooden Shoes', p. 342.
53. Edmund Ludlow, from N. Keeble, *The Restoration* (2002), p. 179.
54. *A Relation of the Most Material Matters in Parliament Relating to Religion, Property,*

and the Liberty of the Subject (1673), pp. 19‒20, from Pincus, 'From Butterboxes to Wooden Shoes', p. 353.
55. 'A Dialogue between Britannia and Rawleigh' (1675), from Pincus, 'From Butterboxes to Wooden Shoes', p. 359.
56. Roger Morrice, Entering Book (8 June 1689), from Pincus, *1688* (2009), p. 345.
57. Hugh Trevor-Roper, *Archbishop Laud* (1988), p. 71.
58. Roger L'Estrange (1679), from Scott, *Leviathan*, p. 223.
59. Bill of Rights (16 December 1689), https://avalon.law.yale.edu/17th_century/england.asp.
60. Parliamentary Select Committee on Public Administration, Fourth Report (2004), section 3, https://publications.parliament.uk/pa/cm200304/cmselect/cmpubadm/422/42204.htm.
61. Anon., *The Englishman's Choice and True Interest* (1694), from M. Sheehan, 'The Development of British Theory and Practice of the Balance of Power before 1714', *History* 73 (1988), p. 31.
62. Daniel Defoe, *The Complete English Tradesman* (1725), I, Chapter 27.
63. Defoe, *A True Collection of the Writings of the Author of a True-Born English-man* (1703), Explanatory Preface, from Scott, *Leviathan*, p. 254.
64. Queen Anne (1709), from Robert Buchholz and Newton Key, *Early Modern England, 1485–1714* (2003), p. 344.

7장 전환

1. John Gay, *Fables* (1732), II.8, from W. H. Kearley Wright, *The Fables of Gay* (new edn, 1889), p. 243.
2. Treaty of Utrecht (1713), from Hamish Scott, *The Birth of a Great Power System, 1740–1815* (2014), p. 139.
3. Lord Palmerston, speech to Parliament (1 March 1848).
4. James Stanhope, first Earl Chesterfield, from Scott, *Leviathan*, p. 278.
5. Scott, 같은 책, p. 276.
6. Stanhope, from Scott, 같은 책, p. 291.
7. J. H. Plumb, *The Growth of Political Stability in England*, 1675‒1725 (1967), p. 129.
8. Simms, *Britain's Europe*, p. 60.
9. Walpole, speech to Parliament (8 March 1739), in William Cobbett, ed., *The Parliamentary History of England from the Earliest Period to the Year 1803* X (1812),

col. 1255.

10. William Pulteney, speech to Parliament (9 March 1739), published in Cobbett, 같은 책, col. 1298.
11. Thomas Pelham-Holles, Duke of Newcastle, to Stanhope (20 November 1745), from Brendan Simms, *Three Victories and a Defeat* (2007), p. 336.
12. Stanhope to Newcastle (25 November 1745), from Simms, 같은 책, p. 344.
13. *Gentleman's Magazine* (1745), from Simms, 같은 책, p. 333.
14. Carteret, speech to Parliament (27 January 1744), from Simms, *Britain's Europe*, p. 55.
15. 'The Vicar of Bray', in *The British Musical Miscellany* I (1734), p. 31, from Scott, *Leviathan*, p. 276.
16. Roy Porter, *English Society in the 18th Century* (1990), pp. 211, 221.
17. Roy Porter, 같은 책, pp. 211, 221.
18. Roy Porter, 같은 책, pp. 211, 221.
19. Guy Miege, *The New State of England under their Majesties K. William and Q. Mary* I (1691), p. 334, from Pincus, 1688, p. 73.
20. César de Saussure, letter to his family (1729), from Helen Berry, 'Polite Consumption', *Transactions of the Royal Historical Society* 6th series, 12 (2002), p. 382.
21. William Wilberforce, from Porter, *English Society*, pp. 41, 223, 224-5, 200, 198.
22. Admiral John Byng, from Porter, 같은 책, pp. 41, 223, 224-5, 200, 198.
23. *The Connoisseur* (1756), from Porter, 같은 책, pp. 41, 223, 224-5, 200, 198.
24. Horace Walpole, from Porter, 같은 책, pp. 41, 223, 224-5, 200, 198.
25. William Hutton, *The Life of William Hutton* (1816), p. 41, from Porter, 같은 책, pp. 41, 223, 224-5, 200, 198.
26. Miege, *New State* II, p. 42, from Pincus, 1688, p. 75.
27. Defoe, *A Brief Case of the Distillers, and of the Distilling Trade in England* (1726), from Jessica Warner, 'The Naturalization of Beer and Gin in Early Modern England', *Contemporary Drug Problems* 24 (1997), p. 388.
28. sign outside a gin dive in William Hogarth's print *Gin Lane* (1751).
29. Corbyn Morris (1751), from Peter Ackroyd, *History of England* IV (2016), p. 153.
30. James Howell의 발언은 William Rumsey, *Organon Salutis* (1657) sigs. B2-b3에서 인용.
31. Sir Thomas Player to Joseph Williamson (10 November 1673), from Steven Pincus, '"Coffee Politicians Does Create"', *Journal of Modern History* 67 (1995), pp. 825, 826.
32. Thomas Rugg, diary entry (November 1659), from Pincus, 1688, p. 75.

33. *The Character of a Coffee-House* (1665), title page, from Steven Pincus, "'Coffee Politicians Does Create'", pp. 817-18.
34. Pepys, diary entry (25 September 1660), https://www.pepysdiary.com/diary/1660/09/25/.
35. Scott, *Leviathan*, p. 270.
36. William Richards (1689), from John Davies, *A History of Wales* (2007), p. 294.
37. Alan Brodrick (1712), from Bartlett, *Ireland*, p. 157.
38. George I (1719), from Tim Blanning, *George I* (2020), p. 19.
39. Edward Burt, *Letters from a Gentleman in the North of Scotland to His Friend in London* I (1754), p. 21, from James Buchan, *Capital of the Mind* (2003), pp. 12-13, 17, 3, 164.
40. Margaret, Countess of Panmure, letter to the Earl of Panmure (24 January 1723), from James Buchan, 같은 책, pp. 12-13, 17, 3, 164.
41. *Scots Magazine* 25 (1763), pp. 362-3, from James Buchan, 같은 책, pp. 12-13, 17, 3, 164.
42. Thomas Sheridan(1762)은 다음에서 인용. James Boswell, *Boswell's London Journal, 1762–1763*, from James Buchan, 같은 책, pp. 12-13, 17, 3, 164.
43. Philip Stanhope, letter to John, fourth Duke of Bedford (17 September 1745), from Simms, *Three Victories*, p. 340.
44. Dr Alexander Hamilton (1744), from Richard Johnson, 'Growth and Mastery', in P. J. Marshall, ed., *Oxford History of the British Empire* II (1998), p. 276.
45. Alexis de Tocqueville, notebook entry (15 January 1832), from Arthur Kaledin, *Tocqueville and His America* (2011), p. 327.
46. Johnson, 'Growth and Mastery', p. 281.
47. Josiah Tucker (1749), from Porter, *English Society*, p. 86.
48. Benjamin Franklin, 'Fragments of a Pamphlet on the Stamp Act' (January 1766), from Jack Greene, 'Empire and Identity from the Glorious Revolution to the American Revolution', in Marshall, *British Empire* II, p. 225.
49. Linda Colley, *Britons* (2nd edn, 2009), p. 136.
50. 'On the Project of the Universal Monarchy of the English' (1748), from Daniel Baugh, 'Withdrawing from Europe', *International History Review* 20 (1998), pp. 15, 14.
51. Marquis de la Galissonière, 'Memoir on the Colonies in North America' (1750), from Daniel Baugh, 같은 글, pp. 15, 14.
52. Winston Churchill, *History of the English-Speaking Peoples* III (1967), Book 8, chapter 5.

53. Daniel Defoe, *Weekly Review* (31 January 1708), from Niall Ferguson, *Empire* (2003), p. 17.
54. William Pitt, from Scott, *Leviathan*, p. 399.
55. David Hume, from Herman, *To Rule*, p. 275.
56. Newcastle, from Scott, *Leviathan*, p. 407.
57. Pitt의 발언은 Newcastle, letter to the Duke of Devonshire (9 December 1761), from Simms, *Three Victories*, p. 484에서 인용.
58. Pitt, from Jeremy Black, *The Elder Pitt* (1992), p. 231.
59. French ambassador to Vienna (1758), from Herman, *To Rule*, p. 284.
60. Admiral Edward Hawke (20 November 1759), from Herman, 같은 책, pp. 288 – 9.
61. Hawke to the Admiralty (24 November 1759), from Nicholas Rodger, *The Command of the Ocean* (2004), p. 283.
62. Magon de la Balue, letter to his business partner (5 November 1759), from Daniel Baugh, *The Global Seven Years War* (2011), p. 451.
63. Horace Walpole (1759), from Scott, *Leviathan*, p. 405.
64. David Garrick and William Boyce, 'Heart of Oak', from the pantomime *Harlequin's Invasion* (1759).
65. Giacomo Casanova, *History of My Life* (1789 – 94), from Everyman's Library edn (2006), p. 843.
66. William Gordon, envoy to Regensburg (1764), from Simms, *Three Victories*, p. 517.
67. H. R. McMaster, *Battlegrounds* (2020), p.10. Hans Morgenthau와 Ethel Person에게서 '전략적 자아도취'라는 용어를 빌려왔다. [국역본] H. R. 맥매스터, 『배틀그라운드』, 우진하 옮김(교유서가, 2022)
68. 1761년에 발행된 소논문은 Black, *Elder Pitt*, p. 223에서 인용.
69. George, prince of Wales, letter to John Stuart, Earl of Bute (5 October 1760), from Simms, *Three Victories*, pp. 468, 475, 518.
70. King George III, letter to Bute (3 May 1762), from Simms, 같은 책, pp. 468, 475, 518.
71. John Montagu, Earl of Sandwich, letter to John Russell, Duke of Bedford (8 September 1764), from Simms, 같은 책, pp. 468, 475, 518.
72. Patrick Henry, speech in the 'Parson's Cause' case, Hanover County, Virginia (1 December 1763), from Robert Middlekauf, *The Glorious Cause* (2005), pp. 83, 210.
73. anonymous demonstrator, recorded in the papers of John Adams (5 March 1770), from Robert Middlekauf, 같은 책, pp. 83, 210.
74. Benjamin Franklin (July 1776), from Simms, *Three Victories*, pp. 603, 609,
75. Thomas Jefferson (July 1776), from Simms, 같은 책, pp. 603, 609,

76. Joseph Yorke, ambassador to the Netherlands, to James Harris, ambassador to Russia (13 January 1778), from Simms, 같은 책, pp. 603, 609.
77. Pitt, letter to Richard Grenville-Temple, Earl Temple (24 September 1777), from Simms, 같은 책, pp. 603, 609.
78. 1779년의 농담은 John Ferling, *Almost a Miracle* (2005), p. 562에서 인용.
79. William Pitt the Younger, speech to Parliament (1784), from H. Bowen, 'British India, 1765–1813', in Marshall, *British Empire* II, p. 542.
80. Warren Hastings, governor-general of Bengal, letter to Henry Vansittart (April 1762), from William Dalrymple, *The Anarchy* (2019), pp. 169, 211. [국역본] 윌리엄 달림플, 『동인도회사, 제국이 된 기업』, 최파일 옮김(생각의힘, 2025)
81. Ghulam Hussain Khan, *Siyar-ul-Mutakherin* (late 1780s), from William Dalrymple, 같은 책, pp. 169, 211.
82. East India Company Council, report to directors (February 1771), from Dalrymple, 같은 책, pp. 218, 221.
83. Horace Walpole, personal correspondence (late 1771), from Dalrymple, 같은 책, pp. 218, 221.
84. Pitt, speech to Parliament (1771), from Dalrymple, 같은 책, pp. 218, 221.
85. Charles James Fox, speech to Parliament (1784), from Bowen, 'British India', p. 535.
86. Burke, speech in trial of Warren Hastings (4 April 1783).
87. Duke of Leeds (July 1789), from Simms, *Britain's Europe*, p. 82.
88. Pitt (1792), from Rodger, *Command*, p. 367.
89. Fox, letter to R. Fitzpatrick (30 July 1789);
90. Parson James Woodforde, Weston Longville, Norfolk, diary entry (29 October 1795), from Jenny Uglow, *In These Times* (2014), pp. 13, 147.
91. Sir Gilbert Eliot, letter to Lady Elliot (7 March 1793), from Rodger, *Command*, p. 426.
92. Lord Lieutenant Charles Cornwallis, letter to Major-General Ross (1798), from Robert Hughes, *The Fatal Shore* (1986), pp. 185–6.
93. Alexander Knox, former private secretary to Lord Castlereagh, letter to Castlereagh (9 February 1801). John Bew, *Castlereagh* (2011), p. 178에서 인용.
94. Henry Grattan, speech to Parliament (1 January 1811), from David Cannadine, *Victorious Century* (2017), p. 97.
95. Napoleon to his generals at Boulogne (July 1804).
96. Tsar Alexander I to Napoleon, Tilsit (25 June 1807), from Andrew Roberts, *Napoleon the Great* (2014), p. 457. [국역본] 앤드루 로버츠, 『나폴레옹』, 한은경·조행

복 옮김(지식향연, 2022)

97. Charles Maurice Talleyrand-Perigord, reported in *The Times* (27 April 1798), from Uglow, *In These Times*, p. 234.
98. Napoleon, from Roberts, *Napoleon the Great*, p. 162.
99. General Gerard Lake (November 1803), from Pradeep Barua, 'Military Developments in India, 1750–1850', *Journal of Military History* 58 (1994), p. 599.
100. Admiral Sir Edward Pellew (1805), from Michael Duffy, 'World-Wide War and British Expansion, 1792–1815', in Marshall, *British Empire* II, p. 200.
101. Napoleon, letter to Louis Bonaparte (3 December 1806), from Roberts, 같은 책, p. 427.
102. Berlin Decrees (21 November 1806), from Roberts, 같은 책, p. 427.
103. Arthur Wellesley, Duke of Wellington (June 1815), from Cannadine, *Victorious Century*, p. 99.
104. Revd John Stonard, letter to the Revd Richard Heber (15 April 1814)
105. *Morning Chronicle* (22 June 1815), from Uglow, *In These Times*, pp. 599, 619.

8장 넓게 더 넓게

1. George Eulas Foster (1896), from Andrew Roberts, *Salisbury* (2000), p. 629.
2. J. R. Seeley, *The Expansion of England* (1883), p. 12.
3. Rudyard Kipling, *Kim* (1901).
4. Sir Charles Napier, telegraph to the East India Company's directors in Calcutta (24 March 1842), from Saul David, *Victoria's Wars* (2006), p. 78. '잘 알려진 이야기에 따르면'이라고 한 이유는 일부 역사가들이 이 전보가 실제로는 열일곱 살 소녀 캐서린 윙크워스가 지어낸 농담이었다고 믿기 때문이다.
5. Simon Fraser, British Resident in Delhi, report to Charles Canning, governor-general of India (29 August 1856), from William Dalrymple, *The Last Mughal* (2006), p. 114.
6. Charles Grant, from Dalrymple, 같은 책, p. 61.
7. Lord William Bentinck, governor-general of India (1829), from Cannadine, *Victorious Century*, p. 189.
8. Mohan Lal Kashmiri, Delhi English College (1828), from Dalrymple, *Last Mughal*, pp. 69, 70.
9. Sir David Ochterlony, British Resident in Delhi, letter to William Fraser (31 July 1820), from Dalrymple, 같은 책, pp. 69, 70.
10. James Bruce, Earl of Elgin (1860), from Piers Brendon, *The Decline and Fall of the*

British Empire (2007), p. 108.

11. President John Quincy Adams, diary (26 November 1823), from Brendan Simms, *Europe: The Struggle for Supremacy* (2013), p. 191.
12. President James Monroe (2 December 1823), from https://avalon.law.yale.edu/19th_century/monroe.asp.
13. Canning, letter to Viscount Granville (17 December 1824), from H. Temperley, 'The Foreign Policy of Canning', in Adolphus Ward and G. P. Gooch, eds, *The Cambridge History of British Foreign Policy, 1783–1919* II (1923), p. 74.
14. Canning, speech to Parliament (12 December 1826), from http://www.history-home.co.uk/polspeech/portugal.htm.
15. T. C. Haliburton, letter to P. Wiswall (7 January 1824), from Ged Martin, 'Canada from 1815', in Andrew Porter, ed., *Oxford History of the British Empire* III (1989), p. 530.
16. the prime minister, Lord Aberdeen (1841), from Cannadine, *Victorious Century*, p. 227.
17. Lord Gordon to the prime minister, Lord Aberdeen (28 July 1845), from Martin, 'Canada from 1815', p. 528.
18. Edward Gibbon Wakefield, *A View of the Art of Colonization* (1849), p. 156.
19. Sir George Grey, colonial secretary (1830s), from Brendon, *Decline and Fall*, p. 73.
20. Charles Dilke, *Greater Britain* (1868). 334:
21. Boston Recorder (15 May 1819), from James Belich, *Replenishing the Earth* (2009), p. 93.
22. meeting of northern chiefs (1831), from Raewyn Dalziel, 'New Zealand and Polynesia', in Porter, *British Empire* III, p. 577.
23. Raewyn Dalziel, 'New Zealand and Polynesia', in Porter, *British Empire* III, p. 577.
24. James Stephens, permanent under-secretary of the Colonial Office (c.1840), from John Darwin, *Unfinished Empire* (2012), p. 195.
25. Sir George Grey, governor of New Zealand, minute (23 December 1846), from Dalziel, 'New Zealand and Polynesia', p. 580.
26. Henry Fielding, *The Covent Garden Journal* 4 (14 January 1752), p. 683, from Porter, *English Society*, p. 60.
27. Revd William Shrewsbury, *Christian Thoughts on Free Trade* (1843), p. 40, from Boyd Hilton, *A Mad, Bad Dangerous People?* (2006), p. 504.
28. governor of Hong Kong, from Cannadine, *Victorious Century*, p. 267.
29. Anon., *Mineralogia Cornubiensis* (1778), from David Landes, *The Unbound Prometheus* (2003), pp. 99–100.

30. James Watt, as told to Robert Hart (1817; the walk took place in 1765), from Jenny Uglow, *The Lunar Men* (2002), p. 101.
31. Charles Kingsley, *Yeast* (4th edn, 1883), p. 82.
32. William Stanley Jevons, *The Coal Question* (1865), from Paul Kennedy, *The Rise and Fall of the Great Powers* (1987), pp. 151–2.
33. Palmerston, Parliamentary minute (22 April 1860), from John Darwin, *The Empire Project* (2011), p. 40.
34. Lord Russell, speech to the House of Lords (17 June 1850), from Dolphus Whitten, 'The Don Pacifico Affair', *The Historian* 48 (1989), p. 264.
35. Palmerston, speech to Parliament (25 June 1850).
36. *Illustrated London News* (13 June 1868), from Ferguson, *Empire*, p. 179.
37. Ira Klein, 'Development and Death', *Indian Economic and Social History Review* 38 (2001), p. 147.
38. Dickens, *Dealings with the Firm Dombey and Son* (1846), Chapter 1.
39. G. R. Porter, *The Progress of the Nation* (1847), p. 533. John Burnett, *A Social History of Housing* (2nd edn, 1986), pp. 89, 92, 88, 31에서 재인용.
40. George Godwin, *Another Blow for Life* (1864). John Burnett, 같은 책에서 재인용.
41. George Godwin, 같은 책. John Burnett, 같은 책에서 재인용.
42. Richard Heath, *The English Peasant* (1893), p. 59. John Burnett, 같은 책에서 재인용.
43. William Cobbett, *Rural Rides* I (1821–32). John Burnett, 같은 책에서 재인용.
44. Lord John Russell (1848), from Cannadine, *Victorious Century*, p. 211.
45. Benjamin Jowett, master of Balliol College, Oxford, from James Donnelly, 'The Great Famine': in John Gibney, ed., *The Great Famine* (2018), p. 124.
46. Anon., 'The First Half of the 19th Century', *The Economist* 9 (1851), p. 57.
47. Walter Bagehot, *The English Constitution* (1867), from Asa Briggs, The Age of Improvement (1959), p. 449.
48. Thomas Carlyle, *Chartism* (1839), from http://www.historyhome.co.uk/peel/ruralife/carlyle.htm.
49. Karl Marx and Friedrich Engels, *The Communist Manifesto* (1848). David McLellan, *Karl Marx: Selected Writings* (1977), pp. 222, 223, 226, 227, 231에서 재인용. [국역본] 카를 마르크스·프리드리히 엥겔스, 『공산당 선언』, 심철민 옮김(비, 2018).
50. Samuel Smiles, *Self-Help* (1859), from Asa Briggs, *Victorian People* (1955), pp. 119, 126–7, 123. [국역본] 새무얼 스마일즈, 『새무얼 스마일즈의 자조론』, 김유신 옮김(21세기북스, 2021).

51. Juliusz Słowacki, *Journey to the East* (1836), from Norman Davies, *Europe* (1996), p. 1.
52. *The Times* (23 January 1901), from Cannadine, *Victorious Century*, p. 130.
53. Charles Greville (September 1849), from Christopher Hibbert, *Queen Victoria* (2000), p. 178.
54. Bagehot, *English Constitution*. Briggs, *Age of Improvement*, pp. 459, 450에서 재인용.
55. *Leeds Mercury* (11 September 1858), from Briggs, *Age of Improvement*, pp. 459, 450.
56. Lord Granville, from Briggs, *Age of Improvement*, pp. 459, 450.
57. Robert Baden-Powell, *Scouting for Boys* (1908), from Bill Buford, *Among the Thugs* (1991), p. 12.
58. Thomas Arnold (1830s), from Robert Tombs, *The English and Their History* (2014), p. 513.
59. Matthew Arnold, *Friendship's Garland* (1871). Briggs, *Victorian People*, p. 145에서 재인용.
60. Thomas Hughes, *Tom Brown's School Days* (1858), Chapter 8.
61. *The Times*, from Tombs, ^The English and Their History, pp. 513, 514.
62. Tombs, *The English and Their History*, pp. 513, 514.
63. George Bryan Brummell, from Ian Kelly, *Beau Brummell* (2005), Fig. 11.
64. Engels, letter to Marx, from Cannadine, *Victorious Century*, p. 322.
65. Baron Platt, address to the Lancashire Assizes (1851), from Neil Tranter, *Sport, Economy and Society in Britain* (1998), p. 37.
66. Revd T. D. Harford Battersby, sermon in St John's Church, Keswick (26 April 1854), from Orlando Figes, *Crimean War* (2010), p. 163.
67. anonymous respondent interviewed by Henry Mayhew (1851), from Briggs, *Age of Improvement*, p. 466.
68. Lord John Russell, letter to the bishop of Durham (November 1850), from Cannadine, *Victorious Century*, p. 264.
69. Peel, speech to Parliament (May 1845).
70. Thomas Babington Macaulay, diary entry (August 1849), from Hilton, *A Mad, Bad Dangerous People*, p. 238.
71. Palmerston, speech to Parliament (1832), from Cannadine, *Victorious Century*, p. 186.
72. Palmerston (18 October 1865), https://www.bartleby.com/344/308.html.
73. Sir Charles Wood (1865), from Cannadine, *Victorious Century*, p. 334.

9장 신세계의 전진

1. Daniel Yergin, *The Prize* (1992), p. 79.
2. third marquess of Salisbury, 'Disintegration', *Quarterly Review* 156 (1883), from Cannadine, *Victorious Century*, p. 387.
3. Kipling, 'Recessional', *The Times* (17 July 1897).
4. Sir John Fisher, first lord of the Admiralty, private letter (March 1904); Fisher (1905), from Nicholas Lambert, *Sir John Fisher's Naval Revolution* (2002), pp. 83, 123.
5. Fisher, letter to Louis, prince of Wales (January 1907), from Robert Massie, *Dreadnought* (1991), p. 500.
6. J. R. Seeley, *The Expansion of England* (1883), from 1971 edn, pp. 12, 15.
7. James Belich, *Replenishing the Earth* (2009), p. 68.
8. 비서 에드워드 해밀턴이 1884년 11월 19일자 일기에 남긴 기록에서 인용된 글래드스턴의 발언. Duncan Bell, *The Idea of Greater Britain* (2007), p. 16에서 인용.
9. Kevin Rudd, former prime minister of Australia, https://www.theguardian.com/australia-news/2019/mar/11/former-australian-pm-kevin-rudd-calls-brexit-trade-plan-utter-bollocks.
10. the colonial secretary, Joseph Chamberlain (1902), from Massie, *Dreadnought*, p. 329.
11. Liberal Party slogan (1906), from Peter Clarke, *Hope and Glory* (2004), p. 7.
12. David Lloyd George, budget speech (29 April 1909), https://www.nationalarchives.gov.uk/education/britain1906to1918/g2/gallery2.htm.
13. Lord Rosebery (summer 1909), from Massie, *Dreadnought*, pp. 64, 659.
14. Lloyd George (30 November 1909), from Massie, 같은 책, pp. 64, 659.
15. H. G. Wells, *Mr Britling Sees It Through* (1916).
16. announcement of the closing of the London Stock Exchange (31 July 1914), from Ferguson, *Pity of War*, p. 197.
17. Churchill, speech at the London Guildhall (9 November 1914), from Winston Churchill, *Complete Speeches* III (1974), p. 2341.
18. US Navy (autumn 1914), from Adam Tooze, *The Deluge* (2014), p. 34.
19. President Woodrow Wilson, speech to the US Senate (22 January 1917), https://www.oxfordreference.com/ view/10.1093/acref/9780199891580.001.0001/acref-9780199891580-e-5986.
20. Wilson to Colonel Edward House (September 1916), from Tooze, *Deluge*, p. 35.
21. Chancellor Reginald McKenna, Cabinet discussion (18 October 1916), from Tooze, 같은 책, pp. 48, 49.
22. Lloyd George to US Secretary of State Robert Lansing (December 1916), from

Tooze, 같은 책, pp. 48, 49.
23. Field Marshal Sir Douglas Haig, 'Back to the Wall' order (11 April 1918), from James Edmonds, *A Short History of World War* I (1951), p. 305.
24. Churchill, from Simms, *Britain's Europe*, p. 150.
25. Winston Churchill, *The World Crisis* IV (1929), p. 297.
26. Churchill (1920), from Lawrence James, *Raj* (1997), pp. 480, 534.
27. Stanley Baldwin (1935), from Lawrence James, 같은 책, pp. 480, 534.
28. Churchill (1924), from Peter Cain and Anthony Hopkins, *British Imperialism, 1688–2000* (2nd edn, 2000), p. 458.
29. Wilson to House (December 1918), from Tooze, *Deluge*, p. 268.
30. William Allen White (12 November 1921), from George Herring, *From Colony to Superpower* (2008), p. 454.
31. President Calvin Coolidge(실제 발언은 아닐 가능성이 크지만, 보통 1925년으로 추정됨), from David Kennedy, *Freedom from Fear* (1999), p. 34.
32. Anthony Crosland MP, *The Guardian* (16 June 1971), from Dominic Sandbrook, *Seasons in the Sun* (2012), p. 695.
33. E. M. Forster, *Howards End* (1910), Chapter 44.
34. William Beveridge, 'New Britain', speech at Oxford University (6 December 1942), from John Boyer and Jan Goldstein, eds, *Twentieth-Century Europe* (1987), p. 506.
35. George Formby (1941), from https://www.lyrics.com/lyric/4470978/George+Formby/It%27s+Turned+out+Nice+Again.
36. Adolf Hitler, speech (30 November 1922), from Brendan Simms, *Hitler* (2019), p. 40.
37. Defence Requirements Subcommittee (February 1934), from Simms, *Britain's Europe*, p. 346.
38. British chiefs of staff (October 1932), from Niall Ferguson, *War of the World* (2006), p. 321. [국역본] 니얼 퍼거슨, 『증오의 세기』, 이현주 옮김(민음사, 2010)
39. Daily Mail (8 January 1934), from Uri Bialer, 'Elite Opinion and Defence Policy', *British Journal of International Studies 6* (1980), p. 37.
40. Harold Macmillan, *The Winds of Change* (1966), p. 522.
41. J. L. Garvin, *The Observer* (26 February 1933), from Bialer, 'Elite Opinion', p. 43.
42. Stanley Baldwin, speech to House of Commons (10 November 1932).
43. United Kingdom chiefs of staff (July 1934), from Simms, *Britain's Europe*, p. 157.
44. Baldwin, speech to House of Commons (30 July 1934).
45. Winston Churchill, *Reader's Digest* (December 1954). 다만 이는 처칠의 실제 발언을 다른 사람이 바꿔 말한 것일 가능성이 높다. 원래 발언은 1940년 1월 20일

BBC 라디오 방송에 나온 것으로, "악어에게 충분히 먹이를 주면 자기는 마지막에 먹힐 거라고 희망한다"였다. (https://quoteinvestigator.com/2016/04/18/crocodile/#return-note-13473 – 3).

46. Black Lives Matter protesters, Parliament Square, London (7 June 2020), https://www.bbc.com/news/uk-53033550.
47. Churchill, speech to Parliament (4 June 1940).
48. Churchill, speech to Parliament (13 May 1940).
49. Churchill, speech to Parliament (4 June 1940).
50. President Franklin Delano Roosevelt to advisers (November 1940); Roosevelt, comments at a press conference (17 December 1940), from Daniel Todman, *Britain's War* I (2017), pp. 526, 528.
51. Winston Churchill, *The Second World War* II (1949), p. 503.
52. Churchill, unsent draft (26 December 1940), from Todman, *Britain's War* I, p. 530.
53. Churchill, *The Second World War* III (1950), p. 539 – 41.
54. Hitler, conversation with Nazi regional commanders, Berlin (13 December 1941), from Simms, *Hitler*, p. 443.
55. Churchill, *The Second World War* III (1950), p. 539 – 41.
56. Churchill, speech from the Ministry of Health building (7 May 1945), from Todman, *Britain's War* II, p. 721.
57. Ministry of Information report (March 1942);
58. R. J. Hammond, *Food II: Studies in Administration and Control* (London 1956), p. 753.
59. Eleanor Roosevelt, *The Autobiography of Eleanor Roosevelt* (1962), p. 185 – 6.
60. anonymous Londoner and King George VI (10 September 1940), from Peter Hennessy, *Never Again* (1993), pp. 50, 51.
61. Keynes, speech in the House of Lords (18 December 1945), from Todman, *Britain's War* II, p. 782.
62. Hugh Dalton MP, speech to Parliament (12 December 1945).

10장 교차점

1. Churchill, speech to Conservative meeting, Llandudno (19 October 1948), from https://web-archives.univ-pau.fr/english/special/SRdoc1.pdf.
2. anonymous working-class woman to Mass Observation interviewer (Spring 1945), from Todman, *Britain's War* II, p. 760.
3. Hugh Gaitskell, leader of the Labour Party, diary entry, from Dominic Sandbrook,

Never Had It So Good (2005), p. 65.
4. Ernest Bevin, British foreign secretary, to George VI (1947), from Hugo Young, *This Blessed Plot* (1998), p. 25.
5. Hastings Ismay, secretary-general of NATO (1949). 이 문장은 자주 인용됐지만, 이즈메이의 발언으로 확인된 적은 없다.
6. Bevin (1946), from John Bew, *Citizen Clem* (2017), p. 420.
7. Churchill to Edwin Plowden, chairman of the Atomic Energy Authority (1952), from Sandbrook, *Never Had It So Good*, pp. 239, 110.
8. internal government report (1957), from Sandbrook, 같은 책, pp. 239, 110.
9. Robert Schuman (9 May 1950), http://europa.eu/abc/symbols/9-may/decl_en.htm.
10. Herbert Morrison, Labour Party deputy prime minister, comments to Cabinet (May 1950), from Tony Judt, Postwar (2005), pp. 160, 158, 164, 159.
11. Robert Schuman (9 May 1950), http://europa.eu/abc/symbols/9-may/decl_en.htm.
12. Kenneth Younger, adviser to Ernest Bevin, foreign secretary, diary entry (14 May 1950), from Tony Judt, *Postwar* (2005), pp. 160, 158, 164, 159.
13. Hugh Gaitskell, leader of the Labour Party (1962), from Sandbrook, *Never Had It So Good*, pp. 533, 221.
14. Anthony Eden, foreign secretary, speech in New York (1952), from Tony Judt, *Postwar* (2005), pp. 160, 158, 164, 159.
15. Labour Party National Executive (drafted by Denis Healey), 'European Unity' (1951), from Sandbrook, *Never Had It So Good*, pp. 533, 221.
16. senior civil servant in private conversation (1949), from Tony Judt, *Postwar* (2005), pp. 160, 158, 164, 159.
17. preamble to paper circulated in advance of the Conference of Messina (May 1955), from Young, *Blessed Plot*, pp. 80, 78, 91, 93.
18. Edward Bridges, head of the home civil service (July 1955), from Young, 같은 책, pp. 80, 78, 91, 93.
19. 같은 글.
20. 1955년 6월 3일 메시나 회의에서 영국 통상위원회 차관 러셀 브레더턴이 한 것으로 전해지는 발언이다. Young, *Blessed Plot*, pp. 80, 78, 91, 93.
21. Denzil Batchelor, *Picture Post* sportswriter, in his book *Soccer* (1954), p. 149, from Robert Weight, *Patriots* (2002), p. 261.
22. Ronald Robinson, 'Imperial Theory and the Question of Imperialism after Empire', *Journal of Imperial and Commonwealth History* 12 (1984), p. 53.

23. *Pathé News* issue 47/66 (18 August 1947), from Daniel Todman, *Britain's War* II (2020), p. 824.
24. Bevin, from W. David McIntyre, *British Decolonization* (1998), p. 87.
25. President Dwight D. Eisenhower (August 1956), from David Reynolds, *One World Divisible* (2000), p. 85.
26. Chancellor Harold Macmillan, Cabinet meeting (August 1956), from Clarke, *Hope and Glory*, p. 260.
27. Eisenhower to John Foster Dulles (5 November 1956), from Reynolds, *One World*, p. 85.
28. Churchill, from Sandbrook, *Never Had It So Good*, pp. 26, 29, 28.
29. Parliamentary motion, from Sandbrook, 같은 책, pp. 26, 29, 28.
30. Eisenhower to Emmet John Hughes (all November 1956), from Sandbrook, 같은 책, pp. 26, 29, 28.
31. Acheson, speech at West Point (5 December 1962), from Brinkley, 'Special Relationship', p. 601.
32. Eden, memorandum (28 December 1956).
33. R. A. Butler, private conversation (1958), from Sandbrook, *Never Had It So Good*, pp. 27, 73.
34. Sir Henry Tizard, minute to the Ministry of Defence, from Young, *Blessed Plot*, p. 25.
35. Bernard Levin, *The Pendulum Years* (1977), p. 130.
36. Nassau Agreement (1962), from Sandbrook, *Never Had It So Good*, pp. 245, 268.
37. A. J. P. Taylor, from Sandbrook, 같은 책, pp. 245, 268.
38. National Security Advisor McGeorge Bundy to Johnson (28 July 1965), from Dominic Sandbrook, *White Heat* (2006), p. 124.
39. Wilson to Brown (1966), from Kevin Boyle, 'The Price of Peace', *Diplomatic History* 27 (2003), p. 44.
40. Sandbrook, *White Heat*, p. 26.
41. Macmillan to governor-general of Nigeria (1960), from Sandbrook, *Never Had It So Good*, p. 289.
42. Macmillan, Cape Town (3 January 1960), from https://www.oxfordreference.com/view/10.1093/acref/9780191843730.001.0001/q-oro-ed5-00006970.
43. Denis Healey, minister of defence (July 1967), from Sandbrook, *White Heat*, p. 373.
44. Macmillan to Seton Lloyd, foreign secretary (December 1959), from Sandbrook, *Never Had It So Good*, p. 527.

45. Macmillan, diary entry (9 July 1960), from Sandbrook, 같은 책, pp. 527, 536, 532.
46. Wilson, speech to Parliament (2 August 1961), from Sandbrook, 같은 책, pp. 527, 536, 532.
47. President Charles de Gaulle, press conference at the Elysée Palace (14 January 1963), from Sandbrook, 같은 책, pp. 527, 536, 532.
48. Enoch Powell MP, speech in Parliament (January 1971), from Dominic Sandbrook, *State of Emergency* (2010), pp. 164, 166, 165, 167.
49. Reg Freeson MP, debate in Parliament (28 October 1971), from 같은 책, pp. 164, 166, 165, 167.
50. anonymous attendant, House of Commons (28 October 1971), from Dominic Sandbrook, *State of Emergency* (2010), pp. 164, 166, 165, 167.
51. Jean Monnet (28 October 1971), from Dominic Sandbrook, 같은 책, pp. 164, 166, 165, 167.
52. Edward Heath, *The Course of My Life* (1998), pp. 371–2.
53. James Callaghan to Robin Day, phone-in interview on BBC Radio 4 (27 May 1975), from David Butler and Uwe Kitzinger, *The 1975 Referendum* (1976), p. 176.
54. Charles Moore, *Margaret Thatcher* I (2013), p. 306.
55. Harold Wilson, speech at the Labour Party conference, Scarborough (12 October 1963), https://web-archives.univ-pau.fr/english/TD2doc2.pdf.
56. Revd Ian Paisley (1965), from Sandbrook, *White Heat*, pp. 356, 754, 756.
57. James Callaghan, home secretary, telephone conversation with Gerry Fitt MP (13 August 1969), from Sandbrook, 같은 책, pp. 356, 754, 756.
58. British lance-corporal (14 August 1969), from Sandbrook, 같은 책, pp. 356, 754, 756.
59. General Sir Frank King (May 1974); Northern Ireland secretary Merlyn Rees (1974), from Sandbrook, *Seasons in the Sun*, p. 120.
60. Robert Fisk, *The Point of No Return* (1975), p. 13.
61. Wilson to Bernard Donoghue (May 1974), from Sandbrook, *Seasons in the Sun*, pp. 109, 119.
62. Kenneth Bloomfield (permanent secretary to the Northern Ireland Executive), from Sandbrook, 같은 책, pp. 109, 119.
63. Dafydd Wigley MP (Plaid Cymru), from Dominic Sandbrook, *Who Dares Wins* (2019), p. 554.
64. Time (29 September 1975), from Sandbrook, *Seasons in the Sun*, p. 515.
65. Scottish Nationalist Party slogan (1973), from Clarke, *Hope and Glory*, p. 323.
66. Macmillan, speech to Mid-Bedfordshire Conservative Party (20 July

1957), http://news.bbc.co.uk/onthisday/hi/dates/stories/july/20/news-id_3728000/3728225.stm.
67. Roy Harrod, letter to Macmillan (11 October 1961), from Sandbrook, *Never Had It So Good*, p. 522.
68. Nicholas Henderson, British ambassador to France, private dispatch (June 1979), from Young, *Blessed Plot*, p. 311.
69. Macmillan, interview at London Airport (7 January 1958), https://www.oxfordreference.com/view/10.1093/acref/9780191843730.001.0001/q-oro-ed5-00006970.
70. Peter Thorneycroft, chancellor of the exchequer, resignation speech (23 January 1958), from Sandbrook, *Never Had It So Good*, pp. 92, 517.
71. Reginald Maudling, chancellor of the exchequer, budget speech (3 April 1963), from Sandbrook, 같은 책, pp. 92, 517.
72. James Callaghan, *Time and Chance* (1987), pp. 326, 425-7 (https://www.youtube.com/watch?v=76ImzIwB1-k).
73. 같은 책.
74. Denis Healey, chancellor of the exchequer, budget speech (15 April 1975), https://www.nytimes.com/1975/04/16/archives/britain-increases-taxes-assails-unions-demands.html.
75. Anthony Crosland, foreign secretary, comments in Cabinet (23 November 1976), from Sandbrook, Seasons in the Sun, pp. 491, 750, 733, 762-3.
76. *Daily Mail* headline (2 February 1979), from Sandbrook, 같은 책, pp. 491, 750, 733, 762-3.
77. Bill Dunn, spokesman for ambulance drivers, *Daily Express* (20 January 1979), from Sandbrook, 같은 책, pp. 491, 750, 733, 762-3.
78. Frank Chapple, secretary-general of the Electrical, Electronic, Telecommunications and Plumbing Union, to Bernard Donoughue (January 1979), from Sandbrook, 같은 책, pp. 491, 750, 733, 762-3.
79. Margaret Thatcher, Conservative Party political broadcast (17 January 1979), from Sandbrook, 같은 책, pp. 491, 750, 733, 762-3.
80. Edward R. Murrow, 'A Reporter Remembers', *The Listener* (28 February 1946), from Hennessy, *Never Again*, pp. 18-19.
81. Levin, *The Pendulum Years*, p. 49.
82. Macmillan to Ian Macleod (July 1963), from Sandbrook, *Never Had It So Good*, pp. 675, xxiii.
83. *The Times* (8 June 1977), from Sandbrook, *Seasons in the Sun*, p. 633.

84. John Lennon, interview (November 1969), from Sandbrook, *Never Had It So Good*, pp. 675, xxiii.
85. Walter Johnson MP, *Daily Mirror* (9 November 1981), from Sandbrook, *Who Dares Wins*, p. 551.
86. *Daily Mail* (10 November 1981), from Sandbrook, 같은 책, p. 551.
87. John Lennon, interview with Maureen Cleave, *Evening Standard* (4 March 1966), https://www.rocksbackpages.com/Library/Article/how-does-a-beatle-live-john-lennon.
88. Victoria de Grazia, *Irresistible Empire* (2005).
89. E. P. Thompson, *Sunday Times* (27 April 1975), from Young, *Blessed Plot*, p. 290.
90. Colonel Kenny-Herbert, *Culinary Jottings for Madras* (1885), from David Gilmour, *The British in India* (2018), p. 352.
91. Robin Cook, foreign secretary, speech to the Social Market Foundation, London (19 April 2001), https://www.theguardian.com/world/2001/apr/19/race.britishidentity.
92. Mick Jagger, *International Times* (17 May 1968), from Sandbrook, *White Heat*, p. 675.
93. Ministry of Labour, *How to Adjust Yourself in Britain* (1954), from Sandbrook, *Never Had It So Good*, pp. 330, 91, 90.
94. Ian Macleod, colonial secretary, private conversation (1958), from Sandbrook, 같은 책, pp. 330, 91, 90.
95. Macmillan (1960), from Sandbrook, 같은 책, pp. 330, 91, 90.
96. Enoch Powell, speech to the Conservative Association, Birmingham (20 April 1968), from https://www.telegraph.co.uk/comment/3643823/Enoch-Powells-Rivers-of-Blood-speech.html.
97. *Daily Mirror* (22 April 1968), from Sandbrook, *White Heat*, p. 681.
98. *Daily Mail* (5 September 1956), from Sandbrook, *Never Had It So Good*, p. 461.
99. Oscar Schmitz, *Das Land ohne Musik* (1904), from Dominic Sandbrook, *The Great British Culture Factory* (2015), p. 17.
100. *New Musical Express* (25 June 1965), from Sandbrook, *White Heat*, p. 341.
101. Tim Adams, The Observer (22 March 2009), from Sandbrook, *Culture Factory*, p. 73.
102. Sandbrook, 같은 책, p. xxv.
103. Treasury report (1961), from David Kynaston, *Till Time's Last Sand* (2017), p. 452, 453.
104. Roy Bridge, adviser to the governors of the Bank of England, from David Kynaston, 같은 책, p. 452, 453.

105. Tony Benn MP, speech at the Labour Party conference, Blackpool (29 September 1980), from Sandbrook, *Who Dares Wins* (2019), p. 367.
106. President Ronald Reagan to Secretary of Defense Casper Weinberger (mid-April 1982), from Moore, *Margaret Thatcher* I, p. 694.
107. Reagan to the US National Security Council (February 1983), from Moore, *Margaret Thatcher* II (2015), p. 25n.
108. Thatcher, speech to the Finchley Conservative Association (31 January 1976), http://www.margaretthatcher.org/document/102947.
109. 1984년 12월 16일 체커스에서 대처에게 한 발언으로, 찰스 파월과 버나드 잉엄 두 사람 모두 자신이 한 말이라고 주장한다. Moore, *Margare Thatcher* II, p. 240.
110. Thatcher, dinner with the Conservative Group for Europe (1 January 1983), from Stephen Wall, *A Stranger in Europe* (2008), p. 18.
111. Robin Renwick, assistant under-secretary at the Foreign and Commonwealth Office, from Moore, *Margaret Thatcher* II, pp. 380, 407.
112. David Williamson, deputy secretary of the Cabinet Office, from Moore, 같은 책, pp. 380, 407.
113. Margaret Thatcher, *The Downing Street Years* (1993), p. 548.
114. Jacques Delors, president of the European Commission, speech to the European Parliament (6 July 1988), from Young, *Blessed Plot*, p. 345.
115. Thatcher, College of Europe, Bruges (20 September 1988), https://www.margaretthatcher.org/document/107332.
116. President François Mitterrand to Thatcher, Strasbourg (8 December 1989), from Charles Moore, *Margaret Thatcher* III (2019), pp. 502, 507, 223.
117. Mitterrand to Thatcher, Paris (20 January 1990), from Charles Moore, 같은 책, pp. 502, 507, 223.
118. Robert Zoellick, Counsellor of the State Department, interview from Charles Moore, 같은 책, III (2019), pp. 502, 507, 223.
119. Douglas Hurd, foreign secretary, from Young, *Blessed Plot*, p. 351.
120. Thatcher, debate in Parliament (30 October 1990), https://www.margaretthatcher.org/document/108234.
121. John Major, prime minister, Bonn (February 1991), from John Major, *The Autobiography* (1999), p. 269.

11장 평정심을 유지하고 정진하라

1. Zalmay Khalilzad and Scooter Libby, unpublished draft of the 1992 Defense Plan-

ning Guidance (18 February 1992), www.gwu.edu/~nsarchiv/nukevault/ebb245/index.htm.
2. James Baker III, former US secretary of state, from Moore, *Margaret Thatcher* III, p. 621.
3. anonymous American officer interviewed by Peter Bergen, Kabul (May 2007), from Peter Bergen, *The Longest War* (2011), p. 189.
4. Secretary of Defense Donald Rumsfeld, discussion at the Foreign Press Center, Washington, DC (22 January 2003), https://www.youtube.com/watch?v=E0Gn-RJEPXn4.
5. President George W. Bush, White House South Lawn, Washington, DC (16 September 2001), https://georgewbush-whitehouse.archives.gov/news/releases/2001/09/20010916-2.html; Osama bin Laden (recording broadcast on Al Jazeera, 23 April 2006), https://web.archive.org/web/20070816191154/http://english.aljazeera.net/English/archive/archive?ArchiveId=22235.
6. Melanie Phillips, *Londonistan* (2006), p. xx.
7. Steve Emerson, Fox News Network (12 January 2015), https://www.bbc.com-news/uk-england-30773297.
8. Birmingham city councillor James Mackay, BBC interview (21 January 2015), https://www.bbc.com/news/uk-england-birmingham-30913393.
9. Northern Ireland Peace Agreement, Constitutional Issues I.vi (10 April 1998), https://peacemaker.un.org/sites/peacemaker.un.org/files/IE%20GB_980410_Northern%20Ireland%20Agreement.pdf.
10. George Orwell, *The Lion and the Unicorn* (1941), p. 48. [국역본] 조지 오웰, 「사자와 유니콘: 사회주의와 영국의 특질」, 『조지오웰 산문선』, 허진 옮김(열린책들, 2024).
11. Gordon Brown, chancellor of the exchequer, budget speech (11 June 1998), from Tombs, *The English and Their History*, p. 850.
12. Chairman Deng Xiaoping, speech in Beijing (2 September 1986), from John Gittings, *The Changing Face of China* (2005), p. 103.
13. Lee Kuan Yew, from Graham Allison et al., *Lee Kuan Yew* (2013), p. 42.
14. US Treasury Secretary Hank Paulson's account of Alistair Darling's comments on the telephone (14 September 2008), https://www.theguardian.com/business/2009/sep/03/lehman-brothers-rescue-bid.
15. Darling, interview with Will Martin (29 May 2018), https://www.stuff.co.nz/business/world/104295018/britain-was-hours-from-breakdown-of-law-and-order-during-gfc-exchancellor.

16. joke at the G20 summit, London (April 2009), from *The Economist* (23 May 2009), p.47.
17. https://www.change.org/p/sadiq-khan-declare-london-independent-from-the-uk-and-apply-to-join-the-eu.
18. Dr Laura Lewis's mobile phone (summer 2014).
19. https://www.telegraph.co.uk/news/politics/local-elections/10852204/Local-elections-The-capital-fails-to-see-the-heartache-and-pain-beyond.html.
20. https://www.telegraph.co.uk/news/politics/local-elections/10852141/Local-elections-The-party-machine-is-what-is-great-about-British-politics.html.
21. Bundesfinanzministerium (4 June 2010), from Adam Tooze, *Crashed* (2018), p. 339. [국역본] 애덤 투즈, 『붕괴』, 우진하 옮김(아카넷, 2019).
22. Mario Draghi, president of the European Central Bank, speech at the Global Investment Conference, London (26 July 2012), https://www.ecb.europa.eu/press/key/date/2012/html/sp120726.en.html.
23. Daniel Hannan, *Inventing Freedom* (2013), p. 5.
24. Nigel Farage, leader of the United Kingdom Independence Party, *The Telegraph* (4 September 2015), https://www.telegraph.co.uk/news/politics/nigel-farage/11836131/Nigel-Farage-EU-has-opened-doors-to-migration-exodus-of-biblical-proportions.html.
25. David Cameron, prime minister, Conservative Party annual conference, Bournemouth (1 October 2006), http://www.britishpoliticalspeech.org/speech-archive.htm?speech=314.
26. unnamed senior Conservative (perhaps Andrew Feldman, chair of the Conservative Party), comment to James Kirkup in the Blue Boar pub, Westminster (May 2013), https://www.telegraph.co.uk/news/politics/10065307/David-Camerons-ally-our-party-activists-are-loons.html.
27. Cameron, speech at Bloomberg London (23 January 2013), https://www.gov.uk/government/speeches/eu-speech-at-bloomberg.
28. Nick Clegg, deputy prime minister, from Shipman, *All-Out War*, p. 9.
29. Cameron, from Shipman, 같은 책, p. 9.
30. Ken Clarke, *Kind of Blue* (2016), p. 473.
31. Iain Duncan Smith, work and pensions secretary, BBC Radio 4 (23 August 2016), from Shipman, *All-Out War*, p. 13.
32. Dinner as opposed to lunch: Nick Clegg, in conversation with the author, Stanford University (8 May 2018).
33. Simon Tisdall, *The Guardian* (28 April 2019), https://www.theguardian.

com/politics/2019/apr/28/britain-america-history-special-relationship-highs-and-lows-churchill-to-trump.
34. George Osborne, chancellor, press conference in Beijing (20 September 2015), https://www.economist.com/britain/2015/09/26/the-osborne-doctrine; https://www.bbc.com/news/world-asia-china-34539507.
35. unnamed British official (late 2015), Michael Ashcroft and Isabel Oakeshott, *Call Me Dave* (2016), p. 455.
36. Nick Timothy, adviser to Theresa May, home secretary (20 October 2015), http://www.conservativehome.com/thecolumnists/2015/10/nick-timothy-the-government-is-selling-our-national-security-to-china.html.
37. Ambassador Liu Xiaoming and Cameron, respectively, London (17 October 2015), https://www.reuters.com/article/us-china-britain/china-britain-to-benefit-from-golden-era-in-ties-cameron-idUSKCN0SB10M20151017.
38. Farage (23 June 2016), https://www.independent.co.uk/news/uk/home-news/eu-referendum-nigel-farage-remain-edge-it-brexit-ukip-a7098526.html.
39. Donald Tusk, president of the European Council, interview with *Bild* (13 June 2016), from https://www.bbc.com/news/uk-politics-eu-referendum-36515680.
40. Bob Canfield, in conversation with the author, Tucson, Arizona (February 2016).
41. David Reynolds, *Island Stories* (2019), p. 24.
42. Cameron, Royal Institute of International Affairs, London (10 November 2015), https://www.youtube.com/watch?v=gUsKWsPcRXE.
43. Zheng Bijian, 'China's "Peaceful Rise" to Great-Power Status', *Foreign Affairs* 84.5 (2005), pp. 14–24.
44. Binguo Dai, http://china.usc.edu/ShowArticle.aspx?articleID=2325.
45. 케인스가 이런 말을 했다는 직접적 증거는 없다. 아마 폴 새뮤얼슨의 발언을 잘못 인용한 일화로 보인다(https://quoteinvestigator.com/2011/07/22/keynes-change-mind/).
46. Deng Xiaoping, https://www.economist.com/special-report/2010/12/04/less-biding-and-hiding.
47. Xi Jinping, speech to China's politburo (December 2014), from Elizabeth C. Economy, *The Third Revolution* (2018), p. 190.
48. Secretary of State Hillary Clinton, https://foreignpolicy.com/2011/10/11/americas-pacific-century/.
49. President Barack Obama, address to Australia's Parliament, Canberra (17 November 2011), https://obamawhitehouse.archives.gov/the-press-office/2011/11/17/remarks-president-obama-australian-parliament.

50. Xinhua News Agency (28 March 2015), https://www.chinadaily.com.cn/business/2015-03/28/content_19938124.htm.
51. Robert Kaplan, *Asia's Cauldron* (2014), p. 15. [국역본] 로버트 캐플런,『지리 대전』, 김용민·최난경 옮김(글항아리, 2021).
52. President Donald Trump, on CBS News (15 July 2018), https://www.cbsnews.com/news/donald-trump-interview-cbs-news-european-union-is-a-foe-ahead-of-putin-meeting-in-helsinki-jeff-glor/.
53. https://www.consilium.europa.eu/en/press/press-releases/2020/09/08/recovery-plan-powering-europe-s-strategic-autonomy-speech-by-president-charles-michel-at-the-brussels-economic-forum/.
54. Commonwealth of Australia, *Defending Australia in the Asia Pacific Century* (2009), p. 43.
55. Chinese official, Stockholm China Forum (7-8 November 2019), https://www.economist.com/china/2019/11/16/the-west-is-now-surer-that-china-is-not-about-to-liberalise.
56. https://www.globaltimes.cn/content/1191094.shtml.
57. European Commission, *EU–China: A Strategic Outlook* (2019), p. 1.
58. https://ec.europa.eu/commission/presscorner/detail/en/ip_20_2542.
59. https://www.gov.uk/government/publications/global-britain-in-a-competitive-age-the-integrated-review-of-security-defence-development-and-foreign-policy, pp. 29, 66.
60. White House Press Secretary Jen Psaki (25 January 2021), https://www.whitehouse.gov/briefing-room/press-briefings/2021/01/25/press-briefing-by-press-secretary-jen-psaki-january-25-2021/.
61. Valery Gerasimov, Russian Army chief of staff, *Military-Industrial Kurier* (27 February 2013), from https://inmoscowsshadows.wordpress.com/2014/07/06/the-gerasimov-doctrine-and-russian-non-linear-war/.
62. Nadia Schadlow, 'Strategy: The Pursuit of Freedom of Action', online Engelsberg Lecture (8 December 2020).
63. Kerry Brown, *The Future of UK–China Relations* (2019), p. 2.
64. *Mahabharata*, Shanti Parvan (compiled between 400 bce and 450 ce), 67.16, from Romila Thapar, *From Lineage to State* (1984), pp. 117-18.
65. Mark Malloch Brown (9 July 2020), https://www.nytimes.com/2020/07/03/world/europe/johnson-brexit-hong-kong.html.
66. Secretary of Defense Mike Pompeo, Nixon Presidential Library, Yorba Linda, California (23 July 2020), https://www.americanrhetoric.com/speeches/mikepompeo-

chinanixonlibrary.htm.
67. Gao Xiqing, president, China Investment Corporation (December 2008), https://www.theatlantic.com/magazine/archive/2008/12/be-nice-to-the-countries-that-lend-you-money/307148/. 고딕체는 원문의 표시다.
68. Kerry Brown, *The Future of China–UK Relations*, p. 32.
69. Boris Johnson, foreign secretary, Chatham House (2 December 2016), https://www.chathamhouse.org/sites/default/files/events/special/2016-12-02-Boris-Johnson.pdf.
70. https://www.theguardian.com/business/2019/dec/17/uk-singapore-on-thames-brexit-france.
71. Robert Kaplan, *The Revenge of Geography* (2012), p. 196. [국역본] 로버트 카플란, 『지리의 복수』, 이순호 옮김(미지북스, 2017).
72. Xi Jinping (2014), https://www.lowyinstitute.org/the-interpreter/chinas-rule-law-international-relations.
73. Ambassador Liu Xiaoming (6 July 2020), https://foreignpolicy.com/2020/08/03/boris-johnson-sinophile-china-hawk/.
74. https://softpower30.com/what-is-soft-power/.
75. https://www.newstatesman.com/spotlight/2020/01/the-cost-of-britains-language-problem.
76. Brown, *The Future of China–UK Relations*, p. 36.
77. Ella Wheeler Wilcox (1910), http://www.ellawheelerwilcox.org/poems/pengland.htm.

12장 돌아갈 수 없는 고향

1. Robert Kaplan, *Earning the Rockies* (2017), pp. 39, 55, 38, 56.
2. http://www.newstatesman.com/politics/staggers/2017/02/stoke-central-election-brexit-and-other-issues-could-swing-vote.
3. https://www.economist.com/united-states/2021/04/24/why-the-european-super-league-failed.
4. https://www.thetimes.co.uk/article/hundreds-of-home-office-civil-servants-face-being-moved-to-stoke-under-levelling-up-programme-xv3mmv907.
5. Tristram Hunt MP, interview with Tim Wigmore, *New Statesman*, https://www.newstatesman.com/politics/2015/07/letter-stoke-how-transform-city-decline.
6. Robert Kaplan, *Earning the Rockies* (2017), pp. 39, 55, 38, 56.
7. 같은 책, p. 72.

더 읽을거리

국내에 번역 출간된 책은 [] 안에 국역본 제목과 출간연도를 병기했다.

지난 1만 년의 영국 역사에 대한 연구 성과는 양적으로나 질적으로 놀라울 따름이다. 시인 호메로스는 트로이 전쟁에서 그리스를 위해 싸웠던 모든 영웅을 다 열거할 수 없음을 인정하며 이렇게 말했다. "내게 열 개의 혀와 열 개의 입이 있고, 결코 꺾이지 않는 목소리와 청동으로 된 심장이 있다 해도 (…) 그들 모두를 말할 수는 없다."(*Iliad* [『일리아스』, 2023] 2.488~90) 영국사 역시 마찬가지다. 따라서 여기에 제시된 내용은 극도로 제한적일 수밖에 없다. 이 주제와 관련된 책과 논문을 모두 읽은 사람은 아무도 없을 뿐더러, 설령 그 불가능한 일을 해냈다 하더라도 그것들을 일일이 나열하려면 어느 출판사도 감당할 수 없을 만큼 방대한 부록이 필요했을 것이다. 그러니 내가 할 수 있는 일은 여기서 언급하지 못한 수많은 학자에게 사과를 전하는 것뿐이다.

우선 최근 몇 년간 출간된 영국사에 관한 훌륭한 다권본 개설서 몇 종을 간략히 소개한 뒤 각 장과 관련된 문헌으로 넘어가고자 한다. 각 장에서는 특히 유용하다고 판단한 문헌 중 개설서부터 살펴볼 것이다. 이 문헌들은 내가 제시한 구체적인 주장의 상당수를 뒷받침하는 근거를 담고 있다(가능한 한 광범위한 참고문헌을 갖춘 최근의 저작을 인용했다). 세부 사항에 대해서는 거의 모든 부분에서 전문가 간 견해차가 존재하지만, 그 가운데서도 특히 논쟁이 치열하거나 새로운 연구가 기존 논의에 중요한 의미를 더했을 때만 전문 연구 문헌을 언급했다. 그런 일은 주로 고고학 분야에서 자주 발생한다.

오늘날 대담하게도(혹은 무모하게도?) 단독으로 여러 권의 개설서를 집필하는 역사가는 거의 없지만, Simon Schama의 *History of Britain* (전 3권, 2000~2009)[『사이먼 샤마의 영국사』 1~3, 2002~2004]와 Norman Davies의 *The Isles* (2000년에 한 권으로 출간되었지만 두세 권의 분량이다)이 단연 돋보인다. 여러 권으로 구성된 영국사 시리즈는 대체로 권마다 다른 전문가가 집필한다. *Penguin History of Britain*(1996년 이후 8권으로 출간되었고, 앞으로 1권이 더 출간될 예정)는 읽기 쉽고 정보가 풍부하며, *Oxford History of the British Empire* (전 4권, 1998~1999)는 구체적인 주제별로 책을 내서 영국사의 표준 참고 자료로 자리잡았다.

1990년대 이전까지만 해도 역사가들은 일반적으로 잉글랜드, 아일랜드, 스코틀랜드, 웨일스를 별개의 주제로 다뤘다. 앞서 머리말에서 설명했듯이 이러한 접근이 드러내는 것보다 가리는 것이 더 많다고 생각하지만, 그럼에도 뛰어난 연구 성과들이 적지 않다. 그중에서도 잉글랜드가 가장 많은 주목을 받았다. Peter Ackroyd의 *History of England* (전 6권, 2012~2021)와 Robert Tombs의 *The English and Their History* (2014)가 특히 흥미롭다. 1983년부터 간행된 10권의 *New Oxford History of England* (4권 추가 출간 예정)는 더 학술적이지만 재미있다. *Cambridge History of Ireland* (4권, 2018~2020)와 *New Edinburgh History of Scotland* (2004년 이후 7권, 향후 3권 출간 예정)도 빼놓을 수 없다. 최근 출간된 웨일스 역사에 대한 다권본은 없지만, John Davies의 *History of Wales* (2007)가 짧지만 훌륭한 개설서다. 마지막으로 2014년부터 지금까지 43권의 얇고 흥미로운 학문 서적들을 출간한 *Penguin Monarchs* 시리즈도 언급할 만하다.

머리말

머리말에서 다룬 대부분의 내용은 본문에서 더 자세히 논의하므로, 여기서는 이후에 다시 언급하지 않는 몇몇 지점에 대해서만 참고문헌을 제시한다.

Kenneth Brophy, 'The Brexit Hypothesis and Prehistory', *Antiquity* 92 (2018), pp.1650-58는 선사시대를 잘못 활용하는 사례를 논한다. David Christian의 'The Case for "Big History"', *Journal of World History* 2 (1991), pp. 223-38와 *Maps of Time* (2004)은 '거대사/심층사'의 고전적 논의다.

난민과 테러리스트에 대한 케이토 연구소의 분석은 https://www.economist.com/united-states/2018/04/21/america-is-on-track-to-admit-the-fewest-refugees-in-fourdecades을 보라.

헤리퍼드 지도는 https://www.themappamundi.co.uk와 P. D. A. Harvey, *Mappa Mundi: The Hereford World Map* (2010)를 참조하라. 몸에 색칠하는 영국 풍습을 언급한 가장 최근의 자료는 Martial, Epigrams 11.53이며, 문신에 대한 언급은 Claudian, *On Stilicho's Consulship* 2.247와 *The Gothic War*, 416-18에 나온다.

매킨더 지도는 Halford Mackinder, *Britain and the British Seas* (1902), Figure 3를 보라. 바다를 지배하는 것에 관해서는 Nicholas Rodger, *The Safeguard of the Sea* (1997)가 탁월하다.

부의 지도는 https://worldmapper.org/maps/gdp-2018/; Parag Khanna, *Connectography* (2016)[『커넥토그래피 혁명』, 2017]는 도판 0.5과 연결해서 보기 좋다. GDP 순위는 https://en.wikipedia.org/wiki/List_of_countries_by_GDP_(nominal)와 https://en.wikipedia.org/wiki/List_of_countries_by_GDP_(PPP)에 나열되어 있다. 해군력 순위는 http://nationalinterest.org/feature/the-five-most-powerful-navies-the-planet-10610에 나열되어 있다. 노벨상은 https://www.nobelprize.org/nobel_prizes/lists/countries.html를 보라. 브렉시트 국민투표에서 웨스트민스터는 주민의 69퍼센트가 잔류에, 스토크온트렌트의 69퍼센트가 탈퇴에 투표했다. https://ig.ft.com/sites/

elections/2016/uk/eu-referendum/를 보라.

지리와 역사 전반에 관해서는 Tim Marshall의 *Prisoners of Geography* (2015) [『지리의 힘』, 2025]가 한없이 흥미롭고 유익하다.

1장 대처의 법칙

다음의 책들은 1장뿐 아니라 2장에도 유용하다. Richard Bradley의 *The Prehistory of Britain and Ireland* (2007), Barry Cunliffe의 *Facing the Ocean* (2001), Timothy Darvill의 *Prehistoric Britain* (2010), Francis Pryor의 *Britain BC* (2003), 그리고 유전학 관련 저서인 David Reich의 *Who We Are and How We Got Here* (2018)도 보라. Cunliffe의 *Britain Begins* (2013)는 아마 가장 뛰어난 개설서로, 노르만 정복까지의 전 시대를 다룬다. 그러나 이 분야의 연구는 계속해서 갱신되고 있으므로 최신 동향을 따라가려면 학술지 Current Archaeology(https://www.archaeology.co.uk)를 꾸준히 확인하는 것이 좋다.

1장의 주요 주제와 관련해서는 다음을 보라. Neil Roberts, *The Holocene* (3rd edn, 2014); Nick Barton, *Ice Age Britain* (2nd edn, 2005); Chris Stringer, *Homo Britannicus* (2006); Andrzej Pydyn, *Argonauts of the Stone Age* (2015); Daniel Zohary, *Domestication of Plants in the Old World* (4th edn, 2013); Stephen Shennan, *The First Farmers of Europe* (2018); and Vicki Cummings, *The Neolithic of Britain and Ireland* (2017).

해피스버그는 Nick Ashton et al., 'Hominin Footprints from Early Pleistocene Deposits at Happisburgh, UK', *PLoS ONE* 9.2 (2014), e88329를 보라. 42만 5000년 전과 16만 년 전 영국 해협의 범람은 Sanjeev Gupta et al., 'Two-Stage Opening of the Dover Strait and the Origin of Island Britain', *Nature Communications* 8 (2017), article 15101와 David García-Moreno et al., 'Middle-Late Pleistocene Landscape Evolution of the Dover Strait Inferred from Buried and Submerged Erosional Landforms', *Quaternary Science Reviews* 203 (2019), pp.

209-32를 보라. 도판 1.1은 https://intarch.ac.uk/journal/issue11/rayadams_toc.html을 기반으로 한다. 네안데르탈인의 현명함에 관해서는 Clive Finlayson, *The Smart Neanderthal* (2019)를 보라.

켄츠 동굴은 Tom Higham et al., 'The Earliest Evidence for Anatomically Modern Humans in Northwest Europe', *Nature* 479 (2011), pp. 521-4을 보라. 파빌랜드는 Stephen Aldhouse-Green et al., *Paviland Cave and the 'Red Lady'* (2000)를 보라. 연대 측정은 Roger Jacobi and Tom Higham, 'The "Red Lady" Ages Gracefully', *Journal of Human Evolution* 55 (2008), pp. 898-907를, 최후빙하극성기는 Miika Tallavaara et al., 'Human Population Dynamics in Europe over the Last Glacial Maximum', *Proceedings of the National Academy of Sciences* 112 (2015), pp. 8232-7를 보라. 네안데르탈인의 절멸은 Tom Higham, *The World Before Us* (2021), pp. 28-47, 128-46, 205-19를 보라. 체더인과 에이드리언 타깃에 관해서는 Bryan Sykes, *Saxons, Vikings, and Celts* (2006), pp. 11-12와 https://www.dailymail.co.uk/news/article-5364983/Retired-history-teacherbelieves-looks-like-Cheddar-Man.html를 보라. 체더인의 피부와 머리카락은 http://www.nhm.ac.uk/discover/cheddar-man-mesolithic-britain-blue-eyed-boy.html를 보라. 도거랜드는 Vincent Gaffney et al., *Europe's Lost World* (2009)를 보라. 기원전 6000년경 영국 해협의 범람은 P. L. Gibbard, 'The Formation of the Strait of Dover', in R. C. Preece, ed., *Island Britain: A Quaternary Perspective* (1995), pp. 15-26와 James Walker et al., 'A Great Wave: The Storegga Tsunami and the End of Doggerland?', *Antiquity* 94 (2020), pp. 1409-25를 보라. 가장 오래된 배들(누아엔쉬르센Noyen-sur-Seine과 페세Pesse)은 Seán McGrail, *Boats of the World from the Stone Age to Medieval Times* (2001), pp. 172-4를 보라. 태평양 항해에 관해서는 Robin Dennell, *From Arabia to the Pacific* (2020), p. 74를 보라. 가죽배는 Timaeus, cited by Pliny the Elder, *Natural History* 4.104과 McGrail, *Boats of the World*, pp. 181-3를, 가로목은 McGrail, *Boats of the World*, p.

172를 보라.

수렵채집 사회에 관해서는 Vicki Cummings et al., eds, *The Oxford Handbook of the Archaeology and Anthropology of Hunters and Gatherers* (2014)를 보라. 영국인이 연평균 181마일을 걷는다는 통계는 http://www.telegraph.co.uk/news/2016/07/28/britain-grinds-to-a-halt-with-average-person-walking-half-a-mile/를 참고했다. 앵거스 매디슨의 생활 수준 계산은 https://www.rug.nl/ggdc/historicaldevelopment/maddison/releases/maddison-project-database-2020를 보라. 세계은행과 극심한 빈곤은 https://www.worldbank.org/en/topic/poverty/overview를 보라. 박스그로브의 푸줏간 주인은 Pryor, *Britain BC*, pp. 23-4를 보라. 수렵사회의 폭력성은 Virginia Hutton Estabrook, 'Violence and Warfare in the European Mesolithic and Paleolithic', in Mark Allen and Terry Jones, eds, *Violence and Warfare among Hunter-Gatherers* (2014), pp. 49-69를 보라. 체더 협곡의 식인 흔적은 Silvia Bello et al., 'Earliest Directly-Dated Human Skull-Cups', *PLoS ONE* 6.2 (2011) e17026; 'An Upper Palaeolithic Engraved Human Bone Associated with Ritualistic Cannibalism', *PLoS ONE* 12.8 (2017) e0182127를, 파빌랜드의 상아는 Pryor, *Britain BC*, pp. 50-56를 보라. 광둥산 브래지어는 http://www.economist.com/news/china/21697004-one-product-towns-fuelledchinas-export-boom-many-are-now-trouble-bleak-times-bra-town를 보라. 스타카는 Nicky Milner et al., *Star Carr* (2 vols, 2018)를 보라.

농업과 불평등은 Amy Bogaard et al., 'The Farming-Inequality Nexus', *Antiquity* 93 (2019), pp. 1129-43를 보라. 현대 영국의 지니계수는 https://en.wikipedia.org/wiki/List_of_countries_by_wealth_equality에서 National Bureau of Economic Research와 Credit Suisse의 데이터를 간단히 요약했다. 수렵채집인과 농부의 상호작용은 Shennan, *First Farmers*, pp. 82-5, 183-206를 보라. 독일에서의 공존은 Ruth Bollongino et al., '2000 Years of Parallel Societies in Stone Age Central Europe', *Science* 342 (2013), pp. 479-81를, 오론세이

섬에서의 공존은 Sophy Charlton et al., 'Finding Britain's Last Hunter-Gatherers', *Journal of Archaeological Science* 73 (2016), pp. 55-61를 보라. 외벽에 관해서는 Peter Rowley Conwy, 'Westward Ho! The Spread of Agriculture from Central Europe to the Atlantic', *Current Anthropology* 52, supplement 4 (2011), pp. 431-51를, 외벽의 붕괴는 Shennan, *First Farmers*, pp. 183-4를 보라.

수렵인이 농민으로 대체되었다는 DNA 증거는 Selina Brace et al., 'Ancient Genomes Indicate Population Replacement in Early Neolithic Britain', *Nature Ecology & Evolution* 3 (2019), pp. 765-71를 보라. 브르타뉴에서 아일랜드로의 항해는 Richard Callaghan and Chris Scarre, 'Simulating the Western Seaways', *Oxford Journal of Archaeology* 29 (2009), pp. 357-72를 보라. 오크니 밭쥐는 Natália Martínková et al., 'Divergent Evolutionary Processes Associated with Colonization of Offshore Islands', *Molecular Ecology* 22 (2013), pp. 5205-20를 보라.

해즐턴 노스는 Samantha Neil et al., 'Isotopic Evidence for Residential Mobility of Farming Communities during the Transition to Agriculture in Britain', *Royal Society Open Science* 3 (2016), 150522를 보라. 탄화된 씨앗은 Amy Bogaard et al., 'Crop Manuring and Intensive Land Management by Europe's First Farmers', *Proceedings of the National Academy of Sciences* 110 (2013), pp. 12589-94를 보라. 초기 농경민의 주거지는 A. Barclay and O. Harris, 'Community Building', in P. Bickle et al., eds, *The Neolithic of Europe* (2017), pp. 222-33를 보라. 2010년대 영국 가정의 평균 주거 면적은 http://www.dailymail.co.uk/news/article-2535136/Average-British-family-home-size-shrinks-two-squaremetres-decade-increasing-numbers-forced-live-flats.html를 보라. 기념물에 관해서는 위에서 언급한 Bradley, Cummings, Cunliffe, Darvill의 저서들이 풍부한 세부 사항을 제공한다. 폭력에 관해서는 R. Schulting and M. Wysocki, '"In This Chambered Tumulus Were Found Cleft Skulls"', *Proceedings of the Prehistoric Society* 71 (2005), pp. 107-38. 2010년대 영국의

사망률 수치는 http://www.worldlifeexpectancy.com를 보라. 햄블던 언덕은 Roger Mercer and F. Healy, *Hambledon Hill, Dorset, England* (2008)를 보라. 결혼 양상은 Brace et al., 'Ancient Genomes'를 참조하라. 다만 Joanna Brück, 'Ancient DNA, Kinship and Relational Identities in Bronze Age Britain', *Antiquity* 95 (2021), pp. 228–37에서 이 글에 대해 몇 가지 문제를 제기한다.

2장 유럽의 가난한 사촌

1장에서 추천된 개설서들은 이 장에서도 여전히 유효하며, 추가로 Mike Parker Pearson의 *Stonehenge* (2011)도 참고할 만하다.

기원전 3500년 이후 인구 추세는 Sue Colledge et al., 'Neolithic Population Crash in Northwest Europe Associated with Agricultural Crisis', *Quaternary Research* 92 (2019), pp. 686–707를 보라. 목축업은 Andrew Bevan et al., 'Holocene Fluctuations in Human Population Demonstrate Repeated Links to Food Production and Climate', *Proceedings of the National Academy of Sciences* 114 (2017), pp. 10524–31를 보라.

거석의 전도사들은 Chris Scarre, 'Megalithic People, Megalithic Missionaries', *Estudos arqueologicos de oeiras* 24 (2018), pp. 161–73 (http://dro.dur.ac.uk/23764/1/23764.pdf?DDD6+drk0cs)를 보라. 새로운 방사성탄소 연대 측정은 Bettina Schulz Paulsson, 'Radiocarbon Dates and Bayesian Modeling Support Maritime Diffusion Model for Megaliths in Europe', *Proceedings of the National Academy of Sciences* 116 (2019), pp. 3460–65를 보라. NG10은 Lara Cassidy et al., 'A Dynastic Elite in Monumental Neolithic Society', *Nature* 582 (2020), pp. 384–8를 보라. 복음주의 기독교인은 Tanya Luhrmann, *How God Becomes Real* (2020)를 보라.

스톤헨지 매장은 Christie Willis et al., 'The Dead of Stonehenge', *Antiquity* 90 (2016), pp. 337–56를, 이주민은 David Roberts et al., 'Middle Neolithic

Pits and a Burial at West Amesbury, Wiltshire', *Archaeological Journal* 177 (2020), pp. 167–213를 보라. 블루스톤의 웨일스 기원은 Mike Parker Pearson et al., 'Megalith Quarries for Stonehenge's Bluestones', *Antiquity* 93 (2019), pp. 45–62를 보라. 완마운은 Parker Pearson et al., 'The Original Stonehenge? A Dismantled Stone Circle in the Preseli Hills of West Wales', *Antiquity* 95 (2021), pp. 85–103를 보라. 블루스톤헨지는 Michael Allen et al., 'Stonehenge's Avenue and "Bluestonehenge"', *Antiquity* 90 (2016), pp. 991–1008를, 대규모 토목공사의 결과물은 Vincent Gaffney et al., https://intarch.ac.uk/journal/issue55/4/full-text.html (2020)를 보라. 주차장 부지 조사 도중 발견된 토템 기둥은 Parker Pearson, *Stonehenge*, pp. 135–7를 보라.

필 하딩의 구리 도끼와 V자형 절단면은 Parker Pearson, *Stonehenge*, pp. 124–5를 보라. DNA와 중앙아시아 이주는 Wolfgang Haak et al., 'Massive Migration from the Steppe Was a Source for Indo-European Languages in Europe', *Nature* 522 (2015), pp. 207–11를, 아일랜드로의 이주는 Lara Cassidy et al., 'Neolithic and Bronze Age Migration to Ireland and Establishment of the Insular Atlantic Genome', *Proceedings of the National Academy of Sciences* 113 (2016), pp. 368–73를 보라. DNA의 90~95퍼센트가 대체된 사실에 관해서는 Inigo Olalde et al., 'The Beaker Phenomenon and the Genomic Transformation of Northwest Europe', *Nature* 555 (2018), pp. 190–96를, 인구 대체의 메커니즘은 Martin Furholt, 'Massive Migrations? The Impact of Recent aDNA Studies on Our View of Third-Millennium Europe', *European Journal of Archaeology* 21 (2017), pp. 159–91를 보라. 페스트균은 Nicolás Rascovan et al., 'Emergence and Spread of Basal Lineages of Yersinia pestis during the Neolithic Decline', *Cell* 176 (2019), pp. 295–305를 보라. 궁수 에임즈버리는 Andrew Fitzpatrick, ed., *The Amesbury Archer and the Boscombe Bowmen* (2011)를 보라. 직장과 함께 매장된 무덤은 https://www.theguardian.com/uk-news/2021/feb/04/archaeologist-unearth-bronze-agegraves-stonehenge-a303-tunnel-site를 보라. 스톤헨지 궁수는 John Evans, 'Stonehenge – The Environment in the Late Neolithic and Early Bronze Age and a Beaker-Age Burial', *Wiltshire Archaeological and Natural History Magazine* 78 (1984), pp. 7 – 30를 보라. 실버리 힐에 투입된 노동력은 Richard Atkinson, 'Neolithic Science and Technology', *Philosophical Transactions of the Royal Society* A 276 (1974), p. 128를 토대로 산출했다. 라운즈 고분은 Timothy Darvill, *Prehistoric Britain* (2nd edn, 2010), pp. 171 – 2를 보라. 붙여 만든 널빤지 배는 McGrail, *Boats*, pp. 184 – 91; R. van de Noort, 'Argonauts of the North Sea', *Proceedings of the Prehistoric Society* 72 (2006), pp. 267 – 87를 보라. 농업은 D. T. Yates, *Land, Power and Prestige: Bronze Age Field Systems in Southern England* (2007)를 보라. 올리판트는 *Song of Roland* (c.1100 ce)[『롤랑의 노래』, 2022], line 1764를 보라. 새로운 종교 체계는 Kristian Kristiansen and Thomas Larsson, *The Rise of Bronze Age Society* (2015), pp. 251 – 319를, 청동을 고의로 버리는 행위는 Richard Bradley, *The Passage of Arms* (2nd edn, 1998)를 보라.

철의 도착에 관해서는 Nathaniel Erb-Satullo, 'The Innovation and Adoption of Iron in the Ancient Near East', *Journal of Archaeological Research* 27 (2019), pp. 557 – 607이 증거를 검토한다. Simon James, *The Atlantic Celts: Ancient People or Modern Invention?* (1999)는 켈트족에 관한 논쟁이 얼마나 열띨 수 있는지 보여준다. 켈트족과 다뉴브강은 Herodotus (c.430 bce), 2.33, 4.49. DNA 연구는 Stephen Leslie et al., 'The Fine-Scale Genetic Structure of the British Population', *Nature* 519 (2015), pp. 309 – 14를, 켈트어의 초기 기원은 Barry Cunliffe and John Koch, eds, *Exploring Celtic Origins* (2019)를 보라. 언덕 요새의 기능에 관한 고고학자들의 논쟁은 Ian Armit, 'Hillforts at War', *Proceedings of the Prehistoric Society* 73 [2007], pp. 25 – 37와 Gary Lock, 'Hillforts, Emotional Metaphors, and the Good Life', *Proceedings of the Prehistoric Society* 77 [2011], pp. 355 – 62의 논의가 유익하다. 늪지대에서 발견된

시신들은 Miranda Aldhouse-Green, *Dying for the Gods* (2001)를 보라. 관련 목록은 https://en.wikipedia.org/wiki/List_of_bog_bodies를 참조하라. 드루이드는 Miranda Aldhouse-Green, *Caesar's Druids* (2010)를 보라.

정부의 기원에 대해서는 관련 문헌이 매우 방대하다. Allen Johnson and Timothy Earle, *The Evolution of Human Societies* (2nd edn, 2000), pp. 246-312은 정통적 견해를 제시하며, James Scott, *Against the Grain* (2017), pp. 116-218은 이와 반대되는 견해를 제시한다. 기원전 1200년경 지중해 동부 지역에서의 정부의 소멸에 관해서는 Eric Cline, *1177 BC* (2014)를 보라. 페니키아인은 Glenn Markoe, *The Phoenicians* (2000)를 보라. 아프리카 일주는 Herodotus 4.42를 보라. 콘월은 Barry Cunliffe, *Facing the Ocean* (2001), pp. 39-45를 보라. 영국에서 발견된 그리스 항아리는 Darvill, *Prehistoric Britain*, pp. 284-5를 보라. 피테아스는 Barry Cunliffe, *The Extraordinary Voyage of Pytheas the Greek* (2001)를 보라. 책 *On the Ocean*의 예시는 Diodorus of Sicily (40s bce), 5.21와 Strabo, *Geography* (20s ce), 2.4.1 and 4.5.5에서 가져왔다. 피테아스를 직접 읽었다고 주장한 마지막 저자는 70년대 플리니우스다(*Natural History* 4.30 and 37.11). 갈리아의 로마는 Greg Woolf, *Becoming Roman* (1998)를, 갈리아와 브리튼은 Colin Haselgrove and Tom Moore, eds., *The Later Iron Age in Britain and Beyond* (2007)를, 갈리아의 카이사르는 Adrian Goldsworthy, *Caesar* (2006), pp. 184-356를 보라.

3장 제국

다음 문헌들은 귀중한 개요를 제공한다. David Mattingly, *An Imperial Possession* (2006); Martin Millett et al., eds, *The Oxford Handbook of Roman Britain* (2016); Guy de la Bédoyere, *Eagles over Britannia* (2001); and Simon Esmonde-Cleary, *The Ending of Roman Britain* (1989). Kyle Harper, *The Fate of Rome* (2017)[『로마의 운명: 기후, 질병, 그리고 제국의 종말』, 2021]는 기

후와 제국의 관계를 분석한다.

콤미우스는 Caesar, *The Gallic War* (55–50 bce)[『갈리아 전쟁기』, 2006], 4.21; 7.76; 8.6–7, 10, 21, 23, 47–8를 보라. 페그웰만은 https://www2.le.ac.uk/offices/press/press-releases/2017/november/firstevidence-for-julius-caesars-invasion-of-britain-discovered를 보라. 브리튼 원정은 Goldsworthy, *Caesar*, pp. 269–92를 보라. 예수 탄생 후 2년 더 생존한 혜롯 대왕에 관해서는 Matthew 2:16를 보라.

차터하우스는 Malcolm Todd, *Roman Mining in Somerset* (2002)를, 프레스타틴은 Kevin Blockley, *Prestatyn 1984-5* (1989)를 보라. 부디카의 반란에 관해서는 Miranda Aldhouse-Green, *Boudica Britannia* (2006)를, 마르쿠스 파보니우스 파킬리스의 묘비는 https://romaninscriptionsofbritain.org/inscriptions/200를 보라. 초기 런던은 Lacey Wallace, *The Origin of Roman London* (2014)를 보라. 블룸버그 파이낸스 그룹의 부지는 https://www.theguardian.com/uk-news/2016/jun/01/tablets-unearthed-city-glimpse-roman-london-bloomberg를 보라. 반란 이후의 로마 정책은 Gil Gambash, 'To Rule a Ferocious Province', *Britannia* 43 (2012), pp. 1–15를 보라. 부디카 이후 런던은 Ian Haynes et al., *London Under Ground* (2000)를, 참수된 시신들은 Gundula Müldner et al., 'The "Headless Romans"', *Journal of Archaeological Science* 38 (2011), pp. 280–90를 보라. 드루마나는 Barry Raftery, 'Drumanagh and Roman Ireland', *Archaeology Ireland* 35/10.1 (1996)를 보라. 인치투틸은 Elizabeth Shirley, *The Construction of the Roman Legionary Fortress at Inchtuthil* (2000)를 보라. 관련 애니메이션은 https://www.bbc.co.uk/programmes/p01696lj에서 볼 수 있다.

동위원소 분석은 전반적으로 Hella Eckardt, 'People on the Move in Roman Britain', *World Archaeology* 46 (2014), pp. 534–50를 보라. 글로스터는 Carolyn Chenery et al., 'Strontium and Stable Isotope Evidence for Diet and Mobility in Roman Gloucester, UK', *Journal of Archaeological Science* 37

(2010), pp. 150-63를, 윈체스터는 Eckardt et al., 'Oxygen and Strontium Isotope Evidence for Mobility in Roman Winchester', *Journal of Archaeological Science* 36 (2009), pp. 2816-25를, 요크는 Stephany Leach et al., 'Migration and Diversity in Roman Britain', *American Journal of Physical Anthropology* 140 (2009), pp. 546-51를, 런던은 Rebecca Redfern et al., 'Going South of the River', *Journal of Archaeological Science* 74 (2016), pp. 11-22과 Heidi Shaw et al., 'Identifying Migrants in Roman London Using Lead and Strontium Stable Isotopes', *Journal of Archaeological Science* 66 (2016), pp. 57-68를 보라. 빈돌란다 편지는 http://vindolanda.csad.ox.ac.uk를 보라. 날씨 관련해서는 *nos.* 234, 343를, 음식은 *nos.* 301, 203를 양말은 no. 346를, 권투 장갑은 https://www.archaeology.co.uk/articles/packing-apunch-boxing-gloves-found-at-vindolanda.htm를 보라.

신장은 Gregori Galofré-Vila et al., 'Heights across the Last 2000 Years in England', *Research in Economic History* 34 (2018), pp. 67-98를 보라. 군대 주둔 비용은 Mattingly, *Imperial Possession*, p. 493를, 영국 경제는 Michael Fulford, 'Economic Structures', in Malcolm Todd, ed., *A Companion to Roman Britain* (2004), pp. 309-26를 보라. 실체스터는 Thomas Blagg, 'Building Stone in Roman Britain', in D. Parsons, ed., *Stone: Quarrying and Building in England, AD 43–1525* (1990), p. 39를 보라. 도시가 시골보다 주민들이 더 건강했다는 연구는 Martin Pitts and Rebecca Griffin, 'Exploring Health and Social Well-Being in Late Roman Britain', *American Journal of Archaeology* 116 (2012), pp. 253-76와 Rebecca Griffin, 'Urbanization, Economic Change, and Dental Health in Roman and Medieval Britain', *European Journal of Archaeology* 20 (2017), pp. 1-22를 보라. 이와 반대되는 견해는 Rebecca Redfern et al., 'Urban-Rural Differences in Dorset, England', *American Journal of Physical Anthropology* 157 (2015), pp. 107-20를 보라. 소비 수준은 Richard Saller, 'Framing the Debate over Growth in the Ancient Economy', in Joe Manning and Ian Morris, eds., *The Ancient Economy* (2005), pp. 223‒38를 보라.

농촌 생활은 Mike McCarthy, *The Romano-British Peasant* (2013)를 보라. 개발업자 발굴 지원 정책은 Steve Willis, 'A Roman Metamorphosis: The Grey-Literature of the Romano-British Countryside Transformed', *Archaeological Journal* 177 (2020), pp. 408‒16와 https://archaeologydataservice.ac.uk/archives/view/romangl/를 보라. 10만 개가 넘는 유적지는 Mattingly, *Imperial Possession*, p. 356를 보라. 휘튼은 Michael Jarrett and Stuart Wrathmell, *Whitton* (1981)를, 마시필드는 Kevin Blockley, *Marshfield* (1985)를, 스토마켓은 Kate Nicholson and Tom Woolhouse, *A Late Iron Age and Romano-British Farmstead at Cedars Park, Stowmarket, Suffolk* (2016)를, 던니커는 Gordon Noble et al., 'Dunnicaer, Aberdeenshire, Scotland', *Archaeological Journal* 177 (2020), pp. 256‒338를 보라. 2019년의 잉글랜드와 웨일스의 GDP는 https://www.ons.gov.uk/datasets/regional-gdp-by-year/editions/time-series/versions/5를 보라. 주택 크기는 Robert Stephan, 'House Size and Economic Growth: Regional Trajectories in the Roman World' (unpublished PhD dissertation, Stanford University, 2013), pp. 55‒79를 보라.

역병은 Kyle Harper, *Plagues upon the Earth* (2021), Chapter 5를 보라. 286년과 2016년의 유사성은 https://www.usatoday.com/story/news/world/2016/06/27/britains-first-brexit-286-d/86422358/와 https://www.pri.org/stories/2016-06-23/britain-s-first-brexit-286-ad를 보라. 가톨릭은 David Petts, *Christianity in Roman Britain* (2003)를 보라. 콜스힐은 John Magilton, 'A Romano-Celtic Temple and Settlement at Grimstock Hill, Coleshill, Warwickshire', *Transactions, Birmingham and Warwickshire Archaeological Society* 110 (2006), pp. 1‒231를, 파운드버리는 D. Farwell and Theya Molleson, eds, *Excavations at Poundbury, Dorchester* II (1993)를 보라.

기원후 350년 이후 브리타니아에서 무슨 일이 일어났는지는 열띤 논쟁거리다. Neil Faulkner, *The Decline and Fall of Roman Britain* (2000)는 붕괴를

강조하고, James Gerrard, *The Ruin of Roman Britain* (2013)는 연속성을 강조한다. 제국 전체로 보면 Peter Heather, *Empires and Barbarians* (2009)는 이주를 강조하고, Guy Halsall, *Barbarian Migrations and the Roman West, 376 – 568* (2007)는 안정성을 강조한다. 최근의 DNA와 안정 동위원소 분석 연구는 다음을 보라. Carlos Amorim et al., 'Understanding 6th-Century Barbarian Social Organization and Migration through Paleogenomics', *Nature Communications* 9 (2018), 3547; Krishna Veeramah et al., 'Population Genomic Analysis of Elongated Skulls Reveals Extensive Female-Biased Immigration in Early Medieval Bavaria', *Proceedings of the National Academy of Sciences* 115 (2018), pp. 3494 – 9; I. Stolarek et al., 'Goth Migration Induced Changes in the Matrilineal Genetic Structure of the Central-East European Population', *Nature Scientific Reports* 9 (2019), article 6737; Stefania Vai et al., 'A Genetic Perspective on Longobard-Era Migrations', *European Journal of Human Genetics* 27 (2019), pp. 647 – 56. 마그넨티우스와 폴의 숙청은 Ammianus Marcellinus 14.5를 보라. 360~364년의 약탈은 Ammianus 20.1, 26.4를, 야만인의 음모는 Ammianus 27.8, 28.3를, 호노리우스의 편지는 Zosimus, *New History* (early sixth century ce), 6.10.2를 보라.

4장 원조 유럽연합

5세기부터 10세기까지의 시기는 아마도 영국사에서 가장 논쟁적인 시기일 것이다. Martin Carver의 *Formative Britain* (2019), Aidan O'Sullivan 외의 *Early Medieval Ireland* (2013), Helena Hamerow외의 *Oxford Handbook of Anglo-Saxon Archaeology* (2011)는 훌륭한 고고학 개설서다. Francis Pryor의 *Britain AD* (2005)와 Robin Fleming의 *Britain after Rome* (2010)은 유익하고 읽기 쉬운 책이며, Marc Morris의 뛰어난 저서 *Anglo-Saxon England* (2021)와 Matthew Stout의 *Early Medieval Ireland, 431 – 1169* (2017)로 보완하면 좋다.

Chris Wickham의 *The Inheritance of Rome* (2010)은 유럽적 맥락을 잘 다룬다.

하드 파워와 소프트 파워는 Joseph Nye, *Soft Power* (2004)[『소프트 파워』, 2004]를 보라. 길다스는 Nicholas Higham, *The English Conquest* (1994)를 보라. 아서는 Guy Halsall, *Worlds of Arthur* (2013)는 회의론적 접근의 전형적 예다. 스태퍼드는 Martin Carver, *The Birth of a Borough* (2010)를, 서턴 코트니는 Naomi Brennan and Helena Hamerow, 'An Anglo-Saxon Great Hall Complex at Sutton Courtenay/Drayton, Oxfordshire', *Archaeological Journal* 172 (2015), pp. 325-50를 보라. 초기 색슨족 정착지는 Carver, *Formative Britain*, pp. 194-207를 보라. 베린스필드 동위원소 연구는 Susan Hughes et al., 'Anglo-Saxon Origins Investigated by Isotopic Analysis of Burials from Berinsfield, Oxfordshire, UK', *Journal of Archaeological Science* 42 (2014), pp. 81-92를 보라. DNA 증거는 Rui Martiniano et al., 'Genomic Signals of Migration and Continuity in Britain before the Anglo-Saxons', *Nature Communications* 7 (2016), 10326; Stephan Schiffels et al., 'Iron Age and Anglo-Saxon Genomes from East England Reveal British Migration History', *Nature Communications* 7 (2016), 10408를 보라. 이민자 수는 Carver, Formative Britain, pp. 51-9를 보라. 캐드버리-컨그레스버리는 Philip Rahtz et al., *Cadbury Congresbury 1968–73* (1992)를 보라. 캐드버리성은 Leslie Alcock, *Cadbury Castle*, Somerset (1995)를, 지중해 이주민은 K. Hemer et al., 'Evidence of Early Medieval Trade and Migration between Wales and the Mediterranean Sea Region', *Journal of Archaeological Science* 40 (2013), pp. 2352-9를 보라. 틴타겔과 아르토그누는 Rachel Barrowman et al., *Excavations at Tintagel Castle, Cornwall, 1990–1999* (2007), pp. 199-202를 보라.

영국의 기독교화는 Barbara Yorke, *The Conversion of Britain* (2006)를 보라. 잉글랜드에 정착한 프랑크족은 Bede, *Ecclesiastical History* 5.9를, 잉글랜드를 지배한 프랑크족은 Procopius, *Gothic Wars* 8.20.10를 보라. 서턴 후는 Martin Carver, ed., *Sutton Hoo* (2005)를 보라. 라이니는 Gordon Noble et al.,

'A Powerful Place of Pictland', *Medieval Archaeology* 63 (2019), pp. 56‒94를, 색슨 런던은 Rory Naismith, *Citadel of the Saxons* (2018)를 보라. 켈트의 기독교는 Thomas Charles-Edwards, 'Beyond Empire II: Christianities of the Celtic Peoples', in Thomas Noble and Julia Smith, eds, *The Cambridge History of Christianity* III (2008), pp. 86‒106를 보라. 시어도어는 Michael Lapidge, ed., *Archbishop Theodore* (1995)를 보라. 앵글로-색슨 화폐는 Rory Naismith, *Money and Power in Anglo-Saxon England* (2012)를 보라.

바이킹에 관해서는 Thomas Williams, *Viking Britain* (2017)이 훌륭하지만, 다소 바이킹을 호의적으로 묘사하는 경향이 있다. 토크시는 Dawn Hadley and Julian Richards, 'The Winter Camp of the Viking Great Army, 872‒3 ce, Torksey, Lincolnshire', *Antiquaries Journal* 96 (2016), pp. 23‒67를 보라. 오크니와 셰틀랜드의 바이킹 DNA는 Edmund Gilbert et al., 'The Genetic Landscape of Scotland and the Isles', *Proceedings of the National Academy of Sciences* 116 (2019), pp. 19064‒70를 보라. 북부와 서부의 바이킹은 David Griffiths, *Vikings of the Irish Sea* (2010)를 보라. 앨프리드에 관해서는 Max Adams, *Aelfred's Britain* (2017)가 좋은 개설서다. 빵을 태운 이야기는 David Horspool, *Why Alfred Burned the Cakes* (2006)를 보라. 바이킹 전쟁은 Ryan Lavelle, *Alfred's Wars* (2013)를 보라. 해군 개혁은 Rodger, Safeguard, pp. 11‒17를 보라. 앵겔킨은 Sarah Foot, 'The Making of Angelcynn', *Transactions of the Royal Historical Society*, 6th series, 6 (1996), pp. 25‒49를 보라. 잉글라롱드는 Patrick Wormald, 'Engla Lond: The Making of an Allegiance', *Journal of Historical Sociology* 7 (1994), pp. 1‒24를 보라. 잉글랜드의 통일은 George Molyneaux, *The Formation of the English Kingdom in the Tenth Century* (2015)를 보라. 에드거는 Donald Scragg, ed., *Edgar, King of the English, 959–975* (2008)를 보라.

10세기 생활 수준은 Christopher Dyer, *Making a Living in the Middle Ages* (2002), especially pp. 13‒42를 보라. 플릭스버러는 다음을 보라. Christopher Loveluck, ed., *Rural Settlement, Lifestyles and Social Change in the Later First*

Millennium AD (2007); D. H. Evans and Christopher Loveluck, eds, *Life and Economy at Early Medieval Flixborough* (2009); John Blair, 'Flixborough Revisited', *Anglo-Saxon Studies in Archaeology and History 17* (2011), pp. 101–8. 마우건 포스는 Rupert Bruce-Mitford et al., *Mawgan Porth* (1997)를, 포트마호맥은 Martin Carver, *Portmahomack* (2008)를, 얀턴은 Gill Hey, *Yarnton: Saxon and Medieval Settlement* (2004)를 보라. 잉글랜드 마을의 형성은 Richard Jones and Mark Page, *Medieval Villages in an English Landscape* (2006)를 보라. 앨프리드 시대의 런던은 Julian Ayre and Robin Wroe-Brown, 'The Post-Roman Foreshore and the Origins of the Late Anglo-Saxon Waterfront and Dock of Aethelred's Hithe', *Archaeological Journal* 172 (2015), pp. 121–94를 보라. 비단은 Robin Fleming, 'Acquiring, Flaunting and Destroying Silk in Late Anglo-Saxon England', *Early Medieval Europe* 15 (2007), pp. 127–58를 보라. 양모는 Susan Rose, *The Wealth of England: The Medieval Wool Trade and its Political Importance 1100–1600* (2018)를, 양 개체 수는 N. Sykes, *The Norman Conquest: A Zooarchaeological Perspective* (2007), pp. 28–34를 보라. 프랑스 방문객과 앵글로-색슨식 소스는 Fleming, *Britain after Rome*, p. 299를 보라.

5장 왕국들의 통일

이번 장부터는 the New Oxford History of England, Cambridge History of Ireland , New Edinburgh History of Scotland의 관련 도서들이 필수적이다. Rees Davies의 *Domination and Conquest: The Experience of Ireland, Scotland and Wales, 1100–1300* (1990)와 그가 편집한 *The British Isles, 1100–1500* (1988)는 영국 제도 전체를 통합적으로 다룬 선구적 연구로 평가받는다. Donald Matthew의 *Britain and the Continent 1000–1300* (2005)도 이 주제에 관한 훌륭한 저작이다.

Y2k에 관해서는 https://archives.lib.umn.edu/repositories/3/resources/273

에 흥미로운 자료들이 있다. Y1k는 John Howe, *Before the Gregorian Reform* (2019)를 보라. 애설레드는 Levi Roach, *Aethelred: The Unready* (2017)를 보라. 북해의 연합왕국은 Timothy Bolton, *Cnut the Great* (2017)를 보라. 크누트/카누트에 관해서는 Thijs Porck and Jodie Mann, 'How Cnut became Canute (and how Harthacnut became Airdeconut)', *Nowele: North-Western European Language Evolution* 67 (2014), pp. 237–43를 참고하라. 크누트와 바닷물의 일화는 Bolton, *Cnut*, 1 n. 1, pp. 214–16를 보라.

나치 친위대의 「검은 책」은 *The Black Book* (Sonderfahndungsliste G.B.) (1989)로 재간되었다. J. C. Holt는 *Colonial England 1066–1215* (1997), pp. 1–24는 노르만의 잉글랜드 정복에 관한 탁월한 분석을 제공하며, 웨일스와 아일랜드에 관해서는 Rees Davies의 *The Age of Conquest* (2000)와 Clare Downham의 *Medieval Ireland* (2018), pp. 181–344가 그러하다.

대서양 연안의 연합왕국에 관해서는 Robert Bartlett, *England under the Norman and Angevin Kings, 1075–1225* (2000)가 필독서다. 존 왕에 대한 재평가는 Nick Vincent, *John: An Evil King?* (2020)를 보라. 마그나 카르타는 David Carpenter, *Magna Carta* (2015)를 보라. 헨리 3세, 시칠리아, 독일은 다음을 보라. Björn Weiler, *Henry III and England and the Staufen Empire, 1216–1272* (2012), pp. 147–65; Brendan Simms, *Britain's Europe* (2016), p. 5. 13세기 이민자는 Michael Prestwich, *Plantagenet England 1225–1360* (2005), pp. 93–8를 보라.

11~12세기 경제는 Bartlett, *Norman and Angevin Kings*, pp. 287–376를 보라. 신장은 Galofré-Vila et al., 'Heights'를 보라. 13~15세기 경제는 Greg Clark, 'Growth or Stagnation? Farming in England, 1200–1800', *Economic History Review* 70 (2017), pp. 1–27를 보라. 중세 주거는 Ian Mortimer, *The Time Traveller's Guide to Medieval England* (2008), pp. 6–34를 보라. 농가당 333그루의 나무가 필요하다는 수치는 Prestwich, *Plantagenet England*, p. 14를 보라. 와람 퍼시는 Maurice Beresford and John Hurst, *Wharram Percy* (1991)

를 보라. 로빈 후드는 J. C. Holt, *Robin Hood* (3rd edn, 2011)를 보라. 중세 주거는 Geoff Egan, *The Medieval Household* (2010)를, 뻐꾸기 도로는 C. P. S. Platt and R. Coleman-Smith, *Excavations in Medieval Southampton 1953–69* II (1975)를 보라. 스트랫퍼드, 엑서터, 런던으로의 이민은 Rosemary Horrox and Mark Ormrod, eds, *A Social History of England, 1200–1500* (2006), p. 269를 보라. 도시 식문화는 Miri Rubin, *The Hollow Crown* (2005), pp. 132 – 6를, 주점은 Horrox and Ormrod, *Social History*, p. 139를 보라. 정체성의 강화는 John Gillingham, *The English in the Twelfth Century* (2003)를 보라. 유대인은 Richard Huscroft, *Expulsion: England's Jewish Solution* (2006)를 보라.

에드워드 1세는 Andy King and Andrew Spencer, eds., *Edward I* (2020)를 보라. 로버트 브루스는 Michael Penman, *Robert the Bruce, King of the Scots* (2018)를 보라. David Green, *The Hundred Years' War: A People's History* (2014)는 고난을 포착한 책이다. 흑사병은 Harper, *Plagues*, Chapter 6과 웹사이트 https://bldeathnet.hypotheses.org를 보라. 손턴 수도원은 Hugh Willmott et al., 'A Black Death Mass Grave at Thornton Abbey', *Antiquity* 94 (2020), pp. 179 – 86를 보라. 코로나19와 빈부격차는 https://blogs.imf.org/2020/05/11/how-pandemics-leave-the-poor-even-farther-behind를, 흑사병과 빈부격차는 Walter Scheidel, *The Great Leveler* (2017), pp. 291 – 313를 보라. 세지퍼드는 Christopher Dyer, 'Changes in Diet in the Late Middle Ages', *Agricultural History Review* 36 (1988), pp. 21 – 37를 보라.

15세기 탐험은 Felipe Fernández-Armesto, Pathfinders (2006)를, 캐벗은 Evan Jones and Margaret Condon, Cabot and Bristol's Age of Discovery (2016), at https://archive.org/details/Cabotdigital/를 보라.

6장 잉글렉시트

5장에 추천된 관련 시리즈들과 더불어, Susan Brigden의 *New Worlds, Lost*

Worlds (2000)와 Nicholas Canny의 *Making Ireland British* (1988)는 훌륭한 종합서다. Steven Pincus의 *1688* (2010) 역시 제목이 암시하는 것보다 훨씬 폭넓은 내용을 다룬다. 이 책의 6~8장은 영국이 대서양으로 중심을 옮기는 과정을 다루며 이 주제에 관해서는 몇몇 뛰어난 저작이 있다. 그중에서도 내가 가장 높이 평가하는 책은 David Scott의 *Leviathan* (2013)과 Brendan Simms의 *Three Victories and a Defeat* (2007), *Europe* (2013), *Britain's Europe* (2016)다. 해군사와 제국사 역시 6~9장의 핵심 주제인데, 해군사에 관해서는 Nicholas Rodger의 *Safeguard of the Sea* (1997)와 *Command of the Ocean* (2004)가 1815년까지의 시기를 다룬 걸작이다. 제국사에 관해서는 Oxford history 시리즈와 Scott의 *Leviathan*, John Darwin의 *The Empire Project* (2009)와 *Unfinished Empire* (2012)이 특히 뛰어나다. 제국 재정에 관해서는 Peter Cain and Anthony Hopkins의 *British Imperialism, 1688–2000* (2002)가 권위있는 저작이다. 국내 경제에 관해서는 Stephen Broadberry et al., *British Economic Growth, 1270–1870* (2015)를 추천한다.

리처드 아메리케는 Evan Jones, 'Alwyn Ruddock: "John Cabot and the Discovery of America"', *Historical Research* 81 (2008), p. 238를 보라. 이름의 연관성은 1910년에 처음 제기되었다. 헨리 8세에 관해서는 John Guy, *Henry VIII* (2014)가 최근 참고문헌을 잘 정리하고 있다. 울지의 외교는 Simms, *Europe*, pp. 18 – 19를, 샤를 5세의 전략적 사고는 Geoffrey Parker, *Emperor: A New Life of Charles V* (2019)를 보라. Diarmaid MacCulloch, *The Reformation* (2004)[『종교개혁의 역사』, 2011], pp. 106 – 89는 마르틴 루터의 전략적 의미를 잘 다룬다. 잉글렉시트와 브렉시트의 유사성은 Nigel Culkin and Richard Simmons, *Tales of Brexits Past and Present* (2019), pp. 61 – 72를 보라. 토머스 크롬웰은 MacCulloch, *Thomas Cromwell* (2018)를 보라. 수도원 관련 연구로는 Eamon Duffy의 *The Stripping of the Altars* (2nd edn, 2005)가 독보적이며, Hugh Willmott의 *Dissolution of the Monasteries in England and Wales* (2020)수도원 해체의 결과를 탁월하게 분석했다. 헐튼 수도원은 Peter Wise, ed.,

Hulton Abbey (1985)를 보라. 발굴은 계속되었다(William Klemperer et al., *Excavations at Hulton Abbey*, Staffordshire, 1987 – 1994 [2004] 참조). 은총의 순례에 관한 최신 연구로는 Susan Loughlin, *Insurrection* (2016)가 있다. 에드워드 6세의 강경한 잉글렉시트는 MacCulloch, *Tudor Church Militant* (2000)를 보라. John Edwards의 *Mary I* (2011)와 Helen Castor, *Elizabeth I* (2018)는 최신 참고문헌을 아우른다.

엘리자베스 시대의 종교 교육은 Keith Wrightson and David Levine, *Poverty and Piety in an English Village: Terling, 1525 – 1700* (1995), pp. 13 – 15를 보라. 펠리페 2세의 전략적 사고는 Geoffrey Parker, *The Grand Strategy of Philip II* (2000)를 보라. Rodger, *Safeguard*, pp. 254 – 71는 1588년을 잘 요약하고 있다. 엘리자베스 시대의 영어는 Robert Tombs, *The English and Their History* (2014), pp. 194 – 203를 보라. 기후와 17세기 위기는 Geoffrey Parker, *Global Crisis* (2013)를 보라. 마녀사냥은 Brian Levack, ed., *The Oxford Handbook of Witchcraft in Early Modern Europe and Colonial America* (2013)를 보라. 대재건은 William Hoskins, 'The Rebuilding of Rural England, 1570 – 1640', *Past & Present* 4 (1953), pp. 44 – 59를 보라. 근세 주거는 Matthew Johnson, *English Houses, 1300–1800* (2010)를 보라. 카울람은 T. Brewster and Colin Hayfield, 'Cowlam Deserted Village', *Post-Medieval Archaeology* 22 (1988), pp.21 – 109를 보라. 웨스트 웰핑턴은 Michael Jarrett and Stuart Wrathmell, 'Sixteenth- and Seventeenth-Century Farmsteads: West Whelpington, Northumberland', *Agricultural History Review* 25 (1977), pp. 108 – 19를 보라. 버지니아의 담배와 카리브해의 설탕에 관해서는 두 고전, Edmund Morgan, *American Slavery, American Freedom* (1975)와 Sidney Mintz, *Sweetness and Power* (1985)이 있다. 대서양 노예무역은 Kenneth Morgan, *Slavery, Atlantic Trade and the British Economy, 1660–1800* (2001)를 보라.

제임스 1세와 찰스 1세의 대외 정책은 Simms, *Three Victories*, pp. 9 – 28를 보라. 청교도와 뉴잉글랜드는 David Hall, *The Puritans: A Transatlantic History*

(2019)를 보라.

내전은 Michael Braddick, *God's Fury, England's Fire* (2008)를 보라. 크롬웰과 바다는 Rodger, *Command*, pp. 1–64를 보라. Jenny Uglow의 *A Gambling Man* (2009)는 왕정복고에 관한 멋진 서술이다. 명예혁명은 Pincus, *1688*를 보라. 1689~1713년의 전쟁은 다음을 보라. Simms, *Three Victories*, pp. 44–76; Rodger, *Command*, pp. 136–80; Pincus, *1688*, pp. 305–65. 연합법은 Allan Macinnes, 'Anglo-Scottish Union and the War of the Spanish Succession', in William Mulligan and Brendan Simms, eds, *The Primacy of Foreign Policy in British History, 1660–2000* (2010), pp. 49–64를 보라.「더 페이버릿」은 Sarah Field, *The Favourite* (2002)를 바탕으로 한 영화다. 전쟁이 리바이어던에 미친 영향은 Pincus, *1688*, pp. 366–99를 보라. https://measuringworth.com/datasets/ukearncpi/#은 본문에서 계산한 윌리엄의 전쟁 비용처럼 시기를 넘나드는 계산의 복잡성을 다룬다.

7장 전환

6장에 언급된 여러 개괄서들은 7장에서도 참고할 만하다. John Brewer의 *Sinews of Power* (1983)는 영국 정부의 성장에 관한 고전이며, Linda Colley의 *Britons* (2nd edn, 2009)는 영국 정체성의 형성에 관한 탁월한 연구다. Jeremy Black의 18세기 정치·외교·전쟁 관련 저작들 가운데에서는 *Pitt the Elder* (1992)와 *Continental Commitment* (2005)를 특히 추천한다. 영국 사회의 급격한 변화에 관해서는 Julian Hoppitt의 *A Land of Liberty?* (2000)와 Roy Porter의 *English Society in the 18th Century* (1990)가 훌륭하다. 동인도회사의 초기 역사에 대해서는 William Dalrymple, *Anarchy* (2019)[『동인도회사, 제국이 된 기업』, 2025]가 참고할 만하다.

토리당의 전략은 essays in Jeremy Black, ed., *The Tory World* (2015), pp. 21–62. 유럽과의 관계에 대한 논쟁은 Stephen Conway, *Britain, Ireland and*

Continental Europe in the Eighteenth Century (2011). 영국의 전쟁은 Simms, *Three Victories*, pp. 79-383를 보라.

하워드성과 호턴 홀은 Porter, English Society, p. 60를 보라. 지니계수는 Peter Lindert and Jeffrey Williamson, 'Reinterpreting Britain's Social Tables, 1688-1913', *Explorations in Economic History* 20 (1983), pp. 94-109를 보라. 추출 비율은 Branko Milanović et al., 'Pre-Industrial Inequality', *Economic Journal* 121 (2010), p. 263를 보라. 농업은 Susanna Wade-Martins, *Farmers, Landlords and Landscapes: Rural Britain, 1720 to 1870* (2004)를 보라. 농촌의 생활 수준은 Craig Muldrew, *Food, Energy and the Creation of Industriousness* (2011)를 보라. 미들 클레이던은 John Broad, *Transforming English Rural Society* (2004)를 보라. 도판 7.4은 Broad, *Rural Society*, Table 8.2에서 가져온 데이터다.

운하는 Porter, English Society, pp. 207-8를 보라. 신장은 Galofré-Vila et al., 'Heights'. Early involvement with India: Dalrymple, *Anarchy*, pp. 1-57를 보라. 이 장과 8장, 9장의 런던에 관해서는 Roy Porter의 *London* (1994)이 흥미롭다. 지방의 지적 생활에 관해서는 Jenny Uglow의 *The Lunar Men* (2002)이 뛰어나다. 커피는 Steve Pincus, '"Coffee Politicians Does Create"', *Journal of Modern History* 67 (1995), pp. 807-34를, 맥주와 진은 Jessica Warner, 'The Naturalization of Beer and Gin in Early Modern England', *Contemporary Drug Problems* 24 (1997), pp. 373-402를 보라. 진 광풍은 Peter Ackroyd, History of England IV (2016), pp. 144-55를, 런던 클래펌의 커피하우스는 Craig Cessford et al., '"To Clapham's I Go": A Mid to Late 18th-Century Cambridge Coffee House Assemblage', *Post-Medieval Archaeology* 51 (2017), pp. 372-46를 보라. 차와 커피의 소비는 Broadberry et al., Economic Growth, Table 7.05를 보라. 예의는 Keith Thomas, *In Pursuit of Civility* (2018)를 보라.

영국다움은 Colley, *Britons*를, 웨일스다움은 John Davies, *A History of Wales* (2007), pp. 285-309를, 아일랜드다움은 T. Moody and W. Vaughan, eds, *A New History of Ireland IV* (2009), pp. 105-22를, 스코틀랜드다움은

Bruce Lenman, *Enlightenment and Change* (2nd edn, 2009)를 보라. 에든버러는 James Buchan, *Capital of the Mind* (2003)를 보라. 아메리카 식민지는 Alan Taylor, *American Colonies* (2002)를, 아메리카의 불평등은 Peter Lindert and Jeffrey Williamson, *Unequal Gains: American Growth and Inequality since 1700* (2016)를 보라. 아메리카의 지표는 모두 1774년 수치며, 영국의 지니계수는 1751년, 추출 비율은 1759년 수치다. 아메리카의 예의는 P. J. Marshall, ed., *Oxford History of the British Empire* II (1998), pp. 289 – 91를 보라. 프랑스 전략은 Daniel Baugh, 'Withdrawing from Europe', *International History Review* 20 (1998), pp. 1 – 32를 보라. 7년전쟁은 Baugh, *The Global Seven Years War, 1754 – 1763* (2011)를, 아메리카 혁명은 Alan Taylor, *American Revolutions* (2017)를 보라. 인도에 관해서는 Dalrymple, *Anarchy*, p. 133 (extortion, 1757 – 65), p. 289 (famines of 1769 – 70 and 1784 – 6) and pp. 218 – 9 (profits, 1770 – 71)를 보라.

나폴레옹은 Andrew Roberts, *Napoleon the Great* (2014)[『나폴레옹』, 2022]를 보라. 세계적 투쟁은 Alexander Mikaberidze, *The Napoleonic Wars* (2020) [『나폴레옹 세계사 세트』, 2022]를 보라. 영국 재정은 Roger Knight, *Britain against Napoleon* (2013)를 보라. 국내 전선은 Jenny Uglow, *In These Times* (2014)를, 영국·프랑스·미국의 금수 조치는 Ronald Findlay and Kevin O'Rourke, *Power and Plenty* (2007), pp. 366 – 71를 보라.

8장 넓게 더 넓게

6장과 7장에서 언급된 많은 저작은 19세기를 이해하는 데 여전히 유용하다. David Cannadine의 *Victorious Century* (2017)는 군더더기 없이 훌륭한 서사를 제공하며, Chris Williams의 *Companion to Nineteenth-Century Britain* (2004)에 있는 에세이들은 세부 정보로 가득하다. 산업혁명에 관해서는 Robert Allen의 *British Industrial Revolution in Global Perspective* (2009)와

Joel Mokyr의 *Enlightened Economy*(2009)가 특히 흥미롭고, 두 권으로 구성된 *Cambridge Economic History of Modern Britain* (2014)은 풍부한 사료를 제공한다.

유럽의 세력 균형은 Simms, *Europe*, pp. 176‑306를 보라. 그레이트 게임과 관련한 걸작은 Peter Hopkirk의 *The Great Game* (1990)이다('그레이트 게임'이라는 명칭은 Kipling의 소설 *Kim* [1901]에서 유래했다). 크림반도는 Orlando Figes, *The Crimean War* (2010)를 보라. 아프가니스탄과 관련해서, David Loyn, *Butcher and Bolt* (2008)는 영국, 소련, 미국의 침공을 흥미롭게 비교한다. 인도와 관련해서는 Dalrymple의 *Anarchy and The Last Mughal* (2006)가 흡입력 있으며, Roderick Matthews의 *Peace, Poverty and Betrayal* (2021)는 드물게 균형 잡힌 시각을 제시한다. 반란은 Saul David, *The Indian Mutiny* (2002)를, 아편전쟁은 Stephen Platt, *Imperial Twilight* (2018)를 보라.

영국과 미국은 Kathleen Burk, *The Lion and the Eagle* (2018), Chapters 1‑2를 보라. 자치령은 Andrew Porter, ed., *Oxford History of the British Empire* III (1999)와 Darwin, *Empire Project and Unfinished Empire*를 보라.

수의사(및 기타 전문화된 직업들)는 Boyd Hilton, *A Mad, Bad, and Dangerous People?*(2006), p. 142를 보라. 잉글랜드, 벵골, 양쯔강 삼각주는 Robert Allen, 'Agricultural Productivity and Rural Incomes in England and the Yangtze Delta, c.1620‑c.1820'(2006), at http://www.nuffield.ox.ac.uk/General/Members/allen/aspx를 보라. 신장과 영양은 다음을 보라. John Komlos, 'On English Pygmies and Giants', *Research in Economic History* 25 (2018), pp. 149‑68; 'Shrinking in a Growing Economy Is Not So Puzzling after All', *Economics and Human Biology* 32 (2019), pp. 40‑55. 자유무역과 관련해서는 William Bernstein, *A Splendid Exchange* (2008), pp. 280‑315는 영국 내 논쟁을 훌륭하게 묘사한다. 1815년 이후의 소요는 Robert Poole, *Peterloo* (2019)를 보라. 석탄과 그 영향은 Vaclav Smil, *Energy and Civilization* (2017), pp. 225‑384를 보라. 주거는 John Burnett, *A Social History of Housing, 1815‑*

1985 (2nd edn, 1986)를 보라. 아일랜드 기근은 W. Vaughan, *A New History of Ireland* V (1990), pp. 108‒36, 218‒331를 보라. 사망 원인 통계는 Joel Mokyr and C. Ó Gráda, 'What Do People Die of During Famines?', *European Review of Economic History* 6 (2002), pp. 339‒63를 보라.

Cannadine의 *Victorious Century*는 세기 중엽의 정치사를 탁월하게 다룬다. 중산층 문화와 관련해서 Asa Briggs, *Victorian People* (1955)와 *The Age of Improvement 1783–1867* (1959)는 여전히 고전으로 남아 있다. 패션은 Ian Kelly, *Beau Brummell* (2005)를, 임금은 Robert Allen, 'The Great Divergence in European Wages and Prices from the Middle Ages to the First World War', *Explorations in Economic History* 38 (2001), pp. 411‒48를 보라. 소비는 Broadberry et al., *British Economic Growth*, pp. 279‒306를, 종교는 Hugh McLeod, *Religion and Society in England, 1850–1914* (1996)를 보라.

세계 체제는 Darwin, *Empire Project*를 보라. 돈 파시피코 사건과 막달라 원정은 연구가 거의 이루어지지 않았지만, Dolphus Whitten, 'The Don Pacifico Affair', *The Historian* 48 (1986), pp. 255‒67와 Frederick Myatt의 *The March to Magdala* (1970)은 여전히 가장 참고하기 좋은 문헌이다. 인도 경제는 Latika Chaudhary, et al., eds, *A New Economic History of Colonial India* (2015)를 보라. 무역 수지와 국제 수지에 관해서는 Cain and Hopkins, *Imperialism*, pp. 275‒302 and Tables 5.6, 5.7를 보라.

9장 신세계의 전진

8장에 제시한 참고 문헌들은 대체로 9장과도 관련이 있으며, 20세기에 들어서서 그 자체로 탁월한 (그리고 방대한) 연구 문헌들이 쏟아졌다. Peter Clarke의 *Hope and Glory* (2004)와 Robert Skidelsky의 *Britain since 1900* (2014)은 흥미롭게도 서로 상반되는 내용의 개괄서이며, Andrew Marr의 *History of Modern Britain* (2007)은 두 저작을 훌륭하게 보완한다.

Peter Clarke, *Hope and Glory* (2004), pp. 1−76은 세기 전환기의 영국을 훌륭하게 다루고 있으며, Robert Massie, *Dreadnought* (1991)는 1870년대부터 1910년대까지의 이야기를 생생하게 전한다. 바운더리 주택단지는 John Boughton, Municipal Dreams (2018), pp. 7−9를 보라. 제국 연방은 Duncan Bell, The Idea of Greater Britain (2006)를, '영국 서부'는 James Belich, *Replenishing the Earth* (2009)를 보라.

Christopher Clark, *The Sleepwalkers* (2014), pp. 448−554은 참전 결정 과정을 잘 설명한다. 1914년 여름의 채권 시장은 Niall Ferguson, *The Pity of War* (1998), pp.192−7를 보라. David Stevenson의 *Cataclysm* (2004)는 전쟁을 훌륭하게 분석하며, Adam Tooze의 *The Deluge* (2014)는 금융과 우드로 윌슨을 뛰어나게 분석한다.

이 장과 다음 장은 몇 가지 공통된 주제를 다룬다. 영국과 미국의 관계에 관해서는 David Reynolds의 *Britannia Overruled* (2000), 혹은 미국의 시각을 알고 싶다면 Robert Zoellick의 *America in the World* (2020)[『세계 속의 미국』, 2021]을 참고하라. 금융에 관해서는 Cain and Hopkins, *Imperialism*와 Barry Eichengreen의 *Globalizing Capital* (3rd edn, 2019)를 보라. 제국에 관해서는 Judith Brown and W. Roger Louis, eds, *Oxford History of the British Empire IV* (1999)와 Darwin, *Empire Project*, pp. 305−655를 보라.

베르사유 조약은 Margaret Macmillan, *Paris 1919* (2002)를 보라. 전후 인도는 Kim Wagner, *Amritsar 1919* (2019)와 Arthur Herman, *Gandhi & Churchill* (2008)를 보라. 아일랜드의 분단은 Diarmaid Ferriter, *The Border* (2019)를 보라. 워싱턴 회의는 Zoellick, *America in the World*, pp. 168−98를 보라. 1930년대 영국은 Andrew Thorpe, *Britain in the 1930s* (1992)를 보라. 금융과 대공황은 Barry Eichengreen, *Golden Fetters* (1992)[『황금 족쇄』, 2016], pp. 297−316를 보라. 공영주택은 Boughton, Municipal Dreams (도버 하우스 단지에 관해서는 p. 47를 보라)를 보라.

유화 정책에 관해 흥미로운 수정주의적 해석으로는 Niall Ferguson, *War*

of the World (2006)[『증오의 세기』, 2010], pp. 312–82와 Brendan Simms, *Hitler* (2019), pp. 234–69, 300–46가 있다. 폭격에 대한 우려는 Bret Holman, 'The Air Panic of 1935', *Journal of Contemporary History* 46 (2011), pp. 288–307를 보라. 제2차 세계대전은 Daniel Todman, *Britain's War I* (2016) and II (2020)를 보라. 토니판디 사건은 Martin Gilbert, *Churchill* (1991), pp. 219–21를 보라. 처칠 동상은 다음을 보라. https://www.bbc.com/news/uk-53033550;https://www.theguardian.com/environment/2020/sep/10/extinction-rebellion-protester-arrested-for-defacing-winston-churchill-statue.

10장 교차점

9장에서 언급된 서적이 대체로 10장에서도 여전히 유용하다. Correlli Barnett의 *Audit of War* (1986)은 영국의 국제적 위상의 변화를 다루는 데 필수적인 책이며, Richard Weight의 *Patriots*는 정체성의 변화를 훌륭하게 분석한 책이다. 이 시기의 정치·문화·사회적 흐름을 뛰어난 서사로 결합한 탁월한 다권본이 많다. Peter Hennessy의 *Never Again* (1993), *Having It So Good* (2006) and *Winds of Change* (2019)는 1945~1964년을 다루며, David Kynaston의 *Austerity Britain, 1945–51* (2007)와 *Family Britain, 1951–57* (2009), *Modernity Britain, 1957–62* (2014)는 1945년~1962년을 검토한다. 그리고 Dominic Sandbrook의 *Never Had It So Good* (2005), *White Heat* (2006), *State of Emergency* (2010), *Seasons in the Sun* (2012), *Who Dares Wins* (2019)는 1956~1982년을 훨씬 더 세밀하게 다룬다. 나는 2020년 코로나19 봉쇄 초기 몇 주 동안 Sandbrook의 전 시리즈를 재독하며 유익한 시간을 보냈다.

전후 재편은 David Reynolds, *From World War to Cold War* (2006)를 보라. 봉쇄 정책은 Reynolds, *One World Divisible* (2000)를, 핵무기는 Richard Rhodes, *Arsenals of Folly* (2007)를 보라. 전후 유럽은 Tony Judt, *Postwar* (2005)를 보라. 1950년대 이후 영국과 유럽연합의 관계를 다룬 훌륭한 저

작도 여럿 있다. 특히 추천하는 책은 Hugo Young의 *This Blessed Plot* (1998), Benjamin Grob-Fitzgibbon의 *Continental Drift* (2016), Stephen Wall의 *Reluctant European* (2020)이다. 가톨릭과 쉬망 플랜에 서명한 여섯 국가에 관해서는 https://www.politico.eu/article/is-the-vatican-the-cause-of-britainseuropean-schism/를 보라. 쉬망을 성인으로 공표하는 문제에 관해서는 https://www.telegraph.co.uk/news/worldnews/1469768/Vatican-resists-drive-to-canonise-EU-founder.html를 보라. 유럽 축구 기구들은 Weight, *Patriots*, pp. 258-63를 보라. 탈식민화는 John Darwin, *Britain and Decolonisation* (1988)를 보라. 제국의 해체를 다룬 훌륭한 책들도 많다. 특히 Jan Morris의 *Farewell the Trumpets* (1978), Piers Brendon의 *The Decline and Fall of the British Empire* (2007), 그리고 Peter Clarke, *The Last Thousand Days of the British Empire* (2007)를 추천한다. 핵전쟁에 관한 1950년대의 사고방식은 Sandbrook, *Never Had It So Good*, pp. 248-74를 보라.

북아일랜드는 David McKittrick and David McVea, *Making Sense of the Troubles*(2012)를 보라. 웨일스와 스코틀랜드의 민족주의는 Weight, *Patriots*, pp. 403-21를 보라. 영국 경제는 Richard Coopey and Nicholas Woodward, *Britain in the 1970s: The Troubled Economy* (1996)를 보라. 1978년 무렵 노조의 인기 하락은 MORI poll, from Sandbrook, *Seasons in the Sun*, p. 618를 보라.

1960~70년대의 문화 변화에 관한 필독서로는 Weight, *Patriots*, pp. 355-99와 Sandbrook, *The Great British Dream Factory* (2015)가 있으며, 반대로 Sandbrook의 *White Heat*은 얼마나 많은 것이 변하지 않았는지 상기시켜주는 귀중한 저작이다. 자유주의적 법안에 관해서는 Weight, Patriots, pp. 361-2에 주요 입법 목록이 잘 정리되어 있다. 테리사 메이의 가죽 바지는 https://www.telegraph.co.uk/news/2016/12/03/conservatives-war-theresa-maysleather-trousers/를 보라. 원예의 인기는 'A Nation of Gardeners', *The Economist* (2 May 2020), p. 44를 보라.

식습관의 변화는 John Burnett, *England Eats Out* (2004), pp. 255-319를,

피시앤칩스는 Panikos Panayi, Fish & Chips (2014)를, 볶음 요리와 치킨 티카 마살라는 https://www.mirror.co.uk/news/uk-news/stir-fry-now-britains-most-popular-165120를 보라.

마거릿 대처의 유산이 무엇인지는 여전히 논쟁적이지만, Charles Moore 가 쓴 공식 전기 *Margaret Thatcher* (3 vols, 2013-19)는 균형 잡힌 논조를 취한다. 재정 개혁은 David Kynaston, *The City of London* IV (2001), pp. 415-721를, 소련 제국의 붕괴는 Robert Service, *The End of the Cold War, 1985-1991* (2015)를 보라. 독일 통일과 영국은 Patrick Salmon, 'The United Kingdom', in Frédéric Bozo, et al., eds, *German Reunification: A Multinational History* (2016), pp. 153-76를 보라.

11장 평정심을 유지하고 정진하라

20세기 영국에 관한 일반적인 개설서들은 이 장의 앞부분을 다루고 있지만, 1992년을 출발점으로 삼는 포괄적인 역사서는 내가 아는 한 없다. 미국의 정책에 관해서는 H. R. McMaster의 *Battlegrounds* (2020)[『배틀그라운드』, 2022]와 Zoellick의 *America in the World*가 상반된 관점을 흥미롭게 제시한다.

1989년 이후 미국 정책은 George Herring, *From Colony to Superpower* (2008), pp. 899-938을 보라. 영국 내 자국민 테러리스트는 https://www.thetimes.co.uk/article/focus-blairs-extremism-proposals-attacked-as-the-hunt-continues-for-terrorsnew-breed-wvnbz35hm7x를, 알카에다 연계 조직은 Peter Bergen, *The Longest War*(2011), pp. 199-201를 보라. 영국 내 샤리아법 도입 요구는 https://web.archive.org/web/20110424140110; http://www.muslimsagainstcrusades.com/obeythelaw.php를, 영국 도시 내 이슬람교 '전용 구역' 관련 여론조사는 https://www.independent.co.uk/news/uk/home-news/uk-no-go-zones-muslim-sharia-law-third-poll-hope-not-hatefar-right-economic-inequality-a8588226.html를 보라. 잉글랜드 민족주

의의 부상은 Eric Kaufmann, *Whiteshift* (2018), pp. 137 – 209를 보라. 2004년 이후의 이민은 https://web.archive.org/web/20131207074918/http://www.equalityhumanrights.com/uploaded_files/new_europeans.pdf를 보라. 이민의 이유는 https://www.theguardian.com/uk/2010/jan/14/chance-choice-britain-refugees-council-report를, 이민이 경제에 미친 긍정적 영향은 https://www.independent.co.uk/news/uk/home-news/eu-migrants-good-for-uk-economy-1759279.html를 보라.

아시아의 GDP 수치는 Maddison, https://www.rug.nl/ggdc/historicaldevelopment/maddison/releases/maddison-project-database-2020에서 인용했다. 1970~80년대 미국의 일본에 대한 두려움은 Michael Crichton, *Rising Sun* (1992)과 Ezra Vogel, *Japan as Number One* (1979)를 보라. 미국의 대중 무역은 https://ustr.gov/countries-regions/china-mongolia-taiwan/peoples-republic-china를, 미국의 기타 세계지역과의 무역은 https://wits.worldbank.org/countrysnapshot/en/USA/textview를 보라. 영국의 대중 무역은 https://commonslibrary.parliament.uk/research-briefings/cbp-7379/를 보라. Adam Tooze의 *Crashed* (2018)[『붕괴』, 2019]는 금융적 얽힘에 대해, Jeremy Green의 *The Political Economy of the Special Relationship* (2020)는 특히 영미 간 얽힘에 대해 좋은 설명을 제공한다. 도판 11.8은 Stefan Avdjiev et al., 'Breaking Free of the Triple Coincidence in International Finance', Economic Policy 31 (2016), pp. 409 – 51의 데이터를 사용했다. 중국의 부양책에 관해서는 Shahrokh Fardoust et al., *Demystifying China's Fiscal Stimulus* (2012)를 보라.

브렉시트에 관한 문헌은 방대하다. Tim Shipman의 *All Out War* (2016)와 *Fall Out* (2017)은 내부 관찰자의 기록 중 내가 가장 좋아하는 책이며, Harold Clarke et al.의 *Brexit: Why Britain Voted to Leave the European Union (2017)* 는 투표 양상을 Helen Thompson의 'Inevitability and Contingency', British Journal of Politics and International Relations 19 (2017), pp. 434 – 49는 실제 의사 결정 과정을 다룬다. 2008~2018년의 소득 및 자산의 변화는 https://

commonslibrary.parliament.uk/research-briefings/cbp-7950/#fullreport과 http://www.smf.co.uk/wp-content/uploads/2015/03/Social-Market-Foundation-Publication-Wealth-in-the-Downturn-Winners-and-losers.pdf, https://www.ippr.org/research/publications/10-yearsof-austerity를 보라. 긴축 정책의 영향은 https://www.ncbi.nlm.nih.gov/pmc/articles/PMC3807771/와 Ben Barr et al., 'Suicides Associated with the 2008 - 10 Economic Recession in England', *British Medical Journal* 345 (2012) e5142를 보라. 주택 가격은 https://www.globalpropertyguide.com/Europe/United-Kingdom/Price-History를 보라. 스코틀랜드의 독립은 Tom Devine, *Independence or Union* (2016)를 보라. 그리스 관광 수입은 https://data.worldbank.org/indicator/ST.INT.RCPT.CD?locations=GR를, 유로존과 그리스는 George Stiglitz, *The Euro* (2016)[『유로』, 2017]를 보라. 우크라이나는 Lawrence Freedman, *Ukraine and the Art of Strategy* (2019)를 보라. 난민 문제는 Philipp Genschel and Markus Jachtenfuchs, 'From Market Integration to Core State Powers', *Journal of Common Market Studies* 56 (2018), pp. 178 - 96를, 2015~2016년 이민 통계는 https://euagenda.eu/upload/publications/untitled-67413-ea.pdf를 보라. 폭력 범죄는 https://www.nytimes.com/2016/01/09/world/europe/cologne-new-years-eve-attacks.html를, 테러리즘은 http://icct.nl/publication/links-between-terrorism-and-migration-anexploration/를, 이민자와 범죄는 https://www.telegraph.co.uk/news/uknews/crime/9410827/A-fifth-of-murder-and-rape-suspects-are-immigrants.html를 보라. 영국독립당UKIP과 보수당은 Philip Lynch and Richard Whitaker, 'Rivalry on the Right', *British Politics* 8 (2013), pp. 285 - 312를 보라. 보수당의 유럽 관련 갈등에 관해서는 Philip Lynch, 'Conservative Modernisation and European Integration', British Politics 10 (2015), pp. 185 - 203를 보라. 영국과 중국에 관해서는 Christopher Hill, *The Future of British Foreign Policy* (2019)와 Kerry Brown, *The Future of UK–China Relations*

(2019)은 훌륭한 안내서다. 오즈번의 '매력 공세'는 https://www.economist.com/britain/2015/09/26/the-osborne-doctrine를 보라. 위완화 채권은 https://www.gov.uk/government/news/britain-issues-western-worlds-first-sovereign-rmb-bondlargest-ever-rmb-bond-by-non-chinese-issuer를, 통화 스와프라인은 https://www.gov.uk/government/news/bank-of-england-people-s-bank-of-china-swap-line를 보라. 힝클리 포인트 C 원자력 발전소 논란은 http://www.conservativehome.com/thecolumnists/2015/10/nick-timothy-the-government-is-selling-our-national-security-to-china.html를 보라. 최종 승인은 https://www.theguardian.com/uk-news/2016/sep/14/theresamay-conditional-approval-hinkley-point-c-nuclear-power-station를 보라. 아시아인프라투자은행은 https://www.gov.uk/government/news/ukannounces-plans-to-join-asian-infrastructure-investment-bank를 보라. 미국의 반대는 https://www.ft.com/cms/s/0/0655b342-cc29-11e4-beca-00144feab7de.html를 보라. 시진핑의 런던 방문은 https://www.bbc.com/news/uk-34571436를, 더 플라우 앳 카드스 펍은 https://www.theguardian.com/uk-news/2016/dec/06/chinese-firm-pub-david-cameron-xi-jinping-pint-plough-cadsden를 보라. 두 지도자가 맥주잔을 든 장면은 https://www.bbc.com/news/av/uk-34608754/david-cameron-takes-xi-jinping-for-a-pint-at-his-local에서 볼 수 있다.

국민투표 전 브렉시트 여론 조사 https://ig.ft.com/sites/brexit-polling/. James Kynge, *China Shakes the World* (2006)는 모든 것이 틀어지기 전 중국과의 협력이 어떻게 보였는지 묘사한다. 1989~2015년 GDP 성장은 https://www.imf.org/external/pubs/ft/weo/2018/02/weodata/weorept.aspx를, 1989~2015년 임금 변화는 https://tradingeconomics.com/united-kingdom/gdp-per-capita-ppp를 보라. 중국 경쟁과 서구의 일자리는 다음을 보라. David Autor et al., 'The China Shock', *Annual Review of Economics* 8 (2016), pp. 205-40; Italo Colantone and Piero Stanig, 'Global Competition and Brexit',

American Political Science Review 112 (2018), pp. 201–18. 포퓰리즘과 민족주의는 Roger Eatwell and Matthew Goodwin, *National Populism* (2018)를 보라. 2016년 투표 양상은 https://www.express.co.uk/news/politics/1231874/brexit-news-did-wales-vote-for-brexit-scotland-northern-ireland-eu-referendum를 보라.

중국 내부의 변화는 Elizabeth Economy, *The Third Revolution* (2018)를, 2009년 이후 강경해진 태도는 Richard McGregor, *Xi Jinping: The Backlash* (2019)를 보라. 일대일로 이니셔티브는 Bruno Maçaes, *Belt and Road* (2018)를 보라. 미중 무역전쟁은 https://www.piie.com/blogs/trade-investment-policy-watch/trump-trade-warchina-date-guide를, 미국의 전략 재검토는 https://foreignpolicy.com/2019/04/20/the-trump-doctrine-big-think-america-first-nationalism/를, 미국과 유럽연합의 관계는 https://www.theatlantic.com/international/archive/2021/01/joe-bideneurope/617753/를 보라. 중국과 호주의 관계는 https://www.lowyinstitute.org/issues/china-australia-relations를 보라. 호주 2009년 국방백서는 www.defence.gov.au/whitepaper에서 확인하라. 2011 ASPI 회의는 www.aspi.org.au/publications/publications_all.aspx를 보라. 16/17+1은 Jeremy Garlick, 'China's Economic Diplomacy in Central and Eastern Europe', *Europe-Asia Studies* 71 (2019), pp. 1390–1414와 https://thediplomat.com/2019/03/chinas-161-is-dead-long-live-the-171/를 보라. 피레우스항은 https://fortune.com/longform/cosco-piraeus-port-athens/를 보라. 이탈리아와 일대일로 이니셔티브는 https://carnegieendowment.org/2019/05/20/why-did-italy-embrace-belt-androad-initiative-pub-79149를 보라. 유럽 내 미국의 로비는 https://www.defense.gov/Explore/News/Article/Article/2085573/esper-makes-case-that-china-is-a-growingthreat-to-europe를 보라. 유럽연합과 중국은 다음을 보라. Kerry Brown, 'The EU and China, 2006 to 2016', *Journal of the British Association of Chinese Studies* 8.2 (2018), pp.121–9; https://ec.europa.

eu/commission/sites/beta-political/files/communication-eu-china-astrategic-outlook.pdf; https://www.ecfr.eu/page/-/the_meaning_of_systemic_rivalry_europe_and_china_beyond_the_pandemic.pdf. 영국의 대중 정책은 https://bfpg.co.uk/2020/05/intro-uk-china-strategy/를 보라. 영국 여론조사는 https://bfpg.co.uk/wp-content/uploads/2020/06/BFPG-Annual-Survey-Public-Opinion-2020-HR.pdf를 보라. 게라시모프 독트린은 https://www.politico.com/magazine/story/2017/09/05/gerasimov-doctrine-russia-foreign-policy-215538를 보라. 중국의 군사적 의도는 https://www.prcleader.org/michael-swaine를 보라. 남중국해에 관해서는 https://www.cfr.org/report/military-confrontation-southchina-sea에 좋은 요약이 있다. 자유 항해 작전은 https://www.scmp.com/news/china/diplomacy-defence/article/2149062/france-britain-sail-warships-contestedsouth-china-sea를 보라. 태평양 외벽에 관한 영국의 견해는 https://bfpg.co.uk/wp-content/uploads/2020/06/BFPG-Annual-Survey-Public-Opinion-2020-HR.pdf, p. 61를 보라. 랜드 연구소 전쟁 모의실험에 관해서 2000년대의 실험은 www.rand.org/topics/taiwan.html를, 2010년대의 실험은 https://www.rand.org/pubs/research_reports/RR392.html를 보라. 항공모함은 https://www.economist.com/briefing/2019/11/14/aircraft-carriers-are-big-expensivevulnerable-and-popular를 보라.

제노의 '개와 수레' 은유는 Hippolytus, *Refutation of All Heresies*(c.200 ce), 1.21, in Anthony Long and David Sedley, Hellenistic Philosophy (1987),fragment 62a에서 언급된다. 일부 학자는 이 이야기를 스토아학파의 후계자 크레안테스가 했다고 본다. 사회발전지수는 Ian Morris, *Why the West Rules– For Now* (2010)[서양이 왜 지배하는가, 2013] and *The Measure of Civilisation* (2013)를 보라. 유럽연합 탈퇴 비용은 https://www.economist.com/britain/2021/01/14/britains-immediate-economic-prospectsare-grim를 보라. 기후 이주민은 https://www.worldbank.org/en/news/infographic/2018/03/19/groundswell---preparing-for-internal-climate-migration를 보라. 비유럽권 이민의 증가는 https://www.ons.gov.uk/peoplepopulationandcommunity/populationandmigration/internationalmigration/bulletins/migrationstatisticsquarterlyreport/august2020를 보라. 중국인 유학생은 https://www.universitiesuk.ac.uk/International/Pages/intl-student-recruitment-data.aspx를 보라. 중국의 유교적 외교 정책은 Feng Zhang, 'Confucian Foreign Policy Traditions in Chinese History', *Chinese Journal of International Politics* 8 (2015), pp. 197–218를 보라. 법치는 https://www.brookings.edu/wp-content/uploads/2019/09/FP_20190930_china_legal_development_horsley.pdf를 보라. 세계 가치관 조사는 https://www.worldvaluessurvey.org/WVSContents.jsp를 보라. Softpower 30은 https://softpower30.com를 보라. 공자학원은 https://www.bbc.com/news/world-asia-china-49511231를 보라. 영국 학교 내 중국어 교육은 https://www.britishcouncil.org/sites/default/files/language_trends_2018_report.pdf을 보라. 영국다움은 Colley, *Britons*를 보라. 스코틀랜드의 영국 이탈 움직임은 https://www.economist.com/britain/2021/01/30/most-scots-want-independence-but-theylack-the-means-to-get-it를 보라. 아일랜드 통일은 https://www.thetimes.co.uk/article/northern-irish-back-border-poll-within-five-years-6ndbkz80s를 보라.

12장 돌아갈 수 없는 고향

이 장의 다른 버전은 https://worldview.stratfor.com/article/left-behind-brexit-capital에 게재된 바 있다. '단순직'에 관해서는 https://www.newstatesman.com/politics/2015/07/letter-stoke-how-transform-city-decline를 보라. L1 주택에 관해서는 https://www.bbc.com/news/uk-england-stoke-staffordshire-22247663를 보라. Sandbrook의 *Who Dares Wins*(pp. 671–90)에는 스토크를 비롯한 쇠퇴한 도시들을 방문한 기자들에 대한 흥미로운 논의가 실려 있다.

도판 목록

도판 0.1 1930년대 초의 레그 필립스(지은이의 가족 사진) 9
도판 0.2 머리말에 언급된 지역들(Michele Angel) 15
도판 0.3 헤리퍼드 지도(Creative Commons) 18
도판 0.4 매킨더 지도(Michele Angel, after Halford Mackinder, *Britain and the British Seas* [New York: Appleton, 1902] fig. 3) 22
도판 0.5 부의 지도(worldmapper.org) 26
도판 0.6 영국 제도의 주요 지역(Michele Angel) 31
도판 1.1 빙하기의 유럽(Michele Angel, after N. Ray and J. M. Adams, 'A GIS-based vegetation map of the world at the Last Glacial Maximum (25,000 – 15,000 BP)', *Internet Archaeology* Ⅱ [2001/2], https://intarch.ac.uk/journal/issue11/rayadams_toc.html) 42
도판 1.2 영국 무대, 기원전 100만~기원전 4000년(Michele Angel) 44
도판 1.3 유럽 무대, 기원전 100만~기원전 4000년(Michele Angel) 46
도판 1.4 영국 해안(Michele Angel) 52
도판 1.5 브로이터 지역의 배(Creative Commons) 56
도판 1.6 스타 카의 사슴 가면(Creative Commons, Ethan Doyle White) 62

도판 1.7 유럽의 외벽(Michele Angel) 81
도판 1.8 이주민들의 추정 경로, 기원전 4200~기원전 3500년경
(Michele Angel) 86
도판 1.9 벨라스 꼭대기에 있는 긴 고분(Geograph Project, Creative
Commons) 91
도판 2.1 영국 무대, 기원전 4000~기원전 55년(Michele Angel) 99
도판 2.2 타구스-오크니 축, 기원전 3000년경(Michele Angel) 102
도판 2.3 뉴그레인지의 묘실(Alamy) 107
도판 2.4 스톤헨지 상상화(Peter Dunn) 112
도판 2.5 페리비 보트 1(Ferriby Heritage Trust) 128
도판 2.6 원즈워스 방패의 돌출 장식(Creative Commons) 135
도판 2.7 린도 모스 늪지의 시신(Alamy) 139
도판 2.8 서유럽과 지중해, 기원전 3500~기원전 200년(Michele Angel) 142
도판 2.9 갈리아 부족 분포(Michele Angel) 147
도판 3.1 영국 무대, 기원전 55~서기 410년(Michele Angel) 159
도판 3.2 영국 무대 위의 사람과 지역들, 기원전 55~서기 410년
(Michele Angel) 162
도판 3.3 마르쿠스 파보니우스 파킬리스의 묘비 조각상(Peter Savin) 175
도판 3.4 아그리콜라의 군사 원정, 77~83년(Michele Angel) 178
도판 3.5 하드리아누스 방벽의 하우시스테즈 요새에 있는 수세식 변소
(Creative Commons) 189
도판 3.6 런던 박물관의 로마 시대 런던을 묘사한 모형(Creative
Commons) 191
도판 3.7 60년대 경 휘튼(Michele Angel, after reconstruction by Howard
Mason) 198
도판 3.8 4세기 초 휘튼(Michele Angel, after reconstruction by Howard
Mason) 199

도판 3.9 영국 주택의 증가, 기원전 600~서기 410년(Michele Angel, after Robert Stephan) 203

도판 3.10 니담 2호(Creative Commons, Andree Stephan) 207

도판 3.11 포트체스터의 성(Creative Commons) 209

도판 3.12 콜스힐의 로마 신전(Michele Angel, after a reconstruction by Malcolm Cooper) 212

도판 3.13 브리타니아의 로마 주택 수, 375~425년(Michele Angel) 218

도판 3.14 브리타니아의 시골 유적지 수, 50~450년(Michele Angel) 219

도판. 3.15 유럽의 국가 체제 붕괴 사례(Michele Angel) 222

도판 4.1 유럽 무대, 410~973년(Michele Angel) 235

도판 4.2 영국 무대, 410~973년(Michele Angel) 237

도판 4.3 영국의 지역들, 410~973년(Michele Angel) 239

도판 4.4 서턴 후 1번 언덕(Creative Commons, still from a film recorded by Harold John Phillips, 1939) 252

도판 4.5 곡스타드Gokstad 배(Colgill, Creative Commons) 262

도판 4.6 바이킹의 약탈과 침공(Michele Angel) 263

도판 4.7 앨프리드 보석(Mrs. Nelson Dawson, *Enamels* [London: Methuen, 1912], after p. 70; Creative Commons) 270

도판 4.8 피터 던의 와람 퍼시 복원도(Historic England) 283

도판 5.1 유럽 무대, 973~1497년(Michele Angel) 290

도판 5.2 영국 무대, 973~1497년(Michele Angel) 292

도판 5.3 북해의 연합왕국, 1030년경(Michele Angel) 295

도판 5.4 영국의 지역들, 973~1497년(Michele Angel) 297

도판 5.5 영국 해협의 연합왕국(Michele Angel) 299

도판 5.6 뱀버러 성(Creative Commons, by kind permission of the Tyne & Wear Archives and Museums) 302

도판 5.7 대서양 연안의 연합왕국, 1162년(Michele Angel) 313

도판 5.8 잉글랜드, 독일, 시칠리아의 왕국들, 1258년(Michele Angel) 319

도판 5.9 피터 던의 와람 퍼시 주택 복원도(Historic England) 324

도판 5.10 링컨셔의 손턴 수도원의 매장지(Hugh Willmott) 343

도판 5.11 노퍽 세지퍼드 지역의 식단의 변화(Michele Angel) 344

도판 5.12 15세기 원정(Michele Angel) 348

도판 5.13 존 캐벗의 매슈호(Ben Salter, Creative Commons) 350

도판 6.1 아메리카 무대, 1497~1713년(Michele Angel) 359

도판 6.2 영국 무대, 1497~1713년(Michele Angel) 360

도판 6.3 유럽 무대, 1497~1713년(Michele Angel) 365

도판 6.4 존 로저스 주교 화형식, 1555년(John Foxe, *Third Volume of the Ecclesiastical History: Containing the Acts and Monuments of Martyrs* [1684]; Creative Commons) 372

도판 6.5 산토 도밍고를 배회하는 프랜시스 드레이크 경의 함대 (Library of Congress) 383

도판 6.6 대서양 경제(Michele Angel) 395

도판 6.7 헤리퍼드 고택(지은이의 사진) 398

도판 6.8 에든버러 세인트 자일스 성당 폭동, 1637년(Bridgeman Images) 408

도판 6.9 시몬 피에테르스 페렐스트, 「잉글랜드 왕 찰스 2세」(Royal Collection) 416

도판 6.10 라 오그 전투, 1692년(Rijksmuseum) 423

도판 7.1 유럽-지중해 무대, 1713~1815년(Michele Angel) 433

도판 7.2 영국 무대, 1713~1815년(Michele Angel) 434

도판 7.3 로버트 월폴(Library of Congress) 436

도판 7.4 미들 클레이던의 토지 보유 비율, 1648~1787년(Michele Angel) 442

도판 7.5 프랑수아 제라드, 「로라 강가의 오시안」, 1801년(Yorck Project) 453

도판 7.6 존 딕슨, 「신탁」, 1774년(British Museum) 457

도판 7.7 북아메리카 무대, 1713~1815년(Michele Angel) 460

도판 7.8 남아시아 무대, 1713~1815년(Michele Angel) 462

도판 7.9 나폴레옹의 제국, 1810년(Michele Angel) 485

도판 7.10 토머스 롤랜드슨,「평화와 풍요」, 1814년(Royal Museums Greenwich) 490

도판 8.1 유럽-지중해 무대, 1815~1865년(Michele Angel) 495

도판 8.2 그레이트 게임, 1815~1865년(Michele Angel) 499

도판 8.3 남아시아 무대, 1815~1865년(Michele Angel) 501

도판 8.4 아메리카 무대, 1815~1865년(Michele Angel) 508

도판 8.5 세계 무대, 1815~1865년(Michele Angel) 512

도판 8.6 영국 무대, 1815~1865년(Michele Angel) 519

도판 8.7 에티오피아의 영국 포병대,『일러스트레이티드 런던 뉴스』, 1868년 8월 1일(Creative Commons) 533

도판 8.8 런던 데빌스 에이커의 빈민가, 귀스타브 도레·제럴드 블랜차드, 『런던』,「순례」, 1873(British Library) 537

도판 8.9 도싯 블랜드퍼드의 시골집 내부, 1846년(Alamy) 539

도판 8.10 코네마라 시골집, 1860~70년대(Alamy) 541

도판 8.11 남성 패션, 1856년(Creative Commons) 552

도판 8.12 윈저 성의 왕실 가족 크리스마스 트리,『일러스트레이티드 런던 뉴스』, 1848년 12월(Creative Commons) 556

도판 9.1 세계 무대, 1865~1945년(Michele Angel) 563

도판 9.2 산업 생산량(Michele Angel) 563

도판 9.3 유럽 무대, 1865~1945년(Michele Angel) 564

도판 9.4 HMS 드레드노트호(Library of Congress) 569

도판 9.5 제임스 벨리치의 영국 지도와 미국 지도(redrawn by Michele Angel) 576

도판 9.6 영국 무대, 1865~1945년(Michele Angel) 577

도판 9.7 유럽의 제1차 세계대전, 1914~1918년(Michele Angel) 583

도판 9.8 데이비드 로, '홀로 맞서', 『데일리 메일』, 1940년 6월 18일(Alamy) 605

도판 10.1 영국 무대, 1945~1991년(Michele Angel) 613

도판 10.2 처칠의 네 가지 원(Michele Angel) 614

도판 10.3 세계 무대, 1945~1991년(Michele Angel) 616

도판 10.4 유럽-지중해 무대, 1945~1991년(Michele Angel) 618

도판 10.5 유럽의 경제 성장, 1945~1970년(Michele Angel) 625

도판 10.6 지은이, 1956년(Noel Morris) 645

도판 10.7 존 레넌의 1964년과 1969년 모습(Library of Congress and Nationaal Archief) 656

도판 11.1 펜타곤의 새로운 지도, 1992년(Michele Angel) 678

도판 11.2 유럽-지중해 무대, 1992~2103년(Michele Angel) 679

도판 11.3 구유럽과 신유럽, 2003년(Michele Angel) 681

도판 11.4 영국 무대, 1992~2103년(Michele Angel) 683

도판 11.5 해외에서 태어나 잉글랜드와 웨일스에 거주하는 사람들의 비율, 1851~2011년(Michele Angel) 684

도판 11.6 세계 무대, 1992~2103년(Michele Angel) 686

도판 11.7 동아시아 경제의 성장, 1953~2008년(Michele Angel) 686

도판 11.8 미국, 유럽, 중국 은행 간 대출 규모, 2007년(Michele Angel) 692

도판 11.9 데이비드 캐머런과 시진핑(Alamy) 701

도판 11.10 일대일로 이니셔티브(Michele Angel) 708

도판 12.1 펜쿨 뉴 로드에서 바라본 미들랜드 갭 731

도판 12.2 스토크온트렌트의 스포드 도자기 공장(Rept0n1x, Creative Commons) 737

도판 12.3 꿈의 공장: 스태퍼드셔 발라스톤에 있는 웨지우드 공장(Alamy) 738

모든 삽화의 저작권자와 연락하기 위해 최선을 다했으나 연락이 닿지 못한 작품도 있습니다. 해당 삽화의 정보를 알려주시면 저자와 출판사는 깊이 감사드리며 향후 개정판에서 반영하겠습니다.

찾아보기

ㄱ

「검은 책The Black Book」 676
『가디언The Guardian』 11~12, 582, 699
가톨릭 교회Catholic Church 211, 213~214,
    221, 233~234, 240, 243, 244,
    246~248, 250~253, 257~258,
    265, 266, 269, 270, 272, 275, 286,
    289, 291, 293, 296, 321, 332, 339,
    361~362, 363, 371~373, 374~379,
    400~406, 409~410, 412, 413, 415,
    417~418, 420~421, 426, 431~432,
    450~451, 484, 499~500, 518, 558,
    581, 591, 621, 640, 717
간디, 모한다스Gandhi, Mohandas 590
갈리아(인)Gaul 134, 138, 142, 146~156,
    160~161, 163~164, 176, 181~182,
    205, 211, 222, 224, 227, 229, 232,
    249, 487
걷는 족장 롤프Rolf the Walker 265~266
고르바초프, 미하일Gorbachev, Mikhail 671
고브, 마이클Gove, Michael 14

『공산당 선언Communist Manifesto』 550
궐림, 다비드 아프Gwilym, Dafydd ap 334
그레고리 1세Gregory I, 교황 248
그레고리 7세Gregory VII, 교황 303~304
그레이, 얼Grey, Earl 544
그레이트브리튼Greater Britain 29, 34, 288,
    294, 336, 357, 389, 426
그레이트브리튼과 아일랜드의
    연합왕국United Kingdom of Great Britain and
    Ireland 288, 294, 336, 357, 389, 426
그리스Greece 17, 21, 34, 55, 65, 67, 74, 75,
    118, 132~134, 141~147, 215, 217,
    227, 257, 318, 347, 386, 445, 497,
    499, 529~530, 535, 627, 644, 673,
    695~696, 711
그리퍼드, 흐웰린 아프Gruffudd, Llywelyn
    ap 334
『글로벌 타임스Global Times』 711
글래드스턴, 윌리엄Gladstone, William 557,
    559, 578, 705
글린두르, 오와인Glyndŵr, Owain 344

기네비어Guinevere (영국 전설의 여왕)
기번, 에드워드Gibbon, Edward 222, 512
길다스Gildas:「영국의 폐허 위에서On the Ruin of Britain」 235~236, 238, 240~244

ㄴ

나르메르Narmer, 파라오 73
나세르, 가말 압델Nasser, Gamal Abdel 628
나이팅게일, 플로렌스Nightingale, Florence 500
네니우스Nennius: 『영국인들의 역사History of the Britons』 243~244
네덜란드Netherlands 22, 83, 241, 375, 379~381, 383~384, 397, 405~406, 413~415, 417, 420~425, 428, 445~446
네로Nero, 로마의 황제 170, 172~173, 176
네루, 자와할랄Nehru, Jawaharlal 232
네이피어, 로버트Napier, Robert 중장 531
넬슨, 호레이쇼Nelson, Horatio 485
노게이트, 케이트Norgate, Kate 312
노르망디의 로버트Robert of Normandy 310
노르웨이Norway 20, 55, 260~261, 265, 267, 291, 296, 298, 321, 331, 624
누탈, 폴Nuttall, Paul 32
『뉴 뮤지컬 익스프레스New Musical Express』 662
닉슨, 리처드Nixon, Richard 633, 687

ㄷ

다빌, 티머시Darvill, Timothy 129
다임러, 고틀리프Daimler, Gottlieb 566
달라이 라마 700
대서양Atlantic Ocean 20, 22, 24, 27, 35, 41, 46, 51, 57, 85, 97, 98, 103, 109~110, 111, 133, 136, 143, 154, 286, 288, 312, 315, 318, 320~321, 337, 339,

349, 356~357, 363, 367, 390, 392, 394~395, 425, 430, 432, 437~439, 451, 465~468, 476, 480, 507, 510, 527, 576, 588, 606, 631, 636, 656, 664, 685, 717, 726
대서양 연안의 연합왕국United Kingdom of the Atlantic Coast 312~321, 337, 339
대처, 마거릿Thatcher, Margaret 40~41, 621, 638, 642, 651, 655, 664~674, 678, 679, 680, 705, 712, 736
대처의 법칙Thatcher's Law 40~41, 47, 48, 74, 84, 87, 96, 203, 233, 286, 321, 335, 357, 371, 382, 412, 494~495, 705
『더 선The Sun』 12
더럼Durham 경 515~517
던, 피터Dunn, Peter 112, 283, 324
덩샤오핑Deng Xiaoping 687, 707
덩컨 스미스, 이언Duncan Smith, Iain 690
『데일리 메일Daily Mail』 12~13, 124, 571, 600, 605, 655, 662
『데일리 미러Daily Mirror』 661
『데일리 익스프레스Daily Express』 579, 650
『데일리 텔레그래프Daily Telegraph』 694, 697
데이비드 1세David I, 스코틀랜드의 왕 308~309, 328
데이비스, 노먼Davies, Norman 33~34
도미티아누스Domitian, 로마의 황제 179~180
도분니(족)Dobunni 163
독일Germany 23, 60, 78, 82, 84, 133, 138, 151, 170, 206, 223, 225, 229, 253, 260, 286, 300, 303, 317, 331, 339, 363~365, 369, 376, 379, 418, 425, 427, 428, 432, 443, 455, 459, 466, 470, 497, 498, 527, 530, 557, 562, 564~574, 582~589, 592, 599~607,

614, 617, 619~620, 622, 649, 662,
673~674, 677, 680, 689, 691,
696~697, 699, 702~703, 723
돌턴, 휴Dalton, Hugh　608
둠노릭스Dumnorix　151~152
드골, 샤를de Gaulle, Charles　636~637
드레이크, 프랜시스Drake, Francis　380, 383
디비키아쿠스Diviciacus (드루이드)　151~152
디비키아쿠스Diviciacus, 수에시오네스족의
왕　149
디오, 카시우스Dio, Cassius　153
디즈레일리, 벤저민Disraeli, Benjamin　557,
647
디킨스, 찰스Dickens, Charles　535~536,
539~540, 550, 557, 646, 663
『크리스마스 캐럴A Christmas Carol』　557
『황폐한 집Bleak House』　539
크리스마스　557, 663
『돔베이와 아들Dombey and
Son』　535~536
디포, 대니얼Defoe, Daniel　424~425, 446,
463
딕슨, 존Dixon, John　457
딜케, 찰스Dilke, Charles　512

ㄹ

란프랑크Lanfranc, 캔터베리 대주교　304,
314
래드월드Raedwald, 동앵글리아의
왕　252~253
랜슬롯Lancelot (전설의 인물)　440
『램블러The Rambler』　448
「러브 액추얼리Love, Actually」　663~634, 664
러드, 케빈Rudd, Kevin　578
러셀, 존Russell, John 경　542
러시아Russia　27, 41, 60, 185, 300, 375,
437, 454, 459, 461, 466, 471, 475,
486, 491, 496~500, 502, 505~507,
514, 528, 573, 574, 576, 584, 586,
588, 589, 592, 605, 617, 619, 653,
673, 674, 677, 680, 697, 709, 712,
713, 723
런던London　268, 272, 276, 282~285,
309, 317, 327~328, 330~332, 338,
341, 344, 346, 349, 357, 361, 370,
373, 374, 377, 378, 386, 393, 396,
408, 410, 414, 421, 430, 432, 437,
438, 440, 443~447, 449~451, 453,
458, 459, 465, 467, 472, 479, 481,
492, 501, 505, 511, 515, 516, 523,
528~529, 534~535, 536, 539, 547,
550, 555, 557, 558, 573, 574, 581,
582, 585, 586, 587, 589, 590, 592,
593, 595~598, 600~601, 603~604,
607~608, 623, 628, 633, 640~641,
643, 654, 656~658, 660, 663, 666,
668, 681, 684~685, 691, 693~695,
698~700, 709, 712, 719, 721, 722,
725, 730, 733~734, 736
레넌, 존Lennon, John　654, 656, 660
레이건, 로널드Reagan, Ronald　669
레피디나, 술피키아Lepidina, Sulpicia　188
『렉스프레스L'Express』　662
「로마 백부장의 노래The Roman Centurion's
Song」　227~228
로드리 대제Rhodri the Great, 귀네드의
왕　268, 270
로마제국Roman Empire　152, 172, 174~175,
180, 184, 210, 214, 232~233,
241~242, 246, 249, 268, 274, 284,
322, 323, 361, 364
로빈 후드와 그의 '부하들Robin Hood and his

Merry Men 327
로빈슨, 로널드Robinson, Ronald 626
로스차일드, 야곱Rothschild, Jakob 529
로이드 조지, 데이비드Lloyd George,
　　David 579~580, 587, 589, 592, 594
로저, 니컬러스Rodger, Nicholas 485
『롤랑의 노래Song of Roland』 130
롤랜드슨, 토머스Rowlandson, Thomas:「평화와
　　풍요Peace and Plenty」 490
롤리, 월터Raleigh, Sir Walter 380
롤프, 존Rolfe, John 393
루벤스, 페테르 파울Rubens, Peter Paul 406
루빈, 미리Rubin, Miri 344
루서, 마틴Luther, Martin 386
루스벨트, 프랭클린 D.Roosevelt, Franklin
　　D. 606~607
루에르니오스Luernios 146
루이 10세Louis X ('호전왕'), 프랑스의
　　왕 338
루이 14세Louis XIV, 프랑스의 왕 23, 415,
　　417, 418, 420, 422~423, 425~428,
　　483, 488, 491, 584, 595, 600
루이 15세Louis XV, 프랑스의 왕 459, 461,
　　464, 466~467, 481, 486, 491
루이 16세Louis XVI, 프랑스의 왕 491
루이 6세Louis VI, 프랑스의 왕 304
루이 7세Louis VII, 프랑스의 왕 312, 314,
　　315
루이 8세Louis VIII, 프랑스의 왕 317~318
루이드, 에드워드Lhuyd, Edward 134, 449
루터, 마르틴Luther, Martin 365~366, 369
르 퀴, 윌리엄Le Queux, William:『1910년
　　침공The Invasion of 1910』 571
르스트레인지, 로저L'Estrange, Roger 419
『리즈 머큐리Leeds Mercury』 548
리스모그, 제이컵Rees-Mogg, Jacob 705

리처드 1세Richard I ('사자왕'), 잉글랜드의
　　왕 315, 321, 332
리처드 3세Richard III, 잉글랜드의 왕 21,
　　22, 346
리콴유Lee Kuan Yew 26, 688

□

「마하바라타Mahabharata」 718
마그넨티우스Magnentius 224
마르켈리누스, 암미아누스Marcellinus,
　　Ammianus 224~226
마르크스, 카를Marx, Karl 63, 543, 550, 554
마셜, 팀Marshall, Tim 518
마셜, 헨리에타Marshall, Henrietta:『우리 섬
　　이야기Our Island Story』 16
마오쩌둥Mao Zedong 450, 463 687, 706
마지막 왕자 흐웰린Llywelyn the Last, 웨일스의
　　왕자 335
마틸다Matilda, 잉글랜드의 여왕 310~312
막시무스, 마그누스Maximus, Magnus 227
만두브라키우스Mandubracius 155, 161, 163
말 세크날Máel Sechnaill, 아일랜드의 왕 267
말리, 밥Marley, Bob 664
말버러, 세라Marlborough, Sarah 427
말버러, 존 처칠Marlborough, John Churchill
　　공작 427, 491, 584
맘즈버리의 윌리엄William of Malmesbury 301
매더, 코튼Mather, Cotton 403
매디슨, 앵거스Maddison, Angus 64, 72
매슈스, 스탠리 경Matthews, Sir Stanley 731
매콜리, 토머스 배빙턴Macaulay, Thomas
　　Babington 559
매킨더 지도Mackinder's Map 21~27, 35, 357,
　　381, 415, 430~431, 445, 459, 492,
　　495, 569, 588, 595, 612, 676
매킨더, 해퍼드Mackinder, Halford 21~22

맥매스터, H. R.McMaster, H. R. 470
맥밀런, 해럴드Macmillan, Harold 83, 601,
　628, 630~631, 634~637, 639,
　644, 647~648, 650, 653, 660, 665,
　667~668, 670~671, 672~673, 712
맥베스Macbeth (맥베하드 맥 핀들라이치),
　스코틀랜드의 왕 308
맥퍼슨, 제임스Macpherson, James 452
맬러리, 토머스Malory, Thomas: 『아서의
　죽음Morte d'Arthur』 24, 244
맬서스, 토머스Malthus, Thomas 520~521,
　536, 540~542
머로, 에드Murrow, Ed 651~652
먼로, 제임스Monroe, James 507, 509
멀린Merlin 116, 244, 338, 344
메르켈, 앙겔라Merkel, Angela 528
메리 1세Mary I, 잉글랜드, 스코틀랜드,
　아일랜드의 여왕 364, 367, 372~373,
　405
메리 2세Mary II, 잉글랜드, 스코틀랜드,
　아일랜드의 여왕 420~422
메리Mary, 스코틀랜드의 여왕 376~378,
　385
메이, 테리사May, Theresa 655, 700, 702
메이저, 존Major, John 678~679
멜버른 경Melbourne, Lord 505~506, 545
『모닝 포스트Morning Post』 591
모건, J. P.Morgan, J. P. 585~587
모건위그, 이올로(에드워드 윌리엄스)Morganwg,
　Iolo 449, 452
모네, 장Monnet, Jean 620, 637, 706
모사데그, 모하마드Mosaddegh, Mohammad 627
몬머스의 제프리Geoffrey of Monmouth:
　『영국 왕들의 역사History of the Kings of
　Britain』 116
몽포르, 시몽 드Montfort, Simon de 216 334

무솔리니, 베니토Mussolini, Benito 600, 628
미국United States of America (USA) 10~11, 26,
　28, 33, 186~187, 193, 202, 264, 265,
　305, 403, 414, 423, 428, 447, 470,
　475~476, 480, 471, 482~483, 486,
　506~507, 509~511, 513, 515~517,
　527, 529, 531, 533, 562~568, 570,
　572~573, 574~576, 585~588,
　591~596, 599~600, 602, 606~608,
　612, 614~620, 622, 626~634,
　636~637, 647, 649, 651, 655, 657,
　659, 662~663, 666~674, 676~682,
　685, 687, 688~692, 696~697,
　699~702, 707~714, 719~723, 725,
　726, 728~729, 733, 735
미에주, 기Miege, Guy 443
미테랑, 프랑수아Mitterrand, François 673~674
「밀회Brief Encounter」 651, 664, 729
밀라노비치, 브랑코Milanović, Branko 440

ㅂ

바넷, 코렐리Barett, Correlli 652
바다의 군주Sovereign of the Seas 406
바버, 존Barbour, John 334
바울Paul, 성인 250~251, 530
바이든, 조Biden, Joe 709, 712
바이킹(족)Vikings 20, 74, 261~274, 277,
　291, 293, 295~296, 298, 301~302,
　304~305, 706, 719
바틀릿, 마이크Bartlett, Mike: 「찰스 3세King
　Charles III」 422
배젓, 월터Bagehot, Walter 542
밴브러, 존Vanbrugh, John 경 440
버크, 에드먼드Burke, Edmund: 『프랑스
　혁명에 관한 성찰Reflections on the Revolution in
　France』 478, 482

버클런드, 윌리엄Buckland, William 49~50
버클리Berkeley, 대영주 342
『베오울프Beowulf』 130, 258~259
베네티(족)Veneti 147, 154~155, 467
베넷, 아널드Bennett, Arnold 731
베다bede: 『영국인들의 교회사Ecclesiastical
　　History of the English People』 243~246, 248,
　　251~252, 258
베르사Bertha, 켄트의 여왕 250
베빈, 어니Bevin, Ernie 617~621, 627, 633
베스푸치, 아메리고Vespucci, Amerigo 358
베이든 파월, 로버트Baden-Powell, Robert 548
베켓Becket, 캔터베리 대주교 314~315
벤, 토니Benn, Tony 40, 47
벤츠, 카를Benz, Karl 566
벨록, 힐레어Belloc, Hilaire 123
벨리치, 제임스Belich, James 575~576
보걸, 에즈라Vogel, Ezra: 『넘버 원 재팬Japan as
　　Number One』 687
보나파르트, 나폴레옹Bonaparte, Napoleon 23,
　　189, 483, 485~492, 494, 496, 499,
　　500, 521~522, 558, 592, 600, 605,
　　635, 664, 669
볼드윈, 스탠리Baldwin, Stanely 93, 101, 592,
　　601
볼턴, 매슈Boulton, Matthew 525
부디카Boudica 173~176, 182, 191, 205,
　　294
부시, 조지Bush, George H. W. 672, 674
부시, 조지Bush, George W. 680~681, 699
부의 지도Money Map 25, 26, 35, 685, 688,
　　703
북해의 연합왕국United Kingdom of the North
　　Sea 288~298, 305
불린, 앤Boley, Anne 367~368
뷰캐넌, 에드워드Buchanan, Edward 134

『브렉시트: 왜 영국인들이 유럽연합을
　　떠나는 데 찬성했는가Brexit: Why Britain
　　Voted to Leave the European Union』 13
브라운, 고든Brown, Gordon 685, 691
브라운, 캐퍼빌리티Brown, Capability 440
브라운, 케리Brown, Kerry 718~719, 725
브렉시트Brexit 9, 10~13, 16, 27, 28, 32,
　　35, 40, 41, 48, 85, 206, 361, 368,
　　369, 373, 376, 428, 559, 576, 697,
　　702~703, 711, 718~721, 723, 726,
　　729, 732
브루멜, 조지 브라이언Brummell, George
　　Bryan 550
브루스, 로버트Bruce, Robert 334, 337
브리간테스(족)Brigantes 169, 177
브리타니아Britannia, 로마 13, 34, 184, 185,
　　187, 197, 200~203, 206, 208~210,
　　214, 219, 220~226, 229, 233, 236,
　　260, 274~275, 286, 361, 458, 461
블레어, 토니Blair, Tony 679~680, 699, 712
블러드옥스, 에이리크Bloodaxe, Eric 274
비커(족)Beaker 122~124
빅토리아Victoria, 영국 연합왕국과
　　아일랜드의 여왕 14, 274, 496, 498,
　　531~532, 547, 551, 554, 557, 569,
　　570, 652, 654
빈 라덴, 오사마Bin Laden, Osama 681
빌헬름 2세Wilhelm II, 독일의 카이저 573,
　　581, 586, 588, 592, 600

ㅅ

사우스윅의 리처드Richard of Southwick 330
사이크스, 브라이언Sykes, Bryan 51, 53
살러, 리처드Saller, Richard 195
색슨(족)Saxons 223, 225, 228~229, 238,
　　241~243, 260, 265, 274, 276, 278,

279, 304, 622, 719
샌드브룩, 도미닉Sandbrook, Dominic 664
샤를 3세Charles III ('단순왕'), 프랑크의
  왕 265~266, 298
샤를 5세Charles V, 스페인의 왕 361, 364,
  366
샤를마뉴Charlemage, 로마 황제 260
세네카Seneca 172
세베라, 클라우디아Severa, Claudia 188
세실, 윌리엄Cecil, William 82~83, 389
셀든, 존Selden, John: 「닫힌 바다Mare
  Clausum」 387~388
셰리든, 토머스Sheridan, Thomas 452
셰익스피어, 윌리엄Shakespeare, William 21,
  23, 24, 167, 308, 374, 386~387, 391,
  393, 603
소니크로프트, 피터Thorneycroft,
  Peter 647~648, 661, 665
소렐, 마틴Sorrell, Martin 723
소련Soviet Union 423, 589, 600, 602,
  614~615, 617, 619, 626, 629, 631,
  633, 637, 639, 642, 649, 653, 666,
  670~672, 676, 707, 722
소쉬르, 세자르 드Saussure, César de 444, 446
솔즈베리 경Salisbury 경 114
수에시오네스족Suessiones 147, 149
슈림슬리, 로버트Shrimsley, Robert 85, 87
『스펙테이터The Spectator』 448
스마일스, 새뮤얼Smiles, Samuel: 『자조론Self-
  Help』 546~547, 548, 652, 661
스워바츠키, 율리우시Słowacki, Juliusz 547
스코틀랜드Scotland 27, 29, 30, 33, 42, 53,
  66, 88, 98, 101, 134, 177, 179, 180,
  201, 208, 225~226, 229, 245, 259,
  266~267, 273, 277, 296, 308~309,
  311, 316, 318, 322, 328, 334~341,
344, 346, 357, 359, 362, 369,
376~377, 379, 385, 387, 389, 391,
405~407, 409~410, 412, 422, 426,
433, 450~458, 467, 483~484, 518,
525, 532, 536, 540, 547, 553, 604,
640, 642~643, 656, 682, 695, 705,
724
스콧, 데이비드Scott, David 433, 438
스탈린, 이오시프Stalin, Joseph 603, 615, 617,
  619, 633
스탠호프, 제임스Stanhope, James 432, 435,
  438, 454
스테드, W. T. Stead, W. T. 570
스토파드, 톰Stoppard, Tom: 「인디언 잉크Indian
  Ink」 300
스트러더, 잰Struther, Jan: 『미니버 부인Mrs
  Miniver』 29
스티븐Stephen, 잉글랜드의 왕 311
스티븐슨, 조지Stephenson, George 527
스파크, 폴 앙리Spaak, Paul-Henri 623
스페인Spain 8, 22, 23, 51, 82~83, 87, 97,
  124, 136, 141, 142, 145, 181, 190,
  200, 205, 222, 225, 227, 229, 331,
  348~349, 358, 359, 361, 363~364,
  366, 367, 372, 374, 375, 378~381,
  383~385, 387~390, 401, 402,
  404~407, 412~413, 421, 426, 430,
  437, 454, 458, 459, 461, 467, 471,
  475, 478, 483, 485~486, 488, 491,
  509, 528, 558, 564, 599, 614, 632, 656
스포드, 조사이아Spode, Josiah 737
시모어, 제인Seymour, Jane 368
시진핑Xi Jinping 701, 707~709, 722
시프먼, 팀Shipman, Tim 306
신성로마제국Holy Roman Empire 320
실리, J. R. Seeley, J. R. 495, 574

심스, 브렌던Simms, Brendan 404, 437

ㅇ

아그리콜라Agricola 171, 177~180, 182
아널드, 토마스Arnold, Thomas 548~549
아드미니우스Adminius 166
아라곤의 캐서린Catherine of Aragon,
　　잉글랜드의 여왕 361, 363~364,
　　366~368, 372
아르베르니(족)Arverni 146~147, 150~151,
　　163
아리스토텔레스Aristotle 34, 346
아메리카America 22, 24, 73, 223, 358,
　　363, 375, 379~382, 392~394,
　　438, 454~459, 461, 463, 466, 468,
　　471~474, 476, 486, 507, 509~510,
　　541~542, 721
아메리케, 리처드Amerike, Richard 358
아비에누스Avienus: 「해변The Sea
　　Shores」 143~144
아서Arthur, 웨일스의 왕자 361~364, 368
아서왕Arthur, King 244~245, 269,
　　306~307, 336~337, 344, 346, 449
아세르 주교Asser, Bishop 269, 272
아우구스투스Augustus, 로마의 황제 165,
　　170
아우구스티누스Augustine, 성인 248,
　　250~251, 276
아우렐리아누스, 암브로시우스Aurelianus,
　　Ambrosius 116, 243
아이두이(족)Aedui 147, 150~151, 163
아이젠하워, 드와이트 D.Eisenhower, Dwight
　　D. 186
아일랜드Ireland 27, 29~30, 33~34, 42,
　　51, 53~55, 61, 81, 88, 92, 101, 104,
　　116, 121, 122, 124, 129, 132, 134,
　　137, 140, 177, 179, 180, 201~202,
　　206, 223, 228~229, 233, 245~248,
　　251, 253~254, 256~257, 259,
　　267~268, 273, 288, 294, 296, 305,
　　309~310, 322, 333~336, 338, 340,
　　344, 346~347, 357, 359, 377~379,
　　385, 387~389, 394, 397, 401, 406,
　　409~410, 412, 418, 420, 422,
　　450~451, 455~458, 483~484,
　　487, 513, 536, 541~542, 553, 555,
　　558~559, 568, 570, 580~582, 584,
　　591, 604, 640~642, 652, 656, 682,
　　705, 724
아키텐의 엘레오노르Elenor of Aquitaine,
　　프랑스의 여왕 312, 315
아프가니스탄Afghanistan 142, 145,
　　378, 499, 500, 501, 563, 590, 616,
　　670~671, 681
아프리카Africa 19, 42, 43, 45, 46, 48, 49,
　　80, 103, 116, 142~143, 182, 202, 222,
　　347~349, 363, 375, 394~395, 456,
　　510, 557, 584, 627, 634~635, 646
「안보, 국방, 발전 및 외교 정책에 대한
　　통합 검토 보고서Integrated Review of Security,
　　Defence, Development and Foreign Policy」 712
안토니우스, 마르쿠스Antony, Mark 164
알렉산더 대왕Alexader the Great 145, 487
알바Alba 왕국 239, 267, 274
알반Alban, 성인 211
앙제빈Angevin 제국 312
애덤스, 존 퀸시Adams, John Qucy 570
애설레드Aethelred ('준비되지 않은 왕'),
　　잉글랜드의 왕 293, 295~296
애설버트Aethelbert, 켄트의 왕 250
애설스텐Athelstan, 앵글로-색슨족의
　　왕 273~274

애치슨, 딘Acheson, Dean 28, 620, 630
애틀리, 클레멘트Attlee, Clement 615
앤Anne, 그레이트브리튼의 여왕 426~428, 431~432
앨버트Albert, 작센코부르크고타의 왕자 557
앨프리드 대왕Alfred the great, 웨식스의 왕이자 앵글로-색슨족의 왕 268~273, 282, 285
『앵글로-색슨 연대기Anglo-Saxon Chronicle』 272
앵글로-색슨(족)Anglo-Saxons 74, 241, 256, 260, 266, 269, 274, 276~278, 295, 300~301, 331, 336, 706
에드거Edgar ('평화왕'), 잉글랜드의 왕 274~275, 284~285, 288~289, 291, 293, 294, 302, 336
에드워드 1세Edward I, 잉글랜드의 왕 321~322, 334~337, 346, 359
에드워드 2세Edward II, 잉글랜드의 왕 337
에드워드 3세Edward III, 잉글랜드의 왕 338~341
에드워드 6세Edward VI, 잉글랜드의 왕 371~372
에드워드 7세Edward VII, 그레이트브리튼의 왕 573
에드워드Edward ('참회왕'), 잉글랜드의 왕 296, 298
에머슨, 스티브Emerson, Steve 682
에인절, 미셸Angel, Michele 212
에임스버리Amesbury, 궁수 124~126
에저턴, 데이비드Edgerton, David 10
엘리엇, 길버트Elliot, Gilbert 482
엘리자베스 1세Elizabeth I, 잉글랜드의 여왕 82~83, 367, 373~375, 377, 380~385, 388~389, 396, 400~401, 406, 411, 413, 423, 437, 488, 601, 603
엥겔스, 프리드리히Engels, Friedrich 63, 543, 550, 554
영, 아서Young, Arthur 442
영, 후고Young, Hugo 621
영국독립당United Kingdom Independence Party(UKIP) 10~11, 32, 679, 697~698
영국 동인도회사British East India Company 464, 465, 476~478, 487, 501~506, 525
영국 해협English Channel 7, 19, 22, 26, 47~48, 53, 55~56, 65, 82, 96, 101, 115, 117, 153~154, 168, 170, 207, 254, 288~289, 298~299, 310~311, 346, 357, 382, 384, 462, 475, 485, 572~573
영국 해협의 연합왕국United Kingdom of the English Channel 298~311
영연방Commonwealth, British 612, 614, 626~627, 635~636, 647, 658~659, 662, 668
예카테리나 대제Catherine the Great, 러시아의 황제 471
오닐, 휴O'Neill, Hugh ('위대한 오닐') 388
오든, W. H.Auden, W. H. 82
오바마, 버락Obama, Barack 707
오스위Oswy, 노섬브리아의 왕 257
오시안Ossian 452~453
오웰, 조지Orwell, George 27, 28, 590, 597, 627, 682
『위건 부두로 가는 길Road to Wigan Pier』 597
오즈번, 조지Osborne, George 700~701, 721
오파Offa, 머시아의 왕 256, 259~260
오펄리, 브라이언 오코너Offaly, Brian O'Connor, 영주 378
『옵서버The Observer』 601

와이즈먼, 앨런Weisman, Alan:『인간 없는 세상The World without Us』 217
와트, 제임스Watt, James 524~526
외벽counterscarps 82~85, 93, 148, 153~154, 161, 176, 180, 206, 232~233, 254, 261, 286, 294, 296, 318, 321, 335, 339, 345~346, 359, 373, 381~384, 388~389, 402, 405~406, 412~413, 415, 421, 423, 427, 483, 492, 494, 498~498, 500, 584, 600~602, 606, 617, 618, 632, 633, 649, 670, 680, 713, 722
욕심쟁이 에드릭Eadric the Grasper 293
우드퍼드, 제임스Woodforde, James 482
우드하우스, P. G.Wodehouse, P. G. 571, 579
울지, 토머스Wolsey, Thomas, 추기경 362~363, 366, 368, 703
울프, 알렉스Woolf, Alex 308
울프릭Wulfric, 성인 303
「워 게임The War Game」 632
워싱턴, 조지Washington, George 456, 475, 504
월리스, 윌리엄Wallace, William 337
월윈, 윌리엄Walwyn, William 411
월폴, 로버트Walpole, Robert 435~438, 440, 445, 636
웨일스Wales 29, 30, 32~34, 42, 48~49, 111, 113~116, 118~119, 125, 129, 134, 168~170, 177, 179, 180~181, 184, 190, 196~198, 202, 219, 229, 238, 242~245, 251, 254, 259~260, 267~268, 273, 296, 305~311, 322, 333~336, 338, 340, 344, 346, 359, 376, 378, 389, 406, 409, 455~458, 536, 553, 555, 596, 604, 640, 642~643, 652, 656, 682, 684, 705, 730

「웨일스 연대기Annals of Wale」 243
웨더비의 로버트Robert of Wetherby 327
웨스트, 리베카West, Rebecca 300
웨이크필드, 에드워드 기번Wakefield, Edward Gibbon 512
웨이트, 리처드Weight, Richard 624
웨일스의 제럴드Gerald of Wales 307
웨지우드, 조사이아Wedgwood, Josiah 730, 736, 738
웰링턴, 아서 웰즐리Wellington, Arthur Wellesley 공작 1세 489, 491~492, 584, 670
웰스, H. G.Wells, H. G. 582
윌리엄 1세William I ('정복왕'), 잉글랜드의 왕 298~306, 310, 311, 314, 328, 331, 333
윌리엄 2세William II ('루퍼스'), 잉글랜드의 왕 306, 310
윌리엄 3세William III ('오렌지의 윌리엄'), 잉글랜드의 왕 420, 421~426, 451
윌리엄 4세William IV, 잉글랜드의 왕 545
윌리엄스, E. E.Williams, E. E.:『메이드 인 독일Made in Germany』 570
윌슨, 우드로Wilson, Woodrow 586~588, 593~594, 606
윌슨, 해럴드Wilson, Harold 634~638, 641, 647, 648, 655
윌콕스, 엘라 휠러Wilcox, Ella Wheeler 726
유럽연합European Union 7~8, 12~14, 17, 25, 28, 33, 206, 233~234, 249, 253, 259, 261, 264, 284, 286, 318, 320, 339, 340, 357, 361, 363, 365~369, 371, 373, 375~376, 400, 406, 417~419, 558, 614, 620~621, 635, 677, 678, 684, 688, 694, 695~697, 701, 704~705, 709, 711~712, 717~720, 723~725, 732

유스투스, 가이우스 발레리우스Justus, Gaius Valerius　189

『이코노미스트The Economist』　542

이든, 앤서니Eden, Anthony　622

이레네, 코케이우스Irene, Cocceia　189

이사벨라Isabella, 아라곤과 카스티야의 여왕　349

이케니(족)Iceni　162~163, 173

이탈리아Italy　20, 22, 51, 97, 133, 146, 148, 163, 171, 172, 174, 181, 186, 188, 211, 222, 224~225, 227, 228, 247~249, 251, 256, 257, 260, 285, 302, 304, 318, 322, 328, 331~332, 348, 364, 379, 401, 459, 483, 584, 592, 594, 600, 602, 607, 620, 624, 656, 659, 711

『인디펜던트Independent』　12

인노첸시오 3세Innocent III, 교황　316~318, 339

인도India　20, 66, 232~233, 300, 461~466, 469, 477~479, 483, 486~488, 498~506, 509, 525~526, 528, 531, 532~536, 542, 547, 549, 565, 574, 585, 589, 591~592, 596, 600, 602, 604, 627, 658~659, 661, 664, 709, 712, 718

『일러스트레이티드 런던 뉴스Illustrated London News』　557

잉글랜드은행Bank of England　424, 479, 587, 700, 720

ㅈ

자치령Dominions　512~517, 574~575, 578, 582, 589, 591~592, 596, 598, 600, 602, 612, 626, 636

재거, 믹Jagger, Mick　660

잭슨, 앤드루Jackson, Andrew　585

제노Zeno　716, 718, 726

제롬Jerome, 성인　224

제번스, 윌리엄 스탠리Jevons, William Stanley　528

제임스 1세James I, 잉글랜드와 아일랜드의 왕(스코틀랜드의 제임스 5세)　389, 395~396, 400~402, 404, 426

『담배에 대한 반격Counterblast to Tobacco』　396

「악마학에 관하여On Demonology」　391

제임스 2세James II, 잉글랜드와 아일랜드의 왕(스코틀랜드의 제임스 7세)　414, 417~421, 422, 426, 432

제퍼슨, 토머스Jefferson, Thomas　474, 510, 585

『젠틀맨스 매거진Gentleman's Magazine』　438, 444, 451

조시무스Zosimus　227, 229

조지 1세George I, 그레이트브리튼과 아일랜드의 왕　432~433, 435, 437, 439

조지 3세George III, 그레이트브리튼과 아일랜드의 연합왕국의 왕　471, 473~474, 477, 484

조지 5세George V, 영국 연합왕국 및 자치령의 왕이자 인도의 황제　595

조지 6세George VI, 영국 연합왕국 및 영연방 자치령의 왕　608

존John, 잉글랜드의 왕　315~317

존슨, 린든 BJohnson, Lyndon B.　305, 634, 648

존슨, 보리스Johnson, Boris　85, 703, 720

중국China　26~27, 43, 60, 204, 225, 348, 349, 351, 358, 390, 447, . 505~506, 520, 528, 532, 568, 573, 633, 658~659, 668, 680, 685~689,

691~693, 700~703, 706~716,
　719~725, 738
직스, 프란츠Six, Franz　300

ㅊ

차일드, 고든Childe, Gordon　118, 136
찰스 1세Charles I, 잉글랜드의 왕　404~412,
　414, 419, 473
찰스 2세Charles II, 잉글랜드의 왕　412,
　414~417, 419, 420
채플, 프랭크Chapple, Frank　651
처칠, 윈스턴Churchill, Winston　9~10, 14,
　63, 84~85, 363, 386, 463, 469, 568,
　579, 583, 589, 591~593, 602~607,
　612~616, 618, 620, 622, 628, 629,
　657~658, 664~665, 667, 673, 677
체더인Cheddar Man　51, 53, 65, 82, 92
체스니, 조지Chesney, George　571
체임벌린, 네빌Chamberlain, Neville　596
체임벌린, 조지프Chamberlain,
　Joseph　578~580, 596
초서, 제프리Chaucer, Geoffrey　24, 334

ㅋ

카라우시우스Carausius　206, 208
카라타쿠스Caratacus　169
카르티만두아Cartimandua, 브리간테스의
　여왕　169
카를 3세Charles III ('비만왕'), 카롤루스
　제국의 황제　265~266
카보토, 주안Chaboto, Zuan 존 캐벗을 보라
카시벨라우누스Cassivellaunus　155, 160~161
카이사르, 율리우스Caesar, Julius　14, 34,
　74~75, 134, 147, 149~156, 158~161,
　164~165, 167~168, 170, 248, 341,
　467

카펜터, 데이비드Carpeter, David　333
칸, 굴람 후세인Khan, Ghulam Hussain　477
칸, 사디크Khan, Sadiq　694
칼라일, 토머스Carlyle, Thomas　542
칼리굴라Caligula, 로마의 황제　165~166,
　170
캐닝, 조지Canning, George　509
캐머런, 데이비드Cameron, David　7~8, 16,
　85, 365, 655, 695, 698~703, 705
캐벗, 존Cabot, John　18, 22, 35, 348,
　350~351, 356~361, 375, 380, 382,
　717
캐플런, 로버트Kaplan, Robert　709, 722, 728,
　729, 733~735
캘러헌, 제임스Callaghan, James　638, 640,
　648~651
캠벨, 제임스Campbell, James　253
커밍스, 도미닉Cummigs, Dominic　703
컨리프, 배리Cunliffe, Barry　59, 109, 121
케네디, 존 F.Kennedy, John F.　631~632
케네스 1세Kenneth (맥알핀) (키나드 막
　아일핀), 알바의 왕　266~268, 270
케이힐, 토머스Cahill, Thomas　247
케인스, 존 메이너드Keynes, John Maynard　592,
　593, 596, 608, 707
켈트(족)Celts　74, 132, 134, 136, 173, 235,
　247, 257, 288, 305~306, 309, 338,
　344~346, 412, 643, 682, 705
켈트족의 연합왕국United Kingdom of the
　Celts　344~345
코빈, 제러미Corbyn, Jeremy　703
코빗, 윌리엄Cobbbett, William　540~541
콘스탄티우스Constantius: 『세인트
　제르마누스의 삶Life of St Germanus』　216
콘월리스Corwallis 경　475
콜럼버스, 크리스토퍼Colombus,

Christopher 204, 349, 351, 356, 382, 393, 717
콜롬바Colomba 247
콜롬보, 크리스토포Colombo, Cristoforo 349
콜리, 린다Colley, Linda 458~459
콜스턴, 에드워드Colston, Edward 396
콤미우스Commius 158, 164,
쿠노벨린Cunobelin, 동부 왕국의 왕 166~169
쿠퍼, 맬컴Cooper, Malcolm 212
쿡, 제임스Cook, James 511
크누트 4세Cnut IV, 덴마크의 왕 305
크누트Cnut ('위대한 왕'), 잉글랜드, 덴마크, 노르웨이의 왕 293~299, 302, 310~311
크라이튼, 마이클Crichton, Michael: 『떠오르는 태양Rising Sun』 687
크랜머, 토머스Cranmer 대주교 386
크롬웰, 올리버Cromwell, Oliver 410, 412~415
크롬웰, 토머스Cromwell, Thomas 367, 369, 703
크룩, 데이비드Crook, David 327
클라우디우스Claudius, 로마의 황제 153, 166~170, 174
클라우제비츠, 카를 폰Clusewitz, Carl von 158
클라크, 켄Clarke, Ken 698
클레그, 닉Clegg, Nick 698~699
클로비스Clovis I, 프랑크의 왕 250
클리어리, 사이먼 에스몬데Cleary, Simon Esmonde 218
클린턴, 힐러리Cliton, Hillary 704, 707
키신저, 헨리Kissinger, Henry 651
키케로Cicero 148, 155, 242, 530
키플링, 러디어드Kipling, Rudyard 227~228, 293, 499, 570

킬데리크 1세Childeric I 249~250
킹즐리, 찰스Kingsley, Charles 527

E

「타임 팀Time Team」 120, 238
『타임스The Times』 546, 549, 730
타깃, 에이드리언Targett, Adrian 53
타르수스의 시어도어Theodore of Tarsus, 캔터베리 대주교 257~258
타시오바누스Tasciovanus 163
타키투스Tacitus 13, 138, 168, 171, 173, 175, 177, 179, 191
『태틀러Tatler』 444, 451
테오도시우스Theodosius, 로마의 황제 226
테오도시우스Theodosius, 장군 226
테우두르, 리스 아프Tewdwr, Rhys ap 306
테워드로스 1세Tewodros I, 아비니시아의 황제 531~532
토리당Tories 418~419, 420, 424~428, 430~432, 435, 438, 470, 471, 474, 494, 530, 545~546, 551, 578, 581, 599
토크빌, 알렉시 드Tocqueville, Alexis de 456
톰프슨, E. P.Thompson, E. P. 657
투스크, 도날드Tusk, Donald 702
투탕카멘Tutankhamun, 파라오 133
툼스, 로버트Tombs, Robert: 『주권의 섬This Sovereign Isle』 16
트럼프, 도널드Trump, Donald 11, 14, 704, 709, 710, 719
트레버 로퍼, 휴Trevor-Roper, Hugh 419
트루먼, 해리Truman, Harry 608, 615~616
티스달, 사이먼Tisdall, Simon 699
틴들, 윌리엄Tyndale, William 386

ㅍ

『파이낸셜 타임스Financial Times』 85
파머스턴Palmerston 경 431, 499, 529~530, 548, 559~560, 562, 564, 628, 632, 711, 722, 723
파빌랜드의 붉은 신사Red Gentleman of Paviland 50
파빌랜드의 붉은 여인Red Lady of Paviland 50
파시피코, 돈 데이비드Pacifico, Don David 529~530, 628, 711
파월, 이넉Powell, Enoch 637, 660~661
파킬리스, 마르쿠스 파보니우스 3세Facilis, Marcus Favonius III 175
패라지, 나이절Farage, Nigel 10~14, 16, 32, 85, 697, 702
패리스, 매슈Paris, Matthew 326
패트릭Patrick, 성인 246~247
퍼거슨, 니얼Ferguson, Niall 234
페르디난트Ferdinand 대공 582
페즈론, 폴-이브Pezron, Paul-Yves 134
펠리페 2세Philip II, 스페인의 왕 23, 379~380, 382~385, 467
『포천Fortune』 12
포드, 제럴드Ford, Gerald 651
포스터, E. M.Forster, E. M. 598
포스틀스웨이트, 말라키Postlethwayt, Malachy 394
포시도니우스Posidonius 146, 147
포크, 제임스Polk, James 510~511
포크비어드, 스윈Forkbeard, Sweyn 293
포터, 커스버트Potter, Cuthbert 대령 454
폭스, 시릴Fox, Cyril 30
폭스, 찰스 제임스Fox, Charles James 482
폴로, 마르코Polo, Marco 144
퐁피두, 조르주Pompidou, Georges 637
푸틴, 블라디미르Putin, Vladimir 677
풀먼, 필립Pullman, Philip 12
풋, 마이클Foot, Michael 40, 47, 655
프라수타구스Prasutagus 173
프랑스France 22, 23, 27, 53, 54, 82, 84, 97, 133, 134, 225, 247, 250, 254, 285, 298, 301, 303, 307, 309, 312, 315~321, 331~334, 335~341, 342, 344~346, 359, 361~363, 364, 367, 369, 374, 376, 377, 379, 381, 390~391, 404~408, 412, 415~428, 430~431, 437~439, 443, 446, 452, 454, 456, 459, 461~472, 475, 481~492, 494, 496~500, 507, 514~516, 523, 528, 531, 546, 549, 559, 563, 564, 573, 584~586, 588, 589, 592, 593, 594, 599, 600, 602, 603, 614, 619, 620, 622, 624, 625, 628, 629, 633, 636, 637, 647, 659, 673~674, 680, 685, 699, 709, 713, 723~724
프랭클린, 벤저민Franklin, Benjamin 458, 474
프로비셔, 마틴Frobisher, Martin 375
프리드리히 2세Frederick II, 프로이센의 왕 466, 471, 486
프리드리히 5세Frederick V, 팔츠의 선제후 402, 404
프리스틀리, J. B.Priestley, J. B.: 『영국 여행English Journey』 597
플럼 J. H.Plumb, J. H. 435
플레밍, 로빈Fleming, Robin 214~215
플리니우스Pliny the Elder 144, 184
피셔, 재키Fisher, Jackie, 해군 대신 571~573
피어슨, 마이크 파커Pearson, Mike Parker 114~115, 117, 121, 125
피테아스Pytheas: 『바다에 관하여On the Ocean』 144~145

피트 마시Pete Marsh 138, 139
피트, 토머스 '다이아몬드'Pitt, Thomas
    'Diamond' 463
피트(대피트), 윌리엄Pitt the Elder,
    William 465~466, 468~469,
    470~471, 474, 476
피트(소피트), 윌리엄Pitt the Younger,
    William 476, 478, 480~482, 484, 489
피프스, 새뮤얼Pepys, Samuel 414~415,
    446~447
픽티/픽트(족)Picti/Picts 162, 201, 206, 208,
    223, 225~226, 228, 239, 247, 254,
    259, 265, 267, 277, 297, 308, 724
핀다로스Pindar 21
필, 로버트Peel, Sir Robert 경 542, 545~546,
    558~559
필리프 4세Philip IV ('철의 왕'), 프랑스의
    왕 337
필리프 6세Philip VI ('행운왕'), 프랑스의
    왕 338~339
필립스, 레그Philips, Reg 9
필립스, 멜라니Phillips, Melanie:
    『런던이스탄Londonistan』 681~682

ㅎ

하드리아누스Hadrian, 로마 황제 180, 183
하디, 토머스Hardy, Thomas 113
하랄 3세Harald III Sigurdsson ('무자비왕'),
    노르웨이의 왕 298
하우, 윌리엄Howe, William 장군 475
하이델베르크인Heidelberg Man
    ('로저') 45~48
해넌, 대니얼Hannan, Daniel 697
해럴드 2세Harold II, 잉글랜드의
    왕 298~299
해밀턴, 알렉산더Hamilton, Alexander 454
허턴, 윌리엄Hutton, William 445
헌트, 트리스트럼Hunt, Tristram 732, 736
헌팅던의 헨리Henry of Huntingdon: 『영국의
    역사History of the English』 116
헤로도토스Herodotus 74, 134, 136
헤롯Herod, 유다의 왕 164
헤리퍼드 지도Hereford Map 18, 20~24, 35,
    96, 117, 347~349, 350, 356, 357, 380,
    381, 383, 387, 415, 424, 430, 459,
    476, 480, 588, 715, 717
헤시오도스Hesiod 132
헤이스팅스, 워런Hastings, Warren 477, 480
헨델, 게오르크 프리드리히Handel, Georg
    Frideric 440
헨리 1세Henry I, 잉글랜드의 왕 310
헨리 2세Henry II, 잉글랜드의 왕 309~310,
    312, 314~316
헨리 3세Henry III, 잉글랜드의 왕 318, 320,
    332~333, 337, 346, 368
헨리 4세Henry IV, 신성 로마의
    황제 303~304
헨리 5세Henry V, 잉글랜드의 왕 92, 345,
    362, 387, 422
헨리 6세Henry VI, 잉글랜드의 왕 345
헨리 7세Henry VII, 잉글랜드의 왕 346, 351,
    357~359, 361
헨리 8세Henry VIII, 잉글랜드의
    왕 361~373, 378, 422, 517, 703
헨리, 패트릭Henry, Patrick 472
헬베티(족)Helvetti 147, 151~152, 163
호노리우스Honorius, 로마의 황제 229
호드, 로버트Hod, Robert 327
호스킨스, 윌리엄Hoskins, William 397
호주Australia 24, 49, 511, 513~514,
    516, 517, 528, 544, 553, 573~576,
    578, 585, 600, 622, 636, 707~708,

710~711, 713, 722
호크, 에드워드 Hawke, Edward,
  지휘관 467~469
호킨스, 존 Hawkins, John 380, 382
호턴, 존 Houghton, John 399
홀딩엄과 라퍼드의 리처드 Richard of Haldingham
  and Lafford 17~21, 24, 117, 347
홀트, 에디 Holt, Eddie 33
홉스, 토머스 Hobbes, Thomas 410~411
후버, J. 에드거 Hoover, J. Edgar 305
휘그당 Whigs 418~422, 424~428,
  430~432, 435, 439, 465, 474, 482,
  530, 544~545, 551, 705
휘팅턴, 리처드 Whittington, Richard 경 327
휴스, 찰스 에번스 Hughes, Charles Evans 594
휴스, 토머스 Hughes, Thomas: 『톰 브라운의
  학교생활 Tom Brown's School Days』 549
흄, 데이비드 Hume, David 452, 466
흐루쇼프, 니키타 Khrushchev, Nikita 631
히밀코 Himilco 143~144
히스, 에드워드 Heath, Edward 637
히틀러, 아돌프 Hitler, Adolf 23, 428,
  599~603, 605, 607, 615, 619, 621,
  673, 706

지리는 운명이다
영국과 세계, 그 1만 년의 역사

초판인쇄   2025년 12월 5일
초판발행   2025년 12월 12일

지은이   이언 모리스
옮긴이   임정관
펴낸이   강성민 이은혜
기획   노만수
편집   심예진 이은혜
마케팅   정민호 박치우 한민아 이민경 박진희 황승현 김경언
브랜딩   함유지 박민재 이송이 박다솔 조다현 김하연 이준희
제작   강신은 김동욱 이순호

펴낸곳   (주)글항아리 | 출판등록 2009년 1월 19일 제406-2009-000002호

주소   10881 경기도 파주시 문발로 214-12, 4층
전자우편   bookpot@hanmail.net
전화번호   031-955-2689(마케팅) 031-941-5161(편집부)

ISBN   979-11-6909-456-6 03900

잘못된 책은 구입하신 서점에서 교환해드립니다.
기타 교환 문의 031-955-2661, 3580

www.geulhangari.com